중재 장충식

중재 장충식

단국대학교와 함께 민족의 화해와
통일을 향해 걸어온 대인

김학준 지음

nos vos

중재 장충식 존영

중재의 부친 범정(梵亭) 장형(張炯) 선생과 모친 양인식(梁仁植) 여사

김구와 범정. 일제에 대한 항거를 통해 중재의 부친인 범정 선생은 실천적인 민족주의를 체득했다.

중재의 유년 시절

1932년 7월 25일~1945년 8월 15일

독립운동가의 아들로 태어나 항일독립운동 정신을 내면화

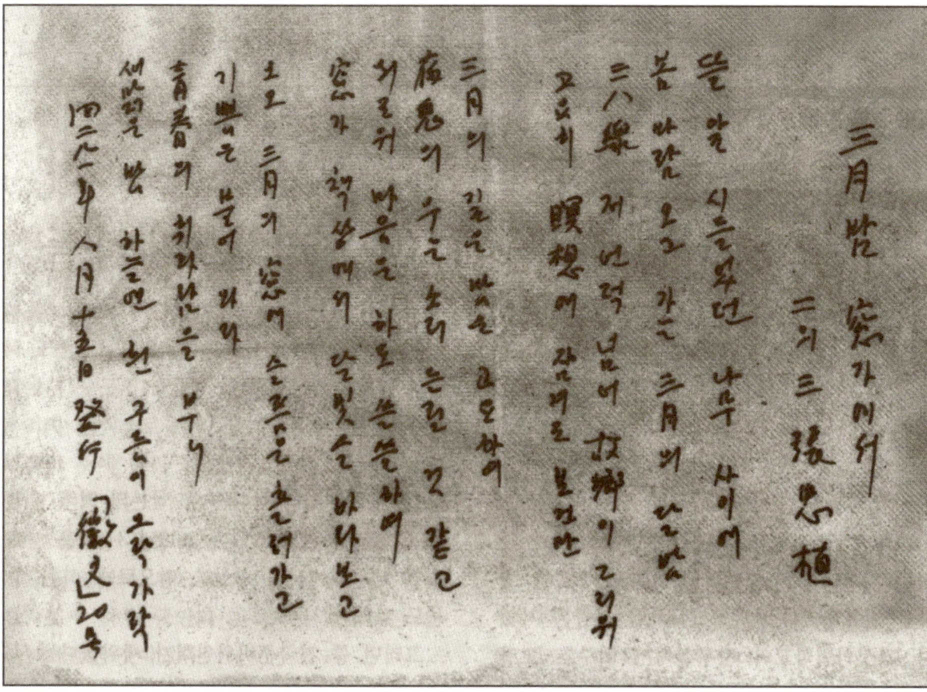

三月밤 窓가에서

二의三 張忠植

달 앞 시들었던 나무 사이에
봄 바람 오고 가는 三月의 달밤
三八線 저 넘어 故鄕이 그리워
고요히 瞑想에 잠겨도 보련만
三月의 깊은 밤은 고요하여
病患의 우는 소리 들린 것 같고
외로워 마음은 하도 쓸쓸하여
窓가 책상에서 달빛을 바라보고
오오 三月의 窓에 슬픔은 흘러가고
기쁨은 불어 오리라
靑春의 희망만을 부르니
생각은 밤 하늘엔 흰 구름이 오락가락
四二八三年 三月 十五日 登作 徽文 20名

중학 시절 교지에 게재한 시의 원고. 친우들은 중재가 학업뿐만 아니라 운동, 웅변, 음악, 문학 등에 뛰어난 재질을 보였다고 회고한다.

한국전쟁 중인 1950년에 중재는 학도 의용군으로 입대해 전역을 치렀다.

중재(둘째줄 왼쪽에서 네 번째)는 1952년 피난지에서 휘문고등학교를 졸업했다.

서울대 입학 당시의 중재와 모친 양인식 여사

대학 재학 중 중재는 평생의 반려자인 신동순 여사를 만났다.

부인 신동숙 여사의 숙명여대 졸업식장에서

중재는 패기와 신사도를 중시하는 럭비를 좋아했고, 후에 단국대에 부임한 뒤 럭비부 창단을 주도했다.

1952년 4월~1960년 3월

대학에서 역사를 전공하고 럭비부 선수로 활동하며 역사의식과 강인한 체력 연마

미국 유타주의 브리검 영 대학 유학 시절 숙소 앞에서. 중재는 1963년 6월에 미국으로 건너가 브리검영대학교 대학원에 입학하여 공부하면서 종교학과 팔머(Spencer J. Palmer) 교수의 한국 선교 역사 연구를 도왔다.

1964년 12월 30일, 단국대학 설립자이자 엄친인 범정 장형 선생이 별세했다. 이듬해 1월 3일 열린 영결식에서 애도하는 중재와 형제, 친족들. 중재는 미국에 가지 말고 학교와 박정숙 이사를 끝까지 지켜야 한다는 아버지의 유언에 따라 대학 업무에 진력을 한다.

단국인의 숙원인 종합대학 승격을
이룬 뒤 현판식을 거행하는 중재와
아정 박정숙 이사장(1967)

종합대학 승격 후 한국 대학 역사상
최연소인 36세에 초대 총장으로
취임하여 대학의 비전을 제시하는
중재(1967.03)

초대 총장 취임식 겸 1967년 입학식에서 축사를 하는 중재(1967.03)

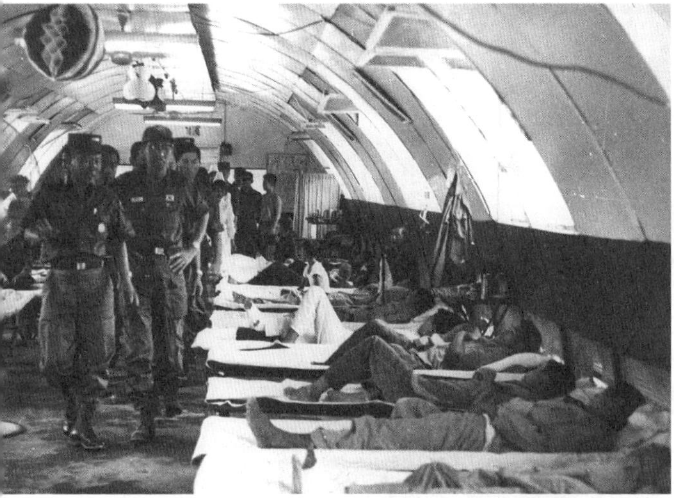

중재는 파월장병위문단 단장으로 전국 대학 교원 및 대학생 대표들을 이끌고 2주간 월남을 방문하여 월남전의 참상을 경험하였다. 월남전 당시 102 후송 병원에서 전상자를 위문하는 중재(1968.08).

중재는 1970년 6월에 미국 남오레곤 주립대학과 개교 후 첫 해외 자매결연을 맺으며 단국대학의 국제화에 물꼬를 텄다(1970.06).

중재는 전국에서 가장 취약지역으로 분류된 충남 청양 장곡리, 전남 무안의 청천 마을, 경기도 포천의 서자 마을 등과 새마을 건설 자매 결연을 맺고 사업을 전개했다.(1972.04)

서자 마을과의 자매 결연에서 잘사는 농촌 건설이 가능함을 역설하고 있는 중재

1973년 무렵 총장실에서 교정을 바라보며 대학 운영 방안을 구상하는 중재

1978년 천안캠퍼스 개교식을 통해 중재는 한국 최초의 제2캠퍼스 시대의 문을 열었다. 신축 중인 천안캠퍼스 공사 진척도를 점검하고 관계자들에게 추가 지시를 내리는 중재

천안캠퍼스에 신축된 율곡기념도서관과 의과대학은 최신 시설을 갖춘 초대형 건물로 중재는 각별한 노력을 기울였다(1991.03).

장애인 복지 시설 확충에 앞장서 온 중재는 율곡기념도서관에 장애인을 위한 편의 시설을 갖추도록 했는데 개관식에서 이를 직접 점검하고 있다.

단국대학교의 새로운 비상을 위한 과감한 도전으로 캠퍼스 이전을 선포한 중재가 죽전 캠퍼스 기공식에서 신캠퍼스의 역사적 의미를 역설하고 있다(1996.07.19).

내외빈들이 신캠퍼스 공사의 성공을 기원하는 시삽을 하고 있다.

1989년 3월부터 남북한은 아시안게임 단일팀 구성을 위한 남북 체육 회담을 가졌다. 중재는 남측 수석대표로 남북 단일팀 단가, 단기, 선수단 호칭, 선수단 공동 단장제, 선수단 구성 및 실무를 위한 공동 사무국 설치 등의 합의를 이끌어 내어 남북 스포츠 교류를 통한 민족 화합 시대를 개척하였다.

1990년 북경 아시안게임은 당시 수교 초기였던 중국에서 열린 대회로 대규모 한국 선수단이 참가한다는 점에서 각별한 의미를 갖고 있었다. 한국 선수단장으로 선임된 중재는 한국 선수단을 이끌어 종합 2위의 성적을 거두었다. 개회식에서 한국 선수단을 인솔하며 관중의 환호에 답례하는 중재

IOC는 중재가 KOC부위원장, 대학 스포츠 위원장으로서 스포츠 정신을 구현하는 데 앞장선 공로를 높게 평가해 올림픽 훈장을 수여했다(1996).

훈장 수훈 뒤에 중재 내외와 체육계 인사들이 자리를 함께했다.

남북교류에 획기적 새 장을 연 이산가족 교류 사업은 적십자사의 주도로 이뤄졌다. 적십자사 총재로서 한국 측 방문단을 이끌고 분단 50년 만에 평양 방문을 마치고 귀국 비행기의 트랩을 오르는 중재. 실향민이기도 한 중재는 이산가족 상호 방문 사업에 누구보다도 큰 애착과 열성을 보였다(2000).

죽전캠퍼스 준공 및 이전 기념식(2007). 단국인의 염원이자 숙원 사업이었던 캠퍼스 이전 사업을 성공적으로 완수하고 기념식에서 이희호 여사를 비롯한 내외빈과 함께한 중재

고려대 대학원 재학 중 우리나라에 한한사전(漢韓辭典)이 없어 학문 수행에 어려움을 겪자 한한대사전(漢韓大辭典) 간행을 구상한 중재는 31년간 약 310억 원을 투입한 끝에 『한한대사전』(전 16권) 완간으로 결실을 맺었다. 이 사전은 국배판으로 본책 15권에 색인 1권으로 전16권, 21,580쪽, 표제자 55,000여 자, 45만여 어휘로 이뤄져, 지금까지 출판된 한자 사전 가운데 가장 방대한 사전이다.

『한한대사전』 전16권 완간을 기념하는 헌정 패를 받고 기뻐하는 중재(2008.10.28.)

대한체육회 특별공로상패

대한민국 스포츠 발전에 헌신한 노고를 인정받아 제70회 대한체육회 체육상 특별공로상을 수장한 중재(왼쪽부터 차병권 법인사무처장, 안순철 총장, 방장식 상임이사, 김재일 대외부총장, 2024.02.29)

목차

Ⅱ. 중재의 단국대학 합류와 학장 취임

Ⅲ. 교세 확장과 제2캠퍼스 부지 마련

Ⅳ. 동양학과 민족 고유문화 연구 선도

Ⅷ. 죽전캠퍼스 설립으로 새로운 도약의 발판 마련

중재 장충식

단국대학교와 함께 민족의 화해와
통일을 향해 걸어온 대인

머리말

시대적 혼란기에 중재(中齋) 장충식(張忠植)의 93년 삶을
돌이켜보며 교훈을 찾는다

일러두기

* 이 책에서 중국의 지명과 인명은 중국식 발음이 아니라 한국식 발음으로 표기하기로 한다.

** 이 책에서 비록 우리에게 친숙한 인명과 지명 및 교명이라고 해도 처음 나왔을 때는 반드시 한자漢字를 함께 써주기로 한다.

*** 이 책을 씀에 있어서, 단국대학교 문과대학 국어국문학과 출신의 이재호李在鎬 조교의 도움을 받았다. 이 조교는 인터넷 검색과 타자를 비롯한 여러 일을 성심성의껏 도와주었다. 동시에 단국대학교 퇴계기념중앙도서관의 이인숙李仁淑 사서, 임예지林叡智 사서, 성중호成仲鎬 사서, 김환희金歡喜 사서를 비롯한 여러 직원의 도움을 받았다. 단국대학교 총무인사처 조찬홍趙燦洪 처장과 송병창宋炳昌 팀장으로부터도, 그리고 단국대학교 출판부 성두현成斗鉉 팀장으로부터도 도움을 받았다. 사단법인 매헌梅軒 윤봉길尹奉吉의사기념사업회 명노승明魯昇 회장과 이성섭李聖燮 상임이사 그리고 매헌윤봉길의사기념관 김진형金鎭亨 부관장을 비롯해 기념사업회의 민병덕閔丙德 사무국장, 이양수李良秀 총무부장 및 김영복金英福 총무차장 등은 자기 일처럼 도와주었다. 곽민주郭玟周 학예연구사, 임미선任美善 학예연구사, 정혜은鄭慧恩 학예연구사, 고수현高秀賢 연구원, 박원익朴願益 해설사 역시 인터넷 검색을 도와주었다. 정선예鄭善禮 님을 비롯해, 권형국權瀅國 님, 이상록李相祿 님, 이순애李順愛 님, 황하윤黃夏尹 님 모두 저자를 격려해주었다. 국립대학법인 인천대학교 학산도서관으로부터도 도움을 받았다. 특히 법인지원팀의 김현귀金玹貴 님, 김관우金官佑 님, 신화철申花澈 님 등이 힘껏 도와주었다. 이 모든 분들에게 감사한다. 그러나 이 책에 대한 책임은 전적으로 저자 한 사람에게 있다.

머리말

1 ________ 중재 장충식.

이 이름을 들으면 곧바로 단국대학교檀國大學校를 떠올릴 것이다. 그는 단국대학교가 단국대학이던 때인 1959년 2월에 학생과장으로 출발해 1966년 10월에 학장으로, 그리고 단국대학이 단국대학교로 승격된 1967년 2월부터 1993년 8월까지 26년 6개월 동안 총장으로, 이후 이사장으로, 이어 명예총장으로, 현재 명예이사장으로 모두 합쳐 66년에 걸쳐 단국대학교에서 봉직해왔으니 그렇게 연상하는 것은 당연하다.

돌이켜보면, 올해로 만 93세가 되는 중재 장충식의 생애는 개교 78주년을 맞는 단국대학교의 역사와 상당히 많은 부분에서 겹쳐 있다. 중재의 생애를 단국대학교의 역사와 분리하기 어렵고 단국대학교의 역사를 중재의 생애와 떼어놓고 설명하기 어려울 정도로 중재와 단국대학교는 운명적이면서 동시에 직접적으로 깊이 연결되어 있다.

단국대학교는 미군정 때인 1947년 11월 3일에 항일독립운동가 범정梵亭 장형張炯 선생과 혜당惠堂 조희재趙喜在 여사의 제휴 아래 해방 이후 최초의 4년제 대학으로 개교했다. 대한민국 '건국' 이후, 또는 대한민국 정부 수립 이후, 제1공화국 이승만李承晩 정부 → 허정許政 과도정부, 제2공화국 윤보선尹潽善·장면張勉 정부, 박정희朴正熙·김종필金鍾泌 주도의 5·16군사정부, 제3공화국 박정희 민주공화당 정부, 제4공화국 박정희 유신 정부 → 최규하崔圭夏 정부, 제5공화국 전두환全斗煥 정부, 제6공화국 노태우盧泰愚 정부 → 김영삼金泳三 정부 → 김대중金大中 정부 → 노무현盧武鉉 정부 → 이명박李明博 정부 → 박근혜朴槿惠 정부 → 문재인文在寅 정부 → 윤석열尹錫悅 정부 → 이재명李在明 정부 등 여섯 공화국 열일곱 정부를 거치며 오늘날에 이르렀다.

문리학부 사학과·수학과·물리학과 그리고 정치학부 정치학과·법률학과 등 2개 학부에 5개 학과로, 그리고 15명 교수와 960명 신입생으로 서울 종로구 낙원동樂園洞 282번지에서 출발한 단국대학은 신당동新堂洞 교사校舍와 한남동漢南洞 캠퍼스를 거쳐 2007년 8월 경기도 용인시龍仁市 수지구水枝區 죽전동竹田洞에 죽전캠퍼스를 건설한 뒤 기존의 충청남도 천안시 천안캠퍼스와 함께 도합 19개 단과대학과 12개 대학원일반대학원과 특수대학원 및 121개 연구소에 3,297명의 교수와 36명의 연구원 및 565명의 교직원 그리고 33,697명의 학생을 포용한 대규모 종합대학교로 성장했다. 1983년 12월에는 단국대학교 사범대학 부속고등학교를 개교했다. 이 학교는 기존의 단국대학교 사범대학 부속중학교와 함께 단국대학교 사범대학 부속중고등학교가 되며 곧 대학입학예비고사 수석합격자를 배출하고, 서울의 이른바 일류대학교에 가장 많이 합격시키는 등 전국적 명문고등학교로 자리를 잡았다.

단국대학교는 국내 대학의 역사에서 최초로 1978년 3월 13일에 지방 캠퍼스를 천안에 세웠다. 이 천안캠퍼스는 의과대학·치과대학·약학대학·간호대학 그리고 의과대학 병원과 치과대학 병원을 갖고 있다. '1대학, 2캠퍼스'의 개념 아래 죽전캠퍼스는 '응용과학 IT+인문학문화콘텐츠 CT' 특성화를, 천안캠퍼스는 '기초과학과 생명과학 BT+외국어' 특성화를 추진하고 있다. 이 모든 단과대학과 대학원을 통해 단국대학교는 2025년 2월 기준으로 모두 26만 명의 졸업생을 배출했다.

그사이 단국대학교는 남·북아메리카를 비롯한 세계 6대주의 468개 대학들과 자매결연을 맺어 교류해왔으며, 단국대학교 학생들을 해외로 유학시키고 해외로부터 유학생들을 받아들이면서 두 대학교에서 공동학위를 받는 제도를 운영하고 있다. 이제 단국대학교는 '세계로 도약하는 민족사학'을 지향하면서 글로벌 대학교 가운데 하나로 발돋움한 것이다.

2 ______ "네 시작은 미약하나 네 나중은 심히 창대하리라."라는 구약성경 말씀 그대로 경이로운 성장세를 보일 때까지 단국대학교가 꽃길만을 걸은 것은 아니었다. 오히려, 『단국대학교60년사』의 표현 그대로, "순탄하지 않은 각고의 과정이었으며 시련의 연속이었다."[1] 이승만 정부는 설립자 범정이 일제강점기에 중국에서 백범白凡 김구金九와 제휴해 독립운동에 참가했고, 해방 이후 '김구 노선'과 보조를 같이 한 사실에 주목해 단국대학을 '친親백범계'로 몰아 박해했으며, 5·16군사정부는 자신이 처음에는 수반으로 옹립한 장도영張都暎 장군을 '반反혁명세력'으로 단죄하면서 범정이 그와 같은 인동장씨仁同張氏이며 평안북도 용천군龍川郡 출신이어서 그의 '반혁명음모'에 자금을 제공했다는 허무맹랑한 혐의를 씌워 구속할 뿐만 아니라 단국대학의 주간부를 폐지하고 야간부만 남겨 사실상 폐교나 다름없는 상태로 몰아갔다. 이때 미국에서 대학원 박사과정을 밟던 중재는 학업을 중단하고 귀국한 뒤 박정희 대통령에게 간곡히 호소해 1967년 2월에 종합대학교로의 승격을 이뤄냈다.

중재는 그것에 만족하지 않고 종합대학교에 걸맞은, 그리고 한 걸음 더 나아가 공과대학과 예술대학도 갖출 수 있는 새로운 학교 부지를 찾기 시작해 1971년 3월에 서울특별시 성동구 내곡동內谷洞: 현재 서초구 내곡동에서 24만 평을 매입하고 이 땅을 활용해 '영동永東 캠퍼스'를 신

---

[1] 단국대학교60년사편찬위원회 편, 『단국대학교60년사: 1947-2007』 전3권(경기도 용인시: 단국대학교60년사편찬위원회, 2007), 상, 3쪽.

설하기 위한 종합설계도를 완성했다. 이 경우에도 박 대통령의 도움이 컸다. 그러나 이듬해 건설부에서 실무를 맡은 국장의 실수로 그 일대가 그린벨트로 지정되어 학교 이전이 유보되었다. 게다가 정부는 내곡동 땅을 자신에게 매도하지 않으면 '수용'할 수 있다는 압박을 가하며 1990년 10월 11일에 국가안전기획부의 새 청사 터전으로 '정부고시 가격'으로 싸게 사들였고,[2] 이로써 단국대학교는 큰 부채를 떠안는 어려움에 봉착했다. 이후 오랜 기간에 걸쳐 단국대학교가 재정적으로 부채에 시달리게 된 단초는 바로 여기서 만들어졌다.

시련은 김영삼 정부 때 다시 찾아왔다. 대통령선거 과정에서 정치자금 지원 요청에 불응한 것을 섭섭히 여기고는 출범 직후 '입시入試와 관련한 학무 감사'를 명분 삼아 관선 이사장과 이사들을 파견하면서 서울 본교를 매각하고 천안캠퍼스로 통합할 것을 강요했다. 중재는 온갖 압력을 참아내고 1997~1998년의 국제통화기금IMF 위기에 따른 공사 중단도 겪으며, 마침내 천안캠퍼스는 그대로 유지하면서 4만여 평의 협소했던 서울의 한남동 캠퍼스를 처분하고 용인시 수지구 죽전동에 32만5천 평의 광활한 터전을 마련해 새 캠퍼스를 세우는 대전환으로써 위기를 극복했다. 이렇게 볼 때, 단국대학교의 역사는 해방 이후 험난한 길을 걸어야 했던 대다수 사립대학교의 역사 그리고 특히 정권과 대학의 관계가 설정되고 전개된 역사를 말해주는 하나의 대표적 사례로 설명될 수 있다.

이 모든 과정에서, 중재는 대학 행정가로 한남동 캠퍼스 때 그렇게 했듯 단국대학교의 죽전캠퍼스와 천안캠퍼스의 크고 작은 모든 곳을 하나하나 꼼꼼히 챙겼다. 전前 단국대학교 부총장의 표현으로, "이 두

---

2 위와 같음, 하, 710쪽.

캠퍼스 곳곳에, 건물 하나하나, 나무 한 그루, 돌 하나에 이르기까지 그의 손길과 발자취 그리고 숨결이 닿지 않은 곳이 없었다."[3]

3 중재 장충식은 대학 운영자였고 대학 행정가이면서 동시에 역사학자였다. 그는 서울대학교 사범대학 역사교육과 4학년 때 선친의 명에 따라 선친이 설립한 단국대학 정치학과로 전학해 졸업한 뒤 학자가 되려는 꿈을 안고 고려대학교 대학원 사학과에서 중국사 전공으로 석사과정을 밟아 석사학위를 받았으며, 미국 유타주 브리검영대학교Brigham Young University 대학원 사학과에서 전액 장학금을 받으며 한국의 근현대사 전공으로 박사과정을 밟던 중, 앞에서 설명했듯 단국대학이 위기에 직면하자 병을 얻은 선친의 건강도 걱정해 서둘러 귀국했다.

미국에서 한국학을 전공하면서 중재는 한국에서의 학문이 지나치게 서구화하는 경향이 있으며 교육 역시 '무국적의 교육'이 되고 있다고 걱정하게 되었다. 그는 해답을 자신의 학문적 바탕인 동양학에서 찾고자 했다. 우리 스스로 한국의 역사를 잘 알아야 하고 한국의 역사에 밀접한 중국사를 제대로 알아야 한다고 믿은 중재는 1970년 9월 단국대학교에 동양학연구소를 세우고 항일독립운동가였으며 당대의 석학이면서 올곧은 선비로서의 비판정신을 견지한 일석一石 이희승李熙昇 전 서울대학교 문리대 학장을 삼고초려三顧草廬의 정신과 자세로써 소장으로 모셨다. 박정희 대통령이 1969년에 추진한 3선개헌에 반대하는 운동에 참여한 일석을 모시는 일은 정권의 미움을 사는 일이었지

3 송하섭(宋夏燮), 「중재 선생이 걸어온 길: 단국 중흥과 중재 장충식 박사」, 단국문인회 엮음, 『자작나무 숲으로 가서: 중재장충식팔순기념사화집』(경기도 용인시: 노스보스, 2011), 11쪽.

만 중재는 30대 청년의 기백으로 단행한 것이다. 이후 일석이 10년 동안 단국대학교에 재직하며 보여준 언행言行에 관한 중재의 자세한 회고는 그 자체가 오늘날에도 큰 울림을 주는 교훈으로 가득 차 있다.

국내 대학교 최초의 동양학 전담 기관인 이 연구소는 1971년 10월에 학술지로 『동양학』을 창간하고 정기적으로 출판하면서 한국학은 물론이고 중국학을 포함한 동아시아학을 개척해 나갔다. 일석이 임기를 마치고 떠난 이후 국문학의 대가 김동욱金東旭 연세대학교 교수를 소장으로 영입하고, 한문학의 거장 이가원李家源 연세대학교 교수를 대학원 교수로 영입해 동양학연구소를 돕게 하면서 이 연구소를 국내 최고의 동양학연구소로 키웠고, 국제적으로도 명성이 높아지면서 연구 영역이 넓어지자 2011년 9월 산하에 역사문화연구소, 동아시아전통문화연구소, 동아시아교류연구소 등 세 개의 서로 연관된 연구소를 둔 동양학연구원으로 확대해 오늘날에 이르고 있다.

동양학에의 열정은 조선 중종中宗 때인 1527년에 역관이면서 한문학자인 최세진崔世珍이 어린이들에게 한문을 가르치기 위해 편찬한 일종의 사전인 『훈몽자회訓蒙字會』의 영인1971년으로 시작해 『한한대사전漢韓大辭典』의 편찬으로 이어졌다. 동양학연구소는 1973년 11월에 『한한대사전』 편찬위원회를 발족한 것을 기점으로, 19년 뒤인 1996년 12월에 『한국한자어사전韓國漢字語辭典』 전4권을 완간한 데 이어 31년 뒤인 2008년 10월에 세계 최대 규모의 『한한대사전』 전16권을 완간했다.

특히 『한한대사전』의 경우, 당시 캠퍼스 이전 문제로 재정적 어려움이 발생해 중단할 수 있었는데도 중재의 결단 아래 매듭을 지음으로써 유시유종有始有終의 전형을 보였다. 이 사전은 한자漢字와 한학漢學의 본고장인 중국을 놀라게 했으며, 오늘날에도 중국인들은 물론이고 같은 한자문화권漢字文化圈에 속하는 일본인들 역시 즐겨 찾고 있다. 단국대학교 최대의 학문적 업적이면서, 더 넓게 보면 대한민국 학계가 당대에뿐만 아니라 후대에 이르기까지 그리고 국제사회에 오래오래 자랑할 만한 문화적 기여이다.

여기서 상기하고자 하는 점은, 우리가 제4장의 「『한한대사전』 출판을 결심한 배경」에서 자세히 보게 되듯, 중재가 고려대학교 대학원 사학과 석사과정 학생이던 1958년에 이 『한한대사전』의 편찬을 구상하고 결심했다는 사실이다. 정부도, 대학도, 학계의 어느 지도적 학자도 감히 생각조차 하지 못한 『한한대사전』 편찬을 발상한 사실만으로도 중재의 학문적 안목이 얼마나 시대에 앞섰으며 높았던가를 확인하게 된다. 그리고 온갖 역경을 이겨내며, 심지어 "왜 그렇게 무모한 일을 하느냐. 출판해봐야 팔리겠느냐."라는 일부 인사의 비웃음을 감내하며, 이 사전 편찬을 마무리한 업적 하나만으로도 중재는 학자로서 한생애를 제대로 살았다는 평가를 받기에 충분하다.

한학 및 한국어학에 대한 중재의 발상과 집념은 거기서 멈추지 않았다. 동양학연구소의 후신인 동양학연구원은 2021년 4월에 신라시대에 한자의 음音과 훈訓을 빌려 우리말을 기록하던 표기법인 '이두吏讀'를 집대성한 국내 최대 규모의 『이두사전吏讀辭典』을 출판했다. 그것에 이어 2023년 11월에는 『한국한자자전韓國漢字字典』도 출판했다.

이러한 출판에 훨씬 앞서 동양학연구소 그 자체로서는 아니었지만, 동양학연구소에 연계된 교수들이 중심이 된 단국대학교 학술조사단은 1979년 4월 8일에 당시 충청북도 중원군中原郡 가금면可金面 입석立石마을에서 고구려 장수왕長壽王으로 추정되는 '고려대왕高麗大王'의 '남진순수비南進巡狩碑'를 국내 최초로 발굴해 고구려의 역사는 물론 삼국의 역사를 새롭게 해석하는 계기를 마련했다. '중원고구려비'로 불리던 이 비는 행정개편으로 이곳이 충주시로 편입됨에 따라 오늘날에는 '충주고구려비'로 불리고 있다.

동양학에 관한 열정은 한국에 한정되지 않았다. 중재의 관심은 중국은 물론이고 중국의 북방민족인 거란契丹과 여진女眞 그리고 동양사에 돌궐突厥이라는 이름으로 나타난 오늘날의 튀르키예Türkiye: 지난날의 표기로는 터키에도 쏠렸으며, 북방문화연구소를 국내 최초로 2008년 9월 1일에 개설하는 것으로 나타났다. 거란족이 세운 요遼의 역사를 원元의 재상 토크토脫脫의 책임 아래 1344년에 완성한 『요사遼史』를 국내 최초로 번역해 2012년에 『국역 요사』 전3권[김위현金渭顯 외 공역]으로 출판하고, 여진족이 세운 금金의 역사를 역시 원元의 관리들이 1343~1344년에 편찬한 『금사金史』를 국내 최초로 번역해 2016년에 『국역 금사』 전4권[이성규李聖揆·박원길朴元吉·윤승준尹勝俊·류병재柳炳才 공역]으로 출판한 곳이 단국대학교다.

중국의 북방민족 가운데 중재의 관심은 특히 몽골에 많이 기울어졌다. 국내 대학교들 가운데 몽골학과를 처음 세워 이미 32년 동안 유지하고 있는 유일한 사례가 바로 단국대학교이다. 한국이 몽골과 수교한 1990년 3월 26일 직후인 1990년 11월 1일에 단국대학교는 몽골국립대학교와 자매결연을 맺었다. 그 이듬해 1991년 10월 23일에 푼살마긴 오치르바트Punsalmaagiin Ochirbat 몽골 대통령에게 명예경영학박사 학위를 수여한 단국대학교는 1993년 3월 1일에 천안캠퍼스의 외국어대학 안에 몽골학과를 세웠고 곧이어 몽골연구소를 세웠다. 2023년 2월에는 『몽한대사전』 전2권을 출판했으며 그 사이인 2017년 8월에는 『동북아유목문화대사전』을 출판했다. 각각 방대한 양의 이 사전들은 국내에서는 최초이고 유일이면서 몽골을 포함한 북방의 유목문화권에서도 그 유례를 찾기 어렵다.

동양학연구소를 설립한 정신과 맥을 같이 한 것이 '석주선기념민속박물관石宙善紀念民俗博物館'의 설립이다. 난사蘭斯 석주선 여사는 한국의 전통의상을 가장 많이 소장하고 깊이 연구해 일가를 이룬 이 방면의 최고 권위자였다. 중재는 난사로부터 소장품 4천여 점 전체를 기증받아 1981년 5월 2일에 '석주선기념민속박물관'이 개관하고 석주선 박사가 관장으로 취임하였다. 1999년 3월 26일에 '석주선기념박물관'으로 확대된 이 박물관은 2001년 11월 15일에 우리나라 최초로 17세기로 추정되는 조선시대 어린이 미라 의복을 발굴했으며, 2024년 현재 9,421점에 이르는 한국의 복식자료를 소장함으로써 이 분야의 자료와 관련해 국내 최대의 자리에 올랐다. 거기서 한 걸음 더 나아가, 이 박물관은 2022년 이후 자신의 활동을 나라 밖으로 넓혀 한국의 문화와 역사를 국제사회에 알려왔다.

같은 정신에서, 중재는 1986년 9월 1일에 퇴계학연구소를 세웠고 9월 2일에 기존의 중앙도서관을 퇴계기념중앙도서관으로 신축해 개관했다. 이어 1988년 11월 2일에 천안캠퍼스 안의 도서관을 율곡기념도서관으로 신축해 개관했다. 중재는 한국학의 정신적 원천을 조선왕조를 대표하는 큰 학자들인 퇴계退溪 이황李滉과 율곡栗谷 이이李珥에서 찾고자 한 것이고, 특히 퇴계에 대한 깊은 존경심에서 국제퇴계학회 초대 회장을 맡았다.

4 스스로 대학 행정가이기에 앞서 학자였기에, 중재 장충식의 학자에 대한 지인지감知人之鑑과 배려는 남달랐다. 20대의 청년 국문학도 이어령李御寧을 국문학과 전임강사로 받아들여 훗날 큰 학자이면서 국제적 문명비평가에 이어 문화부 장관으로 봉직하는 가운데 단국대학교 대학원에서 문학박사학위를 받는 디딤돌을 놓아주었고, 무명의 국사학도 강만길姜萬吉을 사학과 전임강사로 받아들여 훗날 고

려대학교 교수에 이어 전국적 국사학자로 성장하는 출발점을 마련해주었으며, 역시 무명의 의학도 안철수安哲秀를 의대 전임강사로 받아들여 훗날 세계적 생명과학자에 이어 대통령 후보 수준의 정치인으로 성장하는 발판을 마련해주었다.

고려대학교 법과대학 교수로 헌법학을 강의한 김남진金南辰 박사 그리고 국방대학원 교수에 이어 한국정신문화연구원오늘날의 한국학중앙연구원 부원장으로 정년한 정치학자 이기원李基遠 박사 역시 단국대학에서 전임으로 교직을 출발했다. 서울대학교 법과대학에서 헌법학을 강의한 한태연韓泰淵 교수 그리고 연세대학교 정법대학에서 헌법학을 강의한 김기범金箕範 교수는 단국대학 법률학과에서도 일정한 기간에 걸쳐 교수직을 유지했다. 농민과 농촌을 주제로 소설을 써서 '농민작가'로 불리던 이무영李無影은 단국대학 국어국문학과 교수로 종신했다. 한국슈베르트협회 이사장을 역임한 바이올리니스트 조상현曺祥鉉 교수는 단국대학교 예술대학 학장으로 봉직하다가 정년을 맞이했다.

한국 역사학계의 지도자들로 대성하는 서울대학교의 김철준金哲埈 교수, 한림대학교의 이기백李基白 교수, 서강대학교의 차하순車河淳 교수 등도 모두 단국대학에서 교직을 시작했다. 현재 서울대학교 인문대학 역사학부 국사학과 교수로 한국의 현대사 연구에서 또는 국제냉전 속에서의 한국 및 한미관계 연구에서 선도적 역할을 맡아온 정용욱鄭容郁 박사는 단국대학교 동양학연구소 연구원으로 출발했다. 역사학계의 지도자들이었던 김성근金聲近 교수, 손보기孫寶基 교수, 정영호鄭永鎬 교수, 한문학의 대가로 꼽히던 차주환車柱環 전 서울대학교 문리대 교수, 그리고 의학계의 김영균金英均 서울대학교 교수와 채범석蔡範錫 서울대학교 교수 및 김건렬金建烈 서울대학교 교수 등도 단국대학교로 모셨다.

고려대학교에서 정치적 이유로 해직된 역사학자 김성식金成植 교수와 노동경제학자 김윤환金潤煥 교수를 과감히 단국대학교로 모셨고, 이 일로 중앙정보부와 문교부의 압력을 감내해야 했다. 독일 하이델베르크대학교 유학 때 평양을 다녀온 혐의로 중앙정보부가 1967년 7월에 발표한 이른바 동백림사건에 연루되어 유죄판결을 받았던 고전학자 천병희千丙熙 서울대학교 전임강사가 특사로 석방되자 단국대학교 전임강사로 받아들여 서울대학교에서 박사학위를 마치게 하고 단국대학교에서 정교수로 정년퇴직하도록 뒷받침했다. 인재를 아끼는 중재의 이 깊은 배려 속에서 천 교수는 플라톤Plato과 아리스토텔레스Aristotle의 저작들을 포함한 희랍의 고전들을 국내에서 처음으로 희랍어로부터 번역해 국내에 소개할 수 있었다.

그것뿐이 아니었다. 앞날이 유망한 많은 학도를 중재 스스로의 자비로 또는 자신의 국제적 인맥을 통해 해외에 유학시켜 큰 학자로 키워냈다. 대표적 사례가 영국에서 학위를 받고 단국대학교 교수로 봉직하다가 환경부 장관으로 활동한 조명래趙明來 박사와 일본에서 학위를 받고 단국대학교 부총장으로 봉직한 김병량金炳亮 박사였다. 문교부 차관을 마지막으로 공직을 떠난 정태수鄭泰秀 명예박사를 단국대학교 대우교수로 초빙하고 자신과 개인적 인연이 깊은 일본의 대학으로 유학을 보내 교육학 박사학위를 받게 한 뒤 대진대학교大眞大學校 총장으로 자리 잡게 한 것은 또 다른 사례였다.[4]

중재는 교수들뿐만 아니라 학생들도 무척 아꼈다. 1970년대의 엄혹한 유신시절에 중재는 반정부시위에 가담했다는 이유로 서울대학교에서 제적되었고 교도소를 다녀온 박원순朴元淳 군이 단국대학교 입시에 지원해 합격선을 넘어섰을 때 중앙정보부와 문교부의 숱한 압력

---

[4] 정태수(鄭泰秀), 「만남의 미학」, 중재장충식박사고희기념화문집간행위원회 편, 『빈 들에 씨를 뿌리며』(한불문화출판, 2001), 217~219쪽.

을 뿌리치고 입학시켰다. 박 군은 사학과에 재학하던 때 사법시험에 합격하고 사법연수원을 수료하면서 검사를 거쳐 변호사로 활동하던 가운데 사학과를 졸업했다. 이어 서울특별시장으로 활동해 한때는 유력한 차기 대권주자로 거론되기도 했다.[5]

비슷한 사례는 1980년대에도 되풀이되었다. 제5공화국의 폭압 아래 민주화운동의 열기가 대학가를 뜨겁게 달구던 1987년 4월에 총학생회가 총장실을 점거한 상태에서, 총학생회장은 '분신자살'의 준비를 갖춘 채 총장이 시위 현장에 나타나 자신들의 요구에 대해 입장을 밝히라고 압박했다. 교직원들도, 문교부와 국가안전기획부도, 중재에게 현장에 나가지 말라고 강권했다. 단국대학교 밖의 운동권 수뇌부가 내린 '지령'에 따른 행동이니 학교가 굴복해서는 안 된다는 논리였다. 그러나 중재는 교수와 총장의 입장을 떠나 부형의 심정으로 분위기가 험악한 현장에 단신으로 나타나 그와 대화를 계속해 참극을 막았으며, 훗날 자신의 사재로 미국에서 공부해 박사학위를 받게 한 뒤 단국대학교 교수로 후학을 가르치도록 길을 열어주었다. 이러한 사례는 대한민국 대학의 역사에서 오늘날까지 유일무이唯一無二하다.

5 ______ 중재 장충식은 항일독립운동에 각별한 관심을 쏟았다. 그 뿌리는 선친 범정 장형 선생에서 찾게 된다. 항일독립운동에 참가한 범정은 해방 직후 다수의 항일독립운동가들이 정계 진출의 길을 선택한 것과는 달리 '교육보국教育報國'의 길을 선택해 1946년 9월 1일에 항일독립운동가 해공海公 신익희申翼熙와 함께 국민대학관國民大學館을 세운 데 이어 1947년 11월 3일에 한국의 최초 국가인 단군조선檀君朝鮮

[5] 박원순(朴元淳), 「비범한 정신력의 중재: 젊은 시절, 장충식 이사장님과의 만남」, 위와 같음, 233~235쪽.

의 건국정신인 홍익인간弘益人間을 기리고 그 정신 아래 남북통일을 성취한다는 뜻에서 단국대학을 설립했다.

선친이 중국에서 활동했기에 그곳에서 태어나 성장한 중재는 대한민국임시정부 요인들을 비롯한 독립운동가들의 숭고한 정신과 간난의 삶을 익히 알았다. 그래서 그 어른들과 후손들에 각별한 애정을 쏟았다. 1991년 2월에 정부나 기업이 한 푼도 지원하지 않던 '사단법인 백범김구선생기념사업협회'의 회장을 백범의 아들 김신金信 장군의 간청을 받아들여 맡아 7년에 걸쳐 봉사하면서 재정과 학술활동을 뒷받침했으며, 1993년에는 백범의 자서전 『백범일지白凡逸志』도 중국어로 번역해 출판했다. 이로써 백범과의 깊은 유대가 선친에 이어 중재에 이르기까지 2대에 걸쳐 지속되었다.

독립운동가를 존숭하는 취지에서, 대한민국임시정부 2대 대통령 백암白巖 박은식朴殷植 선생의 유고를 모아 단국대학교 동양학연구소를 통해 『박은식전서』 전3권을 1975년에 출판했다. 수익성은 전혀 없는, 그러나 후대가 반드시 읽고 연구해야 할 이 책이 국내외에서 처음으로 출판된 백암 선생의 전집으로, 27년 뒤인 2002년에 어느 한 출판사에 의해 보완을 거쳐 전6권으로 출판된 사실에 미뤄 중재의 선구적 역할이 돋보인다. 중재는 이 일을 계기로 알게 된 백암의 손자 박유철朴維徹 박사를 2008년 10월에 단국대학교의 제22대 이사장으로 초빙했다.

『박은식전서』를 출판한 취지에서, 중재는 단국대학교 동양학연구소를 통해 1989년에 『장지연전서』 전10권도 출판했다. 새삼스러운 설명이 필요 없이, 위암韋庵 장지연張志淵은 일제가 을사늑약을 강요한 데 항의해 그때로부터 사흘 뒤인 1905년 11월 20일 『황성신문皇城新聞』에 을사늑약의 원흉 이토 히로부미伊藤博文를 비난한 "오늘 목 놓아 크게 울다."라는 뜻의 「시일야방성대곡是日也放聲大哭」이라는 비분강개悲憤慷慨

의 사설을 발표한 항일지사였다.

일본 '천황' 암살을 시도했으나 실패하고 순국한 이봉창李奉昌 의사를 기리는 사업 역시 중재가 시작했다. 중재는 2000년 11월에 '이봉창의사장학회'를 발족시킨 데 이어 단국대학교출판부를 통해 2002년에는 『이봉창 의사와 한국 독립운동』을, 2004년에는 『이봉창 의사 재판관련자료집』을 출판했다. 이 책들은 이봉창 의사에 관한 국내 최초의 단행본들이었다.

항일독립운동과 항일독립운동가들에 대한 중재의 헌신을 정부는 잊지 않았다. 노무현 대통령은 2005년 8월에 '카레이스키' 곧 고려인들이 많이 사는 카자흐스탄공화국 알마티에서 열리는 광복 60주년 기념식에, 이어 2007년 4월에 대한민국임시정부가 피난을 거듭한 끝에 마지막으로 머물렀던 중국 중경重慶에서 열리는 대한민국임시정부 수립 88주년 기념식에 중재를 대통령 특사로 파견한 것이다.

항일독립운동에 대한 중재의 배려는 계속되었다. 중재는 3·1운동 100주년이면서 동시에 대한민국임시정부 수립 100주년인 2019년에 각각 서울과 중국에서 기념학술대회를 열었다. 중국에서의 경우, 한국학으로 정평이 나 있으며 대한민국임시정부의 출발지인 상해上海 소재 복단대학復旦大學과 제휴해 '대한민국임시정부와 중국 상해'를 주제로 삼아 한국인의 독립운동에 대한 중국인의 지원을 일깨워주면서 우리가 그 사실을 잊지 않고 있음을 중국인에게 보여주었다.

6 항일독립운동가들이 지향한 궁극적 목표는 한민족과 한반도가 완전히 독립한 하나의 국가였다. 따라서 일제의 패망과 동시에 생각조차 하지 않았던 남북분단이 현실로 나타났을 때 그들은 실망하지 않을 수 없었다. 그러나 불요불굴의 투사였던 그들은 주저앉지

않고 새롭게 민족의 앞날을 열고자 했다. 그렇기에 대한민국임시정부 김구 주석과 김규식金奎植 부주석 등은 통일국가의 실현을 위해 1948년 4~5월에 평양을 방문하고 당시 '북조선인민위원회' 김일성金日成 위원장 등 북한 지도자들을 상대로 남북협상에 참가했다.

백범의 독립운동과 그 연장延長으로서의 통일운동을 높이 평가했으며 단국대학교의 궁극적 지향이 민족의 평화통일 실현임을 늘 잊지 않은 중재 장충식은 남북관계의 개선과 통일을 위한 여러 국가적 과제에 정부의 요청이 있을 때 주저하지 않고 적극적으로 참가했다. 그 대표적 사례가 남북체육회담에서의 활동이었다. 여기서 잠시 상기해야 할 점은 중재가 체육인이었다는 사실이다. 그는 휘문고등학교 학생 때 송구부와 빙상부에서, 이어 서울대학교 사범대학 학생 때 서울대학교 사범대학 럭비부에서 활약하며 체력을 단련한 것을 계기로 체육인으로 성장했다. 단국대학교에 비인기 종목이던 스키부와 빙상부를 창단했고, 대학배드민턴협회 회장과 대학육상경기연맹 회장 및 대학스키연맹 회장으로 시작해 대학축구연맹 회장·대학태권도연맹 회장·대학농구연맹 회장·대학테니스연맹 회장 등으로 봉사했으며, 대학체육위원회 위원장과 대한체육회 부회장 및 대한올림픽위원회 위원장을 맡기도 했다.

중재가 남북체육회담에 처음 관여하게 된 계기는 전두환 대통령이 1988년 하계 올림픽을 서울로 유치하고자 국제올림픽위원회IOC를 상대로 섭외·홍보활동을 시작했을 때 마련되었다. 중재는 1981년 7월부터 유치활동에 참여하면서 국제체육계에서 남북협력이 절실함을 새삼 깨달았다. 주로 아프리카와 중동을 담당했던 중재의 활동은 1981년 9월 독일 바덴바덴Baden-Baden 총회에서 경쟁지 일본 나고야名古屋를 물리치고 올림픽 개최 장소를 서울로 결정짓는 쾌거를 이뤄내는 데 일조했다. 동시에 1981년 7월에 루마니아 부쿠레슈티에서 열린 하계 유니버시아드세계대학경기대회에 대한민국 단장으로 참가해 공산국가들을 상대로 서울올림픽 유치 및 홍보에 힘을 썼고, 1987년까지 네 차례 연속으로 대한민국 단장을 맡았다. 1984년 9월에는 '1986년 아시안게임 스포츠과학학술대회'와 '1988년 서울올림픽 스포츠과학학술대회' 조직위원장을 차례로 맡아 두 대회 모두 천안캠퍼스에서 성공적으로 개최했다. 국제올림픽위원회는 1996년 4월에 중재에게 세계올림픽 발전에 기여한 공로를 인정해 올림픽훈장을 수여한다.

중재가 예견했던 대로, 1988년 여름에 서울에서 열릴 제24회 올림픽을 앞두고 국내외 일각에서 남북공동 주최안이 제기되었다. 이에 따라 국제올림픽위원회 주재로 1985년 10월 8일부터 1986년 1월 24

국제 스포츠에 쌓은 공적으로 IOC로부터 올림픽 훈장을 수상한 중재 KOC 부위원장 (1996.04.01)

일까지 스위스 로잔Lausanne에서 남북회담이 열렸다. 대한올림픽위원회 부위원장이었던 중재는 남측 차석대표로 참석해 공동 주최의 성사를 위해 많은 노력을 기울였다. 이 회담은 북측이 IOC헌장에 없을 뿐만 아니라 스스로 감당할 수 없으면서도 서울올림픽을 파탄시키려는 속셈에서 올림픽의 남북 분산 개최를 제의하고 거기에 지나치게 매달려 결국 결렬되었다.

1988년 여름에 서울에서 열린 제24회 올림픽은 올림픽 회원국 167개국 가운데 160개국이 참가해 올림픽 역사에서 가장 성공적인 올림픽이라는 찬사를 받았다. 그러나 북한이 참가하지 않아 아쉬움을 남겼다. 자연히 1990년 여름에 중국 북경北京에서 열릴 제11회 아시안게임에는 남과 북이 단일팀을 이뤄 참가하자는 분위기가 고조되었다. 1989년 3월 9일부터 1990년 2월 7일까지 아홉 차례에 걸쳐 남북체육회담이 판문점에서 열렸다. 중재는 남측 수석대표로 참가해 이 회담의 성공을 위해 여러 차례 양보의 미덕을 보여주었다. 그 결과 큰 테두리의 사항에 대해 합의를 끌어낼 수 있었다. 그러나 마지막 단계에서 북한이 합의 사항의 이행을 보장하는 방안에 대한 협의를 거부함으로써 협상은 결렬되었다. 중재는 한국선수단 단장으로 선수들을 이끌고 아시안게임 개막식에 입장하고 선수단이 종합 2위의 성적을 거둠으로써 아쉬움을 달랬다.

비록 아시안게임 단일팀 구성은 실현되지 않았으나, 다행히도 중재가 남측 수석대표로 참석한 남북체육회담은 1990년 9월 29일에 남북축구경기를 1990년 10월 11일과 10월 23일에 각각 평양과 서울에서 열기로 합의할 수 있었으며, 실제로 남북통일축구대회라는 이름 아래 그렇게 열었다. 중재의 협상력이 발휘된 좋은 성과였다. 그러한 분위기가 계속 유지되어, 1991년 4월 24일부터 5월 6일까지 일본 지바千

葉에서 열린 제41회 세계탁구선수권대회와 1991년 6월 14일부터 30일까지 포르투갈 리스본에서 열린 제8회 세계청소년축구선수권대회에 남북단일팀을 파견하는 데도 합의를 이뤄냈다. 후자의 경우, 중재는 남북단일팀 단장으로 참가해 생소한 남북 선수들의 단합에 힘썼다. 다행히 단일팀은 8강에 진출할 수 있었다. 대한체육회는 2024년 2월 29일에 그동안 중재가 대한민국 체육의 발전과 국제화에 공헌한 사실을 인정해 중재에게 특별공로상을 수여한다.

중재는 김대중 대한민국 대통령과 김정일金正日 조선민주주의인민공화국 국방위원장이 남북관계의 역사에서 처음으로 2000년 6월 13일에서 15일에 평양에서 개최한 역사적 남북정상회담 직후 대한적십자

대한민국 스포츠 발전에 헌신한 노고를 인정받아 제70회 대한체육회 체육상 특별공로상을 수상한 중재와 축하 인사를 나눈 단국대학 관계자(왼쪽부터 차병권 법인 사무처장, 안순철 총장, 방장식 상임이사, 김재일 대외부총장)(2024.02.29)

사 총재로 선임되어 남북이산가족상봉단 단장의 일을 맡아 평양을 방문했다. 실향민으로서 실향민의 아픔 그리고 더 나아가 이산가족의 아픔을 안고 있었기에 1985년 4월에 한국이산가족협의회 회장을 맡은 이후 이산가족의 재회에 깊은 관심을 쏟았었다. 그런데 이제 새로운 직함으로 그 일을 추진하게 된 것이다. 이로써 그는 단국대학교의 창학 정신이었으며 시대적 요청이었던 남북화해와 민족통일의 과업을 달성하기 위해 일선에서 다시 헌신할 수 있었다.

이 과정을 통해, 중재는 세계 평화와 남북통일의 정신을 학생들에게는 물론이고 국민 모두에게 깊이 심어주어야 한다는 믿음을 강화했다. 그래서, 우리가 제7장에서 자세히 보게 되듯, 2007년 8월 30일에 죽전캠퍼스에 '평화의 광장'을 조성했다.

7 중재는 통일운동의 연장선 위에서 노태우 대통령의 북방정책 추진에서도 일정한 역할을 수행했다. 그 출발점은 중재의 에스페란토 구사 능력이었다. 널리 알려졌듯, 에스페란토는 1887년에 폴란드 안과의사 루도비코 라자로 자멘호프Ludwig Lazarus Zamenhof, 1859~1917가 창안한 국제공용어다. 원래 영어·중국어·일본어를 비롯해 독일어·프랑스어·스페인어 등 모두 6개 외국어에 밝았던 중재는[6] 1980년쯤부터 학습을 시작해 곧 연설을 할 수 있을 정도로 익숙해졌고, 1982년에는 내부 갈등을 겪던 '한국에스페란토협회' 회원들의 추대를 받아 회장에 취임했다. 이 자격으로 중재는 1986년 여름에 '에스페란토협회세계대회'가 중국 북경에서 열렸을 때 당시 미수교국인 중국에 입국해 대회장에서 에스페란토로 연설할 수 있었다.

---

[6] 이 사실은 다음에서 자세히 설명되었다. 윤내현(尹乃鉉), 「참으로 인정이 많으신 중재 선생님」, 위와 같음, 215쪽.

이 계제에 중재는 헝가리의 부다페스트공과대학교 부총장 긴스틀러 야노쉬Ginsztler Janos 박사를 만나게 되어 단국대학교와의 자매결연에 합의하기에 이르렀다. 그때로부터 3년여 뒤인 1988년 2월에 취임한 노태우 대통령은 북방정책을 추진하면서 우선 헝가리와의 국교 수립에 성공했다. 이에 중재는 1989년 2월에 부다페스트공과대학교를 방문하고 단국대학교와의 협력 방안을 협의했다. 이 학교는 우선 자신이 보유한 원자로가 고장이 나서 고민한다며 1백만 달러의 지원을 요청했다. 귀국한 뒤 중재는 노태우 대통령을 설득해 5백만 달러를 지원할 수 있었다.

부다페스트공과대학교는 곧바로 단국대학교 졸업생들을 대학원 과정에 받아들였고, 그 가운데 자연과학대학 물리학과를 졸업한 현준원玄峻源 군은 1994년에 물리학 박사학위를 받고 귀국해 단국대학교 교수로 부임했다. 부다페스트공과대학교에서는 다섯 명이 단국대학교로 들어왔다. 중재는 강서구江西區 화곡동禾谷洞에 있는 자신의 집을 단국대학교에 기부해 그들의 기숙사로 쓰게 했다.

이미 1986년에 미수교국인 중국으로부터 정식 입국사증을 받아 인적 교류의 선례를 남긴 중재는 이후 중국과의 수교에서도 일정하게 기여했다. 1990년의 북경아시안게임 때 중국 측은 각국 선수단 단장들과 임원들이 써야 할 차량 500여 대를 확보하지 못해 고민하고 있었다. 중재가 곧바로 정주영鄭周永 회장과 협의하자, 정 회장은 현대차 500대를 북경대회에 기부했다. 중국 측이 고마워한 것은 물론이다.

당시 노태우 대통령의 북방정책을 뒷받침하기 위해 1990년 12월에 민간단체로 '사단법인 한·중·소협회'가 발족했다. 중재는 이 협회 이사들의 간곡한 요청을 받아들여 회장을 맡아 재정과 학술 활동을 뒷받침했다. 1991년 11월에는 국내 대학교의 총장으로서는 처음으로 미수교국이었던 베트남을 방문하고 하노이국립공과대학교와 자매결연을 이뤄냈다. 정부의 공식외교에, 비록 작은 일이었으나 이러한 민간의 후원이 쌓이면서 1992년 8월에 중국과의 수교가, 1992년 12월에 베트남과의 수교가 이뤄졌다. 노 대통령의 북방정책 성공의 바탕에는 중재를 비롯한 민간 지도자들의 이러한 헌신이 놓여 있었다.

국제올림픽위원회를 상대로 활동하고 여러 종류의 세계 스포츠대회에 관여하며 북방정책 추진에 참여하면서 중재는 자신의 봉사를 국제로타리운동으로까지 넓혔다. 1977년 7월에 한성로타리 회장을 맡았던 그는 2003년 7월에는 국제로타리 3650지구 총재에 취임했고, 2011년 6월에는 국제로타리가 수여하는 '초아超我의 봉사상'을 받았다.

앞의 여러 곳에서 살핀 중재의 학문적 열정과 업적 그리고 국내외적 봉사와 활동은 국내외에서 높은 평가를 받았다. 그것은 미국·러시아·프랑스·몽골을 비롯한 국내외의 명문대학교 아홉 곳이 중재에게 명예박사학위를 수여하고 대한민국 정부와 중화민국 정부 및 몽골 정부가

중재가 주도해 설립한 한중소협회 창립 총회(1990.12.15) 광경. 사회주의권의 맹주인 소련, 중국과의 친선을 도모해 한국의 북방정책을 후원하는 데 큰 기여를 했다.

중재는 장학사업, 해외 의료봉사, 공익 공연, 남북체육회담, 남북 적십자 활동 등 다방면에서 헌신적인 봉사를 펼친 공로로 국제로타리가 수여하는 초아의 봉사상을 수상(2011.06.22)하였다. 좌측은 국제로타리 3650지구 박영구 총재

그에게 훈장을 수여하는 것으로 나타났다.

8 ______ 중재는 문학·예술인이기도 했다. 중재는 휘문고등학교 학생 때 문예부에서 활동하며 교지에 시詩를 발표한 이후 꾸준히 글을 써, 『위대한 유산을 위하여』1974, 『착한 이들의 땅』1978, 『큰 삶 작은 이야기』1992, 『마지막 남은 한 길』2011, 『그래도 강물은 흐른다』전5권, 2012, 『다시 태어나도 오늘처럼』2015, 『생각하는 사람에게 길이 있다』2018, 『아름다운 인연: 독립운동가의 아들과 일본군 장교 부인의 완전한 사랑』2021, 『눈물』2021 등을 출판했다. 모두 좋은 작품들이지만, 특히 대하소설인 『그래도 강물은 흐른다』는 우리나라의 대표적 소설가들 가운데 한 사람인 조정래趙廷來 교수가 그리고 대표적 문학

평론가들 가운데 한 사람인 권영민權寧珉 교수가 높이 평가할 정도로 중재의 문인으로서의 역량을 보여주었다. 또 『시대를 넘어 미래를 열다: 중재장충식회고록』2011 및 『학연가연學緣佳緣』2021과 같이 지난날 단국대학교와 관련한 사람들과 일들에 대한 회고를 담은 책도 출판했다.

어려서부터 클래식 음악을 좋아했던 중재는 피아노와 바이올린은 물론 플루트와 단소短簫도 연주하곤 했으며, 때로는 몽골 악기를 연주하기도 했다. 맏딸이 첼로를 전공하고 둘째 딸이 플루트를 전공한 것은 중재가 꾸린 가정의 음악적 배경에서 비롯된 것이다. 1984년 4월에는 우리에게 「고향의 봄」, 「봉선화」, 「성불사의 밤」 등의 작곡가로 친근한 바이올리니스트 홍난파洪蘭坡를 기념해 국내에 하나뿐인 난파음악관을 단국대학교 안에 세웠다. 1999년 7월에는 자선을 위한 연주단체로, '사랑'이라는 뜻의 라틴어로 시작하는 '아마레앙상블'이라는 현악5중주단을 창설해 소외된 계층을 대상으로 국내외에서 여러 차례 음악회를 열었다. 문학과 음악을 사랑하는 마음의 연장선 위에서, 중재는 2000년에 단국대학교 특수대학원의 하나로 대중문화예술대학원을 세웠으며, 2003~2004년에 세종문화회관 이사장으로 봉사했고, 2013년에 '뉴코리아필하모닉오케스트라' 대표에 취임했다.

9 ______ 총장으로 또는 법인이사장으로 단국대학교를 이끌며 중재는 평안한 날을 보낸 적이 하루도 없었다. 신생 독립국으로서의 대한민국의 역사 자체가 전쟁과 정변을 비롯한 숱한 격동으로 얼룩진 가운데 오늘날과 같이 세계가 주목하는 중진국 반열에, 또는 선진국 입구에 올라설 때까지 모든 분야에서 진통이 심했으며 그 극복의 노력은 눈물겨웠다. 단국대학교 역시 예외가 아니었다. 출발부터 재정

적 기반이 약했고, 정권마다 시대적 상황에 흔들려 단국대학교에 대한 요구 또는 압박이 컸으며, 때로는 여러 형태의 사회적 저항운동이 학내로 밀어닥쳐 소요를 일으키기도 했다. 중재 스스로의 표현으로, "1970년대의 단국대학교는 강풍 한 번에도 공중분해가 될 수 있는 열세였고 […] 단국대의 역사가 바람 앞의 촛불 같았다."[7] 이 역경을 헤치면서 해결해야 할 책임자는 다름 아닌 중재 한 사람이었다. 그러면 중재는 어떻게 곤경을 이겨낼 수 있었던 것인가? 그 해답은 중재 특유의 결심과 리더십에서 찾을 수 있다.

첫째, 중재는 선친이 설립한 단국대학교를 유지하고 발전시키는 일을 자신의 운명이자 사명으로 받아들이고, 중재 스스로의 표현으로 "태산이 무너져도 포기는 없다."라는[8] 의지력과 뚝심으로 자신의 모든 것을 이 사명 하나에 바쳤다. 그 바탕에는, "이 세상에서 가장 어렵고도 무거운 책임을 느끼는 길이 곧 효도의 길이 아닌가 생각한다."라는 중재의 글에 나타났듯,[9] 어머니에 대해서는 물론이고 특히 선친에 대한 지극한 효심孝心 그리고 깊은 애정과 존경심이 깔려 있었다. 어려서부터 선친이 항일독립운동의 일선에서 겪는 간난신고艱難辛苦의 어려움과 자칫하면 투옥되는 위험을 목격한 중재는 그러한 선친의 유업을 지키고 키우는 일이 어느 무엇보다 귀중함을 깨닫고 내면화內面化한 것이다.

중재는 주변에 때때로 흥선대원군興宣大院君의 고사故事를 말하곤 했다. 왕실을 우습게 여기며 때로는 왕손들을 암살하기도 한 척족지배의 조선왕조 말기에 자신의 집안을 살리고 마침내 자신의 아들을 왕

7 장충식, 『시대를 넘어 미래를 열다』(경기도 용인사: 노스보스, 2011), 264쪽.

8 이 표현은 위와 같음, 511쪽에서 읽을 수 있다.

9 장충식, 「참다운 인간 행로」, 『착한 이들의 땅: 장충식 수필집』(예서원, 1978), 19쪽.

위에 올리기까지 흥선대원군이 일부러 못난 체하며 온갖 모욕과 조롱을 견뎌낸 옛일을 떠올리며, 단국대학교를 살리는 일이라면 중앙정보부와 보안사령부에 각각 한 차례씩 끌려가 고문을 당할 때도 감내했고, 엄청난 경비를 요구하는 병원 건설을 위해 은행에서 대출을 받거나 심지어 사채업자로부터 빚을 얻을 때도 자신을 굽히며 수모를 감내했다.

다른 한편으로, 정부의 강력한 영향 아래 놓인 사학 운영자로 권력 또는 정부와 때로는 가까이 지냈다. 그러나 정부에서 때로는 국회의원전국구 및 지역구, 장관, 그리고 마침내 국무총리를 제의했을 때도 교육자의 본령을 지켜야 한다는 초심을 버리지 않고 고사했다. 한국적 상황에서 대학인은 권력에 대해 불가근불가원不可近不可遠의 자세로 임해야 한다는 교훈을 그는 실천했다.

둘째, 중재는 늘 미래를 내다보며 도전과 창조의 정신으로 단국대학교를 이끌었다. 현실에 안주하는 일이 없이 앞으로 어떤 방향으로 학문이 발전할 것이고 어떤 인재를 길러내야 할 것인가를 연구하는 가운데, 그리고 단국대학교가 지역 사회에 대해서는 물론이고 국가와 민족에 기여하는 길은 무엇인가를 고뇌하면서, 뉴프런티어 곧 '새로운 변경邊境'을 개척하는 마음가짐으로 일관했다. 국내 대학 최초로 지방 캠퍼스를 세우고, 대형 종합대학교도 갖추기 어려운 의과대학·치과대학·약학대학·간호대학 등 의약 네 대학을 모두 세워 생명과학의 클러스터를 형성할 수 있었던 바탕에는 중재 특유의 미래지향적 도전 정신이 있었다. 그의 주요한 저서인 『시대를 넘어 미래를 열다』의 제목이 그것을 말한다.

그러한 뜻에서, 중재는 우리의 자녀들이 '모험적 탐험적 개척의 의지와 자세'를 내면화하고 체화할 수 있도록 교육할 것을 제의했다.

'미지의 세계에 대해 도전할 수 있는 개척의 의지'를 심어주어야 한다고 역설하며, 그 '롤 모델'의 한 보기로 "아프리카 최남단에 도달한 바르톨로메우 디아스Bartolomeu Dias나 인도양 항로를 개척한 바스코 다가마Vasco da Gama나 크리스토퍼 콜럼버스Christopher Columbus 같은 불굴의 의지를 갖고 바다에 도전한 서구의 모험가들과 탐험가들"을 지적했다.[10]

셋째, 중재는 어떤 목표를 설정하고 그 목표를 달성하기 위한 과제를 추진할 때 언제나 현장 검증과 확인을 앞세웠다. 공리공담空理空談은 금물이었다. 충남 청양군 장곡마을에서 새마을운동을 시작하고 추진하던 때 벽촌이어서 군軍의 지프차도 다니기 어렵던 그곳을 먼지를 뒤집어쓰면서 수십 차례 찾아다녔고, 천안에 제2캠퍼스를 마련하던 때 아예 그곳에서 살다시피 하며 이곳저곳을 꼼꼼히 살핀 일들이 그 대표적 사례였다. '시뻘건 생흙과 자갈밭에 지나지 않았던 폐천廢川 부지'를 5만여 평의 농장으로 바꿔놓고, 잡목만으로 우거졌던 연습림을 경제수종經濟樹種으로 가득찬 20여만 평의 산림으로 바꿔놓은 이야기는[11] 중재의 치밀한 발상과 뚝심을 보여주면서도 감동적이다.

넷째, 중재는 한국의 사학私學 일각에서 때때로 나타나 국민적 지탄의 대상이 되었던 악덕한 운영자가 저지른 '부정 축재'라는 것을 전혀 몰랐다. 이 사실에 대해, 서울대학교 사범대학 학장을 역임한 뒤 단국대학교 대학원장으로 봉직한 김성근 교수는 "12년을 단국대에 봉직하면서 가까이에서 본 중재는 우선 물욕에 빠지지 않는 점이 좋았다. 대

[10] 장충식, 「동양인과 서양인, 그 의지의 차이」, 『위대한 유산을 위하여: 장충식 삶과 글』 (삼화인쇄출판부, 1974), 169~175쪽.

[11] 김봉구(金鳳九), 「오지 농촌 소년의 꿈을 지켜준 은인」, 중재장충식박사고희기념화문집간행위원회 편, 『빈 들에 씨를 뿌리며』, 166쪽.

학 경영자로서 치부를 도모한다든가 사치스러운 생활을 한다든가 하는, 경우에 어긋나는 생활 자세를 보이지 않았다."라고 증언했다.[12] 이러한 생활 자세는 중재의 '손은 비어 있어야 한다.'라는 뜻의 공수론空手論에서 나왔다. 손이 비어 있어야 자신을 위해서나 학교를 위해 큰 것이 찾아올 때 잡을 수 있다는 뜻이었다.

중재는 선친의 가르침인 '철저한 근검과 절약'의 정신에 충실해 자신과 아내가 검소하게 생활하며 힘들게 저축해 사들인 집도 학교에 바쳤다. 헝가리에서 온 유학생들의 기숙사로 내놓았고, 또 사법시험을 준비하는 학생들을 위해 법선재法禪齋라는 이름의 기숙사로 내놓으면서 자신과 가족은 전셋집에서 살았다. 이 법선재 출신의 법조인들 가운데 대표적 사례가 바로 박원순 전 서울특별시장이었다. 유신 말기에 부인은 1년 반 정도의 짧은 기간 국회의원으로 세비를 받게 되자 전액을 어느 한 농촌의 새마을회관에 주어 리모델링에 쓰게 했다.

중재는 자신의 어느 한 글에서 '유복한 환경'에서 생활하는 사람이 어려운 여건에서 생활하는 사람들을 위해 "봉사해야 하는 사명과 책무를 성실히 수행할 때 이 사회는 더더욱 건전하게 발전할 것"이라고 썼다.[13] 바로 흔히 말하는 '노블레스 오블리주noblesse oblige', 곧 '상류층에 속해 혜택을 누리고 사는 사람이 그 혜택을 사회에 돌려주는 도덕적 책무감'을 말한 것으로, 중재 내외는 중재가 강조한 도덕적 책무감을 스스로 실천하고 생활해온 대표적 사례들 가운데 하나에 속한다.

다섯째, 같은 정신에서 중재는 외부에서 받은 선물은 모두 외빈이

---

[12] 김성근(金聲近), 「제자 잘 둔 스승의 늦복」, 『빈 들에 씨를 뿌리며』, 88쪽.

[13] 장충식, 「물 한 방울, 그 하나의 교훈」, 『마지막 남은 한 길: 중재장충식수필선집』(경기도 용인시: 노스보스, 2011), 96~97쪽.

나 주변에 나눠주었다. 전 단국대학교 부총장이 중재를 "천성적으로 남에게 베풀기를 좋아하여 자신이 받은 사소한 선물 하나까지도 소장하지 않고 단국 가족 또는 어려운 사람에게 베풀어오신 […] 호시지덕好施之德으로 살아온 분"이라고 평하고, 전 단국대학교 음악대학 교수가 "이사장님은 평소에 '주는 것이 받는 것보다 낫다.'라고 가르쳤고 일평생을 남에게 주기만 하며 살아오신 분이었다."라고 회고한 것이 그 사실을 뒷받침하는 여러 증언 가운데 하나이다.[14]

이 대목에서 존 록펠러Lewis John Davison Rockefeller, 1839~1937와 더불어 미국의 양대 석유재벌로 꼽혔고, 조선 고종高宗 때 최초의 근대 의학전문학교 세브란스의학전문학교 교사와 세브란스병원을 지어준 루이스 헨리 세브란스Louis Henry Severance, 1838~1913가 떠오른다. 그는 글자 그대로 당시 미국에서 몇 명 되지 않았던 억만장자였으나 어떠한 부동산도 소유하지 않은 채, 심지어 부인과 사별한 뒤에는 집도 없이 호텔에서 생활하면서 뜻있는 일에 기부하는 것을 자신의 사명으로 여겼는데, "도움을 받는 당신의 기쁨보다 주는 내 기쁨이 더 큽니다.You are no happier to receive it than I am to give it."라고 말하곤 했다.[15] 중재가 세브란스의 이 말을 전해 듣고 "주는 것이 받는 것보다 낫다."라고 말한 것은 절대로 아니다. 선친이 그러했던 것처럼, 중재에게 그것은 천성天性과 다름없었다.

이렇게 사익私益이 아니라 공익公益을 앞세우며 남 돕기를 좋아하는 정신의 연장선 위에서, 중재는 심지어 대한적십자사 총재로 봉직하던

---

[14] 김석하(金錫夏), 「일대의 명수(名手), 중재 선생」, 『빈 들에 씨를 뿌리며』, 176~177쪽; 정학수, 「인생여정의 안내자」, 위와 같음, 290~291쪽.

[15] 김학은(金學虒), 『루이스 헨리 세브란스: 그의 생애와 시대』(보고사, 2023년 개정증보판), 334쪽.

때 총재에게 주는 급여와 수당은 물론 차량 지원을 모두 거부했다. 국민의 기부금과 회원들의 회비 그리고 대한적십자사 산하 혈액원이 국민이 헌혈한 혈액을 병원에 팔아 그 수입으로 운영에 충당하는 형편을 고려할 때 '양심에 비춰' 받을 수 없다는 것이었다.[16] 대한적십자사 창설 이후 오늘날까지 그렇게 처신한 총재는 중재 한 사람뿐이다. 단국대학교 총장 시절 해외 출장 때도 '침대 하나의 작은 방'에 머물곤 했다.[17]

중재의 생활은 글자 그대로 근검과 절약 그리고 청렴이었다. 서울대학교 사범대학 4학년이던 1955년 5월에, 서울대학교 사범대학을 거쳐 숙명여자대학교 가정대학에 재학하던 신동순申東順 양을 배필로 가정을 이룬 뒤 올해로 결혼 70주년을 맞이하면서 슬하에 1남 3녀와 그 배우자들을 비롯해 7명의 손주를 두고 조그만 잡음도 없이 건전한 삶을 영위해 왔다. 그래서 그는 물론이고 가족 가운데 누구도 부동산이나 주택 그리고 명품 논쟁에 휩싸인 일이 없었다. 오히려 자녀들은 아버지가 단국대학교를 위해 은행대출을 받고자 할 때마다 자신들의 집을 담보로 제공하는 '모험'을 주저하지 않았다. 이러한 가풍家風 속에서, 중재의 가족들은 가정부를 집안 식구의 일원으로 대접하면서 존댓말을 썼다.[18]

여섯째, 대학의 큰 기둥인 교수와 학생을 지키는 일에 힘을 썼다. 특히 학생 징계에 대해서는 그의 장래를 고려하면서 최대한 자제했다. 중재가 총장으로 있으면서, 학생들의 데모 행위를 징계하거나 제적한

---

16 장충식, 「정치에 희생된 적십자정신」, 『시대를 넘어 미래를 열다』, 495쪽.

17 황명수(黃明水), 「관용과 포용의 실천자」, 『빈 들에 씨를 뿌리며』, 128쪽.

18 장충식, 「할머니 가정부」, 『큰 삶 작은 이야기: 장충식 삶과 글』(문학마을, 1992), 9~13쪽.

예는 단 한 건도 없었다. 설령 형사입건되어 투옥되는 경우라도 변호사를 선임해서 그들이 학원으로 다시 돌아오도록 하는 데 최선을 다했다. 전두환 대통령 때인 1985년에 정권의 일부 강경파가 운동권 학생들을 예비검속해 수용하는 것을 골자로 하는 학원안정법을 제정하고자 하면서 당시 '한국대학교육협의회' 회장이던 중재에게 찬성에 앞장서 지지하는 결의를 받아내 줄 것을 강요했을 때 중재는 스승으로서 제자를 그렇게 다루는 법에 찬성할 수 없다고 버틸 뿐만 아니라 국군보안사령관을 비롯한 정권 요인들에게 정부 스스로 물러서도록 설득했다. 그 결과 전 대통령 스스로 철회했다.

일곱째, 중재는 "늘 억강부약抑强扶弱의 정신으로 약자弱者에게 눈과 마음을 두고 살도록 하라"는 선친의 가르침에 충실해 단국인檀國人이 아니라고 해도 어려운 사람을 보면 어떻게 해서든 도와주려고 했다. 군軍에서 탈영한 뒤 다방을 점거하고 손님 등 12명을 인질로 잡아 큰 물의를 일으킨 사건을 현장에서 알게 되자, 그 젊은이의 감형 그리고 새로운 출발을 위해 노력해 성사시킨 일이 그 한 사례였다.

약자에 대한 중재의 애정과 관심은 장애인에게도 쏠렸다. 어려서 두 팔을 잃은 채 입과 발로 그림을 그리는 구족화가口足畫家로 성장하는 한 소녀를 단국대학교로 입학시켜 졸업하게 하고 끝내 중국에서 박사학위를 받게 한 뒤 단국대학교 교수로 활동하게 한 것이 다른 사례였다. 측은지심惻隱之心과 따뜻한 마음이 중재의 성격적 특징 가운데 하나였다. 흔히 쓰는 말로 '불우한 사람'에 대한 중재의 애정과 배려는 '핸디캡'을 가진 사람들을 건강하게 키워 사회에 배출하는 '특수교육과'를 국내의 수도권 대학교 가운데 최초로 개설하는 것으로도, 그리고 '한국장애인문인협회' 이사장을 맡아 재정을 후원하는 것으로도 나타났다.

이러한 중재에게, 사법시험에 합격하고 사법연수원을 수료했으나

"신체장애자라는 이유로 4명이 법관 임명에서 탈락했다."라는 발표는 '경악'이 아닐 수 없었다. 중재는 한 편의 논설을 통해 그러한 결정을 내린 '사법부의 관계자들'을 나무랐다.[19] 같은 맥락에서, 그는 "불구자에게 우리의 사회는 너무 비정한 사회이다. […] 불구자의 인권과 취학의 권리가 무시되고 거부당하는 냉혹한 우리의 사회 풍토를 아름다운 인간이 모인 사회로 볼 수 있겠는가?"라고 질타했다.[20] 중재가 이 글을 쓰던 때는 '불구자'라는 표현이 받아들여졌지만, 오늘날에는 이 표현은 '장애인'으로 대체되어 쓰이고 있다.

같은 맥락에서, 중재는 대학 입시에서 실패한 학생들에게 좌절하지 않도록 용기를 불러일으켜주는 것은 물론이고, 입시 제도 그 자체의 개선을 제의했다. '일류병一流病'에 젖어 있는 한국사회의 대학관大學觀에 경종을 울리면서 자기 소질과 적성 그리고 취미에 맞춰 자신의 전공과 직업을 선택하게 하는 사회적 분위기의 조성이 긴요하다고 부연했다.[21]

여덟째, 중재는 새마을운동이나 남북대화와 같은 국가적 과제에 헌신하는 것을 잊지 않았다. 흔히 교수의 책무로 연구, 강의와 학생지도, 그리고 사회봉사 셋을 꼽는다. 그는 사회봉사의 정점에 해당하는 독립운동에 참여한 선친의 정신을 잊지 않고, 또 선친이 설정한 단국대학교의 교시校是 '진리와 봉사' 가운데 '진리'를 찾고 지키는 일을 잊지 않으면서 동시에 '봉사'를 늘 기억하고, 국가와 민족을 위한 과제를 사회봉사로 여겨 자신의 사비를 쓰면서까지 성실히 수행하고자 했다.

---

19 장충식, 「사법부의 장애자 박대」, 위와 같음, 217~220쪽.

20 장충식, 「불구자와 대학」, 『착한 이들의 땅』, 168~171쪽. 이 원고는 원래 『시문학』(1977년 6월)에 게재되었다.

21 장충식, 「부모의 허욕」, 「대학의 먼로주의」, 「실패한 자녀에게 사랑과 격려를」, 『마지막 남은 한 길』, 190~194쪽, 242~247쪽, 273~280쪽.

아홉째, 중재는 어느 한쪽으로 편향되지 않고 국내에서는 물론 외국에서도 사회 각계각층 인사들과 폭넓게 교우하며 신뢰를 쌓았다. 중재가 단국대학교의 시련과 위기를 이겨내면서 발전시킨 원천에는 그의 광범위한 인적 자산으로부터의 도움이 있었다. 1966년에 단과대학으로서의 단국대학을 종합대학교로서의 단국대학교로 승격시키는 과정에 박정희 대통령과의 면담을 이뤄내는 데에는 3·1운동을 이끈 민족대표 33인 가운데 한 분인 이갑성李甲成 옹이 적극적으로 도와주었고, 문홍주文鴻柱 문교부 장관의 실무적 도움이 필요하던 때 야당 소속의 김상현金相賢 의원이 발벗고 나서준 사례가 그 하나라면, 1984년에 단국대학교 천안캠퍼스에 치과대학병원을 개설할 때 일본인 치의학 교수로부터 몇 차례에 걸쳐 아무런 대가를 치르지 않고 결정적 도움을 받았던 사례가 그 다른 보기였다.[22] 우리가 제5장의 「치과대학과 그 부속병원 설립」에서 자세히 읽게 되듯, 이 사례는 중재의 협상력을 확인할 수 있을 뿐만 아니라 중재에 대한 상대방의 무한한 신뢰의 바탕에 놓인 중재의 인간적 진실성을 보게 되며, 특히 후자의 경우 의학과 의술의 바탕인 박애주의博愛主義를 새롭게 음미하게 한다.

열째, 중재는 많은 사람을 만나면서 자기 나름으로 '사람 보는 눈'을 길렀다. 그는 재능을 경시하지 않으면서도 사람됨, 곧 인품을 중시했다. 특히 교원과 교수를 뽑을 때는 '학력보다는 성품을' 중시했다. "학생들에 대한 애정이 천성적으로 결핍된 사람은 학문적 지식과 연구의 방법은 전달할 수 있어도 학생들의 인격에 어떤 감화를 줄 수 없다."라고 믿었기 때문이다.[23] 이 점에 대해, "남의 집 아이들을 자비와 인내

---

[22] 장충식, 「이시가와 다카오(石川堯雄) 선생: 국경을 넘은 인간애가 담긴 단국대 치과병원의 탄생」, 『학연가연』(경기도 용인시: 노스보스, 2021), 269~285쪽.

[23] 장충식, 「교육의 포기는 사람을 포기하는 것」, 단국대학교 화경편집실, 『화경』(1990

와 깊은 이해심이 없이 직업적으로 맡아 기른다는 생각처럼 위험한 일은 없을 것이다. 사회의 문제아들, 학교의 악동들은 결코 선천성에서 오는 것이 아님을 우리 교직자들과 학부모들은 한 번 더 되새겨 보아야 할 것이다."라고 부연했다.[24] 의료진을 구성할 때도 '인도적 봉사정신'을 강조했다.[25]

열한째, 중재는 여러 기관에서 책임을 수행하면서 대내외의 갈등에 직면할 때마다 유연하면서도 유능한 협상가로서의 면모를 보여주었다. 그러면 여기서 중재가 보여준 협상력의 원천은 무엇이었나?

중재는 대학 설립자의 아들이었으나 그저 여유 있는 집안의 '귀공자'로 성장하지 않았다. 중국 천진天津에서 태어나 해방과 더불어 13세 때 국내에 정착할 때까지 때로는 만주와 본국을 오가며 험한 일들을 보며 자랐고, 서울에 정착한 이후 부모의 엄격한 가르침을 받았으며, 중학교 4학년 때는 6·25전쟁이 일어나자 학도의용군으로 입대한 데 이어 육군 사병으로 복무를 마쳤고, 대학 2학년 때는 "생활 현장에서 사회 밑바닥의 인생을 겪어보아야 한다."라는 선친의 엄명에 따라 그때의 교통상황으로 택시 기사에 반드시 따라붙어야 할 조수 일도 1년 동안 했다. 이 모든 과정에서, 중재는 상대방과의 관계에서 "꼭 이기려고 할 것이 아니라 지는 것이 이기는 것이다." 또는 "손해는 남에게 끼치는 것이 아니라 내가 본다."라는 마음가짐을 체화했다.

단국대학에 관여한 뒤 재단 이사들 사이의 싸움, 심지어 재단의 지배권을 탈취하려는 일부 이사들의 모략, 학교를 팔아넘기려는 몇몇 이사들의 음모, 일부 불순한 교직원들의 사기, 학내의 소요, 여러 정권과

년 9·10월), 2쪽.

24 장충식, 「참다운 인간 행로」, 『착한 이들의 땅』, 19쪽.

25 장충식, 「덕망 갖춘 의료인은 어디 있나」, 『마지막 남은 한 길』, 384쪽.

의 갈등은 물론이고 개인적으로 자신이 은혜를 베풀었던 사람들로부터 배신당하는 쓰라림을 수차례 겪으며, 중재는 신의와 의리의 의미를 새삼 깨달았고, 중앙정보부가 어느 장관을 잡기 위해 중재가 그에게 '뇌물'을 주었다는 허위 자백을 하도록 중앙정보부로 연행해 고문하던 경우, 유서까지 쓰면서 버티는 저력을 키웠다. 그리고 어느 야당 정치인을 잡기 위해 보안사령부가 중재를 보안사에 끌고 가 거짓으로 자백하도록 고문을 가했을 때도 그 정치인이 단국대학교를 도와준 일을 잊지 않고 끝까지 입을 다문 채 버텼다.

열두째, 이 모든 과정에서 중재는 우선 자기 자신을 돌아보면서 비록 자기 개인을 위해서가 아니라 단국대학교를 위해서였지만 잘못했던 일에 대해서는 솔직히 시인하면서 반성하고 그러한 일이 되풀이되지 않도록 자기 자신을 채찍질함과 동시에 고칠 것은 과감히 고쳤다. 범정 이래 집안의 믿음이었던 불교를 떠나 개신교에 귀의한 뒤 중재의 표현 그대로, "하염없이 눈물을 흘리며,"[26] 또는 "무릎 꿇고 하나님을 찾아 간증하면서,"[27] 예수님께 단국대학교의 앞날을 보살펴주실 것을 간곡히 기도했다.

그 바탕 위에서, 남의 형편도 이해하는 균형감각도 키웠다. 거기서 한 걸음 더 나아가 중재는 인내와 용서와 대화와 설득 그리고 타협의 중요성을 체화했으며, "역사의 소용돌이에 파괴되지 않고 그 지난至難한 과정을 이겨내는 힘은 용서와 화해 그리고 사랑이었다."라는 믿음을 갖게 되었다.[28] 이렇게 수십 년 동안 역경을 견뎌내며 쌓고 쌓은 내

---

[26] 장충식, 『시대를 넘어 미래를 열다』, 576쪽.

[27] 장유상, 「오페라 속의 중재 어른」, 『빈 들에 씨를 뿌리며』, 293쪽.

[28] 장충식, 『아름다운 인연: 독립운동가의 아들과 일본군 장교 부인의 완전한 사랑』(윤진, 2021), 1쪽.

공內功이 그를 설득과 협상의 달인으로 키운 것이다.

오늘날 대다수 국민은 한국이 혼란의 시대에 접어들었다고 크게 걱정하고 있다. 그 원인은 사회 여러 부문에서, 특히 정치에서 나타난 리더십의 위기에 있다. 지도자들 스스로 공익이 아니라 사리私利를 추구하고 있으며, 사리를 중심으로 패거리를 형성하고 그것을 조직화할 뿐 아니라 제도화하고 있다. 사리를 추구하는 과정에 범죄도 서슴지 않았다. 그러면서도 고의적으로 '가짜 뉴스'를 양산하며 상대방을 헐뜯는 것은 물론이며 거짓말을 쉽게 하고, 책임을 남에게 뒤집어씌우고 있다. 심지어 자신들이 저지른 범죄를 처벌하지 못하도록 법까지 고치려고 시도하면서도 부끄러움을 느끼지 않는 모습에 국민은 분노하고 좌절하는 것이다.

정치 세계의 이러한 부정적 상황을 바라보며 우리는 중재가 보여준 자기희생과 뚝심의 리더십을 다시 평가하게 된다. 중재가 사익이 아니라 단국대학교라는 민족사학의 공익을 위해 자신의 모든 것을 희생해 왔으며, 사실상 빈 터에서 출발한 단국대학교를 양과 질 모두에서 국제적 수준에 도달한 배움과 가르침의 큰 전당으로 키워냈다는 구성원들의 믿음이 단국대학교가 시련과 위기를 겪을 때마다 구성원들이 흩어지지 않고 그를 중심으로 모여들어 어려움을 함께 이겨내도록 만들었다. 우리가 제8장의 「김영삼 정부의 출범과 단국대학교에 대한 감사」에서 보게 되듯, 김영삼 대통령 때인 1994년에 단국대학교 천안캠퍼스에 의과대학과 그 부속병원을 지을 때 정부의 고의적 비협조로 자금 압박이 극심해져 재단이 부도 위기에 직면하자, 23명의 교직원이 자기 집을 은행 담보로 내놓은 일이 그 대표적 사례다. 자칫하면 그 집들은 통째로 날아갈 것이지만, 그들은 중재 그리고 중재가 이끄는 단국대학교와 운명을 함께하겠다는 비장한 각오로 중재를 뒷받침한 것이다. 국내 어떤 다른 사학의 역사에서도 찾을 수 없는 일이었다. 중재에 대한 구성원들의 감동적인 지지와 성원을 확인하면서 단국대학교 바깥사람들도 그를 믿고 단국대학교를 돕기에 이르렀다.

10 저자는 중재의 후의厚意로 1993년 3월 이후 오늘날에 이르기까지 32년 넘게 단국대학교와 인연을 맺어왔다. 때로는 교수로, 때로는 석좌교수로, 때로는 이사로, 그리고 한남동 캠퍼스 시절에 16~17대 이사장으로, 죽전캠퍼스 시절에 23~24대 이사장으로 봉직하며, 단국대학교를 여러 측면에서 심층적으로 관찰할 수 있었고, 중재의 참모습에 접할 수 있었다. 이사장 자리를 탐내는 몇몇 사람들로부터 저자 역시 허무맹랑한 모략에 시달리기도 했으나, 중재와 중재를 따르는 대다수의 건실한 교직원들을 믿으면서 "나는 이제 단국인이다."라는 저자 나름의 결심으로 견뎌냈다. 은행대출 250억 원에 대한 개인보증, 아주 작은 일이지만 죽은 뒤 시신을 단국대학교 의과대학 병원에 실험용으로 기증한다는 서약도 그러한 마음에서 했다.

미국 워싱턴대학교에서 영문학을 전공해 박사학위를 받고 교수로서의 생활을 오로지 단국대학교에서 보낸 임영재任永宰 교수의 격려는 저자에게 큰 힘이 되었다. 특히 정치학을 전공한 저자도 제대로 이해하기 어려웠던 플라톤과 아리스토텔레스의 고전들에 밝은 임 교수로부터 여러 새로운 해석을 듣는 것은 자극이면서 기쁨이었다.

한 세대가 넘는 저자의 관찰 그리고 단국대학교의 여러 공식 간행물에 근거한 이 책은 단순한 중재의 전기로 쓰인 것이 아니다. 중재가 보여준 끊임없는 자성自省과 책임감 그리고 그 바탕 위에서, 비단 단국대학교뿐만 아니라 한국 학술·교육계 전반과 남북한 관계가 시련과 위기에 직면할 때마다 좌절하지 않고 돌파하며 새로운 활로를 열어가는 뚝심과 도전과 봉사의 리더십에 대한 논의가 현재 국민이 바라는 한국 정치의 리더십에 대한 논의에 적게나마 보탬이 되었으면 하는 저자 나름의 외람된 염원에서 쓰였다. 대통령으로부터 국가경영에 참여하고 있는 모든 공직자가 중재가 보여준 진솔한 자기반성, 공선사후公先私後와 자기희생의 봉사정신, 국내정치와 국제정치의 격랑 속에서도 민족의 화해를 결코 잊어서는 안 된다는 통일지향의 정신 그리고 복잡한 현안에 관해 대화와 협상의 자세로 일관할 때 국민과 공직 세계의 간격은 줄어들고 일체감 속에서 나라의 발전을 위한 민족적 에너지가 발현될 것이다.

저자의 이러한 설명을 듣고 이 책이 딱딱한 교훈서教訓書 또는 설교의 책인 것으로 예단하지 않기 바란다. 저자는 이 책에 중재가, 그리고 중재의 가치관과 인생관에 결정적 영향을 준 선친 범정이 보여준 인간미人間味 넘치는 아름다운 이야기들을 자세히 소개했다. 개인적 이해타산을 넘어선 인간미 또는 인정이야말로 우리 사회가 어떠한 어려움 속에서도 무너지지 않고 유지될 수 있는 원천적 힘이 아니겠는가. 그리고 그것이야말로 우리 사회 전반에 더욱 널리 확산되어야 할 희망의 빛이 아니겠는가. 저자는 이 책을 통해 이 메시지를 꼭 전하고 싶다.

사람들에게는 세상을 잘 모르는 젊은 시절, 아니 장년 시절에도, 사람을 평가할 때 재주와 능력을 먼저 보는 경향이 있다. 빠르면 환갑을 넘기고 늦어도 일흔 살을 넘기거나 게다가 여든 살을 넘어서면, 그것도 중요하지만 인간성이 훨씬 더 중요함을 새삼 깨닫게 된다. 인간성의 핵심은 겸손과 자제 그리고 특히 남의 아픔을 자기의 아픔으로 받아들이고 감싸주면서 가능한 한 도와주려는, 남에 대한 따뜻한 배려이다. 중재는 능력에 인간성을 겸비한 흔치 않은 지도자 또는 '대인大人' 또는 순수한 우리말로 '큰사람'이라고 감히 말하고자 한다. 저자가 집필을 결심한 까닭이다.

저자는 이 책을 쓰면서 단국대학교와 인연을 맺었던 사람들 가운데 우리 민족의 불행한 역사, 예컨대, 일제의 강점, 남북의 분단, 갖가지 정변 등으로 말미암아 자기 삶에서 신산辛酸과 우여곡절을 겪어야 했던 사례들을 대하게 되었다. 일제강점기에 '한글'을 지키기 위해 감옥생활도 마다하지 않고 싸웠으며, 제1공화국 마지막 단계에서 3·15부정선거에 항의하다 정권에 의해 피를 흘린 학도들의 뜻을 받들어 교수단 시위를 주도했고, 박정희 대통령의 3선개헌과 유신정권 모두에 저항한 이희승李熙承 전 서울대학교 문리대 학장이 단국대학교 동양학연구소 소장으로 10년 동안 봉직하며 보여준 올곧은 선비로서의 언행은 채찍질이면서 감동이다.

다른 한편으로, 단국대학교가 기념음악관을 세운 홍난파는 선구적 음악인이었으나 일제강점기 말기에 '친일'을 했다는 비난을 받아야 했다. 한국의 사회경제사를 개척한 단국대학 4대 학장 이훈구李勳求 박사는 4월의거 이후 활발했던 혁신운동에 참여한 까닭에 5·16군사정변 직후 투옥되어 옥사했다. 단국대학교에서 박사학위를 받고 단국대학교에서 교수로 활동하며 세계문명교류사를 선도하던 정수일鄭守一 교수는 북한의 대남공작원이었음이 밝혀져 투옥되었다. 그들 모두 각기 자신의 처신에 문제가 있었던 것도 사실이나 시대적 상황에 휩쓸려 희생이 되었던 측면이 있었음도 부인하기 어렵다. 저자는 독자들과 함께 그들의 삶을 재조명하자는 취지에서 그들에 대해 자세히 썼다.

기본 자료에 관한 소개와 논평

이 책을 쓰기 위해 저자가 참고한 자료를 소개하면서 동시에 그 자료들에 나타난 중재의 인생관·교육관·국가관을 논하기로 한다.

1 ________ 중재의 삶과 직접 연결된 단국대학교의 역사에 관해서는 우선 단국대학교교사편찬위원회 편, 『단국대학교30년사: 1947~77』단국대학교출판부, 1977이 있다. 이 책에는 사실 검증에 있어서 미흡한 부분이 적지 않았다. 이후 그 부분을 교정하고 보완하면서 (ⅰ) 단국대학교교사편찬위원회 편, 『단국대학교40년사: 1947-1987』단국대학교출판부, 1987, (ⅱ) 단국대학교교사편찬위원회 편, 『단국대학교50년사: 1947~1997』 전2권단국대학교출판부, 1997, (ⅲ) 사진으로본단국대학교50년편찬위원회 편, 『사진으로 본 단국대학교 50년』단국대학교출판부, 1997, (ⅳ) 단국대학교60년사편찬위원회 편, 『단국대학교60년사: 1947-2007』 전3권경기도 용인시: 단국대학교60년사편찬위원회, 2007, (ⅴ) 단국대학교70년사편찬위원회 편, 『단국대학교70년사: 1947-2017』 전3권경기도 용인시: 단국대학교70년사편찬위원회, 2017, (ⅵ) 단국발전사편찬위원회 편, 『단국발전사』경기도 용인시: 단국발전사편찬위원회, 2019, (ⅶ) 학교법인단국대학의역사편찬위원회 편, 『학교법인 단국대학의 역사』경기도 용인시: 단국대학교출판부, 2024 등이 출판되었다.

이 책들이 단국대학교의 역사를 일방적으로 또는 자의적으로 합리화하거나 심지어 미화한 것으로 미리 생각한다면 잘못이다. 오히려 재단 이사들 사이의 갈등과 음모, 몇몇 재단 이사들의 단국대학을 상대로 제기한 소송 또는 협박, 재단이 겪어야 했던 부도 사태, 그리고 단국대학교가 정부로부터 받았던 몇 차례의 감사 등을 포함해 부끄러운 부분들도 빼놓지 않고 상세히 기록했다. 이 책들은 또 중재와 단국대학교를 비판한 문건들 역시 수록했다. 그러한 점에서, 이 책들은 단국대학교를 넘어서 한국사회의 어두운 한 단면을 적나라하게 보여주고 있다.

2 ___________ 단국대학교의 한 부분의 역사에 관해서는, (i) 단국대학교국어국문학과50년사간행위원회 편, 『단국대학교국어국문학과50년사: 1954-2004』 단국대학교국어국문학과50년사간행위원회, 2004, (ii) 단국대학교치과대학병원 편, 『30년의 믿음, 새로운 미래를 향한 100년의 약속: 단국대학교 치과대학병원 30년사』 충청남도 천안시: 단국대학교치과대학병원, 2015, (iii) 단국대학교도서관사편찬위원회 편, 『단국대학교도서관70년사 1949-2019』 경기도 용인시: 단국대학교출판부, 2020, (iv) 단국대학교병원30년사편찬위원회 편, 『단국대학교병원30년사 1994-2024』 충청남도 천안시: 단국대학교병원, 2024, (v) 단국스포츠70년사간행위원회 편, 『도전과 영광의 길: 단국스포츠70년사』 경기도 용인시: 단국대학교출판부, 2024 등이 있다.

역시 단국대학교의 한 부분의 역사에 관해, (i) 범정·혜당기념사업회 편, 『범정언행록』 범정·혜당기념사업회, 1986년 초판: 1996년 증보판, (ii) 단대신문사동우회 편, 『나는 단대신문 기자다: 단대신문 70년 빛나는 기억들』 타커스, 2018 등이 있다. 앞의 책에는 범정의 가르침을 직접 받았던 261명 동문의 글이 실려 있다. 범정의 진면모를 접할 수 있는 자료이다. 그러나 대체로 오랜 기간이 지난 시점에서의 구술이기에 철저한 교차 검증을 요구한다. 뒤의 책은 앞의 책들에서 읽기 어려웠던 여러 정보를 제공하고 있다.

특기할 자료는 첫째, 단국대학교 동양학연구소, 『한한대사전漢韓大辭典 간행기刊行記: 30년 대장정을 마치며』경기도 용인시: 단국대학교출판부, 2008이다. 앞에서 이미 지적했듯, 2008년에 완간된 세계 최대 규모의 이 사전은 단국대학교의 큰 학문적 업적일 뿐 아니라 대한민국 학계의 국제사회에 대한 문화적 기여이다. 한국·중국·일본·미국·영국·몽골 등 6개국 26명의 전문가가 각자의 시각에서 쓴 글들을 모은 위의 『간행기』는 이 사전의 출판 경위와 그 의미를 상세하게 기록했다. 여기서도 우리는 고려대학교 대학원 석사과정 학생으로 이 사전 편찬을 결심한 1958년 이후 무려 반세기가 지난 2008년에 완간을 성취한 중재의 선견지명先見之明과 집념 그리고 투지를 확인하며 놀라게 된다.

둘째, 단국대학교 동양학연구원 편, 『동양학연구원 50년의 역사 1970-2020』경기도 용인시: 단국대학교 동양학연구원, 2020이다. 중재는 단국대학교 총장에 취임한 때로부터 3년 6개월이 지난 시점인 1970년 9월 28일에 기존의 동양문제연구소를 발전적으로 해체하고 대학교 부설 연구기관으로 동양학연구소를 세웠으며, 이 연구소는 2011년 9월 1일에 '교책중점연구기관'으로 지정되면서 동양학연구원으로 확대되었다. 그 성격과 연구 분야에 있어서 사실상 국내 대학교의 연구소로 초창기에 속하는 이 연구소=연구원은 오늘날까지 연구와 학술대회 및 출판을 통한 많은 실적으로써 학계에 크게 이바지했다.

3 ________ 중재가 쓴 저서들은 그 성격에 따라 두 갈래로 나뉜다. 첫째, 중재가 평소에 신문과 잡지에 기고한 수필들을 출판사가 체계를 세워 편집한 책들로 다음이 있다. (i) 『위대한 유산을 위하여: 장충식 삶과 글 1』단웅미디어, 1974, (ii) 『착한 이들의 땅: 장충식 삶과 글 2』예서원, 1978, (iii) 『큰 삶 작은 이야기: 장충식 삶과 글 3』문학마을, 1992, (iv)

『마지막 남은 한 길: 중재장충식수필선집』경기도 용인시: 노스보스, 2011, 그리고 중재의 어록語錄이라고 할 수 있는 (v) 『생각하는 사람에게 길이 있다』경기도 용인시: 노스보스, 2018.

이 책들에 나타난 중재의 사상을 분석한 교육철학박사 황원영黃源泳 교수는 그것을 모든 생명의 존엄성, 인간의 존엄성, 인간관계의 진실성과 협동성, 인간관계의 기준으로서의 사랑, 실천윤리로서의 정의, 민족문화주의 등으로 요약했다.[29] 거기에 동의하면서도, 저자[김학준]로서는 중재의 인생관과 교육관 및 국가관 등을 보여주는 이 책들에 관류하는 큰 흐름으로 적어도 다음의 세 가지를 발견하게 된다.

(i) 우선 '나,' 곧 '자아自我'는 '씨족氏族'의 일원이면서 그 씨족들이 함께 형성한 '민족'과 '국가'의 일원이고 더 넓게 보아 '인류'의 일원이라는 논지이다. 여기서 출발해 중재는 '나'는 '씨족', '민족', '국가', '인류'를 의식하면서 그것들을 위해 "자기를 바칠 수 있는 용기와 슬기 그리고 희생을 발휘할 수 있어야 한다."라고 설파했다.[30] 보다 구체적으로, 중재는 다음과 같이 부연했다.

> 인간은 남을 위해서 태어나지 않았다. 하지만 민족과 국가를 위해서 나의 목숨을 기꺼이 바쳐온 수많은 인간이 있었다는 사실을 잊어서는 안 된다. 그리고 그 거룩한 발자취를 누구도 씻어버릴 수 없다는 엄연한 역사적 사실에 생각을 돌려야 하는 것이다. 나를 거룩하게 만드는 길은 나와 생각을 달리하는 인간에 대해서도 깊은 이해와 인간의 존엄한 가치를 동등하게 인정하는 데서만이 열릴 수 있는 것이다. 고난이 많은 이 세상

---

[29] 황원영, 「중재의 교학사상 논고」, 중재장충식박사화갑기념논총간행위원회 편, 『중재장충식박사화갑기념논총』 전3권(단국대학교출판부, 1992), 중(『인문·사회과학편』), XV~XXXVII.

[30] 장충식, 「유한한 인간」, 『위대한 유산을 위하여』, 142~145쪽.

> 에서 사람들이 명랑하고 즐겁게 살아가기 위해서는 타인에 대한 따뜻한 생각과 마음을 갖는 길밖에는 없는 것이다. 빈한한 생활에서 피할 수 없는 운명을 지닌 사람이라도 타인에 대한 따뜻한 마음과 고마움을 느낄 수 있다면 헛된 삶을 향유하는 인생만은 면할 것이다.[31]

(ii) 이어 "사람은 물욕이나 권력욕이나 명예욕에 사로잡혀 살 것이 아니라 사람으로서의 기본 도리를 지키며 살아야 한다."라는 논지이다. 그러면 '사람으로서의 기본 도리'란 무엇인가? 중재의 해답은 무엇보다도 효孝와 신의信義 그리고 '신神과 부모님과 이웃과 나라에 대한 고마움에 바탕을 둔 봉사'이다. 중재는 사람이 그러한 인식에 도달하기 위해서는 "내가 잘났다."라는 오만함을 버린 바탕 위에서 '겸허'가 절대적으로 요청된다고 말하면서, 겸허한 마음으로 자신을 낮추고 남을 위해 봉사하는 삶을 살아온 사람은 죽음조차 두렵지 않을 것이라고 덧붙였다. 중재는 이 논지의 연장선 위에서 "사람으로서의 기본 도리를 지켜야 마땅하지만, 사람은 욕심 때문에 누구나 잘못을 저지를 수 있다."라고 경고하면서, 그렇기에 "사람은 늘 자기성찰과 반성을 게을리해서는 안 된다."라고 가르쳤다.

이 주제를 다루면서, 중재는 오늘날 우리 사회가 인간을 '덕성이나 인격'보다도 '기술과 지식'의 시각에서 대우하고 있다고 개탄했다. 그 결과 우리 사회에서 "인간이 지녀야 할 아름다운 품성이 상실되고 있다."라고 경고하면서, 인간성의 상실로 말미암아 인간과 인간 사이의 분규가 늘어날 것을 우려했다.[32]

(iii) 마지막으로, 서양문화의 범람 속에서도 동양적인 전통문화 그

---

31 장충식, 「즐겁게 사는 길」, 위와 같음, 149쪽.

32 장충식, 「거룩한 삶과 죽음」, 『착한 이들의 땅』, 194~199쪽.

리고 '우리의 고유한 문화'를 잃지 말고 지켜야 한다는 논지이다. 한 보기로, 중재는 "우리가 필요한 것은 서양의 과학과 기술이며 생활을 위한 몇 가지의 제도와 방법이지 결코 그들의 정신과 관습은 아니다. [···] 이제 동양에 남은 정신문명의 껍데기, 그 껍데기나마 계승해야 할 세대가 우리의 고유한 것마저 송두리째 망각해 버린다면 말 없는 산천과 조상의 무덤 말고 무엇이 남을 것인가."라고 질타했다.[33] 구한말에 서양의 사상과 문물제도가 유입되던 때 조선의 올곧은 전통적 선비들이 제시한 동도서기東道西器론을 연상하게 하는 한 논설에서 그는 다음과 같이 부연했다.

> 조상의 얼이 이어지지 못한 채 서구 문명의 물결이 우리의 사회를 송두리째 삼켰을 때, 과연 이 강산에 한국인의 긍지와 자부심과 자존심이 남아 있을 수 있을 것인가? 개인의 자존심은 개인의 사멸과 더불어 묻어지는 것이나 한국의 토속적 미풍양속이 모조리 사라지고 조상의 전통적인 문화유산을 계승치 못했을 때 한국의 자존심은 영원히 소생될 수 없는 것이다. 지위의 고하와 학식의 유무를 막론하고 남녀노소 할 것 없이 민족의 고매하고 영원한 자존심을 견지하기 위해서는 우리는 도의적 논리적인 생활 여건을 갖출 수 있도록 인간의 참 모습의 자존심을 가져야 한다. 자존심 없는 민족은 속국의 굴레와 슬픔에서 벗어날 수 없을 것이다. 반대로 자존심이 강한 민족은 비록 가난하다 해도 독립한 민족으로 빛나는 정신 문화를 창조하고 계승할 것이다.[34]

이러한 중재의 논지는, 다음의 제1장에서 구체적으로 보게 되듯, 선친 범정이 이미 거듭 제시했었다. 여기서 우리는 인생관과 교육관 및

---

[33] 장충식, 「슬픈 노인들」, 『위대한 유산을 위하여』, 92쪽.

[34] 장충식, 「자존심과 국력」, 위와 같음, 159~160쪽.

국가관에 있어서 범정과 중재의 연속성을 발견하게 되며, 범정에 대한 철저한 이해 없이 중재에 대한 이해는 한계에 부딪힘을 깨닫게 된다. 이러한 뜻에서, 우리는 앞으로 제1장에서 범정의 이념적 성향을 자세히 살피기로 하겠다.

둘째, 중재가 단국대학교와 함께 생활하는 가운데 겪은 일들을 중심으로 회고한 책들로 (i)『시대를 넘어 미래를 열다: 중재 장충식 회고록』경기도 용인시: 노스보스, 2011, (ii)『학연가연』경기도 용인시: 노스보스, 2021 등이 있다. 10년 간격을 두고 출판된 이 두 책에는 겹치는 부분이 적지 않다. 그렇지만 동일한 사안에 대해 어느 한 책에서 덜 설명된 부분을 다른 책에서 훨씬 더 자세히 설명했기에, 두 책은 상호보완적相互補完的이다. 저자[김학준]는 이 책을 쓰면서 기본적으로 이 두 책에 크게 의존했다. 그런데 이 두 책에는, 전적으로 기억에 의존했기에, 일이 일어난 해[年]의 수數나 사람의 출신지를 기술할 때 서너 군데에서 사소한 착오가 나타난다. 저자는 단국대학교가 소장한 원자료와 대조해 바로잡았다.

이 책들은 단국대학교의 성장 과정이라는 범위를 넘어 한국 역대 정권들의 성격 그리고 박정희, 전두환, 노태우, 김영삼, 김대중 등 역대 대통령들, 그리고 정주영 대통령후보와 강영훈姜英勳 전 국무총리를 비롯한 지도적 정치가들을 여러 각도에서 재조명하게 한다. 다른 한편으로, 이 책들은 한국에서의 정책 결정 과정에 관한 중요한 정보를 담았다. 단국대학을 단국대학교로 승격시키는 과정에서 대통령을 움직인 요인要因들 그리고 중앙정보부 부장과 법무부 장관이 훼방 놓는 가운데 문교부 장관이 최종 결심하는 배경 등이 그 한 사례이다. 다른 한편으로 대통령학大統領學 연구자들 그리고 한국에서의 재벌의 영향력 연구자들에게 좋은 자료가 될 것이다.

중재가 직접 참여한 남북한 협상에 관해 많은 정보를 담은 이 책들은 북한정권 그리고 한반도 장래의 연구에 매우 소중하다. 이제까지 북한과의 협상에 직접 참여한 국내외 인사들은 적지 않다. 그렇지만 자기 경험을 중심으로 북한의 협상 행태 그리고 남한의 대응을 설명하거나 분석한 국내인의 저술은 외국인의 저술에 비해 그 양에 있어서 훨씬 적다.[35] 중재와 함께 체육회담을 중심으로 남북협상에 참여한 한양대학교 이학래李學來 교수의 『남북 체육 교류와 한반도 평화』경기도 용인시: 노스보스, 2020가 유일하다.

이제 중재가 제공한 이 원자료를 근거로 북한과의 협상에 관한 저술이 나올 만하다. 다행히 국토통일원 남북대화사무국이 작성한 『「제11회 북경아시안게임」 남북단일팀 구성·참가관련 남북체육회담 회의록』이 제1차 회담으로부터 제9차 회담까지 공개되어 있어 인터넷 검색이 가능하다. 북한과의 협상에 관한 저술의 첫 시도로 저자는 제7장에서 중재의 체험을 방대한 양의 이 회의록에 대조하며 자세히 소개하기로 하겠다. 중재는 북한을 세 차례 방문하며 북한의 현장을 목격할 수 있었다. 그는 자신이 본 것과 경험한 것을 가감없이 회고했다. 일반인들에게 북한에 대한 이해를 높이기 위해 이 귀중한 회고 역시 자세히 소개하기로 하겠다.

---

35 대표적 저술은 다음과 같다. Fred Iklé, *How Nations Negotiate*(New York: Harper&Row. Publisher, 1964); 이영일(李榮一)·이형래(李炯來) 공역, 『협상의 전략』(한얼문고, 1972). 이 책은 1951~1953년에 진행된 한국의 정전협상을 분석했다. 김연철(金鍊鐵), 『협상의 전략: 세계를 바꾼 협상의 힘』(휴머니스트, 2016). 이 책은 2차대전을 전후한 시점에서부터 이후 여러 나라에서 시도되었거나 추진되었던 협상을 분석했다. 거기에는 1938년의 뮌헨 회담으로부터 남아프리카공화국의 민주화 협상 그리고 북아일랜드 평화협상 등이 포함되었다. 한반도와 관련해서는 한국 정전협정과 한일협정이 포함되었다.

중앙정보부와 보안사령부가 불법적으로 시민들을 잡아가 고문한 생생한 사례들에 대한 회상은 한국에서 법치주의와 인권이 어떻게 훼손되었던가를 새삼 깨우치게 하며, 단국대학교 학생들이 주도했거나 참가한 민주화운동에 관한 회상은 당시 무도했던 정권들의 성격에 비춰 그 운동이 도덕적으로 정당했음을 확인하게 해준다. 정부 고관들의 대학에 대한, 특히 사립대학에 대한 고압적 언동의 사례들에 대한 회상 역시 한국의 행정문화 연구를 자극한다. 다른 각도에서, 이 책들은 지식인 또는 교수는 어떤 마음가짐으로 한국의 사회와 정치를 바라보아야 하며 특히 자신이 가르치는 학생들을 어떻게 이끌어야 하는가에 관한 기본적 물음을 제기함과 동시에 사도師道의 모범적 해법을 제시한다.

중재에 관한 동창들 또는 지인들의 글을 모았거나 중재의 환갑을 기념해 선학先學들과 후학後學들을 포함한 각 분야의 학자들이 자신들의 전공에 따라 기고한 논문을 모은 것들로, (i) 중재장충식박사화갑기념논총간행위원회 편, 『중재장충식박사화갑기념논총』 전3권서울: 단국대학교출판부, 1992, (ii) 중재장충식박사고희기념화문집간행위원회 편, 『빈들에 씨를 뿌리며: 중재장충식박사고희기념화문집』한불문화출판사, 2001 등이 있다. 앞의 논총은 중재의 교육철학과 학문적 성향을 보여주며, 뒤의 책은 중재의 삶과 인품에 관한 일화들을 담았다.

중재 장충식

단국대학교와 함께 민족의 화해와
통일을 향해 걸어온 대인

I 범정 장형의 항일독립운동과 단국대학 설립 및 경영

중국 망명 이전의 범정

범정의 집안 배경

중재 장충식의 집안은 인동장씨仁同張氏로, 중재의 할아버지는 진사進士 시험에 합격해 진사공進士公으로 불리던 장창익張昌益이다. 진사공은 조선왕조 후기 헌종憲宗 때 태어나 고종高宗 때 별세한 이제마李濟馬가 창시한 사상의학四象醫學에 밝고 진맥이 정확하다는 평을 받는 가운데 전국에 명성이 알려진 한의사였고 일찍 개화문명을 받아들인 기독교 신자였다. 평안북도 용천군龍川郡에 뿌리를 내렸으나, 서울에서 진료하기를 바라는 많은 환자의 요망을 받아들여 결국 서울로 이주했다. 여기서 쌓은 재력으로 서울 종로구 내수동內需洞에 큰 집을 마련하고 충청북도 제천군堤川郡에 백만 평의 산림을 비롯해 일정하게 부동산을 확보했다. 우리가 앞으로 보게 되듯, 그 부동산은 모두 결국 단국대학교의 물적物的 기반으로 쓰인다.

범정은 진사공의 차남으로 조선왕조 26대 고종 26년인 1889년 1월 18일에 용천군 북중면北中面 용정리龍井里에서 태어났다. 범정의 본적 또는 출생지에 대해서는 여러 설명이 뒤따랐다. '평안북도 선천군宣川郡 선천면宣川面 천북동川北洞' 또는 '선천군 선천읍 명치동明治洞' 또는 '용천군 내하면內河面 대성리大成里' 또는 '용천군 외하면外河面 고미동佔美洞' 등이 그 사례들이다.[1] 위에 나온 '천북동'과 '명치동'은 같은 곳이다. 항일

---

[1] 박성순(朴性淳), 「범정 장형의 독립운동과 그 위상」, 박성순(朴性淳)·한시준(韓詩俊)·이홍구(李弘求)·문종철(文鍾哲)·염송심(廉松心) 분담 집필, 『범정 장형의 독립운동과

독립운동가들은 자신들을 보호하기도 하고 또 동지들을 보호하기 위해 때때로 본적지와 주소를 감추거나 애매하게 기술하기도 했다. 국가보훈처 포상자 공적조서는 '용천군 북중면 용정리'로 명시했다.

유소년 시절

범정의 본명은 장세담張世淡이었으나 독립운동에 참가하면서 장형張炯이라는 다른 이름을 썼다. 호는 범정이 가장 널리 쓰였다. '범'은 인도의 종교 브라만Brahman교[바라문(婆羅門)교]에서 나왔다. 인도의 여러 언어의 근원이 되는 조어祖語를 산스크리트어라 부르고 한문으로 범어梵語라고 부르는데, 우리나라에는 늦어도 삼국시대에 유입된 것으로 추정된다. 학계에서는 '나무아미타불', '바라밀', '비구', '비구니', '사리', '사바', '열반', '탑' 등이 범어로부터 기원해 한자를 통해 우리말에 들어온 것으로 풀이한다.[2] 오늘날 부산광역시 동래구東萊區 청룡동青龍洞 금정산金井山에 있는 절 범어사梵魚寺의 '범'이 바로 그 한 용례이다. 이렇게 볼 때, 범정이라는 호는 그가 불교도였음을 말해준다.

불교도로서 범정은 학생들에게 훈화할 때 다음과 같이 『금강경金剛經』의 법구法句를 인용하기도 했다.

> 『금강경』에 "범소유상 개시허망 약견제상비상 즉견여래凡所有相 皆是虛妄 若見諸相非相 卽見如來"라는 법구가 있네. 무릇 모양이 있는 모든 것은 언젠가는 부서지는 헛된 것이니 그 모양이 영원하지 않다는 이치를 알면 부처의

단국대학 설립』(단국대학교출판부, 2014), 29쪽.

[2] 범어에 대한 전반적인 연구로 다음이 있다. 엄기표(嚴基杓), 『한국의 범자(梵字) 역사와 문화』(경기도 파주시: 경인문화사, 2023).

세계를 보게 된다는 것이네.[3]

범정은 어려운 불경으로 훈화하는 동시에 "참된 불도佛道는 산속의 절간에 있지 않고 바로 내 집 안에 있다."라는 쉬운 말로도 훈화해 일상생활 속에서 진리를 찾으라는 깨달음에 이르게 했다. 같은 맥락에서, 범정은 "우주의 대도大道는 다른 곳에 있는 것이 아니고 우리의 일상생활 안에 있다."라고 역설했다.[4]

자신은 불교도였으나 학생들에게 불교 하나만 믿으라고 가르치지는 않았다. 범정은 한국의 대표적 종교로 불교·유교·기독교 셋을 꼽고, "예수는 네 이웃을 내 몸과 같이 사랑하라 하였고, 석가는 자비를 강조하면서 모든 사람은 곤충에 이르기까지 살생을 하지 말라 하였으며, 공자는 인仁을 부르짖으며 인의예지仁義禮智를 숭상하고 이것을 지켜야 사람다운 사람이 된다고 가르쳤다."라고 설명한 데 이어, 예수의 '사랑'과 석가의 '자비' 그리고 공자의 '인'은 본질적으로 같은 것인 만큼 학생들은 어느 한쪽을 따라도 좋다고 가르쳤다.[5] 그만큼 학생들의 신앙 문제를 너그럽게 대한 것이다.

범정은 어려서부터 불우한 사람에 대해 인정을 베푸는 갸륵한 행동을 자주 보였다. 그가 여덟 살 때 일이다. 집안에 큰 잔치가 있어 동네 어른들을 모시고 푸짐하게 상을 차렸는데, 대문 밖에 늙은 거지가 추위에 떨며 서 있었으나 아무도 밥 한술을 주지 않는 것을 보고, 그는 머슴이 나르던 상을 가로채 거지에게 고기와 밥을 주었다. 그는 또 어

---

[3] 김문환(金文煥), 「어려울 때 도움되는 사람되라」, 범정·혜당기념사업회 편, 『범정언행록』(범정·혜당기념사업회, 1996년 증보판), 159쪽.

[4] 심영택(沈英澤), 「불도는 산속의 절간에 있지 않고 바로 내 집안에 있다」, 위와 같음, 190~193쪽.

[5] 백원영(白元泳), 「신앙 갖는 일은 좋은 일」, 위와 같음, 517~519쪽.

려서 서당에 다닐 때 자기가 입고 있던 솜옷을 자주 남에게 벗어주었다. 나중에는 친구의 어머니들이 민망스러워 미리 자기 아들의 솜옷을 장만해 주어 모두 따뜻하게 공부할 수 있게 되었다.[6] 어려운 사람을 그냥 지나치지 못하고 따뜻함을 보이는 이러한 일화는 유년 시절에 한정되지 않고 범정의 76년 생애에서, 특히 단국대학 이사장 때 자주 등장한다. 그리고 그러한 마음가짐은 중재에게로 이어진다.

이렇게 어려서부터 자비심을 보였던 범정의 성장 과정을 공식 전기는 다음과 같이 설명했다.

> [범정]은 소년 시절부터 남달리 뛰어난 기지와 의협심을 가지고 매사에 능동적이었는가 하면, 자신의 주체적 판단으로 주변 상황을 정의하는 총명한 소년이었다. 이는 물론 가정의 두터운 교훈과 유가적 가풍에 힘입은 바도 크다. 그러나 천성적인 선생의 기지와 남에게 지지 않는다는 의지력은 항상 주변 사람들의 관심 대상이 되었는가 하면 많은 친척형제 중에서도 어른들의 사랑을 한 몸에 모으기도 하였다. 그는 유년 시절에 한문을 수학했다.[7]

위의 설명 가운데 범정이 어려서 한문을 공부했다는 구절이 중요하다. 중국의 고전 사서삼경四書三經을 배우며 범정은 자연스럽게 중국의 윤리관과 도덕관에 익숙해졌고 그 기초 위에서 자신의 인생관과 국가관을 형성하게 되었다. 그의 언행을 기록한 『범정언행록』이 그 점을 뒷받침한다. 매우 두꺼운 이 책을 읽어보면 여러 곳에서 그가 사서삼

6 『경향신문』(1981년 11월 26일); 단국발전사편찬위원회 편, 『단국발전사』(경기도 용인시: 단국발전사편찬위원회, 2019), 54~55쪽에 재인용.

7 「범정 장형 선생」, 단국대학교60년사편찬위원회 편, 『단국대학교60년사: 1947-2007』 전3권(경기도 용인시: 단국대학교60년사편찬위원회, 2007), 상, 9쪽.

경으로부터 영향을 받고 그것을 내면화했음을 확인하게 된다.[8]

보성전문학교에서 손병희와 안창호로부터 감화받은 범정

범정은 1905년 8월에 용천의 사립 동명중학교東明中學校에 입학해 이른바 신학문을 배우기 시작했다. 그러나 그 길이 평탄하지 않았다. 석 달 뒤인 1905년 을사년乙巳年 11월에 일제는 이토 히로부미伊藤博文를 앞세워 대한제국을 '보호국'으로 만들고 대한제국의 외교권과 재정권을 빼앗으면서 이토를 통감으로 하는 '한국통감부韓國統監府'를 세워 '통치'하기 시작했다. 고종高宗은 이상설李相卨과 이준李儁 및 이위종李瑋鍾 등 세 밀사를 1907년 정미년丁未年 6월 15일에 네덜란드의 수도 헤이그에서 열린 제2차 만국평화회의에 파견해 을사늑약이 무효임을 호소하게 했다. 이에 이토는 7월 21일에 고종을 강제로 퇴위하게 한 데 이어 사흘 뒤 정미7조약을 강요해 대한제국의 군대를 해산하는 등 내치권을 박탈했다. 국운國運의 향방에 민감했던 범정은 이 망국적 격변을 겪으며 울분 속에 지내다가 1908년 3월에 이 학교를 졸업했다.

범정이 동명중학교에서 신학문을 익히던 무렵 서울에는 여러 고등교육기관이 세워지고 있었다. 1905년에 한성법학교漢城法學校·양정의숙養正義塾·보성전문학교普成專門學校 등이, 1906년에 진명여학교進明女學校·휘문의숙徽文義塾·숭실전문학교崇實專門學校·숙명여학교淑明女學校 등이, 1908년에 한성외국어학교漢城外國語學校 등이 설립되었다. 연희전문학교延禧專門學校는 1915년에 설립된다.

범정은 보성전문학교를 선택해, 19세이던 1908년 4월에 이 학교

---

[8] 그 한 보기로 다음을 지적할 수 있다. 김유혁(金裕赫), 「야학(野鶴)과 가계(家鷄)」 및 박무성(朴武成), 「범정의 사상과 교육이념」, 『범정언행록』, 40~44쪽 및 58~64쪽.

법과에 입학했다. 보성을 선택한 까닭은 설립자 석현石峴 이용익李容翊 선생이 고종의 밀명을 받고 블라디보스토크로 망명했다가 거기서 일제에 피살된 항일애국자였고, 그의 뒤를 이은 교주 의암義菴 손병희孫秉熙 선생이 1906년에 동학東學을 천도교天道教로 개칭하고 '종교구국宗教救國'의 노선을 제시하면서 민족운동을 다시 일으키는 데 감명을 받았기 때문이다.

손병희 선생의 제자들 가운데 한 사람이 연당研堂 이갑성李甲成이다. 세브란스의학교 약제과를 졸업하고 세브란스연합의학전문학교 3년을 수료한 연당은 스승이 주도한 1919년 3월 1일의 조선독립선언서에 23세의 청년으로 청년층을 대표해 서명함으로써 '민족대표 33인' 가운데 한 사람으로 존경받게 되는데[9], 연당보다 세 살 아래인 범정은 일찍부터 연당과 친교를 맺었다. 범정의 별세 직후 연당이 그를 기리는 절절한 조사弔辭를 쓴 사실이 그 점을 말해주었다.[10] 연당과 범정의 이 인연은, 우리가 앞으로 보게 되듯, 훗날 연당이 중재와 단국대학교를 돕는 것으로 이어진다.

범정은 보성전문학교에서 학우 산운汕耘 장도빈張道斌과 깊이 사귀며 항일구국의 뜻을 같이했다. 1947년에 단국대학을 세우며 범정이 이사장을 맡고 산운이 학장을 맡으면서 산운이 "나는 장형 이사장하고 청년시절부터 잘 알고 지냈다."라고 회고한 것이 그러한 정황을 말해준다.[11] 훗날 중국 섬서성陝西省 연안延安에 자리잡은 중국공산당 산하에

---

9 이태룡(李兌龍) 엮음, 『3·1운동과 연당 이갑성 추모 논문집』(경기도 파주시: 광문각, 2024). 이 책에 수록된 여러 논문은 이갑성의 성장 과정을 상세히 설명하고 독립운동에 대한 기여를 높이 평가했다.

10 『단대신문』(1965년 3월 15일), 박성순, 「범정 장형의 독립운동과 그 위상」, 64쪽 각주 102에 재인용.

11 장도빈에 대한 저서로 다음이 대표적이다. 김중희(金重熙) 편저, 『산운 장도빈』(산운

서 항일독립운동에 참가했다가 8·15해방 직후 북한으로 돌아가 국가 원수에 해당하는 조선민주주의인민공화국 최고인민회의 상임위원회 위원장으로 선출된 김두봉金枓奉과도 함께 공부했다. 한때 북한의 권력 구조에서 '연안파' 또는 '연안계'를 대표한 김두봉은 1950년대 후반에 김일성에 의해 숙청된다.

대체로 이 무렵에 범정은 도산島山 안창호安昌浩의 강연을 들었다. 미국 샌프란시스코 일대를 중심으로 항일독립운동을 전개하던 도산이 1907년 2월에 귀국해 4월에 양기탁梁起鐸·신채호申采浩·이동휘李東輝·이동녕李東寧·이회영李會榮·이갑李甲·유동열柳東說 등을 비롯한 국내의 애국지사들과 함께 서울에서 항일독립운동 단체로 신민회新民會를 비밀리에 조직한 직후 평양 일대에서 애국계몽운동을 하던 때 그의 연설을 들으며 심취했다. 1908년 7월에 이용익의 손자로 보성전문학교를 운영하던 이종호李鍾浩가 도산을 보성전문친목회 고문으로 추대하자 범정은 가까이에서 도산을 보면서 많은 감화를 받을 수 있었다. 특히 우리 민족이 독립하기 위해서는 배움을 통해 실력을 키워야 한다는 도산의 실력배양론實力培養論은 범정이 훗날 대학을 세우는 촉매제가 되었다.[12] 이 사실과 관련해, 범정은 다음과 같이 회상했다.

> 내가 젊었을 때는 우리나라 개화기였지. 그때 젊은 사람들에게 교육을 시키기 위한 표어 같은 것이 있었는데 그것이 무엇인가 하니, "아는 것이 힘!, 배워야 산다."라는 말이었네. 사람이 살려면 반드시 힘이 있어야 하는데 사람에게서 힘이 빠져나가면 그 사람은 죽게 되는 법이지. 그러니

학술문화재단, 1985).

[12] 이 시기 도산의 활동은 다음에 자세히 기록되었다. 흥사단100년사편찬위원회 편, 『흥사단100년사 1913~2013』, 130~151쪽. 범정과 도산의 만남에 대해서는, 박성순, 「범정 장형의 독립운동과 그 위상」, 34~35쪽.

살려고 하는 자는 먼저 배워야 하는 것이야. 우리는 그때 배우지 못하였으므로 세상 물정에 어두웠고, 어두웠기 때문에 눈이 밝은 일본 사람들에게 나라를 빼앗겼던 것이야. 그래서 도산 안창호는 "배워야 산다."라면서 각 지방을 두루 다니며 계몽 강연을 했고 그 강연을 들은 사람들은 모두 자기 마을에다가 사립학교를 설립하였던 것이네. 내가 단국대학을 설립한 동기도 바로 여기에 있는 것이야. 이 나라 청년 남녀들에게 높은 지식을 가르쳐 이 나라를 세계 일등 국가로 만들기 위한 꿈이 있었기 때문일세.[13]

[13] 최영목(崔榮睦), 「교육의 필요성」, 『범정언행록』(1996년 증보판), 620~621쪽.

범정의 신민회 가입과 만주로의 망명

일제 헌병대에 포착된 범정의 항일운동

1909년에 들어서서 일제의 침탈은 더욱 심해졌고 대한제국의 멸망은 눈앞에 닥쳐왔다. 무엇보다 기유년己酉年인 이해 7월 12일에 일제는 '기유각서'의 체결로 이미 허울만 남은 대한제국의 사법권마저 빼앗아 일제의 '한국통감부'로 넘겼다. 이것은 그렇지 않아도 일제를 배척하는 분위기에 젖어 있던 보성전문학교의 법과 학생들을 격분시켰다. "이 판에 법을 공부해 법관이 되면 뭘 하고 변호사가 되면 뭘 해!"하는 분위기가 대세를 이뤄, 학생 전원이 자퇴하기에 이르렀다.[14] 범정 역시 그 대열에 참가해, 1909년 9월에 자퇴했다. 그의 다음 행보는 신민회 비밀회원 가입이었다.[15]

그때로부터 1개월 뒤인 1909년 10월 26일에 안중근安重根 의사는 대한제국 침략의 원흉 이토 히로부미를 만주의 국제도시 하얼빈에서 격살해 한민족의 항일독립정신을 만천하에 과시했다. 일제는 1910년 3월 26일에 한국의 영웅 안 의사를 '처형'한 데 이어, 8월 28일에 '한일병합'이라는 이름으로 대한제국을 멸망시키고 '한국통감부'를 대체한 '조선총독부朝鮮總督府'를 설치해 군사력으로써 지배하기 시작했다. 그리고는 곧바로 조선 국내 항일세력의 기를 꺾으려는 야심에서

---

14 이때의 분위기는 당시 보성전문학교 법과 학생이었던 장도빈의 전기에 자세히 기록되어 있다. 김중희 편저, 『산운 장도빈』, 96~100쪽.

15 국가보훈처, 『독립유공가공훈록』 4(1987), 868쪽; 박성순, 「범정 장형의 독립운동과 그 위상」, 32쪽.

1911년 1월부터 여러 사건을 조작했는데, 그 정점이 1911년 7~9월에 발표된 '105인 사건' 또는 '신민회 사건'이었다. 조선의 민족주의자들이 신민회를 중심으로 '내란을 음모'했다고 그릇되게 주장하면서 약 700명을 체포해 고문한 데 이어 그들 가운데 105인을 역시 혹독한 고문을 가한 뒤 실형에 처한 것이다.[16]

위기를 감지한 범정은 1911년 2월에 의암 손병희 한 사람에게만 나라를 떠나는 인사를 드리고 누구에게도 일절 알리지 않은 채 만주의 요녕성遼寧省 안동安東: 오늘날의 단동[丹東]으로 망명했다.[17] 이때 의암은 범정에게 망명에 필요한 자금과 독립운동 단체들을 도울 군자금을 함께 주면서 만주의 독립운동 단체들에 전달하는 일을 맡겼다. 이 점에 대해, 범정은 "손병희 선생은 돈을 모아 개인의 영달을 꿈꾸지 않고 3·1운동을 일으키는 등 국가와 민족을 위해 모든 것을 훨훨 내던진 국사國士였다."라고 말하며, "나에게 조국을 위해 독립운동을 하게 일깨워주신 손병희 선생 등 여러 어른이 없었다면 내가 지금쯤 무엇이 되어 어디서 무슨 짓을 하고 있을지 알 수 없네."라고 회고했다.[18]

---

16 신민회와 105인사건에 관한 결정적 연구는 다음이다. 윤경로(尹慶老), 『105인사건과 신민회 연구』(일지사, 1990; 한성대학교출판부, 개정증보판 2012).

17 범정에 관한 어떤 저술들은 범정이 망명 직후 '남선북마독립군(南船北馬獨立軍)'에 참가했다고 주장했다. 범정·혜당기념사업회 편, 『범정언행록』(범정·혜당기념사업회, 1986), 599~600쪽. 황원영, 「범정 장형 선생 연보」, 『범정의 교육철학』(단국대학교출판부, 1997). 「연보」는 이 책을 열면 두 번째 장에 나오며 쪽수 표시가 없다. 저자는 이어 이 책의 50~51쪽에서 범정이 '남선북마독립군'에 가담했다고 주장했다. 그러나 이 문제를 꼼꼼히 검토한 박성순 교수는 저술자들의 잘못된 기록이라고 논평하면서 특정한 독립군에 가담하지 않은 상태에서 군자금 모집과 전달의 활동을 계속했다고 부연했다. 박성순, 「범정 장형의 독립운동과 그 위상」, 39쪽.

18 서정환(徐廷煥), 「이용익, 손병희, 김성수」, 범정·혜당기념사업회 편, 『범정언행록』(1996년 증보판), 76~78쪽; 윤장근(尹莊根), 「조국에 대하여 감사하고 감사하라」, 위와 같음, 204~206쪽.

실제로 범정은, 범정 스스로의 표현으로, '때로는 한의사로 위장하고 때로는 침구술針灸術을 시술하는 유사 의료업자 노릇을 하는 가운데'[19] 만주와 국내를 오가며 주로 군자금을 모집해 독립운동가들에게 전달했다. 이 사실에 관해서는 대한민국임시정부의 국무위원을 지낸 김승학金承學이 정리한 『의열사 및 독립운동자 약전略傳』에 다음과 같이 나타나 있다.

> 일명 세담世淡이며, 호는 범정梵亭. 용천인龍川人으로 1909년부터 양기탁梁起鐸 · 유동열柳東說 등에게 독립운동자금을 제공하였고, 1919년에는 이극李剋 · 안창하安昌夏 · 이진산李震山 · 전덕명全德明 등의 동지에게 군자금을 조달하였고, 전덕원全德元 · 오동진吳東振 · 오광선吳光鮮 등에게도 군자금을 전달하다가 수차 투옥되었으며, 현금과 패물 등을 수집하여 송병조宋秉祚 목사를 통하여 임시정부 재무총장 이시영李始榮에게 전달하였다.[20]

범정은 같은 고향 사람인 송 목사를 통해 대한민국임시정부 내무총장 김구에게도 독립운동자금을 전달했고, 김구는 범정에게 격려의 편지를 보냈다.[21] 범정과 백범의 인연은 이미 이 시점에 굳게 맺어진 것이다.

범정의 독립운동자금 조달에 관해서는 또 하나의 증언이 있다. 강원도 거부巨富 고중권高重權의 재산을 관리한 이석하李錫夏는 다음과 같이 회상했다.

> 당시 범정 선생은 국내외를 동분서주東奔西走하면서 독립운동자금을 조

[19] 김종성(金鍾聲), 「율사(律師)는 약자(弱者) 편에서 공정을 기하라」, 위와 같음, 280쪽.

[20] 김승학(金承學), 『한국독립사』 하(독립문화사, 1970 증보판), 252쪽.

[21] 황원영, 『범정의 교육철학』, 45쪽.

달하기 위하여 지압과 침술의 명의名醫로 위장하였었다. 그러기 때문에 이를 아는 국내의 거부인사巨富人士들로부터 존경을 받아 돈을 모아 독립운동자금으로 지원하였었다. […] 내가 확실하게 알고 있는 독립군 군자금 공작 활동 가운데 증언할 수 있는 것은 1933년 9월에 내가 직접 고중권 씨로부터 3,000원을, 그리고 1934년 4월에 서산 당진에 있는 이광李鑛 씨로부터 2,000원을 조달하여 [범정] 장세담 선생께 드린 사실이며, 이는 내 일생의 자랑으로 삼고 있다. 나는 범정 선생이 침술의 명의가 아니고 독립운동을 지원하는 자금 조달의 책임자라는 데서 무조건 존경하게 되었고, 또한 범정 선생의 하는 일에 무조건 따르게 되었다.[22]

이 무렵1910년 또는 1914년 범정은 대종교大倧敎에 입교했다. 불교도인 그가 대종교에 입교한 것은 서로 어긋나는 일이 아니다. 을사늑약에 저항하다가 귀양살이를 했던 나철羅喆은 항일독립운동을 위해 1909년 1월에 단군왕검을 구심점으로 하는 대종교를 창시하고 1910년 8월에 망국을 보자 만주로 망명해 많은 신도를 확보하는 가운데 철저한 항일의 자세를 견지했다. 그는 1916년 8월 15일음력에 황해도 구월산九月山으로 가서 단군에게 제천 의식을 올린 뒤 스스로 목숨을 끊었다.[23]

일제강점기에 많은 애국지사들이 대종교에 입교한 까닭이 대종교가 항일독립운동의 정신적 원천이라고 믿었던 데 있다. 대한민국임시정부의 국무총리 대행이었다가 순국한 예관睨觀 신규식申圭植, 그리고 일제에 의해 아홉 차례 투옥되었다가 일제 패망 이후 미군정에서 초대 민정장관으로 봉직한 민세民世 안재홍安在鴻 등이 그 대표적 사례들이었

22 이석하(李錫夏), 「설립자 범정 장형 선생」, 『범정언행록』, 102~104쪽.

23 대종교의 항일운동과 그것이 범정에 미친 영향 그리고 범정의 대종교를 통한 항일운동에 대한 설명으로는 다음이 대표적이다. 황원영, 「범정의 교육구국사상의 체계」, 『범정의 교육철학』(단국대학교출판부, 1997), 121~143쪽.

다.[24] 범정 역시 종교의 차원에서가 아니라 항일독립운동의 일환으로 대종교를 받아들였으며, 일제가 패망하고 한국이 독립한 후인 1963년 1월 21일에 대종교 원로원 참의參議에 이르게 되는데,[25] 범정의 대종교 입교는, 우리가 앞으로 보듯, 훗날 단국대학 설립 때 교명 제정에 반영된다.

이러한 범정의 활동은 일제 당국에 포착되었다. 예컨대, 일제의 평양헌병대가 1914년 10월 24일에 조선주차헌병대사령부朝鮮駐箚憲兵隊司令部를 거쳐 조선총독 데라우치 마사타케寺內正毅에 보고한 「불평선인不平鮮人의 행동에 관한 건」이라는 극비 문서에서 그의 활동을 적시한 것이다. 일제는 일제의 조선식민지배를 비판하거나 더 나아가 조선의 독립을 옹호하는 조선인들을 '불령선인不逞鮮人'이라고 비하해 불렀는데, 여기서는 그 용어 대신에 '불평선인'이라는 용어를 쓰면서, 범정을 "불평하는 조선청년들 사이에서 유력한 자者로, 항상 경성·안동·봉천奉天: 심양[瀋陽]의 다른 이름 등지를 왕복하면서 불평 동지를 규합하는 데 힘을 기울이고 있다."라고 기록한 것이다. 이 문서는 우리나라 국사편찬위원회에 소장되어 있다.[26]

범정의 활동은 크게 보아 두 가지로 요약되었다. 하나는 군자금을 마련해 독립운동단체에 넘겨주는 일로, 범정은 1921년 12월 22일부터 1922년 5월 21일까지 한국 국내의 모두 쉰세 곳에서 강연하며 동포들의 독립정신을 일깨우는 가운데 독립운동자금을 모으기도 했다. 이 사실은 그때마다 『동아일보』에 상세히 보도되었다. 여기서 특기할

---

[24] 장석흥(張錫興), 『신규식: 민족혁명의 선각자, 임시정부의 주춧돌』(역사공간, 2024), 128~139쪽.

[25] 박성순, 「범정 장형의 독립운동과 그 위상」, 42쪽의 각주 46.

[26] 위와 같음, 41쪽에서 재인용. 보고서 원문은 단국발전사편찬위원회 편, 『단국발전사』, 16쪽에 수록되었다.

것은 범정이 항일독립운동가 여운형呂運亨의 동생으로 대한민국임시정부에서 활동하다가 일시 귀국한 여운홍呂運弘과 함께 강연한 사실이다. 이것은 범정이 임시정부와 기맥을 통하고 있었음을 의미한다.

다른 하나는 국내의 젊은이들을 이동녕李東寧과 이회영李會榮 등을 비롯한 신민회 지도자들이 1911년 6월 10일에 만주의 길림성吉林省 유하현柳河縣 삼원포[三源浦: 또는 삼원보(三源堡)]에 설립한 신흥강습소 그리고 그들이 이 신흥강습소를 1919년 5월 3일에 확대한 신흥무관학교로 입교시키는 일이었다. 이 사실은 앞에서 살핀 「불평선인의 행동에 관한 건」에 적시되어 있다. 평양헌병대가 서울에서 평양으로 온 보성전문학교 학생 김연우金淵祐와 고정식高正植을 추적해보니 그들이 압록강을 건너 안동으로 가서 장세담을 만났으며 장세담은 그들을 심양으로 보냈고, 그들은 거기서 신흥무관학교로 입교한 것으로 추정된다고 기록한 것이다.[27]

태평양회의서 서명 및 군자금 조달과 두 차례의 투옥

거족적 독립운동이었던 1919년 3·1운동의 연장선 위에서 1919년 4월 11일에 중국 상해에서 대한민국임시정부가 수립되자 범정은 직접 참여하지 않았으나, 바로 앞에서 보았듯, 일정하게 연계해 활동했다. 그 한 사례가 1차대전의 전승국인 미국·영국·프랑스·이탈리아·일본 등 이른바 빅 파이브Big Five가 1921년 11월 11일부터 1922년 2월 6일까지 미국 워싱턴에서 개최하는 태평양회의, 일명 워싱턴군축회의를 앞두고 국내에서 1921년 9월 하순에 각계각층의 지도자 372명이 한국의 독립을 호소한 「한국인민치태평양회의서韓國人民致太平洋會議書」에

[27] 위와 같음, 17쪽.

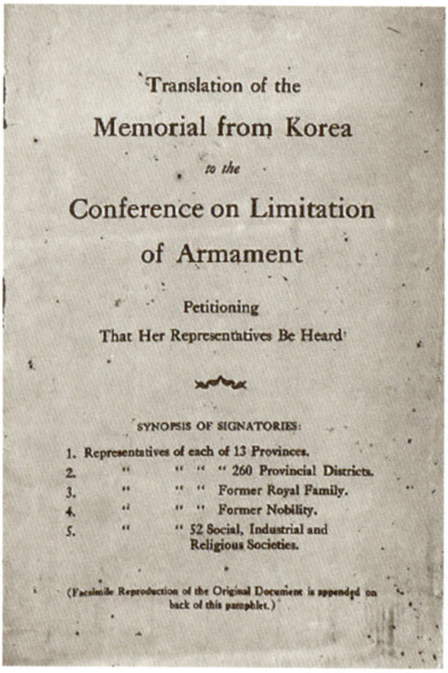

Translation of the

Memorial from Korea

to the

Conference on Limitation

of Armament

Petitioning

That Her Representatives Be Heard

SYNOPSIS OF SIGNATORIES:

1. Representatives of each of 13 Provinces.
2. " " " 260 Provincial Districts.
3. " " " Former Royal Family.
4. " " " Former Nobility.
5. " " 52 Social, Industrial and Religious Societies.

(Facsimile Reproduction of the Original Document is appended on back of this pamphlet.)

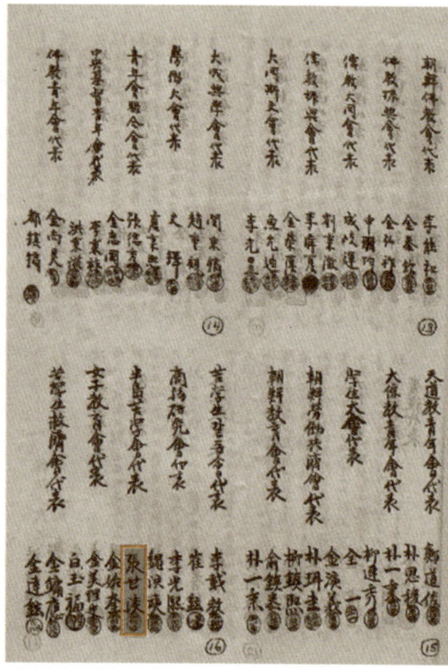

1921년 워싱턴 군축회의(태평양회의)에 제출한 대한민국 임시정부의 독립 청원 문서인 「한국인민치태평양회의서」. 장세담(장형)의 서명과 날인이 보인다.

'반도고학회半島苦學會' 대표 장세담의 이름 아래 서명한 사실이다.[28]

이 문서는 비밀리에 상해의 대한민국임시정부에 전달되었고 대한민국임시정부는 이 문서를 태평양회의에 참석한 한국대표단에게 전달했다. 한국대표단은 1922년 1월 1일에 이 문서의 영역본 그리고 이 문서를 중심으로 만든 팸플릿을 태평양회의 사무국과 참가국 대표들에게 보내는 동시에 언론에 전면 공개했다. 일본대표단은 이 문서가 위조된 것이라고 억지를 부리면서 한국대표단의 회의 출석 자체를 봉쇄하고, 한국 문제의 상정 자체를 막아버렸다.[29] 당시 대한민국임시정

[28] 원문 그리고 원문 속 장세담의 성명은 독립기념관 한국독립운동사 정보시스템에서 찾을 수 있다.

[29] 고정휴(高珽休), 「한국인민치태평양회의서(1921)의 진위 논란과 서명인 분석」, 한국근현대사학회, 『한국근현대사연구』 58(2011년 가을), 64~114쪽.

부를 대표해 이승만李承晩이 태평양회의 의장인 미국 국무장관 찰스 휴즈Charles E. Hughes에 제출한 이 청원서가 한국의 독립에 실질적으로 직접적 영향을 주지는 못했으나, 여기에 서명한 사실은 독립을 향한 범정의 의지와 용기를 보여주었다.

범정의 활동이 서명으로 끝난 것은 아니었다. 그는 다시 안동으로 돌아가 미곡상을 운영하며 군자금을 마련해 대한민국임시정부에, 그리고 그 밖의 여러 독립운동단체에 넘겨 주었다. 범정의 활동은 확대되었다. 길림성의 길림시에서 안창호와 양기탁 등이 이끌던 농민호조사農民互助社 산하 선만토지개간주식회사鮮滿土地開墾株式會社 사장으로 활동하며 역시 군자금을 마련해 만주의 몇몇 독립운동단체에 넘겨 주었다.[30] 이 과정에서, 범정은 1930년에 일제 당국에 체포되어 신의주형무소에 수감되었다. 석방된 뒤, 범정은 동생인 장세원張世院 일가를 안동에서 북쪽으로 40킬로미터 정도의 거리에 있는 요녕성의 오룡배五龍背에 이주시켜 두고 연락 거점으로 삼았다.

범정을 포함한 다수의 항일독립운동가들이 독립투쟁을 계속했으나, 전망은 밝아지지 않았다. 오히려 일제의 침략은 조선을 벗어나 적어도 겉으로 보기에 성공적으로 확대되고 있었다. 1931년 9월 18일에는 심양에서 '남만주철도폭파사건'을 조작하고 이것을 근거로 만주 침략을 본격화해 1932년 3월 1일에 일제의 괴뢰국 '만주국'을 세운 데 이어 1937년 7월 7일에는 북경에서 역시 '노구교蘆溝橋사건'을 조작하고 중국 침략을 공식화했다. 한국의 독립운동사를 다시 보면, 하나의 뚜렷한 변화를 감지하게 된다. 그것은 중국 대륙에 대한 일제의 침략을 계기로 적지 않은 독립운동가들이 독립운동 그 자체를 포기하거

[30] 박성순, 「범정 장형의 독립운동과 그 위상」, 60~61쪽.

나 심지어 변절하는 비극이다. 이제 누구도 일제의 침략을 막지 못하게 되었다는 체념이 확산된 것이다.

그러나 범정의 투지는 꺾이지 않았다. 다행히도 그동안 대일투쟁에 소극적이었던 중국국민당 정부가 중국공산당과 제휴해 일제의 침략에 공동 대처하면서 김구 주석이 이끄는 대한민국임시정부의 항일투쟁을 지원하기에 이르렀다. 특히 여장부로 불리던 부인 양인식梁仁植 여사가 남편의 독립운동에 동조해 적극적으로 돕는 것이 큰 힘이었다. 중재의 어머니인 양 여사는 스스로 군자금을 몸에 감춘 채 기차를 타고 한만국경을 넘어 남편에게 넘겨주기도 했다.[31]

그러했지만 범정은 1938년에 이르러서는 만주에서 서울로 압송되어 서대문형무소에 수감되었다. 범정으로서는 일제 당국에 의한 두 번째 수감이었다. 범정은 훗날 "일제가 우리 민족과 육체의 자유는 구속할 수 있었으나 우리 민족과 나의 간절한 독립의지와 자유열망은 통제하지 못했다."라고 회고한다.[32] 실제로 범정은 석방되면서 길림성 반석현盤石縣 연통산진煙筒山鎭에서, 청산리靑山里 전투의 영웅이던 김좌진金佐鎭이 군자금을 마련하기 위해 북만주 산시역山市驛 앞에 금성金星 정미소를 차리고 운영했듯, 정미소를 운영해 마련한 군자금을 소련과 만주 사이의 국경지대로 가서 무기를 사들여 독립군에게 넘겨주기도 했다.[33]

이때의 일화 하나를 범정은 "내가 중국 땅에서 독립운동할 때는 창고에 쌀을 가득히 쌓아놓고 그 쌀을 중국인들에게 팔아서 그 돈을 가

---

31 송하섭, 「큰 삶, 깊고 넓은 발걸음: 중재 장충식 박사의 70생애 소묘」, 중재장충식박사고희기념화문집간행위원회 편, 『빈 들에 씨를 뿌리며』(한불문화출판, 2001), 26쪽.

32 문경환(文景桓), 「독립하려는 내 마음 일제는 통제 못해」, 범정·혜당기념사업회 편, 『범정언행록』(1996년 증보판), 53~54쪽.

33 「범정 장형의 삶과 사상」, 단국발전사편찬위원회 편, 『단국발전사』, 16~28쪽.

지고 소만국경蘇滿國境에 가서 무기를 구입하는 일을 전담하던 때가 있었는데 그 일을 완수했을 때 그 기쁨은 이루 표현할 수 없었으며 하늘을 훨훨 나는 것만 같았다."라고 회고했다. 범정은 이어 "지금의 내 생활로서는 꿈에도 생각할 수 없는 일이었다. 그래도 그 당시에는 내 나라 내 동포를 위해 독립운동을 한다는 큰 꿈 때문에 나의 고달픔과 내 처자식의 헐벗음과 굶주림은 형언할 수 없이 어려웠으나 내 마음은 늘 기뻤다."라고 부연했다.[34]

단국대학교의 범정 독립운동 유적지 순방과 확인

범정의 장손이며 단국대학교 총장이던 장호성張淏星 박사는 부친 중재로부터 전해 듣던 범정의 항일독립운동 실상을 확인하기 위한 프로젝트를 시작했다. 2011년 6월 17~24일에 단국대학교 문과대학 사학과의 한시준 교수가 이끈 팀은 중재가 기억하고 있던 범정의 만주에서의 독립운동 유적지들을 차례로 답사하고 중재의 기억들이 사실임을 확인했다. 이어 동양학연구원은 이 답사를 근거로 개교 65주년을 앞둔 시점인 2012년 10월 31일에 「범정 장형의 독립운동과 단국대학 설립」이라는 대주제로 국제학술회의를 열었다. 여기서 한시준 교수는 단국대학교가 대한민국임시정부의 법통성을 계승해 설립된 정통 민족사학임을 밝혔고, 교양학부 박성순 교수는 범정의 독립운동 활약상을 구체적으로 논증했다.[35]

2015년 6월 7일~12일에는 장호성 총장이 한시준 동양학연구원 원

---

34 최세화(崔世和), 「행복이란」, 『범정언행록』(1996년 증보판), 136~137쪽.

35 한시준, 「대한민국임시정부와 단국대학교」, 『범정 장형의 독립운동과 단국대학 설립』, 84쪽; 범정이 독립운동을 한 유적지들에 대한 실증적 조사는 다음에서 읽을 수 있다. 『범정 장형 선생 독립운동유적지 조사결과보고서: 독립운동가가 세운 대학, 그 뿌리를 찾아서!』(단국대학교, 2011년 7월).

장 그리고 신흥무관학교를 세운 독립운동가 우당友堂 이회영李會榮 선생의 손자인 이종찬李鍾贊 우당기념사업회 이사장과 함께 범정의 항일독립운동 유적지를 포함해 선열들의 항일독립운동 유적지를 순방했다.[36] 이후 단국대학교는 재학생들의 항일독립운동 유적지 탐방을 격려했으며, 그 한 사례로 2019년에는 대학원 학생들이 탐방을 마쳤다.[37] 이러한 일련의 순방과 현지 확인을 통해 단국대학교 구성원들은 단국대학교가 백범 김구 및 대한민국임시정부와 기맥을 통하며 활동한 독립운동가 범정 선생이 세운 자랑스러운 대학교이며 "불가능하다고 보이는 일을 온갖 어려움을 견뎌내면서 가능한 것으로 바꾸는 것이 독립운동의 정신"임을 자각하며 생활한다는 자세를 갖도록 노력하게 되었다.

---

36 그 결과는 다음에 담겼다. 박성순, 『우당 이회영과 범정 장형의 발자취를 찾아서』(경기도 용인시: 단국대학교출판부, 2015).

37 단국대학교 편, 『2019학년도 단국대학교 대학원 해외학술탐방: 범정 장형 선생의 발자취를 찾아서』(경기도 용인시: 단국대학교, 2019).

해방과 범정의 귀국

동북한교사무처로부터의 통행증 발급

일제는 침략의 발길을 동남아시아로 뻗쳐나갔고 1941년 12월 8일에는 마침내 미국을 상대로 이른바 태평양전쟁을 일으켰다. 이것은 미국의 항전을 불러왔고 전쟁은 미국과 영국 및 소련을 중심으로 하는 연합국 그리고 나치 독일과 파시스트 이탈리아 및 제국주의 일본을 중심으로 하는 추축국 사이의 제2차 세계대전으로 확대되었다. 이 역사의 매우 심각한 고비에서, 소련이 1943년 초 스탈린그라드에서 나치군을 패퇴시킨 승전을 계기로 연합국은 승세를 잡았고 1943년 10월에 미국·영국·중국의 수뇌들은 이집트의 수도 카이로에서 회담하며 한국의 독립을 약속했다. 연합국의 승전은 계속되었고 마침내 이탈리아에 뒤이어 독일이 패망했으며 미국·영국·소련의 수뇌들은 1945년 7~8월에 패전 독일의 포츠담에서 회담하며 카이로선언을 재확인했다. 일제는 미국의 원자탄을 맞고 소련의 참전을 보고 나서야 결국 1945년 8월 15일에 항복을 선언했으며 이로써 한국은 해방을 맞이하기에 이르렀다.

해방은 남북분단의 형태로 나타났다. 연합국은 북위 38도선을 경계로 북은 소련군이 점령하게 하고 남은 미군이 점령하게 한 것이다. 임시정부 요인들은 두 팀으로 나뉜 채 김구 주석과 김규식金奎植 부주석을 중심으로 하는 제1진은 1945년 11월 23일에, 신익희申翼熙 법무총장 그리고 항일독립운동과 임시정부의 기본적 정치이념인 삼균주의三

均主義를 제창한 조소앙趙素昂 외무부장 등을 중심으로 하는 제2진은 12월 2일에 환국했다. 길림성 반석현에서 해방을 맞이한 범정은 대체로 그 무렵에 환국의 길에 올라 우선 심양에 도착했다.

심양에는 대한민국임시정부가 일제 패망 이후 중국에 산재해 있는 교포들의 생명과 재산을 보호하기 위해 항일독립운동가로 중국국민당 정부에서 육군소장으로 봉직하고 있던 김홍일金弘壹을 대표로 하는 동북한교사무처東北韓僑事務處를 개설하고 있었다.[38] 범정과 마찬가지로 평안북도 용천군 출신으로 범정보다 10년 연하여서 서로 호형호제呼兄呼弟하던 김홍일은 범정에게 "임시정부가 국내로 들어간 만큼, 귀국해 백범을 도우시라."면서 통행증을 만들어주었다. 당시 만주는 소련군은 물론 중국국민당 군대와 중국공산당 군대가 나눠 점령하고 있어 각 지역을 통과하기 위해서는 통행증이 필요했다. 범정은 김홍일이 발급한 통행증을 갖고 1945년 12월의 어느 시점에 무사히 귀국할 수 있었다.[39] 망명길에 올랐던 22세의 청년이 35년 뒤에 57세의 초로로 돌아온 것이다.

대한민국 정부로부터의 독립운동 공적 인정

훗날 대한민국 정부는 범정의 독립운동 공적을 인정해 1963년 3월 1일에 「대한민국건국공로훈장」을 서훈한다. 대통령권한대행 겸 국가재건최고회의 의장 박정희 그리고 내각수반 김현철金顯哲의 명의로 작성된 「건국공로훈장증」은 "대한민국 정부는 우리나라 자주독립에 이

[38] 당시 김홍일의 활동은 그의 회고록에서 자세히 설명되었다. 김홍일, 『대륙의 분노: 노병(老兵)의 회상기』(문조사, 1972), 390~393쪽.

[39] 한시준(韓詩俊), 「대한민국임시정부와 단국대학교」, 박성순 등 분담집필, 『범정 장형의 독립운동과 단국대학 설립』, 84~85쪽.

범정이 수여받은 대한민국 건국공로훈장(좌)과 건국공로훈장증(우)(1963.03.01)

바지한 바 많은 장형 옹에게 건국공로훈장 단장單章을 증여하여 길이 표창함"이라고 기술했다. '건국공로훈장 단장'은 오늘날에는 '건국공로훈장 독립장'으로 바뀌어 불리고 있다.

대한민국 정부는 이어 1975년 5월 16일에 단국대학교 한남동 캠퍼스에 마련되어 있는 범정의 묘소를 '순국선열 및 애국지사 묘소'로 지정했다. 이에 따라 1975년 9월 19일에 단국대학교는 그곳에 "여기 남산 남록 푸른 송백松柏으로 둘러싸여 있는 명당에 우리의 스승이신 범정 장형 선생이 단국대학교의 모든 학원을 미소하여 지켜보시며 누워 계시다. [...] 선생의 한 평생은 독립투사였다. 근대화와 삼일정신을 바탕으로 해서 항상 구국 자주 자립의 삼대三大 정신으로 교수와 학생을 지도하시며 이 삼대 정신으로 학풍을 완성하셨다. 이것은 영원불변하는 단국대학의 학풍이 될 것이다."라는 문구로써 추모비를 세웠다.

비문은 당대 최고의 문호로 꼽히던 월탄月灘 박종화朴鍾和가 짓고 글씨는 역시 당대 최고의 명필로 꼽히던 일중一中 김충현金忠顯이 썼으며, 묘소 정화를 위한 조경 등은 국립민속박물관장이며 문화재전문위원

범정의 추모비 제막식에 참석한 월탄 박종화를 중재가 부축하고 있다.

인 맹인재孟仁在가 담당했다.[40] 이 비문의 사례에서 보이듯, 중재는 어떤 일을 하고자 할 때 그 방면의 정상급 인사를 찾아 맡겼다. 그만큼 인선人選에 있어서 안목과 수준이 높았다.

월탄도 중재를 높이 평가했다. 자신보다 31년 아래인 중재가 그사이 발표한 수필들을 모아 『착한 이들의 땅』을 출판했을 때, 「머리말」을 쓰면서 "단국대학교 총장 장충식 박사는 철학도로서 또는 사학자로서 또는 대학의 총수로서 후진들에게 인생의 갈 길과 인간으로서의 출처행장出處行藏을 밝혀주기 위하여, 심오한 철리哲理와 예리한 관조觀照와 중첩重疊한 사색 속에서 벽공碧空에 추운秋雲이 일 듯 발묵潑墨된 것이 곧 박사의 수상록이다."라고 칭찬했다. 월탄은 이어 "내가 섭렵해보니 30여 편이 모두 다 주옥이요, 금같이 빛나는 소리다. 모든 독자의 심

[40] 『단국대학교60년사: 1947-2007』 상, 192쪽.

독립기념관 경내에 설치된 단국대학교 설립자 범정 장형의 어록비. 독립기념관은 독립운동에 앞장선 애국 선열의 의지가 담긴 경구와 유훈, 시 등을 비석으로 남기는 작업을 하고 있다.

금을 반드시 울릴 명론탁설名論卓說이다."라고 부연했다.[41]

현재 범정의 묘소는 독립운동가의 묘소를 관장하는 국가보훈처[오늘날의 국가보훈부]의 인가 절차를 거쳐 죽전캠퍼스로 옮겨져 있다. 이 묘소의 진입로 계단 옆에는 다음과 같은 안내판이 세워져 있다.

> 이 장소는 단국대학교 설립자이시며 애국지사이신 범정 장형 선생의 유택입니다. 이 장소는 1975년 5월 16일 국무회의에서 순국선열 및 애국지사의 묘소로 의결되어 인근 주민과 학생들로 하여금 미화 관리토록 함으로써 선열의 독립정신에 대한 흠모와 긍지를 가지며 애국심을 고취 양양할 수 있도록 후세에 길이 유적으로 보존하게 되었습니다. 정성을 다하여 관리합시다. 2007년 4월 18일 국가보훈처장

41 박종화, 「머리말」, 장충식, 『착한 이들의 땅: 장충식 수필집』(예서원, 1978), 5~7쪽.

범정에 대한 대한민국 정부의 예우는 계속되었다. 2009년 12월 30일에 정부는 충청남도 천안시天安市에 있는 독립기념관 경내에 “독립은 남이 갖다주는 것이 아니고 오직 우리 자신의 힘으로 쟁취해야 한다.”라는 「범정 장형 선생 어록비」를 세웠다.[42]

[42] 「범정 장형의 삶과 사상」, 『단국발전사』, 28쪽.

범정과 혜당의 협력으로 단국대학 설립

범정의 국민대학설립기성회 참가

범정이 1945년 12월에 서울에 도착했을 때, 한반도의 상황은 분단이 굳어지는 쪽으로 나빠지고 있었다. 1945년 12월 하순에 미국·영국·소련 등 3대 연합국의 외무장관들은 모스크바에서 '코리아에 관한 의정서'를 채택했는데, 그 핵심은 코리아에서 남북 전체를 통튼 임시정부를 세우고 이 임시정부가 4대국의 신탁통치를 5년 이내의 기간에 받은 뒤 독립하며, 이 목표를 달성하기 위해 미국과 소련의 대표로써 공동위원회를 구성한다는 데 있었다. 중화민국은 외교부장을 보내지 못했으나 이 의정서에 동의했다.

소련이 점령한 북한은 소련의 방침에 맞춰 이 의정서를 받아들였으나, 미군이 점령한 남한은 신탁통치 조항을 둘러싸고 찬반으로 나뉘어 격렬하게 싸우고 있었다. 북한에서는 조선공산당을 대표한 김일성이 소련의 계획에 발을 맞춰 1946년 2월 8일에 평양에서 '북조선림시인민위원회'를 발족시켜 북한을 단위로 하는 단독정권 수립의 길에 들어섰고, 남한에서는 뒤늦게 1946년 6월 3일에 이승만이 북한의 '북조선림시인민위원회'에 대항해 남한을 단위로 하는 단독정권의 수립을 제의했으나 그것은 남북분단을 고정시킨다는 반대에 부딪혔다. 요약하면, 북한의 경우 소련점령군의 강력한 통제 아래 항일동북연군 사장師長을 거쳐 소련극동군 대위로 활동한 김일성을 중심으로 권력이 집중되고 있었으나, 남한의 경우 좌익세력과 우익세력 사이에 갈등과 대립이 격화되고 있었다.

항일독립운동의 과정에서 백범을 비롯한 대한민국임시정부 지도자들과 친교를 유지했던 범정은 이 시기에도 그들과 같은 길을 걸었다. 우선 임정 요인들이 귀국 직후 추진한 대학설립계획에 적극 참여했다. 그들은 3·1운동과 임정의 독립정신을 계승하는 '국민의 대학'을 법문法文 계통의 야간대학으로 설립하기로 하고 그 대학의 설립을 추진하는 기구로 1946년 3월 3일에 백범을 고문으로 하고 임정 내무부장 신익희를 회장으로 하는 '국민대학설립기성회'를 발족시켰는데, 범정은 이사로 취임했다.[43]

'국민대학설립기성회'는 창립기금으로 5천만 원을 모집한다는 계획을 세웠다. 그러나 모금은 쉽지 않았다. 원래 미군정은 임시정부를 인정하지 않아 그 요인들이 모두 개인 자격으로 귀국했던 터인데, 미군정이 그들이 귀국한 이후에도 같은 입장을 유지하자 모금에 응하는 인사는 거의 없었다.

혜당惠堂 조희재趙喜在 여사의 높은 뜻

이 어려운 고비에 범정이 나서 독립운동 시절의 동지였던 혜당 조희재 여사로부터 5만 평의 토지를 받아 돌파구를 열었다. 그러면 혜당 여사는 어떤 분이었나? 혜당은 1892년 2월 12일에 풍양조씨豐壤趙氏의 후예로 경기도 화성華城에서 태어나 밀양박씨密陽朴氏 가문의 박기홍朴基鴻 선생에게 출가했다. 1866년에 출생한 박기홍은 대한제국 우정국의 당상관堂上官으로 삼화우체사와 한성우체사 등에서 근무한 상당한 재산가였다.

43 「범정 장형의 삶과 사상」, 30~31쪽.

당시 『동아일보』 보도에 따르면, 박 선생은 1921년에는 의료기관인 '피병원避病院' 설립 때 1백 원을 기부했고1921년 5월 17일자, 1923년에는 간도 용정촌에서 안창호가 민족교육을 실시하던 대성중학교大成中學校에 거금을 기부했으며1923년 11월 25일자, 1935년에는 대한제국 시기에 오늘날의 서울 중구 장교동長橋洞에 설립된 장훈보통학교長薰普通學校가 재정난으로 폐교의 위기에 직면하자 5만 원을 희사하여 인수했다1935년 12월 18일자. 그뿐만 아니었다. 『조선일보』 보도에 따르면, 그는 1936년에는 문맹퇴치운동의 일환으로 '농촌야학육성운동'이 전개되자 5백 원을 기부했다1936년 1월 19일자.

여기서 상기하고자 하는 사실은 박기홍 선생이 "평소에 근검절약하는 생활로 일관하셨다."라는 사실이다. 중재의 회고에 따르면, 그는 "일제시대에 전차도 타지 않았고, 타다 남은 숯도 재를 털어서 다시 쓰신 그런 분이다." 남편과 마찬가지로, 혜당 여사 역시 "크나큰 제방도 조그마한 생쥐 구멍 때문에 무너지고 만다."라는 자계심自戒心을 갖고 금전을 아끼며 "악의악식惡衣惡食하는 가운데 생활했다."[44] 그렇게 형성한 정재淨財를 민족의 장래를 짊어질 2세의 교육을 위한 대학을 세운다는 큰 뜻에 공감해 아낌없이 바친 것이다.

박기홍 선생은 조희재 여사와의 사이에서 1923년 2월 15일음력으로는 1922년 12월 30일에 서울 종로구 관철동貫鐵洞에서 외동딸 박정숙朴正淑을 보았다. 그녀는 경성보통학교와 숙명고등여학교를 거쳐 일본 메이지대학 전문부 법과를 졸업하고, 범정의 누이의 아들인 이성섭과 결혼하게 되며 이로써 박기홍과 범정은 사돈이 된다.[45] 이후 박기홍은 범정의

---

[44] 장충식, 「유익한 사재와 불행한 사재」, 『큰 삶 작은 이야기』, 247쪽.

[45] 아정(雅庭)박정숙박사고희기념사업추진위원회 편, 『아정박정숙박사의 업적과 생애: 사랑과 희생의 한 길』(아정박정숙박사고희기념사업추진위원회, 1993). 이하 이 책 전

독립운동자금 모금을 힘껏 도우면서 국내의 거점 및 연락 역할도 맡았다. 이로써 두 분은 의혈義血로 맺어진 지우가 된 것이다.[46] 박기홍 선생 스스로 생전에 모필로 친히 쓴 자서전에서 범정과 자신이 혈연동지로 함께 독립운동에 참가했다고 회고했다.[47]

조국이 일제에 국권을 빼앗기는 비극을 체험하면서 성장한 혜당 여사는 민족의 한恨을 자신의 한으로 받아들이고 광복을 염원하는 가운데 스스로 독립운동의 일선에 나서기도 했다. 부군의 뜻을 받들어 부군이 마련한 자금을 몸에 품고 만주의 오룡배나 길림으로 범정을 찾아가 전달하는 위험도 마다하지 않았다. 이러한 맥락에서, 혜당의 공식 전기는 "박기홍 선생과 조희재 여사는 장형 선생의 독립운동을 안팎으로 후원한 부창부수夫唱婦隨의 동지였다."라고 썼다.[48]

안타깝게도 박기홍 선생은 조국광복을 보지 못하고 1944년 10월 27일에 별세했다. 임종에 이르러 박 선생은 혜당에게 모든 재산을 교육사업에 사용할 것과 이 문제를 범정과 의논하라는 유지를 남겼다. 혜당은 남편의 이 유지를 받들어 '국민대학설립기성회'에 토지를 내놓은 것이다.

체를 통해 박정숙 박사에 대한 기본자료는 이 책에 의존했다.

46 「혜당 조희재와 대학설립준비위원회」, 단국발전사편찬위원회 편, 『단국발전사』, 68~71쪽.

47 박성순, 「범정 장형의 독립운동과 그 위상」, 55쪽에서 재인용.

48 『단국발전사』, 72쪽.

범정의 국민대학관 설립과 건국실천원양성소 개설

혜당 여사로부터 5만 평의 토지를 기증받았다고 해도 국민대학의 설립은 쉽지 않았다. 우선 교사 확보가 새로운 과제로 떠올랐다. 다행히 보인상업학교輔仁商業學校의 이종국 상무이사가 취지에 공감해 이 학교 건물을 저녁에 사용하도록 배려해주고 시설도 제공했다. 처음부터 야간대학으로 출범하기로 했기에, 이 도움에 힘입어 국민대학관國民大學館이라는 이름 아래 학부와 전문부를 두어 각각 법학과와 정경학과 2개 학과로 출발할 수 있었다. 학장은 해공 신익희가 맡았고 이사장은 범정이 맡았으며, 1946년 9월 1일에 개교했다. 이 국민대학관의 후신이 오늘날의 국민대학교이다.

다른 한편으로, 범정은 백범과 함께 1947년 3월 20일에 용산구 원효로의 원효사元曉寺에서 독립국가 건설에 필요한 인재를 양성하기 위한 교육기간 1개월의 '건국실천원양성소'약칭 '건실'를 개설하고 이사장

건국실천원양성소 개소 2주년 기념식
앞줄 왼쪽부터 김정실, 장형, 김구, 엄항섭 (1949.03.20)

건국실천원양성소에서
강연하는 범정 장형

대학 설립을 격려하는 백범 김구와 함께한 범정 장형(1948.01.18)

을 맡았다. 명예 소장은 이승만이, 소장은 백범이 각각 맡았으며, 부소장은 임정의 선전부장으로 백범을 보좌한 엄항섭嚴恒燮이 맡았다. 강사진에는 대한민국임시정부 요인들이었던 조소앙趙素昂과 신익희申翼熙 그리고 김경수金敬洙·김법린金法麟·김정실金正實·김활란金活蘭·민병태閔丙台·박순천朴順天·설의식薛義植·안재홍安在鴻·양주동梁柱東·이상조李相助·이은상李殷相·이인李仁·정인보鄭寅普·최호진崔虎鎭 [가나다 순서] 등 당대의 일류 학자들과 정치인들이 참가했다.[49]

아쉽게도, '건국실천원양성소'는 1947년 5월에 제1기생을 배출한 이래 백범이 1949년 6월 26일에 암살됨에 따라 1949년 8월 23일에 해산을 결의했다. 1946년 6월 27일에 개교한 홍문대학관弘文大學館

[49] 이홍구(李弘求), 「해방 후 백범 김구의 건국실천원양성소 설립과 운영」, 박성순 등 분담집필, 『범정 장형의 독립운동과 단국대학 설립』, 145~146쪽.

이 1949년 6월 27일에 홍익대학弘益大學으로 개편함과 동시에 1949년 9월 25일에 이 양성소를 인수해 제9기생을 모집한 것을 마지막으로 1949년 12월에 해산했다.

그러한 우여곡절 속에서도 범정과 백범의 강한 유대는 계속되었다. 단국대학이 설립된 직후인 1948년 1월 18일에 백범은 엄항섭을 대동하고 내수동의 범정 집을 방문해 자신의 오랜 동지인 범정이 단국대학을 설립해 민족교육에 전념하는 것을 격려했고, 1948년 6월 25일에 단국대학 전문부 제1회 졸업식에 참석해 직접 축사를 했다. 그래서 단국대학 학생들은 "독립운동사적으로 살펴볼 때 범정 선생은 백범 조직의 직계였다."라는 자부심을 품을 수 있었다.[50] 이 무렵 중재는 아버지가 쓴 편지를 백범에게 직접 전해주기도 했고, 백범이 쓴 편지를 아버지에게 직접 전해주기도 했다.

백범의 양심건국론

백범은 1948년 3월 1일에는 단국대학에 '양심건국良心建國'이라는 휘호를 내려, "권력이나 정치이념 또는 자신의 이익만을 좇기 위해 암투를 벌이기보다 나라와 후세를 위해 진정으로 민족을 아끼고 생각하는 마음으로 나라를 세우자."라는 뜻을 전했다. 이때는 유엔 감시 아래 선거가 가능한 지역, 곧 남한에서만 국회 총선을 실시해 그 국회가 정부를 구성하게 한다는 유엔의 결의가 확정되어 있었고, 그 결의에 따라 5월 10일에 제헌국회의 구성을 위한 총선거가 실시될 수 있도록 정치 일정이 진행되고 있었다. 백범에게 그것은 남북분단이 아주 굳어

50 임조규(林慥圭), 「제1회 졸업식에 백범 김구 주석 참석」, 『범정언행록』, 581~582쪽; 박성순, 「환국 이후 범정 장형의 사회교육 활동」, 『범정 장형의 독립운동과 단국대학 설립』, 171쪽.

단국대학교 죽전캠퍼스 퇴계기념중앙도서관 앞 광장에서 실시한 양심건국비 제막식(2017.09.25)
좌측부터 어진우 산학부총장, 김병량 교학부총장, 장호성 총장, 중재, 김수복 천안부총장, 강대식 대외부총장

져 한반도에 두 개의 국가가 나타나는 것으로 보여졌다. 그러했기에 백범은 2월 10일~12일에 「삼천만 동포에게 읍고泣告함」이라는 감동적인 논설을 『서울신문』을 비롯한 여러 신문에 나누어 발표하며 그 결정에 전면 반대하면서 평양에서 남북회담을 열자는 김일성의 제의에 호응하고 있었다.

이렇게 볼 때, 백범의 '양심건국'은 남북 지도자들 사이의 직접적 회담으로써 통일정부를 세우자는 뜻을 담았던 것으로 해석된다. 중재는 백범의 이 가르침을 잊지 않고, 우리가 제7장에서 보게 되듯, 여러 형태의 남북회담에 능동적으로 참여했다. 중재는 민족의 숙원인 남북통일과 관련해 자신의 정신적 지표가 된 백범의 가르침을 다시 음미하면서, 단국대학교 이사장 때인 2017년 9월 25일에 죽전캠퍼스 퇴계

기념중앙도서관 앞에 '양심건국' 네 글자를 새긴 '양심건국비'를 세웠다.[51]

남북통일을 염두에 둔 범정의 교명과 교가 제정

국민대학 설립을 위한 범정의 해공과의 제휴는 국민대학관 개교로부터 1년 정도 지난 시점인 1947년 7월에 끝났다. 해공이 1946년 6월에 백범이 위원장으로 이끌던 한국독립당을 탈당하고 마침내 1947년 7월에 이승만이 총재를 맡은 대한독립촉성국민회 부총재로 가담한 것을 백범을 지지하고 있던 범정은 '배신'으로 여기고 국민대학관과 결별한 것이다. 해공은 이후 이승만 총재의 대한민국 정부 수립 노선을 적극 지지해, 1948년 5월 10일에 실시된 제헌국회 총선 때 고향 경기도 광주군廣州郡에서 국회의원으로 당선되고 초대 국회의장 이승만이 대통령으로 당선되자 그의 후임으로 2대 국회의장으로 선출된다. 해공은 곧 인촌仁村 김성수金性洙가 이끌던 한국민주당과 제휴해 민주국민당을 창당해 대표 최고위원으로 활동하며, 1956년 5월 15일에 실시되는 제3대 대통령 선거에 범汎야당 민주당의 대통령 후보로 나섰으나 유세 도중인 5월 5일 새벽에 호남선 열차 안에서 급서한다.

범정이 해공과 결별하던 때의 상황을 현장에서 직접 목격했던 중재는 다음과 같이 회상했다.

> 내가 기억나는데, 내수동 집에 해공 선생이 오셨어요. 우리 집에는 손님이 오면 여자가 안 들어가요. 저나 아버지 비서들이 차를 갖고 들어갑니다. 차를 갖고 들어가는데, "아, 범정 선생 왜 이러십니까."하고 야단이

51 『단대신문』(2017년 9월 26일).

났어요. 우리 아버지가 "해공, 어찌 백범을 배신할 수 있단 말이요."하면서, 해공 선생을 막 때리세요. 그때 안에서 싸움이 나니까, 따라온 사람들이 들어가서 말렸죠. 그때 이제 결별하게 된 거예요.[52]

해공과 결별하면서, 범정은 임시정부와 독립정신을 계승하는 대학 설립을 독자적으로 추진하게 되었다. 이때에도 혜당은 범정을 적극적으로 지원했다. 당시 『조선일보』1947년 11월 2일가 보도했듯, 혜당은 딸 박정숙과 함께 소유하고 있던 1억 원 상당의 토지를 설립기금으로 출연한 것이다. 범정도 부친으로부터 물려받은 제천의 산판 그리고 내수동 가옥 뒤쪽에 세워 운영하던 비누공장 등 자기 재산 대부분을 출연했다.

이렇게 기본 자산이 마련되자 범정은 혜당을 설립준비위원장 겸 이사, 자신을 이사장 겸 이사, 그리고 박정숙·장도빈·김정실 등을 이사로 하는 '단국대학 설립준비위원회'를 조직했다. 여기서 주목되는 이들은 장도빈과 김정실이다. 앞에서 말했듯, 장도빈은 범정과 함께 보성전문학교를 다녔고 대한제국 멸망의 시기에 애국지사 양기탁梁起鐸이 이끌던 항일신문 『대한매일신보大韓每日申報』 기자에 이어 논설위원으로 활동하다가 연해주 블라디보스토크로 망명해 『해조신문海朝新聞』을 발행하면서 항일구국의 논설을 잇따라 발표한 민족주의적 국사학자였다. 김정실은 범정의 보성전문학교 후배로 『동아일보』 기자를 거쳐 건국실천원양성소 강사 그리고 국민대학관 교무처장으로 범정을 돕다가 단국대학의 설립을 위한 준비에 참가한 것이다.

설립준비위원회는 종로구 낙원동에 항일독립운동가이며 의사인 상

[52] 한시준, 「대한민국임시정부와 단국대학교」, 『범정 장형의 독립운동과 단국대학 설립』, 100쪽.

허常虛 유석창劉錫昶 박사가 세운 조선정치학관 2층에 사무실을 마련하고, 행정 절차를 밟아 「재단법인 단국대학 설립의 건」과 「단국대학 설립의 건」 및 「이사장 이사 및 감사 취임의 건」 등 세 건의 서류를 1947년 9월 15일에 남조선과도정부 문교부에 제출했다. 여기서 논의되어야 할 대상은 「재단법인 단국대학」이라는 명칭이다. 1946년 2월 9일에 미군정청이 대학설립규정으로 공포한 「대학령」은 "사립대학은 재단법인이 있어야 한다."라는 규정을 두었다. 이 규정에 따라, 「단국대학설립준비위원회」는 남조선과도정부 문교부에 서류를 제출할 때 「재단법인 단국대학」이라는 명칭을 사용한 것이다.[53] 그렇지만 1964년 1월 21일 이후 오늘날까지 개정된 법령에 따라 「학교법인 단국대학」이라는 명칭을 사용한다.

'단국'에 담긴 뜻

『단국대학교50년사』와 『단국발전사』에 따르면, 범정은 백범을 비롯해 민족주의 국사학자 장도빈, 민족주의 국사학자 안재홍, 대종교의 안호상安浩相 등을 만나 "학교의 이름은 남북통일에 기여하고 그것을 상징하는 의미를 담았으면 좋겠다는 뜻을 밝혔다." 이에 대해, 그들은 "통일국가를 수립하려면 민족의 동질성을 찾아야 하는데, 우리 민족은 단군의 자손인 만큼 남북을 막론하고 단군의 건국정신을 받아들여야 한다."라는 의견을 제시했다. 일찍이 입교한 대종교의 영향을 받기도 해 이미 그렇게 생각하고 있던 범정은 그들의 의견에 더욱 자신을 갖게 되어 교명을 '단국'으로 결정했다.[54]

이것은 달리 생각한다면 미군정의 교육목표에 대한 도전이기도 했

---

53 『단국대학교70년사: 1947-2017』 II, 10쪽.

54 『단국발전사』, 36쪽.

다. 미군정청 문교부 학무국 산하 '조선교육심의회'가 1945년 12월 20일에 결정한 교육이념은 제1분과 위원장 민세民世 안재홍安在鴻이 제안한 '홍익인간'의 건국이상을 바탕으로 한 민주국가의 '공민公民' 양성을 주안점으로 한다는 것이었다. 그러나 미군정청은 '홍익인간'이라는 교육이념 속에 담긴 민족주의 교육보다는 '민주주의 공민 양성'이라는 교육목표를 우선시했다.[55]

단군의 건국정신을 계승한다는 뜻에서, 학교의 상징물이라는 뜻의 교상校像으로 단군이 '웅녀熊女' 곧 곰녀의 후예라는 『삼국유사』의 기록을 염두에 두면서도 곰이 가진 '자활의 기상'과 '불퇴전의 용기' 및 '평화애호의 기질' 그리고 '관용스러운 포용력' 등을 종합적으로 고려해 곰으로 정했다.[56] 인류의 역사를 보면, 동북아시아로부터 러시아와 유럽에 이르기까지 곰을 모든 동물의 제왕으로 여기며 숭배하던 시기가 있었고, 그러한 토테미즘Totemism의 신앙이 여러 명칭으로 남았다. 독일의 수도 베를린Berlin과 스위스의 수도 베른Bern은 모두 곰을 의미하는 영어 베어Bear에서 파생한 것이고, 일본에서 신神을 의미하는 '가미'가 우리말 '곰'의 훈독訓讀에서 파생했다는 해석이 그 사실을 뒷받침한다.

1979년부터 당시 단국대학교 학도호국단을 중심으로 대학의 상징인 곰을 교상으로 만들어 세우자는 움직임이 일어남에 따라 단국대학교는 1980년 3월 3일에 곰상을 건립했다. 조각가 안찬주 교수는 반달가슴곰을 기준 삼아 실형 2m 50cm이며 총 높이 6m인 곰상을 제

[55] 유동희(柳東熙), 「미군정기 대학설립에 관한 연구」, 명지대학교 대학원 사학과 박사학위청구논문, 2001년 8월, 53쪽. 박성순, 「환국 이후 범정 장형의 사회교육 활동」, 177~178쪽.

[56] 『단국대학교60년사: 1947-2007』 상, 88~91쪽.

작했고, 한남동 캠퍼스 중앙의 본관 바로 옆에 세웠다. 현재 죽전캠퍼스 '평화의 광장'에 있다. 다른 한편으로, 천안캠퍼스에는 1982년 5월 27일 팔각정에 세운 곰상이 오늘날까지 그 자리에 서 있다.[57]

1955년 2월 9일에 제정된 교가 역시 단국대학이 단군왕검의 개국 정신을 이어받는다는 뜻을 담았다. 초대 학장을 역임하고 교외대학 학장을 맡고 있던 장도빈이 작사하고 '가고파'를 작곡한 당시 서라벌예술대학 교수 김동진金東振이 작곡한 교가는 제1절에서 "영기靈氣 찬 백두산의 정기精氣를 받고"로 시작하고, 제2절에서 "거룩한 단군선조檀君先祖 그 얼을 품고"라는 구절을 넣어 단국대학의 정신이 백두산에서 우리 겨레 최초의 나라를 세운 단군의 홍익인간 건국이념에 있음을 분명히 했다.[58]

창학이념(구국·자주·자립)과 교시(진리·봉사)

범정은 이어 '창학이념'으로 구국救國·자주自主·자립自立을 제시했다. 주목되는 것은 어느 무엇보다도 '구국'을 앞세웠다는 사실이다. 망국의 한을 안고 독립을 염원하며 풍찬노숙風餐露宿의 매우 어려운 길을 걸으면서 두 차례에 걸쳐 일제에 의해 투옥되었던 범정으로서 비록 해방은 되었으나 분단되어 있는 현실을 직시하는 가운데 '나라를 구한다.'라는 뜻을 담고자 한 것이다. '자주'는 국가를 구한 뒤 그 국가의 '자주적 존립 기반'을 튼튼히 해야 한다는 뜻을 담았다. 범정은 '자주적 존립 기반'으로 '자주적 판단', '자주적 역할', '자주적 능력', '자주적 발전'을 꼽았으며, 그것들은 모두 높은 수준의 교육을 통해 배양된다고 믿었다. 마지막으로, '자립'은 경쟁이 점차 치열해지는 국제사회에서

---

57 『단국대학교60년사: 1947-2007』 하, 692쪽 및 695쪽.

58 『단국대학교70년사: 1947-2017』 III(『사진으로 본 단국 70년』), 55쪽.

창학정신비(죽전캠퍼스)

교시비(죽전캠퍼스)

개교 당시 교기

현재 교기

살아남을 수 있는 정신을 의미했다.[59]

'창학이념'에 이어 대학의 '교시校是'로 '진리'와 '봉사'를 채택했다. 「창학정신비碑」와 「교시비碑」는 현재 단국대학교 죽전캠퍼스 범정관 앞에 세워져 있다. 이처럼 '창학이념'과 '교시'를 제정하고 곧바로 태극사상에 바탕을 둔 창조원리를 상징하는 교기校旗를 제정했다.[60]

---

59 『단국대학교60년사: 1947-2007』 상, 17~18쪽.

60 『단국발전사』, 35~37쪽.

병상에서 설립인가서를 받은 혜당 여사의 유훈

남조선과도정부는 미군정이 행정권을 한국인들에게 이양하기 위해 설치한 임시적 행정부로, 항일독립운동가였던 국사학자이며 언론인인 민세民世 안재홍이 민정장관을 맡아 이끌고 있었다. 남조선과도정부의 유억겸兪億兼 문교부장은 엄격한 심사를 거쳐 서류제출로부터 한 달 보름 만인 1947년 11월 1일에 세 건 모두를 '인가'한다는 인가서를 발급했다.[61] 유억겸 문교부장은 구한말에 국민계몽운동을 이끌었으며 갑오경장甲午更張 때 내무협판內務協辦을 맡아 개혁에 앞장섰던 유길준兪吉濬의 둘째 아들로, 일제강점기에는 연희전문학교 부교장을 역임했다.

당시 혜당 여사는 병상에 누워있었다. 『한성일보』1947년 11월 2일 보도에 따르면, 혜당은 병마에 시달리면서도 이 인가서를 직접 받아보고 크게 기뻐하며 "고인故人이 뜻을 두었으나 이루지 못하신 사업을 오늘에 이루게 되니 나로서는 감회가 깊다. 이것을 잘 육성해 문교 당국과 사회 여러분의 협력으로 크게 발전하기만 바란다."라는 소회를 밝혔다. 혜당은 이틀 뒤인 11월 3일에 "홍익인간의 뜻을 따라 할 일을 다 한 듯합니다. 이사장님께서 잘 맡으셔서 운영해 주시기 바랍니다."라는 유훈을 남기고 운명했다. 향년 56세였다. 혜당 조희재 여사의 장례는 대학장으로 거행되었고, 단국대학 초대 학장으로 내정된 장도빈이 장례위원장을 맡았다. 혜당의 유해는 조선정치학관 교사에서 영결식을 가진 뒤, 경기도 양주군楊州郡 미금면渼金面 금곡리金谷里 선영에 안장되었다.

이후 '학교법인 단국대학'은 정관에서 공식적으로 혜당과 범정을 모

---

61 『단국발전사』, 77쪽.

두 설립자로 모시고, 교가는 가사에서 "받들라 혜당 여사 높은 그 뜻을 […] 받들라 범정 선생 굳센 그 뜻을"을 담는다. 오늘날 죽전캠퍼스에 들어서면 중앙에 대학본부가 있는 지상 5층의 건물을 보게 되는데, 그 명칭이 범정관이다. 범정관의 위쪽으로 퇴계기념중앙도서관이 있으며, 퇴계기념중앙도서관의 위쪽에 지상 6층의 학생회관이 있으니 그 명칭이 혜당관이다.

1989년 9월 5일에 한남동 캠퍼스에 혜당의 동상과 범정의 동상을 세웠던 단국대학교는 개교 65주년 기념일 하루 전인 2012년 11월 2일에 죽전캠퍼스와 천안캠퍼스 두 곳 각각에 동상을 재건립했다. 죽전캠퍼스의 경우, 범정관 바로 앞의 분수광장에 혜당의 동상과 범정의 동상이 서 있다. 그리고 범정 동상의 뒤쪽으로 「단국대학 설립 취지서」를 새긴 오석烏石: 일명 흑요석[黑曜石]이 서 있는데, 이 비석은 주식회사 보창산업의 권혁영 대표이사가 기증했으며, 글씨는 유명한 서예가인 무림霧林 김영기金榮基가 썼다. 이 비석은 분수광장에 혜당의 동상과 범

창학정신비·설립취지서비 제막식(2009.06.05)

정의 동상을 세우기 전인 2009년 6월 5일에 분수광장에 따로 세웠던 것인데, 혜당의 동상과 범정의 동상을 죽전캠퍼스에 재건립하면서 범정 동상의 뒤쪽에 자리잡게 되었다.

「단국대학 설립 취지서」의 내용과 의미

이 대목에서 1947년 11월 3일에 '재단법인 단국대학'이 발표하고 『단대학생신문』이 1948년 3월 1일에 게재한 「단국대학 설립 취지서」 이하 「취지서」로 약칭의 의미를 살펴보고자 한다. 그것은 범정 선생과 혜당 여사를 비롯해 단국대학의 설립을 주도한 선각자들의 철학과 이상理想 그리고 단국인이 명심하고 지향해야 할 방향을 담고 있기 때문이다.

'글로컬 대학'을 지향한 원대한 목표

「취지서」를 누가 작성했는지는 기록으로 남아 있지 않다. 그러나 한문에 밝으면서 유교적 문장에 익숙한 지식인이 기초하고 범정 그리고 장도빈을 비롯한 단국대학 개교 당시의 지도자들이 함께 검토해 확정한 것으로 보인다. 크게 보아 다섯 부분으로 구성되고, 애국적이면서 웅변적 표현이 자주 등장하는 「취지서」는 우선 다음과 같이 선언했다. 철자는 원문 그대로 따르기로 한다.

> 재단법인 단국대학은 우리 민족의 역사적 요구와 인류의 세계적 요망에 대응하기 위하야 오천년 유구한 문화를 여기에 재흥하고 만인공영萬人共榮의 진리를 부흥하고 혈맥에 흘러온 전통적 우수성을 민족적으로 회복하여 우리와 및 세계 인류의 영원한 자주적 독립과 발전번영을 기도하는 홍익인간弘益人間의 건국정신을 여기에 광복하는 선도자와 창계자적創系者的 역할을 메고 나갈 문화사관文化士官을 양성하여 조선과 세계의 부흥을

위하여 동원되는 전선全鮮에 배속시키는 사업의 원천지源泉地가 되겠다는 자부와 자긍에서 만리붕정萬里鵬程에 오르는 배다.

이 첫 문단에서 우리는 설립자들의 큰 포부를 확인한다. '우리 민족의 역사적 요구와 인류의 세계적 요망에 대응하기 위하여'라는 구절, '우리와 세계 인류'라는 구절, 그리고 '조선과 세계의 부흥을 위하여'라는 구절은 단국대학이 단순히 한국만이 아니라 세계 인류도 염두에 두며 인재를 길러내겠다는 설립자들의 원대한 목표를 담았다. 최근에 널리 쓰이는 용어를 빌린다면, 이미 이 시점에 설립자들은 한국에 충실할 '로컬 대학'과 세계 인류에 봉사할 '글로벌 대학' 그리하여 그 종합으로서의 '글로컬 대학'을 지향한 것이다.

문화국가를 세울 일꾼 육성의 꿈

'문화사관'이라는 용어 역시 주목된다. 돌이켜보면, 인류와 세계의 역사를 바꿔온 힘으로 경제의 힘과 군사의 힘을 꼽을 수 있다. 그러나 그 힘들보다 더 중요한 것은 문화의 힘이었다. 이 점을 인식했기에, 백범은 「나의 소원」에서 자신이 원하는 국가상國家像으로 '높은 문화의 힘을 가진 나라'를 제시하면서 "나는 우리나라가 남의 것을 모방하는 나라가 되지 말고 높고 새로운 문화의 근원이 되고 목표가 되고 모범이 되기를 원한다."라고 말했다.[62] 백범과 동지 관계를 유지한 범정 역시 그러한 뜻을 지니고 있었기에, 단국대학이 한국과 세계의 문화를 이끌

---

[62] 백범의 「나의 소원」은 1947년에 집필되어 그의 『백범일지』가 1947년 12월에 국사원(國士院)에서 출판될 때 처음 수록되었다. 다음에서 읽을 수 있다. 도진순(都珍淳) 주해, 『백범일지: 백범김구자서전』(경기도 파주시: 돌베개, 1997년 초판 1쇄; 2020년 개정판 62쇄), 423~433쪽 「나의 소원」 가운데 「3. 내가 원하는 우리나라」는 431~433쪽에 있다.

'문화사관'을 양성하는 배움의 집이 되기를 바라는 뜻을 담은 것이다.

「취지서」는 다음으로 이어졌다.

> 정의는 이기고 진리는 기리 빛날 것이다. 새 세계의 전개가 그 무대의 중심을 동방으로 전전轉奠하고 있으니 아득한 그 옛날 사해四海를 비치던 그 등대에 이제 봉화는 높이 들렸다. 의義를 모르고 예禮를 상실한 옅은 지식의 무리들의 지배와 말발굽 아래서 억눌이어 그 천부의 낙토를 잃고 그 문화를 짓밟히고 자유와 행복을 상실 당한 채 유리전전流離轉輾하는 암흑의 천지가 몇 세기를 되풀이 하였는가.

여기서 「취지서」는 우리 민족이 오랜 기간에 걸쳐 문화국가로서 '동방의 빛'의 역할을 수행한 역사적 사실을 상기했다. "아득한 그 옛날 사해를 비치던 그 등대에 이제 봉화는 높이 들렸다."라는 구절은 1929년 4월 2일자 『동아일보』에 게재된 "일찍이 아시아의 황금 시기에 빛나던 등불의 하나였던 코리아/그 등불 다시 한번 켜지는 날에 너는 동방의 밝은 빛이 되리라."라고 읊었던 인도의 시성詩聖 라빈드라나트 타고르Rabindranath Tagore, 1861~1941의 찬사를 연상시킨다. 다른 한편으로, 취지서는 무지몽매한 여러 외족의 지배를 받았던 뼈아픈 과거를 통탄스럽게 여겨 반성하는 모습을 보여주었다.

천부인권론과 자유의 옹호

「취지서」는 이어 "우리는 하늘이 주신 인권과 그 천연의 자유를 확립하고 만인이 갈 길을 개척하여 자기自己로부터 세계가 한 집으로의 낙원을 건설하는 데 우리는 한 개의 횃불이 되고 진리의 전당이 되고 인류의 지표로指標路의 사명을 스사로['스스로'의 방언: 저자 주] 수행하려는 것이다."라고 선언했다. 이 대목에서 우리는 설립자들이 단국대학이 지향하는 정치이념으로 천부인권과 자유민주주의를 제시한 사실에 주목하게 된다.

천부인권론은 고대 그리스의 스토아학파로부터 시작해 중세를 거치며 근대에 이르는 과정에서 여러 사상가에 의해 제기되었고 발전되었다. 특히 1776년 7월 4일에 발표된 미국의 「독립선언」 그리고 1789년 5월 5일에 일어난 프랑스 대혁명 때 강력히 제기되어 이후 서양 정치사상의 중요한 부분을 형성했다. 조선에서는 철종哲宗 11년인 1860년에 최제우崔濟愚, 1824~1864가 동학을 창도하며 "사람이 곧 하늘이니[人乃天], 사람을 섬기는 것을 하늘을 섬기는 것처럼 하라.[事人如天]"라는 가르침을 제시한 이후, 특히 대한제국 시기에 서양의 자유주의적 정치사상이 지식인들 사이에 수용되면서 천부인권론이 전파되었다. 일본에서는 1868년의 명치유신明治維新 시기에 자유민권운동이 일어나면서 프랑스의 정치사상가 장 자크 루소Jean-Jacques Rousseau, 1712~1778의 천부인권론이 전파되었고, 이것은 당시 일본에 유학한 조선인들을 통해 조선 국내에 소개되었다.

국내 또는 일본의 전문학교에서 수학하며 그 이론에 접한 설립자들은 거기에 전폭적으로 수긍하고 「취지서」에 반영한 것이다. 이 사실은 범정의 여러 발언에서 확인된다. 예컨대, 그는 "나는 지금 씨뿌리는 농부입니다. 황폐한 땅, 전근대적인 사회에 자주와 자유 그리고 민주주의 사상의 씨앗을 뿌리려고 합니다. 이 같은 작업은 5년이나 10년 안에 달성되는 것이 아닙니다. 민족의 백 년 앞을 내다보고 교육과 훈련을 중단 없이 지속해야 합니다."라는 말로써 단국대학이 지향해야 할 목표를 제시했고, "백성들이 목마르게 바라는 민주사상의 생수를 가득 채울 그릇을 만들어내는 곳이 우리 대학이다."라고 가르쳤으며, 미국 프랭클린 루스벨트Franklin Delano Roosevelt, 1882~1945 대통령의 4대 자유, 곧 표현의 자유, 신앙의 자유, 궁핍으로부터의 자유, 공포로부터의 자유를 강의하곤 했다.[63]

여기서 다시 확인하게 되는 것은 자유에 대한 범정의 옹호는 백범의 그것과 동일하다는 사실이다. 백범이 「나의 소원」에서 "나의 정치이념은 한마디로 표시하면 자유다. 우리가 세우는 나라는 자유의 나라여야 한다."라고 강조했음에 비춰,[64] 범정과 백범은 자유라는 정치이념으로 결속되어 독립운동과 건국운동에 함께 참여한 것이다.

자유민주주의를 옹호한 설립자들은 공산주의에 반대한다는 뜻을 분명히 밝혔다. 범정의 경우, "공산주의자들은 소련에 예속하여 이 땅에 공산독재국가를 세우려 했다."라고 비난했으며 "공산당은 입버릇처럼 '목적을 위해 수단 방법을 가리지 않는다.'라고 말한다."라고 질타하고, 거기서 한 걸음 더 나아가 해방공간에서 자유민주주의와 공산주의 사이에서 '중간노선'을 걸으려고 했던 좌우합작운동 지도자들마저 비판했다. 그는 6·25전쟁이 북한의 남침으로 시작되었음을 명백히 지적하면서 그 전쟁으로 대다수 국민이 고통을 겪은 사실에 분노를 표시했다.[65]

---

[63] 박봉화(朴奉華), 「미련한 자는 박달나무를 떡갈나무로 본다」, 황린(黃麟), 「전진과 미결의 장(章)을 해결하는 그릇이 되라」, 금영춘(琴榮春), 「천상천하 유아독존」, 『범정언행록』, 각각 67~71쪽, 430~431쪽, 450~451쪽.

[64] 도진순 주해, 『백범일지』, 426~431쪽.

[65] 조석오(趙錫五), 「사람은 모두 평등하나 책임은 분명해야」, 김문희(金汶熙), 「나라가 오늘 번영해 나가는 힘은 선량한 국민이 더 많기 때문」, 박희래(朴喜來), 「단국대학의 성쇠는 학생들의 기상에 달려있다」, 정한승(鄭漢昇), 「중립이란」, 『범정언행록』, 각각 128~129쪽, 162~163쪽, 179~183쪽, 230~231쪽.

세계부흥에 이바지하겠다는 포부

「취지서」의 마지막 두 부분은 다음과 같다.

> 태동泰東 대륙에 아침이 열리니 이름하여 배달이라 한다. 대륙과 대양에 터전한 지리적 부富와 맥맥히 흐르는 피의 겨레 삼천만의 뭉치가 자기自己로부터 비롯하는 세계부흥의 성업聖業에 진군될 것이다. 이 시대 창조의 행진곡에 그 연주의 지휘봉指揮棒은 들렸다.
>
> 우리는 우리와 뜻을 같이하는 동지들과 힘을 아울러 우리와 우리의 후배들의 길이 그 진리를 찾고 일을 배우고 글을 닦아 진眞과 선善과 미美의 참된 일군이 여기에서 나고 여기에서 비롯하기를 기期하여 한 개의 글집을 세우는 것이다.[66]

여기서 「취지서」는 우리가 '태동' 곧 동아시아의 대륙에서 '아침을 연' 곧 조선이라는 나라를 세운 배달민족임을 분명히 선언함으로써 자신의 정체성正體性을 분명히 했다. 이어 대륙과 해양 사이에 자리를 잡은 나라의 주인공으로 '세계부흥의 성업'에 앞장설 것이라는 결의를 밝히면서 그 일꾼들을 단국대학이 길러낼 것이라는 포부를 거듭 다짐했다. 마지막 부분에 등장하는 '글집'이라는 단어에 주목하게 된다. 이 단어는 우리말 사전에는 없다. 「취지서」를 작성한 인사들이 만들어낸 단어임이 틀림없다. 앞뒤의 문맥으로 보아 '학교'를 의미하는 것으로 풀이할 수 있다.

---

[66] 『단국대학교70년사』 Ⅲ, 52쪽.

낙원동 교사와 이화동 교사 시절의 범정

2개 학부 5개 학과로 출발과 독립정신 교육 강조

대학설립을 이룬 기쁨과 혜당 여사를 잃은 슬픔이 교차하는 가운데, 설립준비위원회는 조선정치학관 교사에 '단국대학'이라는 현판을 내걸고, 개교를 준비했다. 학제는 정치학부와 문리학부의 두 학부를 두고 정치학부 아래 정치학과와 법률학과 그리고 문리학부 아래 사학과와 수학과 및 물리학과 등 다섯 학과를 두었다. 이후 법률학과는 법학과로 바뀐다.

여기서 주목되는 것은 사학과의 개설이다. 범정은 일제강점에서 벗어났으나 미국과 소련에 의한 분단을 겪고 있는 한국이 앞으로 통일을 향해 나아가기 위해서는 민족의 역사 연구를 바탕으로 하는 '민족의 정체성 확립'이 긴요하다는 판단 아래 사학과를 개설한 것이다.[67] 범정은 단국대학 교무회의에서 "독립정신을 헤아리지 못하는 교육은 목적이 없는 활동입니다. 여러 선생께서는 스스로 독립운동사를 읽으시고, 학생들로 하여금 넋으로 받아들이도록 가르쳐주기 바랍니다."라고 당부하곤 했다.[68]

단국대학은 곧바로 『동아일보』1947년 11월 6일에 (ⅰ)정치학부 정치학과 240명, 법률학과 240명, (ⅱ)문리학부 수학과 120명, 물리학과 120명, 사학과 240명 등 도합 960명의 모집 광고를 냈다. 1947년 11

---

67 황원영, 『범정의 교육철학』, 247쪽.

68 김형보(金炯堡), 「범정 선생의 교육이념」, 『범정언행록』, 48쪽.

월 19일과 20일 이틀에 걸쳐 중앙여자고등학교에서 문교부 감독관이 입회한 가운데 입학시험을 치렀고, 이 시험을 통해 1회 학생을 선발했다. 이사회는 동시에 학장과 부학장에 각각 장도빈과 김정실을 선임했다. 교수에는 양주동梁柱東: 국어, 육지수陸芝修: 재정사 및 지리학, 노도양盧道陽: 동양사, 노진설盧鎭卨: 대법관 겸임, 민법, 김숙현金淑鉉: 형법 등 13명이 전임으로 봉직했고, 김순경金舜敬: 화학, 신기석申基碩: 정치사 및 외교사, 조기준趙璣濬: 경제사, 고광림高光林: 국제법 등이 강사로 봉직했다.[69]

그들 가운데 양주동은 와세다대학 영어영문학과를 졸업하고 숭실전문학교 교수로 출발해, 일제가 패망한 이후 단국대학 교수를 거쳐 연희대학교 영어영문학과 교수와 동국대학교 국어국문학과 교수 및 대학원장을 역임했다. 『조선의 맥박』1930, 『조선 고가古歌 연구』1942, 『여요전주麗謠箋注』1947 등을 저술했고 1950년대 이후 '국보 1호'를 자처했다. 육지수 교수는 도쿄제국대학 경제학과를 졸업하고 연희전문학교 교수로 시작해 서울대학교 문리대 지리학과 교수로 봉직했다. 조기준 교수는 도쿄의 조치대학上智大學 상학부를 졸업하고 연희전문학교 조교수를 거쳐 고려대학교 정경대학 경제학과 교수로 정년퇴임했다. 남한 학계가 칼 마르크스에 빠져 있던 시대에 막스 베버를 정력적으로 소개하면서 조선경제사 연구를 개척했으며, 『한국경제발전사』1991가 대표작으로 꼽힌다. 고광림 강사는 경성제국대학 법문학부 법과를 졸업하고 서울대학교 법과대학 전임강사로 봉직했다. 일찍이 미국으로 건너가 럿거스대학교에서 정치학박사학위를 받고 장면 정부에서 주미공사로 봉직하다가 5·16군사정변을 맞이하자 미국으로 망명해 보스턴칼리지 법과대학을 졸업해 변호사 자격을 얻었으며 센트럴코네

[69] 『단국대학교60년사: 1947-2007』 상, 98쪽.

티컷주립대학교 교수로 활동했다. 국내에는 『영국정부론』 일조각, 1990의 저자로 알려졌다.

이렇게 대학의 행정체제가 갖춰지면서 단국대학은 1947년 12월 3일에 휘문중학교 강당에서 미군정청의 오천석吳天錫 문교부 차장과 군정장관 윌리엄 딘William Frishe Dean, 1899~1981 소장이 참석한 가운데 제1회 입학식을 거행했다. 오천석 차장은 일제강점기에 미국에 유학해 코넬대학교를 졸업하고 노스웨스턴대학교 대학원에서 교육학을 전공해 석사학위를 받은 데 이어 콜럼비아대학교 대학원에서 교육학을 전공해 박사학위를 받았다. 미군정청에서 문교부 차장으로 시작해 부장으로 승진하고 이후 대한교육연합회 회장을 거쳐 이화여자대학교 대학원장으로 봉직하며 제2공화국에서 문교부 장관으로 봉직하고 제3공화국에서 멕시코 대사로 봉직한다.[70] 딘 군정장관은 버클리 캘리포니아대학교 학생으로 군사훈련ROTC 과정을 거쳐 임관되어 육군소장으로 승진하면서 주한미군정청에서 봉직했고 6·25전쟁 때 제7사단장으로 복무하던 가운데 대전 전투에서 패전해 북한군에 포로가 되었다. 다행히도 정전협정과 더불어 석방되어 귀국한 뒤 캘리포니아 샌프란시스코 프레시디오에 있는 미 육군 제6야전군의 부사령관으로 부임했다가 전역했다.[71]

단국대학은 입학식을 끝낸 직후 12월 8일부터 강의에 들어갔다. 종로구 낙원동의 조선정치학관 교사만으로는 강의실이 모자라 단국대학은 종로구 이화동梨花洞에 있는 2층 목조건물인 배영학관培英學館 교사

---

70 오천석의 생애는 다음에서 자세히 설명되었다. 김창철 엮음, 『한국의 페스탈로찌 천원(天園) 오천석 생애와 업적』(교육과학사, 2019).

71 딘 소장의 생애는 다음에서 자세히 설명되었다. William Frishe Dean, *General Dean's Story*(NewYork: Viking Press, 1954).

를 함께 썼다.

전문부 병설과 교외대학 통신교육부 개설

단국대학은 이어 학과를 비롯한 교육기구 자체를 확대했다. 1948년 3월 31일에는 주간부와 야간부로 나누어 수업하는 단국전문학관을 병설하고, 정치학과 60명과 법률학과 60명을 비롯해 다수의 학생을 선발했다. 당시는 해방 직후여서 정치에 관한 관심이 커 정치 지망생이 많았으며, 그래서 대학마다 정치학과는 경쟁률이 치열했다.

거기서 한 걸음 더 나아가, 이사장 범정이 주창한 "모든 국민이 배워야 하고, 배우고자 하는 모든 국민에게 배울 기회를 주어야 한다."라는 뜻의 '국민개학國民皆學'의 구호 아래 1948년 4월 1일에 부속기관

교외대학 통신교육부 건물 전경(1948)

으로 이종흡李宗洽을 부장으로 하는 '단국대학 부속 교외대학 통신교육부'를 종로구 관훈동寬勳洞 통문관通文館 옆에 개설했다. 통신교육부에서 개설한 학과는 정치경제과와 법률과 2개 학과로, 모두 2년의 교육과정이었다. 학생이 등교하지 않고 통신강의록만으로 공부할 수 있게 하는 제도로, 오늘날의 한국방송통신대학교와 비슷했다. 학생에게는 소정의 학생증과 배지가 발급되었다. 이종흡 부장에 이어 단국대학 초대 학장이던 장도빈 교수가 통신교육부장이 아니라 교외대학장 직함으로 통신교육부를 이끌었다.

대학에 진학하고 싶었으나 생활 형편으로 그렇게 하지 못하고 여러 형태로 근로에 종사하던 청소년들의 호응이 커지자, 통신교육부는 전국 각지에 통신교육부 지부를 설치하고 등록한 학생들에게는 단국대학이 편찬해 출판한 『단국대학 강의록』을 발송해 이 책으로 공부하게 했다. 법률과 강의록의 집필은 한태연韓泰淵: 헌법 및 행정법, 서돈각徐燉珏: 상법, 주재황朱宰璜: 물권법, 이건호李建鎬: 형법, 고광림高光林: 국제법 등이 맡았고, 정치경제과 강의록의 집필은 이상조李相助: 국가론, 신기석申基碩: 근대외교사, 조기준趙璣濬: 경제사, 김기수金基洙: 국제법 등이 맡았다.[72] 이 강의록은 3개월분, 6개월분, 1년분으로 나뉘었다. 통신교육부는 1950년 6·25전쟁 발발과 동시에 중단되었으나 휴전으로부터 8개월 뒤인 1954년 4월 1일에 종로구 신문로 2가 8번지에 있던 장안빌딩에서 다시 시작했다. 1956년 5월에 을지로 5가 213번지로, 1957년 2월에 을지로 3가 1번지로 옮긴다.

흔히 교외대학으로 불린 통신교육부는 전국 각지에 교외대학 지부를 설치했고, 학기별6개월 및 학년별1년로 학생을 받아들였다. 1954

72 『단국대학교60년사: 1947-2007』 상, 101쪽.

년 10월에 교외대학생에게 단국대학 청강의 기회를 주었다. 이로써 1955년 6월의 시점에 1만여 명에 이르는 교외대학생들이 본교에서 청강할 수 있게 되었다. 국방부가 예하 장병들의 교육을 위해 강의록을 대거 신청하게 함으로써 국방부에 납본하는 강의록이 수만 부에 이르렀다. 1957년 11월 현재 강의록의 부수는 모두 무려 13만 부에 이르렀다. 다른 한편으로, 교외생들의 실력 향상을 위해, 교외대학은 1955년 5월 29일부터 부산·대구·대전·이리·전주·군산을 비롯한 전국 주요 도시에서 '이동 강의'를 실시했다. 수강 대상을 일반인에게도 허락하면서 뜻밖의 호응을 받아 회를 거듭할수록 성황을 이뤘다. 1955년 6월 1일 이후 시험 제도를 도입해 면학을 장려했다.[73]

제1공화국 정부는 1957년 8월에 통신교육부를 출판부로 개편하도록 지시해 사실상 그 기능을 크게 약화시켰다. 5·16군사정부는 거기서 한 걸음 더 나아가 1963년 6월 31일에 통신교육부 자체를 폐쇄했다. 이 시점까지 통신교육부는 약 10만 명의 학생을 배출했고, 그 사이 법과 18호, 정치경제과 17호의 강의록을 출판했다.

교내 신문의 창간과 단국대학의 지향

범정은 개교 직후 처음 맞이하는 3·1절인 1948년 3월 1일에 학생들이 중심이 되어 제작하는 『단대학생신문』을 창간했다. 해방 이후 창간된 대학교의 신문으로는 『연희타임스』연희전문학교, 『경성대학예과신문』경성대학, 『중대학보』중앙대학, 『고대신문』고려대학교, 『국학학보』국학대학에 이어 여섯 번째였다.[74] 타블로이드판 4면으로 제작된 이 신문은 단

73 『단국발전사』, 100~102쪽.

74 단대신문사동우회 편, 『나는 단대신문 기자다: 단대신문 70년 빛나는 기억들』(타커스, 2018), 52~53쪽.

국대학 내부의 언로言路를 활발히 하려는 의도에서 월간으로 창간되었다. 대판으로 발행되던 『단대학생신문』은 오늘날 베를리너판 『단대신문』의 모체이다.

필자가 누구인지 밝혀지지 않은 채 1쪽의 머리에 게재된 「창간사」는 당시 강화되는 민족분단의 상황과 가혹한 경제상황 속에서 독립국가를 만들어 낼 사명이 대학인에게 있음을 강조했다. 특히 주목할 만한 것은 민주주의 체제에 대한 확신으로, 문화가 번성한 독립국가를 만들 길이 민주주의가 살아있는 조국에 있음을 거듭 강조했다. 이렇게 볼 때, 이 신문은 대학인들에게 민주주의 가치를 확산하고 이를 고양하는 실천 의지를 북돋겠다는 결연한 의지를 선언한 것이다.

우리는 앞에서 「단국대학 설립 취지서」를 살피는 가운데 단국대학이 자유민주주의를 지향할 것을 다짐하는 구절을 지적했다. 그 정신이 『단대학생신문』의 「창간사」에서 되풀이된 것이다. 마지막 부분은 "조선의 학도여! 민족의 생명아! 모든 죄악을 일축하고 꿈에서 깨어 약동하여라. 굳세게 대지를 밟고 창공을 향하여라. 아름다운 조국 재건을 위하여!"라는 격동적인 언사로써 학생들에게 각성을 촉구함과 동시에 새로운 결의를 다짐하도록 호소했다.[75]

같은 1쪽에 범정은 이사장 자격으로 「단국대학을 세우고 나서: 국가민족의 재흥再興에 기여」라는 논설을 발표했다. 이 논설에서 범정은 항일운동가들이 국내외에서 조국의 독립을 위해 분투했으나 "불행히 분열의 비경悲境에 빠져서 국가의 독립이 회복되지 못함을 볼 때 나는 다시 통탄비애痛嘆悲哀를 느끼지 않을 수 없다."라고 개탄하고, "이것이 비록 세계 대세의 영향이었다 하나 실로 우리 민족의 실책이 다대한

[75] 위와 같음, 56~57쪽.

것을 알았다."라고 시인했다.

여기서 주목되는 점은 분단의 책임을 '세계 대세'에 묻지 않고 '우리 민족의 실책'에 물었다는 사실이다. 당시 지도자들 사이에서는 분단의 책임을 강대국의 권력 정치에 묻는 것이 유행이었다. 그러나 대조적으로 범정은 우리 자신에게서 그 원인을 찾은 것이다. 이것은 범정이 현실을 냉정하면서도 정확히 인식하고 있었음을 보여주었다. 이 점과 관련해, 범정은 다음과 같이 말했다.

> 사람들은 흔히 자기가 잘못을 저질러 놓고 그 책임을 다른 사람에게 전가하는 경우가 많다. 우리가 일본인의 침략을 받고 망한 데 대해서도 우리는 일본 사람을 항상 원망하며 원수와 같이 생각하고 이를 갈고 있지만 사실상 냉정하게 생각해보면 우리나라가 망한 것은 일본인 때문이라기보다 우리나라 사람 자신들이라고 말하지 않을 수 없다. 일본인들은 서구 문명을 쉽게 받아들여서 현대국가를 만들고자 애쓰며 해외 나들이를 한다, 신식 교육을 받는다, 야단법석인데 우리나라는 문을 닫아걸고 외국과의 통상을 거부하며 그들을 오랑캐 취급을 해왔었다. 그러한 결과로 일본은 빨리 개명하여 우리보다 수십 년을 앞섰고 우리는 그만큼 뒤떨어졌으니 우리 국력이 일본보다 약할 수밖에 없지 않았겠는가.[76]

이 대목에서 범정은 "일본이 빨리 발전한 것은 어디까지나 교육의 힘 때문이었다."라고 진단하면서, 그 교육의 힘은 국립대학보다는 사립대학으로부터 나왔다고 보았다. 예를 들어, 오쿠마 시게노부大隈重信가 와세다대학의 전신인 도쿄전문학교를 세웠고, 후쿠자와 유키치福澤諭吉가 게이오기주쿠慶應義塾를 세워 많은 인재를 길러냈음을 상기시켰다. 그러면 범정이 언급한 오쿠마 시게노부와 후쿠자와 유키치는 각각

[76] 왕제옥(王濟玉), 「우리나라를 망친 사람」, 『범정언행록』, 539~541쪽.

어떤 사람이었나?

오쿠마 시게노부1838~1922는 명치유신에 적극적으로 참여해 대장성大藏省의 수장인 대장경大藏卿으로 활동하면서 자유민권운동을 지지하다가 정부를 떠난 뒤 1882년에 입헌개진당立憲改進黨을 창당한 데 이어 같은 해에 도쿄전문학교를 세웠다. 이후 두 차례에 걸쳐 외무대신에 이어 역시 두 차례에 걸쳐 총리대신으로 봉직했고, 와세다대학 총장으로도 봉직했다. 국민의 존경을 받아 장례는 국민장으로 치러졌으며 운구가 지나는 연도에 추모 인파가 매우 컸다.

후쿠자와 유키치1835~1901 역시 명치유신을 적극적으로 지지하고, 일본의 '근대화'를 뒷받침하는 이론을 개발했으며, 특히 일본이 "아시아에서 벗어나 유럽으로 들어가야 한다."라는 뜻의 '탈아입구脫亞入歐'론을 정립했다. 서양의 사상과 사조를 수용하면서 '문화'·'문명'·'자유'와 같은 번역어들을 만들어냈다. 1858년에 도쿄에, 당시 일본인들이 '화란和蘭'이라고 부른 네덜란드로부터 배워야 한다는 뜻에서 '난학蘭學'을 진흥하던 시류에 따라 네덜란드어를 가르치는 잇쇼카주쿠一小家塾을 세웠는데, 이 학교는 1868에 게이오기주쿠慶應義塾로 개명된다. 오쿠마와는 대조적으로 정부에 들어가지 않고 교육계와 언론계에서 활동하며 국민계몽에 앞장섰다.

오쿠마 그리고 후쿠자와도 염두에 두면서, 범정은 "청년의 양성, 동지의 규합으로 국가와 민족의 재흥을 실현하기로 결심해 단국대학을 세우게 되었다."라고 말했다. 결론적으로 그는 단국대학이 항일독립운동의 정신을 계승해 통일 국가 수립에 앞장설 것을 역설했다.[77]

---

[77] 『단국대학교 70년사』 I, 50쪽.

범정의 '전국통일학생총연맹'과 '단군성적호유회' 주도

단국대학을 설립한 이후 범정은 '전국통일학생총연맹' 결성과 운영에 주도적으로 참여했다. 이 범汎학생단체는 대한민국 제1공화국 성립 직후이면서 조선민주주의인민공화국 성립 직후인 1948년 9월 25일에 서울 종로구 기독교회관에서 창립되었는데, 범정은 안재홍 및 엄항섭 등과 함께 7인 지도위원 가운데 한 사람으로 참여했고, 전국의 대학들 가운데 단국대학이 유일하게 참가했다. 이 단체는 좌우익의 대립을 지양하고 동시에 '남북통일과 조국광복의 길로 매진할 것'을 지향한다고 선언함으로써 당시 남북협상을 표방한 백범의 정국 구상에 발을 맞춘 것으로 해석되었다. 결국 이 단체는 백범의 피살 이후 해산된다.[78]

범정은 1948년 10월 3일 개천절에는 안호상 문교부 장관과 명제세明濟世 심계원審計院 원장을 비롯한 몇몇 정부 각료들과 함께 단군이 쌓고 제사를 지냈다는 참성단塹星壇이 있는 경기도 강화군 마니산摩尼山을 답사했다. 이때 범정은 다음과 같이 말했다.

> 이곳 마니산은 국조 단군성조를 기리는 기념적인 제단이 있는 곳이다. 홍익인간의 개국사상이 이 마니산에서 숨쉬고 있다. 개인적으로 각자는 자기 조상을 모실 줄 아는 것처럼 배달민족으로서 민족적 뿌리를 기리는 일이야말로 자연스럽고 또 자부심을 가질 만하다고 생각한다. 마니산의 개천절 제사는 그만큼 가치 있는 신앙적 행사이다. 앞으로 이 일이 전국적으로 확산되기를 기대한다.[79]

---

[78] 박성순, 「환국 이후 범정 장형의 사회교육 활동」, 161~164쪽.

[79] 이인재(李麟載), 「마니산의 개천절 기념식」, 『범정언행록』, 110~111쪽.

범정의 그 뜻은 1949년 5월 7일에 서울의 풍문여자중학교에서 '단군성적호유회檀君聖蹟護維會'의 출범으로 이어졌다.[80]

재정적 어려움 속에서 범정과 박정숙의 사재 출연

단국대학이 빠르게 성장세를 보이고 있었지만, 재정적 압박이 닥쳐왔다. 당시 사립대학은 거의 모두가 농지 중심의 토지를 기본 재산으로 삼아 출범했기에, 그 농지에서 생산된 농산물이 주요 수입원이었다. 그러나 미군정 시대와 이승만 정부 초기에 농지개혁이 실시되면서 농지의 일정한 부분을 소작인들에게 분배했지만, 그 분배에 해당하는 보상을 정부는 현금이 아니라 5년에 걸쳐 상환하는 지가증권으로 해 주었다. 자연히 대부분의 사학재단은 안정적인 수입원을 잃게 되었다.[81] 단국대학 역시 예외가 아니었다. 게다가 1950년에 6·25전쟁이 일어나면서 국가경제 전체가 어려워졌고 그것은 자연히 사학들에도 직접적 영향을 미쳤다. 전쟁기에 피난지에서 학교를 경영한다는 것 자체가 사학재단에게는 너무 벅찼다.

이 역경을 이겨내기 위해, 범정은 38선 부근 또는 수복지구에 있는 자신 소유의 광산 소유권을 재단에 넘겼다. 거기서 한 걸음 더 나아가, 범정은 스스로 '교육사업가'를 자처하며 정부의 인가 아래 염전과 택시회사 및 노트제작공장 등도 세워 경영했다.[82] 박정숙 이사도 범정의 뜻에 공감해 자신이 소유한 가옥과 상점도 팔아 보탰다. 범정의 이러한 희생적이면서 사업가적인 리더십 아래, 국가적으로 경제가 어려웠

---

80 박성순, 「환국 이후 범정 장형의 사회교육 활동」, 177쪽.

81 『단국발전사』, 43~47쪽.

82 유래봉(庾來鳳), 「나는 교육사업가지 교육자는 아니야」, 『범정언행록』, 342~344쪽.

던 그 시절에 교직원 봉급 지급이 단 하루도 밀린 일이 없었다. 범정은 훗날 독립운동가로서 국가에서 받는 연금까지 모두 단국대학 재단에 기부한다. 단국대학에 대한 범정의 이러한 애정과 책임감은 중재에게 직접 영향을 미쳐, 중재 역시 단국대학 운영을 맡은 이후 선친의 옛일을 잊지 않고 그대로 재현한다.

효孝를 강조한 범정

학교 살림 하나만도 감당하기 벅찼는데도, 범정은 형편이 어려운 사람들을 돕는 일에 인색하지 않았다. 그것을 증언하는 사례로 신문에 보도된 것만 50여 건이 넘었다. 특히 1957년 1월에 가난한 살림 속에서도 어머니의 병환이 위중해지자 자신의 손가락을 잘라 그 피를 어머니의 입에 넣어 살려보고자 한 충청남도 서산군瑞山郡 문산면文山面의 박백식朴百植 군에 대한 포상은 많은 사람의 공감을 샀다.[83] 일찍이 어려서 세종대왕이 1434년에 반포한 『삼강행실도三綱行實圖』를 배우는 가운데 특히 「효자孝子 편」에서 큰 감동을 받았던 범정은 '효孝'를 '백행百行의 근본'이라는 믿음을 일생에 걸쳐 유지했으며 단국대학에 '효자표창제도'를 제정해 실시하던 터였다.

그러한 범정은 박 군의 효행을 듣고는 위문금 2만 환을 보내주고 3월 23일에는 '단국대학 육영회' 주최로 서울 청계국민학교에서 '효자 박백식 군 표창식'을 열어주며,[84] 학생들에게 다음과 같이 말했다.

> 부모에게 효심 있는 자식은 부모에게 부족한 점이 있어도 그것을 탓하

---

83 『단국발전사』, 59~60쪽.

84 표창식의 장면은 다음에서 볼 수 있다. 『조선일보』(1957년 3월 24일 3쪽); 『단국발전사』, 60쪽.

지 않고 공경한다. 이러한 사람은 학교에 가서도 스승을 공경하고 사회에 나가면 윗사람을 공경하게 된다. […] 부모를 공경할 줄 모르는 사람이 이 세상 어디에 필요한가. 내가 대학에서 제정하여 실시하고 있는 '효자표창제도'는 인간이 지켜야 할 근본 도리를 우리 단국대학 학생과 국민에게 깨우치고자 함일세. 한 가정에서 부모를 모르고 한 학교에서 스승을 모르는 자는 이 세상 아무 데도 발붙일 곳이 없다는 것을 알아야 한다. 효성스러운 그 아이의 어머니에 대한 간절한 소원에 하늘이 감응하여 죽어가는 어미를 소생시켜 준 것이라고 믿는다. 효는 하늘을 감동시킨다는 것을 깨달아야 한다.[85]

범정은 다른 경우에도 효를 거듭 강조하곤 했다. 예컨대, 범정은 학생들에게 다음과 같이 훈화했다.

나는 충신이나 열녀가 나오기를 원치 않는다. 왜냐하면 나라가 망하게 되거나 가정이 멸하게 되었을 때 충신과 열녀가 나오기 때문이다. 그러나 효자가 나오면 나라가 태평하며 옛사람이 '충신구어효자지문忠臣求於孝子之門'이라 하였으니 나라가 어지러울 때를 대비해서라도 충신이 될 인재를 항상 준비하게 되므로 나는 「효자 편」을 첫손에 꼽으며 모든 교육기관은 효도로서 인간의 기본 교육을 삼기를 바라고 있다. 내가 효자를 찾아서 표창하는 것은 우리 단국대학에서 효자가 나오기를 바람이며 효자가 나온다면 모든 학생이 그를 본받아 계속 효자가 나오는 대학이 되기를 바라기 때문이다. 효는 백행百行의 근본이요, 인간질서의 시작이다.[86]

범정의 사회구호활동은 이어졌다. 1958년 7월에 일선 용사 박화옥 병장이 아내가 자살한 뒤 3남매 자식을 안고 방황하고 있다는 슬픈 이

[85] 유지광(柳志光), 「존경할 사람 없는 세상은 암담하다」, 『범정언행록』, 498~500쪽.
[86] 이태영(李泰榮), 「효는 백행의 근본」, 위와 같음, 579~580쪽.

야기에 접하자 법정은 그 아이들을 모두 맡아 집에서 양육하겠다는 뜻을 알렸고 그대로 실천했다. 범정은 이미 여러 고아원에 있는 1백여 명 이상 고아들의 양육비를 부담하고 있던 터였다.[87] 그 사례들 이외에 여기서는 두 가지만 상기하도록 하겠다.

범정의 이희호 양과 백건우 군 지원

첫째, 1950년에 서울대학교 사범대학을 졸업한 이희호李姬鎬 양이 미국으로 유학하고자 결심해 입학 허가서까지 받았으나 유학에 필요한 자금을 구하지 못해 고민하고 있다는 소식을 전해 들은 범정은 직접 만나 여비와 일정한 기간 미국에서 생활할 수 있는 자금을 주었다. 그녀는 훗날 미국에서 학부와 대학원 석사 과정을 마치고 귀국해 국내 대학에서 사회학을 가르치다 당시 야당 정치인이던 김대중 국회의원과 결혼하고 대통령 부인이 되며 여권 신장을 위한 개척적 역할을 수행한다. 아내로부터 범정의 온정을 알고 감동되었던 김대중 의원은 단국대학교에 대해 각별한 관심과 애정을 표시했으며, 대통령이 된 뒤, 우리가 제8장의 「죽전캠퍼스 완공 및 이전과 '제2의 단국대학교 시대'의 전개」에서 보게 되듯, 사은의 뜻으로 단국대학교의 어려움을 풀어주기 위해 법령의 범위 안에서 적극적으로 돕는다.[88]

둘째, 1959년 11월에 당시 배재중학교 2년생이던 백건우白建宇 군이 피아노에 천재적 재능을 가졌으나 가난 때문에 피아노 공부를 중단하게 되었다는 소식을 들은 범정은 맏손녀 계림桂林이 쓰던 피아노를

---

87 『경향신문』(1958년 7월 30일), 위와 같음, 64~65쪽에 재인용.

88 장충식, 「김대중 전 대통령·이희호 여사 내외」, 『학연가연』(경기도 용인시 : 노스보스, 2021), 199~219쪽.

배제중학교 강당에서 열린 백건우 군 피아노 기증식을 마치고 찍은 기념사진.
사진으로 보면 1959년 11월 4일에 기념식을 가졌음을 알 수 있다. 앞줄 오른쪽 세 번째가 설립자 장형(당시 이사장)이고 바로 앞에 상고머리를 한 소년이 백건우 군이다. 뒷줄 왼쪽 첫 번째가 피아노의 주인이었던 장충식 당시 학생과장이다.

백 군에게 아낌없이 주기로 결정했다. 실제로 11월 4일에 범정과 중재 그리고 '상고머리'에 교복을 입은 백 군이 참석한 가운데 배재중학교 강당에서 기념식을 열었다.[89] 이 피아노는 중재와 부인이 네 살 된 딸을 위해 몇 해에 걸쳐 저축하고 1년이라는 오랜 시간과 노력을 들여 수입한 것이었다. 중재는 다음과 같이 회상했다.

> 계림이는 아직 어리잖니, 그리고 백건우 같은 영재도 아니고, 당장 피아노가 없어도 될 거야. 하지만 백건우를 보라구. 이제 해외 연주도 해야 한다 하고, 미국으로 유학도 간다는데 연습할 피아노가 꼭 있어야 하지 않겠니? 나중에 나라를 빛낼 재능이 있는 아이에게 좋은 일을 하는 게 우리가 할 일이야.[90]

---

89 「백건우 피아니스트 : 피아노 천재 소년에게 바친 딸아이의 동심」, 위와 같음, 30쪽.

90 위와 같음.

아버지의 말씀이라면 무조건 따랐던 중재는 이 경우에도 아무 말 없이 그 귀한 피아노를 내놓았다. 세관에서 통관을 마치고 피아노를 집으로 옮긴 지 1주일도 채 되지 않은 날이었다. 중재의 회고는 다음으로 이어졌다.

> 큰딸은 영문도 모른 채 피아노가 집 밖으로 실려 나가는 날 많이 울었다. 피아노가 들어오자 좋아했던 만큼 슬픔도 적지 않았을 것이다. 나는 피아노가 있던 자리에 화분을 놓았다. 딸아이에게 작은 위로가 되기를 바라는 마음을 담아서. […] 큰딸은 유년기에 겪은 '피아노 기증 사건' 때문인지 피아노 대신 첼로로 선회해 성실히 음악 공부를 했다.[91]

이 회상에서, 특히 피아노가 있던 자리에 화분을 놓았다는 대목에서, 우리는 중재의 자상한 마음씨를 확인하게 된다.

백 군은 1961년에 미국으로 떠나 뉴욕의 줄리어드음악대학에 진학해 우크라이나 출신의 미국인 로지나 레빈Rosina Lhévinne을 사사했고, 이후 런던으로 건너가 헝가리 출신의 영국인 일로나 카보스Ilona Kabos를 사사했으며, 미국의 리벤트리 콩쿠르Leventritt Competition와 이탈리아의 부소니 콩쿠르Busoni Competition를 비롯한 여러 국제 콩쿠르에서 입상을 거듭했고, 상트페테르부르크 필하모닉 오케스트라와 영국 실내관현악단을 비롯한 세계적 필하모닉 오케스트라와 협연해 명성을 떨쳤다. 그러했기에 그가 1976년 3월에 한국의 유명한 여배우 윤정희尹靜姬와 결혼한 것이 다시 세인의 관심을 받은 것은 자연스러웠다. 현재 주로 파리를 무대로 활동하고 있다.[92] 2018년 8월에, 중재는 이제 세

---

[91] 위와 같음 30~31쪽.

[92] 위와 같음, 31~32쪽.

계적 피아니스트로 성장한 백 군을 떠올리며 다음과 같이 회상했다.

> 피아노 기증은 이미 60년 가까운 세월이 지난, 그야말로 까마득한 옛 일이 되었다. 한 가지 아쉬운 것은 그 피아노가 과연 내 선친께서 희망했던 대로 백건우 소년의 성장에 유익했었는지, 그리고 어찌되었는지 알 수 없다는 점이다. 혹시나 비록 1주일도 안 되는 시간이지만 집에서 쓰던 피아노를 기증했다고 타박이라도 받지 않았을까 염려하기도 했다. 나에게는 너무도 소중한 물건이고, 나름 갸륵한 정성이지만 받는 사람에게는 그 가치가 티끌처럼 가벼워지기도 하는 것이 세상의 일이니까.[93]

범정이 음악가를 후원한 것을 넘어서서, 중재는 음악을 사랑했고 음악에 대해 조예가 깊었다. 어릴 적부터 음악 감상을 좋아해 각종 음반을 많이 수집했고 직접 악기를 배워 연주할 정도였다. 고등학생과 대학생 때는 아코디언과 클라리넷을 배웠고, 이후 바이올린을 즐겨 연습했다. 장녀 계림 양은 자신이 어린 시절에 밖에서 친구들과 놀다가 돌아오면 아버지가 바이올린으로 어떤 곡을 연습하고 있었고, 그럴 때면 자신은 그 리듬에 맞추어 문지방을 넘어다니기도 했고 귀에 익자 흥얼거리기도 했는데, 그 곡이 오늘날 체코공화국의 모체인 보헤미아 왕국의 작곡가 드보르작Antonín Leopold Dvořák, 1841~1904의 「유머레스크Humoresque」라는 것을 나중에 알게 되었다고 회상했다.[94]

중재는 피아노 연주도 열심히 배웠다. 이후 플루트로 바꿔 연습해 전문 연주가는 아니지만 독주할 정도로 능숙해졌다. 중재는 여러 악기 가운데 플루트와 궁합이 제일 잘 맞는다고 말하면서, 악기 연주를 공

93 위와 같음, 35쪽.

94 장계림(張桂林), 「음악을 사랑하시는 아버지」, 『빈 들에 씨를 뿌리며』, 491~497쪽.

1955년 역사학과 4학년 시절 수학여행 중의 중재(아코디언을 들고 있는 이)

부하거나 연주할 때는 마음이 평안해진다며 주변에 권하기도 했다.[95] 한국의 전통 관악기 가운데 하나인 단소短簫 연주에도 능하다.

[95] 위와 같음.

신당동 교사와 한남동 캠퍼스 때의 범정

단국대학의 성장과 신당동 교사 시절

범정이 1947년 11월 1일부터 이사장을 맡고 장도빈이 1947년 11월 3일에 학장을 맡으면서 개교한 단국대학은 초기의 어려움을 헤치며 꾸준히 성장했다. 당시 청년들의 향학열을 이용하는 학원모리배가 속출하자 미군정청 산하 남조선과도정부의 문교부는 1947년 12월 15일에 유령학원의 학생모집에 속지 않도록 안내하기 위해 서울의 11개 대학과 지방의 9개 대학을 망라한 '남조선 정규고등교육기관' 20개를 발표했다. 서울대학교·연희대학교·고려대학교·부산대학교·이화여자대학교·세브란스의과대학 등을 비롯한 20개 대학 안에 단국대학이 포함되었고, 그리하여 단국대학은 서울의 11대 대학들 그리고 남한의 20대 대학들 가운데 하나로 손꼽혔다.[96]

신생 사립대학으로서 단국대학은 재정적으로 어려웠는데도 개교 2년 즈음인 1949년 11월에 도서과圖書課를 설치하고 도서 3,000여 권을 확보해 운영했다.[97] 단국대학은 1949년 12월 26일에 새 교사로 성동구 신당동현재 중구 신당동 52번지 4의 조선전업협화장朝鮮電業協和莊 건물을 매입해 이사했다. 마침 이날에 함박눈이 펑펑 날리며 단국대학의 앞날을 축하하는 듯했다. 『단국발전사』는 그날의 모습을 "일부 학생

[96] 『동아일보』(1947년 12월 16일 1쪽). 박성순, 「환국 이후 범정 장형의 사회교육 활동」, 『범정 장형의 독립운동과 단국대학 설립』, 172~173쪽.

[97] 단국대학교도서관사편찬위원회 편, 『단국대학교도서관70년사 1949-2019』(단국대학교출판부, 2020), 37쪽.

신당동 교사(1949)

과 교직원은 기쁨에 들떠 트럭에 짐을 실어 나르고, 다른 많은 학생은 눈이 내리는 큰길을 따라 걸으며 책상과 의자를 들고 날랐다."라고 묘사했다.[98]

신당동 교사로 이전한 직후인 1950년 1월 16일에 장도빈 학장에 이어 2대 학장으로는 단국대학 재단 출범에 깊이 관여해 이사를 맡았던 김정실이 취임했다. 의회정치 전공의 정치학자였던 그는 일제강점기이던 1931년에 『의회론』삼일출판사을 출판했고, 해방 이후 다시 『의회론』삼일서원, 1947; 삼일출판사, 1949을 출판해 이 분야를 개척했다. 자신의 전공에 걸맞게 그는 1950년 5월 30일에 실시된 제2대 민의원 총선 때 고향인 경상남도 고성군固城郡 선거구에서 무소속으로 입후보해 당선되어 4년에 걸쳐 국회의원으로 활동했고, 이후 단국대로 돌아와 교

[98] 『단국발전사』, 92쪽.

수생활을 이어갔다. 김정실의 뒤를 이어 육군정훈감을 역임한 예비역 육군준장으로 서울대학교 문리대 정치학과 주임교수이던 이선근李瑄根이 1952년 11월 24일에 서울대학교 교수직을 유지하면서 3대 학장으로 취임했고, 그가 1954년 4월 21일에 문교부 장관으로 기용됨에 따라 재단이사 이종흡이 1955년 2월 18일까지 학장서리를 맡았다.

이어 『조선농업론』 등 조선의 사회경제사 분야의 저술로 저명한 농업경제학자 이훈구李勳求 박사가 1955년 2월 19일에 4대 학장으로 부임했다. 1896년에 충청남도 한산군[韓山郡: 오늘날의 서천군(舒川郡)]에서 태어난 그는 일제강점기에 수원농림전문학교를 졸업하고 도쿄제국대학 농학부 농학과 3년 과정을 졸업한 뒤, 미국에 유학해 캔자스주립대학교 대학원에서 농학을 전공해 석사학위를 받은 데 이어 위스콘신대학교 대학원에서 농업경제학을 전공해 박사학위를 받았다. 중국 금릉대학金陵大學 교수로 봉직하다가 1931년에 귀국해 숭실전문학교 교수 및 부교장을 거쳐 조선일보사 부사장 겸 주필로 활동했다. 미군정기에 군정청 농무부장으로 봉직하고, 1948년 5월 10일에 무소속으로 제헌국회 의원에 당선되면서 헌법기초위원회 위원으로 활동했다. 제2대 국회의원 선거에는 대한노동당 소속으로 입후보했으나 낙선했다. 1956년 2월 18일에 성균관대학교 총장으로 전임한 그의 뒤를 이어 전주의 명륜대학明倫大學 학장과 2대 국회의원 의원을 역임한 윤택중尹宅重이 1956년 3월 10일에 5대 학장으로 부임했다.[99]

역대 학장의 경력에서 하나의 공통점을 찾을 수 있다. 그것은 국회의원 출신이거나 장관급의 유력한 정부 고관 출신이었다는 사실이다. 이 점은 이사진 구성에서도 나타났다. 항일독립운동가였던 이인李仁

---

[99] 역대 학장과 이사의 명단은 다음에 수록되어 있다. 『단국대학교60년사: 1947-2007』 하, 529~534쪽.

법무부 장관과 역시 항일독립투쟁의 경력을 가진 노진설盧鎭卨 대법관 그리고 대한민국임시정부 산하의 한국광복군에서 활동한 장석윤張錫潤 국회의원이 포함되었는가 하면, 김일환金日煥 내무부 장관과 조진만趙鎭萬 법무부 장관 및 장경근張暻根 자유당 정책위원장 겸 내무부 장관 그리고 자유당 소속의 정문흠鄭文欽 3선 국회의원 등이 포함되었다. 항일독립운동가가 세운 단국대학의 전통을 지키면서 현실적으로 요청되는 정부 실세들의 도움을 고려한 인선이었다.

6·25전쟁과 부산 가교사 시절: 시인 신동엽의 배출

1950년 6월 25일에 북한의 전면 남침으로 시작된 6·25전쟁은 한국사회 전반에 큰 영향을 미쳤으며, 단국대학 역시 예외가 아니었다. 범정은 이사장으로서 '단국대학 비상교직원회의'를 열고 신속한 피난을 결정했다. 일부 교직원들은 전쟁이 곧 끝날 수도 있는데 학교 자산을 모두 버리다시피 하고 피난하는 것이 올바른 결정인가 물으면서 주저했다. 그러나 그날 좌익 학생들이 학장실을 점거하고 대학행정을 마비시키자 교직원들도 피난에 동의했다. 학교 당국은 학적부를 비롯해 대학에 관계된 서류는 땅에 묻었으며 도서과의 도서들은 어떻게 처리할 수 없어 그대로 놓아두었다.[100]

단국대학은 우선 경상북도 대구시 동성로 2가 127번지로 피난했다가 곧바로 경상남도 부산시로 피난해 동대신동과 서대신동을 거쳐 대청동 4가 77번지에 가교사를 신축하고 강의를 시작했다. 유엔군 총사령관 맥아더Douglas MacArthur 원수의 인천상륙작전 성공에 이어 서울이 수복된 직후인 1950년 9월 29일에 정치학과 40명과 법률학과 64

---

[100]『단국대학교도서관70년사 1949-2019』, 41쪽.

명 등 도합 140명에 대한 제1회 졸업식을 피난지 대구 시내 덕산국민학교 강당에서 거행했고, 1952년 4월 2일에 5개 학과 총 86명에 대한 제2회 졸업식을 피난교가 있던 부산의 광부교회에서 가졌으며, 1953년 3월 23일에 5개 학과 총 71명에 대한 제3회 졸업식을 부산 남성여자고등학교에서 가졌다.[101] 제3회 졸업식을 앞두고, 3·1운동 때 독립선언서에 서명했으며 한국 서예계를 대표하는 명필 위창葦滄 오세창吳世昌 선생이 단국대학 졸업증서 원문 글씨를 써주었다. 이것은 범정과 그의 두터운 친교를 나타냈다.[102]

제3회 졸업생들 가운데 사학과의 신동엽申東曄은 1959년에 조선일보사 신춘문예를 통해 시인으로 등단했고 1960년의 4월의거 때 적극적으로 참여해 '4·19시인'이라는 이름을 얻었다. 이때의 경험이 그가 1967년 1월 『52인 시집』에 발표한 「껍데기는 가라」의 바탕이 되었다. "껍데기는 가라./사월도 알맹이만 남고/껍데기는 가라."라는 이

신동엽시비 제막식(서울캠퍼스, 1993.04.07)

---

[101] 위와 같음, 673~674쪽.

[102] 박성순, 「범정 장형의 독립운동과 그 위상」, 65쪽의 각주 106.

시는 허위로 가득 찬 기존의 질서와 체제에 대한 그의 철저한 비판을 보여주었다. 원로 시인 구상具常을 중심으로 하는 문인들은 40세 때 간암으로 별세한 그의 1주기1970년 4월 7일를 맞아 1970년 4월 18일에 그의 고향인 부여읍 나성터 금강백마강 기슭 소나무 우거진 곳에 시비詩碑를 세웠다. 단국대학교는 1993년 4월 7일에 한남동 캠퍼스 안에 별도로 그의 시비를 세웠고,[103] 한남동 캠퍼스가 죽전캠퍼스로 이전함에 따라 그의 시비를 2007년 4월 7일에 이 캠퍼스 상경관商經館 앞에 옮겨 세웠다.

출판사 창비는 2026년에 맞이하는 창립 60주년을 기념하기 위해 「창비 한국사상선選」 전30권을 2024년부터 2026년까지 발행하는데, 조선왕조의 정도전鄭道傳으로 시작해 김시습金時習·서경덕徐敬德·조광조趙光祖·이황李滉·이이李珥·유성룡柳成龍·최제우崔濟愚·최시형崔時亨·김옥균金玉均·유길준俞吉濬·주시경周時經·강일순姜一淳·안창호安昌浩·박은식朴殷植·신규식申圭植·김구金九 등을 거쳐 김대중 전 대통령에 이르기까지 모두 59명이 그 대상이다. 국왕으로는 세종世宗과 정조正祖가 포함되었고, 여성으로는 율곡의 모친으로 조선왕조 때 현모양처의 상징으로 꼽히던 신사임당申師任堂은 빠진 대신에 일제강점기 조선에서 여성운동의 선구자로 꼽히는 화가 나혜석羅蕙錫이 포함되었다. 여기에 문인으로는 임화林和·염상섭廉想涉·김수영金洙暎·신동엽 등 4명이 포함되어, 신동엽의 사상가로서의 위상이 다시 확인되었다. 단국인으로는 59명 가운데 그가 유일하다.

103 『단국대학교60년사: 1947-2007』 하, 715쪽.

신당동 교사로의 복귀와 야간대학 병설: 철강왕 박태준의 배출

단국대학은 휴전 직후 처음 맞는 광복절에 정부가 임시 수도 부산에서 서울로 복귀한 때로부터 열흘 지난 1953년 8월 25일에 피난 시절을 청산하고 신당동 교사로 복귀했다. 1955년 2월 25일에는 모든 근로청소년이 주경야독晝耕夜讀할 수 있도록 '임시 2부'라는 이름의 야간대학까지 병설했다.[104] 야간대학의 대표적 졸업생이 훗날 포항제철을 세워 세계적 철강회사로 키웠으며 국무총리를 역임한 박태준朴泰俊이다. 일제강점기에 와세다대학에서 기계공학을 전공하다가 일제가 패망한 직후 귀국해 오늘날 육군사관학교의 전신인 '조선국방경비사관학교'를 졸업하고 육군사관학교 교무처장 등으로 봉직한 그는 5·16군사정변과 동시에 이 세력이 세운 '국가재건최고회의'에서 최고위원으로 상공분과위원장을 맡았고, 이때 단국대학 야간부 정법학부 정치학과에서 수학해 학사학위를 받은 것이다. 육군 소장으로 예편한 그는 민주정의당 소속으로 제11대 국회의원을 역임하고 민주정의당 대표위원으로, 이어 민주자유당 최고위원으로 활동했으며 한때 대통령 후보 반열에 포함되었다.

순경으로 입신해 대통령 정무제2수석비서관에 이어 충청남도 도지사와 조달청장 및 국가안전기획부 제2차장과 제1차장을 거쳐 내무부 장관에 오른 안응모安應模 역시 단국대학 야간부 법률학과 졸업생이다.[105] 안응모 장관은 훗날 1992년 5월부터 2010년 4월까지 단국대학교 총동문회 회장으로 봉직하며 모교의 발전에 크게 이바지했고, 그사이 한국자유총연맹 사무총장에 이어 총재로 활동했다.

---

[104] 위와 같음, 상, 13쪽 및 122쪽.

[105] 안응모, 『순경에서 장관까지: 해산(海山) 안응모 공직기(公職記)』(현대기획, 2008).

독립운동가 현창을 이끌었던 범정

범정은 단국대학을 키우면서 동시에 독립운동가들의 현창을 이끌었다. 1956년에 함태영咸台永 부통령을 위원장으로 하고, 항일운동가들이었던 이갑성과 김법린을 위원으로 하는 '대한순국충렬기념사업회'를 출범시키면서 자신은 상임부위원장으로 실무를 맡았다. 이갑성은 그사이 제2대 국회의원을 역임했고, 특히 이시영李始榮 초대 부통령이 1951년 봄에 임시수도 부산에서 '국민방위군 부정부패 사건'이 폭로되자 이승만 대통령에 대해 항의하는 뜻을 담은 '대對국민성명서'를 발표하고 사임함에 따라 1951년 5월 17일에 제2대 국회가 부통령을 보선補選할 때 당선자 인촌仁村 김성수金性洙에 이어 차점을 기록할 정도로 정치적 비중을 과시했다. 이갑성은 1952년 8월 5일에 국민의 직접투표로 치러진 제2대 대통령 및 제3대 부통령 선거에서 부통령 후보로 출마해 9명 가운데 4위를 기록했으며, 이후 정계에서 은퇴한다.

범정은 '대한순국충렬기념사업회'를 출범시키는 정신으로 1천만 환의 사재를 내어, 장충단공원 안에 안중근 의사의 동상을 건립하는 운동을 시작했다. 장충단은 원래 고종이 대한제국의 순국자들을 기려 제사를 지내고자 건립했으나 일제는 대한제국을 멸망시킨 뒤 장충단을 일본 군인들과 특히 이토 히로부미를 기리는 공원으로 바꿨다. 그러했기에 범정은 이곳에 안 의사의 동상을 세우려 했던 것이다. 이 운동은 결국 '안중근의사기념사업협회'가 1959년 5월 23일에 서울 남산 왜성대 자리에서 제막식을 거행하는 것으로 이어지며, 안 의사 동상은 1974년 7월 11일에 서울 남산어린이회관 앞에 새롭게 개작되어 세워진다.[106]

---

[106] 박성순, 「환국 이후 범정 장형의 사회교육 활동」, 『범정 장형의 독립운동과 단국대학 설립』, 165쪽.

한남동 캠퍼스 시절의 단국대학 교세 확장

신당동 교사로 돌아왔으나 원천적으로 좁은 데다가 야간대학 병설로 300명의 학생이 늘어나자 교사 확충이 절실히 요청되었다. 마침 용산구 한남동 산 8번지 13만 8,488㎡4만 1,888평의 국방부 소유 국유림과 충청남도 논산에 있는 법인 소유 임야를 맞교환해 캠퍼스 부지를 확보할 수 있었다.

범정은 한남동에 교사를 지으면서 당시 유행하던 미국으로부터의 지원을 생각조차 하지 않았다. 저명한 어느 한 교수가 범정에게 "지금 타他 대학에서는 경제적으로 미군으로부터 여러 가지 물자 원조를 받기 위해 혈안이 되어 있는데 우리 대학도 이 기회를 놓치지 말고 미군에게 요청하여 물자 원조를 받자."라고 제안하자, 범정은 "차라리 흙

1957년 한남동에 새롭게 자리 잡은 서울캠퍼스 전경

벽돌을 찍어서 교실을 세우든지 그렇게 못한다면 멍석을 깔고 가르치는 것이 더 낫지. 싸구려 기자재를 미군으로부터 얻어다 쓴다는 것은 거러지 동냥과 같은 비자주적·비주체적 잘못된 교육이다."라고 나무랐다.[107] 이것은 그가 제시했던 3대 창학정신 가운데 포함된 '자주'와 '자립'을 학생들에게 보여주기 위해서였다.

단국대학은 윤택중 학장 때이며 개교 10주년이 된 1957년 6월 17일에 새 교사에서 입교식을 거행함으로써 한남동 캠퍼스 시대를 열었다. 이때 한남동 교사에 걸 간판을 만들며 범정은 "지금은 '단국대학' 이지만 훗날 대학교로 승격될 터인즉 그때 밑에다가 '교校' 자를 쓸 만한 여유를 남겨두라."라고 말했다. 그는 "세상 모든 일은 자기 당대에서 끝맺겠다고 서두르지 말고 후계자가 맥을 이어 할 일도 남겨놓아야 하며 모든 일은 한 사람이 당대에 다 이룰 수 없음을 제군은 명심해야 한다."라고 가르쳤다.[108]

당시에는 한남대교가 개통되기 전이어서 한남동을 출발해 신사동과 압구정동을 비롯해 오늘날 우리가 강남이라고 부르는 지역으로 가려면 나룻배를 이용해야 했다. 그러했기에, 한남동 캠퍼스에서 교수 생활을 시작한 황명수黃明水 전 단국대학교 총장 대행의 회고에 따르면, "단국대학은 서울 변두리에 위치한 작은 대학에 지나지 않았다."[109] 그렇지만 독립된 새 캠퍼스를 마련한 것은 분명히 큰 진전이었

---

107 안상기(安相淇), 「사람은 평소에 어려운 훈련을 쌓아야」, 위와 같음, 196~198쪽; 장석만(張錫萬), 「멍석을 깔아놓고라도 정성을 다하여 가르치라」, 위와 같음, 224~225쪽.

108 박훈서(朴勛緖), 「일을 하되, 훗날 다가올 일을 염두에 두라」, 『범정언행록』, 319~321쪽.

109 황명수, 「관용과 포용의 실천자」, 중재장충식박사고희기념화문집간행위원회 편, 『빈들에 씨를 뿌리며』, 127~131쪽.

다. 그리하여, 단국대학은 그 이전 시기보다 훨씬 안정되었다.

1957년 10월 3일 개천절을 맞이해, 범정은 한남동 캠퍼스 본관 뒤편에서 단군을 모시는 '국조전國祖殿' 정초식을 거행했다. 연당 이갑성과 이인 전 법무부 장관을 비롯해 많은 내빈과 학생이 참석한 이 행사에서 범정은 "국조 단군의 평화적이며 진취적인 홍익인간의 이상을 다시금 마음에 새겨야 할 것"을 당부했다. '국조전' 정초식을 거행하면서, 범정은 동시에 '순국선열 봉안묘사奉安廟祠' 정초식도 진행했다. 여기에서도 보이듯, 그는 한시라도 순국선열을 잊지 않았던 것이다.[110] 1957년 5월 2일에, 창간 때의 『단대학생신문』을 『단대학보』로 개제한 교내 신문을 『단대신문』으로 다시 개제했으며, 이 제호는 오늘날까지 계속되고 있다.

거의 같은 시점에, 도서관 신축을 시작했다. 본관 2층에 자리잡은 도서과로서는 더 많은 도서의 열람과 더 많은 좌석의 배정을 원하는 교수들과 학생들의 요구에 부응하기 어려웠기 때문이다. 그때로부터 3년 뒤인 1960년 10월 10일에 4층으로 신축된 총 865.5평의 단독 도서관이 서게 되었다. 이제 도서과의 시대를 마감하고 도서관의 시대를 연 것이다.[111]

1958년 9월 21일에는 서울대학교 문리대 국어국문학과 교수로 단국대학에도 출강하던 이희승이 작사하고 김동진이 작곡한 응원가가 발표되었다. 3절로 구성된 응원가는 제1절에서 "여봐라 우리 여기 진두에 섰다. 창공을 떠받들고 도리질하자. 남산도 뛰어넘을 우리 기상에 적군은 기가 질려 벌벌 떠누나. 단대 단대 단대의 건아 이겨라 승부에는 이기고 보자."라는 표현으로써 젊은이다운 전투적인 기상을 과

---

[110] 위와 같음.

[111] 『단국대학교도서관70년사: 1949-2019』, 47쪽.

시했다.[112]

윤택중 학장이 1958년 5월 2일에 실시되는 제4대 민의원 총선에 입후보하기 위해 사임함에 따라그는 민주당 공천으로 당선된다., 후임에는 고병국高秉國 교수가 1958년 4월 14일에 6대 학장으로 부임했다. 그는 일제강점기에 도쿄제국대학 법학부 법과를 졸업하고 일제의 고등고시 사법과와 행정과 모두에 합격했으나 출사出仕하지 않고 변호사로만 남은 채 도쿄제국대학 대학원 법과에서 연구를 계속해 칭송받았고, 이후 연희전문학교 교수로 봉직했다. 해방과 더불어 경성법학전문학교 교장을 거쳐 서울대학교 법과대학 학장으로 봉직하는 가운데 법학계와 법조계에서 존경받았다.

대학원 및 부속중·고등학교 개설

고병국 학장의 취임 직후 단국대학은 1958년 8월 29일에 문교부의 인가를 받아 대학원 석사과정을 설치할 수 있었다. 이때 인가받은 규모는 법률학과·정치학과·국문학과 3개 학과 총정원 30명이었다. 이에 학생모집과 교수초빙 등 대학원 개원 준비를 서둘러, 1958년 10월 25일에 대학원 개원식 및 제1회 대학원 신입생 입학식을 열었다.[113]

곧이어 1958년 11월 26일에는 재단법인 백남학원白南學園에서 유지·경영하던 백남중·공업고등학교를 인수해 단국중학교와 단국공업고등학교로 키웠다. 단국중학교는 이후 단국대학교 사범대학 부속중학교로 바뀌며, 단국공업고등학교는 2020년 3월 1일 이후 단국대학교 부속소프트웨어고등학교로 불리고 있다. 다른 한편으로, 단국대학교는 단국대학교 사범대학 부속중학교에 연결해 단국대학교 사범대

112 『단국대학교70년사』 III(『사진으로 본 단국 70년』), 56쪽.

113 『단국발전사』, 110쪽.

학 부속고등학교를 세운다.[114] 이처럼 단국대학의 성장에 일정하게 이바지한 고병국 학장은 경희대학교 대학원장으로 초빙됨에 따라 1960년 8월 9일에 단국대학을 떠났고, 경희대학교에서 대학원장에 이어 총장으로 봉직한다.

1960년 4월 혁명과 단국대학

전국적으로 비판 여론에, 더 나아가 저항에 직면해 있던 이승만 대통령의 자유당 정부는 1960년 3월 15일에 실시할 제4대 대통령과 제5대 부통령 선거를 앞두고, 전국에서 인격과 덕망이 높고 영향력이 있는 재야 명망가들의 이름을 빌리고자 했다. 그래서 자유당은 정부통령 선거중앙대책위원회 지도위원으로 범정을 비롯해 연세대학교 백낙준白樂濬 총장과 이화여자대학교 김활란金活蘭 총장 및 유석창劉錫昶 건국대학교 총장 등 30명을 영입했다.

범정은 이승만 정부에 대해서는 분명히 반대하고 있었다. 이 사실은 범정이 내무부 장관을 역임하고 당시 자유당 정책위원회 위원장으로 권세가 높던 장경근 국회의원을 상대로 거침없이 비판의 말을 던진 일화에서 그대로 드러났다. 범정은 자신을 찾아온 장 위원장에게 여러 사람이 보는 앞에서 "국가가 번영하고 국민이 잘 살려면 정부살림을 맡아보는 사람이 부정에 눈이 어두워서는 안 되고, 정치를 한다는 사람이 이권에 개입하지 말아야 하는데, 요즈음 관리들이나 정치인들은 국민의 아픔은 아랑곳없이 부정과 이권에만 눈을 뜨고 있으니 나라 꼴이 무엇이 되겠는가. '악관惡罐이 약만若滿하면 천필주지天必誅之 [악이 가득 차면 하늘이 반드시 벌을 준다: 저자 주]'가 된다는 법을 알아야 하는 것이야."라고

[114] 위와 같음, 21쪽.

직설적으로 꾸짖었다.

그렇지만 독립운동의 시기부터 동지로서 깊은 관계를 유지해온 이갑성의 간곡한 청 그리고 혹시 본인 때문에 단국대학에 어려운 일이 생기지나 않을까 하는 염려 때문에 지도위원직을 수락했다.[115] 그래도 중앙대책위원회 회의에서 범정은 "자유당이 공명선거를 하지 않는다면, 선거에서 이기고 당의 앞날이 죽는 결과가 나타난다는 점을 명심하고, 공명선거를 실시해야 한다."라는 소신 발언을 주저하지 않고, 홀연히 자리를 떠나 영영 관계하지 않았다.[116]

야당과 비판 언론의 거듭된 경고에도 불구하고, 자유당 정권은 모든 선거구에서 끝내 관권을 동원해 사실상 공개 투표를 포함해 조직적으로 부정을 저질렀으며, 이것은 결국 1960년 4월 19일에 전국적 수준에서 학생의거를 불러일으켰다. 정부는 비상계엄령을 선포하고 시위대를 향해 발포함으로써 진압하고자 했으나 많은 사상자가 발생함에 따라 오히려 상황은 더욱 나빠졌다. 미국 정부에서도 이 선거를 거세게 비판하는 성명을 발표하기에 이르렀다. 이로써 이 대통령은 하야해야 했고, 4월 27일에 허정 외무부 장관을 수반으로 하는 과도정부가 성립되었다.

이 과정에서 단국대학 학생들도 의거에 적극 참여했고, 영문과 3년생 정창종 군과 상학과 3년생 이대종 군 그리고 정치학과 1년생 김용인 군 등이 중앙청 앞에서 싸우다가 부상을 입어 세브란스병원에 입원했다. 그러나 영문과 1년생 김성수金晟洙 군은 그들과 함께 중앙청 앞에

[115] 조석오(趙錫五), 「사람은 모두 평등하나 책임은 분명해야」, 『범정언행록』, 128~129쪽.

[116] 장경순(張慶淳), 「선거에 이기고 정치에 패배한다」, 조종규(趙宗奎), 「악관이 약만하면 천필주지이다」, 위와 같음, 121~122쪽, 132~133쪽.

4·19혁명에 참가한 단국대학 학생들

서 싸우다가 머리에 총탄을 맞고 입원해 치료받다가 5월 31일에 운명했다. 그의 장례는 개교 후 처음으로 '단국대학 학생장'으로 엄수되었다.[117]

단국대학교 동문과 재학생 일동은 김성수 군과 4월의거를 잊지 않고 1988년 4월 19일에 4월의거 28주년을 기념하는 탑을 세웠다. 탑의 앞면에 "4월항쟁 계승하여 민족자주통일의 길로!"라는 글이 새겨져 있고, 뒷면에는 4월의거를 "반제 반봉건의 함성 속에 낫과 곡괭이

[117] 위와 같음, 117~118쪽.

1958년 럭비부는 체육부 역사에서 처음으로 대회 입상 실적을 남긴 후 승승장구해 나갔다.
1963년 대회에서 우승한 럭비부를 범정 장형(앞줄 가운데)과 대학 관계자들이 격려하는 모습

를 들었던 동학농민의 깃발이요, 일제의 군홧발에 짓밟히며 조선독립을 염원하던 열사들의 외침이요, 외세의 수탈과 독재의 총칼에 맞선 맨몸뚱아리의 피맺힌 몸짓이다."라고 해석하는 가운데 '김성수 열사'의 넋을 이어받아 '조국의 참 해방을 되찾자.'라는 결의를 담았다. 이 탑은 현재 죽전캠퍼스 혜당관 오른쪽에 서 있다.

4월의거는 전국의 많은 대학에서 총·학장과 재단 이사장 및 교수 배척운동을 불러일으켰다. 단국대학도 예외가 아니었다. 다만 다른 대학들에 비해 강도強度가 덜했고, 특히 재단에 대한 자신들의 지배를 강화하려는 일부 이사 그리고 이사장을 배척하면 자신들이 대학의 중심 세력이 될 수 있다는 꿈을 꾸던 몇몇 교직원의 충동으로 시작된 이사장 배척운동의 경우, 학생과장을 맡고 있으며 럭비 그리고 중국 무술인 당수로 몸을 다진 중재의 노력 그리고 중재를 지지한 럭비부의 도움이 주효해 커지지는 않았다. 단국대학을 스포츠로 국민에게 친숙하

게 만든 럭비부의 경우, 전국대회에서 결승전에 오르면 이사장인 범정이 으레 한복 차림의 두루마기를 입고 가서 격려금을 주며 일일이 선수들을 다독이며 격려했다. 그래서 범정과 럭비부는 '할아버지와 손자 같은 다정한 가족적인 관계'에 있었다.

범정의 민강회 활동

이 소용돌이 속에서도, 범정은 1960년 9월 4일에 김홍일 장군을 비롯해 신상초申相楚 성균관대학교 교수 등과 함께 "국가주권의 근간인 민권을 강화하고, 도의를 기반으로 하는 웅건한 민주정치를 건립한다."라는 취지의 민강회民强會를 조직하고 회장으로 활동했다. 구체적으로, 사회구호사업을 벌임과 아울러 매주 목요일마다 중앙공보관에서 시민계몽을 위한 교양강좌를 열었다. 범정이 직접 강의하기도 했고 주로 단국대학 교수들이 강의했다.

범정은 민강회 활동의 연장선 위에서 민주 인사와 그 유가족을 돕는 일에도 앞장을 섰다. 범정은 우선 8월 3일에 북한 공군 2사단 26연대 소속의 조종사로 제트기인 미그15기를 몰고 귀순한 정낙현鄭洛賢 중위를 위해 환영회를 열었다. 정부는 귀순용사의 희망에 따라 공군 중위로 임관하며, 그는 1962년 3월에 서울대학교 약학대학 1학년으로 입학하고 1966년 2월에 졸업한다.[118] 정낙현 중위를 환영하는 대회를 연 것을 시발로 범정은 이어 1961년의 설날인 2월 16일에 '4월혁명유족회' 건물 2층의 봉안소에 단국대학 이사들과 학장 및 교수들을 대동하고 제수를 바치고 위로했다. 또 4월의거 때 3대 독자 한승韓昇 군을 잃

---

[118] 서울대학교약학대학100년사편찬위원회 편, 「귀순 용사 정낙현의 약학대학 생활」, 『서울대학교약학대학100년사』(서울대학교 약학대학, 2016), 305쪽.

은 부모의 딱한 처지를 알고 도움을 주었다.[119]

박정숙 여사의 이사장 취임

그렇지만 시대적 전환을 인식하며 범정은 1961년 4월 26일에 이사직은 유지한 채 이사장직에서 물러나고, 혜당 조희재 여사의 무남독녀인 박정숙 이사에게 이사장직을 넘겼다. 이로써 박 여사는 제5대 이사장으로 취임했다.

박정숙 이사장의 무녀독남이 이용우李庸友로, 1944년 5월 27일에 태어난 그는 서울대학교 공과대학 공업교육학과를 졸업하고 미국 네브래스카대학교 대학원 토목공학과에서 석·박사학위를 받은 뒤, 단국대학교 공과대학 교수로 출발해 제14대 이사장1990년 3월 19일~1993년 8월 31일과 제12대 총장2002년 5월 1일~2004년 2월 29일을 역임한다. 그는 고병국 학장의 딸 고주자高周子 양과 결혼해 딸 윤정潤柾 양과 아들 준석埈碩 및 창훈昌勳 군 등 2남 1녀를 둔다.

119『단국발전사』, 64~65쪽.

5·16군사정변 및 단국대학의 시련과 중재의 극복 노력

군사정권의 범정 구속

6대 고병국 학장의 후임이 김기석金基錫 교수였다. 일제강점기에 도호쿠제국대학東北帝國大學 철학과를 졸업하고 해방 이후 서울대학교 사범대학 교수와 학장 그리고 서울특별시교육회 회장 등을 역임했으며 도덕재무장운동MRA 한국대표이던 저명한 교육학자로 1960년 8월 10일에 7대 학장으로 취임했다.

어려움 속에서도 자리를 잡아가던 단국대학에 심각한 시련이 닥쳤다. 1961년 5월 16일에 박정희 육군소장이 조카사위 김종필 예비역 육군중령을 필두로 한 육군사관학교 8기생들을 중심으로 일으킨 군사정변 직후의 일련의 조치들이 그것이었다.

군사정변 당일에 장도영 육군참모총장육군 중장은 계엄사령관을 겸하면서 동시에 군사혁명위원회 의장이틀 뒤 '국가재건최고회의' 의장·국방부 장관·내각 수반 등 다섯 자리를 모두 맡음으로써 외관상으로는 최고 권력자로 보였다. 그러나 그는 6월 5일부터 7월 3일까지 육군참모총장과 국방부 장관 및 '국가재건최고회의' 의장 겸 내각 수반으로부터 차례로 해임되고 마침내 군사정변으로부터 2개월도 되지 않은 7월 9일에 '반혁명 음모' 혐의로 김종필이 군사정변 직후 초헌법적 정부기관으로 신설한 중앙정보부에 의해 구속되었다. 그는 8월 22일에는 육군 중장에서 예편되었다. 장면 정부에서 육군참모총장으로 기용되었던 그는 5·16세력에도 발을 걸치고 있었으나 다른 뜻을 품다가 이 세력의 핵심인 박정희와 김종필에 의해 제거된 것이다. 그는 1963년 3월에 5·16정변세력이 개설한 '군사혁명재판소'에서 무기징역형을 선고받았지만 두 달 뒤 형 집행을 면제받고 미국으로 이주해 미시간대학교에서 정치학박사학위를 받고 위스콘신대학교 교수로 봉직하다가 2012년 8월에 향년 89세로 별세한다.

장도영 사건의 여파는 뜻밖에 범정에 밀려왔다. 중앙정보부는 범정이 장도영과 같은 인동장씨이며 평안북도 용천 출신으로 장도영의 '반혁명 음모'에 자금을 댔다는 혐의를 씌워 구속하려고 했다. 그 혐의는 이러한 정변의 시기에 단국대학을 탈취하려는 어느 군납업자와 중앙정보부의 한 요원이 합작해 만든 것이었다. 범정은 중앙정보부의 한 간부로부터 피신을 권하는 급전을 받자 곧바로 중재에게 알리면서 친지 집으로 피신했다. 중앙정보부는 곧 지명수배령을 내림과 동시에 중재를 중앙정보부 서울분실로 끌고 가 구타하는 등 고문을 가하며 아버지의 은신처를 실토하라고 압박했다. 이때의 상황을 중재는 이렇게 회상했다.

> 나는 끝까지 모른다고 잡아뗐다. 한 차례 고문이 끝난 뒤 나는 화장실에 갔을 때 거울에 비친 내 모습을 보고 몹시 놀랐다. 매를 맞은 것도 분하지만 얼굴에 난 상처가 심했다. 그들은 매질도 기술적으로 하는 것 같았다. 부러지거나 찢어지지는 않았지만, 온통 멍이 든 얼굴은 은연중에 나 자신에게 앞으로 당할 고문은 더 심할 수 있다는 공포를 갖게 했다. 그러나 자식된 입장에서 아버지를 체포당하게 협조할 수는 없지 않은가. 공포에 굴하지 않겠다고 마음을 굳게 먹은 나는 때리면 맞는다는 식으로 그저 모른다는 말을 반복할 뿐이었다. 수사 요원들은 내가 큰 범죄라도

저지른 죄인이기라도 한 듯 귀가시키지 않고 감금했다.[120]

중재의 회상은 다음으로 이어졌다.

결국 내 입을 통해서 아버지의 은신처를 알아낼 수 없음을 알자 이번에는 내 작은형과 어머니와 아내를 연행해 왔다. 이미 통금이 지난 시각이었다. 입술이 터지고 일그러진 내 모습을 본 어머니는 노기에 찬 음성으로 중정 요원들에게 항의하였다. "내 아들보고 아버지를 팔아먹으란 말이냐! 설혹 알아도 말할 수가 없지 않은가. 너희 같으면 제 아버지를 잡으러 왔는데 잡아가라고 숨은 장소를 대 줄 수 있단 말이냐!" 노령이신 어머니의 노기 띤 목소리가 커지자 사복 입은 장교가 방에 들어와서는 어머니의 마음을 진정시켰다. 그렇게 어머니의 큰 목소리, 분노에 찬 음성을 들은 것은 난생처음이었다. 그전에도 그후에도 나는 어머니의 그런 음성을 들은 적도 본 적도 없었다.[121]

다음 날 중재는 어머니를 모시고 작은형과 함께 중정이 내준 지프에 실려 귀가했다. 돌아오는 차 안에서도 어머니는 분노에 차 손을 떨었다. 중재 역시 가슴이 답답하고 속이 쓰라렸다. 다음 날 저녁에 중앙정보부 서울분실에서 근무하는 해군 장교가 중재를 불렀다. 그는 중재에게 자신의 부하들이 중재를 고문한 데 대해 사과하면서 이 일을 잊어달라고 당부했다. 그는 동시에 자신들이 사건을 알아보니 범정은 아무런 죄가 없음을 확인했다고 말하면서도 지명수배령이 내렸었던 만큼 일단 '자수'하는 것이 문제해결의 지름길이라고 강조했다.

그의 권유를 받아들여 중재는 아버지를 '자수'하도록 했고, 서울분

[120] 장충식, 『시대를 넘어 미래를 열다』, 23~25쪽.

[121] 위와 같음, 25쪽.

실은 우선 범정을 중구 명동의 가톨릭병원에 입원시켰다. 여기서 며칠 동안 분실 요원들이 범정을 신문했다. 그리고는 범정의 손목에 수갑을 채운 채 서대문구 현저동峴底洞의 구치소에 가뒀다. 중재는 다음과 같이 회상했다.

> 일제강점기에 독립운동하다 사상범으로 수감되었던 바로 그 서대문형무소에 이번에는 군사혁명을 반대하는 반군사혁명에 자금을 제공한 주범 중의 한 사람이라는 구실로, 70세가 넘은 노구에 모시 바지저고리를 입고 수갑을 찬 채 형무관에게 인도되는 장면을 보는 순간 나는 울컥 눈물이 쏟아졌다. 아버지는 눈물을 흘리고 있는 나를 보시면서 말없이 돌아섰다. 순간 나는 입술을 깨물었다. 언제고 이 같은 부당한 일들을 반드시 백일하에 드러내고 권력으로 정의를 파묻은 이들에게 책임을 지도록 하겠다고 결심했다. […] 윤 실장이 약속한 대로 아버지는 법원의 구속적부심을 거쳐 석방되었으며 이후 어떠한 조사도 받지 않았고 재판에 회부도 되지 않았다.[122]

그러면 군사정부는 왜 범정을 일시적이나마 구속했던 것인가? 범정은 이승만 정부의 독재정치를 비판했었고 이를 민주적으로 대체할 유일한 야당인 민주당의 지도자 장면 박사를 후원하고 있었다. 군사정부로서는 자신의 권력 기반을 하루라도 빨리 사회 각계에 구축하기 위해서는 반대의 잠재력을 가진 지도자들을 겁박할 필요가 있었던 것이라고 중재는 추측했다.

5·16군사정부에 의해 구속되었던 또 한 사람의 단국인이 있었다. 이훈구 제4대 학장은 제1공화국 말기에 민주혁신당에 입당했고 4월 의거 직후 거세진 혁신운동의 물결 속에서 사회대중당에 입당해 참

[122] 위와 같음, 34~35쪽.

의원으로 당선되었으며 곧 사회대중당 정치위원으로 활동하는 가운데 '중립화조국통일총연맹' 발기인으로 참여했다. 5·16군사정부는 자신이 '혁신계' 또는 '좌익'으로 단정한 인사들을 예비검속하던 때인 1961년 6월 12일에 그를 구속해 대전구치소에 수감했다. 그는 이틀날 향년 65세로 옥사했다. '국가재건최고회의'는 '혁신계' 또는 '좌익'을 처벌하기 위해 소급법으로 「특수범죄 처벌에 관한 특별법」을 1961년 6월 22일에 제정하는데, 그가 살아있었다면 이 특별법의 처벌 대상이 되었을 것이다.

군사정권의 단국대학 주간부 폐지

단국대학의 명운에 더 심각했던 것은 군사정부가 단국대학을 상대로 취한 폐교에 가까운 조치였다. 군사정부는 1961년 9월에 「교육에 관한 임시특례법」을 공포하고 사립대학 정비에 착수할 것임을 밝힌데 이어 11월 18일에 '사립대학정비기준'을 발표했는데, 그 핵심은 전국의 37개 4년제 사립대학 가운데 12개교를 폐지한다는 것으로 단국대학의 경우는 주간부를 폐지하고 야간부만 존속시킨다는 것이었다. 실제로 1962년 3월 7일에 문교부 장관 명의로 '대학 재정비'라는 제목의 공문을 단국대학에 보내왔다. '대학설치기준령'에 의해 교수 1명이 부족하다는 이유로 주간부를 폐지하고 야간부만 존속하게 한다는 내용이었다. 결국 야간부 법학과·상학과·국문학과·영문학과·정치외교학과·역사학과·화학공업학과·수학과 등 학과 총정원 680명만 남게 되었고, 1962학년도의 경우 주간부 학생을 뽑을 수 없었다.

그사이 사립대학 정비에 관한 소문이 돌 때마다 단국대학은 최소한 두 사람을 믿고 있었다. 5·16군사정변 세력이 정변 직후 발족시킨 '국가재건최고회의'의 내무위원회가 '대학정비'를 담당한다고 발표했는데, 그 위원회 위원장이 단국대학 법률학과 졸업생인 손창규孫昌奎 대령이었고, 단국대학 김기석 학장이 민간인 위원으로 참여하고 있었기 때문이었다. 특히 김 학장은 군 정훈교육의 강사로 명성이 높아 군인들로부터 존경을 받고 있었으며 본인 스스로 대학 간부들에게 "우리 대학에 대하여 군부에서 왈가왈부하지만 학장인 나 스스로 잘 설명하고 해명해서 아무런 걱정이 없을 것"이라고 말해왔으므로 '국가재건최고회의'가 단국대학을 위축시키는 조치를 취하지는 않을 것이라고 기대한 것이다.[123] 그러나 결과는 참담했다. 이로써 단국대학은 『단국대학교70년사』의 표현으로는 '청천벽력 같은 이 결정에 가장 암담한 시기에 들어섰고,' 『단국발전사』의 표현으로는 "개교 이래 최대의 위기로 몰렸다."[124]

위기 속에서 중재의 분투: 아내와 자녀의 패물도 팔아 학교에 기부

학생 수가 급감하자 재원을 확보할 수 없어 학교의 정상적 운영이 매우 어려워졌다. 그런데도 범정은 교직원 가운데 어느 한 사람도 해고하지 않았고, 자연히 봉급을 조달하는 데 어려움을 겪을 수밖에 없었다. 그래서 중재의 할아버지가 손자와 손녀들을 위해 장만하고 기거하던 자하문 밖의 한옥 별장을 비롯해 자두밭과 능금밭, 심지어 아내의 손가락에 끼어있던 금반지부터 중재를 비롯한 자녀들의 돌반지까지 팔아 단국대학재단이나 단국대학에 기부했으며, 외과의사였던 중재의 이모부가 중재의 형에게 상속시킨 유산도 모두 재단에 넣었다. 이제 집안에는 금붙이라고는 작은 것 하나라도 남은 것이 없었다. 중

[123] 위와 같음, 36~48쪽.

[124] 『단국대학교70년사』 I, 84쪽; 『단국발전사』, 114쪽.

재는 다음과 같이 회고했다.

> 지금도 사진처럼 선명하게 남는 장면이 있다. 금을 팔려고 외출할 때는 아버지는 항상 약방에서 쓰는 작은 손저울을 꺼내셨다. 그 손저울에 팔려는 금붙이를 올려놓고 무게를 달아 보신 뒤에 나가셨다. 고희를 넘기신 노인이 가족들의 추억이 담긴 금붙이들을 손수 무게를 재는 모습에는 온갖 회한이 다 담겨 있는 듯 느껴졌다. 거친 만주에서 망명을 하고, 해방 뒤에 대학을 세워 좋은 인재를 길러 내신다는 보람으로 말년을 보내시던 분인데 이 무슨 고생이란 말인가. 젊은 나에게도 울분이 치밀어 오르는데 아버지의 흉중은 오죽할 것인가……. 이런 아버지의 모습을 바라보시는 어머니의 눈에서는 하염없이 눈물이 흘러내렸다.[125]

박정숙 이사도 자신의 건물과 땅을 팔아 학교 운영에 충당했다. 범정과 박 이사의 피눈물 나는 노력으로 교직원에 대한 봉급과 강사에 대한 강사료는 하루도 밀린 일이 없었다.

이 과정에서 중재가 1962년 7월 9일에 이사로 취임하고,[126] 김기석 학장이 1962년 9월 7일에 물러나면서 김용진金容晋 변호사가 1962년 9월 8일에 학장서리에 취임했다. 이 무렵에 '국가재건최고회의'는 1962년 3월 19일과 22일에 걸쳐 단국대학에 '병설 실업초급대학'의 개교를 승인했으며 이에 따라 화학공업과·실용수학과·관광학과·가정과·체육과 등 다섯 학과에 모두 400명의 신입생을 받을 수 있게 되었다. 김용진 학장서리는 1962년 12월 18일에 8대 학장 겸 병설 실업초급대학 학장으로 취임했다. 다행히 '국가재건최고회의'는 1963년 12월 16일에 지난날 폐쇄했던 제1부를 부활시켰고, 1964년 새 학년도

125 장충식, 『시대를 넘어 미래를 열다』, 50쪽.

126 위와 같음, 656쪽.

부터 신입생을 뽑을 수 있게 되었다. 자연히 병설 실업초급대학은 폐쇄되었다. 이 과정에서 능력을 발휘한 중재는 1963년 6월 25일에 부학장으로 승진했고, 같은 날 중재는 도서관장을 겸임했다.

어려움 속에서도 장학제도 확충

어려움 속에서도 단국대학은 학생에 대한 배려를 잊지 않았다. 중재의 제안에 따라, 1964년 10월 1일에 범정을 기념하는 '범정장학금' 그리고 혜당을 기념하는 '혜당장학금'이 하나의 제도로서 마련되었다.

그때로부터 25년 5개월 뒤인 1990년 3월 20일에 중재와 박정숙 여사는 각각 사재 10억 원을 희사해 20억 원의 기금을 조성하고 "나눔은 삶의 가치입니다Sharing is the value of life"라는 슬로건 아래 '범은장학재단'을 출범시켰다. 1~2대 이사장에는 단국대학 제5대 학장을 역임하고 제2공화국에서 문교부 장관을 역임한 윤택중 선생을 선임했으며, 3~4대 이사장에는 신방현申邦鉉 단국대학교 부총장을 선임했다. 중재는 2004년 10월 9일에 제5대 이사장으로 취임했고, 이후 기금의 확대에 진력했다.

'범은장학재단'은 1990년 8월 16일에 장학생으로 선발된 125명에게 제1기 범은장학생장학금을 지급한 것을 시발로 2018년까지 매년 8월에, 2019년부터는 매년 두 차례에 걸쳐 장학금을 지급해왔다. 장학생의 선발은 학업 성적 하나만 보지 않고, 어려운 집안의 자녀들과 전국초등학교 스키대회 수상자들에게도 넓혔다. 또 전라남도 신안군新安郡 하의면荷衣面 웅곡리熊谷里에 있는 하의초등학교에는 2011년 12월 1일에 컴퓨터 본체와 모니터를 지원했다. 다른 한편으로, 장학생을 국내에 한정하지 않고 2006년 9월에는 연변과학기술대학교 학생들에게도, 2011년 4월에는 인도네시아 무스타포대학교 학생들에게도 혜택을 주었다.

2025년 2월 현재 1,468,488,000원의 기금을 확보하고 있는 범은장학재단은 그 사이 모두 662명에게 도합 1,006,990,000원의 장학금을 주었다. 이러한 실적을 인정받아, '범은장학재단'은 2020년 12월 2일에 정부의 산업통상자원부가 주최하고 국책연구기관인 산업정책연구원이 주관하는 '2020 대한민국브랜드 대상' 사회공헌대상 특별상을 수상했다.

중재의 재물에 대한 인식: "손이 비어야 부끄럼 없다."

앞에서 우리는 중재가 '범은장학재단'의 설립을 위해 사재 10억 원을 출연한 사실을 지적했다. 앞으로 보게 되듯, 그는 필요한 경우 기꺼이 사재를 출연하거나 희사하곤 한다. 그의 이러한 행위는 어디에서 나오는 것일까? 그 답은 재물에 대한 그의 인식에서 찾을 수 있다. 단국대학교 건축학과 김남응金南應 교수는 중재의 다음과 같은 생각을 우리에게 전한다.

> "나도 말이야, 재물 욕심이 왜 없겠어? 하지만 손에 뭔가를 쥐고 있으면 다른 것을 잡을 수가 없는 법이야. 내가 돈을 잡고, 권력을 잡으면 단국대를 위해서 할 일을 잡지 못하는 거야. 단국대학 발전할 기회가 와도 내 손안에 있는 것을 지키고 싶어지니 그 기회를 잡지 않으려 하게 되는 거야. 그러니까 손을 비워야 일이 풀리는 법이야…."[127]

쉽게 말해, 재물을 자기 손에 쌓아두지 말고 자꾸 남에게 베풀어야

---

[127] 김남응, 「손이 비어야 부끄럼 없다」, 『빈 들에 씨를 뿌리며』, 494쪽.

더 큰 일을 할 수 있다는 것이 중재의 재물관財物觀이다. 이러한 재물관은 중재의 다음 글에서 훨씬 더 자세히 나타났다.

> 한정된 땅과 재물은 사적 소유가 인정되더라도 결코 자기만을 위해 사용해서는 안 될 것이다. 재물이란 누가 소유하고 있는지가 중요한 것이 아니라 사회의 공익을 위해 어떻게 쓰여지는가가 더 중요한 것이다. 하나의 물방울은 아무 데도 쓸모가 없지만 천 개, 만 개의 물방울이 모이면 한 대접의 물이 되어 우리의 갈증을 없애준다. 더더욱 많은 물이 모이면 농장의 과실을 키워주고, 공장의 공업용수로 쓰여 우리의 삶을 더욱 풍족하게 만들어준다.[128]

중재는 한 걸음 더 나아가 "개인만의 이익과 행복을 위해서 재물을 모은다면 그것은 흩어진 물방울과 마찬가지가 된다."라고 말하고, "그러므로 재물을 모은 사람들은 물방울의 교훈처럼 가난한 이웃, 사회의 그늘진 계층을 위해 유익한 방향으로 재물을 활용해야 한다."라고 가르쳤다.[129]

중재는 또 하나의 글에서 "우리 인간의 욕심 중에서도 물욕처럼 인간사회를 더럽히는 오염물은 없을 것이다."라고 지적하고, "건실한 기업인들이나 또는 어느 정도의 재산을 모은 사람들이 기업을 통해서 얻은 이윤을 사회에 다시 돌려주는 바람직한 모습"을 칭찬했다. 이어 중재는 그것을 "비록 내가 모아놓은 재산이라도 내가 필요로 하는 만큼의 물질 외에는 사회발전과 국가이익과 없는 자들을 위해서 되돌려주어야 한다는 사회적 정의와 기업적 윤리에서 오는 필연적인 행위라고 생각한다."라고 높이 평가했다. 이러한 시각에서, 중재는 유일한柳一韓

---

[128] 장충식, 「물 한 방울, 그 하나의 교훈」, 『마지막 남은 한 길』, 96쪽.

[129] 위와 같음.

선생을 우러러보았다. 중재는 다음과 같이 썼다.

> 호랑이는 죽어서도 그 가죽을 남긴다고 했는데, 돈 있고 지위 있는 사람들이 돈의 힘과 지위의 힘을 이용해서 내 욕심만을 충당하는 데 쓸 것이 아니라 나 아닌 다른 사람들에게도 삶의 기쁨을 감흥할 수 있도록 양보한다면 사람다운 덕성의 빛이 발휘되지 않겠는가.
>
> 이러한 면에서 유한양행의 설립자이신 유일한 선생님은 이 나라의 가장 모범적이고 대표적인 기업인의 산 표본이었다. 산업을 통해서 국가와 민족에게 공헌하면서도 인간의 존엄성을 누구보다도 소중히 여긴 기업가이며 사회사업가였다.[130]

유일한 선생은 1895년에 평양에서 태어나 미국에서 초등학교부터 대학원까지 노동을 하며 공부를 마쳤다. 그는 숙주나물을 통조림으로 만들어 파는 사업으로 큰돈을 벌자 조국을 위해 일하겠다는 각오로 1926년에 귀국해 서울에서 유한양행柳韓洋行을 세웠다. 그는 일제 말기에 미국의 전략첩보국OSS이 한인 공작원들을 한반도에 침투시키는 이른바 냅코 프로젝트NAPKO project를 세웠을 때 흔연히 참가하는 등 항일독립운동에도 적극적으로 참여했다. 대한민국 정부 수립 때 이승만 대통령으로부터 상공부 장관 입각을 제의받았으나 사양하고 유한양행을 크게 성장시킴과 동시에 유한공업전문대학을 세워 후진을 양성했다. 이 대학은 오늘날 유한대학교로 발전했다. 그는 자녀들에게 재산을 물려주지 않고 자신의 모든 것을 사회에 환원해 국민에게 큰 감동을 주었다.[131]

---

130 장충식, 「거룩한 삶과 죽음」, 『착한이들의 땅』, 199쪽. 이 글은 원래 『엘레강스』 1977년 3월호에 게재되었다.

131 유일한의 전기로 대표적인 것은 다음이다. 조성기, 『유일한 평전: 기업의 이익은 그

이제까지 우리는 중재가 쓴 글들을 통해 중재의 재물관을 살폈다. 그것은 "손을 비우라."라는 중재의 '공수空手' 론으로 요약되는데, 그것은 당시 불교도였던 그가 '비움'을 핵심으로 여기는 석가모니의 가르침에 충실하게 살려고 했음을 보여주었다. 우리가 제8장의 「김영삼 정부의 출범과 단국대학교에 대한 감사」에서 보게 되듯, 김영삼 정부가 단국대학교를 집중적으로 감사하며 중재에 대한 축재 의혹을 제기했으나 조그만 흠도 잡아내지 못한 사례는 중재가 자신의 재물관에 어긋나지 않게 생활한 사실을 뒷받침했다.

도움받은 사람이 은혜를 갚을 것으로 기대하지 말라.

중재는 자신의 도움을 받은 사람이 그 사실을 잊어도 탓하지 않았다. "사람이 누구를 도와주면 그 자체를 이내 잊어야 한다. 도움을 받아야 했던 입장에서는 그 과거가 결코 유쾌한 추억도 아니고, 다른 이들이 그 사실을 알고 편견을 가질 수도 있으니 알려지는 것을 막아야 상대방을 보호할 수 있다."라는 것이 중재의 신념이었다.[132] 그래서 중재는 "남을 도울 때 절대로 상대방이 은혜를 갚을 것이라는 기대를 해서는 안 된다. 그저 내 도움을 받은 이들이 잘 살고 성공하면 그것으로 은혜를 갚은 셈 치고 살아야 한다."라고 가르쳤다. 이 소중한 가르침에 대해 그는 다음과 같이 부연했다.[133]

> "내 도움을 받았으니 이제 은혜를 갚으라."라고 말을 하는 순간 내 삶의 평화는 흐트러진다고 생각한다. 지난 50년간 얼추 계산해도 주례를

기업을 키워준 사회에 돌려줘야 한다』(작은씨앗, 2005).

132 김남응, 「손이 비어야 부끄럼 없다」, 495쪽.

133 장충식, 「W교수 S교수: 도움을 받고나서 달라지는 냉담함이 주는 교훈」, 『학연가연』, 158~159쪽.

선 사람이 600여 명이 넘는다. 그중에는 시장, 장관, 차관, 예체능계의 지도자, 총장이나 대학교수들이 적지 않다. 그들 가운데 나를 찾고, 고마운 마음을 드러내는 이들은 거의 없다. 인간관계란 그런 것이다. 나는 부모님의 유산, 총장 시절의 수입, 아내의 도움 등을 바탕으로 장학재단을 만든 바 있다. 30년이 안 되는 세월이지만 장학재단에서 도움을 받은 사람들이 1천500여 명이 넘고, 금액으로는 70억 원이 넘는다. 지원받는 당시에는 "은혜를 기억하겠다. 꼭 다시 갚겠다."라는 말을 수없이 들었지만, 이를 실천한 경우는 손으로 꼽을 만큼 적다. 그래도 서운한 생각은 들지 않는다. 그저 성공적으로 자신의 삶을 영위한다는 소식만 들으면 그것으로 나는 만족이다. 그 만족감이 나를 행복하게 한다. 그 이상으로 바랄 것도 없고, 기대하지도 않는다. 그것만이 내 삶의 행복을 키우는 일이다.[134]

심지어 중재는, 우리가 제1장의 「범정의 이희호 양과 백건우 군 지원」에서 보았듯, 아버지 범정의 말씀에 따라 1959년에 '천재 피아니스트로 유명해지기 시작한 중학생에게' 자신이 귀하게 여기던 새 피아노를 아무 대가 없이 선선히 내주었다. 그런데 "피아노를 받는 쪽에서 '우리 아들에게 새 피아노도 아니고 헌 피아노를 주었다.'라고 불평했다는 소리를 들었다." 당시로서는 매우 귀하던 피아노를 선뜻 주었던 중재는 서운했다. 그러나 자신은 '인간의 잠재력을 믿고 그 가능성이 개화하도록 도와주는 교육'에 종사하는 교육자임을 자각하며 참았다.[135]

같은 맥락에서, 중재는 단국대학 야간부를 졸업하고 단국대학 서무과와 학생과 등에서 직원으로 근무하던 사람에게 많은 혜택을 주면서

[134] 위와 같음.

[135] 장충식, 『시대를 넘어 미래를 열다』, 648~649쪽.

단국대학교 교수로 채용해 주었고 교수가 된 뒤 서울의 어느 대학교에서 박사학위를 받도록 도와주었으며 부총장으로까지 승진시켰던 사람으로부터 부당하게 배신당한 사례를 돌이켜보면서, "남을 돕는 일이든, 장학사업을 하든 이 점을 잘 기억하고 싶다. 선하고 좋은 일은 오래 기억되지 않는다. 사람에게 이를 기대하지 마라. '선한 의지에는 보상이 없다. 사람 자체를 돕는 일로 보람을 느낄 뿐이다.' 그것이 학연學緣을 가연佳緣으로 만드는 힘이고 내 삶을 성공시키는 길이다."라고 썼다.[136]

중재의 한 지우는 다음과 같이 말하며 중재를 위로했다.

> 장 박사! 어렵고 힘든 시절을 겪은 사람이 성공하고 나면 자기가 받았던 도움은 쉽게 잊거나 아예 모른 척하기 십상이라네. 왜냐하면 불행했던 시절을 이겨낸 동력이 남의 도움 덕분이란 걸 인정하고 싶지 않은 게 인지상정人之常情이거든. 그래서 야무진 성격의 사람들은 남에게 도움의 손길을 잘 내밀지 않는 법이야.[137]

중재의 회상은, 유럽에서 중세가 끝나고 르네상스로 넘어가던 시기 이탈리아의 한 부분이던 피렌체[Firenze: 영어로는 플로렌스(Florence)]의 정치사상가였던 니콜로 마키아벨리Niccolò Machiavelli의 『군주론』1513년 가운데 한 구절을 떠올리게 한다. 마키아벨리는 "인간이란 은혜를 모르고 변덕스러우며 위선적인 데다 기만에 능하며 위험을 피하려고 하고 이익에 눈이 어둡습니다."라는 말로써 인간의 본성을 지적했다. 그는 이어 "당신이 은혜를 베푸는 동안 사람들은 모두 당신에게 온갖 충성을 바

---

[136] 장충식, 「W교수 S교수」, 『학연가연』, 158~159쪽.

[137] 장충식, 『학연가연』, 164쪽.

칩니다. […] 사람들은 당신을 위해서 피를 흘리고, 자신의 소유물, 생명 그리고 자식마저도 바칠 것처럼 행동합니다."라고 묘사하고는 "그렇지만 당신이 정작 그러한 것들을 필요로 할 때면, 그들은 등을 돌립니다. 따라서 전적으로 그들의 약속을 믿고, 다른 대책을 소홀히 한 군주는 몰락을 자초할 뿐입니다."라고 경고했다.[138]

우리는 역사에서 은혜를 베풀었던 사람이 그의 은혜를 입었던 사람으로부터 '배신'당한 사례를 무수하게 발견한다. 한 가지 예를 들면, 고대 로마의 종신 독재관 율리우스 카이사르Julius Caesar: 영어로는 줄리어스 시저는 기원전 44년 3월 15일에 원로원에서 그가 공화정을 무너뜨리고 왕이 되고자 한다고 의심하는 일부 원로원 의원들이 차례로 칼로 찌른 깊은 상처로 그 자리에서 목숨을 잃었다. 셰익스피어의 희곡 『줄리어스 시저』와 『헨리 6세』에 따르면, 카이사르는 약 20명의 암살자 가운데 자신이 여러 차례 도와주었고 한 지역의 총독에 오르게 한 마르쿠스 브루투스Marcus Junius Brutus가 칼을 들고 다가오는 것을 보고는 "에뚜 브루투스[Et tu Brute?; 브루투스, 너마저도]"라며 비통하게 부르짖었다.[139]

중국의 역사에서도 나관중羅貫中의 『삼국지연의三國志演義』에 요약되었듯 배신과 하극상의 사례들을 수없이 발견한다. 여포呂布가 의부義父로 받들던 정원丁原과 동탁董卓을 차례로 살해한 사례는 너무 유명하다. 배신과 음모의 끝판왕이라는 인상을 주는 조조曹操의 위魏도 종국에는 사마의司馬懿 일가의 모반으로 무너지고 말았다.

---

[138] 강정인(姜正仁)·김경희(金敬熙) 옮김, 『군주론』 제4판 개역본(까치, 2015), 119쪽.

[139] 이 장면에 대한 설명은 다양하며 너무 유명해서 각주가 필요 없을 것이다. 혹시 관심이 있는 독자는 다음을 참조하길 바란다. T. S. Dorsch, *Julius Ceasar*(Methuen, The Arden Edition of the Works of William Shakespeare, 1972); 이성일(李誠一) 옮김, 『줄리어스 씨저』(경기도 파주시: 나남, 2011), 91쪽. 옮긴이는 연세대학교 명예교수다.

일본의 역사에서도 하나하나 헤아릴 수 없을 정도로 같은 사례들이 나타난다. 그 사례들은 일본판 '전국시대戰國時代'와 그 직후의 쇼쿠호시대織豊時代 역사에서 자주 등장한다. 후자의 경우, 1582년 여름에 당시 일본의 강력한 몇몇 세력 가운데 가장 강력했던 오다 노부나가織田信長가 오늘날 교토부京都府의 남부에 해당하는 야마시로山城에 있던 혼노지本能寺에서 자신이 키우고 믿었던 아케치 미츠히데明智光秀의 '모반'으로 자살할 수밖에 없었고 두 아들 또한 맞서 싸우다 자결한 '혼노지의 변變'이 유명하다.[140] 그래서 일본에서는 오다 노부나가를 '일본의 카이사르'로, 아케치 미츠히데를 '일본의 브루투스'로 부른다. 아케치 미츠히데도 열흘을 넘기지 못하고 패망하고, 결국 도요토미 히데요시豊臣秀吉가 등장하는 길을 열어놓는다.

소련공산당 중앙위원회 제1비서이면서 내각 총리로 소련의 권력 구조에서 정상에 서 있었던 니키타 흐루쇼프Nikita S. Khrushchev는 1964년 10월 16일에 실각했다. 그가 키워준 소련공산당 중앙위원회 정치국 위원 레오니트 브레즈네프Leonid I. Brezhnev가 주도한 궁정 쿠데타의 결과였다. 이것을 보고 학자들은 브레즈네프를 '은혜를 모르는 부하ungrateful protégé'라고 불렀다.[141] 우리나라의 경우, 1979년 10월 26일에 박정희 대통령을 '시해'한 장본인은 오랜 기간에 걸쳐 박 대통령이 육군보안사령관으로, 군단장으로, 국회의원으로, 장관으로 임명하면서 정치적으로 성장시킨 김재규金載圭 중앙정보부장이었다. 김재규 부장의 행위는 자유민주주의의 궤도에서 이탈한 박 대통령의 유신체제를

---

[140] 구태훈(具兌勳), 『오다 노부나가: 중세적 권위를 차갑게 베다』(히스토리메이커, 2018), 176~182쪽 및 276~283쪽.

[141] Robert H. McNeal, *The Bolshevik Tradition: Lenin, Stalin, Krushchev, Brezhnev*, 2nd ed.(Englewood Cliffs, N. J.: Prentice-Hall, 1975), p.169; 김학준, 『소련정치론』(일지사, 1976), 167~168쪽에 인용.

붕괴시키고, 특히 부마사태釜馬事態를 계기로 서울에서 국민적 저항이 행동으로 나타날 때 발포로써 막아낼 것 같은 예상되는 참사를 예방한 애국적 행위로 평가될 수도 있다. 그렇다면 그는 한국의 '브루투스'로 옹호될 수도 있다.[142] 그렇다고 해도, 박 대통령과 그의 지지자들의 시각에서는 '배신'이었다.

[142] 원자료에 대한 철저한 분석에 바탕을 둔 김재규 부장에 대한 옹호는 다음에서 읽을 수 있다. 김재홍(金在洪), 『피고인 김재규: 10·26 비공개재판 통합 증언록』(메디치미디어, 2024). 유신체제, 10·26사태, 그리고 이후 12·12군사정변을 정확히 이해하기 위해 반드시 읽어야 할 책들 가운데 하나이다

중재 장충식

단국대학교와 함께 민족의 화해와
통일을 향해 걸어온 대인

Ⅱ 중재의 단국대학 합류와 학장 취임

중재 장충식의 유소년 시절

일제의 식민정책과 친일 교사에 대한 저항의식의 성장

범정의 파란만장한 생애는 중재에 직접적 영향을 끼쳤다. 중재는 1932년 7월 25일음력에 범정의 셋째 아들로 어머니의 친척들이 많이 살던 중국 천진에서 태어났다. 무엇보다 독립운동에 참가한 부모가 중재를 직접 돌보지 못하고 천진의 친척에게 맡겨 거기서 자랐으며, 1938년에 범정이 서울로 압송되었을 때 서울로 와 오늘날 종로구 필운동弼雲洞에 있는 매동국민학교梅洞國民學校에 입학하게 되었다. 이후의 삶을 중재를 잘 아는 그의 친지는 다음과 같이 회상했다.

> 초등학교 시절은 요시찰인要視察人의 아들로 여러 가지 고통을 당하면서 생활하였습니다. 불시에 집에 쳐들어오는 왜경, 동료 학생이나 어른들의 따돌림, 이런 환경 속에서 자신도 모르는 사이에 민족의식 같은 감정이 살아나고 반항심 같은 것도 일어났습니다. 밤이면 남몰래 창씨개명創氏改名한 집의 문패를 떼어 변소에 달거나, 서로 바꿔 다는 일을 하여 꾸중을 듣기도 했고, 다른 아이들과 싸움도 자주 하였으며 산에 홀로 올라 외로움을 달래기도 했습니다.[1]

중재 스스로 "나는 소년시절에 장난이 심한 축에 속했다. 남달리 다른 아이들과 싸움을 자주 했고 장난도 유별나게 한 탓으로 선생님과

---

[1] 송하섭, 「큰 삶, 깊고 넓은 발걸음」, 중재장충식박사고희기념화문집간행위원회 편, 『빈 들에 씨를 뿌리며』(한불문화출판, 2001), 27쪽.

어머니로부터 매도 많이 맞은 편이었다. 학년이 바뀔 때마다 새 별명이 붙었고 또한 나에게 붙어나오는 별명도 다양했다. 선생님으로부터 매를 맞지 않거나 벌을 서지 않는 날이 별반 없었던 나는 분명 악동이었던 것 같다."라고 회고했다.[2]

그러나 그러한 행동의 바탕에는 정의감이 깔려 있었다. 중재 스스로의 표현으로, 일제의 식민지배정책과 "일부 어른들의 추악하고 공평하지 못한 처사는 나로 하여금 반사적으로 그들에 대한 저항의식을 일으키도록 했다." 그 대표적 사례가 일제 때 일제가 조선인들에게 강요한 창씨개명創氏改名과 일본어 상용이었다. 특히 '일본식으로 성을 새로 만들고 이름을 고치게 한' 창씨개명에 대해 중재는 다음과 같이 회상했는데, 그 회상은 그 시대를 전혀 모르는 오늘날의 세대가 반드시 기억해야 한다는 뜻에서 그대로 소개할 만하다.

> 친구들의 이름이 한 사람 두 사람 일본식 이름으로 바뀌어 갔다. 철모르는 친구들은 창씨개명한 일본식 이름을 몹시 자랑삼아 얘기했다. 동네 골목마다 한국식 기와집 대문에 걸려 있던 문패가 낙엽 지듯 하나둘씩 떨어져 나가고 일본식 이름의 문패가 늘어갔다. 어린 동심에도 그런 모습이 여간 서글프게 보이지 않았다. 나는 학교에서 친구들의 창씨개명한 이름을 불러주지 않고 계속 한국식 이름으로 불렀다. 이러한 행위는 창씨개명한 친구들과는 주먹싸움을 일으킨 동기가 되었다.[3]

중재가 보기에 일제의 식민정책이 근본적인 문제였으나 조선인 교사들 가운데 일제의 식민지배에 철저히 굴종한 이들이 더 큰 문제였다. 그들은 "추운 겨울이 되면 창씨개명을 하지 않은 학생들은 북쪽 복도편

---

2 장충식, 「참다운 인간 행로」, 『착한 이들의 땅』(어떤이의 꿈, 2003), 13쪽.

3 위와 같음, 14쪽.

그늘진 곳으로 자리를 옮겨 앉히고 창씨개명을 한 친구들은 양지바른 남쪽 창가에 옮겨 앉도록 했다." 일본인 선생이었다면 어느 정도 이해가 가겠지만 한국인 선생이 이토록 극성스러운 데 대해서 저항의식을 느끼지 않을 수가 없었다. 그래서 중재는 그들에게 덤벼들었다.

일본어 상용을 강요하는 데 대해서도 중재는 반발했다. 그는 다음과 같이 회상했다.

> 나는 독립운동을 하는 아버지와 만주에서 생활하며 유년기를 보냈기에 본능적으로 이를 받아들이기 어려웠다. 일본어는 어색하기도 했거니와 이미 유년기부터 일제에 대한 반항심을 몸으로 길러왔기 때문이었다. 그래서인지 나는 '조선어'가 입 밖으로 불쑥불쑥 튀어나오곤 했다. 그럴 때 선생님이 계시면 그날은 치도곤을 당하는 날이 되었다. 국어일본어를 안 쓰고 조선어를 쓴다는 이유만으로 손바닥을 맞거나 뺨을 맞고 걷어차이는 폭력을 당했다. 그런 폭력에도 불구하고 진심으로 잘못했다는 생각을 해본 적이 없었다. 분하고 화가 나는 심정이었다. 그것이 지금도 80년 가까이 내 기억 속에 선명히 남아있다. 힘이 센 선생님이 힘 약한 어린이를, 나라말을 안 쓴다는 이유로 구타를 할 만큼 제국주의 통치는 무섭고 비인간적 체제였다. 피식민 국가의 국민은 서러운 운명이었다.[4]

중재는 서럽다고 느끼지만 않고 항의했다. 중재의 표현으로, "조선인 교사가 일본인 교사보다 먼저 창씨개명을 부르짖고, 친구들하고 놀다가 실수로 조선말을 했다고 내 등에 조선말을 쓰는 나쁜 놈이라고 꼬리표를 달아서 학교 전체의 교실을 돌아다니며 머리를 조아리게 벌을 준 조선인 교사에 저항해 정면으로 맞선 것이다." 그는 "초등학교를 네 번이나 바꾸어 다닐지언정 일본 사람 행세하는 스승을 스승으로

---

[4] 장충식, 『학연가연』(경기도 용인시: 노스보스, 2021), 270쪽.

생각지 않았던 나는 당시 분명 악동이었고 문제아였을 것이다."라고 회상했다.

또 집안 잔치 때 자기의 자식들만 따로 불러 음식을 챙겨주는 어른들도 못마땅히 여겨 덤벼들기도 했다. 중재는 어린 시절을 회상하며, "잔칫상을 맞이한 친척 어른들의 욕심으로 이글거리는 표정에서 나는 결코 핏줄의 정을 느낄 수가 없었다. 내 입맛에 맞는 음식이라고 남들이 먹을 틈도 없이 자기 자식과 남편에게만 맛있는 음식을 끌어놓아 주는 친척들의 소행에 인간적인 환멸과 비애감마저 들었다."라고 썼다.[5]

만주를 오가며 키운 뱃심

중재의 어머니는 때로는 남편에게 전달할 독립운동자금을 어린 중재의 몸속에 감춘 채 중재를 데리고 기차로 만주로 갔다. 범정 역시 국내에 잠입해 군자금을 확보하고는 중재의 몸속에 감춘 채 중재를 데리고 기차편에 만주로 돌아가기도 했다. 일본인 경찰관에 들킬까 경계하며 여행해야 했던 이 특이한 경험은 중재에게 부지불식간에 반일감정을 깊이 심어주었고, 위기에 대처하는 뱃심을 키워주었다. 어린 시절부터 키워진 뱃심은 중재의 특성 가운데 하나가 된다. 우리가 앞으로 보게 되듯, 그가 일생을 살아나가면서 웬만한 사람 같으면 감당하기 힘든 난관과 시련에 자주 직면하는데, 그때마다 주저앉지 않고 정면돌파하며 활로를 열어간 배경에는 이렇게 키워진 그의 뚝심이 있었다.

서울로 압송되었던 범정은 석방되어 아내와 함께 다시 만주 요녕성의 오룡배로 돌아갔다. 부모가 모두 서울을 떠난 뒤 중재의 삶을 그의 지인은 다음과 같이 회상했다.

---

5 위와 같음, 19쪽.

> 여덟 살 되던 해에 [중재는] 학교에 낼 납입금을 갖고 중국에 계신 부모님을 찾아가 오룡배학교에 다니기도 했고, 평양의 선교리船橋里나 용천의 남시南市에서 소학교를 잠시 다닌 일도 있었습니다. 학교에 내는 신상기록부에 아버님 직업을 쓰지 못해 당황하는 등 우여곡절 속에 어렵사리 매동국민학교를 졸업하고 부모님이 계신 중국으로 가게 되었습니다. 거기서 오룡배중학교에 입학하였습니다만, 반년쯤 지나 해방이 되면서 고향 용천으로 돌아와 남시중학교에 입학했고, 소련의 점령통치를 겪다가 온 가족과 함께 […] 서울로 와 정착했습니다.[6]

이렇게 중국에서 생활하거나 중국을 오가면서 중재는 중국어를 모국어처럼 쓸 수 있게 되었다. 특히 중국어의 경우, 훗날 중국의 고위층 인사들과 중국어로 대화할 때 그들이 탄복할 정도였다.[7] 일제강점기에 성장하며, 집안에서는 언제나 국어를 썼지만, 누구나 그러했듯 일본어에 능통해진 것도 사실이었다.

이 과정에서 그는 일제패망을 전후한 시점에 만주와 북한을 점령한 소련군의 일본인들을 상대로 한 폭행과 강도 행위, 특히 부녀자를 상대로 한 성폭행을 자주 목도했으며, 일본인들이 관棺을 구하지 못한 채 장례를 치르는 모습에 접하고는 그들을 도와주기도 했다. 이때의 경험이 중재가 칠순이 넘은 노령에 전5권으로 집필한 대하소설 『그래도 강물은 흐른다』 그리고 『아름다운 인연: 독립운동가의 아들과 일본군 장교 부인의 완전한 사랑』의 바탕이 된다.[8] 내용이 서로 연결되어

---

6 송하섭, 「큰 삶, 길고 넓은 발걸음」, 27쪽.

7 이 사실에 대해서는 윤내현, 「참으로 인정이 많으신 중재 선생님」, 『빈 들에 씨를 뿌리며』, 215쪽.

8 장충식, 『그래도 강물은 흐른다: 장충식 대하소설』 전5권(해냄, 2012), 제1권(『동트는 아침의 어둠』), 제2권(『반역과 애국의 갈림길』), 제3권(『작은 땅 슬픈 조국』), 제4권(『역사와 세월의 독백』), 제5권(『승자 없는 전쟁』); 장충식, 『아름다운 인연: 독립운

있는 이 두 소설은, 국어국문학자 송하섭 교수의 표현으로는, "시대적 시련을 초월한 인간애를 주제로 한 작품으로 많은 사람들의 관심을 모았다."[9]

월남과 망향

고향 용천을 떠나 서울로 가는 길이 수월하지는 않았다. 중재의 기억에 따르면, "밤을 타서 이웃 사람들 몰래 도망가듯 동리를 빠져나와야만 했다. 그것도 온 가족이 한꺼번에 빠져나오면 이웃 사람들이 눈치챌까 봐 가족 중 몇 사람은 남아있다가 다음 기회에 월남하기로 하였다." 부모님은 가족들에게 맨몸으로 떠나도록 했다. 이때 중재의 작은형 장봉식張鳳植은 큰형 장용식張龍植의 처남이 준 바이올린을 가져가야만 한다고 발버둥을 쳤고, 중재는 스케이트를 꼭 갖고 가겠다고 떼를 썼다. 그러나 부모님은 "집과 가구와 전답을 다 버리고 목숨을 걸고 도망치는 마당에 스케이트와 바이올린이 무슨 소용이 있느냐고 야단을 치며 그런 것들은 버려두라고 호통을 치셨다." 작은형과 중재는 "엉엉 울었다." "고향을 버리고 떠나는 것이 슬퍼서 운 것이 아니라 바이올린과 스케이트를 못 가지고 떠나는 것이 그토록 애석했던 것"이라고 중재는 회상했다.[10]

동가의 아들과 일본군 장교 부인의 완전한 사랑』(윤진, 2021); Choong-Sik Chang, *A Predestined Encounter: A Novel of Korea*, Translated by Young-Jae Yim(Seoul: Nosvos, 2021); 송귀영(宋貴英) 역, 『麗しき絆』(서울: 노스보스, 2022).

[9] 송하섭, 「중재 선생이 걸어온 길: 단국 중흥과 중재 장충식 박사」, 단국문인회 엮음, 『자작나무 숲으로 가서: 중재장충식팔순기념헌정사화집』(경기도 용인시: 노스보스, 2011), 56~57쪽.

[10] 장충식, 「잊혀지지 않는 고향 정취」, 『마지막 남은 한 길: 중재장충식수필선집』(경기도 용인시: 노스보스, 2011), 88쪽. 이 책은 다음과 같이 영역되었다. Choong-Sik

그렇지만 고향에 대한 그리움은 떠나지 않았다. 중재는 휘문중학교 2학년 때 교지 『휘문』에 발표한 「3월 밤 창가에서」라는 시에서 "뜰 앞 시들었던 나무 사이에 / 봄바람이 오고 가는 3월의 달밤 / 38선 저 언덕 너머 고향이 그리워"라고 읊었다.[11] 훗날 한 편의 수필에서는 "나의 고향은 교회가 많은 도시였다. 일요일이 되면 교회마다 종이 울리고 많은 사람들이 성경과 찬송가 책을 들고 교회로 간다. 나의 이웃과 친척 중에도 많은 교인이 있어서 어린 시절에는 어른이나 친구를 따라서 교회에 자주 갔었다."라고 회상했다.[12] 다른 한 편의 수필에서는 "주말이면 즐겨 찾던 용골산의 늠름한 모습은 지금도 한없이 그립다. 추석을 앞둔 우리 고향의 장날은 참으로 풍요로운 정취가 넘쳐흐르는 풍경이었다."라고 회상했다.[13]

서울에 자리 잡으면서, 중재는 당시 명문 가운데 명문으로 꼽히던 서울중학교 편입시험에 합격했다. 서울중학교는 일제강점기에 일본인 관리들의 자제를 위해 세운 경성중학교京城中學校의 후신이었다. 중재는 아들이 그러한 학교에 다닐 수 없다는 아버지의 뜻에 따라 구한말에 애국자들이 '교육구국教育救國'의 기치 아래 세운 서북협성학교西北協成學校의 후신인 협성소학교 6학년으로 편입해 졸업했다. 이로써 중재는 매동초등학교에 이어 두 번째로 초등학교를 졸업하게 된 것이다.

Chang, *The Last Road Left: Choong-Sik, Chang's Selected Essays*, Translated by Yoon-Ha Shin(Yongin-Si, Gyeonggi;, :Nosvos, 2011).

[11] 휘문중학교 문우회 문예부, 『휘문』(1948년 8월 15일); 장충식, 『위대한 유산을 위하여: 장충식 삶과 글』(단웅미디어, 1974), 4쪽에서 재인용.

[12] 장충식, 「욕망의 독경」, 『마지막 남은 한 길』, 23쪽.

[13] 장충식, 「잊혀지지 않는 고향 정취」, 49쪽.

휘문중학교 시절

좌우익 대결 때 우익으로 활동하며 웅변과 미술로 입상

중재는 1946년 3월에 휘문중학교徽文中學校에 입학했다. 휘문을 선택한 까닭을 중재는 다음과 같이 회고했다.

> 구한말부터 일제의 식민통치 시대에 걸쳐서 설립된 교육기관의 유형을 세 가지로 분류하는데, 그 첫째는 서양인들이 선교의 목적으로 설립한 종교기관에 의한 학교이고, 둘째는 일제가 식민통치의 수단으로 세운 공립의 관학이며, 셋째는 순수한 민족자본으로 나라의 독립을 이루고 민족의 전통과 문화를 계승 · 창달하는 데 필요한 인재를 양성하기 위해 세운 사학이었다. 우리의 모교 휘문은 셋째 번의 유형에 속하는 학교였다.[14]

중재가 설명했듯, 휘문중학교는 대한제국기인 1904년 9월에 민영휘閔泳徽가 '구국사업'의 일환으로 종로구 경운동慶雲洞에 개설한 광성의숙廣成義塾에서 출발했다. 광성의숙은 당시 대한제국 황제였던 고종이 내려준 '휘문'이라는 이름을 받아 1906년에 휘문의숙으로 확대되며, 이후 명문학교로 자리를 잡으면서, 정관계에는 백두진白斗鎭 국무총리, 최두선崔斗善 국무총리, 이한기李漢基 국무총리서리, 이선근李瑄根 문교부 장관, 장경근張暻根 내무부 장관, 정헌주鄭憲株 교통부 장관, 최영희崔榮喜 국방부 장관, 서정욱徐廷旭 과학기술부 장관, 이상돈李相敦 국회의원, 이

[14] 장충식, 「권두언」, 『휘문교우회보』(1985년 4월), 신좌성(愼佐晟), 「영원한 휘문의 동지, 중재」, 『빈 들에 씨를 뿌리며』, 70~71쪽에서 재인용.

윤수李允洙 국회의원, 민병기閔丙岐 프랑스 대사 등을 배출했으며, 군에서는 민병돈閔丙敦 육군사관학교 교장, 법조계에서는 이진강李鎭江 대한변호사협회 회장 등을 배출했고, 재계에서는 조중훈趙重勳 한진그룹 회장을 배출했다. 교육계에서는 고병익高柄翊 서울대학교 총장, 김동익金東益 동국대학교 총장, 김두종金斗鍾 숙명여자대학교 총장, 백낙환白樂晥 인제대학교 총장, 김정배金貞培 고려대학교 총장, 김운태金雲泰 서울대학교 행정대학원 원장, 노융희盧隆熙 서울대학교 환경대학원 원장, 손보기孫寶基 연세대학교 사학과 교수 등을 배출했고, 문화예술언론계에서는 문호 월탄月灘 박종화朴鍾和를 비롯해 시인 김영랑金永郎, 시인 정지용鄭芝溶, 시인 오장환吳章煥, 소설가 김유정金裕貞, 소설가 이태준李泰俊, 소설가 김훈金薰, 연극인 이해랑李海浪, 연극인 임영웅林英雄, 영화인 유현목兪賢穆, 방송인 임택근任宅根, 출판인 정진숙鄭鎭肅 등 각계에서 많은 인재를 배출한다.

이러한 뜻에서, 중재는 자신이 휘문에 입학했던 것을 "매우 자랑스럽게 생각하고 모교 휘문에 대해 긍지와 자부심을 갖고 있었다." 모교에 대한 그의 자부심과 사랑은 그로 하여금 1995년 3월부터 1999년 3월까지 4년에 걸쳐 휘문교우회 회장을 맡게 한다.

중재의 기대에 걸맞게 당시 휘문중학교는 국사학의 권위자들이 교편을 잡고 있었다. 이때의 상황을 일제강점기에 휘문고등보통학교를 졸업하고 연희전문학교 문과를 졸업한 뒤 모교인 휘문중학교에서 영어를 가르친 국사학자 손보기 교수는 다음과 같이 회상했다.

> 두계斗溪 이병도李丙燾, 동빈東濱 김상기金庠基 선생께서 종일 강의를 하였고 이어 치암痴菴 신석호申奭鎬 선생이 합류하여 조선시대사를 강의하였다. 정부도 없는 상태에서 누구의 명령에 의한 것도 아니었지만, 우리의

> 지식으로 우리가 가르치는 이 강의는 겨레의 뜻에 따라 저절로 이루어지게 된 것이었다. 여기에는 아무런 규칙이나 제약도 없었으며 출석을 부를 필요도 없었고 자격증을 논하지도 않았다. 참으로 자유로운 국민을 위한 강좌로, 자주自主 국민의 자각에서 우러나온 움직임이었던 것이었다. 서울과 지방에서 초·중·고교의 교사들도 모여들었다. 그때까지는 국사를 제대로 배운 사람이 거의 없었기에 반드시 배워야 한다는 공감대가 형성되었던 것이다. 수강을 원하는 사람들은 날이 갈수록 늘어났다.[15]

중재보다 꼭 10년 연상이었던 손보기 교수는 곧 서울대학교 문리대 사학과에 진학해 1회로 졸업하며 서울대학교 대학원 사학과에서 역시 1회로 석사학위를 받은 데 이어 버클리 캘리포니아대학교 대학원 사학과에서 박사학위를 받고 연세대학교 교수로 봉직한다. 사제 사이인 두 사람의 인연은 계속된다. 손 교수가 연세대학교에서 정년퇴직한 뒤, 중재의 초청으로 1992년부터 단국대학교에서 초빙교수에 이어 석좌교수로 봉직하며 '석주선기념박물관' 관장을 맡는다.

손보기 교수는 교실에서 중재를 만났던 때에 대해, "중재는 어린 나이에도 의젓하고 빛나는 눈초리를 지니고 있었다."라고 회고했다. 당시 중재를 직접 가르쳤던 또 한 사람의 은사는 중재가 웅변에 능해 교내 웅변대회에서 입상했다고 회고했다.[16] 아버지가 웅변가였던 것처럼 아들 역시 웅변가였던 것이다. 중재는 미술에도 특기를 보여 교지에 삽화를 그려 금상을 받기도 했다.[17] 중재의 셋째 딸은 "가족을 빼면 다

---

[15] 손보기(孫寶基), 「고희(古稀)라는 낱말 끝에 떠올리는 기억들」, 『빈 들에 씨를 뿌리며』, 83쪽.

[16] 이광신(李光信), 「비범한 정신력의 중재」, 『빈 들에 씨를 뿌리며』, 68~69쪽.

[17] 송하섭, 「중재 선생이 걸어온 길: 단국 중흥과 중재 장충식 박사」, 단국문인회 엮음, 『자작나무 숲으로 가서』(경기도 용인시: 노스보스, 2011), 22쪽.

른 분들이 모르는 아버지의 숨은 장기가 하나 있다. 크로키가 그것이다. 나는 한 번 본 적이 있는데, 사물을 보고 단숨에 그려내는 능력이 마치 정식으로 미술을 배운 사람 같아 깜짝 놀란 적이 있다."라고 회상했다.[18]

열혈소년이었던 중재는 해방공간의 특징이었던 좌우익 대결이 휘문으로까지 밀려왔을 때 관망만 하지 않고 우익학생들의 '휘문애교동지회'에 가입해 간부를 맡았다.[19] 당시 워낙 좌익세력이 강해 우익단체에 가입한다는 것 자체가 용기 있으면서도 모험적인 행위였다. 짧은 기간이었지만 용천에서 공산 통치를 겪으면서 반공의식을 갖게 된 그에게는 당연한 선택으로, "일반 학생들의 사상선도를 비롯하여 학원정화에 심혈을 기울였다."[20] 이때 휘문중학교의 교장은 대한민국 정부가 수립되면서 사회부 차관으로 봉직하다가 한국외국어대학 학장을 역임하는 영문학자 박술음朴術音이었다. 중재의 동기생은 당시 중재를 비롯한 '휘문애교동지회' 회원들의 활동에 관해 "우리는 학교를 지키기 위하여 매일 교대로 야간 경비를 섰고, 공산당 학생들이 습격해 왔을 때는 생사를 건 격투를 벌여 물리치기도 했다. 그 와중에 때로는 부상을 당하는 학생들도 있었다. […] 학도호국단이 결성되었을 때는 중재가 중대장직을 맡아 주도적 역할을 했던 기억이 생생하다."라고 회고했다.[21]

이렇게 우익의 선봉으로 활동하면서도 중재는 중학생다운 장난도 즐겨 했다. 스스로 다음과 같이 회상했다.

---

[18] 장혜림, 「특별한 것을 갖고 계신 아버지」, 『빈 들에 씨를 뿌리며』, 516쪽.

[19] 휘문중고등학교 편, 『휘문 100년사 1906~2006』 전2권(휘문중고등학교, 2006), Ⅰ, 331~333쪽.

[20] 이광신, 「비범한 정신력의 중재」, 68~69쪽.

[21] 신좌성, 「영원한 휘문의 동지, 중재」, 71쪽.

앞의 친구 흰옷에 먹물을 칠하고도 능청 피우는 기쁨을 만끽하고, 지나가는 여학생의 얼굴이 홍당무가 되도록 놀려대는 즐거움이 있고, 경로석 자리에 버젓이 앉아 꾸벅꾸벅하는 것도 두려워하지 않고, 불호령 훈육 선생님을 골탕먹이기에 새로운 지혜를 짜내기도 한다. 공부 안 하고 학교 응원가라 하면 그것은 세상사 좋은 일이고, 담임 선생님 말 안 듣다가 화장실 청소 도맡아 하면서도 내가 최고인 양 떠들고, 외국의 인기 팝송 가수 이름 아는 것이 무슨 큰 일이나 되는 것처럼 나불대는 것이 고등학교 시절의 소중한 일상의 일부들이다.[22]

당시 중재의 한 급우는 "중재는 친구들의 별명을 곧잘 지어주었다. 합죽할멈, 복덕방, 깔치, 시굴소, 황소, 심지어는 똥지게까지 다양했다."라고 회상했다.[23]

중학교 3학년이던 1948년 5월 10일에 한국의 역사에서 최초의 국민 직선이 실시되었다. 제헌국회를 구성하기 위해 의원을 선출하는 선거가 실시된 것이다. 중재는 "국회의원이 되고자 하는 사람들은 역사책에 나오는 위대한 인물처럼 유능한 애국자가 아니고서는 될 수 없다고 생각했다. 높은 식견과 고매한 인격, 사회적 경륜이 풍부한 유능한 인사가 아니고는 감히 국회의원 후보자로서 출마할 수 없다고 믿었다."[24]

그러나 선거운동이 전개되는 과정과 광경을 보면서 중재는 "극히 놀라고 실망했다." 후보자들의 정견 발표가 있는 자리에 가 보니, "입후보한 사람들이 등단해서 발표하는 정견이 다른 입후보자에 대한 욕

---

22 장충식, 「사랑은 사랑을 만든다」, 『큰 삶 작은 이야기: 장충식 삶과 글』(문학마을, 1992), 125~126쪽.

23 이용훈, 「통이 큰 사람」, 『빈 들에 씨를 뿌리며』, 73쪽.

24 장충식, 「국회의원 선거와 유권자」, 『큰 삶 작은 이야기』, 186~187쪽.

설에 가까운 인신공격이며, 나의 어린 소견에도 믿기 어려울 정도로 황당무계한 내용들이 허다함에 환멸과 비애를 금할 수가 없었다." 어떤 후보는 "나를 국회로 보내준다면 당장 38선을 없애버리고 남북을 통일하겠다.라고 호언장담했다." 게다가 "한 표라도 긁어모으기 위해 수단과 방법을 가리지 않고 생면부지生面不知의 사람들에게까지 종놈이 상전을 섬기듯 굽실거리며, 큰절하며 가가호호家家戶戶를 방문하면서 온갖 선물을 나누어 주는가 하면 종이 딱지 나누어주듯 이 사람 저 사람에게 돈을 나누어주는 등 표를 얻기 위한 추태는 천태만상이었다."[25]

이렇게 자신의 제헌국회 총선 때의 경험을 회상하면서 중재는 다음과 같은 교훈을 제시했다.

> 우리나라에서 헌정이 시작되면서 오늘날까지 국민은 항상 공명선거와 민주주의 정치의 실현을 염원해 왔다. 그러나 뜻있고 유능하면서 돈 없는 입후보자를 외면한 수많은 유권자가 그동안 얼마나 선량한 정치 지망생들을 울려왔던가. 유권자가 썩지 않은 이상, 썩은 정치인은 등장할 수 없는 것이다. 공명선거는 곧 유권자의 책임에 달려 있다.[26]

굶는 학우들에 대한 어머니의 배려

당시 우리나라는 가난한 농업국으로 식량이 아주 모자란 보릿고개가 있던 시절이어서 점심을 굶어야 할 학우들도 적지 않았다. 천성이 어려운 사람을 그냥 지나치지 못하는 중재는 "학교에서 집으로 돌아

[25] 위와 같음, 187쪽.

[26] 위와 같음.

올 적마다 점심을 굶고 지낸 친구들을 집으로 데리고 와서 함께 음식을 나누어 먹었다." 중재는 다음과 같이 감동적으로 회고했다.

이러한 생활은 매일처럼 반복되었다. 나의 어머니에게 따뜻한 사랑과 존경의 뜻을 품게 된 것도 어머니가 내 가난한 친구들을 조금도 싫어하는 기색 없이 항상 자애롭게 보살펴 주셨기 때문이다. 일주일에 한 번도 아니고 일요일을 제외한 모든 날에 그것도 한두 명의 친구가 아닌 서너 명씩 친구들을 집으로 데리고 와 음식을 함께 먹는다는 일이 어머니에게는 여간 고통스러운 일이 아니었을 것이다.

나도 때로 잘사는 친구를 따라가 본 적이 있었는데 우리들이 집 안에 들어서자마자 친구의 어머니는 고함을 치셨다. "왜 동무들을 집으로 데리고 와서 놀아! 썩 나가 놀지 못해!" 그 순간 놀러갔던 우리는 무안과 놀라움을 한꺼번에 뒤집어쓰고 황망히 친구 집에서 뛰쳐나와 버렸다. 물론 우리를 데리고 갔던 친구의 얼굴도 무안함으로 가득 찼다.

그러나 나의 어머니는 내가 친구를 좋아하는 것을 무척 기쁘게 생각하셨다. 쌀이 적을 때는 강냉이옥수수로 떡과 엿을 만들어주셨는데, 특히 내가 가장 좋아하는 강냉이묵을 잘 만들어주셨다. 내가 가을을 좋아하는 연유는 바로 이런 기억 때문이다.

봄과 여름에는 어머니께서 여러 가지 간식을 준비하시느라고 고심하는 것을 여러 번 눈치를 챈 적이 있었다. 내가 갑자기 많은 친구를 데리고 오기라도 하면 어머니는 미소를 지으시면서도 충분한 간식을 준비하지 못해 다소나마 당황하시는 기색을 보이셨다. 그럴 때마다 나는 어머니께 대단히 미안스러운 감정을 금할 수가 없었다.[27]

어머니는 중재에게 재물보다는 인정을 소중히 여기라고 가르쳤다. 중재는 "재물을 모으는 욕심보다는 사람의 인심을 얻는 욕심이 더 삶

[27] 장충식, 「가을이 좋은 이유」, 『마지막 남은 한 길』, 335~336쪽.

의 의욕을 북돋운다는 어머니의 교훈은 우리의 보잘것없는 인생에 무엇인가 삶에 대한 보람을 느낄 수 있도록 길잡이가 되어주었다."라고 회고했다.[28] 또 하나의 다른 글에서 중재는 "어느 날 밤 빅토르 위고의 『레미제라블』을 읽어주시던 어머니가 장발장의 인간다운 인정을 설명하면서 배고픈 친구들의 허기진 사정을 매정하게 외면하는 아들을 두었다면 장차 어느 부모가 무슨 희망이 있다고 이 고생을 하겠느냐고 하셨다. 어른이 되어서도, 어려운 아이들을 생각하는 마음을 버리지 말라 하신 어머니의 말씀이 새삼스럽다."라고 회고했다.[29]

한국의 어머니들에 대한 연민: 남녀평등사상의 선구자

이처럼 자신의 어머니에 대해서는 존경과 감사를 표시한 중재는 한국의 일반적 다른 어머니들에 대해서는 연민의 정을 나타냈다. 그는 「어머니여, 아내여」라는 수필을 다음으로 시작했다.

> 나는 어릴 때 이 세상에서 고생을 제일 많이 하는 여성은 한국의 어머니들이라고 생각하였다. 이렇게 생각이 든 것은 어머니는 하루 종일 집에서 일만 하시고 잠시도 쉬지 않으셨기 때문이다. 또한 친구들의 집에 놀러가면 역시 친구들의 어머니들께서도 늘 일하시느라고 바쁘셨다. 나의 동심에 비친 한국의 어머니들은 밭에서 김을 매는 황소처럼 일만 하시는 모습이었다. 나는 허리가 구부러지도록 일만 하시는 모습을 보며 빨리 커서 어머니의 고생을 덜어드려야겠다고 다짐한 적이 한두 번이 아니었다.[30]

---

28 위와 같음.

29 장충식, 『생각하는 사람에게 길이 있다』(경기도 용인시: 노스보스, 2018), 62쪽.

30 장충식, 「어머니여, 아내여」, 『착한 이들의 땅: 장충식 수필집』(예서원, 1978), 147쪽.

중재의 눈에, 아버지들의 생활은 어머니들의 그러한 생활에 크게 대조되었다.

> 어머니들이 항상 집에서 일하시는 반면 아버지들은 늘 밖에서 자유스럽게 호가하는 것처럼 보였다. 때때로 술집에서 흥겨운 노래와 춤 속에서 아리따운 여성들과 달콤한 대화를 나눌 수도 있을 것이고 직장에서는 남성들만이 느끼는 명예와 기분으로 밤이 가는 줄도 모르고 토론을 하고, 때론 마음이 울적하면 친구들과 어울려 여행도 할 수 있으련만, 어머니들에게는 일하는 재미와 집을 지키는 낙 이외에 무엇이 있었겠는가.[31]

중재는 그러한 풍토를 강하게 비판하면서 개혁을 요구했다.

> 우리는 세계의 후진된 나라의 풍습에서 남성들은 집안에서 빈둥거리며 여성들은 들판에 나가 따가운 햇볕 아래 열심히 일하는 것을 볼 수 있다. 가부장제 사회라 하지만 연약한 여성에게 무거운 노동을 시키면서, 집안에서 애나 본다든가 그렇지 않으면 술이나 퍼먹고 시원한 그늘 아래서 낮잠 아니면 도박으로 삶을 즐기는 남성들의 배짱에 아니 놀랄 수가 없다. 물론 여성의 지위보다 남성의 지위가 높다는 관념도 관념이겠지만 연약한 여성에게 힘겨운 중노동의 짐을 지워주고 서늘한 그늘 아래서 낮잠을 잘 수 있는 남성들의 잔인성에 분노를 금할 수가 없다. 이러한 사회에 번영과 발전이 있을 수 없다는 것은 역사의 교훈인 것이다.[32]

종합해볼 때, 중재는 우리나라에 페미니즘이 들어오기에 훨씬 앞서 남녀평등사상에 바탕을 둔 여성운동을 자극한 선구자였다.

---

[31] 위와 같음, 148쪽.

[32] 위와 같음, 150쪽.

'어머니의 길' 제시

이렇게 여성의 권리를 옹호하면서도, 중재는 어머니가 걸어야 할 길을 제시하는 것을 잊지 않았다. 「어린이공원 속의 어머니들」에서, 중재는 일부 '교양과 지성이 없는 어머니의 품 속에서' 또는 '어머니의 무례와 무지 속에서' 어린이들이 공중도덕을 제대로 배우지 못해 어린이공원과 같은 여러 사람의 광장에서 '서슴없이 청결을 부정하고 질서를 어지럽히는 행동'을 하고 있다고 나무랐다.

같은 맥락에서, 중재는 "고등교육을 받은 여성이라고 곧 훌륭한 어머니가 되는 것은 아니다. 높은 벼슬에 돈 많은 신랑을 만났다고 거룩한 주부가 되는 것은 아니다."라고 지적하고, "민족이 걸어온 역사적 발자취를 올바르게 인식해서 민족중흥을 위한 교육과 국가 운명의 활로를 개척하는 교육이 곧 어머니 품에서 시작된다는 것을 각성함으로써 지성의 어머니, 애민의 어머니가 되는 것"이라고 가르쳤다. 마지막으로, 중재는 "어머니의 교육과 품격은 곧 자녀들의 인간성패를 가름하는 중요한 근원이다."라는 결론을 제시했다.[33]

군 복무 마치고 휘문고등학교 졸업

중재는 휘문중학교 4학년 때인 1950년에 6·25전쟁을 만나자 선친을 따라 부산으로 피난했다가 대한학도의용대에 입대했고 곧 육군 일병이 된 뒤 전역했다. 희생을 감내하고서라도 민족 스스로의 힘으로 나라의 주권과 독립을 지켜야 한다는 그의 국가관은 선친의 항일독립운동으로부터 영향받은 것이었지만 전시에 군복무를 통해 형성된 것이기도 했다.

[33] 장충식, 「어린이공원 속의 어머니들」, 『마지막 남은 한 길』, 14~16쪽.

그래서 그는 호국영령의 거룩한 순국에 머리 숙여야 할 6월 6일의 현충일에 그것이 공휴일임을 이용해 고위 인사들이 골프장에 몰려들고 청춘남녀가 들놀이와 산놀이를 즐기며 심지어 서울 도심에서는 취객들이 축제의 밤을 연상하게 하는 행태를 보인다고 개탄했다.[34] 또 다른 글에서는 "이날만은 누구라도 향락적인 가무를 금하고 부질없는 들놀이 등은 삼가고 자숙하는 생활로 하루를 보냄이 조국을 위해 희생한 영령과 그 유족들에 대한 온당한 예의이며 도리일 것이다."라고 훈계했다.[35] 같은 맥락에서, 국경일에 집에서 태극기를 제대로 게양하지 않고 애국가를 4절까지 정확히 부르지 못하는 국민이 많은 사실에 우려를 표시했다.[36]

중재는 군생활을 마치면서 대구중학교에 편입했고 다시 경주중학교로 편입했다. 여기서도 그는 옳지 못한 짓을 하는 불량학생들을 힘으로 제압하며 버릇을 고쳐주는 것으로 이름이 났다. 이 인연으로 그는 1976년 4월에 경주고등학교로부터 명예졸업장을 받는다.[37] 다시 휘문으로 돌아온 중재는 1951년 3월 20일의 학제개편으로 6년제 중학교가 중·고등학교 각 3년제로 분리됨에 따라 1952년 2월에 부산 피난교사에서 휘문고등학교를 제44회로 졸업했다.[38]

---

[34] 장충식, 「현충일과 골프장」, 『마지막 남은 한 길』, 32~36쪽.

[35] 장충식, 「기념일과 예복」, 『큰 삶 작은 이야기』, 207쪽.

[36] 장충식, 「소외된 애국가」, 위와 같음, 79~80쪽.

[37] 송하섭, 「큰 삶, 깊고 넓은 발걸음」, 28쪽.

[38] 『휘문 100년사』 Ⅰ, 331~333쪽.

서울대학교 시절

서울대학교 학생 때의 택시기사 조수 경험

중재는 곧바로 1952년 4월에 선친의 모교 보성전문학교의 후신인 고려대학교 문학부 사학과에 지원해 합격했다. 그러나 범정의 권유로 같은 시점에 서울대학교 사범대학 물리교육과에 응시해 합격해 입학했고, 이듬해 4월에 사범대학 역사교육과로 전과해 주로 김성근金聲近 교수의 지도를 받았다. 동시에 사범대학 럭비부에서 선수로 뛰며 체력을 길렀다. 6·25전쟁 때 학도의용군과 육군 사병으로 전쟁을 겪으면서 "건강한 육신에 건강한 정신이 깃든다."라는 격언을 몸으로 깨달았기에 럭비부에 들어갔다고 중재는 회상했다.[39]

중재의 친구들이 공통적으로 지적한 것은 중재가 스포츠에 '만능'이었다는 사실이다. 송하섭 교수는 "중재는 서울대학교 사범대학 학생 때 학내의 스포츠 이벤트가 있을 때마다 주역으로 참여하는 경우가 많았다. 특히 럭비 종목에 있어서는 역사학과 전공이면서도 우리 체육교육과 학생들을 능가하는 특기를 지니고 있었다. 중재가 뒷날 각종 대학경기연맹 회장, 한국올림픽위원회 위원장, 유니버시아드 한국대표선수단 단장, 남북체육회담 대표 등 체육활동을 활발히 할 수 있었던 것도 우연이 아님을 알 수 있다."라고 회고했다.[40]

---

[39] 장충식, 『학연가연』, 221쪽.

[40] 송하섭, 「큰 삶, 깊고 넓은 발걸음」, 중재장충식박사고희기념화문집간행위원회 편, 『빈들에 씨를 뿌리며』, 28~29쪽.

이때 중재는 밑바닥 인생살이를 배워야 한다는 범정의 엄명에 따라 학업을 마친 뒤 저녁에 범정이 운영하던 택시회사에서 택시기사의 조수로 1년 동안 일해야 했기에, 너무 피곤해 럭비는 접어야 했다. 당시 택시기사는 조수를 데리고 다녀야 했다. 자동차라고 하지만 대부분이 미군부대에서 쓰다 버린 고물차를 불하받아 시장에서 중고 부속품들을 사다 맞춰 놓았기에, 고장이 자주 났고 그럴 때 어떻게 해서든 자동차가 다시 움직이게 운전기사를 돕는 일이 조수의 몫이었다. 발동이 걸리지 않을 때는 조수가 뒤에서 밀어야 했다. 비 오는 날 차가 고장이라도 나면 조수는 차를 수리하는 운전기사가 비를 맞지 않도록 우산을 받쳐주어야만 했기에 물에 빠진 생쥐 모양 비에 함빡 젖었다.

부친인 범정은 중재에게 택시 기사 조수를 시켜 고학을 하도록 했다.

무엇보다 반말로 시작하는 승객들의 욕설은 예사여서, 중재의 표현으로, "이 세상에 흩어져 있는 욕설이란 욕설은 아니 들어본 것이 없었다." 취객들이 토한 오물도 말끔히 청소해야 했다. 삼복더위 속의 택시 안은 마치 용광로와 같아, 구슬 같은 땀이 비오듯 흘러내려도 견뎌야만 했다. 요금용 미터기가 없던 시절이어서 승객으로부터 적당한 요금을 받아내는 것도 어려운 일이었는데, 택시가 들어갈 수 없는 골목길에서는 승객들의 무거운 짐까지도 배달해주는 짐꾼 노릇도 해야 했다. 중재는 다음과 같이 회상했다.

어느 주부는 동대문시장에서 쌀 한 말과 찬거리를 한 짐 차에 실었다. 삼선교 어느 언덕에 자리잡은 아담한 한옥들이 많은 골목 앞에서 차를 멈추었다. 골목에서 대문까지는 삼십여 개의 골목길이 있었고 계단도 매우 가팔랐다. 쌀가마니를 지고 짐꾼처럼 짐을 날라다 주었다. 5분이 경과해도 손님이 나오지 않는다. 기다리다 참지 못한 나는 초인종을 눌렀다. 식모가 나왔기에 요금을 빨리 달라고 하니까 식모가 요금을 가지고 나왔다. 세어 보니 예상 요금의 절반도 되지 않는다. 요금이 적다고 하니 대문 안에서 주부의 욕설이 쏟아진다. "돈이 싫으면 돈을 놔두고 가! 터무니없이 돈을 받으려면 이놈아 밤에 도둑질을 해!" 순간 분노가 폭발할 지경에 이르렀다. 식모는 "건방지게 초인종은 왜 눌러!"하면서 대문을 꽝 하고 닫는다. 나는 잠시 눈을 감고 흥분된 마음을 가라앉히느라고 고심했다. 택시 요금은 고사하고 짐을 날라다 준 값을 주어도 충분치 못한 돈이었다. 그래도 하는 수 없는 일이었다.[41]

범정은 농촌 출신의 가난한 학생 몇몇을 자신의 내수동 집에 기숙하게 하면서 조수 일을 해 학비를 벌도록 도와주었다. 그 고생스러운 일을 시키면서 자기 아들을 편히 지내게 하는 것이 못내 마음에 걸린 범정은 "네가 조수 일을 다른 학생들과 함께해야겠다. 남의 자식은 고생시키고 내 자식을 편하게 할 수 없다. 내 가족 한 사람의 희생으로 천 명의 학생에게 용기를 줄 수 있다면 보람있는 일이 아니겠느냐."라며 중재도 조수 일을 하게 했던 것이다.[42]

지난날의 이러한 일들을 회상하면서, 중재는 "군軍에서의 사병 생활과 대학 시절의 조수 생활은 나에게는 천만금을 지불하고도 살 수 없는 좋은 경험이었다."라고 말하며, 젊은이들에게 "부당한 대우와 억울한 누명을 쓰고도 값싼 반항과 보복의 망동을 일삼는 길보다는 분노를 참고 이겨낼 수 있는 뚝심이 필요하다."라고 가르쳤다. 중재는 선친이 자신에게 그러한 생활의 기회를 준 것을 고맙게 생각한다고 덧붙였다.

---

[41] 장충식, 「노동에서 얻은 진실」, 『마지막 남은 한 길』, 265~272쪽.

[42] 송하섭, 「중재 선생이 걸어온 길」, 단국문인회 엮음, 『자작나무 숲으로 가서』, 23~24쪽.

중재는 1955년 4월에 "제 자식은 서울대학교에 보내놓고 남의 자식은 단국대학으로 오라고 하는 것이 마음에 걸린다."라는 범정의 강권으로 단국대학 정법학부 정치학과 4학년으로 전학해 1957년 3월에 제7회로 졸업했다. 당시는 '3월 졸업에 4월 입학'으로 학사學事를 운영하고 있었다. 범정이 중재를 단국대학으로 전학시킨 데 대해 범정과 중재를 모두 잘 아는 한 교수는 "이제 생각하면 중재로 하여금 단국대학을 맡도록 하기 위한 배려였던 것 같다."라고 회상했다.[43]

중재의 결혼: 셋방에서 셋방으로 옮겨다닌 초기의 10년

그때 중재는 학생 때 우연히 만난 것이 동기가 되어 서울대학교 사범대학 1년 후배인 신동순申東順 양과 사귀고 있었다. 평산신씨平山申氏로 1934년 4월 5일에 경기도 평택에서 출생한 신부는 이화여자고등학교를 졸업한 데 이어 서울대학교 사범대학 2학년을 수료하고 숙명여자대학교 가정대학에 재학하고 있었다. 후리후리하고 이지적인 미인이어서 접근하려는 남성들이 적지 않았으나 신장 178cm에 체중 86kg의 건장한 운동선수이면서[44] 문학과 미술 그리고 음악에 재능이 있고 매사에 책임감이 높은 지성적인 인상을 주는 1년 선배 중재의 청혼을 받아들인 것이다.

부인 신동순 여사의 숙명여대 졸업식장에서

[43] 송하섭, 「큰 삶, 깊고 넓은 발걸음」, 『빈들에 씨를 뿌리며』, 29쪽.
[44] 장충식, 「마지막 남은 한 길」, 『마지막 남은 한 길』, 345쪽.

중재의 집안은, 중재의 표현으로, '매우 완고한 고풍과 옛 관습을 중시하는' 편이어서 대학생 아들의 '연애'를 금지하고 있었다. 교제하고 있다는 사실이 알려지면 범정이 크게 나무랄 것이 걱정되어 은밀히 계속했다. 그러나 두 사람의 교제를 알게 된 범정은 "대학에 다니는 놈이 하라는 공부는 하지 않고 연애를 하다니… 가문을 욕되게 할 것이냐!"라면서 불호령을 내렸다. 중재는 "눈물이 쏟아질 듯이 마음이 아팠다." 그러나 중재는 좌절하지 않았다. 다시 중재의 표현으로, 비록 공부하는 대학생의 몸이었으나 이성에 대한 사랑이 불타오르는 현상은 전연 도덕적으로나 윤리적으로 비난받을 죄악은 아니라고 확신했으며, 이성에 대한 사랑의 실천이야말로 자연의 가장 숭고하고도 아름다운 삶을 추구하려는 젊은이의 꿈이며 이상이라고 굳게 믿었기 때문이었다. 중재의 진심어린 호소에 범정은 허락했다.

다행히 신부가 될 신 양의 부모님은 따뜻하게 대해 주었다. "학생은 내 딸을 사랑하는가?"라는 물음에 중재가 "네!"라고 대답하자, "어떠한 어려움이 있더라도 마음이 변해서 내 딸을 버리지 않겠는가?"라고 다시 물었다. 중재가 거듭 "네!"라고 대답하자 신 양의 아버지는 다음과 같은 말로 허락했다. 상대방 집안의 지위와 재산을 우선시하고 결혼의 중요성을 경시하는 오늘날의 일부 세태를 염두에 둘 때 매우 교훈적이어서 비록 길다고 해도 인용하도록 하겠다.

> "……나는 아직껏 나의 아들딸들이 나를 속여본 일이 없다고 생각하고 있기 때문에 나의 딸이 좋아하는 학생을 내 아들딸처럼 믿고 싶네. 남을 믿지 않고 의심하는 것처럼 큰 죄악은 없네. 나는 6 · 25 때 장남과 차남을 전쟁에서 잃었어. 자네가 사랑한다는 내 딸은 나의 큰딸일세. 이 딸로 인해서 또다시 내가 비통한 눈물을 흘리지 않도록 해주게나. 내 딸을

좋아하고 사랑하는 학생, 자네를 나는 꼭 믿겠네. 꼭 믿어줄 테니 설사 내 딸이 장차 잘못하는 일이 있다손 치더라도 가혹한 벌만은 주지 말게나. 친누이동생처럼 생각하고 잘못을 관용으로 받아주게나. 딸을 통해서 자네가 어떤 학생이라는 말은 잘 들었네……. 자네는 내 딸을 사랑하고, 내 딸은 자네를 좋아하니 우리는 자네들의 앞날을 축복할 뿐일세…….”[45]

비록 두 연인의 부모는 모두 허락했지만, 중재가 택시 조수로 일하는 것을 목격한 신 양의 친구들은 그녀에게 ‘가난뱅이 고학생’ 중재와 더 이상 사귀지 말라고 강권했다. 그러나 그녀는 여전히 중재를 믿고 떠나지 않았다. 약혼하면서, 중재는 “말쑥한 복장을 하고 아버지의 자가용을 하루 빌려 약혼녀와 약혼녀의 친구들을 초청해서 수원으로 드라이브를 했다.” 중재는 “고학생하고는 연애도 하지 말라는 약혼녀의 친구들에게 말 없는 대답을 주고 싶었으며, 오늘의 고학생이라고 미래의 가난뱅이는 아니라는 것을 일깨워주고 싶었다.”라고 회상했다.

축의금과 선물을 고아원과 양로원 등에 돌려보낸 범정

두 연인은 결국 1955년 5월 7일에 종로 천도교회관에서 결혼식을 올렸다. 신랑은 23세의 헌헌장부軒軒丈夫였고 신부는 21세의 요조숙녀窈窕淑女로, 모두 글자 그대로 꽃다운 나이였다. 결혼식장에는 범정의 사회적 지위 때문에 많은 하객이 참석했다. 범정의 성품으로 축의금을 접수할 처소는 아예 마련하지 않았다. 그런데도 축하금과 선물이 집으로 답지했다. 범정은 식장에서 인사말씀을 하며 이것을 ‘큰 낭패’라고 선언하고, 이 모든 것을 “사회에서 빛을 못 본 불쌍하고 가난한 사

45 장충식, 「내 딸을 믿듯이 자네를 믿네」, 『착한 이들의 땅: 장충식 수필집』(예서원, 1978), 81~82쪽.

람들에게 돌리도록 하겠다."라고 다짐했다.[46] 장내는 우레와 같은 박수로 화답했다. 실제로 축하금과 선물은 몇 군데 고아원과 양로원 및 전쟁 미망인 그리고 불우한 친지들에게 보내졌다. 신랑과 신부에게는 학교 동창생들이 보내준 시계와 거울만 돌아갔다. 이후 중재는 자신의 여러 글에서, 축의금을 바라는 욕심에서 함부로 청첩장을 돌리는 사례를 '사회적 지위를 이용해 자녀의 결혼을 천하고 욕되게 치르는 것'이라고 나무라며 '구걸 혼례'를 배격해야 한다고 가르쳤다.[47]

범정은 아들의 결혼식에 들어온 축의금과 선물을 다른 어려운 사람들에게 나눠주는 것으로 멈추지 않았다. 거기서 한 걸음 더 나아가 범정은 집에서 고아원생들을 위한 연회를 열었다. 그 자리에서 범정은 중재 내외에게 "결혼식이 호화판이 된다고 인생이 곧 행복해지는 것은 결코 아니다. 저들에게 잠시라도 배고픈 고통을 덜어준다는 것이 얼마나 좋은 일이냐. 피땀을 흘려서 얻은 재물이라도 남과 나눠 쓸 줄 알아야 한다. 하물며 사회적 지위로 인해 들어온 재물은 반드시 사회로 되돌려 보내야 하는 것이다."라고 가르쳤다.

신혼여행과 분가도 허락하지 않은 범정

범정은 아들 내외의 신혼여행도 허락하지 않았고, 이틀만 신부 친정에서 지내게 한 뒤 사흘째부터 신부를 친정에 두고 중재는 혼자서 친가에서 생활하게 했다. 분가를 허용하지 않은 채 아들을 데리고 살면서 며느리는 친정에 가서 살게 한 것이다. 몇 달 뒤 어머니를 졸라 아내를 데려왔지만, 시집온 여자는 학업을 중단하고 살림만 해야 한다는

[46] 범정의 이 인사말씀은 전문이 다음에 게재되었다. 『생각하는 사람에게 길이 있다』, 212~213쪽.

[47] 장충식, 「결혼식 풍경」, 『마지막 남은 한 길』, 234~235쪽.

범정의 고집 때문에 아내는 학교를 쉴 수밖에 없었다. 아내가 연년생으로 남매를 낳고 중재가 대학을 졸업해 직장을 갖게 되어 다시 분가를 요청했지만 거절당했다. 아버지가 지방으로 여행을 떠나는 계제에 중재는 셋방을 얻어 분가를 단행했다. 귀가한 아버지는 대노했다. 그러나 시아버지로부터 사랑받아 온 아내 덕에 그럭저럭 위기를 넘길 수 있었다. 시아버지는 곧이어 며느리의 복학을 허용했고 졸업식 날에는 "졸업식이 끝나면 식사라도 함께 하라."면서 돈을 주었다.[48]

여기서 주목되는 것은 신부가 우리가 앞에서 본 시아버지의 일련의 결정을 거의 무조건 따랐다는 사실이다. 오늘날에는 물론이지만, 그때로서도 어느 신부가 신혼여행을 가지 말라는 시아버지의 결정을 받아들이겠는가. 어느 신부가 결혼식을 끝낸 터에 시아버지가 신랑집이 아니라 친정에 가서 살라고 한다고 거기에 따르겠는가. 그러나 신부는 시아버지의 말씀에 철저히 순종했다. 돌이켜보면, 대학까지 졸업하고 대학 강사로, 이어 교수로 전문직에 종사하게 되는 신부였으나, 그걸 내세우지 않고 시아버지의 말씀에 따른 마음가짐과 자세가 중재와의 가정을 70년 넘게 지켜온 원천이었다.

이후 약 10년 동안 중재 내외는 셋방에서 셋방으로 옮겨다니는 삶을 이어갔다. 중재의 표현으로, "6개월이나 1년이면 철새 모양 이삿짐을 싸야만 했다. 생활이 어려워도 다시는 아버지 집으로 들어와서는 안 된다."라는 아버지의 말씀을 지키기 위해서였다. 아내는 대학에서 강의하는 등 직장생활을 하며 생활비를 보태느라고 애를 썼다. "때로는 피로한 아내가 가련하기도 했지만, 우리 부부는 아이들에게 자력으로 살아가는 길을 가르쳐 주고 싶어" 어려움을 참고 이겨냈다.[49]

---

[48] 장충식, 「참된 유산의 의미」, 위와 같음, 281~284쪽.

[49] 위와 같음, 284~285쪽.

장인에 대한 본의 아닌 폐를 갚아준 중재

사랑하는 딸과의 결혼을 흔쾌히 허락해준 장인에게 중재는 늘 고마움을 안고 살았다. 그러했건만 중재는 본의 아니게 장인에게 폐를 끼친 일이 있었다. 이야기는, 우리가 곧 보게 되듯, 중재가 대학교를 졸업하고 대창증권 상임감사로 활동하던 시절로 돌아간다. 일면식도 없었던 어느 상고商高 야간부 고학생이 불쑥 찾아와 도움을 청하자 기특하다는 생각과 함께 불쌍하다는 마음이 들어 결국 중재의 집에서 여러 해 동안 숙식하게 하는 등 친아들처럼 돌보아주었고, 상고를 마친 뒤에는 단국대학 직원으로 일하며 단국대학 야간부를 졸업하게 해주었다. 중재는 그의 두 동생도 도와주었다. 그 덕에 행상으로 고생하던 그의 어머니도 생활이 어느 정도 안정되었다. 여기서도 우리는 중재의 성격 가운데 하나인 '측은지심惻隱之心'과 자비심을 거듭 확인하게 된다.

그는 증권회사 사원으로 전직해 성장한 뒤, 중재를 찾아와 자기네 회사에 투자할 사람을 소개해 달라고 부탁했다. 중재는 기꺼이 장인을 소개했고, 사위와 마찬가지로 역시 그를 가족처럼 여기던 장인은 그를 믿고 상당한 금액을 투자했다. 결과는 아주 안 좋은 것으로 끝났다. 장인을 자기 증권사의 고객으로 유치한 것이 아니라 장인의 돈으로 자신이 직접 투자했는데, 그 종목이 사고가 생겨 장인의 투자금은 하나도 남는 것 없이 손해를 보았다. 그가 회사를 통해 투자하지 않고 자기 개인 이름으로 투자했기에 회사를 상대로 문제를 제기할 수조차 없게 되었다. 중재는 장인에게 너무 송구해 용서를 빌고, 그를 믿고 노후자금을 투자한 전액을 변상해 드렸다. 이러한 일을 겪고도 중재는 "사람은 누구나 실수를 저지를 수 있다."라고 말하면서 그를 버리지 않고 여러 차례 재생의 기회를 주었다. 그렇지만 결과는 참담했다. 그는 중재의 거듭된

호의에 어긋나게 처신하고 말았다. 여기서 중재는 "재물은 쌓았다가 물거품처럼 사라질 수 있다. 그러나 사람이 주고받은 은혜와 신의는 가볍게 던질 수 있는 것이 아니다."라고 주변 사람들에게 가르치곤 했다.[50]

결혼 70주년의 중재 내외와 가족

중재는 "나는 결혼 초부터 가정 중심으로 생활해 온 편이다. 특히 주말에는 남들과 시간을 보내기보다는 가족들과 함께 지내왔으며 밤에는 좀처럼 밖에 나가는 일이 없었다."라고 썼을 정도로 가정에 충실했다.[51] 중재를 10여 년 넘게 모셨던 우삼제禹三濟 운전기사는 "출장을 가시면 항상 사모님에게 전화해주시고, 결혼 기념일과 사모님 생일은 한 번도 잊지 않으시고 챙겨주시는 자상한 남편"이라고 회상했다.[52] 지난 2025년 5월 7일에 결혼 70주년을 맞은 중재 내외는 평소에도 서로 편지를 주고받으며 애정과 신뢰를 쌓았다. 그 편지들은 2015년에 『다시 태어나도 오늘처럼』이라는 제목 아래 서한집의 형태로 출판되었다. "퇴근해서 귀가할 때 나를 반기는 딸들의 웃음보다는 아내의 주름진 얼굴에서 피는 미소가 더욱 마음 든든하다."[53]라고 썼을 정도로 두 분 사이는 금슬이 좋은 것으로 널리 알려져 있다.

두 분은 슬하에 1남 3녀를 두었다. 장남 호성淏星 군은 1955년 3월 28일에 태어나 1979년 12월 20일에 조기정趙基貞: 1956년 1월 11일 생 양과 결혼해, 1981년 1월 12일에 장남 용석容碩 군을 낳았고, 1983년 10월 15일에 차남 지석志碩 군을 낳았다. 장남은 우리가 제8장에서 보게

---

[50] 장충식, 「석두성 회장: 달면 삼키고 쓰면 뱉는 고학생과 얽힌 애증의 인연」, 『학연가연』, 126~127쪽 및 135쪽.

[51] 장충식, 「남의 시간을 훔치지 말자」, 『마지막 남은 한 길』, 82쪽.

[52] 우삼제, 「고통과 시련 속에 피운 꽃」, 『빈 들에 씨를 뿌리며』, 457쪽.

[53] 장충식, 「아내의 아름다움」, 『마지막 남은 한 길』, 340쪽.

되듯 한양대학교에서 조교수로 봉직하다가 단국대학교에서 부교수로 출발해 부총장에 이어 총장을 역임하고 현재 이사장으로 봉직하고 있다.

장녀 계림桂林 양은 1956년 1월 26일에 태어나 김남응金南應: 1952년 5월 30일 생 군과 결혼해, 1984년 1월 20일에 딸 진달래 양을 낳았고, 1986년 2월 13일에 딸 봄이 양을 낳았다. 차녀 계숙桂淑 양은 1959년 11월 26일에 태어나 1983년 12월 29일에 박우성朴愚盛: 1957년 3월 31일 생 군과 결혼해 1985년 10월 7일에 딸 소현昭顯 양을 낳았고, 1991년 5월 24일에 딸 서유書由 양을 낳았다. 삼녀 혜림惠林 양은 1961년 6월 26일에 태어났으며, 현재 파리에 본교를 둔 세계적 패션스쿨인 에스모드ESMOD: 고등예술기술학교의 서울 교장으로 활동했다.

자녀들을 이렇게 키우면서 중재는 그들이 어린 아이 때도 그들과의 약속을 어기는 일이 없도록 하려고 최선을 다했다. 주말에 함께 소풍가겠다고 약속했으나 공무 때문에 지키지 못한 일이 생겼을 때 부인이 "아이들에게 약속할 때는 앞뒤를 깊이 생각한 연후에 하세요. 큰일을 한다는 어른들이 아이들에게 작은 약속도 못 지키면 어찌 큰일을 할 수 있다고 아이들이 믿겠어요?"라고 충고한 것을 계기로, 중재는 "크게 반성하고 결코 아이들에게 실없는 약속은 하지 않았으며, 비록 작은 일이라도 신중히 생각해서 약속하고 약속한 일은 꼭 지켜왔다."[54] 중재의 이러한 생활 자세가 자녀들이 건실하게 성장한 하나의 요인이 되었을 것이다.

---

[54] 위와 같음, 82~83쪽.

대학원 시절 중국사에 초점을 맞춘 동양사 연구

정재각 교수의 한문 강독

학문에 뜻을 두었던 중재는 대학을 졸업한 직후인 1957년 4월에 고려대학교 대학원 사학과에 입학했다.[55] 지망생 가운데 고려대학교 졸업생 2명과 타교생인 중재 등 셋만이 합격했다. 면접시험에는 동양사의 남사藍史 정재각鄭在覺 교수, 서양사의 김성식金成植 교수, 국사의 신석호申奭鎬 교수, 한문과 중국어의 김경탁金敬琢 교수 등이 참여했는데, 특히 정재각 교수가 다른 수험생보다 중재에게 '더 많은 시간에 더 많은 질문을' 해 불합격되는 것이 아닌가 걱정했다. 나중에 들으니 정 교수는 중재가 마음에 들어 여러 질문을 했던 것으로, 중재는 무난히 합격했다. 이후 정재각 교수의 지도를 받으며 중국사를 전공했다. 당시 정 교수는 고려대학교 교무처장직을 맡고 있어서 낮에는 뵙기가 어려웠다. 그래서 주말 밤에 성북동 자택으로 찾아가 특히 당서唐書 식화지食貨志의 한문 강독을 중심으로 배웠다.[56]

경성제국대학 법문학부 사학과를 졸업한 정 교수는 훗날 동국대학

---

[55] 중재가 고려대학교 대학원 사학과에 입학한 시점에 대해, 책들에는 서로 다르게 나온다. 그러나 중재 스스로 그 시점을 1957년 4월이라고 썼다. 장충식, 『시대를 넘어 미래를 열다』, 656쪽. 『빈 들에 씨를 뿌리며』에 게재된 「중재 장충식 박사 연보」 역시 540쪽에서 같은 시점을 제시했다.

[56] 장충식, 「한한대사전의 편찬을 끝까지 믿고 격려해주시던 유일한 분 남사 선생님」, 남사정재각선생추모문집간행위원회 편, 『남사정재각박사추모문집: 남사 정재각 박사 그는 누구인가』(주류성, 2012), 805쪽.

중재를 격려하는 정재각 박사

교 총장에 이어 오늘날 한국학중앙연구원의 전신인 한국정신문화연구원 원장으로 초빙받을 정도로 명성이 높은 석학이었다. 중재는 그를 "심오광대深奧廣大한 학문 세계를 구축한 거목巨木으로, 사물을 관조하면서 어떤 경우에도 편견으로 치우치는 것은 경계하셨고 또 어떤 경우에도 관용을 잊지 않으셨다."라는 표현으로써 깊은 존경의 뜻을 나타냈다. 이러한 배경에서, 중재는 훗날 「남사정재각선생추모문집간행위원회」 위원장을 맡으며 정재각 교수의 10주기를 맞이해 『남사정재각박사추모문집: 남사 정재각 박사 그는 누구인가』주류성, 2012를 출간한다.

증권가에서의 성공과 좌절

석사과정을 밟으면서 중재는 서울 중구 명동의 증권가에 발을 내디뎠다. "큰돈을 벌어 아버지의 육영사업을 돕고 싶고 […] 내 나름대로 제대로 된 장학사업을 하고 싶다는 꿈을 실현하고 싶어서였다." 당시 명동의 증권가를 중재는 다음과 같이 회상했다.

> 당시 명동은 한국의 돈이 몰리던 곳이었다. 증권가와 사채업자들, 거기에 암달러상까지 북적거렸다. 전쟁의 참극을 벗어나려는 신생 독립국가의 금융산업이 막 기지개를 펴던 요람이 바로 명동이었다. 당연히 나도 증권회사를 들어갔다. 당시 한창 잘나가던 대창증권주식회사였다.[57]

다시 중재의 회상에 따르면, 그때 증권회사의 돈벌이는 주식이 아니라 국채였다. 6·25전쟁으로 시장이 다 무너져 제대로 된 회사가 없었고 주식도 당연히 수익을 낼 만한 형편이 아니었기에, 핵심이 되는 투자 수단은 국가가 발행하는 채권이었다. 국채가 어떻게 투자 또는 돈벌이의 수단이 될 수 있었는지 일반인은 알기 어렵다. 중재는 다음과 같이 쉽게 설명했다.

> 휴전 뒤 부족한 복구 자금을 융통하려고 정부는 5%의 이자를 보증하는 채권을 발행했다. 이 채권을 '5분리五分利 건국 국채'라 불렀다. 이 채권은 발행 액면가에 비해 20% 정도의 가격으로 시장에 나오는데, 이를 갖고 있으면 거치기간 뒤에 두세 배, 만기인 5년이 지나면 다섯 배의 상환금에 이자를 챙길 수 있었다. 그러다보니 이 국채를 사려는 투자자들이 몰려 유통가격이 수시로 오르고 내리는데, 바로 이 틈을 이용해 거래수익

[57] 장충식, 「석두성 회장: 달면 삼키고 쓰면 뱉는 고학생과 얽힌 애증의 인연」, 『학연가연』, 119~120쪽.

> 을 챙길 수 있었던 것이다. 특히, 요즘 증권이나 선물先物 거래에 이용되는 레버리지 효과도 활용할 수 있으니 작은 돈으로도 수십 수백 배의 돈을 만들어낼 수 있었다.[58]

중재는 대창증권에서 국채 투자에 능력을 발휘했다. 레버리지 효과를 활용해 굵직한 거래에 성공해 큰 수익을 거뒀다. 1년도 되지 않아 이 회사의 상임감사로 선임되어, 투자거래를 조정하는 일을 맡았다. 자신을 갖게 된 중재는 거기서 한 걸음 더 나아가 대창증권 일은 그대로 하면서 흥아건설이라는 회사를 세워 본격적인 자본투자 사업을 시작했다. 여기서도 중재는 성공해, 스스로의 표현으로, "26세의 청년이 구하기 힘든 미제 세단 승용차를 타고 다니면서 아버지뻘의 연세를 가진 이들을 부하 직원으로 두고 사업했으며, 다들 나를 청년 실업가라 불렀고 나 역시 이를 거부감 없이 받아들였다."

여기서도 우리는 중재의 사업가적 정신과 능력을 인정하게 된다. 그리고 대창증권에서의 성공에 이은 흥아건설에서의 성공을 확인하면서 중재가 이후 단국대학교를 키워나간 과정에서 보여준 리더십의 원천을 이해하게 된다. 순수한 선비 또는 학자를 넘어선 기업가적 모험심과 능력이 단국대학을 단국대학교로 키워내고 국내 최초로 지방에도 캠퍼스를 세우며 그 캠퍼스에 마침내 의대·치대·약대를 모두 갖춘 '생명과학 클러스터'를 형성하게 만든 것이다.

일반인들 가운데는 '기업가적 자질'이 있다는 말을 종업원들을 착취하고 요정이나 들락거리며 관청 상대로 로비에 능하다는 부정적 이미지로 받아들이는 경우도 있을 것이다. 그러나 중재는 전혀 그렇지 않았다. 첫째, 중재는 기술자들에게 더 많은 이익이 돌아가게 했다. 사업

---

[58] 위와 같음, 120쪽.

이익의 70%를 투자자가 갖고 나머지 30%를 기술자에게 주던 관행을 뒤엎고, 오히려 70%를 기술자에게 주었다. 중재는 자신의 "이 원칙이 건설 현장에서 인정을 받아 빠르게 돈을 벌게 해주었다."라고 회상했다. 둘째, "많은 돈을 만졌지만 당시 사업가들 사이에 유행하던 도박, 요정, 댄스행락에 동참하지 않았다." 부친의 엄격함도 원인이었지만, 처음부터 사업의 목적을 장차 자신의 철학을 살릴 장학사업을 한다는 데 두고 있었기 때문이었다.[59]

잘나가던 중재에게 큰 변화가 일어났다. 자유당정권의 강제로 말미암아 국채매매 사업이 파동을 겪는 가운데 하루아침에 대창증권이 파산하고 거기에 영향받아 흥아건설도 어려움에 빠지자 중재는 사업계에서 손을 뗐다. 이때의 심정을 중재는 "정부의 파행적 정책과 권력에 의해 좌우되는 후진적 경제구조에서 기업이란 모래성과도 같은 허무한 일이라는 자각도 했고, 기업을 키우려면 권력을 섬기고 돈을 벌 일을 찾으려면 도박이나 술집을 출입해야 한다는 풍토도 나와는 맞지 않는 일이었다."라고 회상했다.[60] 중재는 곧 고려대학교 대학원 사학과의 학업에 전념하고, 1959년 2월에는 단국대학 학생과장으로 대학의 학사행정업무를 시작한다.

명明의 면업을 분석한 석사학위 논문

중재는 정재각 교수의 지도 아래 석사학위 논문에 착수했다. 1년의 노력 끝에 중재는 「명明 태조의 농업정책고考」라는 논문으로 1960년 2월에 석사학위를 받았다. 중재는 이 논문을 심화시켜 「명대면업고明

[59] 위와 같음, 122~123쪽.

[60] 위와 같음, 126쪽.

代棉業考」 단국사학회, 『사학지』 1, 1967년 9월로 발표하는데, 여기서 '면업'은 목화와 솜에 관한 산업을 뜻한다.

이 논문은 중재의 첫 번째 학술논문이라는 점에서 여러 각도에서 자세하게 살필 가치가 있다. 첫째, 자료에 관해서이다. 중재는 명 황실이 출판한 『태조실록太祖實錄』과 『대명회전大明會典』을 비롯해 『황명제서皇明制書』와 『영종실록英宗實錄』 및 『대명일통지大明一統志』 등 한문으로 쓰인 원전들을 가장 많이 활용했다. 송宋의 범정민范正敏이 쓴 『둔재한람遯齋閑覽』과 명明의 서광계徐光啓가 쓴 『농정전서農政全書』도 활용했다. 학술논문은 무엇보다 원자료原資料에 의존하는 것을 원칙으로 삼는데, 이로써 그 기본 요건을 충족시켰다.

중재는 조선왕조 때 문신들이 한문으로 쓴 저술도 활용했다. 명종~선조 대에 황해도 은율군殷栗郡 군수를 역임한 송응서宋應瑞가 조선의 농업을 비롯해 당시의 산업을 도판圖版과 함께 해설한 『천공개물天工開物』이 대표적 사례다. 중재는 이어 아마노 모토노스케天野元之助 오사카시립대학 교수가 저술한 『중국농업사연구』, 가토 시게시加藤繁 도쿄대학 교수가 저술한 『지나경제사개설支那經濟史概說』, 그리고 니시지마 시다오西嶋定生 도쿄대학 교수와 후지다 도요하치藤田豊八 도쿄대학 교수가 중국에 관해 저술한 여러 논문 등 일본 중국사학계의 저술들을 참고로 했다.

여기서 중재의 한문 및 중국어 실력과 일본어 실력이 다시 확인된다. 중재 연배의 학자들은 일제강점기에 태어나고 성장했기에 일본어 문헌을 쉽게 다룰 수 있는 것이 특별하다고 말할 수는 없다고 해도, 중국어 문헌을 자유자재로 다룰 수 있는 능력을 갖췄다는 것은 확실히 특유했다. 이 능력 없이는 이러한 주제의 논문은 쓸 수가 없다. 중재의 석사학위 논문을 읽으면 곳곳에서 그의 한문 및 한학 실력이 매우 높다는 사실을 확인하게 되고 감복하게 된다.

둘째, 이 논문의 논지에 관해서이다. 중재는 우선 "중국에서 목면 재배가 시작된 것은 송말宋末 원초元初였으나 면화의 재배가 전국적으로 보급된 것은 명대明代에 이르러서였다."라는 논지를 제시했다. 이 논지와 관련해, 중재는 명 태조 주원장朱元璋이 전국을 통일하기에 앞서 개간사업과 함께 재배사업에도 적극적인 권농책을 써서 만족할 만한 수준의 생산량을 달성한 사실을 원전을 통해 밝혀냈다. 구체적으로, 중재는 "명 조정이 매년 필요로 한 100수만數萬 필에서 200만 필에 달하는 면포와 40~50만 근에서 100만 근을 초과하는 면화를 농민이 변납辨納할 수 있었다는 사실을 보아도 명초에 있어서 목면재배가 널리 농촌에 보급된 것을 알 수 있다."라고 설명했다.[61]

그러면 명 태조는 왜 면화와 면포의 생산을 적극적으로 장려했을까? 중재는 '백성들의 방한防寒'을 위해서였음은 물론이지만, "첫째로 군사들에게 월동용 동의冬衣로 급여하기 위함이고, 둘째로 변경의 마시馬市에서 마필馬匹을 구입하는 데 필요한 대가를 지불하기 위함이며, 셋째로 관리와 군사에게 봉록을 지급하기 위함이었다."라는 결론을 제시했다.

중재는 목면 재배의 지역적 특성에 대해서도 설명했다. "송말 원초에 섬서陝西 방면과 광동廣東·복건福建 방면을 기점으로 해서 확장되어 명대明代에 이르러 전국적으로 보급되었다."라고 본 데 이어, 다음과 같은 결론을 제시했다.

> 북방에 있어서 보급형태는 광범위한 재배에 의해서 막대한 양의 면화를 생산하면서도 방직기술의 저위성低位性과 농촌에 있어서의 사회경제적

[61] 장충식, 「명대면업고」, 69쪽.

> 후진성 때문에 농가의 자급생산과 공납생산의 범주를 벗어나지 못하고 상품생산은 끝내 발생하지 못하였다. 이에 비해서 광동 · 복건 방면의 남방 제諸 지역에 있어서는 방직기술은 북방에 비해 장족長足의 진보를 가져왔음에도 불구하고 목면 재배는 전면적으로 보급되지 못하고 목면의 부족으로 인해서 농촌공업으로서의 상품생산을 할 수 없었다.
>
> 그리고 이 유형적인 2개 지대의 경계선은 대충 양자강 선으로서 이 경계상의 일점一點인 송강부松江府 일대에서 면업은 상품생산으로 발족하였다. 그리고 송강부는 원료와 기술 면에서 남북 양지대의 장점을 겸비하고 있었다. 먼저 원료에 있어서는 이 지역은 송대宋代 이래 남방무역의 일一기점이었기 때문에 원초元初에는 남방으로부터 우수한 기술이 전래되고 중국 재래의 방직물 기술을 응용해서 타지방他地方에 비해서 우수한 기술을 보유하였다.[62]

위의 문단에 등장한 '송강부'는 당唐 왕조 때 개설된 항구도시로, 이후 번영을 계속했다. 명초明初에 송강부에 화정현華亭縣과 상해현上海縣이 설치되었으며, 이 상해현이 계속해서 번영해 오늘날 중화인민공화국에서 국내총생산이 가장 높은 도시로 그리고 2021년 현재 2,489만 명의 인구를 가져 4개 직할시 가운데 하나로 성장했다.

백성에게 매우 중요한 옷의 원료인 목화와 솜을 다루게 되니 자연스럽게 '전호佃戶'를 분석하게 되었다. 지주의 땅을 빌려서 농사를 지은 후에 소작료를 치르던 농민을 '전호'라고 불렀는데, 중국의 한漢 때 생겨 당唐 말기부터 송宋 초기에 보편화되었다. 중재는 면의 재배가 전호층에게는 필수의 화폐 수입원이었고 또 황실 재정의 중요한 한 원천이었기에 명 태조는 조령詔令을 내려 적극적으로 추진했다고 보았다. 한편으로는 감독과 벌칙이 수반되어 강제적인 의미를 내포하면서, 다른

[62] 장충식, 「명대면업고」, 75쪽.

한편으로는 장려의 차원에서 과세를 '경미하게 징수'했음을 논증했다.

단국대학에서 전임강사 출발

석사학위를 받음과 동시에, 중재는 정재각 교수가 단국대학에서 맡았던 강좌 '동양사 특강'을 물려받아 교단에 섰으며 이후 동덕여자대학과 수도여자사범대학 그리고 고려대학교 등에서 중국사, 특히 만주사를 강의했고 1961년 3월에는 단국대학 사학과 전임강사로 임용되었다. 중재는 주로 한漢의 역사를 원서 강독의 형식으로 강의했다.[63] 새삼 설명할 필요 없이, 한漢은 중국의 역사에서 최초의 통일제국이던 진秦이 멸망한 뒤 항우項羽를 물리친 유방劉邦이 세웠고, 전한前漢과 후한後漢으로 나뉘며 후한 말기에 조조曹操의 위魏, 유비劉備의 촉蜀, 손권孫權의 오吳로 나뉘어 천하를 다투던 삼국시대가 열렸다.

중재는 원元의 증선지曾先之가 편찬한 중국의 역사서 『십팔사략十八史略』을 번역해, (i) 『십팔사략』 1한국자유교양추진회, 1970, (ii) 『십팔사략』 2한국자유교육협회, 1971, (iii) 『십팔사략』 3한국자유교육협회, 1974로 나누어 출판했다. 이 책의 원래 명칭은 『고금역대십팔사략古今歷代十八史略』으로, 태고太古 때인 천황씨天皇氏부터 송말宋末까지의 사실史實을 전한前漢 사마천司馬遷의 『사기史記』와 후한後漢 반고班固의 『한서漢書』에서 시작해 송宋 구양수歐陽修의 『신오대사新五代史』에 이르는 17종의 정사正史에 송대宋代의 『속송편년자치통감續宋編年資治通鑑』과 『속송중흥편년자치통감續宋中興編年資治通鑑』 등 18사에서 가려 뽑아 초학자를 위한 초보적 역사 교과서로 편찬한 것이다. 이 번역서 역시 중재의 한문 실력 그리고 중국사에 대한 깊은 지식을 보여주었다.

---

63 장충식, 위와 같음, 293쪽.

다른 한편으로, 중재는 여러 역사학자와 함께 분담 집필의 형식으로 『세계문화사』 출판에 참여했다. 1966년에는 박철현朴哲鉉 교수 및 지동식池東植 교수와 함께 써서 백문사白文社에서, 이어 1971년에는 지동식 교수와 둘이서 단국대학교출판부를 통해 증보판을, 1972년에는 박무성朴武成 교수를 추가시켜 역시 단국대학교출판부를 통해 증보개정판을, 1975년에는 박무성 교수와 김원모金源模 교수 및 신승하辛勝夏 교수와 함께 역시 단국대학교출판부를 통해 전면개정판을 출판했다. 이 책은 대학생을 상대로 한 강의용 책이었다. 중재는 이처럼 연구와 집필을 계속하면서 강의 역시 이어갔다.

중국사 연구에서 파생한 시론들

중재의 중국사 연구는 그가 발표하는 시론時論들에 때때로 반영된다. 예컨대, 그는 출발지 만주의 영역을 벗어나 중국 대륙도 완전히 장악한 만주족의 청나라 3대 세조世祖 순치제順治帝 이후 이민족으로서 향후 3백 년 동안 한족을 지배하게 된 비결을 '지도층의 근면성과 검소 질박한 생활태도'에서 찾았다. 황실부터 호사했던 의식과 전례를 간소화해 궁중 비용의 낭비를 최대한 억제한 생활기풍 위에서 4대 성조聖祖 강희제康熙帝와 5대 세종世宗 옹정제雍正帝와 같은 현군이 출현할 수 있었다고 보면서, 여러 어려운 현실에 직면한 한국에서도 '지도층의 검약과 소비의 절제'가 일상화되어야 한다고 제의했다.[64] 청조의 지도층이 보여준 생활태도는 중재의 생활관 형성에 결정적 영향을 주며 중재 스스로 그러한 삶을 유지한다. 거기에 더해, 중재는 이후 자신이 발표하

[64] 장충식, 「결혼식 풍경」, 『위대한 유산을 위하여: 장충식 삶과 글』(삼화인쇄출판부, 1974), 53~57쪽.

는 글에서 '지도층의 검약과 소비의 절제'를 자주 강조한다.

중재는 역사학자로서 "역사를 모르는 사람은 정치를 할 수 없다."라고 역설하는 것을 잊지 않았다. 그는 "역사의 지식 없이는 정치적 이념과 미래에 대한 이상을 갖출 수가 없는 것이다. 정치적 이념과 이상이 없는 사람은 곧 정치적 시체에 불과할 것이다. 정치적 시체에 정권을 맡긴다는 것은 곧 국민 스스로 자멸을 초래하는 일이다."라고 부연하면서, 정치인이 올바른 역사관을 가질 것을 사회 원로로서 가르쳤다.[65]

중재는 텔레비전의 역사물에 나타난 오류에 대해서도 충고를 아끼지 않았다. 고증이 철저하지 못해 사실과 다른 그릇된 장면이 나와 일반 시청자들을 오도하고 있다는 것이다. 그는 다음과 같이 지적했다.

> 지금 우리들이 입고 있는 마고자도 실은 우리의 고유한 한복은 아니다. 조선시대 말 흥선대원군이 청나라로 볼모로 잡혀갔다가 귀국할 때 입고 온 것이 마고자였다. 즉 중국 말로 마괄이라는 것이었다. […] 청나라 여진족 · 만주족가 명나라중국의 한민족를 정복하기 이전에 명나라 대신들이 청나라 사람들의 변발辮髮에다 청나라 관복을 입고 등장하는 등 터무니없는 내용을 볼 때 역사에 대한 식견 부족을 탓하기에 앞서서 사극 제작을 할 때는 사학자와 민속학자들의 충분한 고증을 받도록 충고하고 싶은 심정이 앞설 뿐이다.[66]

[65] 장충식, 「역사의식 없는 정치인」, 『마지막 남은 한 길』, 121~125쪽.

[66] 장충식, 「흥미와 고증」, 『큰 삶 작은 이야기』, 180쪽.

도미유학 중 범정 별세로 귀국한 중재의 학장 취임

브리검영대학교 대학원에서 연구

단국대학이 대체로 1963년에 이르러서는 5·16군사정부가 빚어낸 위기를 일단 극복했다고는 해도 현실 그 자체는 여전히 어두웠다. 중재의 눈에, 몇몇 이사는 학교의 장래에 대해서는 전혀 관심을 두지 않고 자신들의 개인적 사업에 열중하고 있었으며 개혁안을 제시하면 "젊은 네가 뭘 안다고 떠드냐."라는 식으로 윽박지르기 일쑤였다. 김용진 학장이 서울고등법원 부장판사이던 때 이승만 정부가 '조작'한 '조봉암간첩사건'에서 이승만 정부의 비위에 맞춰 조봉암에게 사형을 선고하고 피고인 전원에게 유죄 판결을 내린 '정치판사'라는 의혹이 중재를 괴롭혔다. 정의감이 강했던 중재는 그러한 학장 아래 교수 생활을 할 수 없다고까지 생각했다.[67] 고민하던 끝에 중재는 도미 유학을 결심하고 이사직을 사임하면서 사학과 교수직을 그대로 유지했다. 이때의 심정을 중재는 "이제 30대에 접어든 내가 노회한 이사들에게 시달리며 그들의 뒷바라지를 하느라 내 꿈을 접을 수는 없지 않은가. 다시 공부를 하자. 더 넓은 세계도 경험하고 역사학도 제대로 공부해 보자."라고 회상했다.[68]

마침 서울특별시 종로구 청운동淸雲洞의 모르몬교 한국 본부에서 영어·일본어·중국어·한국어 등 네 나라 국어의 원서를 이해하고 말할

---

67 장충식, 『시대를 넘어 미래를 열다』, 54~58쪽.

68 위와 같음, 59쪽.

수 있는 사람을 찾는 광고가 나왔다. 중재는 곧바로 한국 본부 책임자인 게일 카Gail E. Carr 씨를 찾아갔다. 카 씨는 모르몬교가 유타주 프로보Provo시에 세운 브리검영대학교에 가서 세 나라 말로 된 원서를 번역하는 일이 우선인데 왕복 여비와 생활비를 지급할 것이고, 본인이 원한다면 그 대학교에서 공부할 수 있도록 장학금도 지급할 것이라고 설명했다. 그렇다고 해서 모르몬교에 입교할 것을 요구하는 것이 아니었고 요구한다고 해서 받아들일 중재도 아니었다.

모르몬교는 미국의 조셉 스미스Joseph Smith가 '예수그리스도 후기後期 성도교회'라는 이름으로 1830년에 『모르몬경Book of Mormon』이라는 경전을 앞세워 설립한 종교로, 출발 당시에는 일부다처一夫多妻를 옹호했고 그래서 전통적인 미국 기독교계로부터 이단으로 규정되었으며, 한국 기독교계로부터도 배척되었다. 조셉 스미스의 후계자 브리검 영Brigham Young이 교회 본부를 오늘날의 유타주 솔트레이크시티Salt Lake City에 세운 이후 교세를 늘려가다가 1890년에 공식으로 일부다처를 버리고 금주·금연·금욕을 강조하면서 성실한 노동과 국가에 대한 충성을 표방해 자신에 대한 인식을 크게 개선해, 미국 사회는 모르몬교를 더 이상 이단으로 여기지 않고 있다. 모르몬교도인 밋 롬니Mitt Romney가 매사추세츠주의 주지사를 거쳐 2012년의 제44대 대통령선거에서 비록 민주당의 버락 오바마Barack Obama 후보에게 낙선했으나 공화당 후보로 지명되었고, 2019년에는 유타주의 미국 연방 상원의원으로 당선되어 현재까지 봉직하고 있는 사실은 모르몬교에 대한 미국 사회의 인식이 크게 개선되었음을 말해준다.

중재는 전액 장학금의 조건으로 브리검영대학교 유학을 결심했다. 그렇지만 중재는 불교도인 아버지가 기독교의 한 파로 인식되는 모르몬교가 운영하는 브리검영대학교로 유학하고자 한다면 허락하지 않을 것으로 염려해, 자세히는 말하지 않고 그저 나이가 더 들기 전에 미국에 가서 공부하겠다고 사정했다. 아버지는 허락했다. 이에 중재는 1963년 9월 10일에 아내와 자녀는 서울에 두고 단신으로 출국했다.[69]

브리검영대학교 대학원 사학과에는 동아시아사, 그리고 한국사 전공의 스펜서 존 팔머Spencer J. Palmer 교수가 있었다. 1927년생으로 중재보다 다섯 살 위인 팔머는 브리검영대학교 사학과를 졸업하고 군목으로 일본과 한국에서 군복무를 마친 뒤 버클리 캘리포니아대학교 대학원에서 아시아학을 전공해 석사학위를 받은 데 이어 로버트 스칼라피노Robert A. Scalapino 교수의 지도를 받으며 박사과정에서 중국과 한국의 개신교사를 연구하다가 브리검영대학교 종교학과 교수로 부임했다.

중재가 브리검영대학교 대학원에서 수학하던 때 팔머 교수는 박사학위논문을 마무리하고 있었다. 중재는 한국과 일본 및 중국에서 출판된 저술 가운데 미국의 한국 선교에 관한 내용을 발췌해서 영어로 번역해주는 일을 맡았다. 당시의 상황을 중재는 "내 공부하기도 힘이 벅찬데 그 일까지 하려니까 1년 동안 정신없이 지냈다. 팔머 교수 연구실에서 밤을 새우는 일이 허다하였다. 어느 날인가 샤워를 하다가 두발頭髮이 한 움큼 빠진 것을 발견했다. 밤잠을 설치며 과업에 쫓기듯 일하다 보니 탈모가 시작된 것이다. 고단한 시절이지만 누구를 탓할 수 없는 절박한 시간이었다."라고 회상했다.[70]

중재의 도움을 받아 팔머 교수는 "중국과 코리아에 있어서 개신 기독교: 전통과의 일체화의 문제""Protestant Christianity in China and Korea: The Problem of Identification with Tradition"라는 논문으로 1964년에 박사학위를 받았다. 그는 이 주제를 계속해서 연구해, 1967년에는 『코리아와 기

---

[69] 위와 같음, 59~60쪽.

[70] 장충식, 위와 같음, 61쪽.

독교: 전통과의 일체화 연구Korea and Christianity: The Problem of Identification with Tradition』Seoul: Royal Asiatic Society, Korea Branch를 출판하고, 이후 한국의 종교사 및 외교사에 관한 저술을 잇달아 출판한다. 모르몬교에서 주요 직책을 역임한 그는 2000년에 77세로 별세한다.

근검과 절약으로 일관한 유학생활

브리검영대학교에서의 중재의 생활에 대해 훗날 중재의 추천으로 이 대학교 대학원 사학과로 유학해 석사학위를 받은 데 이어 캘리포니아주 클레어몬트대학원Claremont Graduate School에서 정치학 박사학위를 받고 단국대학교 정치외교학과 교수로 부임한 정용석鄭鎔碩 교수는 다음과 같이 회상했다.

> 나는 브리검영대학교 캠퍼스에서 동료 유학생들로부터 선생에 대한 얘기를 듣고 머리를 숙이지 않을 수 없었다. 선생께서는 유학생들과는 거의 접촉을 끊고 오직 집과 도서관에서 공부에만 열중하셨다는 것이다. 나는 이 말을 들으면서 그토록 시간을 아끼고 쪼개어 쓰시던 분이 나한테 브리검영대학교 입학 원서를 보내며 상세한 설명까지 적어 보내 주셨던 일이 번개처럼 스쳐 갔다. 일개 제자를 위해, 그리고 그의 장래를 위해 집과 도서관밖에 모르며 공부에만 열중했던 분이 시간을 내서 입학 원서를, 그것도 설명까지 곁들여 보내 주셨다는 데서 그렇다.[71]

정 교수는 1990년대 중반에 로스앤젤레스에 갔다가 현지 교포로부터 중재의 유학생 생활에 대해 다시 들을 수 있었다. 그 교포에 따르면, 중재는 아르바이트를 위해 로스앤젤레스로 나와 마땅한 직장을 구

---

[71] 정용석, 「인간 장충식과 유학 시절」, 『빈 들에 씨를 뿌리며』, 112쪽.

미국 유타 주의 브리검 영 대학 유학 시절 숙소 앞에서

하지 못하자 심야부터 새벽까지 밤잠을 설치는 자리인 극장의 검표원으로 일했다는 것이다. 그뿐 아니라, 중재는 생활비를 줄이기 위해 부엌도 없는 낡은 아파트의 단칸방을 빌려 생활하면서 손수 밥을 지을 때는 그런대로 좁은 방 안에서나마 해낼 수 있었으나 식사 후 설거지 때면 쩔쩔맸다고 한다. 이렇게 매우 근검하며 한 푼이라도 아끼는 생활을 해 사람들은 중재가 무척 어려운 집안 자식인 줄 알았다가 그가 단국대학 이사장의 아들이라는 사실을 알고 모두 놀랐고, 그 정도라면 고급 승용차에 고급 아파트 그리고 아르바이트 같은 것은 쳐다보지도 않을 터인데 그토록 검약하며 겸손하고 어려운 일도 마다하지 않은 훌륭한 생활정신에 마음속으로부터 경의를 표하지 않을 수 없었다는 것이다.

칭찬은 범정에게도 향했다. 어려운 사람들을 돕고 특히 어려운 학생들에게 자신의 사재로 장학금도 주는 범정이 자신의 사랑하는 아들에 대해서는 한 푼도 도와주지 않으면서 자립정신을 키우는 데 놀랐다는 것이다.[72]

정용석 교수의 전언傳言은 전혀 과장이 아니었다. 중재 스스로 미국에 유학하고 있는 한 후배 성악가에게 쓴 편지에서 "가능한 한 시간을 아끼고 절약해서 학업에 몰두하기를 바라네. 나는 유학 시절 돈이 떨어져서 빵과 양마늘로 일주일 동안 생활한 적도 있다네."라고 회상했다.[73]

팔머 교수는 중재를 친절하게 지도했다. 그렇지만 그때만 해도 아버지의 종교인 불교의 영향을 많이 받던 중재는 자신이 과연 이곳에서 계속 자신의 종교를 지키며 학업을 할 수 있을지, 그것이 과연 올바른 일인지 회의가 적지 않았다. 또한 서울에 남아 고생하는 아내가 측은하기도 했다. 중재의 고민을 지켜보던 팔머 교수는 중재에게 가족들을 미국으로 데리고 와서 학업을 하는 게 어떠냐는 호의적 제의를 했다. 쉽게 말해 이민을 준비하라는 제안이었다. 팔머 교수는 제의에 그치지 않고 중재의 가족이 미국에 올 수 있도록 보증을 서고 비자를 받는 데 필요한 수속을 다 해주었다.

건강 상한 아버지 부름을 받고 귀국

이 무렵 1주일에 한 번씩 오던 아내의 편지가 한 달이 지나도록 오지 않았다. 그때가 여름방학 중이었는데 방학이 거의 끝날 무렵이 되었을 때 아내가 입원했다는 소식과 아버지가 몹시 편찮으시다는 소식

---

72 정용석, 「인간 장충식과 유학 시절」, 위와 같음, 113쪽.

73 정학수(鄭學秀), 「인생 여정의 안내자」, 위와 같음, 291쪽.

이 함께 왔다. 중재는 다음과 같이 부연했다.

> 재단 이사들이 아버지가 병석에 누운 틈을 타 파당을 지어 아버지의 말을 잘 듣지 않는 것은 물론이고 아버지가 돌아가시면 재단 이사장 자리를 서로 차지하려고 암암리에 암투를 벌이고 있다는 것이다. 아버지는 거의 학교에 출근하지 못하시고 의사가 자주 왕진을 온다고 했다. 그리고 아내는 입원한 지 한 달이 넘었는데도 차도가 없이 사경을 헤맨다는 것이다.[74]

단국대학의 상황은 충격적이었다. 재단의 일부 이사들이 사학과를 폐과시키려고 한다는 것이었다. 중재가 귀국해 교수로 복직할 근거를 미리 없애려는 의도였다. 중재는 곧바로 아버지에게 편지를 써서 단국대학 출발 때부터 학생들에게 올바른 국가관을 심어주기 위해 사학과를 개설했음을 상기시키면서 무슨 일이 있어도 사학과의 폐쇄는 막아야 한다고 설득했다. 다행히 범정이 그 무렵인 1964년 7월 24일에 6대 이사장으로 다시 취임해 이사회에 개입한 데 이어 청와대와 문교부에 근무하는 중재의 동창들 및 후배들의 도움으로 사학과는 폐지되지 않고 원래대로 유지되었다.

범정은 병석에 누운 채 중재에게 유학을 포기하고 귀국해서 자신을 도와달라는 편지를 보내왔다. 중재는 결국 귀국을 결심했다. 중재가 귀국하자 범정은 몹시 기뻐했다. 아내는 퇴원한 지 며칠이 지났는데도 피골이 상접할 정도로 몹시 여위어 있었고 화장실도 다른 사람의 부축 없이는 혼자 갈 수 없는 지경이었다. 이러한 상황에서 중재는 아버지의 유업을 자신이 이어가야겠다는 생각을 굳히게 되었고 기꺼이 자신

---

[74] 장충식, 『시대를 넘어 미래를 열다』, 62~63쪽.

의 삶을 단국대학에 바치기로 결심했다.[75]

범정의 별세와 범정과 관계했던 분들에 대한 중재의 예우

범정은 마침내 사경에 빠져들었다. 1964년 12월 30일 아침 10시에 범정의 내수동 집에서 긴급 이사회가 열렸다. 이사장의 후임을 뽑기 위해서였다. 이 자리에서 그사이 범정을 배척하면서 암투를 벌이던 몇몇 이사들이 자신들 사이에서 이사장을 뽑아야겠다고 나섰다. 중재는 혜당 여사의 무남독녀로 단국대학 설립 때부터 일관되게 이사직을 수행했고 그 과정에서 한 차례 이사장도 맡았던 박정숙 이사가 당연히 이사장이 되어야 한다고 제의했다. 그러나 반대하는 세력은 계속해서 거부하고 심지어 중재와 중재의 형 장봉식을 회의장 근처에 오지도 말라고 겁박했다. 이 결정적 시점에 중재는 강한 어조로 이렇게 말했다.

> 밖에서는 교직원과 졸업생들이 지켜보고 있습니다. 당연히 이 대학 설립에 전 재산을 기부한 박정숙 이사님이 이사장이 되셔야 하지요. 어제 아버지께서 임종하시기 전에 저희 형제에게 '박정숙 이사를 잘 보필하라.' 라고 유언하셨습니다. 저희에게 박 이사님을 보필하라고 하신 것은 당연히 박 이사님이 이사장직을 잇는다는 뜻이 아니겠습니까. 저만 그런 게 아니고 저기 집에 가득한 교직원, 동문, 학생들도 그렇게 알고 있습니다. 그런데 여러분 중에 한 분이 이사장이 된다면 장례식을 거행하기도 전에 학교는 소란에 빠질 것입니다.[76]

교직원들과 졸업생들은 중재를 적극 지지하고 있었다. 이러한 분위기에서, 결국 이사장 범정은 세브란스병원에서 치료받다가 1964

[75] 위와 같음, 64~66쪽.

[76] 위와 같음, 70쪽.

大 新 聞

梵亭 張炯 先生 永眠

-大學發展의 기틀 마련하고-

12月30日 上午5時半 內需洞 自宅에서 老患으로

大學設立 育英事業에

1月 3日 學校葬으로 葬

설립자 범정 장형 선생 영면(1964.12.30)

1964년 12월 30일, 설립자인 범정 장형 선생이 별세했다. 이듬해 1월 3일 열린 영결식에서 애도하는 중재와 형제, 친족들

년 12월 30일에 내수동 자택에서 향년 76세로 영면했고, 단국대학은 1965년 1월 3일에 학교장으로 영결식을 치렀다. 이후 중재는 선친의 유훈을 실천하면서 동시에 공사公私의 일로 선친과의 인간관계가 나빠진 사람들, 더구나 선친으로부터 오해받았거나 반대로 선친을 오해하던 사람들을 찾아다니며 그들에게 사과하고 용서를 비는 일에 신경을 썼다. 그 결과, 선친에 대해 다소라도 섭섭하게 생각했던 분들도 지난날 선친과의 사이가 좋았던 시절의 추억들을 회상하며 선친의 명복을 빌어주는 사이가 되었다.[77]

이 사실을 한 시인은 「장충식」이란 제목의 시로 남겼다.

효孝란 효에 갇히지 말 것

독립운동가 장형의 아들
장충식
키 크다
얼굴 길다
그 긴 몸속
여러 나라 말 푹 익어 주룩주룩 나온다

해외유학중
아버지의 별세로 돌아왔다
장례 마치고
그대로 아버지의 사업을 이어받았다

가장 먼저 해야 할 일이 떠올랐다

---

77 장충식, 「아버지 대신」, 『마지막 남은 한 길』, 170~173쪽.

행여나
아버지 생전
아버지에게 원수진 사람 있나
아버지로부터 버림받은 사람 있나
아버지에게 손해본 사람 있나
아버지 때문에 망한 사람 있나
아버지한테서 지울 수 없는 상처 받은 사람 있나

아버지의 친지
아버지의 측근으로부터
이런 사람들 하나하나 알아내어
무려 10여년이나
그 사람들 하나하나 찾아다니며
혹은
아버지 대신 모자 벗고 빌고
혹은
아버지 대신 두 손 잡고 달래고
혹은
아버지 대신 단돈 몇푼이라도 갚고 물어주고

그러고 나자
지하의 아버지 생전의 원만한 모습 그대로
꿈속에 나타나 흥겹게 노래하시기를
식아
식아
이제 나 구만리장천 훨훨 날아다니게 되었구나

나는 누구뇨 아버지를 사는 아들
나는 누구뇨 아들을 사는 아버지

이 두 사람의 생과 사 꽃울타리 아름다워라[78]

박정숙 이사장에 중재 학장 체제의 출범

이사장을 맡았던 범정이 영면함에 따라 후임에는 중재의 뚝심 있는 추진으로 박정숙 이사가 선출되어 1월 7일에 취임했다. 박 이사장은 당시 재단의 이사이면서 부학장인 중재를 곧바로 학장으로 임명하고자 했다. 중재는 자신을 싫어하고 견제하려는 김용진 학장과 충돌하지 않으려고 노력했다. 그러나 문제는 열악한 대학의 재정이었다. 이것을 타개하려면 은행에서 대출받아야 하고 대출받으려면 개인보증도 서야 하는데 김 학장은 개인보증을 서는 일 없이 거절만 했다. 다른 이사들도 개인보증은 절대로 서지 않았다. 결국 중재밖에는 개인보증을 설 사람이 없었고, 중재의 개인보증 아래 대출이 이루어졌다. 이때의 상황을 중재는 이렇게 회상했다.

> 은행 대출로도 교직원의 봉급을 충당할 수 없었다. 결국 사채를 얻어 오는 수밖에 없었다. 나는 빚을 얻을 만한 곳이 생각나지 않았다. 딱한 사정을 알고 아내가 자기 친구들과 친지들을 찾아다니면서 빚을 얻어 와서 그달 그달 봉급을 해결하였다. 주로 사업하는 남편을 둔 친구들에게 사정했다. 당시 직원 중에 석두성石斗星 씨가 있었는데 그는 사채업자들을 알고 있어서 사채시장을 출입하며 거래의 길을 열어서 그런대로 대학 운영

[78] 고은(高銀), 『만인보 21』(경기도 파주시: 창비, 2006), 204~205쪽.

을 유지하였다.[79]

당시 중재를 가까이에서 관찰한 한 교수는 중재가 교직원 봉급을 포함해 학교 운영비를 조달하느라고 "제대로 밤잠을 주무시는 것을 한 번도 보지 못했다."라고 회상하면서, "매일 수면제를 드시는데 과다복용으로 아침에 일어나시면 얼굴은 퉁퉁 붓고, 혀가 잘 돌아가지 않아서 말씀하시면 무슨 말을 하는지 알아들을 수가 없었다."라고 부연했다.[80]

이러한 상태에서, 젊은 교수들 가운데 단국대학이 몰락할 것이 아니냐고 걱정하는 이들이 늘어났다. 중재의 회고는 다음으로 이어진다.

> 그들은 김용진 학장 체제로는 대학의 개혁과 발전이 불가능하다는 의견을 모았다. 나중에 들으니, 상학과의 박효식 교수와 교양학부 일문과의 박병규 교수가 각기 박정숙 이사장을 방문하여 김용진 학장을 퇴임시키고 차제에 혈기 왕성한 장충식 부학장을 학장으로 승진시키는 것이 대학발전을 위해서 도움이 될 것이라는 점을 강조하면서 미국 시카고대학교 총장의 경우를 예로 들어 설득했다고 한다. 로버트 허친스Robert Maynard Hutchins는 29세의 젊은 나이로 시카고대학교 총장이 되어 시카고대학교를 미국의 명문대학교로 발전시켰다는 것이다.[81]

박정숙 이사장은 그들의 건의에 움직였다. 박 이사장은 중재를 불러 "아버지가 세운 대학인데 아들이 앞장서서 학장이 되어 책임지고 대학의 발전을 위해 희생해야 하지 않겠느냐. 학장직을 맡아라."라고 강

79 장충식, 『시대를 넘어 미래를 열다』, 74쪽.
80 장석권, 「장충식 이사장님의 고희에 부쳐」, 『빈 들에 씨를 뿌리며』, 187~188쪽.
81 장충식, 『시대를 넘어 미래를 열다』, 75쪽.

권했다. 중재는 사양했다. 자신의 나이가 34세로 너무 젊었고 미국에서 공부하다 중도에 귀국했기 때문에 공부를 더 해야 한다고 대답했다. 그러나 박 이사장의 뜻은 강경했다. 이 소식이 학내에 알려지자, 중재를 견제하던 일부 이사들은 박 이사장에게 결심을 포기하도록 압박을 가했다. 그래도 박 이사장은 물러서지 않았다. 이에 중재는 자신이 학장을 하겠다는 생각을 가져본 적도 없었고 그러한 욕심도 없다고 잘라 말했다. 그런데도 몇몇 이사는 박 이사장이 중재를 계속 학장으로 추천한다면 이사 전원이 박 이사장을 불신임하겠다고 협박했다. 이번에는 교직원들과 동창회가 들고 일어났다. 그들은 중재를 학장으로 선임하지 않는다면 재단 이사들을 불신한다는 성명을 내겠다고 공언했다.

이러한 갈등이 거듭되던 가운데 변호사 출신의 김숙현金淑鉉 이사가 급히 중재를 찾았다. 자신이 1967년의 어느 시점에 실시될 제7대 국회의원 총선에서 민주공화당의 공천을 받으려 한다고 말하며, 중재가 서울대학교 사범대학 동창이어서 잘 알 것으로 짐작되는 김종필 당 의장에게 자신을 좋게 천거해 주면 자신은 중재의 학장 선임을 지지하겠다고 제의한 것이다. 중재는 그 자리에서 자신은 학장 선임을 바라지 않고, 김 의장도 알지 못할 뿐 아니라 권력이 개입하거나 뒷거래를 통해 풀 문제가 아니라고 잘라 말했다. 그래도 오랜 기간에 걸쳐 단국대학에서 강사를 했고 이사로 봉직한 분의 간곡하면서도 거듭되는 부탁이어서 응해 주었다. 그러자 김숙현 이사는 김용진 학장의 퇴진에 앞장을 섰으며, 김용진 학장은 자신의 변호사 사무실을 마련할 자금으로 재단으로부터, 중재의 표현으로 '참으로 큰돈인 600만 원'을 지원받고 물러났다.[82] 얼마 지나지 않아 중재가 학장으로 취임한 직후 김숙현 이사는 "매우 기쁜 목소리로, '나 공천을 받았어. 학장이 수고가 많았네.'라고 전화를 걸어온다."[83]

김용진 학장이 물러서자 재단 이사회는 자연스럽게 10월 6일에 중재를 제9대 학장으로 선임했다. 그때는 사립대학과 사립대학교의 수장首長, 곧 사립대학의 학장 그리고 사립대학교의 총장은 문교부의 승인이 있어야 취임할 수 있었다. 단국대학의 내부 상황을 정확히 파악하고 있던 문교부는 곧바로 승인했다. 이에 따라 중재는 1966년 10월 17일에 학장직에 취임했다.

이 과정에서, 중재는 단국대학이 아니라 자신의 개인적 욕망을 채우고자 일을 꾸미는 이사들 가운데 일부가 변호사임에 주목했다. 동시에 단국대학 출신이면서 강사인 변호사가 학교가 맡긴 소송사건에서 승소하자 학교가 상당한 수준의 사례금을 지급했는데도 '엄청난 규모의 사례금'을 추가로 요구하는 소송을 제기할 뿐 아니라 승소하자 그 '엄청난 규모의 사례금'을 확보하기 위해 교직원 봉급을 미리 차압하려는 소송을 다시 제기해 받아내는 것을 보고 실망하고 분노했다. 승소한 그 변호사는 훗날 다른 사건과 관련해 '악덕 변호사'로 낙인되고 구속될 뿐만 아니라 변호사 자격을 박탈당한다. 이후에도 재단의 이사로 영입된 몇몇 변호사들에 시달린 중재의 몇몇 수필은 그러한 배경에서 쓰였다.[84]

중재는 성실하지 못한 몇몇 교수에 대해서도 질타했다. 학력과 경

82 장충식, 『시대를 넘어 미래를 열다』, 79~84쪽.

83 위와 같음, 84쪽.

84 장충식, 「악덕을 배운 변호사」, 『마지막 남은 한 길』, 18~22쪽; 「현직 검사 동창회장의 월권」, 『시대를 넘어 미래를 열다』, 302~307쪽.

력이 좋지만 국내에서 자리를 잡지 못해 고생하던 한 젊은 지식인에게 무리해 가면서 자리를 마련해 주었으나 휴강을 일삼고 성적표 제출도 게을리한 미국 박사, 교수로 채용해 주면 "끝까지 단국대학을 위해 충성하겠다."라고 요구하지도 않은 서약을 계속하던 교수가 학내에 문제가 생기면 마치 '민주교수'인 것처럼 행세하며 학교를 공격하는 사례, 그리고 자신의 가문과 학벌을 앞세우며 다른 동료들을 얕잡아 부르던 교수를 비판하며, 가르치는 사람에게 가장 중요한 것은 겸손을 바탕으로 하는 인품이라고 지적했다.[85]

중재의 학장 취임과 단국인들의 기대

중재의 학장 취임은 단국대학 구성원들과 동창생들 사이에서 단국대학의 앞날에 대한 우려와 불안을 가라앉히고 기대와 희망을 불러일으켰다. 이 점은 『단대신문』1966년 10월 21일이 1면 머리에서 '신임 학장에 장충식 교수'라는 큰 제목 아래 그의 사진과 함께 보도하면서, "장충식 학장은 대학중흥의 핀치 히터로 등장했다."라고 크게 반긴 데서 압축적으로 나타났다.[86] 같은 흐름 속에서, 『단대신문』은 중재의 프로필을 자세하게 그리고 호의적으로 소개했다. 그를 '정열적인 활동가이며 패기 넘치는 개척자'라고 부르면서, 흔히 그러한 성격의 지도자가 범하기 쉬운 저돌성을 찾기 어렵고, 도서 구입과 실험실 개선에서 화단 설계에 이르기까지 매사에 치밀한 계획성을 보여준다고 설명했다.

[85] 장충식, 「어떤 교수의 배신」, 위와 같음, 238~241쪽; ______, 「K 교수의 죽음」, 위와 같음, 138~141쪽; ______, 「'지성'을 앞세워 '이기(利己)'를 챙기는 군상」, 위와 같음, 293~302쪽.

[86] 단대신문사동우회 편, 『나는 단대신문 기자다: 단대신문 70년 빛나는 기억들』(타키스, 2018), 97~98쪽.

이 신문은 중재의 학장 부임이 '시기적으로 적절한, 타이밍이 잘 맞는' 쾌거라고 평하며, 교직원들은 그가 개인의 개성을 최대한 존중하는 원칙을 지키되 의견이 다를 때는 '타협'을 끌어내 '불화'를 일으키지 않는 행정력을 발휘할 것이라는 기대를 나타냈다. 중재는 이 신문과의 특별회견에서 단국대학을 '학구와 교양인의 대학'으로 발전시키겠다는 포부를 피력하면서, 여학생들이 학내에서 훨씬 더 안전하고 만족스럽게 공부할 수 있도록 행정적으로 배려하겠다는 '특별구상'도 발표했다. 중재는 이어 교무처 안의 교학과를 교무과와 학생과로 분리해 학생들의 학내 생활과 요구에 훨씬 더 적극적으로 대응하기로 했다.[87]

이후 중재는 교세校勢가 안정되지도 강건하지도 못한 단국대학의 성장과 발전에 모든 힘을 기울였다. 그 결과, 중재의 표현으로, "내 삶은 내 것이 아니라 단국대의 것이 되고 말았다." 그래도 중재는 "결국 운명은 나를 단국대에 붙들어 매었고, 나는 학장직을 맡아야 했다."라는 심정으로 최선을 다하고자 했다.[88]

종합대학교 승격을 위한 중재의 대통령 독대

전반적으로 학생들과 교직원들이 환영하고 있었는데도, 재단 이사들 가운데 몇몇은 여전히 중재의 학장직 수행을 방해했다. 자신들이 앉히고자 한 사람이 되지 않은 것에 대한 보복이었다. 여기서 중재는 승부수를 던졌다. 당시 모든 단국인의 여망인 종합대학교 승격을 실현하지 못한다면 쾌히 물러나겠다고 약속한 것이다. 그 결과 겨우 종합대격 승격에 관한 이사회 의결을 받아내어 문교부에 신청할 수 있었

87 『단국대학교60년사: 1947-2007』 하, 681쪽.

88 장충식, 『학연가연』, 307~308쪽.

다.

그렇지만 문홍주文鴻柱 장관이 이끌던 문교부의 분위기는 대체로 냉소적이었다. 변변한 캠퍼스를 갖추지 못한 단국대학이 어떻게 종합대학교 승격을 바라는가 하는 분위기였다. 그나마 성동준成東準 차관과 이상조李相助 고등교육국장 그리고 육영수 여사의 친척인 육진성陸秦城 대학과장 등이 협조적이어서 다행이었다. 성동준 차관의 경우, 본인 스스로 광복군 출신이어서 설립자 범정에 대한 존경심을 갖고 있었고, 서울대학교 법과대학 교수 출신의 이상조 국장은 범정이 이사장을 맡았던 '건국실천원양성소'에서 강사로 활동하며 범정을 존경했던 터였다.

중재는 백방으로 뛰었다. 마침 범정이 선배로 깍듯이 모셨고 중재 역시 선친의 뜻을 받들어 가까이 모시며 조언을 구했던 3·1운동 때 '민족대표 33인'의 한 분인 연당 이갑성 옹이 중재의 호소를 받아들여 박 대통령에게 건의했다. 박 대통령은 자신의 '친일' 경력 때문에 연당 같은 항일독립운동가를 경외하고 있었고 그래서 민주공화당을 창당할 때 발기위원들 가운데 한 분으로 모셨던 것이다. 중재는 이갑성 옹뿐만 아니라 박 대통령의 대구사범학교 동기생인 고려대학교 교육학과의 왕학수王學洙 교수를 설득하고 왕 교수가 역시 박 대통령의 대구사범학교 동기생인 권상하權尙夏 대통령 민정비서관에게 부탁해 중재가 직접 박 대통령을 찾아뵐 수 있도록 주선해 주었다.

권 비서관은 우선 중재에게 "대통령 각하를 왜 독대하겠다는 거죠? 뭘 원하시는 겁니까?"라고 딱딱한 말투로 물었다. 중재가 "대통령께 바칠 것이 있습니다."라고 대답하자 무엇을 바칠 것인지 자신이 먼저 알아야 하니 말하라고 했다. 중재는 "대통령 각하 외에 다른 분께는 결코 말씀드릴 수 없습니다. 나쁜 일이 아니니 직접 뵙고 말씀드리게 해 주세요."라고만 응수했다. 권 비서관은 중재의 표정이 하도 진지해서인지, 아니면 젊은 학장이라는 사람이 설마 엉뚱한 일이야 하겠느냐는 믿음에서였는지 "그러면 연락을 기다리라."라는 답을 주었다. 마침 권 비서관의 비서가 단국대학 졸업생이어서 일정에 관해 중재에게 알려주는 일을 맡았다.[89]

1966년 11월의 어느 시점에서, 어렵사리 박 대통령을 만나자 박 대통령은 중재의 나이부터 물었다. 서른다섯이라는 대답에 "약간 놀라는 표정이었다." 중재는 "각하, 단국대학을 정부에 바쳐야겠습니다."라는 말로 입을 열었다. "단국대를요? 사립대학인데 왜 단국대학을 나에게 바친다는 겁니까?" 박 대통령이 정색하며 중재를 바라보았다. 이후의 상황을 중재는 다음과 같이 회상했다.

> 엉뚱한 소리에 대통령의 표정이 굳어졌다. 대통령이 무슨 뜻인지 잘 알아듣지 못하고 나를 바라만 보고 있는데 권상하 비서관이 약간 노기를 띤 어조로 말했다. "그런 엉뚱한 말을 하려고 면담을 요청하였나?" 비서관이 나를 질책하자 대통령은 비서관을 제지하면서 일단 이야기를 들어보자고 하면서 소원이 무엇이냐고 물었다. 독립유공자로 표창받은 선친이 억울하게 반혁명분자로 낙인 찍히고 자신도 중앙정보부에 끌려가 고문당한 일, 이로 인해 응당 받아야 했던 채권을 포기하고서야 반혁명 후원자의 음해를 벗어날 수 있었던 일, 거기에 결국 교수 1명이 부족하다고 해서 주간부는 폐교당하고 그 뒤 개인 집을 팔아서 교직원 월급을 주면서 대학을 운영한 일 등등을 숨김없이 말했다.
>
> 그동안 가슴에 담아두었던 억울한 일을 풀어낸 뒤 나는 비로소 내 소원을 말했다. "사립대학인 단국대학을 저는 더 이상 운영할 힘이 없습니

[89] 중재는 이 모든 과정을 장충식, 『시대를 넘어 미래를 열다』, 84~128쪽과 『학연가연』, 309~312쪽에서 자세히 회상했다.

> 다. 국가이든 대통령 각하께서든 이 대학을 기증받아 좋은 대학으로 키워 주신다면 더 이상 보람이 없겠습니다. 아니면 우리 대학을 종합대학으로 승격시켜 단국대에 회생의 기회를 주신다면 제 모든 걸 바쳐 대학을 발전시키겠습니다. 그리고 각하께 누를 끼치지 않도록 최선을 다하겠습니다."[90]

박 대통령은 긍정적인 반응을 보였다. 중재의 회상은 다음으로 이어졌다.

> 역시 대통령은 큰 사람이란 생각이 들었다. 대통령은 카랑카랑한 음성으로, 그러나 어딘가 정이 가는 듯한 목소리로 말했다. "내 얼마 전 연당 이갑성 선생님을 통해 단대 폐교 사건에 관해 잘 들었어요. 대학을 정부에 바친다고 되는 일인가. 젊은 학장이 고생을 많이 했다는 얘기를 들었어." 그리고 내게 나가 있으라고 하면서 장관에게 잘 선처하도록 일러 놓겠다고 미소를 지으면서 나를 칭찬했다. "장 학장은 효자구먼."[91]

여기서 박 대통령의 마지막 말, "장 학장은 효자구만."은 되새겨볼 만하다. 장 학장의 선친 범정이 항일독립운동가였음을 알고 있었던 박 대통령은 그 사실에 다시 마음이 움직인 것이다. 대한민국 정부 수립 이후 항일독립운동가에게 국가의 훈장을 처음 수여한 것은 바로 박 대통령이 이끌던 5·16군사정부였다. 6·25전쟁을 치르면서 국가의 독립과 수호의 가치를 새삼 평가하게 된 5·16군사정부의 지도자들은 조국의 광복을 위해 열악한 상황에서 항일운동에 참가한 애국지사들에 대한 경외심을 내면화하고 있었던 것이다.

---

90 위와 같음.

91 위와 같음, 100쪽.

종합대학교 승격을 위해 국무총리에게 호소

약속대로 박 대통령은 문홍주 문교부 장관 그리고 국회 문공위원회 이돈해李暾海 위원장에게 승격을 추진하도록 지시했다. 문공위원회의 여당 간사 김종호金鍾浩 의원, 야당 간사 김상현金相賢 의원 등이 거들었다. 그러나 김형욱金炯旭 중앙정보부장 그리고 문홍주 장관에 사사건건 적대적이었던 권오병權五柄 법무부 장관이 견제하고 나섰다. 중재는 어렵사리 정일권丁一權 국무총리를 만나 호소하면서 자신은 이 일이 성사되지 않으면 자결할 수밖에 없다며 '하얀 봉투'에 넣어 온 유서를 보여주었다. 순간에 중재의 눈에서는 눈물이 떨어졌다. 정 총리는 눈물을 닦으라고 말하면서 문홍주 장관이 성사시키려고 노력하고 있으니 믿으라고 덧붙였다. 중재는 '카펫 위에 엎드려 총리에게 큰절을 하였다.' 총리는 큰절을 하는 중재를 보고 크게 웃었다. 중재가 고맙다는 뜻으로 큰절을 한 것을 알아챈 것이다. 바닥에서 일어나자, 총리는 중재의 두 손을 꼭 잡아주면서 "성공을 빕니다."라고 격려했다.

'매사 불여튼튼'이라고 생각해 중재는 마지막으로, 단국대학 졸업생으로 5·16군사정변의 주체 세력이면서 박정희 정권 안에서 중요한 자리를 차지하고 있는 오치성吳致成 의원 그리고, 단국대학 졸업생은 아니지만 5·16군사정변의 주체 세력 가운데 한 사람인 장경순張坰淳 국회부의장에 호소해 승격에 비판적이던 홍종철洪鍾哲 공보부 장관과 이석제李錫濟 총무처 장관을 설득할 수 있었다. 그래도 김형욱 부장과 권오병 장관이 태도를 바꾸지 않고 있어서 문홍주 장관이 주저하고 있다는 정보를 입수했다.

단국대 승격을 위한 '죽기 아니면 살기' 식의 폭음

이 시점에, 국회 문공위원회 야당 간사 김상현 의원이 자신은 단국대학 정치학과에서 '도강盜講'했던 만큼 단국대학 졸업생이라고 해도 무방하다고 우스갯소리를 했다. 그는 '도강'하다가 럭비부 학생들에게 잡혀 당시 학생과장이던 중재에게 끌려갔으나 중재가 문제 삼을 일이 아니라며 계속 강의를 듣도록 해준 옛일을 상기시키면서, 돕기를 자청했다. 김 의원은 문 장관이 자신에게 부탁한 일이 있어 자리를 만들었으니 신당동 동아극장 뒤에 있는 어느 '비밀 요정'으로 나오라고 했다. 장소 자체가 비밀이어서 어렵게 찾아들었더니 문 장관이 "웬 불청객이 은밀한 술자리까지 찾아오느냐."라면서 화를 냈다.

김 의원은 껄껄 웃으며 "저는 졸업장 없는 단국대 동창입니다. 등록금 내지 않고 단대 정치학과에서 강의를 들었습니다. 학점도 없고 졸업장도 없지만 내 머릿속에는 나와 같이 강의를 들었던 학생들 못지않게 정치학 지식이 가득 차 있습니다. 그 덕으로 나는 국회의원이 되었습니다. 그 호의를 베푼 게 장 학장이고요. 저는 장 학장하고 호형호제하는 사이입니다."라고 말하고, "그러니 장 학장을 너무 나무라지 말아요."라며 감싸주었다.[92] 그래도 문 장관은 계속 핀잔을 주며, "내가 안 된다고 했는데, 왜 나를 괴롭히는 거야!"라는 말로 모욕감을 주었다. 자존심이 상할 대로 상하고 감정이 분노로 폭발할 지경에 이르러 술상을 엎어버릴까 생각하다가도 중재는 단국대학의 장래를 위해 참고 참았다.

문 장관은 접대하는 여성에게 재떨이를 깨끗이 씻어 오라고 시킨

---

[92] 장충식, 「김상현 의원: '졸업장 없는 동문' 정치인의 소중한 우정」, 『학연가연』, 147쪽.

뒤, 그 재떨이에 양주를 가득 붓고 그 독한 술을 먼저 단숨에 마셨다. 그리고 그 여성에게 그 재떨이에 양주를 다시 가득 붓게 한 뒤 중재에게 단숨에 마시라고 했다. 중재는 원래 체질적으로 술을 즐기지 않았으며 술을 비롯해 잡기를 엄금한 선친의 가르침에 충실하게 살고 있었다. 그러나 문 장관이 "대통령이 아무리 해주라고 해도 내가 안 된다고 하면 안 되는 것이니 그리 알고 술로 나를 이기라고."하면서 강요하는데 피할 수 없었다. 새벽 2시까지 "술을 즐기면서 마신 것이 아니라 죽기 아니면 살기로 마셨다." 중재는 당시의 상황을 "장관의 술 습관을 모르는 나로서는 어떤 모욕적인 욕을 퍼부어도 그저 웃음으로 대했고 술주정도 다 받아넘겼다."로 회고했다.

다음날 문교부 차관 비서실에서 전화가 왔다. 장관이 결재한 서류를 장관실로부터 넘겨받아 국무회의에 상정할 예정이라는 반가운 소식이었다.[93] 1966년 12월 29일 그해 마지막 국무회의는 정 총리의 주재 아래 단국대학의 종합대학교 승격안을 가결했다. 이로써 단국대학교는 국립과 사립을 합쳐 전국에서 스물다섯 번째 종합대학교가 되었다.

여기서 우리는 중재의 리더십을 높이 평가하게 된다. 우선 35세의 청년이, 그것도 세상이 때로는 경시하던 단국대학의 학장이, 문제의 해결을 위해 박정희 대통령과의 면담을 성사시켰다는 사실 그 자체가 놀라운 일이었다. 박 대통령이 대학 학장이 아니라 대학교 총장이라고 해도 단독 면담을 허용한 일은 없었다. 중재는 불가능에 가까운 그 일을 해낸 것이다. 그리고 설득에 성공해 박 대통령을 움직였다. 중재 특유의 뚝심과 언변과 돌파력이 있었기에 가능한 것이었다.

이후 정책 결정 과정에 참여하고 있는 문교부 장관을 비롯한 정부

---

93 장충식, 『시대를 넘어 미래를 열다』, 104~108쪽.

의 여러 요인을 상대로 주도면밀하면서도 끈질긴 섭외가 뒤따르지 않았다면, 그리고 그 과정에서 때로는 받게 되는 온갖 모욕을 참아내는, 중재의 표현으로 '인욕忍辱'의 결심이 받쳐 주지 않았다면, 단국대학의 종합대학교 승격은 실현되지 않았을 것이다.[94] 여기서 우리는 전한前漢의 역사가 사마천司馬遷의 『사기史記』 가운데 「회음후열전淮陰侯列傳」에 나오는 한신韓信의 고사를 떠올리게 된다.

춘추전국시대 가운데 일곱 나라가 패권을 다투던 전국시대에 한신은 가난하고 보잘것없는 청년이었으나 큰 뜻을 품고 있었기에 늘 큰 칼을 차고 다녔다. 어느날 고향 회음의 시장거리에서 불량배 하나가 시비를 걸며 "그 칼로 나를 찔러 보거나 내 가랑이 밑으로 기어나가라."라고 호령했다. 한신은 그를 죽이면 죄인이 되어 감옥에 갇히고 체포를 피하려면 몸을 감춰야 한다는 현실 인식 아래 많은 구경꾼의 비웃음을 받으며 그의 가랑이 밑으로 기어나갔고, 후세 사람들은 이것을 '과하지욕胯下之辱'이라고 불렀다. 이렇게 한때의 치욕을 견딘 뒤 그는 유방을 도와 한漢의 건국에 크게 이바지할 수 있었고 '회음후'에 봉해졌다. 항우를 물리치고 천하통일에 성공해 고조高祖로 등극한 유방은 자신에게 위협이 될 수 있는 한신을 처형했지만, 장량張良 및 소하蕭何와 함께 한나라 건국의 '삼걸三傑' 반열에 올라설 수 있었던 데는 '과하지욕'을 마다하지 않은 지혜와 용기가 있었다. 이렇게 볼 때, 특히 한국과 같은 상황 속에서, '모욕을 감당하는 인욕'이 리더십의 주요한 요인임을 다시 확인하게 된다.

단국인의 오랜 염원이 이루어졌다는 사실이 신문과 방송을 통해 곧바로 보도되자, 교수들과 직원들은 '집안의 경사가 난 듯이 너무도 기

[94] 장충식, 「인욕의 길」, 『큰 삶 작은 이야기』(문학마을, 1992), 84~87쪽.

뻐했다.' 특히 승격 업무에 매달렸던 직원들은 감격의 눈물까지 흘렸고, 많은 동문이 격려와 축하의 전화를 걸어왔다.[95]

중앙정보부의 고문·수사를 이겨내며

그러나 기쁨은 잠시였고 뜻밖의 시련이 닥쳤다. 1967년 2월, 음력 설날을 일주일쯤 앞둔 날에 중앙정보부 서울분실 요원들이 종합대학교 승격에 관한 서류를 압수하고 이 업무를 담당했던 단국대학 교직원들과 중재의 비서를 연행해 수사한 데 이어, 설날 당일에 중재를 연행했다. 김형욱 중앙정보부장의 초법적 횡포가 지배하던 이 시기였던 만큼, 압수수색에 관해서도 연행에 관해서도 법원의 영장은 물론 없었다.

중재가 당도해보니 그들은 이미 심한 고문을 당한 상태였다. 최세화崔世和 도서과장의 경우, "두 볼이 붉게 부풀어 있었다. 한눈에 보아도 뺨을 많이 맞은 것이 틀림없었다." 최 과장이 중재 앞으로 다시 불려왔을 때는 "분명히 심한 매질을 당한 얼굴이었다. [⋯] 얼마나 맞았는지 최 과장은 목까지 빨갛게 부풀어 올라 있었다."[96]

중재 역시 그들처럼 창문이 없는 지하 취조실에서 심한 고문을 당했다. 고문의 이유는 종합대학교로의 승격을 위해 문홍주 장관에게 뇌물을 주었다는 소문이 파다하니, 구체적으로 실토하라는 것이었다. 실제로 중재는 문 장관에게 한 푼이라도 뇌물을 주지 않았다. 우리가 앞에서 보았듯, 중재의 호소를 직접 들은 박 대통령의 지시로 문 장관은 움직였을 뿐이다. 그런데 서울대학교 법과대학을 졸업한 문교부의 어느

---

[95] 장충식, 『시대를 넘어 미래를 열다』, 122쪽.

[96] 위와 같음, 128~130쪽.

한 국장이 문 장관을 퇴임시키고 자신의 은사로 서울대학교 법과대학 학장을 역임한 서울의 어느 유력한 대학교의 총장을 장관으로 들어오도록 하고자 수뢰설을 중앙정보부에 무고함으로써 일이 커진 것이다.

중재가 "문 장관에게 주지 않은 돈을 어떻게 주었다고 합니까. 거짓말을 해도 유분수지 생사람을 잡는 거짓말을 하라니요."라며 버티자, 수사관들은 중재 앞에서 중재의 비서 이용우李龍雨를 매질했다. 심지어 취조실에 있던 쇠 부삽으로 이용우 비서의 다리와 허리 등을 사정없이 때렸고, 그가 기절하면 얼굴에 물을 뿌려 깨어나게 했다. 그러면서, "당신은 부하가 이렇게 매를 맞는데도 입을 다물고 있을 작정인가?"라며 겁박했다. 중재는 "난 죽어도 내가 살기 위해 거짓말을 해서 남을 죽일 수는 없어."라고 큰 소리로 맞받아쳤다. 이때 중재는 자신의 수첩에 문교부의 공무원들을 비롯해 각계각층의 여러 요인의 전화번호가 기록되어 있음에 유의해 씹어 삼켰다. 수사관들이 그들을 하나하나 괴롭힐 것을 피하기 위해서였다.

마침내 중앙정보부의 이용택李龍澤 수사지도과장이 개입했다. 단국대학 6회 졸업생으로 범정의 장학금으로 공부할 수 있었다고 자신을 소개하면서 사실대로 말하라고 회유했다. 그는 이 수사가 김형욱 부장의 특별 지시에 따라 진행되는 것인 만큼 자기들로서도 철저하게 수사할 수밖에 없다고 덧붙였다. 중재가 박 대통령에 호소해 결심을 받아낸 과정을 자세히 설명하자, "이 과장은 깜짝 놀라면서 그것이 사실이냐고 반문했다." 그렇다고 대답하자 이 과장은 그 사실을 문서로 작성하고 중재의 무인拇印을 받은 뒤 김 부장에 직보했고 이후 더 이상 고문도 없고 수사는 끝났다.[97]

---

[97] 위와 같음, 124~147쪽.

중재가 풀려나오는 그 자리에서 서울분실장은 부하들에게 서울의 우석대학교 총장과 이사장 그리고 직원들을 모조리 잡아오라는 지시를 내렸다. 중재는 곧바로 친구인 김두수金杜洙 이사장 집으로 가 "이 사람아, 빨리 일어나. 중정에서 자네 잡으러 오고 있어!"라고 알려주었다. 그 시점에 중정 수사요원들이 들이닥치면서 "아니, 이 사람이 집으로 가지 않고 왜 여기에 와 있어."라고 말하고는 곧바로 김 이사장 집을 뒤져 온갖 서류를 챙긴 뒤 그를 연행했다.

중재의 이 회고는 중요한 의미를 갖는다. 한 대학의 학장을 법원의 영장도 없이 중앙정보부가 연행해서 고문을 가하는 '국가폭력의 시대'를 증언한 것이다. 신분이 확실하고 일정한 사회적 지위를 가진 중재와 같은 인사마저도 국가기관으로부터 그러한 불법적이면서 비인도적인 고문을 당한 시대에 하물며 힘없고 이름 없는 시민의 경우는 오죽했을까. 지금 생각하면 믿어지지 않는 권력의 부당한 횡포를 겪으며 우리는 살았던 것이다.

비굴하게 사느니 사육신의 길을 걷겠다.

수사가 끝난 뒤 이용택 과장은 수사관들을 대동하고 중재와 더불어 고문을 당했던 교직원들을 만찬에 초대해 사과했다. 그들은 "[중재의] 인상이 귀가 커서 덕은 있으나 겁이 많은 사람일 줄 알았는데 아주 독종 중의 독종이다."라고 웃으며 말했다. 이에 대해, 중재는 "나는 결코 목숨을 구걸하며 비굴하게 살고 싶지 않고 단종端宗 복위를 위해 인두질을 당하는 혹독한 고문을 받으면서도 죽음을 택한 성삼문成三問 등 사육신死六臣처럼 살다가 죽는 것이 나의 인생철학이다."라고 정색하며

대꾸했다.[98]

이 일화는 중재의 성격을 그대로 말해준다. 중앙정보부 수사실이 어떤 곳이었나. 글자 그대로 야만적인 고문이 자행되던 치외법권적 지역이었다. 그것을 말해주는 한 사례가 1971년의 '민주공화당 항명사건' 관련자들에 대한 고문이었다. 1971년 5월 25일에 실시된 제8대 국회 총선에서 대도시를 중심으로 약진해 의석 수를 늘림으로써 기세가 올라간 제1야당 신민당이 1971년 10월 2일에 오치성吳致成 내무부 장관을 불신임하는 안을 내놓았을 때, 일부 민주공화당 의원들은 박정희 대통령의 뜻을 어기고 동조해 가결시켰다. 격노한 박 대통령은 이후락李厚洛 중앙정보부장에 지시해 항명을 주도한 당대의 실력자 김성곤金成坤 민주공화당 재정위원장과 길재호吉在號 민주공화당 사무총장 등을 포함한 관련자들을 '혼내주게' 했고, 중앙정보부 요원들은 그들을 중앙정보부 수사실로 연행하고 특히 '항명'의 주역들인 김성곤 의원과 길재호 의원을 고문한 뒤 국회의원직을 사퇴하게 만들었다. 중재가 이처럼 악명 높은 고문실에서 수사관들이 요구하는 허위 진술을 거부하고 끝까지 버텼다는 것은 그의 뚝심과 정의감을 반영한 것이었다.

문교부 국장의 회유를 뿌리친 중재

중앙정보부의 고문이 동반된 수사를 받고 나온 뒤 중재에게 앞에서 말한 문교부의 그 국장으로부터 전화가 걸려 왔다. 자신이 휘문고등학교 선배임을 다시 일깨우면서 후배를 돕고 싶어 이야기를 나누고자 하니 만났으면 좋겠다고 제의했다. "장 학장, 앞으로 정부 차원에서 실험 기자재 등 많은 것들을 외국에서 들여올 것인데, 자네 생각이 나서

---

[98] 위와 같음, 152~153쪽.

제일 먼저 자네에게 전화하는 것일세."라고 덧붙였다. 그런데도 무언가 석연치 않아 중재가 머뭇거리자, 그는 자신이 '앞으로 단국대학을 크게 도와줄 수 있는 분'을 소개하고자 하니 그분 집에서 함께 만나자고 제의했다. 그분은, 그 국장의 말로는, 서울대학교 총장을 역임하고 쉬고 있는 저명한 법학교수였다.[99]

'단국대학을 크게 도와줄 수 있는 분'이라는 말에 끌려 중재는 그 국장과 함께 그분 집에서 만났다. 이 자리에서, '그분'은 별다른 말은 하지 않았다. 그러나 그 국장은 '그분'이 듣고 있는 자리에서 중재에게 단국대학교 승격을 위해 문홍주 장관에게 돈을 주었다고 말하면 박 대통령의 존경과 신임이 두터운 '그분'이 박 대통령에게 직보할 것이고 그렇게 되면 박 대통령은 문 장관을 경질하고 '그분'을 후임으로 기용할 것이며 '그분'은 중재의 '공로'에 대한 대가로 단국대학교를 많이 도와줄 것이라고 회유했다. 그는 "자네가 얼마 전에 중앙정보부에 연행당해 조사를 받지 않았는가? 그 일은 김형욱 부장이 문홍주 장관과 그 일당을 면직시키려고 벌인 것인데 자네가 문 장관에게 돈 준 사실이 없다고 끝까지 문 장관을 감싸고 버티는 바람에 낭패가 되었네."라는 말로써 음모의 진상도 털어놓았다. 그의 속내는 다음으로 이어졌다.

> 지금 문교부는 [경상도 출신인 문홍주 장관을 필두로] 경상도 놈들이 다 해 먹는 판에 우리 이북 출신이라고 늘 찬밥 신세로만 있을 수 있겠어? 자네도 고향이 이북이 아닌가? 그리고 [이 자리에 계신] 전前 총장도 이북이야. 나도 평양이지. 홍종철洪鍾哲 장관과 이석제李錫濟 장관 그리고 김형욱 부장도 이북 출신이야. 그러니 이번 기회에 자네가 공을 세우

---

[99] 위와 같음, 142~147쪽.

게.[100]

그의 발언에서 우리는 지역감정을 자극해 패거리를 형성하는 고질적인 행태를 확인하게 된다. 게다가 자신의 개인적 이익을 얻기 위해 근거 없는 날조 또는 중상모략으로 상대방을 사지死地에 몰아넣는 추루한 행태를 보게 된다.

그 말을 듣는 순간 중재는 중앙정보부 서울분실에서 수사받던 때 중재가 문 장관에게 돈을 준 일이 없다고 일관되게 진술하자 수사관들이 문교부의 어느 국장 이름을 꺼내며 "이 자식이 인사에 불만을 품고 투서한 것 아냐."라고 지나가는 말처럼 했던 사실이 떠올랐다. 바로 그 사람이 그것만으로 모자라다는 듯 새 음모를 꾸미자고 제의하는 것을 보게 되자 자연히 "피가 거꾸로 올라오는 듯했고, 마음이 얼어붙었다." 중재는 "남을 음해하고 모함해서 장관이 되면 어디 그것이 양심 있는 사람들이 할 짓입니까!"라고 고함을 치고 나왔다. 그래도 그 국장은 여전히 정신을 못 차리고 뒤따라 나오며 중재에게 오해하지 말고 이 좋은 기회를 놓치지 말라고 다시 회유했다. 그의 손길을 뿌리친 중재는 그길로 문홍주 장관을 만나 그사이의 일들에 대해 자세히 설명했다. 문 장관은 정일권 총리에게 보고했고, 문제의 그 국장은 대구의 어느 국립대학교로 좌천되었다.

100 위와 같음, 146쪽.

중재 장충식

단국대학교와 함께 민족의 화해와
통일을 향해 걸어온 대인

III 교세 확장과 제2캠퍼스 부지 마련

총장 취임과 학교의 비약적 발전 다짐

출발 당시의 대학 규모

문교부는 1967년 2월 10일 장관 명의로 「단국대학교 설립인가」와 「단국대학교 설립인가 지령서」를 단국대학에 보내왔다. 앞의 공문은 "「대학설치기준령」이 요구하는 제반 시설 설비를 완성년도까지 연차적으로 완성할 것"을 엄수하도록 강조함과 아울러 교원 채용 계획을 보고하도록 지시했다. 뒤의 공문은 1967년 3월 1일에 다음과 같은 내용으로 '개교'하도록 규정했다.

문리과대학: 국어국문학과 20명, 영어영문학과 20명, 사학과 20명, 수학과 20명, 화학과 20명, 체육학과 20명, 가정학과 20명.
계 140명
법 정 대 학: 법률학과 25명, 행정학과 20명, 상학과 30명, 경영학과 30명, 경제학과 20명. 계 125명
공 과 대 학: 화학공학과 30명, 건축공학과 20명, 전기공학과 30명, 기계공학과 25명, 요업공학과 20명, 계 125명
합계 390명

이상의 3개 단과대학 17개 학과 이외에 법학과·상학과·국문학과·영문학과·사학과·수학과·화학공학과 등 7개 학과 115명의 대학원

석·박사과정을 설치하도록 규정했다.[1] 여기서 아주 작은 관심의 대상으로 주목되는 것은 법정대학에는 '법률학과'가 개설되는 데 비해 대학원에는 '법학과'가 개설된다는 사실이다. 같은 대학교 안에서 동일한 전공에 대해 학부와 대학원에서 명칭이 달라진 것이다. 그러나 1970년대에 들어서면서 다른 대학교에서와 마찬가지로 단국대학교에서도 '법률학과'라는 명칭은 '법학과'라는 명칭으로 단일화된다.

종합대학교로 승격되기 이전의 단국대학 시기에 비교해볼 때, 단국대학의 야간부가 폐지되면서 야간부 산하 9개 학과와 215명의 정원이 부분적인 수정을 거쳐 주간부로 옮겨진 것과 마찬가지였다. 전반적으로 겨우 10명이 증원되는 것으로 그쳤다. 그래서 『단국대학교60년사』는 당시의 상황을 "이제 겨우 서장序章을 열고 일대 전환기를 맞이했으나, 종합대학교로서의 학교 체제는 빈약하기 이를 데 없는 형편이었기 때문에 앞으로 이러한 빈약한 학교 체제를 정비하고 확충해야 했다."라고 표현했다.[2] 그리고 그 새로운 과제는 중재에게 맡겨진 것과 다름없었다. 중재 스스로 인가받은 그 날 "해방 후 최초의 민족대학이라는 자부심과 설립자인 혜당 조희재 여사와 범정 장형 선생의 창학정신을 이어받아 학교 운영에 최선을 다할 것"을 다짐했다.

총장 취임식 때 보인 결기

중재 장충식은 문교부의 공식 문서를 받은 직후인 1967년 2월 11일에 박정숙 이사장과 함께 본관에 단국대학교라는 현판을 걸었다. 동

---

1 단국대학교60년사편찬위원회 편, 『단국대학교60년사: 1947-2007』, 상(경기도 용인시: 단국대학교60년사편찬위원회, 2007), 160쪽.

2 위와 같음, 161쪽.

종합대학 승격 기념 현판식(1967.02.11)

시에 박정숙 이사장은 이사회를 열고 중재를 초대 총장으로 선임하고 문리대 학장을 겸하도록 하면서 장 총장이 종합대학교로서의 내실을 다질 수 있도록 후원하겠다는 소신을 밝혔다.

박 이사장은 이후 1990년 3월 18일까지 단국대학교 이사장으로 장 총장과 호흡을 맞추며 단국대학교의 발전을 뒷받침하는 가운데 제1대 통일주체국민회의 대의원1972~1978 및 제2대 통일주체국민회의 대의원1978~1980으로 봉사하며 1974년에는 경희대학교 대학원으로부터 명예법학박사학위를 받고 1981년~1990년에 평화통일정책자문위원으로 봉사한 공로가 인정받아, 1982년 12월 5일에 열린 국민교육헌장 선포 14주년 기념식에서 국민훈장 동백장을 받는다.[3] "단국대학교는 바로 나의 가정"이라고 말하면서 학교의 곳곳을 둘러보고 교직원들과 학생들을 보살피는 사랑과 자상함으로써 단국대학교의 재건기와 종합대학교 시대를 이끌며 교세 확장을 위해 온갖 노력을 기울였던 박 이사장은 2013년 6월 20일에 향년 90세로 영면하였다. 단국대학교는 그 공로를 기려 학교장葬으로 엄수했다. 당시 단국대학교 명예총장에 이어 '학교법인 단국대학' 학원장으로 봉직하는 가운데 해외에 공무 출장 중이던 중재는 일정을 단축하고 서둘러 귀국해 박 이사장의 마지막 길을 정중하게 배웅하였다.

36세의 나이로 전국의 대학교 총장들 가운데 가장 젊은 총장이 된 중재는 스스로 대학과 국민을 위해 특별히 지켜야 할 세 가지 원칙을 다짐했다. 기업활동은 절대로 하지 않는다는 것, 정치에 발을 딛지 않는다는 것, 앞으로 정부에서 봉사하는 자리를 맡아도 급여는 반드시 사양한다는 것 등이 그것들이었다.[4] 우리가 앞으로 보게 되듯, 중재는 이 다짐을 지킨다.

새롭게 출발하게 된 단국대학교는 2월 25일과 26일 이틀에 걸쳐 입학시험을 치렀다. 경쟁률이 3 대 1이었을 뿐만 아니라 합격자의 질도 우수해 종합대학교로서의 첫 입시로서는 고무적이었다. 『단국대학교 60년사』는 이 사실에 유의해 "중재를 비롯한 교수들은 사명감을 한층 더 갖게 되었다."라고 특기했다.[5]

---

[3] 『단국대학교60년사: 1947-2007』 상, 28~29쪽 및 하, 696쪽.

[4] 장충식, 『시대를 넘어 미래를 열다』, 355쪽.

[5] 『단국대학교60년사: 1947-2007』 상, 161쪽.

종합대학 승격 후 한국 대학 역사상 최연소인 36세에 초대 총장으로 취임하여 대학의 비전을 제시하는 중재(1967.03)

초대 총장 취임식과 입학식

중재는 1967년 3월 1일에 4년의 임기를 시작했으며, 12일 뒤인 3월 13일에 단국대학교 문리대 운동장에서 천막을 치고 취임식을 열었다. 취임식에는 정일권 국무총리가 직접 참석했을 뿐만 아니라 축사까지 해 주었고 당시 정권의 실세로 떠오르던 오치성 의원을 비롯한 정계 요인들 역시 참석해 그에게 힘을 실어주었다. 특히 그들이 "문홍주 장관을 지키기 위해 끈질기게 버틴 장충식 총장의 양심과 의리에 감동했다."라는 위로와 찬사의 말을 들려준 것은 총장으로 막 출발한 중재의 인간적 무게를 돋보이게 했다. '민족대표 33인'의 한 분인 이갑성 옹도 참석해 단국대학교가 항일독립운동의 정신 속에서 출발한 사실을 상기시키면서 이 대학이 앞으로도 그 정신을 잊지 않고 계승해 나갈 것을 역설하며 축하해 주었다.[6]

뜻밖에도 중재를 비롯한 단국대 교직원들을 고문하면서 수사하게 했던 김형욱 중앙정보부장이 정일권 총리를 따라왔다. 중재는 손님을 접대하는 직원들에게 김 부장에게만은 절대로 의자를 권하지 말라고 지시했다. 취임식에 온 귀빈들이 모두 의자에 앉아 있었으나 김 부장에게 자리를 권하는 사람이 없자 식장 입구에서 한참 머쓱하게 서성이다 돌아갔다. 이 장면을 떠올리면서, 중재는 "권력이란 참으로 허망한 것이라는 생각이 들었다."라고 회상했다.[7]

여기서도 중재의 결기를 확인하게 된다. 총장으로 업무를 효율적으로 수행하기 위해서는 당시 "하늘에 나는 새도 말 한마디로 떨어뜨려 잡는다."라는 세평을 듣던 중앙정보부장의 도움이 필요하다고 계산했다면, 이 기회에 그의 환심을 살 수 있는 행태를 보일 수 있었을 것이다. 그러나 "기본적인 양심도 갖추지 않고 오직 욕심으로 뭉쳐진 사람이어서 [⋯] 분노를 느끼지 않을 수 없었던 사람"을 중재는 차갑게 상대한 것이다.[8]

중재의 판단과 처신은 옳았다. 김형욱은 중앙정보부장이라는 무소불위無所不爲의 지위를 이용해 온갖 행패를 부리면서, 김종필 전 국무총

---

6 장충식, 『시대를 넘어 미래를 열다』, 148쪽.

7 위와 같음, 147~150쪽.

8 위와 같음, 141쪽.

리의 증언에 따르면, 상황에 따라서는 미국으로 도망할 것을 염두에 두고 "수천만 달러를 미국으로 밀반출했다."[9] 실제로 그는 박 대통령으로부터 버림받자 1973년 4월에 미국으로 도망간 이후 프랑스 등 해외를 오가며 도박을 일삼았다. 어느 시점에서는 해외에서 달러를 몸속에 감춘 채 미국으로 들어오다가 연방수사국FBI에 걸려 그 돈을 압수당하기도 했다. 그는 1977년 6월 2일에 『뉴욕타임스』와 기자회견을 갖고 박 정권의 내부 비리를 폭로한 것을 시발로 미국 연방하원 국제관계위원회가 박 정권이 미국 연방의회를 상대로 벌인 로비행위를 규명하는 이른바 코리아게이트의 청문회를 잇달아 열었을 때, 특히 도널드 프레이저Donald M. Fraser 위원장이 1977년 6월 22일에 주재한 소小위원회에까지 출석해 박 대통령을 비방하는 언동을 계속했다.

처음에는 여러 밀사를 차례로 보내 회유하려 했으나 실패한 박 정권은 암살을 결심하고, 김 부장이 특수관계를 유지한 한국인 여배우를 앞세워 파리로 오게 했다. 그는 1979년 10월 1일에 파리에 도착했다가 10월 7일에 파리에서 실종되었다. 한국 정부중앙정보부 또는 대통령경호실?에 연결된 암살자들이 그를 자동차에 태우고 목 졸라 죽인 뒤 파리의 한 숲속에서 낙엽 뭉텅이에 묻었다는 소문 또는 그를 마취시킨 뒤 파리 외곽의 외딴 양계장에서 분쇄기에 넣어 죽였다는 등 소문이 무성했으나 진상은 여전히 가려져 있다.

취임식에서 교직원과 학생들에게 협력 당부

중재는 취임사를 통해 우선 "단국대학교의 초대 총장으로 취임한다

[9] 김종필 구술/중앙일보 김종필증언록팀 엮음, 『김종필 증언록: JP가 말하는 대한민국 현대사; 5·16에서 노무현까지』 전2권(중앙일보사, 2016), 제1권, 354~361쪽.

는 것은 단국대학교 발전에 한 기수가 된다는 것을 의미하는 것으로, 생애 최고의 영예로움을 느낍니다."라고 말하면서도, "총장이라는 직분을 어떻게 하면 명실공히 충실히 수행해 나갈 수 있을까를 생각할 때 너무 벅찬 심려를 느끼고 있습니다."라는 표현으로써 영예보다는 책임의 막중함을 깊이 새기고 있음을 보여주었다. 중재는 이어 "단국대학교는 지금 중대한 전환기에 놓여 있다고 생각합니다."라고 전제하고 "지금의 전환점을 시점으로 하여 비약적 발전을 꾀해야 하겠습니다."라는 결의를 보여주었다. 구체적으로 우선 교직원의 처우 개선, 교사校舍와 부속연구실 및 실험실 등의 확충, 학생을 위한 연구와 후생 및 복지시설의 개선 등 누적된 여러 과제를 '가급적 최단 시일 안에 완수할 것'을 다짐했다.[10]

시설 개선과 연구소 설립 및 논문집 창간

실제로 중재는 취임으로부터 1년 이내이면서 개교 20주년이 되는 1967년 11월 3일에 국사학자이면서 고고학자인 정영호鄭永鎬 교수를 관장으로 하는 박물관을 개관했다.[11] 곧이어 1967년 12월 27일에 여학생을 위한 3층 현대식 구조의 가정학관을 신축했다. 총건평이 약 300여 평에 이른 이 건물 내부에는 조리실·재봉실·재단실·재료실·염색가공실 그리고 교수 연구실·강의실·도서실·여학생휴게실 등이 마련되었다.[12] 어학실습실도 개설했다. 공과대학관의 경우, 1967년 3월 28일에 기공식을 거행하고 1970년 12월 10일에 완공했다. 이로써 공

---

[10] 취임사 전문은 다음에서 읽을 수 있다. 『단국대학교60년사: 1947-2007』 상, 162~163쪽.

[11] 정영호, 「반세기에 걸친 인연」, 중재장충식박사고희기념화문집간행위원회 편, 『빈 들에 씨를 뿌리며』(한불문화출판, 2001), 94~96쪽 가운데 95쪽.

[12] 『단국대학교60년사: 1947-2007』 상, 183쪽.

과대학은 용도에 따른 여러 기능을 최대한으로 고려해 설계하고 또한 능률을 극대화한 3,000여 평의 최신식 건물을 갖게 되었다. 우리가 앞으로 보듯, 이후에도 중재는 예산이 넉넉하지 않았지만 교육에 필요한 건물들을 계속해서 새로 지었다.

대학교는 건물도 중요하지만 연구가 필수적이다. 중재는 1967년 한 해에만 『[단국대학교 교수] 논문집』11월 3일을 비롯해 『국문학논집』11월 3일과 『수학 및 통계 연구』12월 30일와 같은 여러 교수 논문집을 창간했고, 1969년에는 『교육학보』11월 5일를 창간했다. 1970년 9월 28일에는 단국대학교의 얼굴과 같은 동양학연구소를 개설하고 1971년 10월 25일에는 논문집 『동양학』을 창간하면서 동시에 「한국사와 한국문학 연구의 현황」이라는 주제 아래 제1회 동양학학술회의를 열었다. 제2회 학술회의는 「한국문화의 형성」이라는 주제 아래 1971년 10월 26~27일에 국제 학술회의로 열었고, 이후 연 1회 국내 학술회의로 또는 국제 학술회의로 빠뜨리지 않고 열었다. 이 학술회의에 병행해, 1972년부터 연구원을 중심으로 하는 연구발표회를 정기적으로 시행해 오다가 2016년부터 연 4회로 개최하고 있다.[13]

교수회의의 출범과 학내 언로言路의 활성화

중재는 취임사에서 자신이 제시한 비전의 구현은 '총장 혼자서는 불가능한 일'임을 상기시키면서, 교직원들과 학생들의 협력을 당부했다. 중재는 역사학자답게 "어느 시대, 어느 사회이고 전환기에 처해 있을 때 어느 일꾼 어떠한 지도자를 만나느냐, 어떻게 상호 협조하느냐에

[13] 학술회의와 연구발표회의 주제와 발표자 및 발표 시기는 다음에서 자세히 설명되었다. 단국대학교 동양학연구원 편, 『동양학연구원 50년의 역사: 1970-2020』(단국대학교 동양학연구원, 2020), 11~23쪽.

따라 그 시대 그 집단의 융성과 패망이 결정지어진다는 것을 우리는 역사를 통해서 알고 있습니다."라고 부연했다. 실제로 중재는 그들의 협력을 끌어내기 위해 우선 네 가지 조치를 취했다.

첫째, 종전의 교학처를 교무처와 학생처로 분리해, 교수와 학생의 발언과 제의가 더욱 활발해지도록 유도했다. 둘째, 각 단과대학에 교수회의를 신설해 학사행정의 여러 문제를 기탄없이 논의하게 했다. 동시에 본부의 처장들과 학장들의 연석회의를 제도화해 모든 학사행정은 이 회의의 심의와 결정을 거쳐 집행하도록 했다.[14]

중재는 교수의 보호에도 힘썼다. 조장환曺章煥 전前 단국대학교 총장은 "우리 대학사大學史에 있어서 4·19와 5·16 등 복잡한 역사의 굽이굽이마다 교수 수난의 시절을 보내왔지만 우리 단국대에서는 이로 인하여 교단을 떠난 교수는 거의 없었다. 중재 선생 스스로 어려운 고비마다 많은 고통을 감내하면서도 교수를 가족과 같이 보호하려는 어진 행정을 펼쳤기 때문이다."라고 증언했다.[15] 중재는 개별적 교수들에 대해서도 따뜻한 정을 보였다. 단국대학 때부터 오랜 기간에 걸쳐 국어국문학과 교수로, 이어 단국대학교 문리대 학장으로 봉직한 시인 김용호金容浩 교수가 별세하자 그의 2주기인 1975년 5월 14일에 한국문인협회와 제휴해 김 교수의 대표작 「날개 Ⅰ」이 새겨진 시비詩碑를 교정에 세워준 것이 한 사례였다.[16]

셋째, 중재는 학내 언로를 활발히 열기 위해 교내신문인 『단대신문』을 1967년 3월 7일자제231호부터 종전의 순간旬刊에서 주간週刊으로 바꿨다. 이것은 창간 20년 만의 도약이었다. 그 호의 「사고社告」는 발행

---

[14] 위와 같음, 166쪽.

[15] 조장환(曺章煥), 「'인의예지(仁義禮智)'의 교육자」, 『빈 들에 씨를 뿌리며』, 440쪽.

[16] 『단국대학교60년사: 1947-2007』 상, 193쪽.

기간이 10일에서 1주일로 단축되었음을 알리면서 "대학 당국의 충분한 후원을 약속받았다."라는 사실을 덧붙였다.[17]

중재는 곧바로 원고료를 크게 올려주었다. 200자 원고지 기준으로 1매당 교수에게는 70원 학생에게는 20원을 주었다. 학생의 경우 2018년 현재 물가로 치면 2만 5천 원 정도가 되었다. 당시 최고급 담배 「신탄진」은 60원, 짜장면은 50원, 극장 요금은 130원이었다. 『단대신문』 기자들의 표현으로, 재학생이 원고 10매를 기고하면 친구 서너 명이 짜장면으로 점심을 즐길 수 있었던 셈이다.[18]

1968년 11월 20일자제279호부터 중재는 『단대신문』의 발행인 겸 편집인을 김용호 문리대 학장에게 넘겨주었다.[19] 그만큼 교수와 학생의 자율권을 보장해준 것이다. 중재의 이러한 배려 아래 『단대신문』은 1977년 9월 15일에 지령紙齡 500호를 기록하게 된다.[20] 이렇게 학내 언로를 열어주고 거기에 귀를 기울이면서 중재는 이후에도 자신이 총장이라고 해서 단독으로 결정하고 밀고 나가는 자세가 아니라 늘 구성원 모두의 대화와 협력을 강조하면서 단국대학교를 이끌어간다.

넷째, 학생들의 면학을 북돋기 위해 장학금 지급 규정을 개정했다. 이전에도 장학금 지급 규정이 있었으나 중재는 1969년 12월 26일에 한남장학금을 비롯해 평산신씨장학금 및 한지장학금 등을 신설하고, 1971년 2월에는 특수교육과장학금을 비롯해 여학생장학금 등 7종의 장학금을 신설하면서 그 규정을 훨씬 더 상세하게 구체화했다.[21]

---

[17] 단대신문사동우회 편, 『나는 단대신문 기자다: 단대신문 70년 빛나는 기억들』(타커스, 2018), 98쪽.

[18] 『단대신문』 제239호(1967년 5월 9일); 『나는 단대신문 기자다』, 100~102쪽.

[19] 위와 같음.

[20] 위와 같음, 118쪽.

[21] 『단국대학교60년사: 1947-2007』 상, 194쪽.

이렇게 말한다고 해서 중재가 학생들에게 모든 면에서 호의好意로만 대한 것으로 오해해서는 안 된다. 오히려 학사를 더 철저히 관리했다. 특히 진급에 필요한 최저 학점을 올리고 추가 시험과 재시험을 포함해 시험제를 엄격히 운용해, 학습 분위기를 조성하는 동시에 '공부하는 대학'으로서의 이미지를 굳히고자 했다.[22]

단과대학의 증설과 증과·증원 등 교세 확장

종합대학교로서의 기초적 여건을 갖춘 단국대학교의 발전을 위해 중재는 취임으로부터 1년 이내에 단과대학의 증설을 이뤄냈다. 우선 1968년 2월 1일에 교양학부를 신설했다. 당시 서울대학교를 비롯한 각 대학교들은 대학이 학문의 기술자를 길러내는 곳이 아니라 전인적인 교양을 갖춘 인간을 길러내는 곳이라는 새로운 교육사조에 따라 입학과 동시에 1년 동안 교양과목을 학습하는 교양학부를 신설했는데, 단국대학교도 이 흐름을 받아들인 것이다.

중재는 이어 정법학부와 상경학부로 구성된 법정대학에서 상경학부를 분리시켜 상경대학으로 독립시키는 안을 문교부에 제출해 1967년 12월 4일에 인가를 받아 1968년 3월 1일에 상경대학을 출범시켰다. 학장에는 황명수黃明水 교수를 임명했다. 일본에서 중·고등학교를 졸업하고 메이지대학明治大學 경제학과를 졸업한 데 이어 메이지대학 대학원에서 경제학으로 석·박사학위를 받고 일본에서 교수로 출발하려는 그를 설득해 단국대로 오게 한 데 이어 학장을 맡긴 것이다. 중재는 자신의 한 논설에서 나라의 발전을 위해 '인력 개발'이 중요함을 강조하고 "인력 개발을 위해서는 우선 우수한 두뇌 유출을 막아야 하며,

[22] 위와 같음, 164쪽.

여러 선진국에서 활약하고 있는 우리의 교육자들을 불러와야 한다." 라고 역설했었는데, 황 박사 초빙은 중재의 평소 소신을 반영한 것이었다. 황 교수는 훗날 대학원장과 부총장 겸 총장대행으로 활동한다.[23]

중재는 동시에 문교부와의 협의를 통해 공과대학 안에 섬유공학과·전자공학과·공업경영학과 등을 신설할 수 있었고, 기계공학과와 요업공학과의 증원도 이뤄냈다. 증과와 증원은 이후 계속되었고, 1973년 3월 1일에는 역시 문교부의 인가를 얻어내 한문교육과·특수교육과·수학교육과·체육교육과·음악교육과 등 5개 학과로 구성된 사범대학을 신설했다. 이어 4개월 후인 7월 9일에 700여 평 대지 위에 연건평 1,745평의 지하 1층 지상 5층의 초현대식 건물로 사범대학관을 신축했다.[24]

이로써 단국대학교의 교세는 날로 확장되었다. 중재가 총장에 취임할 당시 대학의 규모는 3개 단과대학 17개 학과에 총정원이 1,200여 명이었으나 첫 임기 4년 만에 4개 단과대학 21개 학과에 총정원이 2,340명으로 두 배나 늘어났다.[25] 그렇지만 이것으로 만족할 수는 없었다. 중재는 밖으로 나가서 직접 섭외활동을 해야만 했기에 대학을 비워두는 시간이 늘어나게 되었다. 그에 따른 행정 공백을 메우기 위해 1970년 1월 26일에 부총장 직제를 신설하고 이영규李榮珪 초대 법정대학 학장을 임명했다.[26]

---

23 황명수, 「관용과 포용의 실천자」, 『빈 들에 씨를 뿌리며』, 127~131쪽.

24 『단국대학교60년사: 1947-2007』 상, 166~169쪽.

25 장충식, 『시대를 넘어 미래를 열다』, 203쪽.

26 『단국대학교60년사: 1947-2007』 하, 541쪽.

국제화의 시작: 서던오리건주립대학과의 자매결연

중재는 단국대학교의 국제화를 위해서도 많은 노력을 기울였다. 우선 1970년 6월 19일에 미국 서부의 오리건주 애슐랜드Ashland에 있는 서던오리건주립대학Southern Oregon State College을 방문하고 두 대학교 사이의 자매결연을 맺고, 교수 및 학생의 교류 그리고 도서관 자료, 미술품, 공연예술, 특별강연 등의 교류에 합의했다. 이 계제에 중재는 서던오리건주립대학 제임스 사워즈James K. Sours 총장에게 단국대학교의 명예법학박사학위를 수여했다.

이후 중재는 이 합의를 실천하기 위해 이 대학을 몇 차례 방문했으며, 이 대학의 총장이 단국대학교를 답방하기도 했다.[27] 중재가 애슐랜드를 방문했던 때 이 대학에 객원교수로 가 있었던 단국대학교의 한 교수는 중재의 인품을 말해주는 다음과 같은 일화를 소개했다.

> 내가 미국에 가서 얼마 되지 않아 이사장님이 두 분의 교수와 함께 애슐랜드를 방문하신 일이 있었을 때 메드포드Medford 공항에서 애슐랜드까지 자동차로 모시게 되었다. 당시 나는 자동차 운전도 미숙하고 특히 밤길 운전에 긴장이 되어 차를 천천히 몰 수밖에 없었다. 나의 운전 실력이 미숙한 것을 인지한, 앞차로 달리던 모 교수가 차를 세우고 이사장님을 그 차에 갈아타시도록 건의하였다. 그것은 정당한 것이었다. 그러나 이사장님은 나의 차에서 내리지 않고 끝까지 동승하셨다. 나는 미안하기도 하였으나 끝까지 나를 믿어준 것에 대해 지금도 고맙게 생각하고 있다.[28]

중재 스스로 다음과 같은 일화를 소개했다. 자신의 방문을 환영하기 위해 사워즈 총장이 좋은 호텔의 식당에서 만찬을 베풀었는데, 총장의

---

[27] James K. Sours. “Friends for 30 Years,” 『빈 들에 씨를 뿌리며』, 207~212쪽.

[28] 황명수, 「관용과 포용의 실천자」, 위와 같음, 131쪽.

서던오리건주립대학과의 자매결연, 좌측은 남오레곤대학 사워즈 총장(1970.06.19)

아들이 그 식당에서 아르바이트를 하며 돈을 벌고 있었다는 것이다. 총장의 아들이면 넉넉히 지낼 수 있었을 터인데 아버지에게 도움을 받지 않고 자신의 노력으로 일정한 액수의 생활비를 번다는 사실을 우리나라의 상류층 자제들도 배워야 한다는 뜻이었다.[29]

1988년에 중재는 두 대학교 사이의 교류와 우정을 기리기 위해 애슐랜드에 단국대학교 미주법인을 설립하고, 여러 해에 걸쳐 문화와 예

[29] 장충식, 「사회에 필요한 사람이 바로 승리자」, 『마지막 남은 한 길』(경기도 용인시: 노스보스, 2011), 362~367쪽.

술에 관한 행사를 열었다. 1869년에 개교한 이 대학은 1997년에 서던오리건대학교Southern Oregon University로 발전하며, 오늘날까지 단국대학교와의 협력을 그대로 유지한다. 그리고 단국대학교는, 우리가 앞으로 보게 되듯, 이 대학교와의 자매결연을 시발로 1972년 11월 7일에 미국 중부의 오하이오주 에이다Ada에 있는 오하이오노던대학교Ohio Northern University와 자매결연을 맺는 등, 세계 6대주 곳곳의 대학교들로 자매결연을 확대한다.

조국 근대화에 공명

총장 취임사와 관련해 주목해야 할 것은 중재가 '조국 근대화를 위한 적극적인 봉사정신'을 키우자고 제의한 사실이다. 새삼 설명이 필요 없듯, 박정희 대통령은 취임 당시부터 '조국 근대화'를 국정운영의 기조로 삼았고, 많은 국민이 호응했다. 오늘날에도 다수 국민은 박 대통령이 정치에서는 독재를 했다고 비판하면서도 '경제발전'을 이룩한 업적이 크다고 평가하는데, '조국 근대화'의 구체적 표징의 하나가 '경제발전'이었다.

중재는 박 대통령이 제시한 '조국 근대화'에 공명하고 있었다. 힘이 없어 일제에게 나라를 빼앗겼고 해방이 되었다고 해도 역시 힘이 없기에 강대국에 의해 조국이 분단되고 전쟁까지 치른 비극을 체험한 그로서, 이제 국력을 키워 민족의 활로를 새롭게 열어야 하며 그것이 항일독립운동의 정신을 계승하는 것이라는 믿음을 내면화하고 있었던 것이다. 중재의 생각은 그가 발표한 수필 「지식의 덕德과 독毒」 가운데 다음 부분에 잘 나타나 있다.

조국의 근대화는 우리 국민의 지상 목표이며 국민 누구나가 이 목표 달성을 위해서는 개인의 실리를 배격하고 국민적, 국가적, 전체적 이익 관념에서 땀 흘리고 봉사해야 하는 것이다. 조상으로부터 물려받은 우리의 땅은 좁고 그나마 좁은 땅덩어리는 열강의 실리 흥정으로 두 쪽으로 동강이 났으며 평화를 추구하고 자주와 자립을 갈구한 우리는 무서운 공산주의의 침략의 시련을 겪어 온 것이다. 이제 무서운 시련을 겪고 견디어 이겨낸 우리에게는 조국 통일이라는 민족적 대과업이 남아 있는 것이다. 자유민에 의한 조국의 통일 없이는 민족과 영토의 보전도 어려운 것이다. 우리 국민의 지상 목표인 남북통일은 오직 우리 한국의 근대화와 정신적 물질적 힘의 배양 없이는 이룩될 수 없는 것이다.[30]

여기서 주목되는 부분은 중재가 '조국의 근대화'를 '물질적 힘의 배양'으로만 이해하지 않고 '정신적 힘의 배양'이 함께 가야 하는 것으로 이해했다는 점이다. 그러한 맥락에서, 중재는 「메말라가는 인정과 국민성」이라는 수필에서 "조국을 근대화하는 과정에서 우리는 새로운 삶의 가치관을 재정립할 급격한 현실에 직면하고 있다."라고 분석하고, "고도 산업을 추구하기에 앞서 도의의 사회와 인정의 사회를 재건하여 한국적 전통사회를 보존하면서 한국의 정신 문화의 기반 위에 고도 경제성장을 위한 산업사회를 형성해야 할 것"을 제의했다.[31]

중재는 박 대통령이 제시한 '조국의 근대화'에 공명하면서 역시 박 대통령이 역설한 '수출입국輸出立國'을 지지했다. 중재는 자신의 「자원전쟁시대」라는 시론에서 "우리 국민이 총력을 기울여야 할 길은 오직 수출의 길뿐이다. 수출의 길이 타개되지 않는 이상 국력의 신장과 국

30 장충식, 「지식의 덕과 독」, 『위대한 유산을 위하여: 장충식 삶과 글』(단웅미디어, 1974), 80~81쪽.

31 장충식, 『큰 삶 작은 이야기: 장충식 삶과 글』(문학마을, 1992), 174쪽.

민생활의 복지는 기대할 수 없는 것이다."라고 주장했다.[32]

'수출입국'의 구호는 외화를 더 많이 벌어들이자는 뜻을 담고 있었다. 이 때문에 1970년대에는 정부가 일본인들의 한국으로의 '매춘관광' 또는 '기생관광'마저 용인했다. 중재는 매서운 필법으로 비판했다. "[1945년에] 일본이 패망했을 때 우리 국민 가운데 그 누가 일본인들이 떼를 지어서 우리의 딸들을 희롱하기 위해 우리의 강산에 다시 오리라고 예견했던가?"라는 말로써 비통함을 나타냈다. 그러면서도 중재는 문제의 그 여성들을 비난하지 않고 삶을 새롭게 출발하도록 격려했다. 원래 따뜻한 마음을 지닌 중재는 "지금 비록 생활의 수단으로 그들의 희롱을 받아야 한다고 하더라도 우리의 잘난 딸들은 결코 비굴해지거나 낙담해서는 안 될 것이며, 더욱 자부심을 갖고 그들을 능가할 능력을 키우고 재력을 늘리는 데 힘을 기울여 주길 바라는 마음 간절하다. 손이 비어 있다고 해서 마음[精神]마저 비어 있다면 그것은 두 번 죽는 것이며 열 번 희롱당하는 것이다."라고 가르쳤다.[33]

'파월장병위문단'을 이끌고 참전 국군 방문

박 대통령의 '조국 근대화' 노선에 공감하면서, 중재는 정부의 시책에 호응할 것이 있으면 주저하지 않았다. 한 작은 예가 당시 거의 모든 대학교 총장이 꺼리던 '전국교원 및 대학생대표 파월장병위문단' 단장을 맡아 1967년 8월 3일부터 보름 동안 전국 대학교 학생처장과 학생회 임원 및 관련 공무원 등 약 400명을 인솔해 베트남에 파병된 국군

---

32 장충식, 「자원전쟁시대」, 『위대한 유산을 위하여』, 112~115쪽.

33 장충식, 「매춘관광」, 위와 같음, 15~18쪽 가운데 17쪽. 이 글은 「기생관광」이라는 제목으로 그의 『마지막 남은 한 길: 중재장충식수필선집』(경기도 용인시: 노스보스, 2011), 75~78쪽에도 수록되었다.

의 일선부대들을 찾아다닌 일이었다.[34] 박 대통령이 1967년 5월 3일에 실시된 제6대 대통령선거에서 재선되어 7월 1일에 취임식을 가진 직후였다.

중재는 결심을 단단히 했다. "정부의 관심이 큰 만큼 작은 실수도 있어서는 안 되고 달리 보면 나의 능력을 교육계에 선보이는 일이기도 했다."라고 생각하며 매사 성의와 신중을 다할 것을 다짐했다.[35]

사이공에 도착한 직후 중재는 채명신蔡命新 주월한국군사령관을 비롯해 유병현柳炳賢 맹호부대장과 박현식朴賢植 백마부대장 및 유학성兪學聖 십자성부대장 등의 '열렬한 환영'을 받으면서 친분을 쌓았다. 중재는 다음과 같이 회상했다.

> 베트남전쟁은 전형적인 게릴라전의 형태로 진행되고 있었다. 전방과 후방이 따로 없고, 어디서 폭탄과 수류탄이 터질지 모르는 형국이었다. 거기에 한국군은 그 용맹함으로 인해 미국군과 더불어 가장 최일선에서 전쟁을 감당하고 있었다. 이 위험지대를 2주 동안 누비고 다녀야 하니 쉽게 어느 누구도 단장직을 맡겠다고 선뜻 나서지 않았던 것이다. […] 해군 수송선을 타고 월남 사이공에 도착해 격전지를 방문했다. 육로에서는 일행들은 군용 트럭을, 나는 [채명신 사령관과 함께] 헬리콥터를 이용했다. 어디서 총탄이 날아올지 모르는 긴장도 겪었다. 모두들 지치고, 힘든 일정이었지만 기쁜 마음으로 장병들을 만났다. 장병들도 정말 형제와 부모를 만난 것처럼 반겨주었다.[36]

---

34 『단국대학교60년사: 1947-2007』, 하, 682쪽. 어느 책에는 장 총장의 단장으로서의 출국이 1968년 8월로 나와 있다. 그러나 당시 『경향신문』(1967년 8월 4일 3쪽)은 출국일을 1967년 8월 3일로 명기했다.

35 장충식, 『시대를 넘어 미래를 열다』, 161쪽.

36 장충식, 「박정희 전 대통령: 날 선 권력 앞에서 사립대 총장이 걸어온 길(상)」, 『학연가연』(경기도 용인시: 노스보스, 2021), 315~317쪽.

맹호부대 유병현 장군의 안내로 맹호부대를 시찰하는 중재(1967)

현지에서 중재는 한국군이 열악한 여건 속에서도 미군에 비해 많은 전과를 올리고 있으며, 특히 민간인을 상대로 하는 선무작전에서는 미군보다 월등한 성과를 올리고 있다는 보고를 받았다. 중재는 또 "우리 국군 한 사람이 희생되면 베트콩의 희생은 열 사람"이라는 설명을 들으면서 그만큼 국군이 작전에서 치밀과 용기를 보인 결과로 받아들였다. 중재는 국군야전병원도 찾아가 한국군 전상군인들을 위문함과 동시에 부상으로 고통받는 젊은이들을 많이 보았다. 중재는 "그들을 보면서 왜 우리 한국군이 남의 나라 전쟁에 끼어들어서 이 피비린내 나는 전쟁터에서 희생되어야 하는가 하는 회의를 느끼기도 했다." 그러나 "처음으로 정부의 공식적 사업을 이끄는 중책을 맡았지만, 큰 보람을 얻은 활동이었다."라는 결론을 내렸다.

중재가 베트남을 다녀온 때로부터 8년이 채 되지 않은 시점인 1975년 4월 30일에 우리가 흔히 월맹越盟이라고 부른 북베트남 그리고 남베트남 내부에서 활동하던 친공·반정부 세력인 베트콩의 연합 공격에 의해 남베트남 정부는 붕괴되었고, 베트남 전체가 공산화되었다. 중재는 "강력한 우방국들이 남베트남을 위해 참전해주었고 많은 군수물자를 원조해주었으며, [그 결과] 남베트남은 병력과 화력 면에서도 공산 월맹을 능가하는 전력을 보유하고 있었지만, 남베트남은 정신적 전쟁에서 패하고 말았다."라고 진단하면서, 남베트남의 패인敗因들 가운데 가장 중요한 것으로 "남베트남 종교인들이 공산주의 세력에 맞서 싸우는 것을 외면하고 정부와 싸우는 일에만 몰두했던 것"을 지적했다. 이러한 분석으로부터 중재는 "북한 공산주의자들의 끊임없는 침략의 도전과 위협을 받는 한국에서, 어느 누구보다도 종교인들의 임무와 역할이 막중하다."라는 결론을 제시했다.[37]

헤겔을 비판하고 피히테를 칭송한 중재의 역사관

중재는 어린 시절에 선친의 항일독립운동을 눈으로 보며 성장했고, 6·25전쟁 때 학도병으로 참전했다가 육군에 정식으로 입대해 일병으로 전역했다. 그러한 그가 베트남전선에서 한국군 장병의 목숨을 건 전투상황을 목격했을 때 조국의 독립과 안전을 보위하기 위한 희생이 얼마나 고귀한 것인가 새삼 깨달을 수 있었다.

여기서 중재는 독일 관념론을 대표하는 19세기 독일 철학계의 두 거장 헤겔Georg Wilhelm Friedrich Hegel, 1770~1831과 피히테Johann Gottlieb Fichte, 1762~1814를 비교하게 되었다. 중재는 우선 헤겔에 대해, "1806년 프러시아는 나폴레옹의 침략에 굴복했다. 프러시아의 독립을 위한 예나Jena 전투의 대포 소리가 요란하게 울려오고 있을 때 헤겔은 이를 들은

[37] 장충식, 「종교인의 사명」, 『큰 삶 작은 이야기』, 221~225쪽.

체 만 체 그의 저서인 『정신현상학精神現象學』의 종장을 쓰고 있었다."라고 지적하고, "헤겔은 비록 위대한 철학자였으나 자기 조국의 운명이 존망의 위기에 처해 있을 때 저작에 몰두했다는 사실은 지혜는 있었으나 민족에 대해, 동포에 대해 가장 비열하고 비정한 인간이었음에 틀림이 없을 것이다."라고 비판했다. 헤겔은 하이델베르크대학교 교수에 이어 베를린대학교 교수를 역임하는 가운데 『법철학 강요』와 『역사철학 강의』를 포함한 대저들을 출판해 독일 철학의 발전에 크게 이바지했다. 그의 철학은 그가 죽은 뒤 '헤겔 좌파'와 '헤겔 우파'로 갈린 제자들에 의해 서로 다른 방향으로 계승되며, 칼 마르크스Karl Marx는 '헤겔 좌파'의 학통을 이어받은 것으로 평가된다. 이러한 세계적 철학자에 대해서도, 중재는 자신의 소신에 따라 가차없이 비판하는 용기를 보여주었다.

중재는 반면에 예나대학교 교수로, 칸트Immanuel Kant, 1724~1804로부터 헤겔에로의 다리 역할을 한 철학자로 인정받은 피히테를 높이 평가했다. "나폴레옹 군대가 프러시아를 점령한 1807년과 1808년 사이에 피히테는 프랑스 군병들의 군화 소리를 들으면서 [베를린의 프러시아 학사원 대강당에서]「독일 국민에게 고함Reden an die Deutsche Nation」이라는 제목하에 14회에 걸쳐 강연했으며[38] 자유와 정의의 이상을 논하고 독일 민족의 애국심을 고취하였다."라고 지적한 데 이어, 특히 그의 연설 가운데 "……굴복에 의해 겨우 허락된 우리의 존재를 비겁한 치욕과 가치 없는 생에 대한 애착으로부터 어떻게 방비할 것인가? 그것은 우리 자신을 위하여 살려는 욕망을 버리고 값있는 후세를 양성하는 길이라 하겠다.……."라는 부분이 자신의 '가슴을 가장 뜨겁게 찔렀

[38] 이 강연은 우리나라에서 다음과 같이 번역됐다. 요한 고틀리프 피히테 저, 곽복록(郭福祿) 역, 『독일 국민에게 고함』(올재, 2022).

다.'라고 회상했다.[39]

이러한 역사관을 지닌 중재는 정부의 방침에 따라 전국의 모든 대학에 학도호국단이 결성되고 단국대학교도 1975년 6월 27일에 대운동장에서 학도호국단을 결단할 때 학생들 앞에 다음과 같이 소신껏 연설할 수 있었다. "학도호국단의 결단은 첫째 자주적인 호국체제의 완비를 기하고, 둘째 우리의 자유역량을 최고도로 발휘할 수 있는 조직의 강화이며, 셋째 조국 앞에 모든 국민이 자기성실을 다하여 민족의 창달을 더욱 영광스럽게 성취해 나간다는 국민적인 결의 표명인 동시에 행동의 실천입니다."[40]

당선이 보장된 국회 전국구 제의 거부

중재가 이끌었던 '파월장병위문단' 일행이 베트남에서 귀국하자 박 대통령은 청와대로 불러 보고를 겸한 위로 다과회를 열고 격려했다. 특히 중재를 크게 격려했다. 자리를 함께한 문교부 장관이나 관료들 그리고 정치인들도 중재에게 인사와 덕담을 건네었다. 중재에 대한 박 대통령의 신뢰를 높인 일이 뒤따랐다. 1968년 9월 12~17일에 서울운동장에서 열린 제49회 전국체육대회 때 개막식 당일인 12일에 단국대학교 남녀학생이 하나의 팀을 이뤄 우리나라 대학생으로서는 처음으로 매스게임을 벌인 공로로 문교부 장관 표창과 대통령 하사금을 받은 것이다. 권오병 문교부 장관이 "단국대학교 학생들의 화려하고 힘찬 매스게임은 한국 대학생의 정신적·신체적 단결과 조화를 만방에 빛낸 획기적인 것"이라고 치하했으며, 박 대통령은 "매스게임에 참여한 단

---

[39] 장충식, 「현충일과 골프장」, 『위대한 유산을 위하여: 장충식 삶과 글』(단웅미디어, 1974), 97~98쪽.

[40] 『단국대학교60년사: 1947-2007』 상, 182쪽.

제49회 전국체전에서 국내 최초로 매스게임을 연출한 단국대는 문교부장관 표창장을 수상했다. (1968.09.12)

국대학생의 정신적 자세를 높이 치하한다."라며 격려했다.

박 대통령의 격려는 1971년 5월 25일에 실시되는 제8대 국회 총선을 앞두고 민주공화당 사무총장 길재호吉在號 의원을 통해 당선이 확실하게 보장되는 전국구 19번 제의로 이어졌다. 이갑성 옹도 박 대통령의 똑같은 제의를 다음과 같이 전해왔다.

> 자네 같은 인물이 필요하시다는 말씀이 있었어. 자네 어느 기관에 가서 고문당한 일이 있는가 하고 물어서 웃기만 하고 대답하지 않으니까, 대통령이 그것도 알고 있더군. 처음 대통령과 면담한 적이 있다면서, 첫 만남에서 자네에게 대통령이 반했다는 것이야. 배짱 좋은 젊은 총장이라 기용하고 싶다는데 자네 생각은 어떤가?[41]

---

[41] 장충식, 『시대를 넘어 미래를 열다』, 195~196쪽.

그러나 중재는 "대통령의 뜻을 거절하면 자칫 단국대학교를 망치는 길을 선택하는 것은 아닌가 걱정이 되어 고민하고 또 고민한 뒤 [···] 교육자가 정치를 하는 것은 합당한 일이 아니라는 선친의 말씀을 유언으로 받아들이고 있으며, 대학 총장으로 있으면서 대학을 키우고 우리 학생들하고 있는 게 더 행복하고 저한테도 어울리는 일"이라는 답변으로 사양한다. 그렇지만 우리가 앞으로 제5장과 제6장에서 보게 되듯, 중재는 '파월장병위문단' 단장직 수행을 시발로 삼아 새마을운동과 남북체육회담을 비롯해 여러 국가적 과제에는 적극적으로 참여한다.

대체로 이 시점에서 단국대학교의 공무와 관련해 때때로 찾아오는 중재를 상대했던 곽후섭郭厚燮 대통령 정무비서관은 중재를 높이 평가했다. 서울대학교 사범대학 동기생인 그는 중재에 대해 "한눈에 비치는 그의 인상은 학鶴과도 같이 고고하고 어떤 주변 변화에도 흔들리지 않는 거목과 같은 모습이다. 우리 세대로서는 큰 키에 당당한 체구, 거침없이 자기주장을 펼치는 남자다운 풍모를 엿보게 되면 저절로 믿음이 간다."라고 썼다.[42] 중재의 인상을 '학'에 비유한 곽후섭 정무비서관의 뒤를 이어 시인이며 단국대학교 교수인 김수복金秀福 박사는 중재의 고희를 기념해 발표한 시 「우리의 학이여, 우리의 하늘이여」의 후반에서 중재를 학에 비유해 다음과 같은 시구로 그려냈다.

> 학은 낮은 땅에만 내려앉는다
> 세상의 상처에 다가가서 가슴을 부비고
> 저 북녘의 하늘에도 기쁜 뺨을 부비고
> 사랑을 잃어버린 나무를 일으켜 세운다

[42] 곽후섭(郭厚燮), 「영원한 청년, 중재」, 『빈 들에 씨를 뿌리며』, 91~93쪽 가운데 91쪽.

학은 하늘을 향해서도 하늘만 향하지 않고
세상의 고통과
분단과 통일을 생각한다
우리의 가슴속 벽이 있어도 벽을 생각하고
그 긴 다리의 평화로
우리들의 가슴 가운데 살고 있다.[43]

이 부분은 분단된 민족의 화해와 통일을 위해 여러 형태로 분투한 중재의 삶을 잘 묘사했다.

인재를 아낀 대학운영

취임과 동시에 중재는 대학원장에 박종성朴鍾聲 교수를 임명했다. 박 교수는 1925년에 태어나 경성제국대학 예과를 수료한 뒤 1952년 3월에 서울대학교 법과대학 법학과를 졸업하고 뉴욕대학교New York University 법과대학 대학원에서 해양국제법을 전공해 1958년 6월에 석사학위를 받은 데 이어 1960년 6월에 "영해의 이론과 실제" "Theory and Practice of Territorial Sea"라는 논문으로 박사학위Ph.D.를 받았다. 귀국 직후 한 학기 동안 서울대학교에서 국제법을 강의하다가 1961년 3월에 단국대학 정법학부 법률학과 부교수로 부임해 한국에서의 교수직을 시작하고 『해양국제법』법문사, 1962을 출판함으로써 국내 학계에 해양국제법을 처음으로 소개했다.[44] 그 시점에 한국에는 국내에서 박사학위를

[43] 김수복, 「우리의 학이여, 우리의 하늘이여: 중재 장충식 이사장님의 고희를 기념하며」, 『빈 들에 씨를 뿌리며』, 18~19쪽.

[44] 이 책에 대한 서평으로 다음이 있다. 박관숙(朴觀淑), 『국제법학회논총』 제8권 제2호(1963년 9월), 413~419쪽.

받은 학자도 드물었지만 미국을 비롯한 선진국에서 박사학위를 받은 학자는 그 수를 셀 정도로 희소했다. 게다가 해양국제법을 전공해 박사학위를 받은 이는 그가 유일했다.

그러했기 때문인지, 박 교수는 중재가 부학장으로서 연구실로 찾아가 상의하고자 하면 자신이 중재보다 일곱 살 위임을 의식해서인지 "책상에 앉은 채 돌아보지도 않고 면박을 주듯 대꾸할 뿐 아니라" 학생들에게 늘 "나 같은 저명 교수는 이런 대학에 있을 사람이 아니야." 라고 말하곤 했으며 중앙대학교 부교수로 옮겨 갔으나 거기서도 그렇게 처신하다가 그만두게 되었다는 풍문이 나돌았다. 그런데도 중재는 그를 교수로 다시 받아들여 대학원장에 보임한 것이다. 이때 교수들이 그런 사람을 왜 받아들이느냐고 묻자, 중재는 그의 학문이 소중하다고 대답하면서 설득했다. 이후 중재는 그에게 중앙도서관장에 이어 법정대학장을 맡겼다.[45]

중재의 너그러움 그리고 인재 사랑을 말하는 이 결정으로 단국대학교로 돌아온 뒤 박 교수는 성실한 자세로 연구에 전념해 해양법에 관한 개척적 논문들을 잇달아 발표하고 『해양국제법특수연구』단국대학교 출판부, 1973를 출판해, 이 주제에 관한 학계의 연구를 계속해서 이끌었다. 그가 1985년 2월에 환갑을 불과 몇 달 앞두고 별세한 뒤 제자들이 「경해鏡海박종성박사논문집간행위원회」를 구성하고 그가 그사이 발표한 논문들을 모아 그의 이름으로 『한국의 영해』법문사, 1985년 11월를 출판한 사실 그리고 이 책에 담긴 제자들의 글을 보면 그가 중재의 기대에 어긋나지 않게 연구를 계속하면서 성실하고 친절하게 제자들을 지도했음이 확인된다.

---

[45] 장석권, 「장충식 이사장님의 고희에 부쳐」, 『빈 들에 씨를 뿌리며』, 188~189쪽.

돌이켜보면, 박종성 교수는 글자 그대로 선구자였다. 해양자원을 둘러싸고 세계 각국이 치열한 경쟁을 벌이는 가운데 국가와 국가 사이에 분쟁이 심해지자, 유엔은 1982년 12월 10일에 「유엔해양법협약United Nations Convention on the Law of the Sea, UNCLOS」을 성립시켰다. 당시 67개국이 유엔의 주재 아래 영해와 배타적 경제수역 등 바다의 경계를 가르는 기준 그리고 해양자원을 이용하고 관리하는 원칙을 담아 '바다의 헌법'을 채택한 것으로, 1994년 11월 18일에 발효했다. 여기에 발맞추어, 협약이 발효한 그 날에 「국제해양법재판소International Tribunal for the Law of the Sea, ITLOS」가 독일 함부르크에서 문을 열었다. 2024년 현재 회원국은 169개국이다. 우리나라는 1996년 1월 29일에 이 협약에 가입하면서 '바다의 날'을 국가기념일로 선포하고 내각의 한 부서로 해양수산부를 출범시켰다. 특히 박춘호朴椿浩 고려대학교 교수와 백진현白珍鉉 서울대학교 교수에 이어 이자형李滋炯 외교부 국제법률국장이 차례로 이 재판소의 재판관으로 봉직했고, 백 교수는 소장으로까지 올랐다.

인재를 아끼는 중재의 마음가짐은 박종성 교수 사례 하나로 끝나지 않았다. 황명수 전 단국대학교 총장직무대행은 "한때는 [장충식] 이사장님께서 유학을 보내고 연구를 시키는 등 재정적으로 많은 도움을 받은 교수가 해외 연구를 마치고 귀국해서는 단국대를 떠나 다른 대학으로 옮겨 간 사례도 있었으나 그를 책망하지 않았으며, 물론 손해배상을 청구하지도 않았다. 왜냐하면 유학을 보내어 대한민국의 인재를 길러낸 것으로 만족한다는 것이었다."라고 회고했다.[46] 중재 스스로 자신의 심경을 다음과 같이 토로했다.

---

[46] 황명수, 「관용과 포용의 실천자」, 위와 같음, 128쪽.

10여 년 동안 장학금과 연구비 등을 후원하여 길러낸 인재가 단국대를 떠난다는데 서운하고 아픈 마음이 안 든다면 그것은 거짓이다. 하지만 나마저 그를 비난하면 그는 모교의 배신자가 되고, 학계에서도 배은망덕한 인간이라 손가락질을 면치 못한다. 자칫 젊은 학자의 앞길을 매장하는 일이 될 수도 있는 위험한 일이다. 더군다나 내 마음대로 부리고, 내 뜻대로 움직이게 하려 인재를 길러내는 것은 아니지 않겠는가. 외국에서 길러낸 인재가 우리 대학에서 봉사할 수 있고, 우리 대학에서 길러낸 인재가 세계로 나가 봉사할 수 있어야 한다. 그것이 인재를 기르는 참뜻이기도 하다. 나는 아픈 마음을 뒤로 하고 그를 웃으며 보냈다.[47]

이 대목에서 우리는 중재의 교육관敎育觀을 다시 생각하게 된다. 일본인 단체 앞에서의 연설에서 "인류에는 세 가지 형태의 인간이 있다."라고 시작한 중재는 "자기와 자기 가족을 위해 노력하는 사람, 민족과 국가를 위해 헌신하는 사람, 세계 인류를 위해 헌신하는 사람이 그것인데, 단국대학교 교육의 궁극적 목적은 세 번째 사람의 육성에 있다."라고 밝혔던 것이다.[48] 중재의 이 연설은 우리의 「「단국대학 설립 취지서」의 내용과 의미」에서 살핀 「단국대학 설립 취지서」를 떠올리게 된다. 「취지서」는 첫 문단에서 단국대학은 한국을 위해서뿐만 아니라 세계 인류를 위해 헌신할 일꾼들을 키워내고자 한다는 뜻을 여러 차례 밝혔던 것이다.

부산대학교 명예박사학위 취득

이처럼 단국대학을 단국대학교로 격상시키고 정계 진출도 사양하

---

[47] 장충식, 『학연가연』, 197~198쪽.

[48] 황명수, 「관용과 포용의 실천자」, 『빈 들에 씨를 뿌리며』, 128~129쪽.

면서 대학인으로서 올곧은 길을 걷는 중재에게 부산대학교는 1968년 2월 26일에 열린 졸업식에서 명예문학박사학위를 수여했다.[49] 당시 부산대학교 총장은 서울대학교 사범대학 학장과 문교부 차관 및 문교부 장관을 역임한 영어영문학자 고광만高光萬 교수였다. 이날 명예박사학위를 받은 이는 중재가 유일했다.

부산대학교는 중재가 역사학 전공자임을 고려해 다른 분야의 명예박사가 아니라 명예문학박사학위를 수여한 것으로, 이것은 중재에게 최초의 명예박사였다. 이후 그는 미국과 프랑스 및 러시아를 비롯해 중화민국과 몽골 및 카자흐스탄 등 외국의 6개 국가 8개 대학교로부터 명예박사를 받는다.

다른 한편으로, 중재는 서울대학교 사범대학 교수로 국사학을 가르치다가 단국대학교 교수로 전임한 김성근 교수에게 1968년 11월 4일에 명예문학박사학위를 수여했다. 이것은 단국대학교가 수여한 명예박사 제1호였다.[50] 중재는 3·1운동 50주년을 하루 앞둔 1969년 2월 28일에 열린 단국대학교 졸업식에서 3·1운동 때 독립선언서에 서명한 33명 가운데 최연소 서명자인 이갑성 옹에게 명예법학박사학위를 수여했다. 그의 독립운동에 대한 기여를 기린 것이다.[51] 이것은 단국대학교가 수여한 명예박사 제2호였다.

---

[49] 『부대신문(釜大新聞)』(부산대학교 주간: 1968년 2월 26일), 2쪽.

[50] 『단국대학교60년사: 1947-2007』, 상, 803쪽.

[51] 위와 같음, 하, 683쪽.

설립자 범정의 유훈 실천

총장으로 활동하면서 중재는 설립자인 선친 범정의 유훈을 실천하는 것을 잊지 않았다. 그 첫 번째는 독립운동가들의 가족을 돕는 일이 생기면 어떤 어려움이 있더라도 거절하거나 피하지 말라는 것이었다. 특별히 백범 김구를 추모하는 일에 정성껏 봉사하고 공들이라는 것이었다. 두 번째는 경제적으로 어려운 학생들이 도움을 청할 경우, 그들을 돕는 일에 적극적으로 발 벗고 나서라는 것이었다. 세 번째는 집안 가족이나 친인척 가운데 공익을 위해 봉사할 신념과 능력 있는 사람은 힘에 겨워도 도우라는 것이었다. 네 번째는 학생들 가운데 국가와 민족을 위한 이념을 갖고 정치활동을 하는 학생들과 정의로운 입장에서 활동하는 학생들의 힘이 되어주라는 것이었다. 다섯 번째는 남북한이 같은 민족으로 화합하는 일이나 통일에 도움이 되는 일이라면 언제라도 앞장서야 한다는 것이었다. 그리고 마지막으로 단국대는 단군의 이념인 홍익인간의 정신을 바탕으로 세워졌으니, 이 정신으로 발전시켜야 한다는 것이었다.[52]

중재는 선친의 유훈 실천에 힘썼다. 자세한 내용에 대해서는 앞으로 적절한 대목에서 설명하기로 하겠다. 예컨대, 다섯 번째 유훈의 실천은 전적으로 제6장에서 설명하기로 한다. 여기서는 우선 독립운동가들의 정신을 선양하고 가족을 최대한 돌보라는 유훈에 관해서만 설명하기로 하겠다.

---

[52] 장충식, 「'나'를 버리고 '대의'에 충실하라」, 『시대를 넘어 미래를 열다』, 355~356쪽.

백범 김구 선양 사업

중재는 어느 무엇보다도 백범 김구의 애국과 애족의 뜻을 널리 알리며 추모하기 위한 사업에 헌신했다. 이승만 정부가 출범한 때로부터 1년도 채 되지 않은 1949년 6월 26일에 백범이 암살되었을 때 그 배후에 이승만 정부의 군부와 경찰 가운데 극우 세력이 개입되어 있다는 의혹이 제기되었다. 그러나 그 의혹은 전혀 규명되지 않은 채 암살범 안두희安斗熙는 오히려 승승장구했으며, 백범을 추도하는 일은 탄압받았다. 4월의거로 이승만 정부가 물러나고 나서야 추도식을 거행할 수 있었고 '백범선생시해진상규명위원회'가 결성될 수 있었다. 그러나 5·16군사정변이 일어나면서 분위기는 다시 바뀌어 진상 규명은 사실상 벽에 부딪혔다. 다행히 1968년 6월에, 제1공화국 때 국회부의장이었고 제2공화국 때 국회의장이었으며 제3공화국 출범 이후 박정희 대통령과 가까웠던 곽상훈郭尙勳 회장 체제로 '백범김구선생기념사업협회'가 새롭게 출범하였다. 이 사업회의 주도로 1969년 8월 23일 서울 남산에 백범 동상을 세우고 그 주변 지역을 '백범광장'으로 명명할 수 있었다.

곽상훈 회장이 1980년 1월에 별세하면서, 기념사업회는 재정의 어려움을 겪었다. 광복군 출신으로 사업회 부회장이던 박영준朴英俊 전 한전 사장이 1981년 6월에 회장직을 승계하면서 그사이 고문으로 참여했던 중재는 부회장을 맡았다. 박 회장이 노령에 이르자 여러 임원과 회원은 사업회의 활성화를 위해 중재에게 회장을 맡아줄 것을 간청했다. 중재는 1991년 2월에 제의를 받아들이고 제3대 회장에 취임했다.[53] 이때의 심정을 중재는 다음과 같이 회상했다.

---

[53] 선우진(鮮于鎭), 「백범 선생의 뜻을 잇는 정성」, 『빈 들에 씨를 뿌리며』, 382~384쪽.

중재는 7년간 백범김구선생기념사업협회 회장을 맡아 백범의 독립 정신을 기리는 데 많은 노력을 기울였다. 백범 김구 서거 43주기를 맞이하여 추도식에서 백범의 업적을 회고하는 중재(효창공원 백범묘, 1992.06.26)

> 부회장이나 고문으로 사업회 운영에 지원한 것을 포함하면 10년이 넘는다. 이 긴 시간 동안 당시 정부는 백범사업회에 어떤 재정 지원도 하지 않았고, 재계도 도움을 주지 않고 있었다. 명색이 항일전쟁을 이끈 상해 임정의 수반이자 독립운동 유공자였지만 그의 유지를 받드는 사업은 아무도 거들떠보지 않았다. 명예도, 돈도 없는 단체라서 바람 앞의 촛불처럼 존재가 위태했다. 그렇지만 독립운동 유공자들이 나에게 회장 취임을 부탁했을 때 나는 선선히 응했다.[54]

중재는 기념사업회의 성격을 보다 뚜렷하게 나타내려는 의도에서 항일독립운동가의 후손을 이사로 영입했다. 구한말 망국기 이후 일관되게 독립운동에 헌신했으며 마침내 대한민국임시정부의 국무총리대행 겸 외무총장을 역임한 예관睨觀 신규식申圭植 선생의 외손 민영백閔泳

[54] 장충식, 『학연가연』, 219~220쪽.

栢 명예건축가를 이사로 영입한 것이 그 대표적 사례였다. 한국건축가협회가 선정해 부여하는 자격으로서의 명예건축가인 민영백은, 일본군을 탈출하고 임정에 합류해 광복군으로 활동한 김준엽 전 고려대 총장의 처남으로 대한민국임시정부의 마지막 청사가 있었던 사천성 중경에서 태어났기에 '백범김구선생기념사업협회'에 어울렸다.

회장에 취임한 이후 7년 3개월 동안 회장직을 수행한 중재의 활동을 백범의 오랜 비서였으며 백범이 시해된 뒤 어떤 정치세력에도 가담하지 않고 백범을 추모하는 사업 하나에 전념한 선우진鮮于鎭 '백범김구선생기념사업협회' 상임고문이 상세히 증언했다. 선우 상임고문은 우선 중재가 1992년 7월에 기념사업회를 사단법인으로 제도화한 데 이어 "사업회 사무실도 변변치 못하고 운영 자금도 고갈 상태에 있던 상황에서 거액을 희사하여 [백범이 잠자고 있는 서울 용산의 효창공원孝昌公園 옆에] 현재의 사무실인 백범회관을 전세보증금으로 임차했고, 사업회 기금을 정립해 운영을 안정시켰다."라고 칭찬했다. 선우 상임고문은 이어 중재가 '백범선생시해진상규명위원회'를 활발하게 가동해 국회가 진상 규명 활동을 추진할 것을 국회에 청원하고 3년 동안 투쟁을 벌인 끝에 마침내 국회가 법사위원회에 진상규명소위원회를 구성하고, 이 소위원회가 백범 시해를 '이승만 정권 비호 아래서의 정권적 차원 범죄'로 규정한 보고서를 작성해 국회 본회의에서 통과된 사실을 상기시켰다.[55]

중재는 '백범정신선양사업'으로 매월 정례적으로 '백범 강좌'를 개최했으며, 추도식을 거르지 않았다. '백범 강좌'의 경우, 신채호申采浩와 박은식朴殷植을 비롯해 백범에 이르기까지 한국의 독립운동사를 깊이

[55] 선우진, 「백범 선생의 뜻을 잇는 정성」, 384쪽.

연구한 서울대학교 사회과학대학 사회학과 신용하愼鏞廈 교수가 전적으로 맡아주었고, 추도식의 경우 단국대학교 음악대학 밴드부가 주악으로 자리를 숙연하게 만들어주었다.[56] 이 과정에서, 중재는 정부와 정계 및 재계의 주요 인사들을 초청해 항일독립운동과 백범에 대한 그들의 인식을 살피고자 했다. 그러나 참석하는 이들은 아주 적었다. 중재에 따르면, 김대중金大中 전 대통령 후보만이 열성적이었고 백범을 비롯한 항일독립운동가들에 대한 '상당히 깊은 지식'을 보여주었다.[57]

중재는 백범의 자서전이면서 동시에 구한말 이후 한국의 독립운동사나 다름없는 『백범일지』를 백범의 45주기에 맞춰 중국어로 번역해 출판했다. 중국의 한국어 전문가 선덕오宣德五·장명혜張明惠 부부가 번역하고 북경대학의 한국어연구센터 고문 계선림季羨林 교수가 「서序」를 쓴 이 번역본이 북경의 민주건설출판사에서 출판되어 한국에 도착하자, 중재는 1993년 6월 26일에 효창공원 안에 있는 백범의 묘 앞에서 백범 45주기 추모식을 열고 이 사실을 고유告由했다.

백범은 1919년 4월 11일에 상해에서 수립된 대한민국임시정부를 상징하는 항일독립운동가들 가운데 대표적 지도자이다. 오늘날 대한민국의 시원은 바로 이 대한민국임시정부이다. 이 임시정부 청사가 있는 지역이 재개발된다는 소식을 들은 중재는 자칫 재개발로 이 역사적인 건물이 사라질 수도 있다고 우려하며 살리는 길을 찾기 시작했다. 임정 청사가 상해시 소유로 되어 있어서 사들이기 어렵다는 현실에 직면하자 중재는 곧바로 백범의 아들 김신金信 장군과 의논해 임정 청사를 복원하는 사업에 착수했다. 청사를 우리 돈으로 복원해 놓으면 한국의 관광객이 방문할 것이고, 그때 상해시가 입장료를 받으면 상해시

---

[56] 장충식, 『시대를 넘어 미래를 열다』, 364쪽.

[57] 장충식, 『학연가연』, 210~212쪽.

수입에도 좋고 또 청사 보존에도 좋다는 데 의견이 모아졌다. 이 제의에 상해시가 동의하자 중재와 김신 장군의 요청을 받아들인 삼성그룹이 복원비를 맡았다. 이 과정을 거쳐 마침내 청사가 복원되었고, 1992년 8월에 우리나라와 중국 사이에 국교가 맺어지면서 한국의 관광객이 이 청사를 찾게 되었다.[58]

중재는 임시정부가 마지막으로 머물렀던 사천성 중경에 개설한 청사도 중경시와의 협의를 거치고 삼성의 지원을 받아 말끔히 복원했다. 중재는 곧바로 서울의 '백범김구선생기념사업협회'에 있는 백범 흉상과 똑같은 크기의 흉상을 만들어 상해의 청사와 중경의 청사에 각각 설치했다. 두 흉상 모두 구리로 만들었다.[59]

백범을 향한 중재의 존경은 동상 건립으로 이어졌다. 중재는 '백범김구선생동상건립인천시민추진위원회' 이회림李會林 위원장 및 인천광역시 최기선崔箕善 시장과 함께 1997년 10월 15일에 백범의 동상을 백범의 외로웠던 항일독립운동을 온갖 어려움을 이겨내며 지원한 백범의 모친 곽낙원郭樂園 여사의 동상과 함께 인천의 시민대공원에 세웠다. 백범은 고종 32년인 1896년 2월에 황해도 안악군安岳郡 치하포鴟河浦에서 칼을 지닌 한 일본인을 보자, 그가 1895년 10월 8일에 명성황후明成皇后 민비閔妃를 시해한 당사자이거나 그의 패거리라고 생각해 국모의 원통한 죽음에 보복한다는 정신으로 자신의 칼로 난자해 죽였다. 이 일로 백범이 재판받고 옥살이했던 곳이 인천이었기에, 그곳에 세운 것이다.

---

58 장충식, 『시대를 넘어 미래를 열다』, 362~363쪽.

59 위와 같음.

백범기념관 건립 계획 관철

백범에 대한 중재의 존경 그리고 백범을 기리는 기념사업에 대한 중재의 열정은 백범기념관 건립 계획으로 이어졌다. 1988년 2월 25일에 출범한 제6공화국의 노태우 대통령은 북방정책을 추진하면서 소련 및 동유럽 공산국들과의 수교를 이뤄낸 데 이어, 남북대화를 진전시켜 1991년 12월 13일에는 「남북[북남] 사이의 화해와 불가침 및 교류·협력에 관한 합의서」를 채택하기에 이르렀다. 이 합의서의 채택은 노태우 대통령과 김일성 주석 사이의 정상 회담이 임박했다는 추측을 낳았고, 민족의 숙원인 남북통일이 멀지 않은 장래에 실현될 것 같다는 기대마저 확산시켰다.

이러한 분위기는 자연히 1948년 봄에 평양에서 김일성과 회담하며 남북통일에 관한 합의를 이끌어낸 백범을 다시 추앙하게 만들었다. 그

1994년 4월, 장충식 백범김구선생기념사업협회 회장의 초청으로 김대중 당시 아·태평화재단 이사장이 〈월례 백범강좌 100회 기념강연회〉에서 백범의 삶을 회고하며 항일운동에 대한 소견을 밝히고 있다.

합의는 2년 뒤 스탈린과 모택동의 뒷받침을 받은 김일성의 남침 전쟁으로 나타나 비판받았으나, 백범은 통일 지향의 선구자적 지도자라는 이미지를 남겼다. 중재는 백범기념관을 건립할 수 있는 사회심리적 분위기가 성숙했다고 판단하고 1991년 말에 노태우 대통령을 만나 직접 건의했다.

노태우 대통령은 전적으로 공감하며 자신의 임기 안에 완공하겠다고 약속했다. 그리고 김신 장군은 물론이고 김 장군의 두 아들과 며느리, 딸과 사위 등 백범 유족을 청와대로 초청해 만찬을 베풀었다. 이 자리에서도 노 대통령은 무슨 일이 있어도 자기 임기 안에 중재가 건의한 백범기념관을 효창공원에 세우겠다고 거듭 다짐했다. 그러나 1992년 12월에 김영삼 후보가 대통령에 당선되면서 분위기가 바뀌었다. 1993년도 예산에서 완전히 빠진 것이다. 중재가 서면으로 청와대에 건의하고 항의해도 소용없었다. 우이독경牛耳讀經, 꿀 먹은 벙어리처럼 아무런 해명도 설명도 없었다. 무력해진 노 대통령을 괴롭히고 싶지 않아 중재는 일단 포기하고 말았다.[60]

그러나 중재는 꿈을 접지 않았다. 대통령이 되기 이전에도 중재의 초청에 응해 '월례 백범 강좌 100회 기념 강연회'에서 강연하며 백범에 대한 존경심을 표현했던 김대중 대통령은 중재의 호소를 받아들였다. 김 대통령은 사단법인 '백범기념관건립위원회'를 출범시키고 1999년 8월 3일부터 국민적 모금 운동을 전개해 예산을 확보하면서, 2002년 10월 22일에 서울특별시 용산구 효창동 255번지에 '백범기념관'을 건립하고 개관했다. 이 기념관은 2008년 12월에 '백범김구기념관'으로 명칭을 바꿨다.

---

[60] 장충식, 『시대를 넘어 미래를 열다』, 549~550쪽.

이봉창 의사와 윤봉길 의사 추모 사업

중재는 이봉창 의사 추모에도 힘을 기울였다. 새삼 설명이 필요 없이, 이봉창 의사는 백범의 가르침에 영향받아 1932년 1월 8일에 일제의 심장인 도쿄의 한복판에서, 그것도 경찰력의 총본산인 경시청 바로 앞에서, 일왕 히로히토裕仁에게 폭탄을 던져 조선인이 일제의 식민 지배를 거부하고 독립을 열망하고 있음을 세계만방에 알렸다. 안타깝게도 일왕을 죽이지 못한 채, 이봉창 의사는 1932년 10월 10일에 순국했다.[61] 1945년 8월 15일에 일제가 패망하면서 백범의 주도로 그의 유해를 윤봉길尹奉吉 의사의 유해 그리고 백정기白貞基 의사의 유해와 함께 서울 용산의 효창공원孝昌公園에 모셨으나, 백범이 시해된 뒤 후손이 없었던 이봉창 의사를 제대로 모시는 일이 없었다.

여기서 중재는 다음과 같이 말하며 나서게 되었다.

> 이봉창 의사는 독립투사 가운데 가장 높게 현양해야 할 분이다. 일본 제국주의가 천황중심제의 국가사상으로 동양과 세계의 평화를 파괴했는데, 이봉창 의사는 그 천황에 직접 항거한 분으로서 독립투쟁의 표적 가운데 최고의 위치에 도전한 분이니, 그 공은 높은 가운데 높다. 결혼하지 않아서 자식도 없고 형제도 없어서인지 그분에게 알맞은 현양 사업이 없는 것은 부끄러운 일이 아닐 수 없다.[62]

중재는 자신의 사재 3억 원을 희사해 2000년 11월 2일에 '이봉창

---

[61] 이봉창 의사에 관한 연구로 다음이 대표적이다. 홍인근(洪仁根), 『이봉창 평전: 항일애국투쟁의 불꽃, 그리고 투혼』(경기도 파주시: 나남, 2002).

[62] 최서면(崔書勉), 「시부시자(是父是子)」, 『빈 들에 씨를 뿌리며』, 394~396쪽 가운데 395쪽.

의사장학회'를 설립하고,[63] 그사이 발굴하지 못한 이봉창 의사에 관련된 자료를 수집했으며, '이봉창 의사와 한국 독립운동'이라는 주제로 국제학술대회를 여러 차례 개최했다. 중재는 그 결과를 2002년에는 『이봉창 의사와 한국 독립운동』단국대학교출판부 그리고 2004년에는 『이봉창 의사 재판관련자료집』단국대학교출판부으로 출판했다.

이봉창 의사의 의거로부터 100여 일 지난 4월 29일에 역시 백범의 가르침에 영향받은 매헌梅軒 윤봉길尹奉吉 의사가 상해 홍구공원虹口公園에서 상해 침략을 자축하는 기념식을 거행하던 시라카와 요시노리白川義則 대장을 비롯한 상해 침략의 주범들을 폭탄으로 도륙했다. 윤 의사는 그해 12월 19일에 순국했다. 윤 의사에 대해서도 존경과 추모의 뜻을 지녔던 중재는 1975년 11월 2일에 전 국회의장이면서 '매헌윤봉길의사기념사업회' 회장인 곽상훈郭尙勳 옹을 이사장으로 발족한 '매헌윤봉길의사장학재단'에 이사로 참여했다. 당시 재단법인을 구성하기 위해서는 법적으로 3천만 원이 필요했는데, 중재는 1할에 해당하는 3백만 원을 출연했다.[64]

중재는 이어 매헌의 장손녀 윤주경尹柱卿 양을 2012년 3월 1일부터 2014년 2월 28일까지 단국대학교 교양기초교육원 겸임교수로 발령했다.[65] 1959년생인 그녀는 이화여자대학교 화학과를 졸업하고 이화여자대학교 대학원 화학과에서 석사학위를 받았으며, 단국대학교 겸임교수 이후 제10대 독립기념관 관장으로 봉직한 데 이어 대통령 국민통합위원회 부위원장으로 봉직했고 제21대 국회의원국민의힘 비례대표 1번으로 활동했다.

---

[63] 『단국대학교60년사: 1947-2007』 하, 40쪽.

[64] 이 사실은 '매헌윤봉길의사기념장학재단' 임원 명단에서 확인되었다.

[65] 단국대학교 교직원 인사자료.

『박은식전서』와 『장지연전서』 출판

독립운동가를 모시는 일의 대상은 김구 선생과 이봉창 의사에 국한되지 않았다. 중재는 우선 구한말 이후 『황성신문』과 『대한매일신보』 등에 애국적 논설들을 발표하면서 항일구국운동의 선봉에 섰으며 대한민국임시정부 2대 대통령으로 헌신한 역사학자 백암白巖 박은식朴殷植 선생의 전서 상·중·하 전3권을 1975년 8월에 단국대학교 동양학연구소를 통해 출판했다. 동양학연구소 소장 이희승李熙昇 교수가 「간행사」를 쓰고 경북대학교 김영호金泳鎬 교수가 「해제」를 썼다. 저명한 경제사학자인 김영호 교수는 「해제」에서 "백암 선생의 문집을 아직 펴내지 못했으니 우리는 죄인이다."라고 연세대학교 사학과 홍이섭洪以燮 교수가 말한 사실을 상기하면서 이제야 전집을 출판하게 되어 그 짐에서 벗어나게 되었다고 기뻐했다.

이 전서 상권과 중권에는 백암의 대표작인 『한국통사韓國痛史』와 『한국독립운동지혈사韓國獨立運動之血史』는 물론이고 비교적 짧은 글인 『몽배금태조夢拜金太祖』, 『천개소문전泉蓋蘇文傳』, 「서사건국지瑞士建國誌」, 「왕양명실기王陽明實記」 등이 영인되었다. 「나의 사랑하는 청년 제군에게」를 비롯한 논설들은 하권에 새로 조판되어 수록되었다. 이것은 국내 최초의 출판으로, 1976년 1월에 한국일보사가 제정한 한국출판문화상제작상을 수상했으며, 이후 백암 연구를 자극해 숙명여자대학교 이만열李萬烈 교수는 『박은식』한길사, 1980을 출판했고, 이미 박은식을 연구해온 서울대학교 신용하愼鏞廈 교수는 『박은식의 사회사상 연구』서울대학교출판부, 1986를 출판했다. 다른 한편으로, 백암박은식전집편찬위원회는 2002년 8월에 『백암박은식전집』 전7권동방미디어을 출판하며, 단국대학교 동양학연구원은 2014년 11월에 『박은식전서』 전3권단국대학교출판부을 새롭게 출판한다.

중재는 1975년 9월 13일에 『박은식전서』 전3권 출판 기념식을 열었다. 이 자리에 백암의 유족들도 초대해 애국지사를 조상으로 둔 자부심을 높여드리고자 했다. 백암의 아들 박시창朴始昌 장군과 손자 박유철朴維徹 박사가 고마워하며 참석했다. 박 장군은 중국국민당이 세워 운영하던 황포군관학교와 육군대학을 차례로 졸업하고 중국국민당 정부군에서 항일전쟁에 참여했으며, 대한민국임시정부 광복군 참모부에서 참모로 봉직하다가 일제가 패망하자 상해에서 동포들과 광복군들의 귀국을 지휘했고, 대한민국 국군 창설에 참여한 이후 6·25전쟁에 종군해 육군 제8사단장과 제1군단 부군단장을 역임하고 1959년에 육군소장으로 예편했다.

중재가 기념식의 마지막에서 『박은식전서』 전3권을 박 장군에게 정중히 헌정하자, 박 장군은 출판을 이끈 일석에게 감사를 드린 데 이어 중재에게 "선친의 논문과 저서를 수집해 책을 만들어야 한다고 평생 생각했지만, 작업이 너무 늦어 손을 놓고 있었는데, 오늘 책을 접하니 제 가슴에 맺힌 한이 풀리는 느낌입니다."라며 감격에 겨워했다. 다른 한편으로, 중재는 박유철 박사가 항일독립운동가 양기탁 선생의 손녀사위라는 사실에 더욱 큰 정을 느꼈다. 일제강점기에 선친 범정이 독립운동 자금을 보내준 어른들 가운데 한 분이 양기탁이었기 때문이다. 이 일로 인연을 맺게 된 박유철 박사를 중재는 2008년 1월 3일에 단국대학교 법인의 제22대 이사장으로 영입한다.[66]

『박은식전서』 출판에 이어 중재는 을사늑약 직후 「시일야방성대곡是日也放聲大哭」이라는 논설로써 대한제국 침략의 원흉 이토 히로부미伊藤

[66] 장충식, 「박유철 전 국가보훈처 장관: 독립운동가 후손으로 시작된 인연이 맺은 반백년의 믿음」, 『학연가연』, 286~301쪽.

博文와 그리고 그의 협박과 회유에 동조한 대한제국 조정 대신들을 격렬하게 성토한 『황성신문』 사장 위암韋庵 장지연張志淵의 전서 전10권을 1989년 1월에 단국대학교 동양학연구소를 통해 출판했다. 여기에는 위암의 『신정新訂 동국역사』, 『조선유교연원朝鮮儒教淵源』, 『대한강역고大韓疆域考』, 『대한신지지大韓新地志』, 『대동시선大東詩選』 등이 포함되었고, 출판되지 않은 채 후손이 보관하던 원고들이 수록되었다. 『접목신법接木新法』, 『채소재배전서蔬菜栽培全書』, 『농학신서農學新書』와 같은 농학에 관련된 저서들 역시 수록되었다. 이 전서 역시 국내 최초의 출판이었다.

독립운동가 이강훈 선생과의 협력

앞의 사례들에 비해 작은 것같이 보이는 몇몇 사례들이 더 있다. 그것들 가운데 하나가 당시 광복회 이강훈李康勳 회장에 대한 배려였다. 이 회장은 만주에서 항일독립운동을 이끌던 지도자들 가운데 한 사람이던 김좌진金佐鎭 장군을 보좌해 활동하다가 김 장군이 암살된 뒤 중국 대륙으로 들어가 '남화한인청년연맹'을 중심으로 항일독립운동에 참여했고, 1933년 3월에 원심창元心昌과 오면직吳冕稙 등 동지들과 함께 아리요시 아키라有吉明 주중일본공사를 암살하려다 사전에 발각되어 일제 감옥에 투옥되었다. 일제가 패망하고 나서야 겨우 석방된 그는 도쿄의 재일한국거류민단 부단장으로 활동했으며, 1960년 4월에 조국에서 민주화를 위한 의거가 일어나는 것을 보고 귀국해 한국사회당 총무위원으로 활동했고, 이 때문에 1961년 5월에 군사정변이 일어나면서 군사정권에 의해 다시 옥고를 치렀다.

중재는 이 회장의 항일투쟁을 높이 평가해 '백범선생시해진상규명위원회'에서 공동위원장으로 함께 일했다. 특히 이 회장이 만혼으로

늦게 얻은 아들을 단국대학교 농과대학에 입학시켰다. 이것은 '특례 입학'으로, 정부의 입학전형 규정을 어기는 일이었다. 그러나 중재는 "책임을 물으면 감수한다는 자세로 강행했다." 이 회장은 2004년 11월에 백세를 일기로 별세했고, 서울국립묘지 애국지사묘역에 안장되었다. 중재는 이후에도 힘이 닿는 대로 유족을 도왔다.[67]

독립운동가 추모에 감명받은 일본인들의 보답

중재의 업적은 뜻밖의 선물로 보상받았다. 이봉창 의사를 비롯해 한국의 항일독립운동가들을 일본에서 연구하던 최서면崔書勉 국제한국연구원 원장은 다음과 같은 사실을 밝혔다.

> 안중근 의사의 유묵遺墨이 단국대학에 온 것도 중재의 이와 같은 애국심 때문이라고 생각한다. 단국대가 의과대학을 설립하기 위해 일본 의학계와 교류할 때, 일본인 의사가 그의 아버지로부터 가보로 소중히 간직하라는 당부와 함께 받았던 안중근 의사의 유묵을 중재에게 기증했다. 한국에 '안중근의사기념관'이 있었지만, 중재의 애국심에 마음이 움직여 단국대에 기증한 것이다. [또 다른 하나는] 일본에서 가장 존경받는 정치사상가 야스오카 세이도쿠安岡正篤의 장서가 일본의 많은 국사립 대학의 경쟁에도 불구하고 단국대 도서가 되었다는 사실이다.[68]

최서면 원장의 회고로부터 밝혀야 할 사항은 다음의 두 가지이다. 첫째, 안중근 의사의 유묵을 중재에게 넘긴 일본인은 누구였나? 안 의사가 갇혀 있다가 순국한 여순감옥에서 근무하던 군의軍醫 오리타 도

---

[67] 장충식, 『시대를 넘어 미래를 열다』, 366~367쪽.

[68] 위와 같음, 395~396쪽.

쿠折田督는 안 의사로부터 "欲保東洋先改政略時過失機追悔何及[욕보동양 선개정략 시과실기 추회하급: 동양을 보존하려면 먼저 정략을 바꾸어야 한다. 때가 지나고 기회를 놓치면 후회한들 무슨 소용이 있으랴!]"라는 글씨를 받았다가 조카 오리타 간지折田幹二에 주었는데, 그가 이 귀한 유묵을 중재에게 기증한 것이다. 이 유묵은 현재 단국대학교 '석주선기념박물관' 가운데 고고·미술관에 소장되어 있다.

둘째, 야스오카 세이도쿠는 어떤 사람이었나? '야스오카 마사히로'로 발음되기도 하는 그는 1898년에 태어나 도쿄의 제1고등학교를 수석으로 입학하고 졸업한 데 이어 도쿄제국대학 법학부 정치학과에 입학해 '천황주권학설天皇主權學說'을 제시한 헌법학자 우에스기 신키치上杉愼吉 교수의 영향을 받았다. 우에스기 교수는 가나자와金澤의 제4고등학교를 졸업하고 도쿄제국대학 법학부 정치학과를 졸업한 당대의 지도적 헌법학 교수였다. 국권國權을 앞세우는 '국권론'과 민권民權을 앞세우는 '민권론'으로 양분되어 있었던 그 무렵 일본의 사상계에서 우에스기 교수는 '국권론'의, 또는 '군권론君權論'의 선봉장과 같았다. 그는 문부대신으로부터 법학박사학위를 받아 학계에서의 지위를 굳건히 했다.

야스오카는 우에스기 교수의 영향을 받아 자연히 국가 중심의, 또는 천황 중심의 국가관을 지니게 되었다. 그는 중국 명明 나라 때 양명학陽明學을 정립한 왕양명王陽明의 사상을 주제로 졸업논문을 썼으며, 곧바로 『왕양명 연구』로 출판해 명성을 얻었다. 이후 금계학원金鷄學院과 국유회國維會 같은 국수주의적 단체를 조직해 활동하고 일본의 사상과 중국의 사상에 관한 여러 저술을 출판했다. 그가 일제의 패망과 동시에 일본을 점령한 맥아더 총사령부에 의해 일정 기간에 걸쳐 활동을 금지당한 사실은 그의 사상이 일본 중심적이며 국수주의적이었음을 말해

주었다.

그러했기에 그의 저술들은 전전戰前과 전후戰後의 일본 정치가들과 사상가들에 많은 영향을 끼쳤다. 전후 총리로 일본을 이끌었던 요시다 시게루吉田茂는 자신보다 20년 아래인 야스오카를 '노사老師'로 불렀으며, 이케다 하야토池田勇人 총리, 사토 에이사쿠佐藤榮作 총리, 후쿠다 다케오福田赳夫 총리 등도 그를 '사상적 스승'으로 여겼다. 전후 일본의 대표적 극우 지식인으로 꼽혔고 1970년 11월 25일에 육상자위대 총감실을 습격해 총감을 인질로 잡고 일본의 정치적 궐기를 촉구하며 할복자살한 미시마 유키오三島由紀夫 역시 그를 존경했다. 중화민국에서는 장개석蔣介石 총통이, 우리나라에서는 철강왕 박태준朴泰俊 전 국무총리가 그를 높이 평가했다.

야스오카가 1983년에 별세했을 때 기시 노부스케岸信介 전 총리가 장례위원장을 맡을 정도로 우익 정치인들 사이에 영향력이 컸다. 일제가 1945년 8월 15일에 항복할 때 히로히토 국왕이 발표할 「종전終戰의 조칙詔勅」, 이른바 옥음방송玉音放送을 내각서기관장 사코미즈 히사츠네迫水久常가 기초했을 때 수정에 참여했고, 히로히토가 별세한 뒤 즉위한 아키히토明仁 국왕의 치세를 '헤이세이平成'라고 지어준 것으로 알려졌다.

야스오카는 만년에 상처한 뒤 일본의 유명한 복점사卜占師 호소끼 가즈꼬細木數子와 '재혼'했으나 '결혼'의 법적 유효성을 둘러싸고 논란이 뒤따랐다. 바로 이 여성이 야스오카의 장서를 단국대학교에 기증했다. 이 사실에 대해, 일본 메이지대학에서 경제학 박사학위를 받았고 일본에 밝은 황명수 전 단국대학교 총장대행은 다음과 같이 회고했다.

> 호소끼 가즈꼬 여사는 장충식 이사장님의 인상을 점치고, 또 이사장님

호소끼 가즈꼬(細木數子) 선생 명예문학박사 학위기 증정식(2015.08.24)

의 넓은 학식과 동양사상에 조예가 깊은 것에 감동하여 작고한 자기 남편의 많은 국보급 저서를 단국대학교에 기증하였다. 당시 일본에서는 국보급 저서의 해외 방출에 대해 논란이 많았으나 그 책은 결국 단국대학교에 기증되었다. 또 호소끼 여사는 단국대학교 관계자의 일본 유학생을 위하여 많은 장학금을 내놓았다. 나는 호소끼 여사를 만나 첫 번째의 장학기금을 받아 이사장님께 전달한 적이 있다. 호소끼 장학금으로 공부한 사람은 적지 않으며 그들 중에는 귀국하여 본교 교수가 된 분도 있다. 호소끼 여사가 많은 장학금을 제공하는 것도 이사장님의 인격과 윤리관 및 인생관에 감동되었기 때문이다.[69]

단국대학교는 장호성 총장 때인 2015년 8월 24일에 그녀에게 명예문학박사학위를 수여한다.

[69] 황명수, 「관용과 포용의 실천자」, 129쪽.

권력기관으로부터 닥쳐온 어려움

권오병 법무부 장관의 부당한 압박에 맞서다

총장 취임 이후 정신없는 시간을 보내던 1967년 4월의 어느 날이었다. 중재가 총장실에서 밖으로 나가려는데 나이가 40대 중반쯤으로 보이는 낯선 두 사람이 비서실로 들어왔다. 중재가 그들의 신원을 묻자 '대검찰청 수사관'이라면서 총장을 만나러 왔다고 대답하며 총장이 안에 있느냐고 물었다. 중재는 무엇인가 눈치가 예사롭지 않아서 잠깐 교내를 순시하고 있다고 거짓말했다. 그들 가운데 한 사람이 당신은 누구냐고 묻기에 "총장님 비서입니다."라고 대답하자 그러면 총장이 들어올 때까지 기다리겠다고 하면서 대기실 소파에 앉았다. 그 이후를 중재는 다음과 같이 회고했다.

> 내가 워낙 젊으니 총장 비서라고 둘러대도 의심하지 않았다. 나는 총장실에서 나오자 상무이사실로 가, 지금 대검에서 수사관 둘이 와서 나를 찾는데 무슨 일로 찾는가 알아보라고 부탁한 뒤 차를 타고 외출했다. 한참 있다가 공중전화로 상무이사에게 수사관을 만나보았느냐고 물었더니 중앙정보부에서 수사받은 일로 또 나왔다고 말하더라는 것이었다. […] 직감적으로 짚이는 데가 있었다. 중정에서 무혐의로 결론을 내리자 이번에는 권오병 법무부 장관이 대검에 지시해 다시 수사하려는 것이었다.[70]

중재는 "너무 어처구니가 없다."라는 생각이 들었다. 문홍주 장관에

[70] 장충식, 『시대를 넘어 미래를 열다』, 153~154쪽.

게 돈을 준 사실이 전연 없다는 것이 밝혀졌는데도 불구하고 수사를 다시 받는 일이 너무 억울하고 교직원들의 사기를 많이 위축시킨다는 걱정이 들었다. 중재는 단국대학교를 위한 민원과 관련해 "절대로 지저분한 방법을 택하지 않는다는 원칙을 지키고 있었다." 구체적으로 말해, "특히 공직자에게 뇌물을 주거나 금품을 제공하는 일은 하지 않았다. 항상 분명한 명분을 내세워 민원을 해결함으로써 공직자의 협조를 정정당당히 얻어낼 수가 있었기 때문이었다." 중재는 "금품을 주면 쉬울 수는 있지만 그것은 순간의 편한 힘이지 믿음과 우정만큼 오래가고 힘이 되지 못한다는 것을 믿는다."라고 회상했다.[71]

그래도 혹시 학교에 불리한 일이 일어나는 것이 아닌가 걱정이 되어 중재는 중정의 서울분실장에게 전화했다. 중정에서의 수사를 믿을 수가 없어 대검에서 다시 수사하겠다는 것 아니냐고 물었다. 서울분실장은 매우 화를 내면서, "이 자식들이 우리 중정을 무엇으로 알고 그래. 장 총장, 대검에서 오라고 해도 가지 마시오. 우리가 책임질 테니."라고 자신 있게 말했다. 중정을 우습게 여겼다고 모멸감을 갖게 된 중정은 보복의 뜻에서 곧바로 권 장관 집을 수색하고 그가 문 장관 직전에 문교부 장관으로 재직하던 때 어느 대학에서 종합대학교 승격을 위해 보낸 청탁성 선물을 받은 사실을 밝혀냈다. 그렇다고 권 장관을 수사하지 않았으나 단국대학교에 대한 대검의 수사 시도는 아예 중단되었다.[72]

그러면 권오병 장관은 왜 이렇게 끈질기게 이 문제에 집착해 수사하고자 했던 것인가? 당시 우리나라 법학계는 '해외파'와 '국내파' 사이에 다툼이 있었다. 도쿄제국대학 졸업생들이 중심인 동대파東大派에 일

[71] 위와 같음, 192쪽.

[72] 위와 같음, 154~155쪽.

본의 다른 대학 졸업생들이 동참한 '해외파'는 경성제국대학 졸업생들이 중심이 된 성대파城大派에 국내 다른 대학 졸업생들이 동참한 '국내파'를 경시하며, 특히 총·학장 선임 때 심하게 다투기도 했다. 1961년 7월에 실시된 서울대학교 법과대학 학장 선거에서 도쿄제국대학 출신의 유기천劉基天 교수와 경성제국대학 출신의 황산덕黃山德 교수가 경쟁했던 사례가 그것을 말해주었다. 법대 교수들의 투표에서 유 교수가 선출되었으나 두 당사자 사이에서는 물론 두 파 사이에서의 갈등이 깊어져 결국 유 교수가 서울대학교 총장이던 때인 1965년 9월에 황 교수를 '파면'해 서울대학교를 떠나게 하는 일로 확대되었다.[73] 권오병 장관은 일본 와세다대학早稻田大學 법학부 졸업생으로 국내파 또는 성대파인 문홍주 장관을 견제하면서 동대파의 어느 대학교 총장을 문교부 장관으로 입각시키기 위해 문 장관이 단국대로부터 뇌물을 받았다는 중상모략에 움직인 것이다.[74]

저자가 제2장의 「중앙정보부의 고문·수사를 이겨내며」에서 중앙정보부가 중재 그리고 단국대 직원들을 법원의 영장 없이 연행해 고문하면서 수사한 사실을 상세히 소개한 데 이어 이 제3장을 시작하면서 대검찰청이 수사를 다시 시도한 이 일화를 길게 소개하는 까닭이 있다. 그것은 우리가 국가권력에 의한 반反헌법적인, 또는 한 급 낮추어 말한다고 해도 불법적인 횡포 아래 살았던 뼈아픈 과거를 잊지 말자는 데 있다. 법의 정신과 법리에 따라 엄정 중립의 자세를 견지해야 할 법무부 장관이 출신 대학 파벌 싸움에 매몰되어 근거 없는 중상모략에 흔들린 채 대검을 동원해 수사하겠다고 결심한 것 그리고 대검 수사관일지언정 법원의 영장 없이 대학교 총장이 아니라 무명의 시민이라고

73 황산덕, 『회고록』(한동문화사, 2017), 180~184쪽, 263~268쪽.

74 장충식, 『시대를 넘어 미래를 열다』, 152쪽.

해도 불쑥 찾아와서 수사하겠다는 것 자체가 법치국가에서 타당한 일인지 논의되기에 충분하다.

중정 서울분실장이 대검을 향해 "이 자식들이 우리 중정을 무엇으로 알고 그래."라고 말한 것도 비록 사적인 대화라 할지언정 당시 권력 상황의 일단을 보여주었다. 북한과 국제정세 문제에 전념해야 할 중정이 자신의 권한을 넘어서 문교부나 단국대학 사이에 문제가 있다고 일방적으로 주장하면서 수사한다는 것 자체가 불법 아니겠는가. 당시 "검찰이 중앙정보부에 의해 좌우되고 있다."라는 소문이 파다했는데, 이 일화는 그 소문을 뒷받침하는 하나의 사례였다.

육군보안사령부에서의 고문 극복

저자는 바로 앞에서 우리가 국가권력에 의한 반헌법적이며 불법적인 횡포에 시달리며 살았던 사실을 잊지 말자는 뜻에서 중재에 대한 중앙정보부와 대검찰청의 수사 행태를 자세히 소개했다. 그런데 중재에게 그 수준을 뛰어넘는 또 하나의 불법적 횡포가 뒤따랐다. 박정희 대통령이 1972년 10월 17일에 전국 비상계엄령을 선포하면서 유신체제의 출범을 알린 직후, 비상계엄령 아래 학사를 어떻게 운영할 것인가의 심각한 문제를 논의하고자 학처장회의를 주재하고 있던 중재에게 계엄사령부의 요원들이 찾아왔다. 그들은 자기 신분증과 함께 '계엄사령관 노재현盧載鉉'이라는 이름이 적혀 있고 빨간 줄이 두 줄로 그어져 있는 '임의 동행 요청서'를 보여주었다. 거기에는 비상계엄법에 따라 영장 없이 임의 동행을 요청할 수 있다는 내용이 적혀 있었다. 그들은 "저기 세워 놓은 검은 세단에 함께 타고 갑시다."라고 명령조로 지시했다. 중재는 회의를 부총장에게 넘기고 번호판도 없는 검은

세단을 두 사람과 함께 탔다.[75]

중재는 계엄사령부로 가는 줄 알았다. 그러나 당도한 곳은 계엄사령부가 아니라 무자비한 고문으로 악명 높은 보안사령부 서빙고 분실이었다. 미8군사령부에서 멀지 않은 언덕에 있는 2층 건물이었다. 수사관들은 중재를 어느 구석진 방으로 데리고 갔다. 방은 아주 작았지만, 물이 차 있는 욕조가 있었다. 방안에는 사무용 책상이 놓여 있고 수사관과 마주 앉을 수 있는 의자가 두 개 있었다. 중재는 직감적으로 이곳이 소문으로 듣던, 재야 인사들을 잡아다가 고문하는 곳임을 알아챘다. 물고문한다는 소문은 들었으나 "내가 무슨 큰 죄가 있다고 물고문할까."하며 이런저런 생각에 잠겼다.

이때 계급장을 달지 않은 군복을 입고 '상고머리'를 한 30대 중반의 젊은이가 신문하기 시작했다. 어디선가 사람의 비명이 들려오는 등 살기 도는 분위기였다. 수사관은 중재에게 종이를 주며 아는 정치인의 이름을 적으라고 했다. "안다는 뜻이 어느 범위를 말하는 것이냐?"라고 반문하자, 그는 "그런 것도 알려줘야 하느냐?"라며 오히려 언성을 높였다. 아는 사람을 몇 명 적어 건네주었더니, 그는 명단을 읽다가 갑자기 "여기에 김상현의 이름은 왜 적지 않았냐."라고 잔뜩 화난 목소리로 소리를 질렀다. "당신하고 제일 친한 사람의 이름을 적어 넣지 않은 것을 보니 뭘 숨기는 것이 있는 것이 아니냐."하면서 김 의원을 신문한 조서를 꺼내더니 김 의원이 실토했다는 내용을 읽어줬다. 중재가 거액을 지원했다는 것이 진술의 핵심이었다.

중재는 그렇게 한 일이 없으니 당연히 부인할 수밖에 없었다. 중재가 강하게 부인하면서 말도 안 되는 내용을 왜 강요하느냐고 항의하자

---

[75] 이하 자세한 내용은 다음에서 읽을 수 있다. 장충식, 「'졸업장 없는 동문' 정치인의 소중한 우정」, 『학연가연』, 151~156쪽.

중재를 째려보던 수사관은 한 명을 남겨두고 밖으로 나갔다.[76]

그는 다시 돌아와 "대학 총장이라고 대접해주니 여기를 우습게 아는 거요?"라고 윽박지르며 거의 한나절을 매질했다. 이때의 심경을 중재는 다음과 같이 회상했다.

> 수사관의 구타는 육체적 아픔보다는 정신적 수모와 모욕감이 더 깊게 다가왔다. 자백을 강요했지만 동의할 수 없었다. 강요받는 줄거리는 내가 '김상현 의원을 통해 김대중 총재에게 자금줄 역할을 했다.'라는 것인데 그럴 만한 재력이 나에게 없었으니 인정하려고 해도 할 수가 없는 억지였다. 맞으면서 분하기도 했지만 '이것이 대한민국의 이면이구나. 암흑세계가 이렇게 또 있구나…'라는 생각이 들어 우울했다.[77]

신문은 다행히도 하루 만에 끝났다. 대학 총장의 선을 지키며 정치에 간여하지 않은 그동안의 이력 그리고 대학 육성을 위해 박 대통령과 정부 여당에 협조하며 쌓은 네트워크가 더 이상의 악화를 막은 것 같았다고 중재는 회상했다.

풀려나온 때로부터 며칠 후에 김상현 의원 부인이 중재를 찾아왔다. 남편을 면회했더니 정부와 여당에 가까운 사람의 이름을 대면 다른 재야 인사들보다는 고통을 덜 받을 것 같아서 부풀려 자백했고, 고문받는 일을 일주일 넘게 당하니 급한 불을 피해야 하겠다는 생각에서 중재에게 폐를 끼쳤다며 미안하다는 말을 꼭 전해달라고 해서 찾아왔다고 해명하며 거듭 사과했다. 김 의원의 부인은 말끝에 눈물을 참지 못했다고 중재는 회상했다.[78]

---

[76] 위와 같음, 153쪽.

[77] 위와 같음, 154쪽.

[78] 위와 같음, 155쪽.

그러면 김상현 의원은 왜 잡혀가고 모진 고문을 당했던 것일까? 유신 계엄선포 직후 박 정권은 그동안 박 정권을 신랄하게 비판해 온 대표적 야당 인사들에 보복을 가했다. 김상현 의원과 함께 조윤형趙尹衡 의원, 강근호姜根鎬 의원, 최형우崔炯佑 의원, 김녹영金祿永 의원, 나석호羅碩昊 의원, 김한수金漢洙 의원, 김경인金敬仁 의원, 류갑종柳甲鐘 의원, 박종률朴鍾律 의원, 이종남李種南 의원, 그리고 예비역 육군 준장으로 1971년 4월에 실시된 제7대 대통령 선거에서 김대중 후보의 안보담당특별보좌관으로 활동하고 1971년 5월에 실시된 제8대 국회의원 선거에서 야당 신민당의 전국구 후보로 당선된 이세규李世圭 의원 등을 구속하고, 무자비하게 고문한 것이다.

돌이켜보면, 박 대통령은 초헌법적이면서 불법적으로 반대자를 고문하며 억압하는 핵심적 국가폭력기구로 크게 보아 둘을 운영했다. 하나가 중앙정보부 안의 수사국이었고, 다른 하나가 보안사령부였다. 이 두 기구 가운데 어느 한 기구에 의해 고문을 당한 사례는 때때로 있었으나 두 기구 모두로부터 고문을 당한 사례는 드물었다. 중재는 바로 이 드문 사례에 속했다. 그것 모두 그가 어떤 비리를 저질러서가 아니라 신의와 의리를 지켰기에 일어났다.

학내로부터 닥쳐온 어려움

교명을 바꾸자는 압박

중재는 권력기관으로부터만 압력을 받은 것이 아니었다. 그는 단국대학교 안팎으로부터 앞의 경우와는 다른 내용의 압력을 받았는데, 그것의 하나는 교명을 바꾸라는 것이었다. 중재는 다음과 같이 회상했다.

> 근년에 일부 졸업생과 교수로부터 교명을 개명하자는 제의를 많이 받아왔다. 그뿐만 아니라 필자가 근무하는 대학과는 하등 상관이 없는 사회 인사로부터도 교명을 바꾸라는 충고 아닌 충고도 빈번히 들어왔다. 그 이유로는, 이미 교명을 개명한 대학들은 발전했다는 예를 드는가 하면, 귀교의 교명은 봉건적이고 너무 고루하다느니, 또는 한국의 토속적 명칭의 대표적 표본이라는 등 혹은 귀교 교명 중 어떤 한자가 들어있는 대학들의 발전은 불가능하다는 것이다.[79]

그들은 새 교명으로 '남강대학교南江大學校 또는 南崗大學校'와 '한남대학교漢南大學校' 등을 제시하기도 했다.[80] 단국대학 법률학과 졸업생으로 검사가 된 오吳 아무개는 자신의 지위를 악용해 총동문회장으로 당선되자 교명을 '강남대학교江南大學校'로 바꾸고 상징물인 '곰'을 '제비'로 바

[79] 장충식, 「교명과 개명」, 위와 같음, 254쪽.

[80] 『단국대학교60년사: 1947-2007』 상, 164쪽.

꾸라고 압박했다.[81] 그러나 중재는 끝까지 거부했다. 무엇보다 선친이 혜당 여사를 비롯해 설립 당시 힘을 모아주었던 어른들과 숙의해 우리 민족의 뿌리 그리고 장차의 통일을 염두에 두고 지은 유서 깊은 이름을 후대가 함부로 바꿀 수 없다는 중재 나름의 의지가 강했다. 같은 맥락에서, 중재는 서울에서 우리 조상의 손으로 만들어진 문화재들이 '새로운 서울에' 맞춘다는 취지로 훼손되고 심지어 파괴되는 것에 분노를 표시하면서, "앞서간 사람들의 거룩한 뜻이 응결된 […] 역사적 작품을 누구도 변조하거나 소멸시킬 권리는 없다."라고 나무란 글을 발표했다.[82]

중재는 또 "인간의 성명이 길흉화복吉凶禍福과 절대적인 관계가 있다고 확신하는 부류의 지식인과 같은 차원에서 교명의 개명을 주장하는 뜻이라면 조선 오백 년 동안 공리공론空理空論으로 정쟁을 일삼아 온 옛 선비에 비해 무엇이 다를 바가 있겠는가."라고 질타하면서, "한 대학의 발전의 운명이 그 대학의 교명에서 기인되는 것은 결코 아니다. 대학의 발전은 곧 그 대학을 운영하는 조직 속에 교육의 기능을 발휘시킬 수 있는 인간의 지력과 재력이 어느 정도 잠재하고 있느냐에 달려 있는 것이다."라는 신념을 다시 굳혔다. 결론적으로, 그는 "어떤 성명을 소유한 인간이든 인간다운 행실과 마음으로 삶을 지탱했을 때 곧 그 사람의 이름은 빛을 볼 것이며, 표시된 교명이 고루하든 참신하든 교육기관으로서의 교육의 기능이 계속 발휘되어 사회와 인류문화의 창달을 위해 헌신할 수 있는 유위한 인재가 배양될 때는 그 교명은 민족사에 크게 부각될 것이다."라고 했다. 오늘 읽어도 새로운 자극을

81 장충식, 『시대를 넘어 미래를 열다』, 304쪽.

82 장충식, 「파괴되는 문화재」, 『마지막 남은 한 길』, 37~41쪽.

주는 정론이다.[83]

중앙정보부 단국대 담당관의 총장과 이사장 사이 이간질

앞에서 살핀 문제들보다 훨씬 더 심각한 문제는 이사회 내부로부터 일어났다. 우선 중재의 총장 선임을 질시하던 몇몇 이사들은 중앙정보부의 단국대 연락관과 짜고 중재와 박정숙 이사장 사이에서 이간질을 시작했다. 중재가 박 이사장을 몰아내고 자기 아내를 이사장에 앉히려고 한다는 그럴듯한 소문을 만들어 퍼트린 것이다.

"중앙정보부 단국대 담당관의 이간질이라니, 이게 무슨 소리인가?" 민주화의 시대를 살고 있는 오늘날의 젊은이들은 그러한 질문을 던질 것이다. 그러나 그것은 지난날 권위주의 시대 한국 사회의 한 어두운 모습으로 이러한 일이 다시는 나타나지 않도록 우리가 기억해야 할 필요가 있다는 점에서 자세히 설명하기로 한다.

당시 정권은 행정부의 각 부서에 대해서는 말할 것도 없고 입법부와 심지어 사법부에 대해서도, 그리고 정당과 사회단체 및 언론사에 대해서도 중앙정보부의 '연락관'을 파견하고 감시했다. 대학이라고 해서 예외가 아니었다. 반정부 학생 시위를 예방하고 견제하기 위해 오히려 강도 높게 사찰했다. '연락관' 그리고 그 상관은 권한을 남용해 자신이 담당한 대학을 상대로 인사에 개입하거나 어느 특정 회사의 상품을 사들이도록 압박을 가하기도 했다. 중재의 회상으로, "만약 자기들의 청탁을 들어주지 않으면 별의별 엉뚱한 트집을 잡아서 상부에 보고하여 대학에 불리하게 작용하도록 하기도 했다. 중정의 학원과장 중에는 일

---

[83] 장충식, 「교명과 개명」, 위와 같음, 256쪽.

부 대학 총장의 상투를 잡고 흔드는 자도 있다는 소문도 있었다."[84]

중재를 철석같이 믿고 지내던 박 이사장이 이 소문에 흔들렸는지 중재를 냉대하는 것 같은 느낌을 주었다. 뭔가 이상하다고 느낀 중재가 박 이사장에게 "무슨 일이 있으셨습니까? 말씀해 주세요. 무슨 일인지."라고 물어도, 박 이사장은 입을 열지 않았다. 중재가 다시 "뭘 망설이십니까. 저를 못 믿으십니까?"라고 묻자, 그제서야 박 이사장은 괴로운 표정을 지으면서 떠도는 소문을 이야기하며 문제의 이사들이 자신에게 중재를 불신임하도록 압박을 가하고 있다고 털어놓았다.

아내를 이사장에 앉히겠다는 생각을 한 일이 전혀 없었던 중재는 정면돌파의 자세로 임했다. 헛소문을 낸 이사들에게 자신이 자신의 아내를 이사장에 앉히기 위해 모사를 꾸미고 있는 증거를 대라고 윽박질렀다. 이사들은 정식으로 사과했고, 박 이사장도 진상을 파악해 오해를 풀기에 이르렀다. 이에 중재는 사과를 받아들여 더 이상 문제 삼지 않았다. 다만 연락관은 혼내주었다. "나한테 와서 제대로 해명하지 않으면 내가 중앙정보부를 찾아가 학원 담당 간부에게 항의하여 면직시키겠다고 엄포를 놓았다." 여기서도 중재의 결기를 확인하게 된다. 문제의 연락관은 중재의 집으로 찾아와 '눈물까지 보이며' 사과했다.[85] 그는 1979년 10월 26일에 김재규 중앙정보부장이 박 대통령을 시해한 사건을 계기로 신군부가 중앙정보부를 '숙정'할 때 쫓겨난다.

---

[84] 장충식, 『시대를 넘어 미래를 열다』, 168쪽.

[85] 위와 같음, 166~170쪽.

재단의 재정 위기 극복

이 일보다 더 심각한 것은 그사이 쌓이고 쌓인 부채였다. 총 8천만 원에 이른 빚은 2024년의 시점에서 따져보면 65억 원에서 78억 원에 해당하는 큰돈이었다. 이것을 갚기에 재단이나 학교의 재정은 너무 열악했다. 워낙 학생 전체가 2,000명이 안 되었기에 등록금 수입은 턱없이 모자랐는데, 몇몇 사립대학들은 전문적인 '편입 브로커'까지 동원해 학생들을 빼내어가고 있었다. 그래서 교무처 창구에는 다른 대학으로 편입하려는 학생들이 학적증명서와 성적증명서를 떼어달라고 몰려오고 직원들은 못 떼어주겠다고 하니 서로 고성을 지르며 언쟁을 벌이는 일이 잦았다. 중재는 "양심과 도덕이라는 것은 저버린 채 자기들의 교세를 늘리기 위해 급급할 뿐인 교육계의 현실[에…] 침통한 마음을 억제할 수 없으면서도 […] 전학을 원하는 학생들에게 증명서를 발급하라고 지시했다."[86]

재단의 수익사업이 별로 없었을 뿐 아니라 기업의 기부금이나 졸업생의 후원 역시 아예 없었다. 그렇지만 도서관도 지어야 하고, 교사와 체육관도 신축해야 하고, 단국중·고등학교 학생들과 함께 쓰기에 부족해진 운동장을 학생군사훈련을 실시하기 위해서라도 확장해야 했다. 이때의 고충을 중재는 다음과 같이 회상했다.

> 결국 빚을 얻어와야 하는데 담보물이 부족한 재단 사정으로는 금융기관에서 융자를 얻어오는 것도 매우 힘들었다. 그래서 해마다 늘어나는 재정수요를 위해서는 명동 사채시장에 손을 내밀거나 친지방문을 통해 사채를 얻어오는 길밖에는 다른 길이 없었다. […] 빚에 의존하고 학교를 이

86 위와 같음, 157~159쪽.

> 끌어가야 했다. 지난해 빚을 지면 올해 갚아야 하고 올해 건설을 하기 위해 빚을 지면 내년에 갚아야 한다. 빚의 고리는 악순환이었다. 나는 대학을 운영하는 것보다는 매일 갚아야 할 이자를 걱정해야 하고, 원금을 갚아야 할 기일이 다가오면 여기저기 찾아다니면서 새로이 전주錢主를 찾아 빚을 얻어와야만 했다. 재단 이사들은 어느 한 사람도 빚을 얻어오는 데는 협조해주지 않았다.[87]

재단에서 학교 시설을 포함한 교사 확충의 건설비를 충당해주지 않는다고 교육을 포기할 수는 없으니, 총장인 중재로서는 건설을 계속할 수밖에 없었다. 중재의 회상에 따르면, "결국은 학생들이 내놓는 등록금을 절약해서 건설비에 충당해야만 했는데, 학생 전체 정원 2,000명도 안 되는 예산에서 건설비를 마련한다는 것은 정말 뼈를 깎는 고통이 뒤따르는 일이었다."[88]

상황이 이렇다 보니, 이사들 가운데 학교를 팔자는 움직임이 일어났다. 단국대학 졸업생으로 법무관시험을 거쳐 해군에서 봉직하다가 변호사가 된 강순원姜淳元 이사가 한진그룹에 현금 2억 원을 받고 대학을 넘기자고 중재에게 제의했다. 그 2억 원 가운데 박정숙 이사장에게는 생활보조비로 2천만 원을, 단국중·고등학교 교장인 중재의 둘째 형과 중재에게는 각각 1천만 원을 줄 것이니 동의하는 것이 좋지 않겠느냐고 했다. 중재는 그 자리에서 거부하면서, "우리 아버지께서 대학이 어려우면 대학을 팔라고 강순원 이사를 재단의 이사로 추천하셨겠습니까?"라고 강력히 항의했다. 그런데 강순원 이사가 중재에게 그런 제의를 했을 때는 이미 몇몇 이사들의 합의가 있었던 것으로 느껴졌다.

---

87 위와 같음, 181쪽.

88 위와 같음.

그 느낌은 정확했다.

이 사실을 늦게 알게 된 김숙현 이사가 "재단 이사들이 모여서 재단을 팔아먹기로 작정하고 모의했다는데 총장은 그런 소식을 들었나?"라고 물어왔다. 중재가 강순원 이사로부터 제의를 받았으나 거절했다고 대답하자 김 이사는 "나쁜 사람들이야. 자기들은 도대체 얼마를 받아먹겠다는 것인가 말이야. 돌아가신 설립자에 대한 배신행위를 하다니…."하며 흥분을 감추지 못했다. 김 이사는 자신은 "큰일을 낼 나쁜 사람들에 동조하지 않고 범정과의 의리를 지킬 것을 다짐했다."[89]

그렇지만 강순원 이사는 물러나지 않았다. "그의 변호사 사무실을 수시로 출입하는 단국대 출신의 몇몇 무직자들이" 중재를 찾아와 왜 그 제안을 거절하느냐고 무례하게 따지면서, 중재가 끝내 반대하면 동문들을 규합해 중재와 박 이사장을 성토하겠다고 협박했다. 중재는 굴하지 않고 거세게 맞섰다. "당신들은 한진에서 얼마나 돈을 받고 대학을 팔자는 강 이사에게 동조하는 것입니까? 여러분이 정 이러시면 나야말로 임시동창회를 소집해 강 이사가 학교를 팔자고 한 것과 여러분이 나를 협박한 사실을 공개할 것입니다."라고 맞받아친 것이다. 그들은 주춤해서 물러섰다.

부끄러운 일이어서 중재는 입을 다물고 있었으나 이 사건은 곧바로 동창들에 알려졌다. 그들은 임시동창회를 열고 강 이사를 성토했다. 중재와 박 이사장을 상대로 한 재단의 이사들 그리고 일부 동문들의 괴롭힘이 한두 번이 아니었다. 그런데도 중재는 "그들 역시 선친의 제자였기에 가능한 한 모두 포용하려 애를 썼다." 그것이 총장이기에, 설립자의 후손이기에 감당해야 할 일이라고 자신을 달랬다.[90]

---

[89] 위와 같음, 182~184쪽.

[90] 위와 같음, 183~184쪽.

이 사례만이 아니었다. 중재는 오吳 아무개라는 이가 현직 검사라는 신분을 악용해 총동창회장에 당선되자 아무개 변호사를 법과대학 학장으로 임명하라고 요구하고, 재력이 있는 동문들에게 동창회관을 건립하려고 하니 얼마씩 기부하라고 압박해 시달림을 받고 있으니 막아달라는 호소를 그 동문들로부터 전해 듣자 청와대 사정수석비서관에게 알렸다. 분개한 사정수석비서관은 곧바로 법무부 장관에 보고했다. 며칠 뒤 그 검사는 중재에게 급히 찾아와 법무부 장관에 불려가 사표제출을 지시받았다고 털어놓으며 "잘못을 용서해 달라며 사정했다." 중재는 "나에게 호령하던 검사는 어디로 가고, 내 앞에 나타난 그 검사는 다른 사람 같았다. 인간이 너무 가엾어 구명운동을 해 주었다."라고 회상했다.[91] 이렇게 험한 일들을 겪으며, 중재는 때때로 주변의 가까운 사람들에게 "나에게는 총장이 '명예'가 아니라 '멍에'였어."라고 말하곤 했다.

졸업생 취업을 위한 활동

이처럼 험난한 시절에, 게다가 30대의 젊은 총장으로 사회 경험과 연륜을 중시하는 보수적 풍토를 이겨내며 단국대학교의 생존과 발전을 위해 중재는 글자 그대로 사투를 벌였다. 한편으로는 정권의 부당한 개입과 압력을 견디며 동시에 중재의 표현 그대로 "30대에 대학교 총장이 되니 '젊은 놈이 알면 얼마나 안다고.'하는 사회적 냉대를 벗어나기 위해서는 피나는 노력을 해야만 했다."[92] 다시 중재 스스로의 표현으로, 그때 "나는 젊기에 용기가 있었고 겁이 없었다." 그러나 그

[91] 위와 같음, 305~307쪽.

[92] 장충식, 「겸손과 자중을 신조로」, 『마지막 남은 한 길』, 295쪽.

는 "용기와 패기는 때로는 한 가지 일에 대해 큰 원동력이 될 수 있지만 때로는 큰일을 순식간에 망쳐놓는 만용의 폭탄이 되는 수도 있음을 […깨달아…] 겸손과 자중의 길을 걸었다." "'총장'이라는 영예보다는 막중한 '책임감'"을 언제나 자각하면서, "슬기와 경험과 청렴한 생활을 바탕으로" [살아온] 은사들의 가르침을 되새겨 실수가 없도록 자계自戒를 게을리하지 않았다.[93]

중재는 졸업생들의 취직을 위해서도 부지런히 뛰었다. 이 사실은 "취업 때가 되면 나는 더욱 바빠진다. 하루가 멀다 하고 이 회사 저 회사의 회장님과 사장님을 찾아다닌다."라는 그의 글에서 확인된다. 그는 "특히 재벌 그룹의 회장님이나 방계회사의 사장님들은 한가한 분들이 아니어서 쉽게 만나기가 어렵다. 중소기업의 사장님들은 더더욱 분망하지만 싫어도 나는 만나야 한다."라고 쓰면서, '졸업생들의 취직 구걸(?)'을 자신의 '부업'이라고까지 불렀다.[94] 그는 훗날 그 '부업'이 '본업'으로 바뀌었다고까지 말할 정도로 열심히 움직였다.

---

[93] 위와 같음, 296~299쪽.

[94] 장충식, 「잊어야 할 일」, 『큰 삶 작은 이야기』(어떤이의 꿈, 1992), 75쪽.

영동캠퍼스 부지 마련과 국가안전기획부에 헐값 매도

단국대학교가 1957년 6월 15일부터 7월 12일까지 신당동 교사를 떠나 한남동 캠퍼스로 옮겨올 때만 해도 교지校地가 약 4만여 평이어서 그다지 좁지 않은 것 같았다. 그러나 1962년 2월 19일에 2부대학 교사가, 이어 1962년 7월 7일에 단국중학교와 단국공업고등학교 교사가 한남동 캠퍼스로 이전해온 데다가 1967년 3월 1일에 종합대학교로 승격되어 학교의 규모가 커짐에 따라 이 교지만으로는 교육환경을 개선할 수 없었다. 이때의 상황을 중재는 다음과 같이 회고했다.

> 교사를 증축하려고 해도 대지가 없어서 건물을 신축할 수가 없었다. 당시 한남동 주택가 안에 세워진 교문부터 답답하기 짝이 없었다. 대학 교문이 큰 길에서 깊숙이 골목 안으로 들어와 있어서 대학의 위치를 알아보기가 쉽지 않았다. 음악관 · 미술관 · 박물관 등 새 건물을 지어야 하는데, 부지가 없어서 학생들이 많은 불편을 겪고 있었다.[95]

중재는 새로운 학교 부지를 찾기 시작했다. 그러나 서울 시내에서 10만 평 이상의 부지를 구한다는 것은 불가능했다. 개인 소유의 땅으로 학교 부지로 쓸 만한 땅이 없었기 때문이다. 그래서 중재는 정부의 땅이 아니고서는 사들일 만한 땅이 없다고 판단해 정부 소유의 땅을 알아보기 시작했다. 그 결과 우선 남한산성 서쪽 방향 산록에 국방부

---

[95] 장충식, 『시대를 넘어 미래를 열다』, 188쪽.

소유의 토지가 있음을 알게 되었다. 중재는 직접 현지를 답사했지만 그 땅은 면적 10만 평이 되지 못했고 한남동에서 거리가 너무 멀어 적합하지 않다고 판단했다. 그러던 차에 유호필 동문이 당시 성동구 내곡동에 임야 24만 평이 있음을 알려주었다. 현재의 편제로는 서초구 내곡동 소속이며, 국가정보원이 들어서 있는 바로 그곳이다. 문화공보부 산하 문화재관리국 소유의 토지로, 현장에 가보니, 토지는 남향으로 산허리 아래는 야산을 포함한 논과 밭이고 북쪽은 높은 산인데, 이 산도 약 3분의 1 가량은 개발 가능성이 있어 보였다. 중재의 마음에 꼭 들었다.

그렇지만 이 땅을 사들이기에는 장애가 있었다. 신범식申範植 문화공보부 장관의 친구되는 사람이 이미 이 땅에 욕심을 내고 있어서 문화공보부 장관과 인연을 대지 않고는 정부로부터 불하받을 수 없다는 것, 그리고 그것보다 더 어려운 일은 얼마 전 문화재관리국의 어느 국장이 정부 땅 불하와 관련한 독직으로 구속된 사건을 계기로 박 대통령이 앞으로 정부 토지를 절대로 민간인에 불하하지 말라는 엄명을 내렸다는 것 등이었다. 중재는 물러서지 않았다. 토지가 공익을 위해 가치 있게 활용된다면 정부가 대학에 불하해 줄 수 있을 것이라는 느낌을 갖고, 단국대학을 단국대학교로 격상시킬 때 해결의 첫 단추를 끼워준 이갑성 옹을 찾아가 신 캠퍼스 건설을 위한 구상과 계획을 말씀드리고 도움을 청했다. 이갑성 옹은 "허허 웃으시면서 당신이 도움이 되는 일이라면 언제라도 앞장설 것"을 약속했다.[96]

중재는 이 옹을 모시고 그 토지가 있는 헌인릉獻仁陵 일대를 답사했

[96] 위와 같음, 191쪽.

다. 조선 3대 국왕 태종과 원경왕후元敬王后 민씨閔氏의 능인 헌릉獻陵 그리고 23대 국왕 순조와 순원왕후純元王后 김씨金氏의 능인 인릉仁陵이 있는 곳이다.

이 옹은 "자네 욕심도 많네. 참 좋은 땅인데, 단국대학교가 이곳으로 오면 크게 발전할 것이야. 그런데 내가 어떻게 도와야 하나?"라고 물었다. 중재는 신범식 장관의 친구가 이 땅을 탐낸다는 소문이 있다고 설명하고, 신 장관이 이 일에 개입하지 않도록 해달라고 요청했다. 며칠 뒤 이 옹으로부터 신 장관에게 물으니 전혀 모르는 일이라고 대답하더라는 전화가 왔다. 이에 중재는 소문의 그 친구가 신 장관에 접근해 청탁한다고 해도 절대로 불하하지는 못할 것이라고 확신하게 되었다.

중재의 다음 행보는 허련許鍊 문화재관리국장을 만나는 일이었다. 허 국장은 중재의 서울대학교 사범대학 선배였다. 그러나 평소에 만난 일이 없어서 불쑥 나타나 의논하기가 어려웠다. 다행히 허 국장을 잘 아는 유호필 동문이 자리를 마련했다. 이 자리에 중재는 단국대학교 박물관장 정영호 교수를 동반했다. 정 교수는 문화공보부 산하 문화재 위원회 위원으로 허 국장과는 구면이었고 특히 문화재 발굴에 관한 성과로 정평이 나 있었기 때문이었다. 이 자리에서 중재는 단국대학교가 왜 문제의 그 땅을 불하받으려 하는지 진지하게 설명했다. 허 국장은 "신중하지만 긍정적 자세를 보였다."[97]

문제는 국유지 매각을 엄금한 박 대통령의 허락을 받는 일, 박 대통령의 허락이 있는 경우 그 땅을 사들일 자금 5~6억 원을 마련하는 일, 그리고 5~6억 원을 빌리기 위해 재단 이사들의 결의를 받아내는 일

[97] 위와 같음, 193쪽.

등이었다. 뜻밖에도 재단 이사들은 곧바로 기채起債에 동의했다. 용기를 얻은 중재는 다시 이갑성 옹을 찾아가 허련 국장으로부터 협조받을 수 있을 것 같으니 대통령의 허락을 받아줄 것을 요청했다. 이 옹은 "다른 사람들은 나에게 와서 자신들 각자의 입신양명을 위해 대통령에게 말씀드려 달라고 부탁해 그때마다 거절했지만, 자네는 오로지 단국대학교의 발전을 위한 공익적 차원에서 부탁을 하니 들어주고 싶네."라며 따뜻하게 호응하면서, "하여간 자네 배짱도 좋지. 그런 땅을 불하받겠다니 정말 장하네."라며 격려했다.[98] 그때로부터 1주일이 지난 시점에서, 이 옹이 집으로 오라는 전화를 주었다. 이때의 심정을 중재는 다음과 같이 회상했다.

> 기별을 받고 방문하러 가는데 마음이 조마조마해서 견딜 수가 없었다. 사실 장관 선에서 거절했다면 그 위로 총리가 있고 대통령이 있으니까 어떻게 다른 경로를 찾을 희망이 있으나 직접 대통령에게 부탁해서 거절당하는 날에는 모든 것이 수포로 돌아간다. 그런데 이갑성 선생님을 뵙는 순간 "아, 성공이다." 하는 느낌이 왔다. 선생님의 표정이 밝았던 것이다.[99]

구체적으로, 이 옹은 "총장, 일이 잘 됐어."라고 말한 데 이어, "자네 대학 일을 말하고 내곡동 소재 문화재관리국 토지를 불하해주셨으면 한다고 하니까 박 대통령이 자네를 잘 기억하고 계시더군. 그러면서 자네에 대한 보고를 누구한테 들으셨는지 '대학이 필요하다면 해주어야지요.'라고 하시면서 두말없이 오케이 하셨어."라고 전해주었다. 이 옹은 "이제 단국대학교가 한남동 구석에서 내곡동 24

[98] 위와 같음, 194쪽.

[99] 위와 같음.

만 평으로 옮길 수 있으니 이것은 정말 경사야."라는 덕담을 덧붙여 주었다.

이제 남은 문제는 5억 원이라는 자금이었다. 납입 마감일이 임박한 상태에서 이리저리 뛰어다니다가 주택은행장을 소개받았으나 거절당했다. 이때의 상황을 중재는 "식욕이 없어진 것은 물론이요. 잠을 설치고 입술이 타들어가는 고민의 연속이었다."라고 회고했으며, 옆에서 관찰하던 정영호 교수는 "중재가 나를 찾아와 '너무 힘들어서 살고 싶지 않을 때가 있다.'라고 하소연하였다."라는 일화를 소개했다.[100] 중재를 모셨던 우삼제 운전기사 역시 같은 취지로 증언했다. 그는 "자금난에 시달리느라 총장님은 남모르게 엄청난 스트레스를 받았고, 그로 인해 대장염을 심하게 앓기도 했습니다. 하루도 약봉지 없이 견디지 못할 정도였지만, 남들에게는 그러한 내색을 하지도 못하시고, 항상 남들의 아쉬운 소리를 들으며 업무에 임해야 했습니다."라고 회상한 것이다.[101] 다행히 조흥은행 문상철文相哲 행장의 결단으로, 바로 납부해야 할 날의 오후 5시 직전에 입금할 수 있었다. 중재의 표현으로, "참으로 아슬아슬한 고비를 넘긴 것이다."[102]

중재는 곧바로 '영동永東 캠퍼스'라고 명명한 새로운 캠퍼스를 포함해 한남동 캠퍼스도 함께 개발하는 '단국대학교종합개발위원회'를 구성하고, 종합개발계획을 세웠다. 그 결과 1973년 4월에 1차 시안이 완성되었다. 그러나 뜻밖의 일이 벌어졌다. 건설부에서 실무를 담당한 국장의 착오로 이 토지를 포함한 그 일대가 제2차 그린벨트로 묶인 것

[100] 정영호, 「반 세기에 걸친 인연」, 『빈 들에 씨를 뿌리며』, 94~96쪽 가운데 96쪽.
[101] 우삼제, 「고통과 시련 속에 피운 꽃」, 위와 같음, 457쪽.
[102] 장충식, 『시대를 넘어 미래를 열다』, 198~200쪽.

내곡동 부지 매입 뒤에 중재는 여기에 들어설 캠퍼스 이름을 '영동 캠퍼스'로 붙이고, 공과대, 체대, 예술대 중심으로 특성화할 마스터플랜을 입안했다.

이다. 스스로 '날벼락'을 맞았다고 생각한[103] 중재가 건설부를 찾아가 항의했으나 이미 대통령령으로 발표되었기 때문에 시정할 수 없다는 대답이었다.

중재는 해제를 위해 여러 차례 노력했지만 뜻을 이루지 못했다. 이 일로, 최소한 600억 원 땅으로 계산해 그것을 담보로 은행에서 대출받는다는 전제 아래 여러 프로젝트를 세운 단국대학교는 두고두고 후유증을 앓아야 했다. 그린벨트에 묶여 오랜 세월 잠자고 있던 그 땅은 결국 단국대학교로서는 200여억 원만 받은 채 거기에 청사를 짓게 된 국가안전기획부로 넘기게 된다.[104] 우리가 제8장에서 자세히 보게 되

---

[103] 위와 같음, 254쪽.

[104] 위와 같음, 540~542쪽.

듯, 단국대학교가 1990년대 초반 이후 겪게 되는 위기와 곤경은 바로 이 일로 시작된 것이다. 이 사실에 대해 손보기 교수는 “내곡동 땅을 안기부의 새 청사 터전으로 불공정한 값에 넘기도록 압력을 받은 느낌을 고려하면 이러한 일들은 정부가 불합리한 권력으로써 사학을 억누른 것으로 보인다.”라고 논평했다.[105]

---

[105] 손보기, 「고희라는 낱말 끝에 떠올리는 기억들」, 『빈 들에 씨를 뿌리며』, 87쪽.

어려운 사람들을 위한 배려

수도권 대학 최초 특수교육과 개설

중재의 심성 가운데 두드러진 점은 어려운 사람들을 위한 배려와 지원이다. 그의 일생을 관류하는 행위로, 마치 선친 범정이 그러했듯, 어려운 사람을 보면 지나치지 못하고 어떻게 해서든 도우려는 결심과 실천을 지적할 수 있다. 이 점을 두고, "중재 선생은 맹자孟子가 말한 인仁의 출발인 측은지심惻隱之心을 지녀 평생을 어질게 살아오신 분이다."라고 쓴 조장환曺章煥 전 단국대학교 총장의 표현은 과장이 아니었다.[106]

중재의 그러한 심성은 우선 수도권 대학교 최초로 1971년 1월 5일에 단국대학교 문리대에 특수교육과를 개설하고 정신적으로나 육체적으로 장애가 있는 아동들의 교육을 담당하는 특수교사 양성을 이끈 것으로 나타났다. 입학 정원은 20명이었다. 초대 학과장으로 서울대학교 문리대 심리학과를 졸업하고 성균관대학교 대학원 심리학과에서 「한국 수화手話의 심리언어학적 연구」로 박사학위를 받은 김승국金承國 교수를 임명했다.[107] 중재는 특수교육과 학생들이 한평생 불우한 사람들과 같이 살아야 할 사회봉사자라는 사명감을 갖고 공부할 수 있도록 하기 위해 학생 전원에게 수업료 50%를 지급했다. 1972년 12월 28일에 문교부로부터 사범대학 신설을 인가받으면서 특수교육과를

[106] 조장환, 「'인의예지(仁義禮智)'의 교육가」, 『빈 들에 씨를 뿌리며』, 439~442쪽 가운데 440쪽.

[107] 김승국, 「특수교육 때문에」, 위와 같음, 451~455쪽.

문리대로부터 사범대로 그 소속을 옮겼다.[108]

한국에서 장애인을 대상으로 하는 교육의 역사가 짧지만은 않다. 구한말 개화기에 유길준兪吉濬과 같은 선각자들에 의해 서양의 특수교육에 대한 현황이 소개되었고, 한국에 자리잡은 미국인 선교사들에 의해 실시되었다.[109] 이후 일제강점기에, 이어 미군정기에, 주로 기독교계 학교들에서 부분적으로 실시되었고, 1961년에 오늘날 대구대학교의 전신인 한국사회사업대학이 4년 대학과정의 특수교육과를 개설했다. 정부의 이 분야에 대한 본격적인 대처는 문교부가 1967년 9월에 수립한 '특수교육5개년계획'으로 나타났다. 그러나 예산 부족으로 별다른 실적을 보이지 못했다. 정부는 1970년에 '장기종합교육심의회'를 구성하면서 그 틀 안에서 특수교육 부문에서도 기본계획을 세웠으나 그 계획의 집행 역시 예산 부족으로 유보되었다.

이렇게 볼 때, 중재의 특수교육과 개설은 국내에서 두 번째에 해당하는 선구적 결정이었다. 중재는 특수교육을 대학원으로 확장해 1977년 3월 1일에 석사과정을, 1981년 11월 25일에 박사과정을 개설한 데 이어 1995년 10월 23일에는 교육대학원에 특수유아교육 전공을 신설했다. 1986년에는 학회지 『특수교육』을 창간했다.[110] 1998년 3월 1일에는 특수유아교육, 초등특수교육, 중등특수교육, 언어치료교육, 물리·작업치료교육, 심리치료교육 등 6개 전공에 입학 정원 100명의 특수교육대학원을 신설했다.[111] 중재의 선견지명과 노력은

108『단국대학교60년사: 1947-2007』 상, 200쪽.

109김동연(金東淵), 「세계 속의 한국 특수교육: 역사적 전개과정」, 『특수교육학회지』 6(1985), 159~167쪽. 이하 한국에서의 특수교육에 관해서는 이 논문에 의존했다.

110『단국대학교60년사: 1947-2007』 하, 216쪽.

111단국대학교에서 특수교육에 관해 통과된 박사학위논문으로 다음이 있다. 한성희(韓成熙), 「맹인의 촉지각(觸知覺)에 관한 기초 연구」, 단국대학교 대학원 특수교육학과

중재는 율곡기념도서관에 장애인을 위한 편의 시설을 갖추도록 했는데 개관식에서 이를 직접 점검하고 있다(1903.03.08).

열매를 맺었다. 이후 단국대학교 특수교육과 출신의 교사들이 교장부터 교원까지 우리나라의 특수교육계를 이끌고 있다.

중재는 서울 캠퍼스의 경우 1998학년도부터 천안 캠퍼스의 경우 1999학년도부터 특수교육대상자 특별전형을 실시하면서 시각장애, 청각장애, 지체부자유의 장애가 있는 학생들을 받아들였다. 동시에 시각장애인을 위한 점자보도點字步道와 장애인용 대·소변기를 포함해 그들을 위한 장애인복지시설을 단계적으로 확충했다. 중재는 단국대학

박사학위청구논문, 1991년 2월, 1~15쪽. 필자는 현재 공주대학교 사범대학 특수교육학과 교수이다.

교 천안캠퍼스에 율곡기념도서관을 신축하면서 장애인을 위한 편의시설을 갖추도록 지시했는데 1993년 3월 8일에 열린 개관식에서 직접 점검했다. 종합적으로, 2003년 8월에 교육인적자원부가 실시한 장애인 교육복지실태 조사에서 단국대학교는 186개 4년제 대학교 가운데 7위로 '최우수' 대학교에 선정되었다.[112]

장애인에 대한 인식과 대우의 본질적 개선을 역설

중재는 이렇게 단국대학교에서 특수교육을 강화하면서, 사회를 향해 장애인에 대한 인식과 대우를 본질적으로 개선할 것을 촉구하는 일련의 글을 발표했다. 대표적인 글이 「장애인과 대학」 그리고 「사법부의 장애자 박대」이다. 앞의 글에서 중재는 어려서 시각장애인이 되었으나 케임브리지대학교가 입학시켜 결국 하원의원과 체신부 장관으로 활동한 헨리 포세트Henry Fawcett, 1833~1884의 사례, 그리고 태어나자마자 농聾·맹盲·아啞의 삼중고三重苦를 안았으나 하버드대학교의 여자대학 격인 래드클리프 칼리지가 입학시켜 결국 세계적 사상가와 자선사업가로 활동한 헬렌 켈러Helen Keller, 1880~1968 등을 상기시키고, 우리나라의 실정을 다음과 같이 대비했다.

> 우리나라에는 10만 명이 넘는 시각장애인들이 있다. 청각장애인, 정신 및 신체장애인들의 수를 합친다면 장애인은 50만 명도 넘을 것이다. 이러한 많은 수의 장애인을 가진 우리의 사회인데 이들을 위한 교육시설과 복지정책은 너무나도 비참한 형편에 놓여 있는 실정이다. 오늘날 우리는 우리 국가가 중진국의 대열에 끼어들었다고 자못 기뻐하며 자부하고 있다. 그러나 장애인에 대한 교육정책과 복지정책은 아직도 후진국 중에서

[112] 『단국대학교60년사: 1947-2007』 상, 619~621쪽.

> 도 후진국에 속했다는 생각이 든다. 시각장애인들에게 점술이나 안마 등의 기술교육 정도 이외에는 별다른 교육을 시킬 수 없는 암담한 우리의 현실을 어찌 중진국이라고 평가할 수 있을 것인가.[113]

중재는 "장애인에게 우리의 사회는 너무 비정한 사회이다. 우리의 인정은 장애인에 대해서는 인색할 정도로 메말라 있는 실정이다."라고 개탄하고, "장애인의 인권과 취학의 권리가 무시되고 거부당하는 냉혹한 우리의 사회풍토가 결코 아름다운 인간이 모인 사회라고는 볼 수 없지 않겠는가."라고 질타했다. 중재는 거기서 한 걸음 더 나아가 "신체장애자를 위해 보다 유익한 법이 제정되고 이들을 위한 따뜻한 사랑과 인정이 넘쳐흐르는 사회야말로 도덕적 사회이며 문명적 사회이며 옳고 그릇된 것을 분별할 줄 아는 사람들이 모이는 사회가 될 것이다."라고 제의했다.

구족화가 오순이 양을 박사와 교수로 이끎

이처럼 장애인에 대해 특별한 관심과 애정을 가졌던 중재는 1975년의 어느 날 저녁에 텔레비전을 보다가 팔이 없는 경상남도 마산의 초등학교 4학년 학생 오순이 양이 발가락에 붓을 끼고 동양화를 그리는 장면을 보았다. 중재는 놀람과 감동 속에 여러 차례 고민을 거듭하다가 오 양의 열의와 재능이 꽃피울 수 있도록 밑거름이 되어주어야겠다고 결심하기에 이르렀다. 중재는 곧바로 비서를 마산으로 보내 오 양을 직접 면담하고 여러 가지를 알아보도록 했다. 아버지가 마산의

---

[113] 장충식, 「장애인과 대학」, 『마지막 남은 한 길』, 310~313쪽. 이 수필은 원래 『시문학』(1977년 4월)에 발표되었다. 장애인의 권리를 옹호한 또 하나의 글은 다음이다. 장충식, 「사법부의 장애자 박해」, 『큰 삶 작은 이야기』, 217~220쪽.

철로 가까운 집에서 목공으로 가계를 꾸리고 있었던 오 양은 세 살 때 집 근처 철로 가까이에서 놀다 달려온 열차에 치여 두 팔을 잃었으며, 이후 삶에 대한 희망을 잃고 방황하다가 초등학교 4학년 담임 선생님의 권유로 그림을 그리기 시작했다는 것이었다.[114]

보고받고 중재는 오 양을 화가로 성공시키는 일이 하늘에서 자신에게 내려준 계시라고 생각했다. 그래서 다시 비서를 오 양 집에 보내 부모님과 담임 선생님을 만나도록 하고 자신의 뜻을 전했다. 부모님과 담임 선생님 모두 기꺼이 동의했다. 이후 좋은 화가를 구해 오 양의 개인지도를 맡게 했고, 화가로 성장할 기본기를 키워주라는 책임을 지웠다. 강사료나 그림 공부에 필요한 비용은 모두 중재가 부담했고, 고등학교를 졸업할 때까지 좋은 화가의 개인지도를 받도록 경제적 후원을 지속했다. 다행히 오 양은 의지가 대단히 강한 노력형의 인재였다. 무엇보다 집중력이 좋았고 한번 자신에게 주어진 과제는 뒤로 미루거나 포기하지 않고 울며불며 힘들어하면서도 지도를 따라갔다.

그 인고忍苦의 시간은 결국 큰 보람으로 바뀌었다. 오 양이 고등학교 3학년이던 1985년에 홍익대학교 주최로 열린 '전국남녀고교미술실기대회'에서 오 양은 사군자四君子 부문에서 최우수상을 받아 홍익대학교 미술대학 입학과 전학년 장학생의 특전을 받게 되었다. 오 양은 자연히 홍익대학교에 입학하고 싶어 했다. 그러나 중재는 다음과 같이 말하며 단국대학교로 오도록 권유했다.

---

[114] 오순이, 「은사이자 인생의 길잡이이신 이사장님」, 『빈 들에 씨를 뿌리며』, 458~460쪽; 장충식, 「오순이 교수: 팔 대신 열정과 후원으로 일궈낸 화가의 꿈, 『학연가연』, 47~60쪽.

"순이 너의 몸은 하나이지만 다른 학생과 달리 너는 두 몸을 가지고 있는 셈이야. 네 언니가 잠시라도 곁에 없으면 생활할 수가 없는 입장이잖니? 목욕을 하고, 옷을 갈아입고 하는 자잘한 일을 언니가 수발을 들어줘야 하는 거고. 그리고 통학하기보다는 기숙사를 써야 하는데 너는 다른 학생과 한 방을 같이 사용할 수가 없을 거야. 언니하고 같은 방을 써야 하니까. 식사도 너는 이미 수저를 들어 홀로 먹을 수 있지만 식판을 들어줘야 하고, 식당 자리나 강의실 좌석도 특별히 배려를 받아야 할 거고…. 이런 일상적인 생활 속에 필요한 시설, 제도적 지원, 그리고 전면적인 경제적 지원을 해줄 수 있는 대학이 필요한 거지. 나와 단국대학은 네가 성공할 때까지 후원할 거야."[115]

중재의 권유를 받아들여 오 양은 단국대학교 미술대학 동양화과에 지원했다. 그러나 경위를 전혀 모르고 있었던 미술대학장이 면접시험에서 "팔 없는 학생이 어떻게 미술을 제대로 전공할지 회의적"이라는 이유로 낙방시켰다. 그렇다고 그 결정을 뒤집기에는 시간이 늦었다. 중재는 공식회의에서 "장애인은 '특수한 조건을 가진 일반인'이며, 이 사람들이 자신들의 특수한 조건을 이겨내 일반인으로 살게 하는 것이 대학의 봉사정신이고 우리 대학의 갈 길입니다."라고 강조했다. 한 해 뒤인 1986년 3월에 오 양의 입학이 이뤄지자, 중재는 오 양을 언니와 함께 기숙사에서 한방을 쓰며 생활하도록 했고, 오 양의 언니를 단국대학교 직원으로 특채했다.

이러한 배려 속에, 오 양은 4년 동안 열심히 공부했다. 전공인 미술에서뿐만 아니라 모든 다른 교양과목에서도 A학점을 받았으며, 1990년 2월에 동양화과를 수석으로 졸업했다. 중재는 곧바로 자신의 오랜

[115] 장충식, 『학연가연』, 52쪽.

오순이 교수는 2004년 10월에 단국대학 초빙교수로 임용되면서 교수의 길에 입문했다. 임용 당시 언론은 오 교수의 임용을 인간 승리의 산 증거로 크게 보도했다. 위 사진은 당시 기사에 실린 사진 가운데 하나이다.

친구이자 저명한 화가 이기무李奇茂리치마오 교수가 있는 대만의 중화미술원으로 유학을 보냈다. 리 교수 집에서 기숙하고 중국어도 배우며 2년 공부한 뒤 오 양은 1994년에 항주杭州의 국립중국미술대학에 입학하고 10년의 산고 끝에 마침내 산수화 분야를 전공한 한국 유학생으로 중국 최초의 박사학위를 받았다. 중재는 2014년 10월에 오 양을 단국대학교 교수로 임용했고, 그녀는 한국 화단에서도 중견으로 활동하고 있다.[116]

그때로부터 꼭 10년 뒤인 2024년 9월에 중앙대학교는 중증 지체장애인 문영민 박사를 사회복지학부 교수로 임용했다. 그녀는 생후 8

[116] 위와 같음, 53~60쪽.

개월 때 척수장애가 있다는 진단을 받았다. 그러나 부모님이 미는 휠체어를 타고 학업에 열중해 서울대학교 자연과학대학 화학부를 졸업한 데 이어 서울대학교 대학원 사회복지학과에서 장애인의 건강과 노동을 주로 연구해 박사학위를 받았다. 2023년에는 한국사회복지학회에서 우수논문상을 받았고, 사회과학논문인용색인SSCI급 학술지 등에 20편 이상의 논문을 발표했다. 중앙대학교 역사에서 장애인으로, 더구나 중증 지체 장애인으로 처음 교수가 된 것이다.[117] 중재가 단국대학교에서 국내 대학교 가운데 처음 단행한 장애인 교수 채용에서 중재의 선구자적 역할을 확인하게 된다.

인질사건을 일으킨 탈영병 선도

어려운 형편의 사람에 대한 중재의 따뜻한 배려는 또 다른 형태로 나타났다. 그 대표적 사례가 인질사건을 일으킨 탈영병 이천술가명 군을 선도한 일이다.[118]

1973년 12월 5일 오전 10시에 한 무장 탈영병이 단국대학교 한남동 캠퍼스 바로 앞의 한일다방을 점거하고 단국대학교 학생 1명을 비롯한 손님 등 12명을 인질로 잡은 채 군경과 대치하고 있었다. 조찬모임을 마치고 학교로 돌아가던 중재는 삼엄한 경계가 펼쳐진 상황 속에 겨우 출근한 직후 진상에 관한 보고를 받았다. "결혼을 약속한 여자가 있는데 여자 쪽 부모님 반대로 애인이 변심한 듯했다. 인질범은

---

117 최예나(동아일보 기자), 「일상 속 차별 경험, 장애인 복지 연구 동력 됐죠」, 『동아일보』(2024년 9월 5일 A27쪽).

118 장충식, 「한 전과자와의 소중한 인연」, 『큰 삶 작은 이야기』, 55~65쪽; ______, 「이천술(가명) 군: 절망에 빠진 탈영병에게 주고 싶었던 희망의 손길」, 『학연가연』, 93~106쪽.

애인을 불러 설득하려다 부대 복귀 시간을 놓쳐 탈영했다. 여자 쪽의 결혼 반대 원인이 그 젊은이의 가난한 가정 형편과 이로 인한 대학 진학 실패 그리고 불안한 미래 때문이라는데, 범인은 이 같은 현실에 절망해 자포자기한 것 같다."라는 것이었다.

그 젊은이는 당시 육군 일병으로 21세였다. 일찍 부친이 별세하고 모친은 남의 땅을 빌려 농사를 지어야 할 정도로 생계가 어려웠다. 장남이어서 모친과 5남매를 책임져야 했던 그는 심한 가난에 시달리면서도 고등학생 때 전교 회장을 지냈으며 대학 입시에 두 차례 합격했으나 돈이 없어 입학을 포기해야 했다. 중재의 가슴속 깊은 곳에서 "저 젊은이를 살려야 한다. 저렇게 죽게 놔둘 수는 없다."라는 울림이 솟구쳐 올랐다. 중재는 자신의 비서실장 김상배金相培 교수에게 "내가 그 젊은이를 최선을 다해 도울 터이니 더 이상 과한 일을 벌이지 말고 자수하라고 하세요. 대학 공부도 시켜주고 가족들이 먹고살 취직자리도 알아봐 줄 거라고 약속하세요. 이 장충식이 보장한다고. 얼마든지 떳떳한 생활을 하도록 도울 것이니 두려워 말고 자수한 뒤 새 출발을 하자고 해요. 관계 당국에도 이미 얘기를 했다고 해요."라고 말하며, 그를 직접 만나 달래도록 했다.[119]

김상배 실장이 용산경찰서 형사를 대동하고 현장에 가서 젊은이를 설득했다. 김 실장은 "만나보니 눈빛이 나쁘지 않고 오히려 자기가 저지른 일 때문에 겁먹은 듯한데, 자수를 설득하니 눈물이 그렁하는 게 성품은 착한 사람으로 보였다."라고 보고하면서, 곧 자수할 것으로 보인다고 덧붙였다. 실제로 그는 곧바로 자수했다. 사건 발생 때부터 두 시간이 갓 넘었을 때였다.

---

[119] 위와 같음, 97~98쪽.

중재는 그가 수감된 육군교도소로 면회 가서 거듭 희망을 주었고, 김 실장으로 하여금 경기도 북부에 있는 그의 고향집을 찾아가 모친과 형제들을 안심시켰다. 중재는 그가 군사재판에서 징역 6년형을 선고받자 황산덕 법무부 장관을 찾아가 그 젊은이와 가족을 자신이 전적으로 책임질 것을 거듭 다짐하며 선처를 호소했다. 황 장관은 주저했다. 그러나 중재가 여러 차례 설득하고 김 실장이 황 장관 집을 찾아다니며 호소하자 황 장관도 마침내 움직여 그의 형기는 2년 20일로 줄었으며, 1975년 성탄절에 석방되었다.

중재는 약속을 지켰다. 그가 출소한 즉시 가족들이 함께 살 수 있도록 한남동 캠퍼스 바로 옆에 있는 아파트를 얻어주었고, 그의 두 동생이 고등학교를 졸업하자 곧바로 단국대학교에 취업시켰다. 그사이 그는 중재의 격려와 황 장관의 배려로 교도소 안에서 열심히 공부해 전문대학에 입학하고 수석으로 졸업했으며 측지기사 자격증과 중등교사 자격증을 얻었다. 이어 단국대학교 토목공학과 편입시험을 거쳐 졸업했고 대학원 석사과정에 진학한 뒤 교회 목사의 주선으로 결혼했으며, 단국대학교 정식 직원으로 채용되어 건축 및 설비 업무에 종사했다. 그러나 어느 날 독자적으로 사업하겠다면서 중재에게도 학교 직원들에게도 아무 말 없이 홀연히 단국대를 떠났다. 이후 그는 신학대학을 졸업한 뒤 충청남도의 한 작은 교회에서 목회했다.

중재는 "그가 단 한 번도 안부를 전한 적이 없으니 아마 그로서는 자신의 과거, 나를 포함한 과거의 인연이 잊혀지기를 바라는 것"으로 짐작하면서, 이 긴 이야기를 "사람을 키우는 것은 보답을 받기 위해서가 아니라 그 사람이 받은 만큼 다른 사람에게 베풀어주길 바라기 때문이다."라는 말로 매듭을 지었다. 오늘날에도 울림을 주는 교훈이

다.[120]

『감방의 소리』 번역

이 사건을 계기로 중재는 교도소에 갇힌 젊은이들에 애정 어린 관심을 기울이게 되었다. 때마침 서울을 방문한 재미 법조인 장대홍張大鴻 변호사를 만나게 되었으며, 장 변호사가 미국의 역사학자 워런 암스트롱Warren B. Armstrong과 함께 쓴 『감방의 소리』를 읽게 되었다. 이 책은 교도소에 수감되어 있는 미국 지식층 젊은이 15명의 소리를 담았고, 마지막 부분에서 두 사람이 함께 쓴 「미국 행형제도의 그늘」을 실었다.[121]

중재는 이 책이 미국 사회에 대해서만이 아니라 한국 사회에 대해서도 교훈을 준다고 판단해 번역했다. 중재는 이 번역서의 「책 머리에」에서 자신이 탈영병의 인질 사건을 목격한 이후 젊은이들의 좌절과 고뇌를 더 깊이 이해하게 되었고 그들을 그저 교도소에 보내는 것만으로는 문제를 해결할 수 없다는 판단에 이르러 이 책을 번역하기로 결심했다고 설명했다.[122] 황산덕 전 법무부 장관은 「추천의 말: 인간 회복을 위한 문제의 서書」라는 추천사를 썼다. 이 글에서 황 장관은 "현재 우리나라에 인구 1,000명에 1명의 비례로 교도소에 있다."라고 밝히고, "교도소를 나간 뒤 건전한 생활을 할 수 있도록 사회가 도와주는 것이 긴요한데, 장충식 총장이 모범을 보이셨다."라고 치하하면서, 동

---

[120] 위와 같음, 106쪽; 김상배(金相培), 「과묵 속에 담긴 깊은 정(情)」, 『빈 들에 씨를 뿌리며』, 160~163쪽.

[121] Dae Hong Chang and Warren B. Arrmstrong, *The Prison: Voices from the Inside*(Rochester, V.T.: Schenkman Pub. Co., 1972).

[122] 장충식 역, 『감방의 소리: 미국 지식층 젊은 죄수들의 인간 회복을 위한 문제 수기』(대양출판사, 1982).

시에 "장 총장은 참으로 읽기 쉬운 우리말로 유창하게 번역했다."라고 칭찬했다.

경주 9남매에 대한 배려

중재의 따뜻한 심성을 보여준 또 하나의 사례는 경상북도 영주시 외곽의 '궁벽한 농촌'에서 생활하는 9남매에 대한 배려이다.[123] 1999년의 설날 텔레비전 방송을 통해 중재는 산골에서 농사 하나로 생계를 유지하는 부모가 7남 2녀를 기독교의 사랑 속에서 키우는 이야기를 듣게 되었다. 기자가 "9남매 키우느라 힘드시지 않냐."라고 묻자 "사실 13남매를 낳으려고 했는데 사정의 여의치 못해 아쉽다."라고 웃으며 대답하고, 아이들의 미래에 대해서도 "사람은 다들 하나님이 주신 축복을 갖고 태어나는 법이니 미리 걱정할 일이 아니다."라는 소신을 밝혔다. 중재에게 그 말은 세상을 모르고 하는 말이 아니라 생활 속에서 진실한 고민과 실천을 하는 과정에서 얻은 신앙의 결과라는 것이 마음으로 다가왔다.

그 점이 신선한 충격을 주었지만, 중재에게 큰 감동을 준 것이 또 있었다. 아침이 되면 한 가족은 모두 밥상에 모여 아버지가 이끄는 대로 성경책을 읽으며 기도하는 것으로 하루를 시작하는 것이었다. 여기서 중재는 "저 어린아이들이 부모님의 사랑에 더해 사회의 보살핌을 받도록 해야 한다는 사명감을 느꼈다." 그래서 적어도 고등학교까지 9남매의 학비에 학용품을 도와줄 것을 결심했다. 당시 기독교로 개종해 있던 중재에게는 "생각이 여기에 미치자 이 프로그램을 시청한 데는

---

[123] 장충식, 「서미미 양: 신앙과 사랑으로 뭉친 '경주 9남매'에게 준 선물들」, 『학연가연』, 107~118쪽.

하나님의 뜻이 작용했다는 믿음이 생겼다."

이 무렵, 우리가 제7장에서 보게 되듯, 중재는 큰 시련을 겪고 있었다. 서울캠퍼스를 죽전으로 이전하려는 사업이 IMF사태로 불리던 외환위기가 빚어낸 미증유의 국가적 위기에 부딪혀 와해될 위험에 당면하고 있었으며, 재단과 학교 모두가 극도의 재정난을 겪고 있었다. 그래서 하나님에게 매일 위기를 이겨낼 힘을 달라고 기도하고 있었다. 이 시기에 중재의 표현으로, "하나님은 나를 도와줄 사람보다 내가 도와야 할 사람을 보내준 것"으로 생각하고, 그들을 돕기로 마음먹은 것이다.

중재는 비서를 현지에 보내 상황을 파악한 뒤 부모에게 9남매가 고등학교를 졸업할 때까지 학비와 학용품을 지원할 것을 약속한 1999년 2월 25일자 '장학금 지원 인증서'를 보내주었다. 중재가 범정 선생과 혜당 여사의 육영 의지를 기리자는 취지에서 사재를 출연해 1990년 3월에 설립한 '범은장학재단'의 명의였다. 9남매의 맏이로 울산시의 외할머니 집에서 10킬로미터가 넘는 통학길을 걸어 고등학교를 다니던 장녀 서미미 양은 단국대학교 경영학과에 입학했다. 중재는 학비 지원을 계속했고, 서 양은 대학원에 진학해 회계학 석사학위를 받았다. 중재는 곧 서 양에게 범은장학재단의 회계 관리를 맡겼고, 사이버대학에 보내 회계 관리에 관한 행정법무학을 전공해 학사학위를 하나 더 받게 했다. 중재의 배려 속에 서 양의 동생들 가운데 단국대에서 수학한 두 동생을 포함해 모두 대학을 졸업하고, 산업디자이너, 또는 교사, 또는 자산관리사 등 전문직에 종사하고 있다.

중재 장충식

단국대학교와 함께 민족의 화해와
통일을 향해 걸어온 대인

Ⅳ 동양학과 민족 고유문화 연구 선도

동양학연구소 개설과 학문 활동

일석一石 이희승李熙昇의 소장 취임

중재가 총장으로 취임하기에 앞서 단국대학은 중재의 주도로 1958년 5월 22일에 동양문화연구소를 개설했고 1962년 5월 9일에 이 연구소를 동양문제연구소로 개편했다. 그러나 예산이 너무 제한되어 있어 그 활동은 두드러지지 않았다.[1] 이에 중재는 취임 직후부터 동양학 연구를 진흥시켜야 하겠다고 결심하고, 우선 단국대학교 사학과 교수·학생·동문이 1965년 10월 3일에 단군왕검의 개국을 기리는 개천절開天節을 맞이해 발족한 단국사학회를 뒷받침하면서, 이 학회의 논문집으로 1967년 9월 5일에 연간年間 『사학지史學志』를 창간했다. 1차적으로 한국과 중국 및 일본을 비롯해 만주족=여진족과 몽골 및 튀르키예 등을 포함한 동양의 학술과 문화에 관한 논문들의 수록에 초점을 맞춘 이 논문집은 국내외에서 높은 평가를 받는 가운데 오늘날까지 계속되고 있다. 2024년 12월 현재 제64권을 발간했다.

중재는 이어 1970년 9월 28일에 동양문제연구소를 대체하고 한국과 중국 및 일본을 중심으로 한 동아시아의 역사·문화·국제교류를 연구하기 위한 대학교의 부설 연구기관으로 단국대학교 안에 동양학연구소를 개설했다. 초대 소장으로는 국어국문학과의 이승욱李承郁 교수

[1] 단국대학교60년사편찬위원회 편, 『단국대학교60년사: 1947-2007』 전3권(경기도 용인시: 단국대학교60년사편찬위원회, 2007), 중, 204~205쪽.

를 임명했다.[2]

일석의 올곧은 선비 정신을 존경한 중재

중재는 동양학연구소를 개설할 때부터 이 연구소의 주된 사업으로 『한한대사전漢韓大辭典』의 편찬을 염두에 두고 있었다. 그리고 이 사전의 편찬을 위해서는 반드시 전 서울대학교 문리대 학장 일석一石 이희승李熙昇을 소장으로 모셔야 한다고 믿고 있었다. 거기에는 가장 중요하게 일석에 대한 중재의 각별한 존경심이 깔려 있었다. 이 연구소에 참여한 교수들도 모두 중재의 믿음에 동의하고 있었다.

일석은 경성제국대학 법문학부 '조선어학 급及 문학과'를 졸업하고 경성사범학교 교유敎諭를 거쳐 이화여자전문학교 교수로 봉직한 이후 일제에 대해서는 말할 것도 없고 대한민국의 역대 어느 정부나 정권에 대해서도 굽히지 않고 학자로서의 양심과 소신을 지킨 글자 그대로의 '지조 있는 선비'로, 일관되게 우리말을 지키는 데 앞장섰다. 다음에서 우리말 지킴이로서의 일석의 일생을 짧게나마 살피기로 한다.

이미 대한제국 시대에 한글의 중요성을 강조하며 '한글'이라는 단어 자체를 만들어내고 깊이 연구한 한힌샘 주시경周時經이 주축이 되어 1908년 8월 31일에 창립한 '국어연구학회'는 '배달말글몯음'으로, 이어 '한글모'와 '조선어연구회'로 이름을 바꾸었으며 1926년 11월 4일에 '한글날'을 제정했다. '조선어연구회'는 1931년 1월 10일에 '조선어학회'로 이름을 바꾸었고, 1932년에 학회지 『한글』을 창간한 데 이어 1933년에 「한글맞춤법통일안」을 제정하는 등 한글 지키기와 보급

[2] 이하 동양학연구소(이후 동양학연구원)의 역사는 다음에 의존했다. 단국대학교 동양학연구원 편, 『동양학연구원 50년의 역사: 1970-2020』(경기도 용인시: 단국대학교 동양학연구원, 2020).

에 힘썼다. 일석은 '조선어학회'에서 간사에 이어 간사장으로 어려운 일을 맡았다.

1938년 3월에 제3차 조선교육령을 발표하면서 조선어 사용을 억압하던 일제는 '조선어학회'를 감시하며 해체시킬 기회를 엿보고 있었다. 일제는 마침내 1942~43년에 '조선어학회 내란음모 사건'을 조작해, 김도연金度演·김법린金法麟·김양수金良洙·김윤경金允經·이극로李克魯·이윤재李允宰·이인李仁·이우식李祐植·이중화李重華·정인승鄭寅昇·정태진丁泰鎭·최현배崔鉉培·한징韓澄 [가나다 순] 등 모두 16명을 기소했다. 가람 이병기李秉岐와 노산鷺山 이은상李殷相 및 여운형의 사돈 야자也自 이만규李萬珪 그리고 권승욱權承昱 등은 기소유예했고, 병을 앓고 있던 권덕규權悳奎와 안호상安浩相은 기소중지했다.[3]

이미 함경남도 함흥형무소에 수감되었던 일석은 기소를 거쳐 징역 2년 6개월 형을 받았다. 일제는 그들을 가혹하게 다루어 이윤재와 한징은 불행히도 옥사했으나, 일석은 다행히 해방과 동시에 최현배 등 다른 동지들과 함께 석방될 수 있었으며, 경성제국대학의 후신으로 출발한 경성대학 교수로, 그리고 경성대학을 포함한 관립대학들을 통합해 새로 개교한 서울대학교의 문리대 국어국문학과 교수로 취임하고 1949년에 '한글학회' 출범을 이끌었다.[4] 일석은 이후 서울대학교 대학원 부원장으로, 이어 대한민국학술원 종신회원으로 활동함과 동시에 예일대학교에서 언어학을 연구했다. 1952년 4월에 서울대학교 사범

---

[3] 「조선어학회 내란음모 사건」에 관한 연구들 가운데 다음을 지적하기로 한다. 이인(李仁), 「조선어학회 사건의 전말」 등, 『반세기의 증언』(명지대학출판부, 1974), 123~142쪽, 신용하(愼鏞廈), 「조선어학회와 민족운동」, 『한국현대사와 민족문제』(문학과지성사, 1990), 282~289쪽; 박용규(朴龍圭), 『조선어학회 항일투쟁사』(한글학회, 2012).

[4] 이희승, 「조선어학회 사건」, 『신동아』(1969년 12월), 206~225쪽.

대학에 입학한 중재는 이곳으로도 출강한 일석의 강의를 듣거나 문리대로 가서 강의를 듣고 이후 일관되게 일석을 스승으로 모신다.

일석의 올곧은 선비로서의 용기 있는 행동은 자유당 정권의 마지막 단계에서 다시 나타났다. 1960년 4월 19일에 서울에서 대학생들이 자유당 정권의 3·15부정선거에 항의해 대규모 시위를 벌이자 자유당정권이 비상계엄령을 선포하고 발포함으로써 수백 명을 죽이고 다치게 하는 것을 보고, 일석은 서울대학교 문리대 학장의 신분으로 4월 25일에 “학생의 피에 보답하자.”라는 플래카드를 들고 교수단 집회를 주도했으며 이튿날 이승만 대통령은 마침내 하야했다. 이듬해 군사정변이 일어난 직후인 1961년 9월 30일에 서울대학교에서 정년퇴임하면서 동시에 서울대학교에서 명예문학박사학위를 받았다.

이후 동아일보사 사장을 역임하고 성균관대학교 대학원 원장으로 봉직하던 때인 1969년에 박정희 대통령이 3선개헌을 추진하자 윤보선尹潽善 전 대통령 등이 중심이 되어 ‘3선개헌반대범국민투쟁위원회’를 구성했을 때, 일석은 감연히 참여했다. 정부의 압력에 따라 성균관대학교가 대학원장에서 해임하자, 일석은 재야에 머물며 역시 선비다운 강직한 생활로 일관하고 있었다.

‘삼고초려’의 예禮로 일석을 모셔옴

중재는 1970년 12월에 당시 동양학연구소 소장 이승욱 교수 그리고 국어국문학과의 김석하金錫夏 교수를 대동하고 일석을 집으로 찾아가, 『한한대사전』을 편찬하기 위해 일석을 동양학연구소 소장으로 모시고자 한다는 뜻을 말씀드렸다. 75세의 고령으로 일선에서 은퇴해 살고 있었던 일석은 “『한한대사전』 편찬은 정부에서 인력과 자금을 동원해서 할 일이지 일개 사립대학만의 힘으로는 여간 어려운 일이 아닌데 어쩌자고 그렇게 큰일을 벌이겠다는 거요?"라고 오히려 걱정하면서, "그 일은 처음부터 막중한 책임이 따르는 일이니 다른 분을 찾아보는 것이 좋겠어요."하며 사양했다.

이 시점에, 중앙정보부가 개입했다. 중앙정보부의 한 인사가 중재에게 "재야 인사로 대통령의 앞길에 사사건건 반대를 일삼는 양반을 단국대로 모셨다가 봉변을 당하면 어쩌시려 하십니까. 그것도 이미 정년퇴임을 한 양반을 굳이 소장에까지 임명하면서 말이죠…"라고 말했다. 중재에게, "그의 걱정의 말투에는 '잘 알아서 하라'라는 경고의 냄새가 짙었다."[5]

그래도 중재는 굽히지 않았다. "일석 선생님은 정치에 대한 소신에 앞서 학식으로나 업적으로나 석학이고 원로임에 틀림없다. 그리고 선생님의 지행일치知行一致 그리고 강직과 겸손이 조화를 이룬 품성도 모자람이 없었다."라고 믿고 있던 중재는 일석을 다시 찾아가 간청했다.[6] 일석은 고령을 내세워 사양하면서 "이 사업이 10년이나 20년 안으로 완성하기 어려운 사업인데 80이 얼마 남지 않은 고령에 이러한 방대한 사업을 어떻게 맡겠느냐?"며 전보다도 더 강하게 사양했다. 그렇지만 중재는 물러나지 않았다. 세 번째 다시 찾아가, "선생님, 『한한대사전』 편찬에 저의 일생을 걸겠습니다. 어려워도 절대로 포기하지 않고 반드시 완성하겠습니다. 도와주세요."라는 말로써 굳은 결의를 보였다.

그제서야 일석은 "내가 나이도 많고 이미 학계에서 물러난 지도 오래 되어서 집에서 글이나 쓰고 책이나 읽으며 소일하고자 했는데 젊

---

5 장충식, 「이희승 선생님: 불의에는 서릿발, 대학에는 겸손으로 일관한 스승」, 『학연가연』(경기도 용인시: 노스보스, 2021), 36~37쪽.

6 위와 같음, 37쪽.

일석은 처음 1971년 부임 당시 장충식 총장과의 약속대로 재임 10년을 마치는 1981년에 소장직을 물러났다. 송별식장에서 십 년간의 소회를 밝히는 일석.

은 총장이 정성스럽게 나에게 간청하니 그 정성에 감동하여 그 청을 받아들이겠습니다."라는 대답으로써 승낙했다. 그리고 조건을 제시했다. 앞으로 10년만 소장직을 맡겠다고 말하면서, 편찬사업의 첫 번째 과제로 『한한대사전』 편찬에 앞서 중국과 일본에는 없고 오직 우리 선조들이 만들어 쓴 한국식 한자와 한자어 중심으로 이를 엮어서 『한국한자어사전韓國漢字語辭典』을 우선 편찬해야 하니 그 약속을 먼저 하라는 것이었다. 이 역시 어차피 만들어야 할 사전이라고 생각한 중재는 "꼭 그렇게 하겠습니다."라고 확답했다.[7] 중재가 일석의 확답을 받고 돌아오니, 기다리고 있던 교수들은 후한後漢 말에 유비劉備가 형주荊州의 양양襄陽 인근 융중隆中이란 마을에서 은둔해 생활하던 선비 제갈량諸葛亮

[7] 장충식, 『시대를 넘어 미래를 열다: 중재장충식회고록』(경기도 용인시: 노스보스, 2011), 625~628쪽.

을 세 번 찾아가서 마침내 승낙받은 '삼고초려三顧草廬'의 고사에 비유하며 기뻐했다.

일석의 동양학연구소 소장 취임

40년 연하의 중재가 진심과 겸손의 손으로 내민 초빙을 받아들인 일석은 1971년 1월 1일에 동양학연구소 제2대 소장에 취임했다. 중재는 곧바로 일석을 모신 자리에 이병도 교수, 신석호 교수, 석주선 교수, 그리고 박종화 선생 등 국학계의 원로 석학들도 모시고 정식으로 『한한대사전』 발간 계획을 발표했다. 동시에 앞으로 단국대학교 재단의 이사가 되는 분이나 중재가 총장에서 물러난 후의 후임 총장은 이 사전의 편찬과 출판을 반드시 중단 없이 이어나가게 하겠다는 뜻을 학계 원로들 앞에서 다짐한 것이었고, 다른 한편으로는 전 국민을 향해 약속한 것이었다. 그만큼 『한한대사전』편찬에 대한 중재의 결심은 확고하면서 비장하기조차 했다.[8]

그러나 이번에도 정권의 압박이 들어왔다. 1973년 12월 중순의 어느 날 고은高銀 시인이 일석을 모시고 중재를 찾아왔다. 곧 재야 정치인들과 지식인들이 중심이 되어 시작할 '유신헌법철폐운동'에 일석도 참여할 계획이며, 단국대학교에 피해를 주지 않기 위해 동양학연구소 소장에서 물러나겠다는 뜻을 알렸다. 실제로 일석은, 중재의 표현으로, "평소의 온화한 표정과 말투에서 조금도 흔들림 없이" 사표를 제출했다. 중재는 받아들이지 않았고, 일석은 사표 제출을 되풀이했다. 중재는 물론 거듭 돌려드렸다. 일석은 허허 웃고 "장 총장 고집도 대단하시다."라면서 사표를 주머니에 넣고 떠났다. 이때의 심정을 중재

---

[8] 위와 같음, 628~629쪽.

중재가 학계 원로들에게 『한한대사전』 편찬 계획을 설명하고 있다. 중재와 일석, 이병도, 박종화, 한 사람 건너 석주선(시계 방향으로).

는 "나라도 선생님을 지켜야 한다. 이해득실을 떠나 내 은사님, 대학의 선생님을 지키는 것이 총장의 임무라는 믿음이 본능처럼 작용하였다."라고 회고했다.[9]

몇 시간 뒤 중재에게 문교부 장관으로부터 전화가 왔다. 일석의 사표를 총장이 책임지고 받으라는 "상당히 고압적이면서 마치 상사가 지시하는 명령조의 말투였다." 중재는 일석이 자신의 은사임을 강조하면서, "제자가 은사님께 어떻게 사표를 운운합니까. 대학에서 선생님을 그리 모실 수는 없습니다. 만약 사표를 내야 한다면 제가 총장에서 물러나는 것은 가능합니다만 저는 총장으로서 제 선생님의 사표를 받을 수가 없습니다."라고 맞섰다.

---

[9] 장충식, 「이희승 선생님: 불의에는 서릿발, 대학에는 겸손으로 일관한 스승」, 『학연가연』, 37~39쪽.

중재는 문교부 장관으로부터 '총장 승인 취소 통지'가 오리라고 예상했다. 그러나 통지도 없었고 일석을 해임하라는 압력도 없었다. '유신헌법철폐운동'이 요원의 불길처럼 전국으로 번지자, 정부도 일석의 일로 새로운 쟁점을 만드는 것이 유리하지 않다고 계산한 것이다.[10]

이 사례에서도 우리는 중재의 정의감과 뚝심을 거듭 확인하게 되는데, 그것은 다음과 같은 사례에서 이미 나타났었다. 중재는 이미 1969년 박 대통령의 3선개헌에 반대했다가 정부의 압력에 따라 고려대학교가 해임한 역사학자 김성식 교수와 경제학자 김윤환 교수도 단국대학교 교수로 받아들였었다. 중앙정보부가 두 교수를 내보내라고 압박하면서 중재의 사상이 의심스럽다고까지 비방하는 등 고압적 자세를 보이자 중재는 총장 해임까지 각오하면서 "교수가 연구를 위해서라면 이념적 좌우를 넘어 다양한 학문적 편력을 하는 것이고, 학생들을 가르치다 보면 선생님으로서 자신의 소신을 피력하고 실천할 권리가 있어야 하지 않겠느냐."라고 반문하며 버텼었다.[11]

자신의 월급을 깎으라는 일석과 최고 호봉을 받으시라는 중재

일석은 단국대학교 동양학연구소 소장으로 부임한 이후 이 자리를 지키며, 중재의 표현으로, "눈이 오나 비가 오나 단 하루도 지각을 모르는 분이셨고, 이따금 식사에 초대하면 값이 비싼 음식은 사양하고 값이 싼 음식을 청하곤 하셨다."[12] 그 정도가 아니었다. 자신의 월급을 깎으라고 강하게 요구했다. 올곧은 선비로서의 일석의 인품을 그대로 말해주는 이 일화는 오늘날 우리에게 큰 가르침을 주기에 비록 길다고

[10] 위와 같음, 39~40쪽.

[11] 위와 같음, 41~43쪽.

[12] 장충식, 「진정한 스승 일석 선생님」, 23쪽.

해도 자세히 소개하기로 한다.

> 사전 편찬 작업을 시작한 후, 하루는 이희승 소장님께서 [동양학연구소 행정 간사이던] 필자를 부르시더니 학교에서 월급 계산을 잘못한 것 같으니 좀 알아봐 달라고 하셨다. 혹시 월급을 적게 드린 것이 아닌가 걱정해서 경리과로 전화했더니, 장충식 총장님께서 이달부터 소장님의 월급을 교수 최고 호봉으로 드리라고 해서 조금 많아졌을 것이라고 하였다. 그대로 전했더니, 당장 총장님을 찾아가셔서 이 월급은 받을 수가 없으니 환원해 달라고 하시는 것이었다. 총장님께서 깜짝 놀라시면서 이유를 물으시니까 "이 늙은이가 교수 월급을 받는 것만도 미안한 일인데, 최고 호봉이라니 말도 안 된다."라고 극구 사양하시는 것이었다. 장 총장님께서는 "소장님에게 최고 호봉을 드리는 것은 한한사전 편찬이라는 민족적인 사업의 막중한 짐을 안겨드린 죄송한 마음 때문"이라고 하시면서 그냥 받으시라고 간곡하게 말씀하셨지만, 두 분께서 계속 받아들이기를 거절하셨기 때문에 중간에서 필자가 한 달 동안이나 두 분 사이를 왕래해야 하는 곤욕을 치르다가, 결국에는 이희승 소장님께서 받아들이는 것으로 결론을 맺은 일이 있었다.[13]

이 사실에 대해, 중재는 "오늘날까지 월급을 올려달라는 사람은 수없이 봤지만, 월급을 내려줘야 받겠다는 사람을 만나보기는 일석 선생님이 처음이었다."라고 썼다. 중재는 이어 "이름이 높을수록 월급을 많이 받아야 한다고 생각하는 요즘 세태에 선생님 같은 선비가 이 세상에 또 계실까 하면서 선생님을 가까이 모시게 된 것을 무척 행복하게 생각했다."라고 부연했다.[14]

---

[13] 장석권, 「장충식 이사장님의 고희에 부쳐」, 중재장충식박사고희기념화문집간행위원회 편, 『빈 들에 씨를 뿌리며』(한불문화출판, 2001), 191쪽.

[14] 장충식, 「진정한 스승 일석 선생님」, 『마지막 남은 한 길: 중재장충식수필선집』(경기

일석은 예의범절에서도 철저했다. 대학의 위계질서를 존중해야 한다는 마음에서 상의할 일이 있는 경우에는 중재를 부르지 않고 꼭 총장실로 찾아갔다. 중재는 송구스러워 일석을 오지 못하게 하고 동양학연구소로 달려갔다. 그러다보니 때로는 교정 한가운데에서 만나기도 했다.[15] 오늘날에는 들어볼 수조차 없는, 그러나 여전히 교훈이 되기에 기억해야 할 이 아름다운 이야기를 중재는 다음과 같이 회상했다.

> 재임 기간 중 선생은 나에게도 행동으로 가르침을 주셨다. 선생은 우리 대학에 부임하실 때 이미 고희를 넘기신 노령이었다. 희수를 넘기시고도 연구소 일로 상의를 하실 때는 나를 부르지 않고 대학 본관으로 걸어오셨다. 총장이라는 직위에 대한 대학인으로서의 자세를 몸소 보여주시려 하는 배려이지만 나로서는 노구에 수고를 미치는, 송구한 일이 아닐 수 없었다. 나는 직원에게 지시하여 선생께서 일이 있으면 미리 나에게 전화 연락을 하도록 하고 내가 연구소로 찾아갔다. 하루는 그 연락이 늦게 와서 부랴부랴 서둘러 연구소를 향해 가는데, 이미 선생께서 본관을 향해 걸어오고 계셨다. 노구를 이끄시고 친히 계단을 오르는 선생을 만류하자 "내가 대학에 봉직하면서 총장에게 오라가라 하는 것은 예의가 아닌 일"이라며 오히려 나를 만류하셨다. 결국은 계단을 손잡고 내려가던 그 순간은 오히려 나에게 배우는 사람의 겸손함을 각인시키는 배움의 시간이었다.[16]

도 용인시: 노스보스, 2011), 332쪽.

15 장충식, 「이희승 선생님: 불의에는 서릿발, 대학에는 겸손으로 일관한 스승」, 『학연가연』, 44쪽.

16 장충식, 「『한한대사전』 완간을 보는 소회」, 단국대학교 동양학연구소, 『한한대사전 간행기: 30년 대장정을 마치며』(경기도 용인시: 단국대학교출판부, 2008), 20~30쪽 가운데 23쪽.

이렇게 일석을 직접 모시면서 일석과 동양학연구소에 대한 중재의 애정과 존숭은 더욱 깊어졌다. 중재는 일석을 모신 동양학연구소가 단독 건물을 가져야 격에 어울린다고 판단해, 1975년 6월 3일에 중앙도서관 서편에 잇대어 8층 첨탑형의 동양학연구소 건물 신축을 착공해 12월 30일에 준공하고 '일석기념관'으로 명명했다. 이로써 일석은 자기 기념관을 갖는 최초의 학자가 되었다.[17] 중재는 『한한대사전』 편찬을 본격화하기 위해 도서관에 있던 동양학연구소를 일석기념관으로 이전했다.

동양학연구소의 한국학 관련 주요 출판물

중재가 일석을 모셔 올 때, 그리고 일석이 초빙에 응할 때, 모두 1차적으로 『한한대사전』 등 한자에 관한 사전들의 편찬을 염두에 두었다. 그러나 일석과 중재는 이 사업은 물론이고 동양학, 특히 한국학의 연구와 출판 사업을 활발히 추진했다. 그 첫 결과가 일석의 소장 취임 7개월 뒤인 1971년 8월에 '동양학총서' 제1집으로 단국대학교출판부를 통한 『훈몽자회訓蒙字會』 영인이었다. 이 책은 조선 11대 중종 때의 한학자이면서 역관이었던 최세진崔世珍이 어린이들에게 한문을 가르치기 위해 만든 일종의 교과서였다.

『훈몽자회』의 이본異本 가운데 일본 예산사장본叡山寺藏本과 도쿄대학 중앙도서관본 두 가지를 영인했다. 국내에 전해 내려오는 책은 목판본인 데 비해 예산사장본은 을해년乙亥年의 금속활자로 인쇄된 초간본으로 이제까지 알려지지 않았었기에 이 영인본은 가치를 높이 인정받았다. 도쿄대학 중앙도서관본은 이 활자본을 이용하기 쉽게 판식版式을

17 『단국대학교60년사: 1947-2007』 상, 186~187쪽.

바꿔 목판으로 간행한 것으로, 현재의 목판본 가운데 가장 오래되었다. 부록으로 서울대학교 문리대 국어국문학과 이기문李基文 교수가 해제를 쓰고 색인을 붙였다.

이후 동양학연구소는 조선조의 여러 책들을 단국대학교출판부를 통해 영인했다. 조선 선조 때 유희춘柳希春이 1576년에 한자 입문서로 편찬한 『신증유합新增類合』1972, 1575년에 전라도 광주에서 간행된 『광주천자문光州千字文』과 1583년에 간행된 『석봉천자문石峰千字文』 및 1804년에 중간본으로 간행된 『주해천자문註解千字文』을 한 권으로 묶어 영인한 『천자문千字文』1973, 중국 송대宋代 학자 여대충呂大忠 형제의 저작을 조선 중종 때의 김안국金安國이 엮은 『여씨향악언해呂氏鄕樂諺解』1976, 김안국·김정국金正國 형제가 엮은 『이륜행실도二倫行實圖』1978 등이 그 사례들이다.

이어 조선 명종 10년1554년에 만든 『경국대전주해經國大典註解』1979를 출판했다. 앞에서 소개한 여러 영인본의 경우와 마찬가지로 이 영인본에도 일석은 「간행사」를 썼다. 이 「간행사」의 핵심은 다음과 같다.

> 『경국대전』은 조선 세조 때 최항崔恒과 노사신盧思愼 등에 편찬을 명하여 성종 16년[1485년, 을사(乙巳)]에 완성해 반포한 것으로, 기왕에 편찬된 여러 법전과 당시 시행되고 있던 수교受教 · 조례條例 등에서 극히 기본이 되는 줄거리만을 취해 편찬되었으므로 조문條文이나 자구字句 등을 해석하는 데 구구한 이론異論이 있었다. 이러한 이론을 제거하고 일관성 있는 해석을 가하기 위해 대전 반포 후 60여 년이 지난 명종 10년에 다시 주해서를 만들었다. 이 『경국대전주해』가 1935년 조선총독부 중추원에서 활자본으로 간행되어 널리 배포되었다. 그런데 근년에 이르러, [경성제국대학 법문학부를 졸업하고 경성제국대학 법문학부 조수를 거쳐 조선사편수회 수사관修史官으로 봉직하다가 현재] 일본 동양문고東洋文庫의 연구원인 다가

> 와 고조田川孝三 선생이 『조선학보』 제48집에 「청주간淸州刊 경국대전주해에 관하여」라는 논문을 발표함으로써 기왕에 알려진 『경국대전주해』와 다른 이본異本이 전해오고 있음을 처음으로 알게 되었다.[18]

일석에 따르면, 『경국대전주해』는 "조선시대사를 연구하는 데 있어서 가장 중요한 사료로 생각된다." 그래서 일석은 동양문고를 떠나 도쿄대학 동양사학과 교수로 봉직하던 다가와 고조에게 연락해 다가와 교수가 만든 이 책의 필름을 받아 이 책을 영인할 뿐만 아니라, 단국대학교 사학과의 차문섭車文燮 교수에게 상세한 해제와 색인을 붙이도록 했다.

동양학연구소는 이후 단국대학교출판부를 통해 성종 20년에 출판한 『구급간이방언해救急簡易方諺解』1982와 『조선왕조실록』에 수록된 한중일 관계 기사를 발췌한 『조선왕조실록초朝鮮王朝實錄抄』1986 그리고 『국악문헌자료집성國樂文獻資料集成』1990 및 『한국세계문학문헌서지목록총람韓國世界文學文獻書誌目錄總覽』1992 등을 잇달아 출판했다. 그 사이에 중국의 정사를 기록한 25사 가운데 한중관계에 대한 기사와 한민족 관련 기사를 뽑아 『이십오사초二十五史抄』 전3책1977을 출판했다.

동양학학술회의 개최와 『동양학』 창간

이렇게 한국학에 관한 고전들을 꾸준히 출판하면서 동양학연구소는 1970년 10월 12일에 제1회 동양학학술회의를 개최해 2025년 5월 현재 제54회를 기록했다. 이어 1971년 10월 25일에 논문집연간지 『동양학』을 창간했다. 창간호에는 김동욱 교수의 「흥덕왕興德王 복식

---

[18] 이희승, 「간행사」, 단국대학교 동양학연구소 편, 『경국대전주해』(단국대학교출판부, 1979), 1~2쪽.

금제禁制의 연구: 신라 말기 복식 재구再構를 중심으로」, 이숭녕李崇寧 교수의 「17세기 국어의 음운사적 고찰」, 이승욱 교수의 「18세기 국어의 형태론적 특징: 『노걸대老乞大』 류의 국어관계자료를 중심으로 하여」, 정영호 교수의 「조선 전기 범종고梵鍾考」, 차문섭 교수의 「'속오군束伍軍' 연구」, 전해종全海宗 교수의 「청대淸代 한중관계의 일一 고찰: 조공제도를 통하여 본 청의 태도의 변천에 대하여」, 한우근韓㳓劤 교수의 「개항 후 일본 어민의 침투1860~1894」, 황명수黃明水 교수의 「한말에 있어서의 외국 금융기관의 침략에 관한 연구: 일본지점은행의 침략을 중심으로」 등이 수록되었다.

이 논문집에 대한 학계의 관심과 평가가 높아지면서 국내외로부터 연구자들의 투고가 늘어남에 부응해, 2003년 33집2003년 2월부터 54집2013년 8월까지는 연 2회로, 55집2014년 2월부터 연 3회로, 59집2015년 4월부터 연 4회로 발간하고 있다. 그러나 심사는 특히 2001년에 한국학술진흥재단이후 2009년에 한국연구재단으로 통합에 의해 등재후보지로, 그리고 2005년 1월에 등재지로 선정된 이후 여전히 엄격히 지켜지고 있다.

국제학계에서의 첫 반응은 대만의 조취옥趙聚玉 박사와 나영덕羅英德 박사가 『사고전서진본四庫全書眞本』 1,900책을 기증하는 것으로 나타났다. 이후 동양학연구소의 명성이 널리 알려지면서, 1999년 한 해에만 영국 셰필드대학교 한국학연구소7월, 네덜란드 라이덴대학교 한국학연구소8월, 프랑스 고등사회과학연구원 한국학연구소9월, 스웨덴 스톡홀름대학교 한국학연구소11월 등 유럽의 지도적 한국학연구소와 자매결연을 맺기에 이르렀다. 2011년 9월에 동양학연구원으로 승격된 이후, 중국 절강대학浙江大學 한국연구소2012년 3월, 북화대학北華大學 동아역사·문헌연구소2015년 6월, 복단대학復旦大學 한국연구소 등과도 협력관계

를 맺었다.[19]

독도 연구의 활성화

동양학연구소는 '동양학총서' 이외에 '동양학연구총서'와 '동양학학술총서'에 이어 '동아시아문명교류사 시리즈'와 '동양학문화총서' 및 '동양학번역총서' 그리고 '동양학예술총서'를 출판했다. '동양학연구총서'에 포함된 송병기宋炳基 교수의 『울릉도와 독도』단국대학교출판부, 1999; 개정판 2007는 철저한 사료 검증을 통해 울릉도와 독도, 특히 독도에 대해 자국의 영유권을 주장하는 일본을 준엄하게 비판하고 있다. 이에 앞서 중재는 1979년 3월 27일에 사학과의 정영호 교수 및 차문섭 교수를 포함해 전국 대학교의 사학자들과 함께 독도를 방문하고 독도가 한국 영토임을 밝힌 석비石碑를 세웠다. 같은 취지에서, 중재는 2012년 6월 11일에 단국대학교에 '우석友石 한국영토연구소'를 세웠다. '우석'은 연구소 설립을 후원한 실업인 손열호孫烈鎬 동양석판 회장의 아호이다. 이 연구소는 외교통상부 산하 외교안보연구원 연구실장에 이어 인도 뭄바이 총영사를 역임한 이서항李瑞恒 소장의 주재 아래 백진현白珍鉉 국제해양법재판소 재판관과 이석우李碩祐 인하대학교 법학전문대학원 교수 등을 초빙해 독도가 역사적·지리적·국제법적으로 의심의 여지 없이 대한민국의 영토임을 밝히는 학술대회를 열었다. 단행본도 발행해 독도가 자기네 땅이라고 우기는 일본의 주장을 여러 차례 반박했다.

역시 '동양학연구총서'에 포함된 한시준韓詩俊 교수의 『일제침략에 대한 한·중의 공동항전』단국대학교출판부, 2019은 안중근 의사와 윤봉길 의

---

19 단국대학교 동양학연구원 편, 『동양학연구원 간행도서 목록집 1970-2017』(경기도 용인시: 단국대학교 동양학연구원, 2018), 4~5쪽.

단국대 사학과 교수로 함께 재직했던 정영호 교수, 차문섭 교수와 독도에서(1979.03.27)

사 및 이봉창 의사의 항일의거에 대한 중국인의 인식을 설명했고, 오대양吳大洋 박사의 『북한지역의 청동기시대 묘제와 고조선 연구』단국대학교출판부, 2020는 한국의 고대사 연구에 있어서 개척적 저술로 평가된다. '동양학예술총서' 제1권으로 출판된 반혜성·김수현·김명섭·노복순 공저의 『다시 부르는 독립의 함성: 항일노래 600곡』노스보스, 2022은 동양학연구원 토대연구과제팀이 2017년 9월부터 2022년 8월까지 조사한 6,000여 곡 가운데 600곡을 선정해 악보를 게재하고 해제했다. 동양학연구원은 또한 연민淵民 이가원李家源 교수의 소장 저서들 가운데 조선조 후기의 학자 연암燕巖 박지원朴趾源의 필사본들을 차례로 출판했다. 거기에는 연암의 얼굴과 같은 『열하일기熱河日記』가 포함되었다.

『한국한자어사전』과 『한한대사전』

『한한대사전』 출판을 결심한 배경

중재는 고려대학교 대학원 사학과에서 동양사 전공으로 석사과정을 밟던 때 『한한대사전漢韓大辭典』 편찬의 꿈을 꾸기 시작했다. 우리나라에 제대로 된 한한사전이 없어서, 중국의 고문헌들을 읽다가 이해할 수 없는 글자나 어려운 단어를 만나도 이를 풀어가기가 어려웠다. 일본이 만든 사전은 있었지만, 한국의 고유 한자 또는 한국식 용례用例는 수록되어 있지 않았기에 크게 도움이 되지 않았다.[20] 특히 일본을 대표하는 한학자 모로하시 데쓰지諸橋轍次 교수가 아들과 손자 3대에 걸쳐 32년 동안 『대한화사전大漢和辭典』을 편찬하는 것을 보고 일본 학자를 부러워하기만 하는 국내 학계의 분위기 속에서 "우리는 왜 그와 같은 일을 하지 못하는가."하며 분개했다.

중재의 이 모습을 보고 정재각鄭在覺 지도교수는 "장 군, 자네는 참 특이한 사람이야. 다른 사람들은 일본에서 대형 『대한화사전』이 편찬되는 것을 평범하게 받아들이는데, 자네는 유별나게 흥분하고 분개하는 것을 보니 자네도 이런 사전을 만들어 볼 생각이 있는 것이 아닌가."라고 물었다. 중재가 "만들어 보고 싶은 것이 아니라 반드시 만들어 놓고 죽을 생각입니다."라고 답변하자 정 교수는 "자네 나에게 헛소리하면 안 되지! 꼭 해볼 생각이 있다면 나하고 약속하세."라고 다짐받으면서도, "이런 사업은 정부가 해도 몇십 년 걸리는 일이고 그래

---

[20] 위와 같음, 610쪽.

서 서울대·고려대·연세대 등 큰 대학도 감히 꿈도 꾸지 못하는 일임을 알되 초지일관初志一貫해서 꼭 편찬하길 바라네."라고 격려했다. 여기서 중재는 "한한대사전을 기어이 내 손으로 만들어내겠다고 결심하게 되었다."라고 회고했다.[21]

모로하시 데쓰지 교수의 집념

그러면 모로하시 데쓰지 교수는 어떤 사람이었나? 1883년 6월에 태어나 1982년 12월에 99세로 별세한 그는 도쿄고등사범학교를 졸업하고 곧바로 이 학교의 한학 교원으로 교직을 출발했다. 일본 문부성 장학생으로 뽑혀 중국 유학을 마친 뒤 그는 「유학儒學의 목적과 송유宋儒 - 경력慶曆으로부터 경원慶元까지 160년간 - 의 활동」이라는 논문을 제출해 1929년 1월에 도쿄제국대학으로부터 문학박사학위를 받았다. 1930년에 바로 1년 전에 개교한 도쿄문리과대학 교수가 되었다. 이 학교는 훗날 도쿄교육대학으로, 이어 쓰쿠바대학筑波大學으로 바뀐다.

모로하시 교수는 『대한화사전』 출판을 구상하고, 사전류의 책들과 교과서 출판으로 유명한 도쿄의 다이슈칸쇼텐大修館書店과 계약했으며, 1943년에 『대한화사전』 제1권을 출판해, 이듬해 『아사히신문朝日新聞』과 아사히신문재단이 『아사히신문』 창간 50주년을 축하하기 위해 1929년에 제정한 아사히상朝日賞을 받았다. 2차대전이 끝나갈 무렵 도쿄가 미 공군의 '대공습'을 받았을 때 다이슈칸쇼텐도 파괴되어 조판 중이던 원고가 없어진 데다가 자료 점검과 집필로 눈을 혹사해 시력

---

[21] 장충식, 「한한대사전의 편찬을 끝까지 믿고 격려해주시던 유일한 분 남사 선생님」, 남사정재각선생추모문집간행위원회 편, 『남사정재각박사추모문집: 남사 정재각 박사 그는 누구인가』(주류성, 2012), 805~807쪽.

이 극도로 악화되었고, 오른쪽 눈이 실명하기에 이르러 수술을 받기까지 했으나 포기하지 않았다. 이후 도쿄 시부야澁谷에 있는 고쿠가쿠인대학國學院大學 문학부 교수를 거쳐 야마나시현山梨縣 쓰루시都留市의 쓰루문과단기대학都留文科短期大學 초대 학장으로, 이어 1960년에는 이 대학이 4년제로 승격된 쓰루문과대학都留文科大學 초대 학장으로 봉직했다. 77세 때인 1960년에 마침내 한자 49,000자에 어휘 39만 개가 수록된 『대한화사전』 전13권을 완성했고 이 공로가 인정되어 일본 정부로부터 문화훈장을 받았다. 이후 이 사전을 계속 수정했고, 1982년에는 『대한화사전』을 축소한 『광한화사전廣漢和辭典』을 역시 다이슈칸쇼텐에서 출판했다.

중화민국과 중화인민공화국의 반응

『대한화사전』의 출판은 한자의 종주국으로 자부하던 중화민국과 중화인민공화국 모두에 큰 충격을 주었다. 그리하여 중화민국 정부는 국방위원회와 중국학술원을 중심으로 『중문대사전中文大辭典』 전10권을 1973년에 출판했고, 중화인민공화국 정부는 『한어대사전漢語大詞典』 전12권을 1993년에 출판했다. 『중문대사전』의 경우 한자 49,880자에 어휘 371,231개가 수록되었고, 『한어대사전』의 경우 한자 18,014자에 360,080개의 어휘와 주석이 수록되었다.[22]

교수들의 우려와 만류를 극복하고 사전 편찬 사업 추진

중재가 일석을 모시고 와서 『한한대사전』 편찬사업을 시작하겠다고 발표하자, 교수들의 반응은 서로 다르게 나타났다. 한편으로 기뻐하면

[22] 김상홍(金相洪), 「국격을 높인 학술문화사의 금자탑」, 단국대학교 동양학연구소, 『한한대사전 간행기』, 121~124쪽.

서도, 다른 한편으로 걱정하는 교수들도 없지 않았다. 당시 화폐 가치로 보아서 30억 원은 있어야 시작할 수 있고 또 약 30년은 걸려야 매듭지을 수 있을 것이라는 중재의 계획에 놀라움을 표시했다. 그들 가운데 어떤 이들은 중재의 "혈기와 만용만으로 되겠는가 하는 냉소적인 반응을 보이기도 했다."[23] 심지어 어떤 이들은 중재를 향해 "정신병자 아닌가?"하고 도저히 믿어지지 않는다는 듯이 빈정대기도 했다.[24]

교외의 몇몇 한국학 중견 학자들은 "장 총장! 설사 원고를 다 작성해도 그것을 인쇄할 곳이 우리나라에는 없을 것이오."라면서 만류했다. "수만 자字나 되는 한자를 사전 규격에 맞춰 활자로 만들어야 하는데, 그 활자를 만들 기술이 지금 우리나라에는 없단 말이요. 일본에 가서 인쇄해야 하니 도대체 그 돈을 어떻게 감당하겠소? 그 사전을 사서 쓸 학자들도 얼마나 될는지. 이미 일본 모로하시 사전 복사본으로 쓰고 있는데."라며 충고하기도 했다. 그래도 중재는 "무엇이든 첫 단추가 중요하다. 아무리 어렵고 힘든 일이라도 시작을 잘하면, 첫걸음만 제대로 뗀다면, 천리 길도 갈 수 있는 것 아닌가."라고 다짐하며 계획을 포기하지 않았다.[25] 여기서도 우리는 중재의 일생에 나타난 미래지향적 안목과 집념 그리고 그것을 뒷받침하는 뚝심을 확인하게 된다.

『한국한자어사전』과 『한한대사전』 출판계획과 준비

1971년 4월에 중재는 우선 중화민국 문화학술원으로부터 '명예철

---

[23] 장충식, 『시대를 넘어 미래를 열다』, 628쪽.

[24] 황패강(黃浿江), 「열정들의 결정체, 『한한대사전』」, 『빈 들에 씨를 뿌리며』, 260~262쪽 가운데 261쪽.

[25] 장충식, 「『한한대사전』 완간을 보는 소회」, 『한한대사전 간행기』, 20~30쪽 가운데 22쪽.

사名譽哲士' 곧 명예문학박사학위를 받게 되어 대만에 가는 계제에 『사부비요四部備要』 611책 등 중국의 기본자료 669책을 사들였다. 『사부비요』는 청나라 건륭제乾隆帝의 명으로 청의 건국과 통치를 정당화하기 위해 1781년에 편찬된 총서 『사고전서四庫全書』를 비판하기 위해 중화민국 정부가 상해의 중화서국中華書局을 통해 1924~1936년에 출판한 책이다. 중재는 이어 일본의 서점으로부터 한일관계를 주제로 한 사료 100여 책과 국내 통문관으로부터 『조선사』 37책 등을 사들여 동양학연구소에 비치함으로써 연구원들이 손쉽게 자료를 이용할 수 있도록 배려했다.[26]

이러한 준비 과정을 거치면서 중재는 1976년 10월에 동양학연구소 안에 '한한대사전 편찬실'을 구성하고,[27] 『한한대사전』 편찬 계획을 세우도록 요청했다. 이에 따라 소집된 동양학연구소 평의원회는 "전문인력 20명에 14억 원의 예산으로 15년에 걸쳐 편찬한다."라는 계획안을 세웠고, 중재는 1977년 8월 30일에 그 계획안을 승인함과 아울러 "편찬사업에 소요되는 모든 지원을 아끼지 않고 보장하겠다."라고 약속했다.[28]

중재는 1977년 11월 3일 단국대학교 개교 30주년을 기해 『한한대사전』 편찬사업 계획을 다시 확정하고 편찬위원회를 구성했다. 단국대학교는 『한한대사전』 편찬의 출발 시점을 이날로 잡고 있다.

편찬위원회 위원장과 부위원장에는 일석과 포명抱溟 권오돈權五惇 교

26 황패강(黃浿江), 「열정들의 결정체, 『한한대사전』」, 『빈 들에 씨를 뿌리며』, 260~262쪽 가운데 260쪽.

27 『한한대사전 간행기』, 129쪽.

28 황패강, 「열정들의 결정체, 『한한대사전』」, 『빈 들에 씨를 뿌리며』, 261쪽; 단국대학교 동양학연구원 편, 『동양학연구원 50년의 역사 1970-2020』(경기도 용인시: 단국대학교 동양학연구원, 2020), 35~36쪽.

수를 각각 선임했다. 상임편찬위원을 겸한 권 교수는 일석과 마찬가지로 일제강점기에 항일독립운동에 참여해 투옥된 경험을 지녔으며, 일제가 패망한 뒤 연세대학교에서 강의한 한문학漢文學의 권위자였다. 이렇게 편찬위원회를 구성한 뒤, 1977년 12월 1일에 산하에 편찬실을 두기로 결정하고 한학에 밝은 전문가들을 『동아일보』와 『조선일보』 광고를 통해 공채해 편찬원으로 선발한 뒤 1978년 3월에 이강로李江魯 교수를 실장으로 하는 편찬실을 가동했다.

그러나 그 인원과 예산으로는 진전이 어려움을 확인하게 되자 동양학연구소는 1979년 9월 25일에 평의원회를 열고 앞의 계획안을 수정했다. 편찬인원 44명을 확보하여, 17년의 편찬기간과 28억 원의 예산을 들여 사업을 추진한다는 내용이었다. 이 내용을 다음과 같이 기록으로 남기기로 하겠다.

사업개요

가. 편찬방침: 우선 『한국한자어사전』을 편찬하고 이를 바탕으로 하여 『한한대사전』을 편찬한다.

1. 『한국한자어사전』
   - 내용: 우리나라에서 독특하게 쓰이는 한자·한자어를 수록한다.
   - 규모: 4×6배판, 4단종조 4책 약 4,000면

2. 『한한대사전』
   - 내용: 『한국한자어사전』을 바탕으로 하여 국내외 문헌 및 사서류에 실린 한자·한자어를 재정리하여 수록한다.
   - 규모: 4×6배판, 4단종조 17책 약 19,000면

나. 편찬기간: 1978년 3월 1일~1995년 2월 28일

1. 『한국한자어사전』: 1978년 3월 1일~1990년 2월 28일 12년간

2. 『한한대사전』: 1980년 3월 1일~1995년 2월 28일 15년간[29]

그러나 이 계획도 몇 차례 수정을 거치게 된다.

일석이 떠난 이후

일석은 부임 초 약속한 대로 1981년 1월에 정확히 임기 10년이 되자 소장에서 물러났다. 중재는 후임에 단국대학교 국어국문학과 황패강 교수를 임명했다. 황 교수는 평양에서 태어나 김일성 정권이 북한을 통치하던 때인 1949년에 평양교원대학 조선어문학과를 졸업하고 월남한 뒤 서울에서 숭의여자고등학교 교사로 봉직하며 1961년에 단국대학 국어국문학과 3학년으로 편입해 1963년에 졸업했고 건국대학교 대학원 국어국문학과에서 1965년에 석사학위를 받은 데 이어 「신라불교설화 연구」로 1976년에 박사학위를 받았다. 단국대학교에서 부총장을 역임한 그의 대표작으로 『한국 고전문학의 이론과 과제』 단국대학교출판부, 1997가 꼽힌다.

중재는 황패강 소장의 후임으로 서울대학교 문리대 국어국문학과를 졸업한 연세대학교 국어국문학과 교수 나손羅孫 김동욱金東旭 박사를 임명했다. 김동욱 교수는 자신이 소장한 모든 장서를 동양학연구소에 기증하고 여생을 『한한대사전』 편찬에 바칠 각오로 일했다. 그러나 건강하던 김 교수는 임기 도중인 1990년 1월에 향년 68세로 별세했다. 이에 따라 단국대학교 한문학과 박천규朴天圭 교수, 단국대학교 사학과 송병기宋炳基 교수, 서울대학교 문리대 중어중문학과 교수로 정년퇴임하고 단국대학교 초빙교수로 부임한 차주환車柱環 교수를 차례로 임명했다.

---

[29] 『단국대학교60년사: 1947-2007』 상, 439쪽.

그들 모두 정성을 쏟았지만 사전 편찬에 가장 큰 공을 들인 이는 국어국문학과 김상배 교수였다. 워낙 도서 출판에 밝은 장점을 고려해 중재가 처음부터 참여시킨 김 교수는 20년 동안 소장이 여러 사람으로 대代를 이어 바뀌었지만 조금도 흔들리지 않고 열정을 기울였다.[30] 김 교수에 따르면, 그 과정에서 단국대학교는 새로운 활자를 개발하고 제조했다. "시각적으로 가장 아름답고 적합한 한자, 우리만의 고유체 6만여 자를 새로 만들었고, 이 고유체를 도안하고 사용에 편리하도록 제작한 것도 단국대학교가 유일했다."[31] 그리고 그 숫자는 중국과 대만 및 일본이 만든 사전에서 사용한 한자보다 많은 숫자였다. 이 과정에 우리나라 최초로 전자출판 분야를 개척한 서울시스템 창업자 이웅근李雄根 전 서울대학교 행정대학원 교수의 기여가 컸다.[32]

『한국한자어사전』 출판

편찬위원회는 『한한대사전』의 편찬에 앞서 『한국한자어사전』의 편찬에 착수했다. 이것은 우리가 앞에서 보았듯 일석의 제안을 중재가 받아들임으로써 이뤄진 두 분 사이 약속의 이행이었다. 『한국한자어사전』은 우리 조상들이 오랫동안 한자를 쓰면서 독창적으로 개발한 '한국식 한자와 어휘'를 수집해 정리한 사전이다. 중재는 다음과 같이 설명했다.

> 편찬원들이 『삼국사기』부터 약 150여 종의 3,500여 책을 꼼꼼히 공부해 찾아낸 한자는 약 2만 자이고 어휘만 15만여 개에 이르렀다. 이 가운

---

[30] 장충식, 『시대를 넘어 미래를 열다』, 633~635쪽.

[31] 김상배, 「『한한대사전』 출판과의 인연」, 『한한대사전 간행기』, 118~120쪽.

[32] 김학선(金學善), 「『한한대사전』이 세계 최고인 분명한 이유」, 위와 같음, 125~128쪽.

> 데에는 중국이나 일본에서 쓰지 않는 한자, 또는 우리나라에서만 고유한 뜻을 갖고 있는 한자와 어휘가 모두 망라되어 있다. 동양에서 처음으로 한자 사전을 펴낸 일본이나 한자 종주국이라는 중국이나 대만에서는 보편적 의미에서 한자사전을 펴냈지만, 우리는 한자어에 '민족'이라는 컬러를 새로 입혀서 따로 독립된 사전을 펴낸 것이다.[33]

『한국한자어사전』은 단국대학교출판부를 통해 제1권을 1992년 9월 23일에 초판 1쇄를 출판했고, 제2권과 제3권 및 제4권을 단국대학교 개교 49주년인 1996년 11월 3일에 맞춰 동시에 출판함으로써 완간을 보았다. 아쉽게도 일석은 1989년 11월 27일에 향년 94세로 별세해 자신의 제안으로 시작된 이 사전의 출판을 보지 못했다.

이 사전에는 '성균관의 기숙사에 거처하면서 공부하는 일 또는 그러한 사람'이라는 뜻의 '기재寄齋,' '백성을 해롭게 하고 나라를 병들게 함'이라는 뜻의 '해민병국害民病國,' '집집을 찾아다니면서 천연두를 앓게 한다는 여자 귀신'이라는 뜻의 '호구태태虎口太太,' 제주도 서귀포 남서쪽 바다 가운데 있는 섬을 말하는 '호도虎島,' 그리고 '여러 말 할 것 없이 요점만 말하건대'라는 뜻의 '대관절大關節' 등이 포함되었다. 총체적으로, '乭돌' 같은 한국에서만 사용하는 한국식 한자 182자,[34] 한국의 인명과 지명 및 제도명, 이두 용어, 향찰, 구결 등 약 84,000단어의 출전을 밝혔다. 국어학·국문학·한문학·역사학·한의학·미술사·국악·민속학 등 국학 그리고 동양학을 포함한 인문·사회과학 전 분야에 필수적인 이 사전은 한국일보사가 제정한 제37회 한국출판문화상제작상

[33] 장충식, 「『한한대사전』 완간을 보는 소회」, 27~28쪽.

[34] 이 사실에 대해서는 김정배(金貞培) 교수가 지적했다. 김정배, 「『한한대사전』의 학술·문화사적 의의」, 『한한대사전 간행기』, 42~44쪽 가운데 43쪽.

을 1997년 2월 5일에 수상했다.[35]

『한국한자어사전』의 제자題字는 고려대장경에서 집자集字했으며, 표지인문表紙印紋은 광개토대왕비문을 의미하는 을묘년명호간乙卯年銘壺杅 양각문陽刻文을 채택했고, 장정은 단국대학교조형디자인연구소가 맡았다. 서체 폰트font는 서울시스템주식회사가 개발했다.

이 사전의 제1권 「간행사」에서 중재는 이 사전의 편찬이 구상되고 준비된 과정을 상세히 회상했다. "그간 이 사전의 편찬에 소요된 수십억 원에 달하는 경비와 엄청난 시간 및 연구 인력이 일개 사학으로서는 정말 감당하기 힘든 것이었다는 사실을 이 자리에서 고백하지 않을 수 없습니다. 그것은 애초부터 큰 무리가 아닐 수 없었습니다."라고 자인하면서, "그러나 온갖 어려움 속에서도 우리가 사전 편찬의 대장정을 끝내 포기할 수 없었던 것은 이 편찬사업의 학문적·문화사적 의의가 너무나도 막중하였기 때문입니다."라는 말로써 자신이 사명감 하나로 이 사업을 이끌어왔음을 감동적으로 고백했다. 마지막으로 중재는 "팔순 노구를 이끌고 이 대장정의 초기에 열정적으로 편찬의 모든 과정을 지휘하셨던 고故 이희승 박사님께 또 한 번 머리 숙여 감사의 말씀을 드리지 않을 수 없습니다. 대학자로서의 그분의 숭고한 열정과 용단이 없었더라면 이 사전의 편찬은 불가능했을지도 모릅니다."라는 표현으로써 오랜 기간에 걸쳐 품어온 경의와 감사의 뜻을 다시 나타냈다.

스승과 제자 사이의 신뢰와 애정

훗날 중재는 일석에 대해 '나에게는 평생 잊을 수 없는 노老스승'이

[35] 『단국대학교60년사: 1947-2007』 하, 446쪽.

일석의 작고 뒤에 세운 추모비를 보며 고인을 회고하는 중재

라는 말로 경의를 표하고, "청렴결백하신 일석 선생님은 우리 모든 교직원과 학생의 사표가 되신다. 선생님의 일생은 우리 모든 교육자가 흠모하고 본받을 만한 표본이다. 오직 애국과 사회봉사와 제자 양성에 평생을 바치신 훌륭한 애국자이시다."라고 칭송했다.[36] 일석을 향한 중재의 깊은 존경은 일석이 1989년 11월 27일에 향년 94세로 작고한 뒤에 중재가 교내에 추모비를 세운 것으로도 나타났다. 다른 한편으로, 일석에 대한 존경은 1989년 12월 15일에 노태우 대통령이 국민훈장 무궁화장을 추서하는 것으로, 그리고 일석의 제자들과 후학들이 '일석이희승전집간행위원회'를 구성하고 사후 11년 만에 5,600여 쪽의 『일석이희승전집』 전9권 서울대학교출판부, 2000을 출판하는 것으로도 나타났다.

중재가 일석을 존경했듯, 일석은 중재를 아꼈다. 그것은 중재의 수필집 『위대한 유산을 위하여』에 일석이 써준 「서문」에서도 나타났다.

[36] 장충식, 『마지막 남은 한 길』, 299쪽.

지금 중재 장충식 박사가 상재하려 하는 수상집의 초본을 대강 살펴보면, 그 어느 편에서나 우리 현대인의 생활을 투시하고 척결하여 그 속속들이 진상을 파헤쳤을 뿐 아니라, 이에 대한 연민의 정과 계고戒告의 충忠이 뜨겁게 넘쳐흐르는 것을 느낄 수가 있다. 절節마다의 문장 속에는 철학이 있고 예지가 있고 사관이 뚜렷하여 읽는 사람으로 하여금 얻는 바, 깨닫는 바가 많고 크게 할 것이며, 이런 문장이야말로 참으로 경국經國의 업業에 기여하는 바가 대단할 것을 믿어 마지않는다.[37]

『한한대사전』 출판

1993년 11월 3일에 『한국한자어사전』 전4권을 완간하면서, 편찬위원회와 편찬실은 모든 힘을 『한한대사전』의 편찬에 쏟았다. 편찬위원회는 곧바로 「『한한대사전』 편찬의 기본 방향과 체제」를 채택했다.[38] 그 내용은 『한한대사전 간행기: 30년 대장정을 마치며』에 자세히 소개되어 있다. 여기서는 핵심적인 부분만 간추리기로 한다.

첫째, 고대로부터 지금까지 한자문화권에서 사용한 한자와 한자어를 광범위하게 수합하고 체계적으로 정리해, 이해하기 쉬운 말로 주석하고 용례를 수록한다. 일반어휘뿐만 아니라, 제도어制度語와 종교어宗敎語 등 전문어와 함께 지명 · 인명 · 서명 · 동식물명 · 광물명 등 고유명사도 수록해 백과사전적 면모도 갖춘다.

둘째, 자형字形에 있어서 이형동자異形同字가 여럿 있어도 그 각각의 글자를 독립된 문자로 인정해 수록한다. 자체字體는 해서楷書의 명조체明朝體

37 이희승, 「서문」, 장충식, 『위대한 유산을 위하여: 장충식 삶과 글 1』(단웅미디어, 1974), 5~6쪽. 이 글은 다음에 다시 수록되었다. 이희승, 「연민의 정과 계고의 충이 흐르는」, 『빈 들에 씨를 뿌리며』, 144쪽.

38 『한한대사전 간행기』, 13~19쪽.

를 표준 자체로 삼고, 여러 자서字書나 운서韻書의 글자꼴이 다른 경우는 무영전판武英殿版 『강희자전康熙字典』의 글자꼴을 표준으로 한다.[39]

셋째, 이 사전은 우리나라 이용자의 편의에 역점을 둔다. 문자의 배열은 『강희자전』의 214 부수部首 분류법에 따라 부수별部首別 배치 아래 한글 음의 가나다 순서로 배열해 검색을 편리하게 했고, 어휘의 배열은 국어사전식 배열을 도입해 누구나 쉽게 알고자 하는 어휘를 찾을 수 있도록 했다. 풀이말은 일반 독자들이 최대한 쉽게 이해할 수 있도록 현재 우리나라에서 사용되는 일상 언어를 적절하게 구사하고 전거를 밝히기 위해 예문을 가능한 한 풍부하게 싣는다.

넷째, 일본인이 만든 한자와 한자어는 우리의 문헌과 밀접한 관계가 있는 것만을 선별해 수록한다. 다만 최남선崔南善 편찬의 『신자전新字典』조선광문회, 1915에 실린 일본 한자는 당시 우리 선인들도 썼다고 여겨 대체로 수록한다. 조선시대의 중국어 교본인 『박통사언해朴通事諺解』1677와 『역어유해譯語類解』1690 및 『노걸대언해老乞大諺解』조선 현종 때로 추정 등 당시 중국의 백화어白話語도 선별하여 수록한다.[40]

『한한대사전』을 편찬하면서 기존의 여러 사전을 참고했음은 물론이다. 청나라의 『강희자전』의 모든 한자를 수록했으며[41], 일본의 『대한화사전大漢和辭典』, 중화민국의 『중문대사전中文大辭典』, 중화인민공화국의 『한어대사전漢語大詞典』 및 『중국역사지명대사전中國歷史地名大辭典』, 고려대학교의 『중한사전中韓辭典』, 국립국어연구원의 『표준국어대사전』, 민중

---

39 『강희자전』은 청나라 강희제의 칙선에 따라 한나라의 『설문해자說文解字』 다음의 역대 자전을 장옥서張玉書와 진정경陳廷敬 등 30명이 강희 55년인 1716년에 완성했으며, 모두 42권으로 49,000글자 남짓하다.

40 단국대학교 한한대사전편찬실, 「『한한대사전』 약해(略解)」, 『한한대사전 간행기』, 12~13쪽.

41 김건인(金健人), 「『한한대사전』과 한자문화」, 위와 같음, 86~91쪽 가운데 87쪽.

서림의 『한한대자전漢韓大字典』, 교학사의 『교학대한한사전教學大漢韓辭典』 등으로부터, 그리고 중화민국의 『한적전자문헌漢籍電子文獻』과 『이체자자전異體字字典』 등의 전자 자료를 비롯해 한국고전번역원의 『한국문집총간』을 비롯한 전자 자료 등이 그 대표적 사례들이다.

『한한대사전』이 갖는 의미

단국대학교 『한한대사전』 편찬실이 밝혔듯, 약 310억 원국가보조금 약 25억 원 포함이 투입되고 31년이 소요된 『한한대사전』의 편찬에는 상시 재직 인원 15~20명을 비롯해 편찬보조원과 교정원 등을 모두 포함해 연인원 약 20만 명이 참여했고, 원고의 양은 2백 자 원고지 기준으로 총 212만여 매에 이르렀다. 이 원고지를 쌓으면 무려 159m로서 53층짜리 고층 빌딩과 같은 높이가 된다.[42] 그 결과 국배판 판형의 이 사전은 본책 15권에 색인제16권 1권으로 전16권 21,580쪽, 표제자 55,000여 자, 45만여 어휘로 이뤄져, 지금까지 출판된 한자 사전 가운데 가장 방대한 사전이 되었다. 김상홍金相洪 교수의 표현을 빌린다면, '한자문화권 안에서의 최대 규모의 한자사전'으로 평가받는 까닭이다.[43]

인제대학교 석좌교수 진태하陳泰夏 박사는 이 사전의 완간에 대해 "단국대학교의 자랑일 뿐만 아니라, 한국문화사상 역사적인 일대 쾌거로, [⋯] 한자의 종주국이 중국이 아니라 우리나라라는 것을 명실공히 만천하에 밝힌 만세에 길이 빛날 역사적인 거업巨業이다."라고 칭송했으며,[44] 성균관대학교 대학원장을 역임한 이민홍李敏弘 교수는 "이 사

[42] 전광진(全廣鎭), 「국가대표 한자어 사전의 출현과 민족적 경사: 32년 역작, 세계 최대 한자어 사전의 완간에 즈음하여」, 위와 같음, 59~60쪽 가운데 60쪽.

[43] 김상홍, 「국격을 높인 학술문화사의 금자탑」, 위와 같음, 121~124쪽 가운데 122쪽.

[44] 진태하, 「한국문화사상 일대 쾌거」, 위와 같음, 61~63쪽.

전의 수명과 효용 가치는 […] 수십 년이 아니라 수백 년을 뛰어넘어 영원하다고 해도 과언이 아니다. […] 남의 나라에서 이민족이 발간한 사전으로부터 해방되어 어깨를 펴고 참고할 수 있는 우리의 사전이 있다는 사실에, 학인學人들은 두고두고 자랑해도 좋을 것"이라고 높이 평가했다.[45] 축하의 뜻으로, 한문학의 대가 연민淵民 이가원李家源 교수는 '辭書集成 文藝復興사서집성 문예부흥' 여덟 글자의 휘호를 내렸다.[46]

중재는 1999년 3월 25일에 『한한대사전』 1권을 발행하면서 「권두언」에서 다음과 같이 회상했다.

> 주위의 만류는 여전했고, 가당치 않은 백일몽으로 받아들였습니다. […] 산더미처럼 쌓인 고전문헌을 뒤지며 원고를 쌓아 나갈수록 시간과 경비는 불어났습니다. 당초부터 오랜 기간이 필요하다는 것을 모르는 바는 아니었지만, 일개 사학의 힘으로는 실로 벅찬 사업이었습니다. 거기에다 중국의 문이 열리면서 새롭게 쏟아져 들어오는 많은 양의 자료를 반영하는 일도 피할 수 없는 우리의 몫이었고 그에 따라 편찬 기간과 경비는 갈수록 늘어갔습니다. [… 단국대학교 안에서도] '밑 빠진 독에 물 붓기'라고 비난하기도 했습니다.[47]

바로 그날 『한한대사전』 제1권 발행 기념식을 열면서 다른 분들은 초청하지 않고 오로지 자신을 믿어주면서 격려한 당시 한국정신문화연구원 원장 정재각 교수와 조완규趙完圭 문교부 장관만을 초청했다. 이 자리에서 정 원장은 중재의 손을 꼭 잡으며 "자네답게 자네는 해냈

---

[45] 이민홍, 「한국학술사와 지성사의 금자탑」, 위와 같음, 56~58쪽.

[46] 연민 이가원 교수의 휘호에 대한 의미는 다음에서 상세히 설명되었다. 신용하, 「세계 최대 최고의 『한한대사전』」, 위와 같음, 53~55쪽.

[47] 단국대학교 동양학연구소 편, 『한한대사전』 1, (단국대학교출판부, 1999), 「권두언」.

한한대사전(전 16권)은 국배판으로 본책 15권에 색인 1권으로 전16권, 21,580쪽, 표제자 55,000여 자, 45만여 어휘로 이뤄져, 지금까지 출판한 한자 사전 가운데 가장 방대한 사전이다.

구만! 참으로 장하네!"라고 칭찬했다. 병석에 계셔 중재가 문병했을 때도 "『한한대사전』 잘 되어 가나?"라고 물었다. 전16권의 완간을 보는 날 중재는 은사의 사진을 꺼내 보고 그리워하면서 홀로 소리 없이 눈물 흘리며 속으로 울었다.[48]

제1권이 출판되면서, 나머지 열다섯 권의 출판은 비교적 순조롭게 진전되었다. 제2권은 1999년 12월 1일에, 제3권은 2000년 8월 1일에, 제4권은 2001년 8월 31일에, 제5권은 2002년 7월 1일에, 제6권은 2003년 7월 21일에, 제7권은 2004년 7월 21일에, 제8권은 2005년 7월 10일에, 제9권은 2006년 1월 31일에, 제10권~제12권은 2007년 2월 20일에, 제13권~제15권, 부록은 2008년 10월 28일에 출판되었다.[49]

찰스대학교에서 만난 『한한대사전』

중재는 『한한대사전』과 관련해 해외에서 경험한 하나의 일화를 소

---

[48] 장충식, 「한한대사전의 편찬을 끝까지 믿고 격려해주시던 유일한 분 남사 선생님」, 807쪽.

[49] 『동양학연구원 50년의 역사 1970-2020』, 59쪽.

개했다. 1999년 3월 25일에 『한한대사전』 제1권을 출판하고 그 이후의 출판 작업을 순조롭게 진행하던 어느 시점에 중재는 체코의 수도 프라하에 있는 찰스대학교Charles University를 방문했다. 찰스대학교는 오늘날의 체코공화국을 구성하는 세 개의 지방, 곧 보헤미아Bohemia와 모라비아Moravia 및 실레시아Silesia 가운데 하나인 보헤미아와 그 이웃의 광활한 지역들을 통치하던 보헤미아왕국의 국왕이자 신성로마제국의 황제인 카를 4세가 1348년 4월에 수도 프라하에 세운 유서 깊은 대학교이다. 체코어로는 카를로바대학교로 불린다. 체코공화국을 비롯한 중부 유럽에서 가장 오래된 명문대학교로 공인되고 있다.

이 대학교에는 동양학연구소가 있고 또한 한국어학과도 있다. 동양학연구소 소장은 중국 상해의 명문대학교인 복단대학중국어 발음 푸단대학에서 중국학을 전공해 박사학위를 받은 여성이었다. 그 여성은 중국어를 모국어처럼 사용하는 중재와 중국어로 대화하다가, "자기들이 자랑할 것이 하나 있다고 하면서, 최근 한국에서 구입한 귀중한 사전을 보여준다며 서고에서 몇 권을 들고 와 자랑했다." 그것은 바로 『한한대사전』이었다. 중재는 "그 책의 발간사를 쓴 사람이 누구인가 살펴보라." 라고 권했다. 그 여성은 발간사 맨 밑에서 중재의 이름을 발견하고는 "무척 놀라워하며 반가워했다."[50] 찰스대학교만이 아니다. 오늘날에도 많은 해외 대학의 동양학연구소는 이 사전 한 질을 소장하고 있다.

중재의 찰스대학교 방문에 뒤이어 김승국 제13대 총장이 2004년 12월 6일에 이 대학교를 방문했다. 김 총장은 이 대학교와 자매결연 의향서에 서명하고 두 대학교 사이의 교류를 증진하기로 합의했다.[51]

---

50 장충식, 『시대를 넘어 미래를 열다』, 631쪽.

51 『단국대학교60년사: 1947-2007』 하, 764쪽.

한국학 전문 사전 등 출판과 한문교육과 개설

사전학 총서 출판

동양학연구소는 1996년 11월 3일에 『한국한자어사전』 전4권을 완간하고, 2008년 10월 28일에 『한한대사전』 전16권을 완간했다. 그 사전들의 편찬을 주도했던 중재는 그 사전들의 편찬 목적과 정신을 계승하기 위해, 새로운 프로젝트를 세웠다.

첫째, 두 사전을 편찬한 경험 그리고 동양학연구원이 주최한 사전학 학술회의를 통해 축적된 사전 편찬에 대한 지식과 연구 성과를 계승하기 위해 사전학 총서를 출판하는 프로젝트다. 이에 따라 2013년부터 『동아시아 한자사전과 한한대사전』2013, 『동아시아 고유한자와 사전편찬』2014, 『디지털 시대 동아시아 한자사전 편찬과 정보서비스 방안』2015, 『한국학 전문사전 편찬과 한자사전 편찬방법론』2016, 『디지털 인문학과 사전』2022 등을 차례로 모두 단국대학교출판부를 통해 출판했다.

『이두사전』 편찬

둘째, 『한국한자어사전』과 『한한대사전』 속에 들어 있는 이두에 관한 항목을 기초 자료로 하고, 현재까지 알려진 이두에 관한 자료 전체를 대상으로 이두를 채록해 우리나라 이두를 집대성하고 정리하는 프로젝트도 세웠다.[52] 2011년 9월 1일에 동양학연구소가 확대된 동양학연구원은 2016년 11월에 『이두사전吏讀辭典』 편찬 사업을 시작해 단국대학교 개교 73주년인 2020년 11월 3일에 맞춰 단국대학교출판부를 통해 출판을 마쳤다.

우리가 잘 알고 있듯, 이두는 한자의 음과 뜻을 빌려 우리말을 적은 표기법으로 삼국시대부터 20세기 초까지 우리나라의 역사와 문화를 기록하는 중요한 수단의 하나였다. 조선왕조 4대 국왕 세종이 훈민정음을 1443년에 창제하고 1446년에 반포한 이후에도 관공서의 행정과 민간의 경제활동 등, 사회활동 전반을 위한 기록의 수단으로 활용되기도 했다. 이두의 성격이 그렇기에 이두 연구는 삼국시대 이후의 고대 및 중세 한국어 연구에 필수적이다.[53]

『이두사전』의 편찬은 국내에서 이두 연구의 권위자로 꼽히는 단국대학교 남풍현南豊鉉 교수가 이끌었다. 그는 서울대학교 문리대 국어국문학과를 졸업한 데 이어 서울대학교 대학원 국어국문학과에서 「15세기 국어의 음성상징 연구」로 석사학위를 받고, 1981년에 「차자표기법借字表記法 연구: 향약구급방鄕藥救急方의 향명표기鄕名表記를 중심으로」로 박사학위를 받았으며, 이 논문을 바탕으로 『차자표기법 연구』단국대학교출판부, 1981를 출판한 데 이어 『이두 연구』태학사, 2000를 출판했다. 그를 필두로 단국대학교 이건식李建植 교수, 제주교육대학교 오창명吳昌命 교수, 서울시립대학교 이용李勇 교수, 경상대학교 박용식朴容植 교수 등 모두 다섯 학자가 참여했다.

이두에 관한 최초의 출판은 1925년에 이두의 목록을 제시한 『조선

[52] 장충식, 「격려사」, 남풍현·이건식·오창명·이용·박용식 공편, 『이두사전』(경기도 용인시: 단국대학교출판부, 2020), 10~11쪽. 4~5쪽.

[53] 이건식, 「편찬사」, 위와 같음, 10~11쪽.

어사전』이었고, 이두만 전문으로 다룬 사전은 그때로부터 반세기 뒤에 장지영과 장세경이 함께 편찬한 『이두사전』정음사, 1976; 산호, 1991이었다. 이 사전은 두 편저자에 의해 2001년에 한양대학교출판부에서 『이두자료 읽기 사전』으로 출판되었다. 기존에 편찬된 이두사전들 가운데 가장 큰 이두사전으로 인정되는 이 책에는 표제 2,740항목, 용례 5,179개, 채록 자료 280종이 포함되었다. 이에 비해 단국대학교의 『이두사전』은 고도서古圖書 457종, 고문서 및 금석문 975종 등 1,432종의 자료에서 용례를 채록했다. 수록된 이두 자료는 표제항목 4,237개와 용례 11,913개로 기존 사전 대비 약 2.5배에 이르며 국내 최대 규모이다.

이 사전은 이두 해설과 사전 본문에 이어 부록의 형태로 구성되었으며, 가능한 지금까지 알려진 이두 자료 전체를 대상으로 표제 항목을 발굴하고 이두의 의미를 이해하는 데 중요한 용례를 담았다. 사전 본문에는 이두의 표제항에 독음, 전래 이두학습서에 나타난 독음, 현대어 풀이, 이두를 구성한 형태소 분석, 용례 등을 종합적으로 제시했다.[54]

『한국한자자전』 출판

동양학연구원은 『한국한자어사전』1996과 『한한대사전』2008 및 『이두사전』2020에 이어, 동양학연구원 이재령李在鈴 원장이 김지영金芝英·윤현희尹賢姬·정도상鄭都尙·정태윤丁泰允 등 네 편찬위원과 함께 편찬한 『한국한자자전』을 2023년 10월에 출판했다. 이로써, 중재가 구상하고 추진한 한자와 한국어에 관해 서로 연결된 일련의 사전 편찬이 일단

[54] 김문식(金文植), 「간행사」, 위와 같음, 8~9쪽.

매듭지어졌다.

『한국한자자전』은 한국 문헌에서만 쓰인 자형字形·자음字音·자의字意가 있는 한자들을 한 글자 한 글자 우리 고문헌에서 채록하여 주석하고 용례를 수록한 최초의 자전이다. 이 자전의 표제자는 3,700여 항목이고, 용례는 5,600여 개, 채록자 검토 자료는 「간택단자揀擇單子」를 비롯한 고문서 168종, 『교우집膠宇集』을 비롯한 고도서 1,663종, 「경주찬지비慶州湌之碑」 등 금석문과 목간 16종, 『대동학회월보大東學會月報』 등 연속간행물 13종, 지석영池錫永의 『자전석요字典釋要』와 아유카이 후사노신鮎貝房之進의 『속자고俗字攷』 등 근현대 사전과 논저 47종 등 약 2,000종으로 파악된다. 수록 대상 한자 가운데 절반 정도의 한자가 유니코드에 등록되지 않은 자형이었고, 유니코드에 등록되었다 하더라도 폰트가 구현되지 않은 영역이어서 약 2,300여 자의 폰트를 제작했다.[55]

그러면 이 자전은 기존의 『한국한자어사전』과 어떻게 다른가? 이 자전의 편찬을 이끈 이재령 교수는 "『한국한자어사전』과의 가장 큰 차이점은 어휘를 싣지 않고 표제자에 집중한 낱글자의 집합으로, 이미 출판된 『한한대사전』과 『한국한자어사전』에 수록한 한국 고유 한자를 수정 보완하고, 관련 논저 등 그간의 연구 성과를 기반으로 체계적인 자료를 구축하였다는 점입니다."라고 설명했다.[56]

이 자전을 읽으면, 모든 것이 새롭다. '串'이 '곶'으로 읽힌다는 것은 알고 있었으나 그것이 '한국한자'라는 것은 이 자전을 통해 처음 알게 되었다. 우리말의 '굴'을 '乫'로, '글'을 '㐇'로, '달'을 月 아래에

---

[55] 이재령(李在鈴), 「간행사」, 단국대학교 동양학연구원 편, 『한국한자자전』(경기도 용인시: 단국대학교출판부, 2023), 8~9쪽.

[56] 위와 같음.

乙을 넣어 하나로 만든 자로, '물'을 水 아래에 乙을 넣어 하나로 만든 자로 표기한 사실도 흥미롭다. 푸성귀와 땔나무 등의 묶음 또는 그 묶음을 세는 단위로서의 우리말 '단'을 '丹'으로 표기한 사실 역시 흥미롭다.

단국대학교 동양학연구원은 『한국한자어사전』과 『한한대사전』 및 『한국한자자전』 등의 디지털화에 성공했다. 그리하여 특히 2009년 12월부터 『한국한자어사전』과 『한한대사전』의 내용을 통합·수정·증보하고 디지털화해 웹서비스하는 후속 사업이 세 단계를 거쳐 추진되어 2017년 12월에 완료되었다.[57] 포털사이트인 ㈜네이버와 함께 2017년 9월 1일부터 인터넷 검색 서비스, 곧 웹서비스를 시작했다. 이로써 전문 연구자는 물론 일반 대중도 고유한 한국한자어 콘텐츠를 손쉽게 접할 수 있게 되었다.

국내 최초의 한문교육과 개설

새삼 말할 필요조차 없이, 동양학 연구의 기본은 한문의 학습과 이해, 더 나아가 한학漢學의 학습과 이해이다. 한문을 제대로 알지 않고는 한문으로 쓰인 중국의 고전은 물론이고 한국과 일본을 포함한 한자문화권의 문헌과 전적을 연구할 수 없다. 이러한 발상에서, 중재는 1974년 3월에 사범대학이 개설될 때 그 안에 한문교육과 역시 개설했다. 이로써 국내 최초로 대학교에 한문교육과가 개설된 것이다. 그런데 한문교육과 교수의 충원이 쉽지 않았다. 그사이 국내 대학이 한문교육을 등한시했기 때문이었다. 다행히 박천규朴天圭를 전임강사로 기용한 데 이어, 송항룡宋恒龍 전임강사와 이신복李信馥 조교수를 기용할

[57] 『동양학연구원 50년의 역사 1970-2020』, 65~73쪽.

수 있었다. 세 교수는 모두 한문교육과의 초기 발전을 이끄는 데 크게 기여했다.

세 교수에 이은 김상홍金相洪 전임강사는 그 기초 위에서 한문교육과의 성장에 기여했다. 그는 1944년생으로 충남 금산의 금산동중학교를 졸업한 뒤 우재愚齋 유인택柳寅澤 선생 문하에서 4년 동안 한문을 배웠다. 1967년에 단국대학교 법과대학 법학과에 입학한 그는 1969년에 박정희 대통령이 3선개헌을 추진하자 동료 학생들과 함께 반대 시위에 앞장섰다가 강영철姜榮喆 등과 함께 용산경찰서에 체포되었다. 중재는 용산서로 가서 서장과 정보과장을 설득해 방면시킬 수 있었다. 이때의 심정을 중재는 "정부의 지시대로 데모를 막는 데 노력해야 했지만 동시에 다른 한편으로는 학생들을 보호하는 데도 최선을 다했다. 내가 그들이 밉지 않은 이유는 그들의 정의감 때문이었다. 나는 비록 데모를 막아야 할 입장이지만 이렇게 정의감이 살아있는 학생들이 있다는 데 마음이 든든했다."라고 회상했다.[58]

중재는 거기서 한 걸음 더 나아갔다. 그들이 졸업하자 시위를 주동한 이유로 사회 진출이 어려울 것을 염려해 학교 직원으로 채용했고 나아가 대학교수가 되는 길을 열어주어 후배들을 지도하고 교육하도록 했다.[59] 중재의 속 깊은 배려로, 김상홍 군은 1973년에 단국대학교 법과대학 법학과를 졸업하고 고려대학교 교육대학원에서 한문학을 전공해 1977년에 석사학위를 받은 데 이어, 고려대학교 대학원에서 한문학을 전공해 1985년에 박사학위를 받았다. 그 과정에서 다산茶山 정약용丁若鏞을 연구해 『다산문학의 재조명』 등을 비롯해 여러 저서를 출판했으며, 2003년 12월 27일에 다산학술문화재단이 제정한 다산

---

58 장충식, 『시대를 넘어 미래를 열다』, 160쪽.

59 위와 같음.

학술상을 받았다.[60] 이후 단국대학교에서 사범대학장에 이어 대학원장과 부총장으로 봉직했다. 강영철 군은 1970년에 단국대학교 법학과를 졸업하고 1973년에 단국대학교 대학원 법학과에서 석사학위를 받은 데 이어 1987년에 중앙대학교 대학원에서 형법학 전공으로 박사학위를 받고 법과대학 교수로 정년퇴임하며 현재 단국대학교 명예교수이다.

60 『단국대학교60년사: 1947-2007』 하, 558쪽 및 682쪽.

중앙박물관을 통합한 석주선기념박물관 개설

중앙박물관의 고대사 유적 발굴

단국대학교가 한국의 고유한 문화연구를 선도하기를 염원한 중재의 노력은 우선 자신이 총장에 취임한 때로부터 8개월 뒤이면서 단국대학교 개교 20주년이 된 1967년 11월 3일에, 1960년 10월에 개설해 운영하던 박물관을 바탕으로 국사학자이면서 고고학자이며 특히 미술사학자인 호불豪佛 정영호鄭永鎬 교수를 관장으로 하는 중앙박물관을 개관한 것으로 시작했다.[61] 정 교수는 학술조사단을 이끌고 이후 1976년까지 경상남도 사천군泗川郡에서 구평리舊坪里 유적에 이어 송지리松旨里 고분과 소곡리所谷里 선사유적을, 경상북도 경주시 인왕동仁旺洞에서 156호분을, 강원도 양양군襄陽郡에서 진전사지陳田寺址를 발굴했다.

1977년 1월 6일에는 충청북도 진천군鎭川郡 초평면草坪面 구곡리九谷里에서 삼국시대의 군사적 교량으로 보이는 일종의 징검다리 또는 돌다리인 '기석교'를 발견했다고 발표했다.[62] '기석교'의 뜻이나 한문 표기는 제시하지 않았다. 현지 주민들이 '농다리'라고 부른 이 다리를 정 교수는 그 다리의 '기초'라고 생각해 '기석교,' 곧 '基石橋'로 명명한 것 같다. 이 학술조사단은 이어 1978년 1월 6일에 충청북도 단양군丹陽郡 단양면丹陽面 하방리下坊里 산山 3의 1에 있는 적성산성赤城山城: 속칭 성재

---

[61] 위와 같음, 758쪽.

[62] 위와 같음, 688쪽; 「한국 최고의 돌다리 충북 진천에서 발견: '삼국시대 것인 듯' 학계」, 『중앙일보』(1977년 1월 19일).

에서 신라의 진흥왕순수비를 발견했고, 그 결과를 단국대학교 사학회의 『사학지』 12『단양신라적성비 특집호』1978에 담았다. 조사단장이던 정 교수는 당시의 상황을 다음과 같이 기록했다.

> 처음 눈에 띄인 것이 '대大'자였고, 이것이 글자로구나 생각됨과 동시에 나 자신도 모르게 침 발라 돌을 닦는 속도가 더 빨라져서 '아阿'자 '간干'자가 계속 판독됨에 '이것이 신라 비석임이 틀림없다' 하는 판단에서 일단 작업을 중지하고 같이 올라간 학생 대표를 불러 성내에 흩어져 있는 조사단 전원을 집합시켰다. 이때가 오후 4시 정각, 눈보라는 치고 날씨는 점점 쌀쌀해졌으나 이것이 신라의 고비古碑라는 생각에서 언제나 휴대하고 있는 야전삽으로 5cm가량 얼어 있는 지표를 걷어내고 그 밑의 흙은 얼지 않았기에 장갑을 벗고 전원이 동원되어 맨손으로 흙을 파서 5시경에는 석비 표면이 하나도 손상 없이 전모가 드러났고 전면全面에 글자가 있음을 확인하였다. 눈을 뭉치어 닦고 했으나 날이 저물어 5시 20분경 소나무 가지와 주변의 잡초로 비석을 가려놓고 하산하였는데 석비의 출토 상태는 표면이 상향, 그 뿌리가 하향되어 비스듬히 눕혀있어 깊게는 30cm 정도가 묻혀 있었다. 바람이 불고 눈보라도 쳤으나 신라 고비를 찾은 기쁨에서인지 나도 모르는 눈물이 흘렀음은 학생들의 귀띔으로 알게 되었다. 1월 6일 오후 4시와 그 후의 시간은 참으로 잊을 수 없는 감격의 순간이었다. 글자가 자꾸자꾸 노출될 때마다 일행의 환호성은 정말로 감격적이었다.[63]

정영호 단장은 이 비의 발견을 '행운'이라고 말했다. 그러나 『단국발전사』가 적절히 지적했듯, "행운은 결코 거저 오는 것이 아니다. 눈보라가 몰아치는 한겨울 꽁꽁 얼어붙은 날씨에도 아랑곳하지 않고 우

---

[63] 정영호, 「석비의 발견조사 경위」, 『사학지』(단국대학교 사학회) 12(1978), 3쪽.

단양 적성비(1978.08)

리 역사와 문화의 현장을 샅샅이 찾아다니며 일일이 확인하고 또 확인했던 학문적 열정과 철저함에 하늘이 내려준 보답이었던 것이다.[64]

단양적성비는 높이 93cm, 폭 1m 7cm, 중앙 두께 25cm의 자연석에 해서楷書가 음각되어 있다. 495년에 신라가 고구려의 영토였던 이곳 적성을 점령한 후 민심을 안정시키기 위해 세운 것으로, 신라의 영토 확장을 돕고 충성을 바친 적성인의 공훈을 표창함과 동시에 장차 신라에 충성을 다하는 사람에게도 똑같은 포상을 내리겠다는 내용을 담았다. 특히 비문에는 '이사부 이간異斯夫 伊干'과 '내례부 대아간內禮夫 大阿干' 그리고 김유신의 할아버지인 '무력武力' 등 진흥왕 때 혁혁한 공을 세운 10여 명의 이름이 등장하며, '대중등大衆等'이나 '하간下干' 등 기존에 알려지지 않았던 관직명 등이 보인다는 점에서, 그리고 신라의 율령제도를 파악할 수 있게 해주었다는 점에서 이 비의 발굴은 고대사

64 『단국발전사』, 231쪽.

高句麗의「南進巡狩碑」발견

4백95年에 걸친 眞興王碑보다 半世紀앞서

높이 1m35cm 隸書體로 4百여字…百50字 判讀

檀國大 조사단

忠北 中原郡 可金面 立石부락서

韓半島선 처음발견된 高句麗 金石文

文咨王때것

高句麗 南進巡狩碑文 내용

중원 고구려비 발굴 사진 및 보도 자료(『중앙일보』, 1979.04.09)

연구에 크게 기여했다. 이 비는 발굴 이듬해인 1979년 5월 22일에 국보 198호로 지정되었다.[65] 이 비의 발견과 같은 시점에 학술조사단은 경기도 시흥의 반월지구에서 선사유적도 발견했다.

---

65 위와 같음, 231~233쪽.

학술조사단은 1979년 1월 10일에 충청북도 제천시에서 신라시대 석조여래입상石造如來立像을 발견한 데 이어, 1979년 4월 7일에 마침내 충청북도 중원군中原郡 가금면可金面 용전리龍田里 입석촌立石村에서 고구려의 척경비拓境碑를 발견하기에 이르렀다. '중원고구려비'로 불렸던 이 비는 중원군이 충청북도 충주시로 통합된 이후 '충주고구려비'로 불리고 있다. 이 비는 한반도에 있는 유일한 고구려 비로, 20대 장수왕長壽王의 손자로서 장수왕의 왕위를 이은 21대 문자왕文咨王 때 장수왕의 업적을 칭송하기 위해 세워진 것으로 추정되었다. 이 비가 신라를 '동이東夷'라고 부른 사실에 미루어 이 시점에서 고구려는 자신을 이 일대의 중심국으로 자부하고 신라를 주변국으로 인식했던 것으로, 또 신라의 임금을 '매금寐錦'이라고 부른 사실에 미루어 고구려가 신라의 왕을 낮추어 부른 것으로 추정되었다.

화강암 재질의 자연석으로 만들어진 이 비는 높이 2m 5cm, 폭 55cm, 두께 33cm로 진흥왕眞興王 순수비보다 반세기 앞선 5세기 말에 세워진 것으로 추정된다. 이 비는 1981년 3월 18일에 국보 205호로 지정되었다.

단국대학교 학술조사단은 비의 발굴 경위와 그 비의 역사적 의미를 『중원고구려비조사보고서』단국대학교박물관, 1979와 단국대학교 사학회, 『사학지』 13『중원고구려비특집호』1979년 11월에 담았다. 이후 국내외의 많은 역사학자가 이 비를 중심으로 저술을 출판했으며, 거기에는 사단법인 고구려연구회의 『중원고구려비연구』학연문화사, 2000가 포함되었다. 가장 최근에는 동북아역사재단 한국고중세사연구소가 『충주고구려비연구』동북아역사재단, 2020를 출판해, 단국대학교 학술조사단이 41년 전에 발견한 학술적 업적을 다시 돋보이게 했다.

학술조사단의 활동은 계속해서 실적을 보여주었다. 1980년 1월 12

일에는 충청북도 음성군陰城郡 삼성면三成面 마이산[馬耳山 또는 망이산(望夷山)]에서 고구려의 남진 기지로 쓰였던 토성인 망이산성望夷山城을 발견했고, 6개월 뒤에는 충청북도 청원군淸原郡 북일면北一面 비중리飛中里에서 고구려 문자왕 때의 삼존석불三尊石佛을 발견했으며, 1981년 5월 22일에는 경상북도 월성군月城郡 천북면川北面 덕산리德山里 마월산 기슭에서 우리나라에서 가장 오래된 신라 토기土器의 요지窯址를 발견했고, 2개월 뒤에는 충청북도 청원군 부용리芙蓉里 부강리芙江里에서 고구려 최남단 개소문성蓋蘇文城을 발견한 데 이어, 1982년 6월 12일에는 경기도 이천군 마장면麻長面 장암리長岩里에서 세계 최대의 마애반가불상磨崖半跏佛像을 발견했다.[66]

중재와 난사와의 만남

중재가 단국대학교에 중앙박물관을 개관한 때로부터 다섯 해쯤 지나서인 1972년의 어느 시점에 중재는 난사蘭斯 석주선石宙善 교수를 만나게 되었다. 단국대학 졸업생으로 경희대학교에서 지리학을 강의하던 조동규趙東奎 교수 그리고 동덕여자대학에서 석주선 교수로부터 한국 복식을 배운 조 교수 부인의 소개였다. 두 내외는 석 교수가 이제 정년을 맞이하면서 그사이 수집한 한국의 전통 복식과 민속 유물을 영구히 보존하고 연구를 계속할 수 있는 곳을 찾지 못해 고민하고 있다고 전했다.[67]

---

[66] 『단국대학교60년사: 1947-2007』 하, 692~696쪽.

[67] 이하 중재와 난사의 만남 그리고 '석주선기념박물관'의 탄생은 다음에서 자세히 설명되어 있다. 장충식, 「석주선 박사: 헌신 통해 아름다운 삶을 엮어낸 '전통 복식과 학교 사랑'의 힘」, 『학연가연』, 61~76쪽.

석주선과 오빠 석주명

석주선 교수도 유명하지만, 오빠 역시 유명했다. 정식으로 학위를 받은 것은 아니었으나, 나비에 관한 연구 실적이 뛰어나 '나비 박사'로 불리던 석주명石宙明이 바로 오빠였다. 1908년에 평양의 부유한 집안에서 태어난 그는 개성의 송도고등보통학교를 거쳐 일본 가고시마고등농림학교鹿児島高等農林學校를 졸업하고 함흥의 영생고등보통학교 교사에 이어 개성의 송도고등보통학교 교사로 봉직하면서 20여만 마리가 넘는 나비를 채집하고 분류한 뒤 「영국왕립아시아학회 코리아지부Korea Branch of the Royal Asiatic Society, Seoul, Korea」의 후원으로 1939년에 『조선 나비의 총목록』D. M. Seok, *A Synonymic List of Butterflies of Korea*[Tyôsen]을 출판함에 따라 국제학계에서 '나비 전문학자'로 명성을 확보했다. 국제적 공용어로 알려진 에스페란토에 익숙했던 석주명은 이 논문의 개요를 에스페란토로 작성했다.

석주명은 개성에 있는 경성제국대학 생약연구소 촉탁으로도 봉직했고, 일제가 패망한 이후에는 서울의 국립과학박물관 동물학연구부장으로 봉직하는 가운데 국학대학에서 강사로 가르쳤다. 안타깝게도 6·25전쟁 때 그동안 그가 수집한 약 75만 마리의 나비가 폭격에 소실되었고, 그 자신도 서울이 수복된 뒤인 1950년 10월 6일에 술에 취한 한 군인의 총을 맞고 죽었다.[68] 불행 중 다행으로, 오빠의 원고뿐만 아니라 메모지·필기도구·타자기·나비 채집 도구 등을 꼼꼼히 챙겨 보관하던 난사의 노력으로 『석주명의 나비 채집 20년의 회고록』을 비롯

---

[68] 석주명에 관해서는 여러 전기가 출판되었다. 거기에는 이병철, 『석주명 평전』(그물코, 2011). 윤용택·강영봉·양정필·정세호·안행순, 『제주학의 선구자 석주명』(한그루, 2021), 단국대학교석주선기념박물관, 『나비 박사 석주명의 아름다운 날: 그의 삶과 발자취를 따라서』(단국대학교출판부, 2021) 등이 포함되었다.

해, 여러 유고집이 출판될 수 있었다.

난사는 1911년 9월에 평양에서 태어나 평양의 명륜여자고등보통학교를 졸업한 데 이어 도쿄의 일본고등양재학원을 졸업하고 그 학교에서 교원으로 봉직했다. 일제가 패망하자 고향 평양이 아니라 서울로 돌아와 국립과학박물관 공예연구실장으로 출발해 1952년 이후 수도여자사범대학 부교수를 거쳐 동덕여자대학에서 교수로 봉직하다가 이제 정년을 앞두게 된 것이다. 그사이 1971년 12월에는 석주선교수회갑기념논총간행위원회로부터 석 교수의 회갑을 축하하기 위해 출판한 『민속학논총』통문관을 받았다. 이 논총은 석 교수의 논문 「의전儀典에 보이는 궁중의상」으로 시작했다. 이 논문에서 석 교수는 법복法服을 비롯해, 대전大殿·대왕대비전大王大妃殿·중궁전中宮殿·세자궁世子宮·빈궁嬪宮·현빈궁賢嬪宮·본원원궁本院元宮·복정卜定·호조연례진배戶曹年例進拜·준절식準折式·입염식入染式 경우의 궁중의상을 자세히 설명했다.

이어 19명의 논문을 수록했다. 거기에는 유희경柳喜卿의 「흉배고胸背考」, 임동권任東權의 「아리랑의 종류와 내용」, 최길성崔吉城의 「한국 민간신앙의 계통과 유형」, 진성기秦聖騏의 「제주도 무속신앙의 의의」, 김태곤金泰坤의 「일제가 실시한 조선민간신앙조사자료의 문제점」, 최재석崔在錫의 「조선 후기 반촌班村에 있어서의 가족의 구성」, 서정범徐廷範의 「마시다 고考」 등이 포함되었다.

석 교수는 1972년 11월에는 저서 『한국복식사』보진재, 1971로 경향신문사가 제정한 제1회 양서출판문화상 저술부문 금상을 받았고, 1973년 10월에는 서울특별시 교육위원회로부터 제2회 교육공로상을 받았으며, 1974년 8월에는 영남대학교로부터 명예이학박사학위를 받았다.[69] 그 오랜 기간에 걸쳐 난사는 한국의 전통 한복 연구에 모든 열정을 바치는 가운데 무덤을 옮길 때 나오는 출토복식들 그리고 집의 한 구석에 나뒹굴다가 고물상에 엿과 바꿔질 운명의 헌옷들은 물론이고 비싼 값의 장신구들까지 모두 집으로 사들였다. 중재의 표현으로, "호의호식이 아니라 악의악식을 마다하지 않고 젊어서부터 전국을 돌아다니면서 평생 수집한 민속 유물이 수천 점에 이르렀다. 수집하고 공부하고 이를 복원하여 되살리는 일에 매달리느라 저축은 물론이고 결혼도 거절하며 독신으로 살았다."[70]

중재와 난사의 의기투합

한때 동덕여자대학에 출강했었기에 난사를 조금은 알고 있었던 중재는 조동규 교수 내외와 난사를 면담했다. "온화한 미소가 인상적인 전형적인 한국의 어머니 같은 자태를 갖고 있었던" 난사를 대하면서 중재는 "훌륭한 컬렉션이 있으니 다른 대학이나 공공박물관에서 기증해달라는 제의가 있었을 터인데 왜 저한테까지 기증 얘기가 나왔는지요?"라고 물었다. 난사는 다음과 같이 대답했다.

---

69 난사의 학력과 경력은 다음에서 볼 수 있다. 난사석주선박사추모사진집간행위원회 편, 『한국복식학자 고(故) 난사 석주선 박사』(1988), 132~133쪽. 난사의 학문적 업적은 다음에 정리되어 있다. 이명은·오호석, 단국대학교석주선기념박물관 엮음, 『석주선 박사의 우리 옷 나라: 1900년~1960년대 신여성 한복 Best Collection』(경기도 용인시: 단국대학교출판부, 2016). 석주선 박사의 저서로 다음이 대표적이다. 『우리나라 옷』(광문출판사, 1961); 『한국복식사』(보진재, 1971); 『흉배』(단국대학교출판부, 1979: 한국일보사 제정 제20회 한국출판문화상 제작상 수상, 1980); 『장신구』(단국대학교출판부, 1981); 『속 한국복식사』(고려서적주식회사, 1982); 『의(衣)』(단국대학교출판부, 1985); 『관모와 수식』(단국대학교출판부, 1983).

70 장충식, 『학연가연』, 63~64쪽.

제가 모은 복식 유물들은 모두 내 자식처럼 소중하죠. 내가 모아서 소중한 게 아니라 복식 유물들은 옷감들이라 시간이 지나면 삭아서 바스러집니다. 또 그런 유물을 보관만 하는 게 아니라 고증에 맞춰 복원하고 그 속에 담긴 정신과 기술을 전수도 할 수 있어야 하죠. 그래서 항온항습恒溫恒濕 시설을 갖춘 별도의 박물관이 있어야 해요. 연구실과 강의실도 필수적이고요. 그런데 내가 만나본 대학이나 박물관들은 그럴 의지가 없었어요. 그냥 내가 가진 유물에만 관심이 있는 거죠.[71]

컬렉션을 직접 보고 싶었던 중재는 난사의 초청으로 서울특별시 중구 신당동에 있는 난사의 집을 방문했다. 집에 들어가다 대문에 머리를 찧을 뻔했을 만큼 작은 집으로, 세 개의 방마다 유물이 가득했다. 중재는 다음과 같이 썼다.

정확하게 말하자면 유물 상자들이었다. 그 상자들이 옷장 속에도, 그 옷장의 위에도, 벽에 선반을 달아 그 선반에도, 심지어 다락방까지. 난사 선생이 누울 수 있는 딱 한 명분의 공간을 제외한 모든 곳이 임시 전시실이고 보존실이었다. 유물들은 조선시대 왕족과 사대부의 의상 및 장신구부터 서민들의 복장과 장신구 등 다양했다. 아마도 난사 선생이 수집하지 않았다면 이 귀중한 우리 민족문화 자산이 일본으로 팔려갈 것이 뻔했다.[72]

중재에게 감탄은 잠깐이고 더 큰 걱정이 들었다. "난사 선생이 아무리 정성을 기울인들 저런 상태로 얼마나 갈 것인가. 손으로 힘만 주어도 부서질 옷들인데, 거기에 혹시 불이라도 나면 이 소중한 유물들이

---

[71] 위와 같음, 64쪽.

[72] 위와 같음, 65쪽.

어찌되는 걸까. 아니 이 집 옆에 다닥다닥 붙어있는 집들 가운데 하나에서 불이 나면 저 많은 유물들을 누가 지키겠는가." 중재의 표정에서 중재의 걱정을 읽은 난사는 다음과 같은 인간적인 하소연을 했다.

> 이제 정년이 되고 보니 정말 두려움이 더 커져요. 저 유물들은 대부분 옷감이라 좀이 슬거나 곰팡이가 생기면 안돼요. 옆집에서 불이라도 나거나 아니면 혼자 있는 집에 문화재 전문 강도라도 오면 어떻게 되는 거죠. 대학이나 공공기관들은 그저 일반 전시실에 진열만 하고 싶어 하는 거죠. 그런데 전시장도 오동나무에 항온항습 시설이 갖춰져야 해요. 복식 유물들을 제대로 분류하고 정리해서 체계를 잡는 데도 10년이 넘게 시간이 들 텐데… 매일매일 불안하고 걱정이 돼서 잠을 못 자요. 내 나이 스물이 넘어서부터 지금까지 내 봉급을 털어 모은 유물들인데 어찌해야 할지…[73]

난사의 하소연 가운데 특히 중요한 부분은 난사가 만난 대학이나 공공기관들은 난사가 소장한 유물의 전시에만 관심이 있을 뿐 그것들을 제대로 분류하고 정리하면서 보존하는 일에는 관심이 없었다는 대목이다. 대조적으로 중재는 "역사란 결국 문헌과 유물로 대변된다."라고 생각하면서, "저 소중한 유물들은 '전시물'이 아니라 '연구와 보존'의 학술자료로 영원히 전승되어야 한다."라는 믿음을 굳히고 난사가 소장한 유물들을 지켜주어야 하겠다는 '사명감'을 가졌다. 그 점이 중재를 돋보이게 한다.

중재는 곧바로 독립된 박물관을 지을 수 있는 자금을 부지런히 모으기 시작했다. 학교에 특별회계를 설정하고 건설자금을 적립하도록 했다. 쉬운 일이 아니었지만, 4년 뒤 마침내 17억 원의 자금을 확보했

---

[73] 위와 같음, 66쪽.

다. 중재에 따르면, "다른 사립대학들은 운영자금을 모아 요즘 말하는 '강남땅'을 사는 것이 당시 유행이었다. 내 기억으로 17억 원은 당시 한참 주목받던 강남의 신사동 땅 1만여 평을 살 수 있는 가치였다."[74] 그러나 중재는 그 큰돈을 땅 투기에 쓰지 않고 난사가 평생에 걸쳐 수집한 민족의 귀중한 유물을 보관하는 데 쓰기로 결심했다. 이 결심 역시 중재의 학자로서의 인품과 안목을 보여준다.

석주선기념민속박물관 개관

중재는 곧 난사를 방문하고 여섯 가지 조건을 제시함과 동시에 실천을 약속했다. (i) 기증 유물을 보존할 전시관으로 독립된 박물관을 지어 '단국대학교 석주선기념민속박물관'으로 명명한다. (ii) 이 박물관을 건설하기 위해 건립추진위원회를 구성한다. (iii) 유물들은 난사의 감독 아래 오동나무 상자를 제작해 보관하며, 박물관 보관 창고는 습기 제거 장치와 항온 장치를 갖추도록 한다. (iv) 난사를 교수 특호봉으로 대우하는 특별교원으로 채용하고, 고령을 고려해 전용 차량과 운전기사를 제공한다. (v) 평생 지낼 아파트를 제공한다. (vi) 추천하는 연구원 2명을 박물관 연구원으로 받아들이고 모든 신분을 약정한다 등이 그것이었다.

중재는 박정숙 이사장을 설득해 동의를 받자 이 조건을 공약한 문서를 만들고 자신과 박 이사장이 공동으로 서명한 뒤 난사에게 전달했다. 중재는 동시에 1976년 7월에 일석 이희승 교수를 위원장으로 하고 이병도 교수와 신석호 교수 및 정영호 교수 등으로 건립추진위원회를 구성해 언론에 발표했다. 중재의 굳은 의지를 확인한 난사는 그제

[74] 위와 같음, 67쪽.

서야 모든 유물의 목록을 정리한 문건 그리고 보관함을 열 수 있는 열쇠를 중재에게 주는 것으로 화답했다. 중재는 1976년 9월 1일에 조촐하지만 진심어린 정성을 담아 '석주선기념민속박물관 소장품 기증식'을 열었다. 당시 기증품은 문화재 3,365점과 전문도서 3,000여 권에 이르렀다.

이 과정을 거쳐 단국대학교 개교 29주년인 1976년 11월 3일에 한남동 캠퍼스에서 '석주선기념민속박물관' 기공식을 열면서, 일석 이희승 교수, 난사 석주선 교수, 아정 박정숙 이사장, 중재 장충식 총장, 연당 이갑성 옹 등이 삽을 들어 땅을 파고 흙을 떴다. 박물관 신축사업에 착수하자 실무자들 사이에서 투덜거리는 소리가 들렸다. "석 박사

1976년 11월 3일 열린 석주선기념민속박물관 기공식. 왼쪽 첫 번째부터 일석 이희승 동양학연구소장, 난사 석주선 박사, 아정 박정숙 당시 이사장, 중재 장충식 총장 등이 시삽을 하고 있다.

님은 까다로운 분"이라는 불평이었다. 하기는 난사는 제자들은 물론이고 직원들을 엄격한 자세로 대했다. 자신의 방침이 지켜지지 않으면 그 자리에서 화를 내고 소리를 지르며 혼을 내는 스타일이었으니, 한 번 당해보면 원망이 나곤 했다. 특히 당시 박물관 신축 및 보존시설의 도입을 맡은 대학교의 총무처에서 불평의 목소리가 높아 중재의 귀에도 전해질 정도였다. 중재는 더 큰 갈등이 생기기 전에 직접 나서기로 했다. 중재의 회고는 다음으로 이어졌다.

> 총무처 소속 직원들에게 "석 박사님을 내 어머님으로 알고 대해 달라." 라고 설득했다. "나이 드신 내 모친이 여러분의 잘못을 지적하면 일일이 변명하거나 말대꾸하겠어요? 그리고 사택에 들일 가구나 비품들도 총장의 어머님에게 해드린다는 생각으로 잘해드리고 자상하게 배려해주세요. 그러다 보면 석 박사님도 '단국대 사람들은 다르구나.'하고 마음에 맺힌 것들이 풀리고 한 식구가 될 겁니다."[75]

시간이 흐르고 어느 날 난사가 중재를 찾아왔다. 중재의 회고는 계속되었다.

> 얼굴에 환한 빛이 가득했다. 선생은 웃으며 얘기했다. "장 총장님이 제 평생의 고생과 한을 다 풀어주십니다. 제가 그동안 혼자 모든 일을 하다 보니 여러 사람을 데리고 일 시키는 게 내 맘 같지 않아서 화도 많이 내고 까탈스럽게 했는데 다들 잘 받아줘서 얼마나 고마운지 몰라요. 보관시설도 훌륭하고 박물관도 아름답게 세워질 것 같아요. 고마워요. 장 총장님." 말을 미처 마치지 못하고 난사 선생은 내 손을 덥석 잡고는 눈물을

75 장충식, 「헌신 통해 아름다운 삶을 엮어 낸 '전통 복식과 학교 사랑'의 힘」, 『학연가연』, 70쪽.

석주선기념민속박물관은 착공 1년 만인 1977년 11월 3일에 개관했다. 개관식 당일 소장품을 설명하고 있는 난사의 눈에서 숙원을 푼 기쁨이 생생히 전해진다.

> 흘리셨다. 행복한 웃음과 눈물이었다. 나는 "앞으로 현재 소장한 유물이 아니라도 필요한 유물이 있으면 대학이 구입하도록 하겠다."라며 "오래 사셔서 큰 업적을 만드시라."라고 덕담했다.[76]

그때 난사의 연령은 66세로 오늘날과는 달리 노령인 셈이었다. 중재는 난사가 더 나이 들기 전에 흉상을 만들자고 제의했다. 한 살이라도 젊을 때 얼굴 마스크를 본떠 흉상을 만들어 생전에는 사무실에 보관하다가 돌아가시면 박물관 홀에 상설시켜 난사의 유덕을 기리자는 뜻이었다. 난사도 기쁘게 받아들여 흉상을 만들었다. 앞으로 우리가 보게 되듯, 그 흉상은 오늘날 '석주선기념박물관' 서관의 로비에 마련되어 있다.

중재는 개교 30주년의 날인 1977년 11월 3일에 단국대학교 중앙

---

[76] 위와 같음, 70~72쪽.

박물관을 개관한 데 이어 1981년 5월 2일에 '석주선기념민속박물관'을 개관하고[77] 난사의 흉상도 제작해 민속관 입구에 세웠다. 한복을 입고 참석한 난사는 여러 하객 앞에서 웃는 얼굴에 두 손을 들고 '만세'를 부르며 '좋다.'를 외치기도 했다. 이때의 모습을 중재는 다음과 같이 회상했다.

> 지금도 개관식 당일에 자부심과 행복감으로 가득해 반짝이던 선생의 눈빛을 기억한다. 학자로서, 그리고 민속 유물 수집가로서 얼마나 자랑스러웠을까. 나 역시 자칫 세월에 스러지고, 사회의 외면 속에 사라질 소중한 전통 복식 유물을 영원히 우리 대학에 보존하고, 거기에 복식 연구의 기틀을 마련했다는 생각에 큰 보람을 느꼈다.[78]

이러한 과정을 거치며 중재와 난사는 모자지간처럼, 때로는 한국학에 대한 애정을 나누는 동지로 20년을 보냈다. 가끔 박물관에 들리면 난사는 중재를 아들처럼 사랑스러운 눈빛과 웃음으로 바라보며 감사하다는 말을 거듭 전했다.

난사는 1983년 5월 21일에 서울의 압구정동성당에서 영세를 받으며 '마리아'라는 영세명을 받았다. '석주선기념민속박물관'이 개관한 때로부터 10년 5개월 뒤인 1991년 10월 19일에 국립극장 대강당에서 이어령李御寧 문화부 장관은 그사이 조선의 전통 복식을 수집·보존하고 연구한 난사의 공로를 기려 은관문화훈장을 서훈하며, 노태우 대통령은 1992년 3월 17일에 난사를 비롯한 문화훈장 서훈자들을 청와대로 초청해 오찬을 베푼다.[79]

---

77 석주선, 「내가 본 장충식 총장님」, 위와 같음, 174~175쪽.

78 장충식, 『학연가연』, 72쪽.

79 『한국복식학자 고(故) 난사 석주선 박사』, 103쪽.

죽전캠퍼스에 있는 석주선기념박물관의 전경. 한남동 시절보다 건물 규모가 2배 확장되었고, 민속 복식과 고고 유물을 아우르는 중앙박물관 역할을 하고 있다.

1996년 3월 3일 새벽 1시 40분에 85세의 나이로 영면하기에 앞서, 난사는 그사이 단국대학교에서 받은 봉급으로 정기적금한 돈 그리고 당시 시세로 7억 원 상당 가치의 신당동 사저 모두를 장학금으로 내놓았다. 중재는 3월 5일 오전 10시에 단국대학교 한남동 캠퍼스에서 난사의 영결식을 거행했다. 윤홍로尹弘老 총장이 조사를 발표했다. 난사의 희망에 따라 난사의 묘를 경기도 광주군廣州郡 오포면五浦面 능평리陵平里 삼성공원 묘지에 있는 오빠의 묘 옆에 쓴 뒤, 중재는 관리를 단국대학교가 맡기로 결정해 오늘날까지 그렇게 하고 있다. 중재는 1997년 12월 22일에 '난사석주선기념사업회'를 출범시켰다. 이 사업회는 7명 이내의 인원으로 구성된 운영위원회의 결정에 따라 난사장학금의 지급과 특별연구비의 지급 등 몇몇 사업을 수행하고

있다.[80]

중재는 한남동 캠퍼스를 죽전으로 이전하면서 '석주선기념박물관'을 이 캠퍼스 '평화의 광장' 오른편에 지하 1층 지상 2층의 독립 건물로 새로 세웠다. '평화의 광장'은, 우리가 제7장에서 자세히 보게 되듯, 2007년 8월 30일에 죽전캠퍼스의 준공 및 이전을 기념하며 세계평화와 민족통일의 염원을 재학생은 물론 시민에게 가르치기 위해 조성한 것이다. 중재는 기념관을 고고·미술관동관東館과 민속·복식관서관西館으로 분리해 개설했다. 모두 합쳐 종전의 기념관보다 두 배 넓은 규모였다. 단국대학교 설립자 범정 선생의 입상과 혜당 여사의 좌상을 이 기념관 동관의 로비에 모시고, 난사의 흉상을 이 기념관 서관의 로비에 모셨다.[81] 난사의 흉상과 관련해, 중재는 "박물관 서관의 로비에는 지금도 난사 선생의 흉상이 누구나 그대로 지나치지 않을 위치에서 오가는 이들을 보고 있다. 난사 선생의 전통 복식에 대한 열정과 희생, 이타적 삶을 우리 단국인만이라도 기억해 주길 바랄 뿐이다."라고 회상했다.[82]

석주선기념박물관의 대내외 활동

1999년 3월 26일에 '석주선기념민속박물관'은 기존의 중앙박물관을 통합해 '석주선기념박물관영어로는 Seok Juseon Memorial Museum'으로 새롭게 출발했다. 초대 관장으로 손보기 교수가 봉직했고, 후임으로 정영호 교수가 봉직했다. 정 교수는 단국대학교 중앙박물관 관장에 이어

80 『박물관기요(博物館紀要)』(단국대학교 석주선기념박물관) 31(2016년 12월 31일), 82~83쪽.

81 위와 같음, 75~76쪽.

82 장충식, 『학연가연』, 76쪽.

한국교원대학교 교육박물관 관장으로도 봉직해 세 곳에서 박물관 관장으로 봉직한 기록을 세웠다. 현재 박성순 단국대학교 사학과 교수가 맡고 있다.

이 박물관에는 현재 17세기 순조의 셋째 딸 덕온공주德溫公主 의복중요민속자료 제1호, 조선 철종 때와 고종 때의 문신으로 당상관堂上官 지위에 있던 심동신沈東臣의 금관조복중요민속자료 제2호, 광해군비 중궁 유씨柳氏의 당의唐衣: 조선시대 신분이 높은 여성이 입었던 소례복小禮服 가운데 하나, 중요민속자료 제211호, 상궁이 되지 않은 궁녀를 말하는 나인內人 또는 항아姮娥의 당의중요민속자료 제213호 등, 9,421점의 복식 자료가 소장되어 있다. 3,365점으로 출발해 이제 복식 자료의 소장으로 국내 최대의 자리에 오른 것이다.[83]

'석주선기념박물관'은 한편으로는 중앙박물관이 수행하던 업무를 계속해, 2023년 5월 15일~6월 13일에 용인시 처인구處仁區 모현읍慕賢邑 능원리陵院里 205번지 일원에서 고려 말의 충신 정몽주鄭夢周의 학덕과 충절을 기리는 죽전서원竹田書院의 후신 충렬서원忠烈書院의 위치 비정을 위한 학술조사를 실시했고, 다른 한편으로는 2015년 5월 31일 이후 논문집 『한국복식』을 연 2회 발행하고 있다. 또한 구한말 고종 때 주미공사로 봉직한 이범진李範晉이 자신의 미국으로의 여행과 미국에서의 외교활동을 기록한 『미사일록美槎日錄』을 연민淵民 이가원李家源 교수로부터 기증받아 보관하고 있다가 2023년 10월 19일에 「문화재보호법」에 따른 「국가등록문화재」로 지정받기에 이르렀다.[84]

'석주선기념박물관'은 자신의 활동을 나라 밖으로 확대했다. 2022년 9월 27일~11월 20일에 '카자흐스탄 초대 대통령박물관' 2층에서

---

83 팸플릿 『단국대학교 석주선기념박물관』의 「박물관 연혁」.

84 『박물관기요』(단국대학교 석주선기념박물관) 39(2024년 2월 15일), 38~39쪽.

우리나라 어린이 전통복식의 아름다움을 전하는 특별전 「마음을 다해 지은 사랑, 아이 옷」을 개최한 데 이어 2023년 4월 27일~7월 25일에 스페인의 수도 마드리드Madrid에 있는 '산페르난도San Fernando왕립미술원' 2층에서 똑같은 특별전을 개최했다. 다른 한편으로, '구글 컬처럴 인스티튜트Google Cultural Institute'와 파트너십을 체결해 2015년 5월 14일부터 온라인 전시를 시작해 세계인들이 한국문화의 우수성을 알도록 돕고 있다.[85]

[85] 『박물관기요』 31(2016년 12월 31일) 53쪽 및 『박물관기요』 39(2024년 2월 15일), 1~16쪽.

난파기념음악관 개설

개설의 배경

한국의 전통적인 문화의 특성과 유산을 지키고 전승하려는 중재의 노력은 '난파기념음악관蘭坡紀念音樂館'의 개설로도 나타났다. '음악과'때로는 '음악교육과'가 1972년 3월 문리대에 개설되고 1976년 3월 석사과정도 개설되며 1979년 3월 사범대로 옮겨지는 과정을 거치며 전공이 다양해짐에 따라 전임 교수와 학생의 수도 늘어나 연주 홀의 필요성이 커지자, 중재는 1982년 3월부터 건축을 준비하기 시작했다. 마침내 완공되자 거기에 한국인의 정서에 맞으며 한국인들이 즐겨 부르는 가곡들과 동요들을 작곡한 피아니스트이면서 바이올리니스트인 난파蘭坡 홍영후洪永厚의 이름을 붙이기로 하고, 1984년 4월 10일에 '난파기념음악관'을 개관했다.[86] 중재는 "만족스러운 연주 홀이 필요했는데, 우리나라 근대음악의 선구자이신 난파 선생의 이름을 땄습니다."라고 회고했다.[87] 거기에는 중재가 소년 때 고향 용천에서 그곳의 '유일한 제금가提琴家'가 바이올린으로 연주한 이 노래에 '마음을 사로잡혔던' 기억이 작용했을 것이다.[88] 단국대학교가 1987년 10월에 한남동 캠퍼스에 음악

86 『단국대학교60년사: 1947-2007』 하, 698쪽.

87 장충식, 「난파를 기리며」, 엔도 키미꼬(遠藤喜美子) 지음, 『봉선화: 평전 홍난파』([일문] 도쿄: 문예사, 2002), 송귀영(宋貴英) 옮김, 『홍난파 평전: 울 밑에 선 봉선화야』(경기도 용인시: 단국대학교출판부, 2017), 5쪽.

88 장충식, 「잊혀지지 않는 고향 정취」, 『큰 삶 작은 이야기』(문학마을, 1992), 49쪽.

난파기념음악관 기공식에서 오른쪽 세 번째부터 박정숙 당시 단국대학 이사장, 난파의 미망인 이대형 여사, 중재

대학을 신설하면서,[89] '난파기념음악관'의 효용성은 더욱 커졌다.

난파를 둘러싼 논쟁과 중재의 변호

본명이 홍영후인 난파에 관해 여러 저술이 출판되었다. 그러나 태어난 곳으로부터 별세한 곳에 이르기까지 그의 생애에 관해 서로 다른 자료가 제시되었고, 평가에서도 서로 반대되는 의견이 제시되었다.[90]

---

89 『단국대학교60년사: 1947-2007』 하, 703쪽.

90 이성삼(李成三), 「홍영후」, 동아일보사 신동아부 편, 『한국근대인물백인선(選)』(동아일보사, 1970), 292~294쪽; 노동은(魯棟銀), 「홍난파: 민족음악개량운동에서 친일음악운동으로」, 반민족문제연구소 엮음, 『친일파 99인』 전3권(경기도 파주시: 돌베개, 2002), 제3권, 109~116쪽; 엔도 키미꼬(遠藤喜美子) 지음, 『봉선화: 평전 홍난파』(일문)(도쿄: 문예사, 2002), 송귀영(宋貴英) 옮김, 『홍난파 평전: 울 밑에 선 봉선화야』(경기도 용인시: 단국대학교출판부, 2017).

이 모든 것을 비교하며 객관적인 자료와 평가를 제시한 것은 난파연보공동연구위원회 편, 『새로 쓴 난파 홍영후 연보』 경기도 수원시: 한국음악협회 경기도지회; 서울: 민족문제연구소, 2006이다. 다음은 주로 이 마지막 저술에 의존해 쓰기로 한다.

난파는 1898년 3월 19일또는 4월 9일에 태어났다. 출생지로는 경기도 남양군南陽郡 둔지곶면屯知串面 활초동活草洞이 널리 알려져 있다. 이곳은 1914년 이후 경기도 수원군水原郡 음덕면陰德面 활초리活草里, 1949년 8월 15일 이후에는 경기도 화성군華城郡 남양면 활초리로 불렸고, 2001년 이후 화성시 남양읍 활초리로 불린다. 다른 한편으로, 그가 오늘날 서울특별시 종로구 창성동昌成洞인 경성부 창성동에서 태어났다는 주장은 상당히 설득력이 있다.

난파는 당시로서는 여유 있었던 집안에서 국악에 조예가 깊은 아버지의 영향을 받으며 성장했다. 13세 때인 1910년에 서울의 중앙기독교청년회YMCA 청년학관 중학과에 입학해 악기와 악보에 접했으며 14세 때인 1911년에 새문안교회에서 세례를 받고 성가대에서 활동했다. 15세 때인 1912년에 조선정악전습소朝鮮正樂傳習所 서양학부 성악과에 입학해 당시 조선인으로 '최초의 서양음악 교사'로 불리던 김인식金仁湜의 지도를 받고 다음 해에 졸업했다. 곧바로 조선정악전습소 서양학부 기악과에 입학하고 17세 때인 1914년 3월에 중앙기독청년회 청년학관 중학과와 조선정악전습소 기악과를 동시에 졸업하면서 1915년 1월에 이 학교 서양학부 교사로 임명되었다. 이후 음악에 관한 글들을 출판하고 순회음악전도회의 일원으로 평양·개성·진남포 등에서 바이올린 연주를 이어가다가 1918년 4월에 도쿄 우에노上野에 있는 관립 도쿄음악학교 예과에 입학해 1919년 3월에 수료했다. 이 학교는 현재 도쿄예술대학 음악학부를 형성하고 있다.

어느 저술은 난파가 1919년 3월 1일의 만세운동에 참여했고 이 일로 도쿄음악학교는 그의 본과 진학을 거부했다고 주장했으나, 이 주장은 추측일 뿐 사실로 확인되지는 않았다.[91] 난파는 1919년 봄에 귀국해 1920년 1월까지 조선총독부의 기관지 『매일신보사每日申報社』 사원으로 봉직하며 이 신문에 「음악과 유희」를 비롯한 몇몇 글을 발표하기도 하고, 같은 시기에 중앙기독교청년회 회관에서 열린 연주회에서 바이올린을 독주하기도 했다.[92] 그는 1920년 1월 하순에 다시 일본으로 건너가면서 당시 조선의 부호이던 윤치호尹致昊에게 자신의 도쿄에서의 음악 공부를 도와달라고 요청했다. 윤치호의 일기에 따르면, "그래서 그에게 100원을 주었다. 9월 언제쯤인가 또다시 수표로 100원을 주었다. 나중에 50원을 더 주어서, 모두 250원을 내주었다." 윤치호의 기록은 다음으로 이어졌다.

> 한 달 전, 그가 편지를 보내와 바이올린을 사게 250원을 보내달라고 청했다. 공부하는 중에 250원짜리 바이올린을 사는 건 내 아들이나 동생이라도 절대 승낙할 수 없는 일이다. 그래서 부탁을 들어줄 수 없다고 대답했다. 남으로부터 돈을 받아 공부하며 생필품에 전액을 대달라고 하는 것이나, 고학생이 250원짜리 바이올린을 갖고 싶어 하는 것은 나의 경제관념으로는 그저 터무니없는 것이었다.[93]

난파는 반발했다. 윤치호에게 다시 편지를 보내 "조선의 부자들이 가

---

[91] 난파연보공동연구위원회 편, 『새로 쓴 난파 홍영후 연보』(경기도 수원시: 한국음악협회경기도지회; 서울: 민족문제연구소, 2006), 36쪽.

[92] 위와 같음, 36~37쪽.

[93] 『윤치호일기』 1921년(신유년) 2월 6일(일요일); 국사편찬위원회 편, 『윤치호일기』(영문), 8(국사편찬위원회, 1987), 204~205쪽.

난한 사람들을 억압하고 있다."라고 비난하고, "자기 재능을 발전시킬 만한 아무런 수단이 없는 조선의 천재들과 영웅들의 운명을 비관했다." 난파는 볼셰비키들과 공산주의자들이 정당한 약탈자들이라고 강변하고 혼자서 자기 재산을 향유할 수 없는 때가 곧 올 것이라고 썼다.[94]

난파는 도쿄의 사립 니혼대학日本大學 문과에서 음악 공부를 계속하면서 강의하기도 했다. 이 시기에 난파는 『매일신보』에 폴란드의 문호 헨리크 시엔키에비치Henryk Sienkiewicz의 『쿠오바디스Quo Vadis』를 「어듸로 가나?」로 번역해 37회에 걸쳐 연재했다. 시엔키에비치에게 노벨 문학상 수상의 영예를 안긴 이 소설은 로마제국의 억압에 반대하는 기독교인들의 저항을 보여주었고, 이로써 시엔키에비치는 폴란드를 식민통치하던 제정러시아에 대한 저항의식을 은유한 것이다. 이렇게 볼 때, 난파가 이 소설을 역재한 사실은 일제의 식민통치에 대한 반감의 표시로 해석될 수도 있다.

난파는 1920년 4월 28일에 바이올린곡으로 「애수」를 작곡했다. 이 작품은 김형준金亨俊 작사 「봉선화」의 원곡으로, 1921년 5월에 출판된 난파의 첫 창작소설집 『처녀혼』에 수록되어 대중에 알려지기 시작했다. 그러나 1942년 봄 도쿄의 히비야공회당에서 열린 신인음악회에서 소프라노 김천애金天愛가 "울 밑에 선 봉선화야 / 네 모양이 처량하다"로 시작하고, "낙화로다 늙어졌다 / 네 모양이 처량하다"로 이어졌다가 "북풍한설 찬바람에 네 형체가 없어져도 / 평화로운 꿈을 꾸는 너의 혼은 예 있으니 / 화창스런 봄바람에 환생키를 바라노라"로 끝맺는 이 노래를 부르고, 그 노래가 민족의 망국 한과 더불어 독립 염원을 표현한 것으로 받아들여지면서 자연스럽게 더욱 널리 퍼지자 일제 경

94 위와 같음.

찰이 금지곡으로 지정한다.

난파는 1926년 9월에 도쿄고등음악학원 선과選科 바이올린 전공에 입학했고, 도쿄심포니오케스트라에 입단해 제1바이올린 주자로 활동한 데 이어 오늘날 NHK교향악단의 전신인 도쿄신新교향악단에 입단해 역시 제1바이올린 주자로 활동했으며, 1929년 3월에 도쿄고등음악학원 본과를 졸업했다. 귀국해 경성중앙보육학교 음악과 주임교유主任教諭에 취임했다. 당대의 기준으로 최고 수준의 교육을 받았는데도, 난파는 1931년 8월에 미국 시카고의 셔우드음악학교Sherwood Conservatory of Music로 유학해 연구과에서 1년 수학하고 1932년 6월에 음악학사학위를 받았다. 이 시기에 도산 안창호의 흥사단興士團에 가입해 귀국길에 로스앤젤레스에 들러 한인교회에서 바이올린음악회를 개최하고 이 지방의 흥사단 대회에 참가했다.[95] 1933년 2월에 귀국한 난파는 경성보육학교 음악 주임교유에 취임하고 이화여자전문학교에서 강사로 활동하면서 독주회를 자주 열었다. 베토벤과 차이콥스키 및 비발디를 비롯해 서구의 수많은 작곡가의 작품을 널리 소개했다.

이러한 활동에 더해, 이후 「봉선화」를 비롯해 「성불사의 밤」·「옛 동산에 올라」·「고향 생각」·「금강에 살으리랏다」·「사공의 노래」 등 10여 가곡과 「고향의 봄」·「퐁당퐁당」·「할미꽃」·「오빠 생각」박태준 작곡과는 별개 등 111개의 동요를 작곡해 '한국의 근대음악의 선구자'로 불린다. '한국의 슈베르트'라고 높이 평가하는 이도 있다. 난파가 작곡한 가곡은 김형준의 「봉선화」와 함효영咸孝英의 「사공의 노래」를 제외하면 모두 이은상李殷相의 시 또는 시조를 작곡한 것이다. 이은상 작사 홍난파 작곡의 「고향 생각」은 현제명玄濟明 작사·작곡의 「고향 생각」과는 다르

---

95 『새로 쓴 난파 홍영후 연보』, 100~101쪽.

다.

지병인 늑막염에 시달리던 난파는 일제가 1937년 6~8월에 조작한 「수양동우회修養同友會 사건」 때 대구형무소에 구속되어 심한 고문을 당한 뒤 '흰옷이 피투성이가 된 채' 석방된 뒤 일제의 강압에 따라 '친일 행위'를 하기도 했다.[96] 그는 결국 여러 병원을 오가며 치료받다가 1941년 8월 30일에 오늘날의 삼육서울병원인 경성요양원에서 치료받았다. 그의 마지막에 대해 엇갈리는 두 개의 설명이 뒤따랐다. 하나는 경성요양원에서 운명했다는 설명이다. 그러나 그의 부인은 그가 소생할 가망이 없어지자 종로구 홍파동紅把洞 자택으로 데려와 거기서 운명했다고 회상했다. "연주할 때 입던 연미복을 입혀 화장해 달라."라는 유언을 그대로 따랐다고 덧붙였다.

난파기념음악관 개설

조선=한국의 음악에 대한 홍난파의 공헌은 후세에 인정받았다. 1954년에 '난파기념사업회'가 출범했고, 1965년 10월 25일에 대한민국 정부는 그에게 문화훈장을 추서했으며, 1968년에, 한때 그의 출생지로 알려진 남양이 행정적으로 수원으로 편입된 사실을 고려해 수원의 팔달산八達山에 「홍난파 노래비」가 세워졌다. 1969년 8월 30일에 한국예술문화단체총연합회 경기도지회는 그의 추모일을 맞아 '난파음악제'를 열었고 이 음악제는 이후 계속되었다. 그러나 2009년에 출범한 '친일반민족행위진상규명위원회'는 그를 '친일반민족행위자'로 규정했다.

이화학당 출신의 소프라노로 난파의 미망인인 이대형李大亨 여사는

96 노동은, 「홍난파: 민족음악개량운동에서 친일음악운동으로」, 109~116쪽.

중재가 여러 악기를 능수능란하게 다루며 음악을 사랑하는 음악인임을 알고, 특히 중재가 「봉선화」를 비롯해 난파의 가곡들을 좋아하는 것을 알고, 중재를 찾아와 난파의 유품 117종 995점을 기증했다. 유품 가운데에는 난파가 미국 유학길에 지녔던 바이올린도 있다. 그 케이스에는 난파가 탔던 여객선 NYK와 호놀룰루에서 묵었던 '알렉산더 영 호텔Alexander Young Hotel'의 스티커가 남아있다. 문화재로 등록된 난파의 동요 악보 원판과 자필 악보, 그리고 난파의 창작집과 저널 등이 포함되었다. 이 사실을 상기하면서, 중재는 "[이렇게] 소중한 유품들을 우리 대학에서 보존하고 그 정신을 기릴 수 있음에 의미를 느낍니다."라고 썼다.[97]

중재는 "민족정기를 세우는 역사적 평가도 중요하지만, 난파의 예술적 업적 그리고 한국의 현대 음악에 미친 영향을 연구하고 보전하는 일도 중요하다."라고 판단해, 단국대학교 안에 난파의 이름을 딴 음악관을 연 것이다.[98] '친일'의 문제에 관해, 중재는 "여전히 '친일'은 어려운 채로 남아있습니다. 그래서 우리 대학에서 또 한 번 힘을 보태봅니다. 단국의 보배인 학생들에게 귀한 호두알의 맛을 보이기 위해서는 호두의 단단한 껍질을 깨는 역할을 학교가 해야 한다고 생각합니다."라고 썼다.[99] 용기 있는 발언이었다. 같은 맥락에서, 단국대학교 음악대학은 1991년 8월 30일에 난파50주기추모식을 열었다.[100]

이 음악관은 한남동 캠퍼스에서 죽전캠퍼스로 옮겨왔다. 현재 죽전캠퍼스가 있는 용인시는 화성시 및 수원시에 연접하고 있다. 난파의

---

97 장충식, 「난파를 기리며」, 5쪽.

98 이대형, 「인연」, 『빈 들에 씨를 뿌리며』, 273~275쪽.

99 장충식, 「난파를 기리며」, 7쪽.

100 『단국대학교60년사: 1947-2007』 하, 715쪽.

출생지를 화성으로 받아들이고 그곳이 한때 행정적으로 수원에 속했던 사실에 유의한다면, 그를 기념하는 음악관은 그의 출생지 가까이에 세워진 셈이다. 단국대학교 음악대학 소속 학과들의 전공 수업이 이뤄지고 학부와 대학원 학생들의 공연이 이뤄지는 장소이면서 '석주선기념박물관'의 전시실로도 쓰이고 있다.[101]

만델라 탄생 100주년 기념 음악회

'난파기념음악관'은 2018년 10월 31일에 뜻깊은 국제적 행사의 장소로도 쓰였다.[102] 흑백 차별을 극심하게 자행한, 이른바 아파르트헤이트Apartheid 정책을 추구한 백인 우위의 국가 남아프리카공화국에서 27년에 걸쳐 자신의 모든 것을 걸고 인종주의에 투쟁해 마침내 그 뜻을 이루고 1994년에 대통령으로 선출된 뒤 '평화·통합·용서·화해'의 삶을 실천한 넬슨 만델라Nelson Mandela, 1918~2013의 탄생 100주년 기념 음악회를 단국대학교는 주한남아프리카공화국대사관과 공동으로 이 음악관 콘서트홀에서 개최한 것이다. 이 음악회는 아프리카 12개국을 비롯한 34개국의 주한 대사 및 외교 사절을 포함해 110명 등이 참석했다. 널리 알려져 있듯, 세계적·세기적 위인인 만델라는 1993년에 노벨평화상을 받았다.

단국대학교 음악대학 오케스트라와 합창단이 협연한 이 음악회는 만델라의 삶을 재조명하려는 취지에서 베르디Giuseppe Verdi, 1813~1901의 오페라 「나부코Nabucco」를 공연했다. 기원전 6세기에 고대 바빌로니

101 『박물관기요』 39, 8쪽.

102 「넬슨 만델라 탄생 100주년 기념 음악회」, 장호성박사업적백서간행위원회 편, 『도전과 창조의 여정: 총장 장호성의 야간 행군』(경기도 용인시: 노스보스, 2020), 89~90쪽.

주한 남아프리카공화국 노주코 글로리아 밤 대사는 중재에게 행사 개최에 대한 감사 인사를 전하며 무대로 초청해 노래를 부탁했다. 이날 중재는 무대에 올라 '산들바람'과 '아리랑'을 불러 기립 박수를 받았다(2018.10.31).

아의 왕 네부카드네자르 2세Nebukadnessar II에 의해 고대 유대왕국이 멸망하면서 유대인들은, 곧 히브리인들은 바빌로니아로 끌려가 오랜 기간에 걸쳐 포로 또는 노예 생활을 감내해야 했다. 베르디는 이 '바빌론 유수' 사건을 배경으로, 네부카드네자르 왕을 '나부코Nabucco'로 부르면서 그 제목 아래 오페라로 만들어 1842년에 밀라노의 라 스칼라 극장에서 초연했다. 이 오페라는 "가라, 내 마음이여 / 금빛 날개를 타고"로 시작되는 「히브리 포로들의 합창」으로 유명하며, 특히 "바빌론 강가에서 잃어버린 조국 유대왕국을 상징하는 요단강을 그리워하며 운다."라는 가사로 가슴 저미게 한다. 베르디는 합스부르크제국 등 주변 강대국의 지배를 받던 북이탈리아의 상황을 고려하며 민족해방과 통일을 지향해 이 오페라를 만들었다고 하는데, 일제에 국권을 빼앗겼던 한국인들도 이 노래를 들으면 새삼 비분강개하곤 한다.

이 행사를 주관한 단국대학교 장호성 총장은 지난날 아프리카 대륙과 한국이 모두 제국주의의 침략과 수탈로 고통받았음을 상기시키면서 그 악몽에서 벗어나 용서와 화해라는 만델라의 정신으로 국제평화에 이바지하는 길을 걷자는 뜻을 되새기기 위해 『나부코』를 선정했다고 연설했다. 노주코 글로리아 밤Nozuko Gloria Bam 주한남아프리카공화국 대사는 "만델라 전 대통령이 평소 주장했던 '음악은 인류에게 축복과 자유'라는 메시지가 한국의 대학에서 울려 퍼져 감회가 새롭다. 이 음악회를 계기로 한국과 남아공의 유대가 더욱 강화되기를 바란다."라고 화답했다.[103]

---

[103] 위와 같음, 90쪽.

중재 장충식

단국대학교와 함께 민족의 화해와
통일을 향해 걸어온 대인

V 천안캠퍼스 설립 및 치·의과대학 개설과 '반(反)정부 학생' 보호

대학 최초로 새마을운동 참여

새마을운동 참여를 제의한 박정희 대통령

단국대학을 단국대학교로 승격시키고 교세를 키워가며 총장 첫 임기를 마치고, 1971년 3월 1일에 두 번째 임기에 들어서면서 중재는 단국대학교를 한 차원 높게 발전시키기 위한 활동에 전념했다. 그러던 가운데, 제3장의 「영동캠퍼스 부지 마련과 국가안전기획부로의 헐값 매도」에서 보았듯 '영동캠퍼스' 건설에 힘을 쏟던 시점인 1971년 말과 1972년 초 사이아마도 1972년 1~2월의 어느 날이었다.

박정희 대통령은 자신이 1970년 4월 22일에 열린 전국지방장관회의에서 농어민과 관계기관 및 농촌지도자 간의 협조를 전제한 농촌 자조 노력을 진작시킬 수 있는 방안을 연구하라고 특별지시를 내린 것을 시발로 정력적으로 추진하던 새마을운동을 활성화하기 위해, 1970년 10월부터 1971년 6월까지의 약 9개월에 걸쳐 전국의 33,267개 이·동里·洞 모두에 각각 시멘트를 335부대씩 무상으로 지급하고 각 리里와 동洞의 환경을 개선하도록 독려했다. 그 결과 우선 가시적으로 진흙 길을 시멘트로 포장하고 초가지붕을 기와나 양철지붕으로 개량하는 사업이 한창 진행되었다.[1] 그러나 지식인 사회와 야당의 반응은 냉

[1] 이하 중재가 청양군에서 단국대학교의 새마을운동을 시작하고 이어 천안시에 단국대학교의 제2캠퍼스를 설립한 과정에 관해서는 다음 책들이 자세히 기록했다. 단국발전사편찬위원회 편, 『단국발전사』(경기도 용인시: 단국발전사편찬위원회, 2019); 장충식, 『시대를 넘어 미래를 열다: 중재 장충식 회고록』(경기도 용인시: 노스보스, 2011); 장충식, 『학연가연』(경기도 용인시: 단국대학교출판부, 2021). 저자는 이 책들

담했고, 정부와 여당 안에서도 주관부서로 오늘날 행정안전부의 전신인 내무부를 제외하고는 대체로 방관적이었다.

이러한 분위기에서 박 대통령은 전국 종합대학교 총장 25명을 청와대로 초대해 다과회를 열었다. 이 자리에 참석한 중재는 당시 분위기를 다음과 같이 회상했다.

> 이날 간담회에 참가한 총장들은 마음속으로 대학가 시위 문제를 놓고 대통령의 당부 말씀과 정책적 협력에 필요한 사안들이 제시될 것으로 생각했다. 그런데 간담회가 시작되니 무거운 주제는 나오지 않고 대학에 대한 다양한 소재들이 자유롭게 오가는 분위기였다. 박 대통령도 총장들에게 담배를 권하며 웃음을 잃지 않고 얘기를 이끌어갔다.[2]

그러던 가운데 박 대통령은 대화를 새마을운동으로 돌렸다. "지난해부터 농어촌에 시멘트와 재정 지원을 곁들여 스스로 생활여건을 개선하고 소득을 증가하는 사업을 벌이도록 돕고 있어요. 그런데 이 사업이 지금 내무부와 농어촌의 힘만으로는 안 되지 않겠어요? 이들에게 새로운 영농기술 그리고 마을마다 다른 여건에 맞는 개발 모델 같은 것을 전수해 주어야 하는데 이런 부문에서는 대학이 큰일을 해줘야 합니다."라고 말문을 연 것이다. 중재가 느끼기에, 대통령으로서는 새마을운동을 국가 미래의 사활을 건 사업으로 확신하고 있었고, 이를 성공시키려면 관청과 농어촌 외에 대학이 힘을 더해야 한다고 믿고 있었음이 분명했다.

갑자기 나온 이 말에 누구도 말하는 사람이 없었다. 중재의 표현으

로부터 인용하기로 한다.

2 장충식, 「날선 권력 앞에서 사립대 총장이 걸어온 길(하)」, 『학연가연』, 329쪽.

로, "다른 이야기가 화제에 오를 적에는 모두 군왕君王의 책사들처럼 한마디씩 하던 사람들이 새마을 얘기가 나오자 침묵이 흘렀다." 다시 중재의 회고에 따르면, "당시만 해도 새마을운동의 긍정적 결과는 가시적으로 보이지 않았고, 진의를 이해하기보다 정략적으로 곡해하는 것이 지식인 사회의 풍토였다." 중재는 모든 일을 국가안보에 역점을 두고 생각하던 대통령이 농촌을 근대화하는 일이 국가안보에 직결된다고 판단하면서 새마을운동을 추진하고 있다고 직감하고 있었지만, 대학 총장들 가운데 나이가 가장 어린 사람이어서 발언을 자제하는 것이 좋겠다고 생각해 아무 말도 하지 않았다.

어색한 침묵이 흐르자 박 대통령은 "농촌 길이 포장되고, 지붕이 개량되고, 농촌에서 도박을 배척하는 운동이 일어나고 있는 사실에 대해 총장님들 생각은 어떠하십니까?"라는 말로써 총장들의 발언을 유도했다. 이 말에 특히 지방에서 온 총장들 가운데 몇몇은 농촌이 몰라보게 달라지고 있고 농민들의 의식도 많이 바뀌고 있다는 발언으로 호응했다. 박 대통령도 기분이 좋은 듯 밝은 표정을 보이면서 "대학이 중심이 되어 새마을운동이 전개되었으면 좋겠습니다. 대학이 나서서 도와주었으면 합니다."라고 말하며 대학의 참여를 거듭 요청했다. 이후의 상황을 중재는 다음과 같이 회상했다.

> 대통령의 말이 떨어지자 다시 분위기가 가라앉았다. 웃음도 사라지고 누구 한 사람 입을 여는 사람 없이 침묵만 흘러가고 있었다. 총장들도 지식인인데 공연히 새마을운동에 앞장서다 어용이니 정부편을 든다니 하는 비난을 받고 싶지는 않다는 마음이 있었으리라. 순간 박 대통령의 표정이 상기되었다. 박 대통령은 담배 한 개비를 꺼내서 입에 물고 어색한 침묵의 분위기를 피하기 위해서인 듯 총장들의 표정을 바라보던 시선을 거두

고 담배에 불을 붙였다.[3]

이때 참석자들 가운데 나이가 가장 많은 경북대학교 총장이 먼저 대응했다. 그는 "지금 교련교육에도 학생들이 반대를 하는데 새마을운동을 하자고 나서면 아마 데모가 더 심해질 것입니다."라고 말하며, 대학이 새마을운동에 참여하기 어려운 고충을 털어놓았다.

그러자 박 대통령은 노기에 찬 표정으로 탁상을 치면서 "해보지도 않고 학생들이 데모한다고요? 농촌을 잘살게 해보자는 건데 노력도 하지 않고 뜻을 꺾습니까?"라고 격하게 대꾸했다. 박 대통령은 이어 "제가 새마을운동을 하려는 것은 정치적 목적이 있어서가 아닙니다. 공업화를 하면 할수록 농촌이 도시보다 살기가 힘들어지니까 이를 극복하자는 거죠. 이것을 정부 힘만으로는 안 되니까 대학 교수님들과 학생들이 나서서 같이 해보자는 겁니다. 농촌은 원래 가난하니 어떻게 가난을 이길 수 있느냐고 해보지도 않고 반대를 하면 우리나라가 언제 잘살 수 있겠습니까."라고 더욱 힘주어 말했다.

단국대학교의 새마을운동 참여

순간 분위기는, 중재의 표현으로, "얼음을 깔아놓은 듯이 냉랭해졌다."[4] 배석하고 있던 보좌관들도 어쩔 줄 몰라 하는 표정이었다. 중재는 누군가 이 분위기를 부드럽게 만들어서 대통령의 심기를 편하게 해주어야 하겠다고 느끼면서, "마음속에 갖고 있던 박 대통령에 대한 고마움, 그러니까 종합대학교로의 승격과 국유지 불하를 도와준 호의에

---

3 장충식, 「좌절을 딛고 펼친 도약의 날개」, 『시대를 넘어 미래를 열다』, 207쪽.

4 위와 같음, 208쪽.

보답해야겠다는 생각이 들었다." 그래서, 중재는 망설임 없이 새마을운동에 자신이 가진 힘을 기울여보겠다고 결심하고, "학계의 원로들께서 여러모로 입장이 있는 것 같으니, 아직 연륜도 부족하고 대학도 역량이 부족할 수 있지만 단국대가 이 문제를 풀어보도록 노력하겠습니다."라고 공언했다. 이 발언에서 다른 사람의 입장을 배려하는 중재의 마음 씀씀이가 느껴진다. 발언하지 못하고 침묵한 총장들에게 "여러모로 입장이 있는 것 같습니다."라는 표현으로써의 변호는 대통령이 그들을 나무라지 말라는 뜻을 함축한 뜻이었다.

중재의 발언이 끝나자, 박 대통령의 표정은 환하게 밝아지는 것 같았다. 다른 대학 총장들도 웃음으로 중재에게 화답해 주었다. 분위기가 풀리고 참석자 모두 접견실의 커다란 네모진 탁자 주위에 둘러앉아 대통령과 격의 없이 대화할 수 있었다.[5]

그러면 중재는 오로지 박 대통령에 대한 보은의 심정에서 새마을운동에 앞장서겠다고 발언했을까? 그렇지 않다. 중재는 이미 새마을운동에 공감하고 있었다. 이 점에 관해, 그는 다음과 같이 회상했다.

> 박 대통령의 격한 말을 들은 순간 나는 얼마 전 우리 대학 지역개발학과 김유혁金裕赫 교수가 발표한 지역개발에 관한 논문을 읽은 기억이 떠올랐다. 대단히 호기심이 가는 내용이었고 이런 이론에 맞추어서 우리나라가 농어촌이 개발되었으면 좋겠다고 생각했었다. 그리고 내무부와 농림부에서 발표한 새마을운동의 추진 방향과 정책의 구상, 이론의 실체, 추진 방법이 김유혁 교수의 논문과 일치한다는 생각이 들었다. 마치 김유혁 교수의 이론이 그대로 적용되고 있는 것 같았다. 농촌개발 이론을 실제로 현실화할 수 있다면 이런 사업이야말로 바로 대학이 나서서 할 일이

[5] 위와 같음, 209쪽; 『학연가연』, 331~332쪽.

라고 생각하고 있었다. 그 이름이 새마을운동이든 뭐든 결과적으로 낙후한 농촌을 발전시키면 곧 대학의 사회봉사라는 의무를 실천하는 일이 아닌가?[6]

이것은 중재의 결정이 소신과 보은의 결합으로부터 내려진 것임을 말해주었다. 거기에 더해, 용기를 지적할 수 있다. 당시 새마을운동은 특히 대학사회에서는 박 대통령이 자신의 '독재'를 강화하기 위한 주민동원책으로 비판하는 경향이 우세해 그것을 옹호하는 데는 상당한 용기가 필요했다. 돌이켜보면, '근면·자조·협동'을 지향한 새마을운동은 농민들의 생활환경 개선과 소득증대에, 그리고 한 걸음 더 나아가 의식구조에 큰 영향을 끼쳤다. 새마을운동의 공적을 박 대통령이 독점할 것이 아니라 새마을운동 이전부터 지속적으로 시도했던 농촌사회 또는 민중 사회와 나눠가져야 한다고 지적한 연구자의 시각에서도 새마을운동은 한국 현대사에서 '농촌 사회 변화의 분수령'이 되었다.[7] 새마을운동은 특히 제3세계에서 농촌 발전의 모델로 인식되어, 오늘날에도 아프리카, 동남아시아, 중국, 몽골 등 여러 나라에서 정부 지도자들과 농촌 지도자들이 한국을 찾아와 현재 경기도 성남시 분당구에 있는 새마을운동중앙회를 통해 새마을운동에 관한 교육을 받고 있다.[8]

---

6 장충식, 「좌절을 딛고 펼친 도약의 날개」, 208쪽.

7 김영미, 『그들의 새마을운동: 한 마을과 한 농촌운동가를 통해 본 민중들의 새마을운동 이야기』(푸른역사, 2009).

8 새마을운동을 평가한 저술은 적지 않다. 문제점을 지적하면서도 긍정적으로 평가한 논문에 다음이 있다. 임한성(林漢聲)·임재강(林栽康), 「새마을운동의 성공요인에 관한 사례 연구」, 『지방정부연구』 제17권 제3호(2013년 가을), 153~176쪽.

충남 장곡마을에서의 새마을운동 시작

중재는 청와대에서 나오자 곧바로 김유혁 교수를 만나 청와대에서 있었던 일을 전하고 단국대학교가 새마을운동에 앞장서서 시범을 보여주었으면 좋겠으니 그 실천 방향을 강구해보자고 제의했다. 김 교수는 즉시 동의했고, 1주일 뒤 계획서를 갖고 왔다. 김 교수는 우리나라 행정지도를 보고, 주민소득이 가장 낮은 충청남도 청양군青陽郡 대치면大峙面 장곡리長谷里, 그 가운데서도 장곡사長谷寺가 있는 장곡마을을 후보지로 고르고 현지를 답사하고 돌아왔다. 장곡사는 신라 문성왕文聖王 때인 서기 850년에 보조선사普照禪師가 창건하고 이후 여러 차례 중수를 거듭한 유서 깊은 사찰이다. 오늘날에도 두 개의 대웅전을 갖고 있는 것이 다른 절에서는 볼 수 없는 이 절의 특징이다. 고려 말기 충목왕忠穆王 때인 1346년에 조성된 금동약사여래좌상金銅藥師如來坐像이 봉안되어 있는데, 이 좌상은 대한민국 정부에 의해 국보로 지정되어 있다. 현재 대한불교조계종 제6교구 본산本山인 마곡사麻谷寺의 말사末寺이다.[9]

당시 청양군은 단 1미터의 도로도 포장되어 있지 않은 낙후된 곳이었으며, 게다가 장곡리는 군청 소재지로부터 약 4킬로미터 떨어져 있는 곳으로 칠갑산七甲山 고개를 넘어서 가야 했다. 대중가요 「칠갑산」조운파: 趙雲波, 작사·작곡 가사에 "콩밭 매는 아낙네야 / 베적삼이 흠뻑 젖는다 / 무슨 설움 그리 많아 / 포기마다 눈물 심누나 / 홀어머니 두고 시집가던 날 / 칠갑산 산마루에 / 울어주던 산새 소리만 / 어린 가슴 속을 태웠소"라는 구절이 나온다. 이 구절에서 보이듯, 칠갑산 일대는 홀어머니가 설움이 많아 눈물 흘리며 산새 소리가 슬프게 들리는, 그래서

---

[9] 한국정신문화연구원 편, 「장곡사」, 『한국민족문화대백과사전』 전27권(경기도 성남시: 한국정신문화연구원, 1991), 19, 126~127쪽.

처량한 느낌을 주는 낙후한 곳이었다.

버스는 하루 두 차례밖에 운행되지 않았다. 그리고 장곡마을에는 작은 초등학교가 하나 있는데, 학교에 근무하는 교사에게는 벽지 수당이 지급되는 오지奧地 학교였다. 중재에게 떠오르는 일이 있었다. 그는 이렇게 회상했다.

> [김유혁 교수로부터] 이와 같은 현지답사 보고를 듣고 보니 여러 해 전에 사학도로서 고찰古刹 가운데 고찰인 장곡사를 답사하기 위해 겨울방학을 이용해 길을 떠났는데 도중에 폭설을 만나 오도 가도 하지 못하던 기억이 떠올랐다. 그때 가난한 어느 농가에서 삶아준 감자를 맛있게 얻어먹은 일이 있었다. 군용 지프차를 타고도 오가기가 힘든 오지 마을이었다. 그 마을이 바로 장곡리 마을이었던 것이다. 장곡리 마을은 장곡사라는 고찰로 인해 알려진 곳이다. 장곡마을은 장곡사 덕분에 기억되고 있는 마을이라고 해도 과언이 아니다.[10]

장곡마을에 대한 중재의 설명은 계속되었다.

> 이 마을은 지난 450년 동안 한 번도 지방 장관이 오는 일이 없었다고 한다. 청양은 6 · 25전쟁 때는 좌우익 충돌의 희생으로 대부분 남자는 목숨을 잃고 부녀자만이 남았다고 했다. 특히 대통령선거에서 박 대통령과 윤보선 대통령이 경쟁할 적에 박 대통령의 득표율이 전국에서 가장 낮은 곳이라고 하였다. 그래서 정부로부터 미움을 산 고장이라 정부나 도道의 지원이 한 푼도 없다는 곳이었다. 여름철 장마가 져서 물이 범람하면 개울에 다리가 없어서 아동들이 등교를 못 할 정도인데도 관官에서는 아무런 지원도 하지 않았다는 것이다.[11]

[10] 장충식, 「좌절을 딛고 펼친 도약의 날개」, 210쪽.

[11] 위와 같음.

중재는 바로 이곳에서 새마을운동을 전개해 시범을 보여야 하겠다고 결심하고 계획서를 제출했다. 뜻밖에 정부 당국은 거부반응을 보였다. 청와대로부터 내무부와 문교부까지 "6·25 때 빨갱이가 많아서 우익 인사를 많이 희생시킨 곳이고, 박 대통령이 윤 대통령에게 참패한 곳인데 왜 이런 곳을 시범지로 정했느냐."며 힐난했다. 다른 한편으로, 그들은 "대통령 앞에서 이뤄진 공약이니 단국대가 나서서 새마을운동 성공 사례를 만들어야 하는데 장곡마을은 정말 너무 궁벽한 곳이라 실패할 확률이 높다."라고 우려했다. 중재는 "우리가 잘 사는 곳을 택해서 새마을운동을 한다면 아무런 의미가 없다. 계곡이 깊으면 산이 높다고 이런 열악한 환경일수록 작은 성과를 내도 자신감과 성취감도 크고 높을 것이다."라는 논리로써 겨우 납득시켰다.[12] 이때 중재를 수행해 장곡마을 현지를 취재한 이용수李龍水 동아일보사 기자는 중재가 "큰일들이 아니라 나라 곳곳에서 일궈지는 많은 작은 일들이 나라를 부강하게 한다."라고 말했다고 회상했다.[13]

단국대학교와 장곡마을의 자매결연

중재는 1971년 4월에 단국대학교와 장곡마을 사이의 자매결연을 맺는 것으로 새마을운동을 시작했다. 약 70호 마을로, 자기 농지를 가진 집은 겨우 서너 집이었고, 나머지는 소작농이었다. 생활이 어려우니 온 동리 사람이 산에 올라가 산나물을 캐다가 시골장에 팔아 생계를 유지하는 형편이었는데, 상인들은 해가 저물 때까지 사주지 않고

---

[12] 위와 같음; 장충식, 「날선 권력 앞에서 사립대 총장이 걸어온 길(하)」, 335쪽.

[13] 이용수, 「신성리에서 비롯된 추억」, 중재장충식박사고희기념화문집간행위원회 편, 『빈 들에 씨를 뿌리며』(한불문화출판사, 2001), 263쪽.

장곡마을 새마을 건설 자매 결연식에서 축사를 하는 중재(1972.04.09)

늦장을 부렸다. 그날 팔지 못하면 산나물이 변질되어 팔 수 없게 된다는 약점을 이용하는 것이었다. 그 사실을 알면서도 농민들은 결국 울며 겨자 먹기로 헐값에 나물을 팔아야만 했다.

중재는 주민들의 딱한 형편을 직시하고 적극적으로 돕기로 결심했다. 중재의 성격 가운데 하나인 '측은지심, 곧 어려운 사람을 보면 지나치지 않고 도와주려는 마음'이 여기서도 발동한 것이다. 이에 우선 단국대학교 교직원들과 일부 학부형들이 나서서 농민들이 산에서 캐온 나물 전량을 서울 동대문시장에서 거래되는 최고 가격으로 사주었다. 자연히 농민들은 더 열심히 산나물을 캤다. 더덕·도라지·취나물·고사리 등을 말려두면 가을이나 겨울에 사주었고, 특히 가을에는 고추를 모두 서울 시세로 사주었으며, 이렇게 사들인 나물과 고추는 교직원들에게 동대문시장의 최저 가격으로 분배했다. 그 차액은 학교가 부담했다. 중재의 표현으로, "이중가격제를 적용한 것이다."[14]

장곡마을 주민들의 관심이 커지자, 중재는 집집마다 새끼 돼지 한 마리씩을 나눠주고 키우도록 했다. 다른 한편으로, 도 당국으로부터 하천의 제방을 보수하는 공사비를 배정받아 온 주민이 동참할 수 있게 함으로써 취로의 기회를 마련해주고 노임을 '1가구 1통장' 식으로 관리하게 해, 오지 마을에 전깃불을 끌어들이는 전화 사업 추진을 뒷받침하게 했다. 재미를 붙인 농민들이 생산 의욕을 갖게 된 것을 확인하면서, 중재는 겨울철 농한기에 가마니를 짜게 하고 모두를 사주었다. 그때 단국대학교 재단은 청양군에서 멀지 않은 서산군瑞山郡: 1989년 이후 서산시에 염전을 운영하고 있어 가마니가 필요했기에 서로에게 도움이 되었다. 자연히 농한기가 되면 화투나 음주로 세월을 보내던 일부 주민의 생활 자세도 바뀌었다.

하천 부지를 개간한 땅에 사과 과수원 조성

장곡마을 주민들의 의식과 생활에 변화가 일어났음을 확인하면서 중재는 우선 1973년 7월에 16만 평방미터5만 평의 하천 부지를 사들여 개간해 옥토로 바꾸면서 시범농장을 세우는 일에 착수했다. 당시 단국대학교에는 농학계열의 학과가 없었고 자연히 교수도 없었다. 그래서 중재는 이 일을 추진하기 위해 안성농업전문대학 김봉구金鳳九 교수를 1973년 9월 1일에 단국대학교 교양학부 조교수로 발령하고 청양 현지로 파견했다.[15] 이 과정에서 이기영李紀榮 청양군수가 적극적으로 도와주었다. 또한 박 대통령은 단국대학교의 새마을운동 사업에 관한 보고를 여러 기관으로부터 받은 뒤 농기구 일체와 현금 1천만 원을 격려

[14] 장충식, 「좌절을 딛고 펼친 도약의 날개」, 211~213쪽.

[15] 김봉구, 「오지 농촌 소년의 꿈을 지켜준 은인」, 『빈 들에 씨를 뿌리며』, 165쪽.

단국대학교부설 기간농민 양성소에서 실시한 청양군 기간농민 교육(1977)

금으로 보내주었다. 그때의 1천만 원은 2024년 현재 약 2억2천만 원에 해당하는 큰돈이었다.

중재는 이어 1973년 11월에 단국기간농민양성소檀國基幹農民養成所를 세워 그 안에 농기계반·특작반·축산반·원예반 등을 개설하고 3주에 걸친 교육과정을 통해 장곡마을만이 아닌 청양군 전체의 농업 지도자들이 전문가들로부터 농업기술을 배울 수 있게 했다. 교육비가 모두 무료인 이 학교는 네 개의 강의실과 별도의 기숙사를 갖추었는데, 강의실은 모두 75평으로 120명을 수용할 수 있었고 기숙사는 2실 25평으로 40명을 수용할 수 있었다. 그 밖에도 식당과 사무실을 갖추었다.[16]

명성이 높아지자, 충청남도를 비롯해 전국의 농민 지도자들도 찾아

[16] 위와 같음, 166~167쪽.

와 2,500여 명이 교육받기에 이르렀다.[17] 이 모든 과정에서 김봉구 교수의 헌신이 컸다. 중재의 표현으로, "김봉구 교수는 한마디로 황소 같은 사람이었다." 그는 하천 부지 개간으로부터 기간농민학교 운영에 이르기까지 그 어려웠던 과제들을 근면함과 강한 추진력으로 이뤄냈다. 중재는 김 교수가 학사학위만 갖고 있음에 주목해 단국대학교 교수직을 유지하면서 동국대학교 대학원에서 석사학위와 박사학위를 받도록 도와주었다.[18]

중간중간에 어려움이 많았다. 특히 자갈밭을 성토盛土하는 공사는 산을 하나 허물어 흙을 덮어야 하는 엄청나게 어려운 작업이었다. 이 작업을 한두 차례가 아니고 수십 차례를 거듭해 결국 하천 부지를 개간한 시범농장에 먼저 사과나무를 심었다. 청양군 어디에도 제대로 된 과수원이 없어 사과나무 묘목을 구할 수 없어 결국 김봉구 교수의 주도로 일본 혼슈本州 북단의 아오모리青森 지방에서 직접 후지富士 품종의 묘목을 수입해 왜성矮性 사과 과수원을 조성한 것이다. 서울의 몇몇 농과대학 교수들은 현지에 와서 보고 이러한 땅에서는 어떠한 묘목도 자랄 수 없으며 설령 자란다고 해도 사과는 절대로 열릴 수 없다고 비웃었다. 이 이야기가 서울 본교로까지 전해지자 몇몇 교수와 재단 이사는 중재를 '무모한 몽상가'로, 김봉구 교수를 '사기꾼'으로 비아냥거렸다.[19] 그래도, 김봉구 교수의 관찰로는, "장 이사장님의 의지는 확고했다." 김 교수는 중재의 '의지에 감복해' 모든 노력을 기울였다. 이 과정에서 정길웅鄭吉雄 교수의 헌신 역시 컸다.

비웃음을 이겨내며 돌밭을 개간하고 퇴비를 통해 토질을 개선하자

---

17 『단국발전사』, 143~144쪽.

18 김봉구, 「오지 농촌 소년의 꿈을 지켜준 은인」, 169쪽.

19 장충식, 「좌절을 딛고 펼친 도약의 날개」, 218쪽.

중재와 유기춘 당시 문교부 장관이 청양군에서 봉사 활동을 하는 단국대 학생들을 격려하고 있다.

묘목을 심은 지 몇 해가 지난 1978년에 2천8백 그루의 사과나무에서 조생종早生種 후지사과가 탐스럽게 열렸다. 맛을 보니 당도가 높았고 과즙이 풍부했다. 자연히 소문이 퍼지고 인기가 높아서 거의 모두가 전국 도매상에게 팔려나갔다. 중재는 첫 수확을 모든 교직원들과 학생들에게 무상으로 나눠주었다. "무모하다고 손가락질을 받으며 땅과 씨름하고 땀 흘려 거둔 사과를 단국대 식구들에게 선보이고 이를 맛보며 즐거워하던 그때의 감동을 지금도 잊을 수 없다."라고 뒷날 중재는 회상했다.[20]

농민들도 그제서야 장곡마을도 노력하면 과수 농사를 할 수 있다는 자신감을 얻었다. 게다가 산비탈을 깎아 목장을 조성해 백여 마리의

[20] 위와 같음, 222쪽.

젖소를 사육하기까지 했다. 박 대통령은 다시 트럭과 함께 1천만 원의 하사금을 보내 격려했다. 문교부 장관과 도지사 및 국회의원들이 이곳을 찾아, 청양군 주민들이 자부심을 갖게 했다. 미국 조지아주 월스카Waleska에 있는 레인하르트대학교Reinhardt University 우드H. Wood 교수는 방한한 길에 단국대학교의 새마을사업에 관한 이야기를 듣고 감동해 미화 6,000달러를 기부했다. 당시 환율로 한화 약 600만 원에 해당했다. 중재는 "이 헌금이 보다 유용하게 활용되기를 바라는 뜻"을 전달하며 문교부 장관을 통해 나라에 성금으로 내놓았다.[21]

모범 사례가 된 청양 비전 마을

중재는 거기서 한 걸음 더 나아가 집 없는 농민들을 위해 약 5천 평의 토지를 사서 집을 지어주었다. 주택의 배치 형태를 말발굽마제형: 馬蹄型 모양으로 설계해 입주주민들의 협동의식과 공동체생활이 가능하도록 했다. 마을 이름은 '희망적 미래'를 개척한다는 의미를 담아 '청양 비전vision 마을'로 붙였다. 주택 건설에 필요한 자금은 내무부에서 융자를 받았으며, 각 농가별로 분양해주고 땅값과 집값은 단국대학교 농장에 취업해 받은 월급으로 장기로 나눠 갚도록 했다.[22]

장곡마을의 성공 사례는 정부에게 좋은 모범 사례가 되었다. 대학과 농촌이 단순한 봉사 활동으로 의례적 관계를 맺는 것에서 벗어나 직접 개발사업을 기획해 실천하는 일이 얼마나 유효한지 입증한 사례가 되었다. 이후 대학의 새마을운동 참여 사업들이 전국적으로 번져나갔다. 자연히 단국대학교는 '전국대학생새마을봉사활동연합회'의 회장 학교가 되었고, 중재는 회장 학교의 총장으로 당시 새마을 봉사에 참여

21 『단국발전사』, 256~257쪽.

22 장충식, 「좌절을 딛고 펼친 도약의 날개」, 216~223쪽.

하는 전국 2만3천여 대학생을 지휘 감독하는 책임을 맡게 되었으며, 김유혁 교수는 이 기구의 사무국장을 맡게 되었다.[23]

우리는 이제까지 중재가 장곡마을을 중심으로 새마을운동을 시작하고 5~6년 사이에 큰 성과를 낸 과정을 자세히 살폈다. 여기서도 다시 확인되는 것은 중재의 기업가적 발상과 능력이었다. 학자이면서 대학행정가로, 기업가적 발상과 능력을 겸비했기에 중재는 한국에서 가장 낙후한 오지로 꼽히던 곳을 2천8백 그루의 사과나무와 백여 마리의 젖소에 3백 가마의 쌀이 나는 농장의 본거지이면서 새마을지도자 양성의 주요 교육기관의 소재지로 탈바꿈시킬 수 있었다. 그 과정에서 중재는 누구보다도 주민들과의 진정성 있는 의사소통을 중시하고 그들과의 대화를 통해 설득했으며 물질적 혜택이 돌아가도록 배려했다. 중재의 이러한 행동양식은 그가 단국대학교에서뿐만 아니라 그 밖의 여러 기관에서 발휘하는 리더십의 기본이 된다.

---

[23] 위와 같음, 217~221쪽.

국내 최초의 지방 캠퍼스 설립

지방 캠퍼스 신설 착안

중재는 단국대학교와 장곡마을 사이의 자매결연 이후 몇 해 동안 이 지역을 50회 이상 방문했다. 당시는 도로 포장이 천안까지만 되어 있었고 천안에서 청양까지는 비포장도로였다. 그것도 흙길도 아니고 주먹만한 자갈이 깔린 길이었다. 중재의 표현으로, "천안에서 청양까지 돌밭 길을 갔다 오면 나도 먼지를 흠뻑 뒤집어쓸 지경이며 자동차도 많이 상했다."[24] 윗사람이라고 자리에 앉아 지시 내리고 보고받는 자세가 아니라 직접 현장을 찾아 점검할 것은 점검하고 확인할 것은 확인하며 해결책을 찾는 자세로 일한 것이다.

이 과정에서, 중재는 "서울로 서울로 집중되는 교육과 경제력이 다시 지방으로 환원되지 않는다면 언젠가 우리나라가 도시와 농촌의 불균형으로 크게 위기를 맞을 것이라고 생각했다." 중국에서 태어났고 중국사를 전공한 중재의 생각은 "중국이 공산화에 성공한 것도, 이 같은 낙후된 농촌이 공산당의 텃밭이 되었기 때문이 아닌가."하는 데까지 미쳤다.

그 해결책으로 중재는 '지방 캠퍼스 신설이라는 프로젝트'를 구상하게 되었다. 이 지역에 단국대학교의 분교를 세움으로써 낙후된 이 지역의 개발을 촉진할 수 있다고 생각한 것이다. 청양군에서의 성공 경험은 중재에게 '지방 캠퍼스 신설'에 대한 자신감을 불어넣었다. 중재

[24] 위와 같음, 223쪽.

는 "거기에 더해 지금이야말로 단국대가 더 큰 일에 도전해 교세가 비약적으로 발전하고 국가와 사회에도 기여할 수 있는 기회가 왔다."라고 생각했다.[25] 마침 당시 정부 차원에서 10년 동안 경제개발을 추진한 결과 인구와 공공시설의 수도권 집중이 가속화되는 현상을 우려하는 목소리가 높아지고 있었다. 특히 대학의 서울 집중이 서울로의 인구 집중을 부른다는 비판이 많았고, 이를 해소할 대책으로 미국 같은 선진국이 채택하고 있는 '분교=제2캠퍼스 시스템'을 도입하려는 움직임이 있었다.[26]

제2캠퍼스를 세울 장소로 처음에는 청양군에 인접한 홍성군洪城郡이 물망에 올랐다. 청양군 군수로 봉직하다가 홍성군 군수로 전임된 이기영 군수는 중재의 성실함과 실천력에 감명받고 있던 터에 중재의 구상을 듣더니 적극적으로 호응했다. 홍성군이 소유한 토지 약 8만 평을 불하할 것이니 여기에 제2캠퍼스를 세우는 것이 어떻겠느냐고 제의했다. 그러나 홍성은 경부고속도로에서 멀리 떨어져 있어서 학생들의 통학이 너무 불편하리라고 판단했다. 중재와 별도로 홍성을 둘러본 김봉구 교수도 같은 생각이었다.[27] 그래서 중재는 이 군수의 호의를 사양했다.

캠퍼스 부지로 천안 선택

중재의 선택은 천안이었다. 그 결정에 대해 중재는 다음과 같이 회고했다.

---

25 위와 같음.

26 장충식, 「날선 권력 앞에서 사립대 총장이 걸어온 길(하)」, 336쪽.

27 김봉구, 「오지 농촌 소년의 꿈을 지켜준 은인」, 165쪽.

역사적으로 보면 천안은 고려 왕건 태조께서 후삼국 통일을 위하여 일만호一萬戶 규모의 지역사회를 조성할 필요가 있는 곳이라 판단하여 그곳의 형국을 오룡쟁주형五龍爭珠型이라 하였다. 한반도, 특히 경기 이남 지역을 중심으로 보면 천안이 지리적으로 요충지의 역할을 할 수 있다는 선현의 안목이 있었다. 그런가 하면 경부고속도로가 개통되어 광역 교통망이 날로 발전하는 반면에 천안 인근 지역에는 고등교육기관이 없어 지역사회 발전에 걸림돌이 된다는 것도 알 수 있었다.[28]

중재는 특히 천안 주변에는 많은 고등학교가 있지만 대학이 하나도 없는 사실에 주목했다. 중재의 회고는 다음으로 이어졌다.

1970년대 중반기인 당시 실정을 보면 천안시를 중심으로 1시간대 통학거리 범위 내에 50여 개의 남녀 고등학교가 산재해 있지만 정작 인구 13만의 천안시에는 대학이 없었다. 그래서 이 지역 학생들은 대부분 서울과 대전으로 유학 가는 형편이었다. 수도권을 벗어나 있어서, 개발하는 데 규제받을 염려도 없었다. 나는 이와 같은 현실을 토대로 하여 천안시를 적합한 후보지로 결론 내리고 우선 우리 대학의 재정 형편이나 지역사회의 교육 수요를 감안해 분교 형태로 캠퍼스를 개설하기로 결심했다.[29]

중재는 곧바로 천안시장을 방문했다. 전혀 모르는 사람이어서 전화를 걸어 면담 시간을 잡고, 여운환呂運煥 단국대학교 재단 사무처장을 대동했다. 그가 재단 사무처장인데다가 충청남도 논산에서 태어나 논산상업고등학교를 졸업했기에 생면부지生面不知의 천안시장과 대화하는 데 적임이라고 생각한 것이다.

---

[28] 장충식, 「좌절을 딛고 펼친 도약의 날개」, 224쪽.

[29] 위와 같음, 225쪽.

당시 천안시장은 직업 공무원 출신의 조대희趙旲熙 씨였다. 중재가 천안에 단국대학교의 제2캠퍼스를 세우고 싶다는 뜻을 밝히자 곧바로 어렵다는 뜻을 밝혔다. 자신은 천안의 안서호반安棲湖畔에 대형 관광호텔을 세워 천안을 관광도시로 개발하려는 계획을 세우고 있다고 설명하면서, 중재에게 도시계획도까지 보여주며 대학부지 마련의 어려움을 납득시키고자 했다.[30]

천안시장 설득

중재는 조 시장을 설득하기 시작했다. "천안 옆에는 온양溫陽이라는 온천 도시가 있어 이미 전국적 성가를 누리고 있는데, 그만한 관광 자원이 없는 천안이 비슷한 종목으로 경쟁하면 불리합니다. 관광호텔 하나를 보고 누가 천안으로 오겠습니까. 돈은 온양에 가서 다 쓸 텐데요."라는 말로써 시장의 구상이 가진 한계를 지적했다. 중재는 그 대안으로 대학 캠퍼스의 설립을 제시했다. "천안을 대학도시로 키우기로 한다면 반드시 성공할 것입니다. 단국대가 들어와서 성공하면 다른 대학들도 달려들 것입니다. 젊은이들이 활보하고 교육이 살아있는 도시가 되면 천안시민들이 얼마나 좋아하겠습니까. 장차 천안시민들과 후손들로부터 정말 애국 애향하는 시장으로 칭송받을 것입니다."라고 권유했다.

시장은 중재의 표현으로 '속이 트여 있는 분'이었다. 중재의 설명을 긍정적으로 받아들여, 두 번째 만났을 때는 앞장서서 대학이 들어설 만한 장소로 몇 군데를 꼽으며 안내했다. 그러나 중재의 안목에 그곳

[30] 중재는 자신과 조대희 시장 사이의 대화 그리고 천안 인사들과의 협상을 다음에 상세히 기록했다. 위와 같음, 225~238쪽.

들은 부족했다. 한남동 교정이 협소하다고 느끼며 살아온 그로서는 제2캠퍼스만큼은 넓고 트인 곳이어야 했다. 이러한 중재에게 처음부터 고속도로에서 보이는 안서호安棲湖 뒤쪽의 땅이 가장 적절해 보였다. 앞이 호수여서 경치도 좋거니와 탁 트인 전망이 젊은 단국대 학생들의 패기를 키우는 데도 좋을 뿐만 아니라 남향의 야산과 평지가 조화를 이뤄 공부하고 연구하기에 좋은 입지였다고 판단한 중재는 그 땅을 대학부지로 선정하고 싶다고 말했다. "이 아름다운 땅에 호텔을 세우기보다 젊은이들이 호연지기浩然之氣를 기르고 공부하는 캠퍼스를 세우도록 도와주세요."라고 간곡히 호소했다. 시장은 동의했다.

천안 지역 지도자들과의 친분과 신뢰 쌓기

부지를 선정했다고 땅이 저절로 들어오는 것은 아니다. 빨리 부지를 사들여야 했는데, 약 60만 평방미터에 이르는 이 땅에는 종중이 소유한 땅이 있는가 하면 서울에 거주하는 투기꾼이 소유한 땅도 있었으며 조상 대대로 이어온 현지인들이 소유한 땅도 있었다. 누구도 대학에서 땅을 사자는 데 만만하게 응할 사람은 없었다. 더구나 시장이 나선다고 풀릴 일도 아니었다.

중재는 우선 부동산 중개업자는 처음부터 배제했다. 그들 모두가 그러한 것은 절대로 아니지만, 쓸 수 없는 땅을 소개하거나 실제 가격보다 훨씬 비싸게 받아내려는 속성을 지녔음을 잘 알았기 때문이었다. 서울의 어느 사립대학교가 천안에 분교를 세우고자 현지의 부동산 중개업자들을 상대로 토지를 사려다가 실패하고 말았던 사례도 중재의 그러한 결정을 뒷받침했다. 결국 지역사회의 도움이 필수적이라고 판단하고, 지역사회의 협력과 호의를 얻어내기로 결심했다. 마침 천안에는 각 기관장을 포함해 민간기관 대표자들과 중요 기업인들을 중심으로 이뤄진 '번영회'가 있었다. 중재는 이 번영회를 움직이지 않고서는 토지를 사들이는 일이 어려움을 직감했다.

중재는 번영회를 단국대학교의 후원자로 만드는 일을 크게 두 방면으로 진행했다. 첫째, 중재는 마치 장곡마을에서 새마을운동을 시작할 때 마을 주민들의 신뢰를 얻어내는 일로부터 시작했듯 그들에게 신뢰를 주는 일로부터 시작했다. 단국대학교가 천안에서 땅을 사려는 목적이 투기에 있지 않고 진정으로 이 지역의 발전과 번영에 있음을 보여주고 싶어, 2024년 현재 약 19억 원에 해당하는 1억7천만 원의 현금을 장만하고는 현지 번영회장에 통장과 도장을 맡겼다. 번영회장이 주도적으로 일할 수 있도록 배려한다는 뜻이었다. 여러 차례 부동산거래를 해본 중재로서는 "땅을 흥정할 때는 빠르게 결정하는 것이 중요하다."라는 믿음을 갖고 있었다. "시간을 끌면 잡음이 들어가서 가격만 오르고 부작용이 생기는 것을 잘 알았기 때문이다." 그래서 현지인이 중재 대신에 계약할 수 있도록 위임해주었다.

그렇게 하다 보니, 중재로부터 통장과 도장을 받아 보관하던 어느 번영회장은 자신에게 급한 일이 생기자 출금해 사용한 불상사가 일어났다. 중재로서도 난감했다. 그래도 중재는 그를 법적으로 추궁하지 않았다. "인간에 대한 믿음을 버리지 않고, 비밀에 부쳐서 나중에 반납하도록 했다."[31] 이렇게 인간적 호의를 지켜나가자 번영회 지도자들은 단국대학교 일을 자기들 일처럼 도왔다.

둘째, 이처럼 현지 유력자들의 신뢰를 쌓으면서 동시에 그들과의 친분을 두텁게 하는 일을 병행했다. 이 일에는 여운환 사무처장의 도움이 컸다. 여 처장은 하루가 멀다고 천안에 내려가 현지에서 숙박하면

---

[31] 위와 같음, 230쪽.

서까지 번영회 회원들과 생활을 함께하며 대화를 나눴다. 충남 논산 출신이어서 현지의 유력 인사들이나 주민들과 교제하는 데 큰 어려움이 없었다. 이에 관해 중재는 "만약 그 당시 단국대 쪽에서 전라도나 경상도 출신의 간부를 투입했다면 일하는 데 그렇게 쉽게 풀리지 않았을 것으로 생각한다. 몇 차례의 대통령선거를 통해 지역감정이 고착되는 것도 있었고 현지인이 친숙함을 느끼는 데는 아무래도 같은 지역인으로서 그들의 사정을 이해하는 사람이어야 했다."라고 회상했다.[32]

그러나 그 과정에서 매우 어려운 일을 겪기도 했다. 오늘날 천안캠퍼스에 기숙사가 들어가 있는 땅의 소유자는 남로당南勞黨 당원이었다고도 하고 남로당 지도자 박헌영朴憲永의 일가라고도 하는 노인이었는데, 자기 땅은 절대로 팔지 못한다고 버티며 천막을 치고 밤낮으로 천막 안에서 기거했다. 캠퍼스 건설 현장에 불도저가 들어가지 못하게 하려는 시도였다. 여 처장이 몇 차례 찾아가 술도 대접하고 선물도 사 들고 찾아다니며 공을 들였지만, 노인은 물러서지 않았다. 결국 1년 넘은 시점에 노인이 달라는 대로 돈을 주고 나서야 사들일 수 있었다.[33]

이렇게 힘든 과정을 거쳐 1977년 6월에 안서동 산 26번지 일대의 60만 평방미터의 부지를 사들일 수 있었다. 중재는 훗날 자신의 회고록에서, 권혁철 천안농협조합장을 비롯해 이 일을 도와준 분들을 일일이 거명하면서 감사의 뜻을 나타냈다.

---

[32] 위와 같음, 227~228쪽.

[33] 위와 같음, 230~232쪽.

산업대학으로 출발

부지를 확보하자 중재는 곧바로 김유혁 교수 중심으로 「천안캠퍼스 조성 10년 장기계획」을 수립해 문교부에 제출했다. 처음에는 경영학과·농학과·전자공학과·건축공학과·토목공학과 등 5개 학과 정원 350명으로 구성되는 「단국대학교 천안분교 산업대학」으로 신청했다.[34] 단국대학교 안에서는 농학과를 '사양 학과'라고 단정하며 신설에 반대하는 목소리가 높았다. 그렇지만 중재는 "충남지역의 농업발전이 우선 시급했고 그것이 향후 지역사회 지향적인 천안캠퍼스의 정체성으로 명분에 맞는 일이다."라는 논리로써 밀고 나갔다.

농학은 결코 '사양 학과'가 아니다. 농학은 생명과학의 중요한 한 분

중재는 대학 교육의 서울 집중 현상을 타파하려는 의지의 일환으로 지방 캠퍼스 신축을 결정하고 부지를 물색한 끝에 천안시 안서동 일대로 부지를 확정했다. 이범재 당시 건축학과 교수가 중재의 1차 마스터플랜을 듣고 있다.

[34] 단국대학교60년사편찬위원회 편, 『단국대학교60년사: 1947-2007』 전3권(경기도 용인시: 단국대학교60년사편찬위원회, 2007), 상, 276~277쪽.

야이다. 오늘날 식량 생산, 특히 '더 건강한 식량 생산'은 물론이고, 생물자원의 재생 이용을 연구하는 바이오에너지bioenergy를 포함해 광범위한 주제들을 연구의 대상으로 삼고 있다. 이렇게 볼 때, "산업화 속에서 농업 분야가 시들어가는 것은 시대적 상황이지만 […] 땅에다 쌀을 심고 거두는 일만이 농사가 아니라 각종 생명 분야 및 식품가공 등도 모두 농학의 도움을 받아야 하고 결국 크게 보면 농업이 식품 및 생명과학에 연결된다."라는 중재의 믿음은[35] 비판론자들이 말한 '근시안적 생각'이 아니라 미래지향적 생각이었음을 인정하게 된다. 농학과는 오늘날 단국대학교의 생명과학대학으로 발전하며, 의과대학·치과대학·약학대학·간호대학 등과 함께 천안캠퍼스에서 '의약·바이오 클러스터'를 형성하고 있다.

뜻밖에 문교부 차관이 천안캠퍼스의 설립에 반대하며 결재를 미루었다. 이유를 알기 위해 차관을 방문하자 그는 "천안에 대학을 설립하는 것은 정원을 따먹으려고 하는 짓이 아닙니까? 서울에 있는 대학은 서울에서만 대학을 운영할 노릇이지. 왜 지방까지 가서 대학을 세우려고 하는 겁니까?"라고 대답했다. 중재는 '불끈 솟는 분을 삭이면서' "그러면 우리 대학이 서울에 있는데 왜 청양까지 가서 새마을운동을 하냐고 말리지 않았습니까? 지방에는 공주사범대학도 있고 충남대학교도 있는데 왜 서울 소재 단국대학교가 충남에 가서 새마을운동을 하느냐고 말렸어야 할 노릇이 아닙니까?"라고 되물었다. 차관은 결국 반대의사를 철회하고 동의했다. 이후 행정적인 일은 어렵지 않게 진행되었다.

---

[35] 장충식, 「좌절을 딛고 펼친 도약의 날개」, 241쪽.

황산덕 문교부 장관과 박근혜 총재의 지원

이 모든 과정에서 실무적으로는 서울특별시지방경찰청 제2부국장에 이어 내무부 치안본부 기획감사과장으로 봉직하던 안응모 동문이 많은 도움을 주었다. 큰 틀에서는, 황산덕 문교부 장관이 적극적으로 지원했으며, 박 대통령의 영애 박근혜 양이 도움을 주었다. 당시 박 양은 어머니 육영수 여사의 서거로 퍼스트레이디 역할을 대행하면서 1976년 4월에 발족한 '구국여성봉사단'에 이어 1979년 5월에 그것을 확대·개편한 '새마음봉사단' 총재를 맡고 있었는데, 중재의 부인 신동순 여사가 유정회 소속 국회의원 겸 사무총장으로 박 총재를 보좌하고 있었다.

신 여사가 이 자리를 맡게 된 과정을 중재는 자세히 회고했다. 이미 1971년 5월의 제8대 국회 총선 때 민주공화당 전국구 19번으로 국회의원에 입후보하라는 박 대통령의 권유를 사양했던 중재에게 1978년 12월에 치러질 제10대 국회의원 총선을 몇 개월 앞두고 다시 박 대통령으로부터 민주공화당 공천으로 서울 용산에서 출마할 준비를 하라는 권유가 들어왔다. 민관식 전 문교부 장관이 "이건 내가 각하의 심부름을 하는 거요. 각하께서 장 총장이 출마하기를 원하십니다. 지역구도 단국대가 있는 용산구로 배려하셨어요. 1선거구에서 2명을 뽑는 건데, 공화당으로 나오면 따 놓은 당상이 아니겠소. 더군다나 학교가 있는 용산구인데."라며 전한 것이다. 중재는 '곤란한 요청, 아니 지시'라고 생각하면서, "벌써 한번 거부했던 정계 입문인데 다시 거절한다면 대통령의 체면이 상하는 일이 아니겠는가."라며 걱정했다. 그렇지만 "대학에서 내 힘을 다 바치고 싶었던" 중재는 다음과 같은 말로 다시 사양했다.

장관님, 죄송하지만 이런 의사를 8대 국회 때도 받았습니다. 그때는 전국구였지만요. 선거의 당락 여부가 중요한 게 아니라 저는 곤란합니다. 이제 막 천안캠퍼스가 문을 열었고, 대학이 간신히 성장세를 타고 있는데 단국대를 버리고 도저히 국회로 갈 수 없습니다. 그리고 저는 단국대와 상관없이 정치계에 발을 딛고 싶지 않습니다. 정치권력과 싸우면 안 된다는 소신을 갖고 있지만 동시에 정치권력을 소유해서도 안 된다는 것이 내 철학입니다. 아버지의 유훈이기도 하고요. 각하께 제 진정을 잘 설득해주세요.[36]

민 장관은 이해하기 힘들다며 중재의 말을 받아들이지 않았다. 중재가 계속 호소하자 결국은 민 장관이 설득을 포기했다. 중재를 아끼던 선배였던 만큼 혹시라도 있을 후환을 같이 걱정해 주기도 했다. 민 장관이 중재를 위해 많은 노력을 기울여준 덕분인지 염려했던 일이나 긴급 상황은 없었다.

그런데 그때로부터 얼마 지나지 않아 중앙정보부의 한 국장이 호출했다. 그는 "지금 박근혜 영애께서 퍼스트레이디 역할을 하시면서 '구국여성봉사단' 명예총재를 맡고 계신 거 아시죠? 이 봉사단이 앞으로 박근혜 영애께서 직접 총재로 취임하시고 전국적인 봉사활동을 펼칠 겁니다. 그런데 총재를 보좌해줄 사무총장이 필요합니다. 청와대에서 각하를 비롯해 여러 분이 함께 고민했는데 장 총장님 부인께서 봉사해주길 바랍니다. 그리고 사무총장은 유정회 소속으로 국회의원직도 수여됩니다. 박근혜 총재 보좌역이니 국회의원 신분은 있어야 한다는 뜻입니다."라고 설명했다.

중앙정보부 국장의 말 가운데 "유정회 소속으로 국회의원직도 수여

[36] 장충식, 「박정희 전 대통령: 날선 권력 앞에서 사립대 총장이 걸어온 길(하)」, 『학연가연』, 344~345쪽.

됩니다."라는 구절이 희화적이다. '유신 쿠데타'의 산물인 '유신 헌법'은 대통령에게 국회 전체 의석의 3분의 1을 임명할 수 있는 권한을 부여함으로써 국회에서 그들이 '유신정우회' 약칭 '유정회'라는 원내 교섭단체를 구성할 수 있게 했다. 비록 그렇다고 해도, "국회의원직이 수여됩니다."라는 표현 그 자체는 유신체제가 갖는 비非민주적 성격, 더 나아가 왕조적 성격을 그대로 말해주었다.

그 점을 직시하고 있던 중재는 곧바로 "아니, 전국에서 이런 일을 하고 싶어 하는 여성들이 얼마나 많을 텐데요. 장·차관 부인들이나 정치인 또는 사업가의 부인들이 얼마든지 있는데 정치도 모르고, 아는 건 식품영양학밖에 모르는 사람을 사무총장에 앉히려는 겁니까. 더군다나 국회의원이라뇨."라고 반대했다. 그러자 그 국장은 실제로 이런 일을 하고 싶어 하는 여성 지도자와 권력자의 부인들이 많지만, 봉사단은 정치 조직이 아니고 약한 사람을 돕는 일을 하는 곳이니 공부하고 자식 기르고 남편 잘 돕는 평범한 여성을 사무총장으로 초빙하는 것이 좋겠다면서 박 대통령이 직접 지목했다고 부연했다. 그래도 중재는 찬성하지 않았다. 그러자 그 국장은 "이것저것 다 반대하면 각하의 체면이 뭐가 되는 겁니까. 어디 장 총장님이 그렇게 반대만 하시면 단국대는 총장님 뜻대로 운영하실 수 있다고 자신하세요?"라고 거칠게 대응했다.

그 국장의 으름장이 언제든 실현될 가능성이 커서 더 버티기 힘들다고 느낀 중재는 자신은 아내의 일에 참견하지 않는 만큼 정 원한다면 그쪽에서 아내에게 직접 설득하라고 말했다. 그러나 이 일을 아내에게 전하지는 않았다. 며칠 뒤 신 여사는 "중앙정보부가 설명하는데 다 듣고 보니 내가 거부하면 아무래도 당신이랑 학교에 뭔가 일이 나겠더라고요. 그래서 봉사활동만 시킨다면 열심히 해보겠다고 했어요."라고

중재에게 수락하게 된 경위를 설명했다.[37]

주민등록을 충남으로 옮기고 화곡동 집을 단국대에 기부

중재는 1977년 8월에 천안캠퍼스 건설을 위한 공사에 착수했다. 이 공사에 관해 당시 정석모鄭石謨 충남지사가 중재에게 전한 일화를 중재는 자신의 회고록에 자세히 기록했다.[38]

토목공사가 한창 진행되던 무렵에 경부고속도로를 통해 천안을 지나다가 안서호 뒤편의 공사현장을 목격한 박 대통령은 곧 유성儒城에 도착해 정 지사를 만나면서 "천안 고속도로변에 누가 대지를 크게 조성하는 것 같은데 그게 무슨 공사냐."라고 물었다. 정 지사는 당황했다. 당시 박 대통령이 가장 중시하는 일들 가운데 하나가 산림녹화였고 그 가운데서도 경부고속도로 인접 지역은 요주의 지역이었다. 여러 공무원들과 기업인들이 이러한 대통령의 방침을 소홀히 여겼다가 불호령을 맞거나 심지어 처벌받는 일도 드물지 않았다. 법에 따라 공사를 시작했지만, 혹시라도 대통령이 판단하기에 불필요한 일이라 생각되면 야단날 수도 있고 그렇게 되면 공사가 어려워질 여지도 있었다.

정 지사가 속으로 "아이쿠, 큰일 났구나."하는 마음으로 긴장되어 대답을 주저하자, 이때 옆에 있는 부지사가 단국대학이 학교를 짓고 있다고 대답했다. 박 대통령은 미소 지으면서 "어, 장충식 총장이 하는 일이구먼. 그 사람은 일하는 사람이지. 청양에서 새마을운동을 모범적으로 이끌어가고 있는데 학교 짓는 일도 잘할 거야. 그러면 장 총장에게 내가 그러더라고 해요. 이제 장 총장도 충청도 사람이 되었으니 주민등록을 충남에다 옮기라고." 박 대통령의 말을 듣고 함께했던

---

37 위와 같음, 345~348쪽.

38 장충식, 「좌절을 딛고 펼친 도약의 날개」, 235~238쪽.

사람들은 긴장을 풀고 웃었다고 한다.

정 지사는 전화로 이 일화를 전하면서 "대통령께서 장 총장 주민등록을 충남에 옮기라고 했으니 알아서 하시라"고 덧붙였다. 중재는 "우리 단국대 식구들에게 천안캠퍼스의 중요성도 알리고 내 애정을 스스로에 확인시킬 겸 아예 그날부터 충청도민이 되는 마음으로 살자."라고 결심했다. 이후 중재는 천안에 대학을 건설하며 현장에서 진두지휘할 작정으로 충남 아산군牙山郡 선장면仙掌面 신성리新聖里의 조용한 마을 한복판에 있는 폐가를 사서 50평이 좀 넘는 가옥을 지었다. 천안에 땅을 사서 집을 지으면 편리하겠지만 오히려 자칫하면 대학을 짓는다며 자기 집을 먼저 마련한다는 오해가 생기는 것을 피하려고, 일부러 떨어진 시골에 집을 지었다. 주민등록도 서울에서 아산으로 옮겼다. 이후 중재는 충청도민으로 각종 선거 모두에서 빠짐없이 투표에 참여했다.

신성리에 집을 마련하면서, 중재와 신 여사는 그 경위야 어찌 되었든 신 여사가 국회의원이 된 만큼, 무엇인가 사회를 위해 내놓아야 한다고 생각했고, 내놓아야 할 것은 '재물'이라는 데 의견이 일치했다. 그래서 국회의원으로 받는 세비는 모두 사회에 환원하기로 하고, 신성리의 새마을회관을 리모델링하는 데 쓰도록 했다. 이 점에 대해, 중재는 "아내의 월급이 전액 리모델링 건축비로 쓰인 셈이니 신성리 마을 사람이 되는 신고식도 나름대로 치른 셈"이라고 회상했다.[39]

이 사실에 대해, 이용수 기자는 "외부인들이 시골에 발붙이기란 대단히 어려운 일입니다. 지금도 마찬가지이지만 배타성이 강한 시골이 장 총장님을 마을 주민으로 기꺼이 받아들인 이유는 언제나 농촌을 생

[39] 위와 같음, 239쪽.

각했던 총장님의 마음이 마을 주민들에게 읽혔기 때문일 것입니다." 라고 회상했다. 이 기자는 신성리 집에 얽힌 일화도 소개했다.

> 어느 날 우리 가족이 신성리 총장님 댁에 머문 적이 있습니다. 지금은 미국에서 박사과정을 밟고 있는, 당시 초등학생이었던 두 아들이 없어진 것을 알고 우리 내외는 무척 당황했습니다. 그러나 애들은 말타기 놀이터에서 총장님과 함께 말을 타며 놀고 있는 것이 아닙니까. 총장과 초등학생들이 함께 어울려진 말타기. 우리 집 애들은 이 사건을 그들 어린 시절의 최대 추억으로 간직하고 있습니다. 그것이 인간적인 총장님의 사람 사랑 참 모습이십니다.[40]

다른 한편으로, 서울 강서구 화곡동에 있는 개인 소유의 주택을 단국대학교에 기부했다. 대지 161평 연건평 130평의 2층 건물인 이 집은 외국에서 단국대학교로 유학을 온 학생들의 기숙사로 활용하도록 했다. 신 여사는 남편의 결심을 듣고 처음에 깜짝 놀랐다. "당신은 재산이 많은 사람도 아닌데 가족들이 거주하는 집을 대학에 기부하면 우리 가족들은 당장 어디로 가야 하느냐"고 했다. 중재는 전세를 얻어놓았으니 걱정할 것 없다고 위로해주었다.[41]

단국대 천안캠퍼스 개설 이후 대학도시가 된 천안

이 과정을 거쳐 1978년 3월 13일에 천안캠퍼스는 개교식을 열었다. 첫 입학생들은 1981년 2월 25일에 천안캠퍼스의 제1회로 졸업한다. 대학이라고는 하나도 없던 천안에 단국대학교의 제2캠퍼스가 들어서자 1년 뒤인 1979년 3월 1일에는 천원공업전문대학이 뒤따라 개

---

40 이용수, 「신성리에서 비롯된 추억」, 『빈 들에 씨를 뿌리며』, 264쪽.

41 장충식, 「좌절을 딛고 펼친 도약의 날개」, 239쪽.

천안 캠퍼스 개교식(1978.03.13)

교했는데, 이 대학은 1980년 12월에 4년제 호서대학湖西大學으로, 이어 1988년 3월 1일에 호서대학교로 승격한다. 1985년 3월 1일에는 상명여자대학이 서울에 본교를 둔 채 천안에 캠퍼스를 개설했고 이것을 바탕으로 1986년 11월 6일에 상명여자대학교로 승격하며 1996년 3월 1일에는 남녀공학으로의 상명대학교로 확대된다. 이웃 아산에는 1978년 3월 1일에 순천향의과대학이 개교하고 이 대학은 1990년 3월 1일에 순천향대학교로 승격한다.

중재가 천안에 단국대학교 제2캠퍼스를 설립한 것은 확실히 천안시 성장의 중요한 촉매제들 가운데 하나가 되었다. 대학교가 계속 세워져, 2024년 현재 단국대학교 천안캠퍼스와 상명대학교 천안캠퍼스 및 호서대학교 등을 포함해 무려 12개의 대학이 들어서 있다. 특히 단국대학교는 의과대학과 치과대학을 세우고 거기에 각각 부속병원을 세우면서 사람을 많이 쓰게 되었고 그 과정에서 현지인의 고용 효과를 높일 수 있었다. 행정개편에 따른 영향도 있었으나, 대학이 증설되고 인적人的 수요가 늘어남에 따라 인구가 몰려들어 2024년 현재 천안 인구는 약 65만 명에 이르렀다.

2024년 6월 기준으로 전국에는 총 249만4,934명의 학생이 6,032개의 초등학교에 재학하고 있다. 이 가운데 학생 수가 가장 많은 학교는 2,192명이 재학하고 있는 천안시의 '아름초등학교'이다. 전국에서 학생 수가 많은 순서대로 '톱10 초등학교'를 골라보면 천안에 있는 학교가 1, 3, 6위를 차지하고 있다.[42] 인구 65만 명의 천안시에 이렇게 대형 초등학교가 몰려 있는 이유가 여럿 있다. 법무법인 율촌의 최준영崔峻榮 수석전문위원에 따르면, 신도시의 좋은 생활 여건, 상대적으로 저렴한 주택 가격 그리고 주변의 풍부한 일자리가 젊은 부부들을 끌어들였다. 여기서 다시 상기하게 되는 것은 단국대학교가 제2캠퍼스를 세운 것을 시발로 천안이 대학도시이면서 동시에 교육도시로 바뀐 것이 바로 인구 유입의 자극제가 되었다는 사실이다.

[42] 최준영(법무법인 율촌 수석전문위원), 「[르포 대한민국] 전국서 학생 많은 초등학교 1·3·6위가 충남 천안에 있다」, 『조선일보』(2024년 7월 29일), A33쪽.

치과대학과 그 부속병원 설립

중재는 천안에 제2캠퍼스를 세울 때, 그것을 단순히 단국대학교의 '천안 분교'가 아니라 독립된 종합대학교로 성장시킨다는 비전을 갖고 있었다. 당시 대학 사회에는 지방에 설치한 제2캠퍼스를 '분교'로 여기고 서울 본교의 부속기관으로 취급하는 분위기가 지배적이었지만, 중재는 미국의 여러 대학교가 보여주듯 제2캠퍼스를 그대로 하나의 완결된 교육과 연구 체계를 갖춘 명실상부한 종합대학교로 만들고 싶었다. 이것은 또한 천안캠퍼스 설립을 신청할 때 천안시와 문교부에 제시한 미래상이고 약속이기도 했다.

이러한 배경에서, 중재는 우선 산업대학을 단계적으로 분리·발전시켜 19[illegible]년 2월 3일에 인문학부·사회과학부·이공학부·농학부·치학부 [illegible] 학부로 개편한 데 이어 1982년 10월 5일에 인문과학대학·사회과학대학·이공대학·치과대학으로 개편하는 가운데 대학과 병원도 세우기 시작했다. 다른 단과대학도 아니고 의·치과대학을 세우고 부속병원을 세운다는 것은 이만저만 어려운 일이 아니었다. 재정적인 부담이 워낙 클 뿐만 아니라 전문 인력의 확보 역시 많은 예산과 시간을 요구했기 때문이다. 중재의 사명감과 도전정신은 그것을 이겨내며 그 두 개의 단과대학 가운데 치과대학을 먼저 세우게 되었다.[43]

---

[43] 중재와 단국대학교는 그 과정을 다음에서 자세히 설명했다. 장충식, 「좌절을 딛고 펼친 도약의 날개」, 241~254쪽; 장충식, 「이시가와 다카오(石川堯雄) 선생: 국경을 넘은 인간애가 담긴 단국대 치과병원의 탄생」, 『학연가연』, 269~285쪽; 「제11편 의과대학 부속병원과 치과대학 부속치과병원」, 『단국대학교60년사: 1947-2007』 하, 349~381쪽.

구강 보건에 소홀한 농촌과 중소도시

중재가 치과대학을 세우려고 하자 학내 일각에서 반대 목소리가 나왔다. 누구보다 단국대학교 한남동 캠퍼스에서 대학보건소 소장을 맡고 있던 서울대학교 치과대학 출신의 치과의사가 반대했다. 그가 반대하자 웬만한 교직원들도 반대론에 동의하는 분위기였다. 천안이라는 작은 도시에는 이미 적지 않은 수의 치과의원이 개업해 천안과 그 주변의 농촌 환자들을 상대하고 있는 터에 단국대학교가 치과 종합병원을 세워야 찾아올 환자가 많지 않을 것이라는 논리였다.

그러나 천안과 그 일대를 지난 서너 해 동안 50회 이상 방문한 중재의 생각은 달랐다. 작은 도시는 말할 것도 없고 농촌 주민의 생활 수준도 향상되면서 과일과 과자류 등 당분이 많이 담긴 음식을 자주 섭식하는 등 식생활에 변화가 왔지만, 구강 위생에 대한 인식이 뒤따르지 못해 특히 자녀들의 치아 보건에 소홀해 치아 손상으로 고통을 많이 받고 있다고 본 것이다. 중재는 자신의 주민등록을 옮기고 생활하던 아산에서도 똑같은 현상을 목격했다. 그런데도 전문적인 치과 종합병원이 한 곳에도 없어 훨씬 양질의 종합적 치료를 받지 못하는 현실을 안타까워 했다.[44]

서울대 치과대학과 연세대 치과대학의 거절

중재는 우선 문교부로부터 1979년 9월 19일에 산업대학 안에 치의예과 신설을 인가받아 1980년 3월에 제1회 학생을 받아들였고, 이것을 1981년 3월에 치의학부로, 이어 1982년 10월에 치과대학으로 승격시켰다.[45] 이제 치과대학 교사와 부속병원 건립이 당면과제가 되었

[44] 장충식, 「좌절을 딛고 펼친 도약의 날개」, 241~243쪽.

[45] 『단국대학교70년사: 1947-2017』 하, 691~696쪽.

다.

자금력도 없었고 쌓아놓은 노하우도 없었던 중재는 우선 서울은 물론 지방의 치대와 치대 부속병원 여러 곳을 둘러보고는 일반 병원에 비해 치대 병원의 시설은 상대적으로 열악하며 한국의 치대 병원은 의대 병원에 배속되어 일본이나 구미에서처럼 독립된 치대 병원이 하나도 없다는 사실을 알게 되었다. 뒤의 경우와 관련해, 한국 의학계는 치의학을 독립된 분야로 보지 않아 '선先 의대병원 후後 치대병원'이라는 고정관념이 확고해, 의대병원이 없는 대학교에 치대병원이 따로 설 수 없다는 현실을 확인했다. 이러한 상황에서, 의대가 세워지지 않은 단국대학교에 치대와 부속병원을 세우려는 중재의 발상은, 중재의 표현으로, 비웃음을 살 뿐이었다. 그래도 중재는 서울대학교 치과대학과 연세대학교 치과대학에 자료를 요청했다. "결과는 외면이었다. 아니 사실상의 거절이었다." 다시 중재의 표현으로, "자신들의 영역에 높은 울타리를 쌓길 원하는 그들은 진입장벽을 높이"고자 한 것이었다.[46]

일본 치의학계의 현황이 불러일으킨 용기

중재는 일본에 가보기로 결심하고, 행정학과의 금동신琴東信 교수 및 경제학과의 황명수黃明水 교수와 함께 떠났다. 도쿄에서는 황 교수의 일본 메이지대학 동창인 혼다本田 교수가 동행했다. 중재는 "가까운 일본을 가보니 치대 병원이 완전히 독립되어 운영되고 있음"을 깨달았다. 중재는 자신의 관찰을 다음과 같은 기록으로 남겼다.

> 일본대학 치의학부 부속병원, 동경치과대학 부속병원 그리고 최근에 설립했다는 요코하마의 쓰루미대학鶴見大學 치의학부와 그 부속병원의 시

[46] 장충식, 『학연가연』, 274쪽.

설을 보고 나는 놀랐다. [···] 당시 우리나라 치대 치과 병원에 비하면 일본은 매우 앞선 것을 한 눈으로 확인할 수 있었다. 우리는 일본에 비해서 부끄러울 정도로 후진성을 벗어나지 못하고 있었던 것이다. 일본 치의계를 돌아보고 감탄하였다. 시설의 규모에 일차 놀랐다. 실습실과 실험실의 선진성에 저절로 감탄의 소리가 나왔다. 교수와 연구 조수들의 인적 구성과 인원 등 모든 요건을 다 갖추고 있었다. 사석에서 만남을 통해 알아본 결과 일본 치의학계가 우리나라 치의학계를 바라보는 시선은 매우 동정적이었다. 한마디로 비교할 입장이 아니라고 보는 것이었다.[47]

중재가 "또 하나 놀란 것은 관계자들의 친절함과 개방성이었다." 이 점에 대해, 중재는 "일본에서 치대 어느 대학 병원을 가든 그곳 관계자들은 친절하게 안내하였다. 나는 그들의 친절에 저절로 머리가 숙여졌다. 실험실과 실습실을 일일이 안내하면서 보여준 그 진지한 태도는 의사들의 인격의 표본을 대변해 주는 느낌이었다. 한국의 명문이라는 대학들이 보여준 폐쇄성이나 권위적 자세와는 비교할 수 없었다."라고 부연했다.

여기서 중재는 "아, 이런 사람들이라면 내가 우리 대학에 치대와 치대 병원을 만들겠다고 도와달라면 기술적인 면이나 운영 면에 이르기까지 도와줄 것이다."라는 확신을 갖게 되었다. 그래서 중재는 '일본사립치과대학협회' 사무총장에게 "선생님이 알고 계시는 일본 치의학계에서 가장 존경스러운 분을 몇 분만 소개해주시면 고맙겠습니다."라는 인사로 도움을 요청했다. 그는 쓰루미대학 치의학부장 - 우리 기준으로는 치대 학장 - 이시가와 다카오 교수를 추천하고 이시가와 부장과 통화해 면담 일정도 잡아주었다.[48]

[47] 장충식, 『시대를 넘어 미래를 열다』, 244~245쪽.

[48] 위와 같음.

쓰루미대학 이시가와 부장의 적극적 협력

쓰루미대학을 방문해 중재는 자신이 한국의 한 지방도시에 일본식 치대와 치대 병원을 세우고자 하는데 도와줄 수 있느냐고 물었다. "당신은 치과의사입니까?"라는 이시가와 부장의 질문에 중재가 "아닙니다."라고 대답하자 "그러면, 전공이?"라고 되물었다. 중재가 "동양사입니다."라고 대답하자, 이시가와 부장은 "의사도 아닌 사람이 대학이 없는 한국의 작은 도시에 대학 분교를 세우고 그 분교에 특색이 있는 일본 수준의 치대와 치대 병원을 세우기 위해 일본에 와서 치과 의료계를 돌아보는 것"에 놀라워했다. 그러면서도 지방민들에게 의료 혜택을 주고 싶다는 중재의 꿈과 희망을 듣고는 고개를 끄덕이고는 "의료에는 국경이 없습니다. 당연히 도와드려야 하지요."라고 힘주어 말하며, 중재의 손을 꽉 잡아주었다. 중재보다 10여 세 위인 이시가와 부장의 "겸손과 고매한 인격에" 중재는 예의를 갖춰 존경의 뜻을 표했다.[49]

이시가와 부장은 저녁에 요코하마의 유명한 요리집으로 중재 일행을 초대했다. 이 자리에는 쓰루미대학의 각 보직 교수 그리고 병원에서 진료를 담당한 책임 교수들 전원이 참석하고 있었다. 이시가와 부장은 "우리가 알고 있는 지식과 경험을 바탕으로 한국의 단국대학교 치대 건설에 힘을 모아줍시다."라고 말했다. 그때의 감회를 중재는 다음과 같이 기록했다.

> 처음 찾아간 사람인데 이렇게 융숭한 대접을 받고 기술적 지원을 약속받으니 나는 참으로 감개무량하였다. 대학인이라는 공통점 외에는 아무런 인연도 없는데 내가 가진 지방 구강보건 증진이라는 대의에 기꺼이 동

[49] 위와 같음, 246~247쪽.

참하겠다는 대범함과 인도주의를 실감했다. 나 역시 우리 대학이 좀 더 여력을 가지면 우리보다 어려운 나라의 대학이나 국민들을 돕는 데 정성을 다하겠다는 결심을 하게 되었다. 나중에 내가 아프리카나 아시아의 저개발 국가에서 요청이 오면 발 벗고 나서게 된 것도 이 같은 인간애를 실천하는 선례를 경험했기 때문이다.[50]

귀국한 중재는 곧바로 치과대학과 부속병원 설립을 준비하기 시작했다. 그러나 천안캠퍼스 신축이 선행되어야 했다. 다행히 그 작업이 착실하게 진행되어 1978년 9월에 교사 대부분이 완공된 데 이어 1979년과 1982년 사이에 단계적인 증축도 마쳤다. 이로써 천안캠퍼스가 안착되었다고 확신하게 된 중재는 1981년 가을에 이시가와 부장 그리고 와타나베渡邊 치과병원장 등 3명을 초청했다. 일행은 단국대학교를 직접 둘러보고 그 저력을 확인하면서 치과병원을 충분히 성공시킬 힘이 있다는 말로 용기를 북돋아 주었다. 마침 1982년 10월에 정부로부터 치과대학 신설을 인가받았다.

중재는 곧바로 단국대학교 관계자들을 쓰루미대학으로 보내 병원 설계와 교육과정 등을 자문받게 했다. 쓰루미 쪽에서도 실무자들을 단국대학교로 보내 병원 설립에 관해 여러 부문에서 조사한 뒤, 자신들이 병원 건축의 설계를 맡아주겠다고 제의했다. 당시 국내에는 병원 건물을 설계할 전문가들이 많지 않았고 설계비 마련에도 큰돈이 들어갔다. 이시가와 부장을 비롯한 쓰루미대학 전문가들은 모든 것을 자신들이 무상으로 제공하겠다고 약속했다. 중재는 이시가와 부장의 도량에 다시 한번 감탄하지 않을 수 없었다.

쓰루미 쪽에서는 설계도와 시방서示方書를 만들기 위해 교수들 그리

[50] 위와 같음, 248쪽.

고 진료장비를 전문적으로 만드는 회사인 모리타제작소의 관계자 15명이 천안을 방문했다. 중재는 그들의 출장비 전액을 단국대학교가 부담하겠다고 제의했다. 그러나 이시가와 부장은 쓰루미대학이 부담하겠다며 사양했다. 그들이 만든 설계도는 정말 놀라웠다. 단국대학교가 참고자료로 입수한 국내 대학의 치과대학 병원 신축 설계도는 한 권이었음에 비해 그들이 만든 설계도는 열 배를 상회했다. 모두 영어로 작성된 설계도는 대단히 정밀하고 꼼꼼했다. 쓰루미는 이 설계도를 단국대에 기증했다. 중재가 파악해보니 그만한 설계도를 마련하려면 당시의 기준으로 한화 약 3~4억 원에 이르는 약 40~50만 달러가 필요했다. 중재는, 중재의 표현으로, "그들의 진정성에 감복하지 않을 수 없었다."[51]

치대와 병원 건축은 이렇게 진행되었으나 병원에 들어가야 할 의료기자재가 문제였다. 더구나 그때 대학본관, 천안캠퍼스 학생회관, 체육관, 과학관 등 건설 공사가 줄을 잇고 있었다. 이 상황에 치대 부속병원을 채울 기자재를 사들이려면 미화 80만 달러, 당시 원화로 6억4천여만 원 안팎의 큰돈이 필요했다. 당시 등록금이 1인당 40만 원 정도였으니 1,600여 명의 학생이 내는 등록금을 다 합쳐야 충당될 수 있는 액수였다. 중재는 한국산업은행을 찾아가 설득하고자 했으나 거절당했다.

중재는 다시 이시가와 부장을 방문하고, 일본 모리다상회가 의료 기자재를 외상으로 줄 수 없는가 요청했다. 기자재 가운데는 일본제가 아닌 독일제도 많아, 모리다상회가 자신의 돈으로 사서 단국대학교에 빌려줘야 하는 셈이었다. 결국 모리다상회의 최고 경영자인 모리다 회

[51] 장충식, 『학연가연』, 279쪽.

장이 보증을 서는 등 앞장서서 일본수출입은행에서 융자를 얻어주었다. 이시가와 부장과 모리다 회장의 적극적인 후원으로 1년 만에, 중재의 표현으로, "한국에서 가장 최신의 치대와 치대병원을 설립"할 수 있었다. 중재는 쓰루미대학의 호의를 "대학인으로서의 동료애, 국경을 넘어 사회적 약자들에게 좋은 의료 서비스를 하자는 인간애의 결실"로 받아들였다.[52]

중재는 독일 마인츠대학교Universität Mainz: 정식 명칭은 Johannes Gutenberg-Universität Mainz로부터도 도움을 받았다. 당시 단국대학교 법과대학 교수로 봉직하던 임정평林正平 박사는 자신의 모교인 마인츠대학교와 단국대학교 사이에 자매결연을 성사시켰었다. 임 교수는 마인츠대학교가 자신의 부속병원에서 사용한 의료 기자재를 개발도상국 의료기관에 원조하고 있다는 정보를 입수하고 마인츠병원의 행정원장 뢰리히 박사와 교신해 터키로 보낼 치과 기자재를 받아냈다. 이 일을 계기로 단국대학교는 마인츠대학교와 1982년 10월 28일에 자매결연을 맺는다.

단국대학교 치과대학과 부속치과병원의 성장

단국대학교는 1984년 9월 28일에 치과대학 교사와 부속치과병원 개원식을 열었다. 연건평 3,255평에 지하 1층 지상 5층의 콘크리트 라멘Rahmen 구조로, 경비만도 83억 원이 들어갔다. 이에 앞서 1984년 9월 1일에 중재는 치과대학장과 치과병원장에 서울대학교 치과대학 학장을 역임한 선우양국鮮于良國 교수를 겸임 발령했고, 정부는 9월 20일에 의료기관 개설을 허가했다. 치과대학 부속병원은 치과보존과, 치

[52] 위와 같음, 282쪽.

1984년 9월에 열린 치과대학 교사동 및 부속병원 개원식 전경

과교정과, 구강진단과, 치과보철과, 소아치과, 구강악안면외과, 치과방사선과, 치주과 등 8개 과에서 진료를 맡았고, 10월 1일에 진료 업무를 시작했다.[53]

그 무렵 국내 다른 대학교의 치과대학과 그 부속병원은 시설 기준의 30%를 조금 웃도는 수준의 기자재를 확보하고 있었다. 이에 비해, 단국대학교는 80%를 넘는 수준에서 출발했다. 진료 부문도 광범위했지만, 기자재도 넉넉해, 단국대학교 치과대학병원은 '한국 최초의 치과종합병원'으로 자리매김되었다.[54] 이 현황이 국내의 치의학계에 알려지자 여러 대학교의 치대 교직원과 학생들이 단국대학교를 방문하고

---

53 『단국대학교60년사: 1947-2007』 하, 372~373쪽.

54 송하섭, 「중재 선생이 걸어온 길: 단국 중흥과 중재 장충식 박사」, 단국문인회 엮음, 『자작나무 숲으로 가서: 중재장충식팔순기념헌정사화집』(경기도 용인시: 노스보스, 2011), 13쪽.

죽전치과병원 개원식(2010.12.06)

견학하면서 놀라고 부러워했다. 자연히 대학 사회에는 치대 병원의 현대화 사업이 새롭게 진행되었다. 일본 치의학계는 단국대학교의 치대와 부속병원 건립이 한국 치의학계에 개선의 바람을 일으킨 자극을 주었다고 칭찬했다.

단국대학교 치과대학과 부속치과병원은 개원 때부터 수준 높은 의료진으로 출발했다. 처음에는 약간의 시련이 있었다. 그러나 경기 남부와 충남 일대에서 최고의 치과병원으로 평가받으면서 경영이 순조로워졌으며 일본수출입은행 대출금도 10년에 나눠 모두 갚았다. 2013년 3월에는 새로운 치대 교사동校舍棟과 병원을 신축했으며, 2010년 12월 6일에는 죽전캠퍼스에 일종의 분원인 죽전치과병원을 열 수 있었다. 2012년 7월 1일에 기존의 충청남도 연기군을 중심으로 세종특별자치시가 출범하면서, 한국의 새로운 행정중심도시로 자리를 잡자, 단국대학교는 2017년 8월 22일에 이 시에 있는 단국빌딩 3층에 단국대학교 세종치과병원을 개원했다. 동시에 단국빌딩 2층에 단국대학교 세종의원을 개원했다. 이로써 두 병원은 세종시 주민과 이주 공무원을 위한 신속하고 전문적인 최상의 의료 서비스를 제공하고 있다.[55]

치과대학은 1987년 3월 1일과 1988년 3월 1일에 대학원 안에 각각 치의학 석사과정과 박사과정을 개설했고, 치과대학 부속병원은 1987년 3월 1일에 치과마취과를 개설했으며, 1989년에는 악관절진료실을 개설하고 구강진단과를 구강내과로 개칭했으며, 1993년에는 치과방사선과를 구강악안면방사선과로 개칭했고, 구강병리과를 신설했다. 그사이 부속치과병원 안에 개설된 치과기술연구원은 치위생과를 두고 치위생사들을 배출했다. 치과대학과 부속치과병원은 1987년

단국대학교와 쓰루미대학 간의 자매결연식(1987.10.22)

55 장호성박사업적백서간행위원회 편, 『도전과 창조의 여정: 총장 장호성의 야간 행군』(경기도 용인시: 노스보스, 2020), 172~173쪽.

3월에 당시 전국 10개 치과대학 가운데 최초로 토순兎脣 환자들에게 무료로 시술을 베푼 것을 시발로 공주·홍성·서산 등 충남지역에서뿐만 아니라 경기도와 강원도 및 경상북도 일대에서, 그리고 중국 길림성 연변조선족자치주와 몽골 울란바토르 및 캄보디아 깜퐁수프 등에서 의료봉사를 이어갔으며, 러시아 블라디보스토크에 있는 극동국립대학교 치과병원에 치과진료대를 기증했다. 이렇게 성장을 거듭하면서, 단국대학교는 1987년 10월 22일에 쓰루미대학과 정식으로 '자매학교 체결 기념식'을 열었다.

1989년 3월에 이시가와 부장이 오랜 교직생활을 끝내고 정년퇴임했다는 소식을 들었다. 다른 사람으로부터 받은 도움에 대한 고마움을 잊지 않는 중재는 그해 11월 3일 단국대학교 개교 42주년을 맞아 이시가와 부장 내외를 초청하고 이시가와 부장에게 명예박사를 수여했다.

천안캠퍼스에 의과대학 설립

단국인들의 간곡한 염원 수용

치과대학과 그 부속병원이 설립되고 그것들이 단국대학교의 교세와 성가를 올리면서 경영에서도 성공을 보여주자, 교직원들과 학생들은 물론이고 동문들도 의과대학과 그 부속병원의 설립을 간절히 희망했다. 그러나 의대와 부속병원을 세우는 데 필요한 경비는 치대와 치대병원을 세우는 데 필요한 경비보다 훨씬 더 많아, 그 마련에 자신이 서지 않았다. 중재의 표현으로, "재정 문제를 해결할 자신이 없었다." 그래서 중재는 "치대와 치대병원 설립만으로 만족해야 하겠다고 생각했다."[56]

그러나 생각을 바꾸지 않을 수 없게 되었다. 중재가 제6대 총장으로 재선임될 무렵인 1987년의 어느 날이었다. 박정숙 이사장은 중재에게 "내가 소원이 있어요."라고 말문을 열더니, "우리가 치대병원도 세웠고, 지금 대학도 입학 성적이 국내 대학의 상위권으로 평판이 좋아지고 있어요. 장 총장이 얼마나 애를 썼는지 내가 잘 알죠. 이제 내가 남은 소원이 있는데, 죽기 전에 의과대를 만들고 의대 부속병원이 문을 여는 걸 보는 거예요."라고 간곡히 부탁하는 것이었다.

박 이사장이 그러한 말을 할 만한 배경이 있었다. 그 시점에 단국대학교는 서울과 천안에 모두 13개 단과대학 85개 학과를 개설하고 있었고, 입학 정원도 3,950명이 되었다. 1967년 3월에 종합대학교로 승

[56] 장충식, 「의과대학 설립의 이면」, 『시대를 넘어 미래를 열다』, 513~514쪽.

격할 당시 3개 단과대학 17개 학과에 입학 정원이 370명이었음을 감안하면, 20년 만에 외형적으로는 10배가 넘는 고속 성장을 이룬 셈이었다. 당시 국내의 명문대학들은 모두 의대를 개설해 부속병원을 운영하고 있어, 사회에서는 의대 개설 여부가 명문 대학을 가르는 기준선으로 받아들여지고 있었다. 박 이사장 그리고 구성원들의 기대와 희망을 읽으면서, 중재는 "그래. 해보자. 도전하자."라고 마음먹고 박 이사장에게 "그렇게 하겠습니다."라고 약속했다.[57] 중재 특유의 도전정신을 다시 발휘한 것이다.

의대 신설에 호의적이던 초기 분위기

새삼스러운 설명이 필요 없듯, 의과대학을 설립하려면 우선 의예과를 신설해야 했다. 어떤 일반인에게는 의예과 신설이 "뭐 그렇게 어렵겠느냐."라고 생각될 수도 있다. 그러나, 중재의 표현으로, "이 일을 실현하는 것은 쉬운 일이 아니었다." 그 이유로 중재는 두 가지를 꼽았다. 첫째, 의예과를 신설하려는, 그리하여 궁극적으로 의과대학을 설립하려는 대학들이 적지 않은 것이 현실이었다. 오늘날에도 의대 설립을 '대학 발전의 사활적 요건'으로 간주하는 것이 대학 사회의 일반적 흐름이다. 둘째, 의대 설립은 의사 배출과 직결되기 때문에 정부의 인력수요정책이라는 큰 테두리 안에서 결정된다. 여기에는 문교부오늘날의 교육부와 보건사회부오늘날의 보건복지부 그리고 의사협회가 개입하게 되어 있는데, 특히 보건사회부와 의사협회는 전통적으로 정원 억제를 지지했다. 이 두 요인이 겹쳐, 중재의 관찰로는, "대학들의 물밑 경쟁이

---

[57] 위와 같음.

아시안게임스포츠과학학술대회 조직위원장으로서 개회사를 하고 있는 중재(1986)

치열해 학과 설립을 둘러싼 암투도 치열했다."[58]

객관적 조건은 매우 어려운 것 같았지만 중재는 어느 정도 자신하고 있었다. 그 근거는 당시 중재와 단국대학교가 정부의 중대 현안인 1986년의 서울 아시안게임과 1988년의 서울 올림픽의 성공적 개최에 필요한 사업을 모두 맡아 많은 투자와 노력을 쏟고 있음을 의학계와 정부 모두 인정한다는 데 있었다.

아시안게임이나 올림픽을 주최하는 국가는 그 대회에 앞서 부수적으로 스포츠과학학술대회를 개최해야 한다. 스포츠 경기만 중요한 것이 아니라 이를 뒷받침할 스포츠 의학이나 생리학 그리고 경기지도론 등에서 국제적 학술 발표가 선행되어야 한다는 국제올림픽위원회의 방침 때문이다. 이 학술대회를 개최하려면 세계의 스포츠 과학자들과 의학자들을 초청해야 하는데, 중재는 이미 아시안게임과 올림픽 유치에서부터 대한체육회 부회장이자 대한올림픽위원회 부위원장으로 적극적으로 참여하고 있었고, 그 연장선 위에서 앞에서 말한 스포츠과

58 위와 같음, 515쪽.

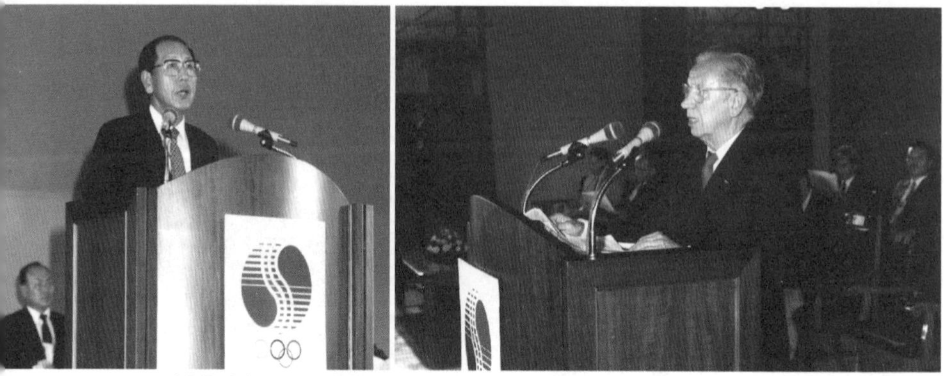

서울올림픽 스포츠과학학술대회 개회식에서 개회사를 하는 중재(좌)와 환영사를 하는 사마란치 IOC 위원장(우) (천안캠퍼스 체육관, 1988.09.09)

학학술대회 위원장으로 여섯 해에 걸쳐 온갖 정력을 쏟고 있었다. 실제로 1986년 9월 16일에 단국대학교 천안캠퍼스에서 열린 '1986년 아시안게임 스포츠과학학술대회1986 Asian Games Scientific Congress'는 국내외 800여 명의 스포츠 과학자들과 의학자들이 참가한 가운데, 그리고 1988년 9월 9일(금)~15일(목), 총 7일간 역시 단국대학교 천안캠퍼스에서 열린 '올림픽 스포츠과학학술대회Seoul Olympic Scientific Congress'는 국내외 2,000여 명의 스포츠 과학자들과 의학자들이 참가한 가운데 성황 속에 끝났다.

이 과정에서 중재는 의학계 인사들을 많이 만났다. 특히 스포츠과학학술대회에서 스포츠의학분과 위원장을 맡았던 서울대학교 의과대학 이광호李洸鎬 학장과 아주 가까워졌다. 중재가 보기에, "그는 남성적이고 쾌활한 분으로 매사 정열적이어서 어려운 고비마다 그의 리더십이 돋보였다." 중재는 "이분하고는 모든 일을 함께 의논해서 할 수 있다는 신념을 갖게 되었다."[59] 중재의 판단은 정확했다. 이 학장은 "서

[59] 장충식, 「의과대학 설립의 이면」, 518쪽.

울대학교 의과대학 정원을 몇십 명 감축해 정예 인원으로 교육하는 것이 서울대 의대 발전에 도움이 된다."라고 말하고 실제로 그렇게 했다. 자연히 최소한 그 숫자만큼이라도 다른 대학이 정원을 가질 수 있는 기회를 열어준 것이다. 거기서 한 걸음 더 나아가 이 학장은 중재에게 단국대학교가 의과대학을 신설하고자 한다면 가능한 한 적극적으로 도와주겠다고 약속했다. 용기를 얻은 중재는 문교부와 청와대는 물론 국회를 상대로 의대 신설을 희망한다는 뜻을 꾸준히 전달하면서, 1986년 하반기에 의대 설립 인가를 신청하는 준비에 들어갔다.[60]

역경 속에서 의대 신설 확정

그러나, 중재의 표현으로, '뜻밖의 복병'이 등장했다. 대우그룹이 운영하는 아주대학교와 현대그룹이 운영하는 울산대학교가 모두 의대 신설을 청원한 것이다. 문제는 두 대재벌 자체의 영향력이 크다는 데도 있었지만, 그것보다 더 구체적으로 전두환全斗煥 대통령이 퇴임한 이후 자신의 활동 거점으로 삼고자 자신의 호를 따서 설립을 준비하던 일해재단日海財團에 각각 30억 원씩 헌금했다는 데 있었다. 이때의 30억 원은 2024년의 시점에서 약 112억 원에 해당한다. 문교부가 두 대학의 신청을 받아들이기로 내락했다는 소문도 들려왔다. 중재에게는 "참으로 분개할 만한 일이었다." 그때의 심정을 중재는 "도저히 이해하기 힘든 일이고, 한편으로는 마치 애써 정성을 들여 지은 집을 엉뚱한 사람에게 뺏기는 기분마저 들었다."고 회상했다.[61]

소문은 소문으로 끝나지 않았다. 문교부 차관이 부르기에 찾아갔더

---

60 위와 같음.

61 위와 같음.

니, "아주대학교와 울산대학교에 의대 신설해 주기로 결정되었다."라고 말하며, "한 번에 세 개의 의대를 신설할 수가 없어서 이번에 단대는 부득이 허가할 수 없으니 다시 시기를 보자."라면서 중재를 위로했다.[62]

그렇다고 그냥 물러설 중재가 아니었다. 사실 아주대학교의 경우, 1973년 3월에 수원에서 아주공업초급대학으로 출발해 1973년 12월에 아주공과대학으로, 이어 1980년 10월에 아주대학교로 승격했다. 울산대학교의 경우, 1970년 3월에 울산에서 울산공과대학으로 출발해 1984년 10월에 울산대학교로 승격했다. 역사와 규모에서 단국대학교가 훨씬 앞서 있었다. 더구나 아주대학과 울산대학은 모두 1970년대에 심한 어려움에 빠져 있었고, 그래서 중재를 좋게 보던 박 대통령이 중재에게 두 대학교를 모두 맡아 경영하도록 권했으나, "남이 세운 대학을 인수하지 않는다."라는 소신 때문에 정중히 거절했었다.

중재는 "아주대학과 울산대학은 설립한 지도 얼마 되지 않은 대학인데 재벌이 그 운영권을 가졌다고 특혜를 주면서 우리 대학을 그렇게 무시할 수 있느냐."고 항의했다. 차관은 이 문제에 관해서는 "초고위층선에서 의견이 모아졌다."라고 부연했다. 쉽게 말해, 전 대통령이 이미 결정했다는 뜻이었다. 이때의 심정을 중재는 다음과 같이 회고했다.

> 재벌들은 자기 돈이 아니더라도 은행에서 얼마든지 돈을 빌려 운용을 할 수 있었다. 정치자금을 바쳐 권력의 환심을 사고 그 대가로 문어발식으로 수십 개의 기업을 운영한다는 비판이 언제나 사회에 가득했다. 그렇게 기업 활동을 해서 쌓은 수익은 주주인 국민에게 별로 돌아가지 않고 오히려 재벌 소유주와 권력자들에게 돌아가는 것이 우리나라의 경제

---

[62] 위와 같음, 520~521쪽.

현실이 아니던가. 만약 재벌들이 이 같은 권력이 세운 장학재단에 막대한 돈을 헌납한다면 이에 앞서 주주들에게 배당금을 챙겨야 하는 것이 아닌가. 나는 흥분을 하여 반박했지만, 아무런 소용이 없었다.[63]

중재의 교육관教育觀과 대학관大學觀을 핵심적으로 보여주는 회고는 다음으로 이어졌다.

> 대학에 돈이 많이 필요한 것은 사실이다. 그러나 돈이 있으니 대학을 만든다는 것은 적당한 일이 아니다. 재벌이 대학에 지원은 하되 운영권을 갖지 않는다면 그것이 가장 이상적인 일이다. 나는 남들이 세운 대학을 인수하는 일도 온당치 않다고 생각하거니와 반대로 재벌이 돈을 앞세워 대학 운영권을 소유하는 일도 달가워하지 않았다. 재물과 권력, 그리고 교육은 서로 불가근불가원不可近不可遠의 간격을 유지하는 것이 좋다고 믿는다.[64]

비록 그렇다고 해도, 가만히 있을 수 없었다. 중재는 우선 서명원徐明源 문교부 장관을 면담하고 서울 아시안게임의 성공적인 개최와 서울 올림픽의 유치에 단국대학교가 이바지한 사실을 상기시킨 뒤 재벌의 일해재단 기부금으로 의대 설립이 허가되는 현실에 분노를 나타내면서 단국대학교의 의대 설립을 인가해줄 것을 거듭 호소했다. 서 장관은 구한말과 일제강점기의 개혁운동가 서재필徐載弼의 종손從孫으로 충청남도 논산에서 태어나 서울대학교 부총장에 이어 숙명여자대학교 총장을 거쳐 충남대학교 총장을 역임해 중재를 잘 알고 있었다. 서 장관은 전적으로 공감하며 중재가 대통령을 설득한다면 자신도 긍정

63 위와 같음, 522쪽.

64 위와 같음, 524쪽.

적으로 도울 수 있다고 알려주었다.

이제 해결의 열쇠를 쥔 전 대통령에게 직접 호소할 수 있는 길을 찾기 위해, 중재의 표현으로, "동분서주하면서도 초조한 시간을 보내던 때" 단국대학교 예술대학 동양화과 이영수李寧秀 교수가 찾아왔다. 자기가 전 대통령 사돈과 잘 아는 사이로, 이분의 힘을 빌리자고 조언하면서 그와의 약속도 잡았다. 그래서 추석을 얼마 앞두고 여의도의 한식집에서 만나 이 문제에 대한 자신의 분노와 단국대학교의 구상을 자세히 설명했다. 다행히 그는 매우 호의적인 반응을 보였다. 자신의 고향인 충남 청양에서 중재가 벌인 새마을운동을 높이 평가하고 그 정신으로 천안캠퍼스에 의과대학을 세워주길 바란다고 말한 데 이어, 미국에서 활동하는 자기 친동생에게 단국대학교가 아무런 대가 없이 명예박사학위를 수여한 사실에 크게 감명받았다고 말하며 중재의 '담백함'을 칭찬하고 이제 자신이 보은할 차례인 만큼 "무슨 일이든 하겠다."라며 약속했다.[65]

며칠 뒤 그는 이영수 교수를 통해 좋은 소식을 알려왔다. 추석 명절에 그의 가족과 전 대통령 가족이 만찬하는 자리에서 단국대학교 의과대학 신설의 타당성을 설명하니 전 대통령이 동의했다는 요지였다. 중재는 곧바로 서 장관을 방문하고 이 소식을 알렸다. 서 장관은 자기 일처럼 기뻐하고, 전 대통령의 뜻을 확인했다. 서 장관은 보사부 장관과의 합의라는 전통적인 절차를 건너뛴 채 직접 김정렬金貞烈 국무총리의 결재를 받고, 그날 오후인 1987년 10월 24일에 발표했다. 국립대학교 의대 입학 정원 70명을 줄이는 대신에 단국대·아주대·울산대 등 3개 사립대에 의대 신설을 허가한다는 요지였다. 이때의 심정을 중재는

---

[65] 위와 같음, 526쪽.

다음과 같이 회상했다.

> 내 개인에게는 우선 박정숙 이사장께 약속을 지켰다는 기쁨과 함께 종합대학 승격의 과제를 푼 이후 가장 큰 성취감을 가질 수 있었다. 왜냐하면 지금껏 단국대학은 후발 주자로서 '다른 대학이 갖고 있는' 학과와 학문 분야를 물려받듯이 성장해 왔는데 이제부터는 '다른 대학이 갖고 있지 못한' 학과와 학문 분야를 통해 특성화를 추진할 수 있다는 자신감을 가졌기 때문이다.[66]

중재는 1966년에 박정희 대통령을 직접 만나 단국대학의 단국대학교로의 종합대학교 승격을 이뤄냈었다. 그때로부터 21년 뒤인 1987년에는 전두환 대통령의 사돈을 통해 의과대학 설립을 이뤄낸 것이다.

단국대학교 의과대학 교사동과 병원 건립

의과대학 설립 인가를 받은 만큼, 의과대학 교사와 부속병원을 짓는 일이 시급해졌다. 중재는 교사부터 짓기로 하고 1989년 8월 25일에 기공식을 가졌다. 교사동校舍棟은 91,632평방미터27,718.68평의 대지 위에 연건평 65,673.76평방미터19,866.22평에 지하 2층 지상 6층의 대형 건물로, 공사비로만 170억 원이 들어갔다.[67] 곧이어 서울대학교 병원 연구소와 공동으로 「병원건립 기본계획 및 병원설계 안」을 만들었다. 이 안을 받아들여 총 600병상에 23개 진료과목을 두기로 했고 실제로 그렇게 했다.

병원 설계에는 김병량金炳亮 교수가 큰 도움을 주었다. 단국대학교

66 위와 같음, 527쪽.

67 『단국대학교60년사: 1947-2007』 상, 391쪽; 하, 392~393쪽.

의과대학 및 부속병원 기공식(1989.08.25)

단국대 병원이 1994년 4월 개원했다. 착공 5년 만에 완공된 단대병원은 단국인의 여망에 부응하기 위해 최신 의료 시설을 갖추고 있어 충청 지역 의료 복지 증진에 핵심적 역할을 맡고 있다.

사회과학대학 행정학과를 졸업한 뒤 일본 쓰쿠바대학筑波大學에서 「의료지원 및 의료시설이용의 공간적 배분에 관한 연구」로 도시 및 지역 계획학 박사학위를 받고 단국대학교 사회과학대학 행정학과 교수로 봉직하던 그가 자신을 지도한 타니무라 히데히코谷村秀彦 교수에게 단국대학교 병원 건축에 관해 설명하니, 스승은 자신의 장인으로 당시 일본병원건축학회 회장을 맡고 있던 고베예술공과대학 요시타케 야스미吉武泰水 총장에게 그대로 알렸다. 도쿄대학 공학부 건축학과를 졸업하고 도쿄대학 교수로 봉직했던 요시타케 총장은 둘째 사위인 나가사와 야스시長澤泰 그리고 도쿄대학 건축학과 출신 제자들을 한 팀으로 묶어 단국대학교 병원의 기본설계를 무상으로 맡아주겠다고 통보했다. 쓰루미대학이 단국대학교 치과대학 병원 건축 때 설계도를 무상으로 기증해준 것을 연상하게 했다.

실제로 그 설계에 따라 지은 단국대학교 병원은 1994년 4월 29일에 개원식을 연다. 그 과정이 순탄한 것은 결코 아니었다. 우리가 제8장의 「김영삼 정부의 출범과 단국대학교에 대한 감사」에서 보게 되듯, 1993년 2월 25일에 출범한 김영삼 정부는 단국대학교를 '전면 감사' 하면서 경비 조달을 위한 기채 자체를 금지하는 등 여러 방면으로 제약을 가했기 때문이다. 이때 극동건설의 창업자인 김용산金用山 회장이 500억 원 정도의 공사비를 모두 외상으로 해주었다. 그는 "공사비 지급을 받지 못하더라도 우선 개원을 하도록 책임지고 완공시키겠다." 라는 각서를 써서 교육부에 제출해주었다. 김 회장은 거기서 한 걸음 더 나아가 사회의 요로에 "중재는 단 한 푼도 돈을 요구하거나 뇌물 따위는 생각하지도 않는 사람"이라고 옹호하고, "내가 이런저런 공사를 많이 했지만 단국대 간부들은 일절 부정한 대가를 바라지 않아 그 청렴한 인품에 반했다."라고 말하며 병원 완공을 적극적으로 도왔다.[68]

---

[68] 장충식, 『시대를 넘어 미래를 열다』, 590~591쪽.

교수진 또는 의료진의 구성은 핵심적 과제였다. 여기에는 병원 또는 의료인에 대한 중재의 도덕적 윤리적 인식이 짙게 투영되어 있었다. 첫째, 중재는 "세상에는 수만 종의 기술이 있겠지만 사람의 병을 고치는 의술만큼 덕망과 고도의 기능을 겸비해야 하는 것은 없다."라고 보았다. 같은 맥락에서, 중재는 "탐욕스러운 인간에게는 의술이 닦여질 수 없다. 덕망 없는 의술이 횡행한다면 그 사회는 병든 사회가 된다."라고 경고하면서, "의사나 간호사가 되고자 하는 사람은 성품이 착해야 한다. 가장 훌륭한 의사나 간호사는 경력이나 기능보다 사람을 사랑하고, 남을 위해 봉사하고, 희생하는 가치를 가장 소중하게 생각할 수 있는 인격을 갖춘 사람이다."라고 부연했다. "미소와 친절이 없는 병원은 정이 메마른 황량한 사막과 다름이 없다."라는 문학적 표현을 쓰기도 했다.

둘째, 그러한 뜻을 지녔기에 중재는 "우리 대학의 부속병원은 병고에 시달리는 환자들을 위해 참으로 우리의 양심과 우리의 온 정성과 친절과 봉사를 아낌없이 바치는 것을 가장 큰 보람으로 생각하는 의료인으로 구성되기를" 희망했다. "의사 외에 간호사나 기타 의료기술 요원들도 병원을 단순한 밥벌이 수단이 아닌 국민건강과 사회복지를 위해 나의 희생을 바탕으로 정성 어린 봉사를 가장 귀한 인생의 가치로 받아들일 수 있는 사람으로 구성되기를 간절히 [희망했다.]"[69]

이러한 인식과 구상 아래, 중재가 여러 경로로 자문을 얻고자 하니 일단 서울대학교 병원장을 역임한 원로를 모셔야 한다는 데 의견이 일치했고, 서울대학교 의과대학 학장과 서울대학교 병원 부원장을 역임한 비뇨기과 전문의 김영균金英均 교수를 추천했다. 중재는 1990년 9

[69] 장충식, 「덕망 갖춘 의료인은 어디 있나」, 『마지막 남은 한 길: 중재장충식수필선집』 (경기도 용인시: 노스보스, 2011), 384~385쪽.

월에 김 교수를 초대 학장과 초대 병원장으로 모셨다.

평소에 자신이 세우고자 하는 병원은 "어떠한 어려운 조건 아래서도 가정 형편이 어려운 환자를 정성으로 대할 것이다. 빚을 지는 한이 있어도 돈 없는 중환자들을 위해 온갖 수단을 동원해서라도 치료의 소명과 책임을 완수할 것이다."라고 다짐한 중재는 막상 개원하는 과정 그리고 그 이후 한국 의학계의 고질에 눈을 뜨고 실망하지 않을 수 없었다. 서울대 의대와 연세대 의대 사이의 갈등에, 같은 서울대 의대 출신 사이에서도 누구 제자냐에 따른 반목으로 교수 초빙이 이만저만 어렵지 않았다. 한 작은 사례로, 중재가 자신을 도와준 이광호 서울대 의대 학장의 제자를 채용하고자 했으나 같은 서울대 의대 교수 출신이면서도 그의 인맥과 다른 인맥 쪽에서 반대했고, 그러한 사례는 간호사 채용에서도 거듭되었다. 중재가 스포츠과학학술대회 때 같이 일하며 인품과 능력을 인정해 모시고자 한 하권익河權益 전 경찰병원장도 이러한 인맥 싸움으로 실현할 수 없었다. 이에 관해, 중재는 다음과 같은 자신의 감회를 글로 남겼다.

> 사람을 살리자고, 천안 같은 작은 도시에도 서울에 못지않은 병원을 지어보겠다는 의욕적 도전이 편 가르기에 묻히는 일이 너무 안타까웠다. 국적이 다른 일본인들은 제 돈을 쓰면서 무상으로 병원 설계를 해준다는데 정작 같은 한국인끼리 작은 인연으로 한정된 인재를 가려 쓴다면 우리가 언제 선진국을 이길 수 있으랴. 하긴 비단 병원뿐일까. 대학을 운영하면서 부딪치는 가장 큰 문제가 교수들의 학맥에 따른 갈등이니 이를 힘으로 풀 수도 없고, 모른 척 외면하면 후유증이 커지는 일이 다반사여서 언제나 나에게는 힘들고 고단한 난제였다.[70]

[70] 장충식, 「의과대학 설립의 이면」, 536~537쪽.

중재는 마치 2024년에 의과대학 신입생 정원의 증원을 추진한 정부와 거기에 반대한 의료계 사이의 갈등을 예견이나 한 듯, 2011년에 발표한 한 글에서 "병원이야말로 국민의 생명과 보건을 책임지고 치료하는 기관이므로 입원한 환자나 치료를 위해 병원을 찾는 환자들의 의료혜택의 권익은 어떤 조건 아래서도 지켜져야 할 것이다."라고 단언했다. 그는 "의사나 간호사 또는 기타 의료 기능인들이 집단이익이나 권익보다도 먼저 앞서야 할 것은 병원 환자들이 치료받아야 할 권리이다."라고 부연하고, "의술의 경험과 기능은 온 국민의 권리이며 어떤 경우에서든 의료 종사자는 자기희생이 따른다 해도 병든 환자를 치료해 주어야 할 의무가 있는 것이다."라고 선언했다.[71]

그러한 정신에서, 단국대학교 의과대학 부속 단대병원은 2015년 5월 20일에 국내 첫 메르스중동호흡기증후군 환자가 확진된 후 급속히 유행되어 전 국민이 메르스 공포에 휩싸이는 것을 보고 충남지역에서 71일에 걸쳐 진료 활동을 벌였다. 그 결과 이후 단 한 명의 추가 감염자가 발생하지 않은 국내 유일의 병원이 되었고, 이로써 메르스 극복에 인상적으로 공헌했다는 칭찬을 받았다. 이 활동은 『눈물과 헌신의 71일: 단국대학교 병원 '메르스 대응 기록'』단국대학교출판부, 2016으로 출판되었다. 2016년에 보건복지부가 실시한 '권역응급의료기관 평가' 결과, 단대병원은 414개 응급의료기관 가운데 전국 1위를 차지했다. 2017년 제3기 '상급종합병원' 지정으로 최고 수준의 의료역량을 인정받았고, 거기에 더해 닥터 헬기의 운영을 통해 섬 지역 및 의료취약 지역에 의료복지를 실현하고 있다.[72]

---

71 장충식, 「덕망 갖춘 의료인은 어디 있나」, 383~384쪽.

72 『도전과 창조의 여정: 총장 장호성의 야간 행군』, 104쪽.

스포츠 교육 장려와 사범대학 부속고등학교 신설

중재가 단국대학교의 새마을운동 참여 그리고 제2캠퍼스 설립과 같은 큰일에만 매달린 것은 아니었다. 그는 '학교법인 단국대학' 산하의 각급 학교 학생들에게 스포츠 교육을 장려함과 동시에 단국대학교 사범대학 부속고등학교 신설과 같은 일에도 힘을 쏟았다.

스키와 빙상에 쏟은 열정

어려서부터 스포츠를 좋아한 중재는 특히 "건강한 신체에 건강한 정신Mens Sana In Corpore Sano" 또는 "건강한 정신은 건강한 육체에서Anima Sana In Corpore Sano. ASICS"라는 제정 로마의 시인 유베날리스Iuvenalis가 만든 격언에 충실하게 살며, 서울대학교 사범대학 학생 때는 럭비부에서 신체를 단련했다. 중재에 따르면, "럭비 경기는 개인은 막강한 체력이 필요하고, 단체로는 빈틈없는 단합이 필수적인 종목이다. 공격과 수비의 역할이 분명하고, 과감한 전진과 후퇴하지 않는 감투정신이 럭비의 강점이다."[73] 다시 중재에 따르면, "럭비는 신사 스포츠이다. 서로가 몸을 부딪치는 과격한 운동이지만 상대방을 존중해야 하고 동시에 신뢰해야 한다. 그래야 치명적인 부상을 피할 수 있다. 또한 팀워크가 없으면 승리할 수 없으니 전체를 생각하는 예의와 배려심이 저절로 생긴

---

[73] 장충식, 「노태우 전 대통령: 럭비선수로 만나 북방정책, 남북 단일팀, 한중수교로 이어진 인연, 『학연가연』, 220~221쪽.

다."[74] 럭비에 대한 중재의 이러한 긍정적 인식은 그가 단국대학 정법학부 정치외교학과 4학년으로 전학한 1955년 바로 그해의 12월에 단국대학이 럭비부를 창설하는 데 일정하게 영향을 미쳤으며, 이후 럭비부를 적극적으로 지원해 1960년대에 들어서면서 단국대학교 럭비부는 "한국 럭비계의 왕자로 군림하기에 이르렀다."[75]

스키를 장려한 기본 정신

중재는 단국대학교 그리고 산하의 중고등학교에서 스포츠 교육을 여러 부문에 걸쳐 장려했다. 이 점은 축구와 농구 등 구기에서도 그러했지만, 특히 스키와 빙상에서 두드러졌다. 이 두 분야는 동계올림픽에 속했고, 1960년대는 물론이고 1970년대에도 한국은 동계올림픽에까지 관심을 기울일 형편이 아니어서 체육계에서, 중재의 표현으로, 불모지나 다름없었으며, 비非인기종목이었다. 이러한 탓에, 1975년 12월에 강원도 평창군平昌郡 용평면龍坪面 일대에 스키장을 열 때까지 제대로 된 스키장이 없었다. 그래서 그나마 눈이 많이 내리는 평창군 대관령면의 대관령에서 스키를 즐기려면 각자 스키를 어깨에 메고 눈길을 30분에서 40분은 걸어야 슬로프 정상에 도달할 수 있었다. 그 일은 기온이 내려가고 찬 바람이 몰아치는 날에는 더욱 힘들었다. 그러나 스키와 빙상에 일찍부터 눈을 뜬 중재는 스스로 스키를 즐겼으며, 자녀들에게 스키를 가르쳤고, 단국대학교에서 집중적으로 육성하도록 투자를 아끼지 않았다. 그는 "자연에 대한 복종심과 역경에 대한 개척정신을 길러주고 싶었기 때문이었다."[76]

---

[74] 장충식, 『시대를 넘어 미래를 열다』, 378쪽.

[75] 『단국대학교60년사: 1947-2007』 하, 287~288쪽.

[76] 이하 중재의 동계스포츠에 대한 관심과 동계스포츠를 키운 과정은 다음에 자세히 기

스키부의 동계 전지훈련장을 찾아가 선수들을 격려한 중재(우측에서 네 번째)

그것에 못지않게 중재 특유의 관찰이 중요하게 작용했다. "당시 세계 각국을 돌아보면 눈이 오는 나라는 대부분 잘 살았는데, 중국과 북한 그리고 우리나라만 못 사는 나라에 속했으며, 우리나라는 동계스포츠에 관한 관심이나 애호가 없다."라는 관찰이었다. 그러나 중재는 장차 우리나라가 경제성장을 이루면 분명히 다른 선진국처럼 동계스포츠, 그것도 스키를 좋아하게 되리라고 확신했다. 여기서 중재는 동계스포츠 선수들을 길러 올림픽이나 세계대회에 진출하게 해야겠다고 결심했다.

우선 단국공업고등학교와 단국대학교에 스키부를 만들었다. 1960년 2월에 미국 캘리포니아주 스쿼밸리Squaw Valley에서 열린 제8회 동계올림픽에 참가함으로써 우리나라 최초의 국제 스키선수권대회 출전

록되었다. 장충식, 『시대를 넘어 미래를 열다』, 414~433쪽.

자로 꼽힌 임경순 명성여자고등학교 체육교사를 초빙해 지도하게 했다.[77] 단국대학교 체육교육학과에 전공선택 과목으로 스키와 빙상 과목을 포함시켰고, 선수들을 강원도 평창 일대로 보내 훈련을 시켰다. 중재 스스로 전지훈련에 참가하면서, 강원도 초등학교와 중학교의 스키부의 열악한 환경을 확인하고는 장비를 지원했다. 이렇게 전지훈련까지 쌓게 되자 단국대학교 스키부는 1970년대 말과 1980년대 초 사이의 시점에서 한국 최강의 전력을 갖추고 정상의 위치에 올라섰다.

스키장에서 만난 장애인 박사를 단국대학교 교수로 초빙

거기에 만족하지 않고, 중재는 스키 선수들을 알프스로까지 보내 훈련 시켰다. 국가적 차원의 지원이 빈약해 교비로 비용을 감당했다. 중재는 뒷날 "세계 수준의 여건을 갖춘 해외에서 선수들이 경험을 쌓아야 한다는 신념이 있어 이런 투자를 했다."라고 회고했다.[78]

1982년 프랑스 쪽 알프스에 있는 스키장에서의 일이다. 단국대 선수들을 위해 한국어 통역으로 나온 사람은 두 발을 쓰지 못해 양쪽 모두 목발로 걷는 우영환禹英煥이라는 한국인이었다. 중재와 일행은 당황했다. "가파른 언덕길, 그것도 설원雪原을 헤매야 하는데 불편한 몸으로 어떻게 동행한단 말인가." 하는 걱정에 중재가 이러한 일을 경험한 적이 있느냐고 물으니, 그는 현지에 오는 한국인들을 자주 인도해주었다고 대답했다. 이후 1주일 동안 그는 목발을 짚은 채, 때로는 넘어지고 심지어 언덕을 뒹굴기도 하면서 스키장을 누비고 다녔다. 선수들이

---

77 최승아·전호준, 「임경순의 생애를 통한 한국 스키 역사에 대한 고찰」, 『한국체육사학회지』 제24권 제4호(2019), 67~81쪽.

78 장충식, 「W 교수, S 교수: 도움을 받고 나서 달라지는 냉담함이 주는 교훈」, 『학연가연』, 159쪽.

부축하려 하면 손사래 치며 사양했다.

'그 씩씩하고 의젓한' 자세에 깊은 인상을 받은 중재는 그가 걸어온 길을 물었다. 그는 자신이 어릴 적부터 경희대학교 경영학과를 졸업할 때까지 어머니가 업어서 통학했고 신부님의 도움으로 프랑스로 유학 와 몽펠리에대학교University of Montpellier에서 경제학 석사학위를 받았으며 그르노블대학교Université Grenoble Alpes에서 경제학 박사학위를 받고 귀국했으나 어느 학교에서나 어느 기업에서도 받아주지 않아 다시 프랑스로 돌아왔다고 털어놓았다. 프랑스는 그래도 장애인들에게 직업의 문호를 열어두고 이런 일이라도 해서 생계를 해결할 수 있어 다행이라고 말하던 그는 마지막에는 눈물을 감추지 못했다. 중재가 단국대학교에 응모한 적이 있느냐고 묻자 없다고 대답했다. 중재는 그에게 "우리 대학은 장애인 교육을 돕는 특수교육과도 있고, 장애인 학생들도 입학하고 있으니 장애인 교수라고 박대할 이유는 없을 것"이라면서 격려했다.

중재는 이듬해 천안캠퍼스 경제학과에서 교수 선발을 한다는 말을 듣고 그에게 응모하도록 연락했다. 다행히 그는 관문을 통과해 교수가 되었다. 당시 그의 나이는 34~35세 정도였다. 당시에는 천안캠퍼스 어느 교사동校舍棟에도 엘리베이터가 없었다. 그래서 중재는 그 교수를 위해 그가 맡은 과목의 강의실은 1층 강의실로만 배정하도록 했다. 몇 해가 지나 결혼하게 되었다면서 주례를 서 달라고 요청했다. 신부에게 결혼을 결심한 이유를 묻자, 그녀는 "저의 오빠도 장애인이라 그들의 아픔을 알고 있어요. 그래서 신랑을 장애인으로 구해 사회의 차별이 그릇된 인식이라는 점을 보여주고 싶었어요."라고 대답했다. 중재는

제2회 학생스키대회에서 입상한 김남응(1972)

안심하고 기뻐하면서 응낙했다.[79] 이 사례에서도 중재가 가진 특성 가운데 하나인 남을 도와주는 심정 그리고 인간적 그릇의 크기를 다시 확인하게 된다. 우 교수는 2014년에 단국대학교 경상대학 국제통상학부에서 정년퇴임한다.

스키부 육성 과정에서 중재는 강릉중학교 3년생인 김남응 군의 뛰어난 기량을 확인했다. 스키의 고장 대관령에서 태어나 초등학교에 입학하기 전부터 스키를 배웠고 강원도 평창군 도암면道岩面에 있는 도암초등학교 학생 때에도 출중했던 그는 강릉중학교 학생 때 전국 동계 체전에서 스키 알파인 경기 세 종목에서 모두 금메달을 받았다. 중재는 김 군의 부모와 본인의 동의를 얻어 중학교 3년생인 그를 서울로 데려와 중재의 집에서 자녀들과 함께 키웠고 단국공업고등학교와 단국대학교에 입학시켰다. 단국대학교 건축공학과를 졸업한 그는 단국대학교 대학원 건축공학과에서 석사학위를 받았으며 1978년에 중재의 장녀 계림 양과 결혼하고, 독일 다름슈타트공과대학교 건축대학원에 유학해 건축학 박사학위를 받았다. 단국대학교에서 조교로 출발해 전임강사를 거쳐 건축대학 교수로 봉직한 데 이어 대학원 원장으로 봉직했다. 안타깝게도 2008년 3월에 향년 56세로 별세했다.[80]

---

79 위와 같음, 159~164쪽.

80 위와 같음, 421~423쪽; 김남응, 「손이 비어야 부끄럼 없다」, 『빈 들에 씨를 뿌리며』, 494~495쪽.

쇼트트랙 김기훈 선수

스키부를 성공적으로 육성하고 나서, 중재는 1976년에 단국대학교에 빙상부를 창단하고, 고등학교 학생으로 유망한 선수들을 단국대학교에 입학시켰다. 중재는 다음과 같이 회상했다.

> 빙상부 지도자들에게 "그들이 단번에 세계적 선수가 될 수 없더라도 등수에 매달리지 말아달라"고 당부했다. "그의 후배들이 좋은 선배들을 보면서 장차 세계적 빙상 선수가 될 수 있다는 희망과 자신을 가질 수 있도록 가르치라"고 격려했다. 단기적 성적보다 저변에 있는 어린 선수들이 희망을 가져야 장기적으로 선수층이 두터워지고, 그래야 좋은 선수들이 길러진다는 소식을 전수하고 싶었다.[81]

중재는 총장직을 수행하면서도 겨울철에는 빙상장과 스키장을 방문하고 현지에서 훈련하는 선수들을 격려하며 동계스포츠 지도자들과 대화를 나누곤 했다. 그 과정에서 우선 스피드스케이트 선수 일부를 쇼트트랙 선수로 전환시켜 세계 무대에 나설 수 있도록 키웠다. 우리나라 선수들은 몸싸움이 어느 정도 허용된 쇼트트랙에 적응하기 쉽다는 사실에 주목한 중재는 "한국적 특성에 맞는 쇼트트랙을 길러보자는 의지로 한국 최초로 단국대학교에 쇼트트랙팀을 만들고 강훈련을 지원했다."[82]

그 결과 김기훈金琪熏 군은 1988년에 캐나다 캘거리 동계올림픽에서 시범 종목으로 치뤄진 쇼트트랙에 출전해 1,500미터에서 금메달을 받았다. 쇼트트랙은 1992년에 프랑스 알베르빌Albertville에서 열린 동

---

[81] 장충식, 『시대를 넘어 미래를 열다』, 428쪽.

[82] 위와 같음, 429쪽.

계올림픽 대회에서 정식 종목으로 채택되었다. 김기훈 선수는 1,000미터에서 대한민국 최초로 금메달을 얻었으며 이어 5,000미터 계주에서도 금메달을 얻었다. 1994년에 노르웨이 릴레함메르 Lillehammer에서 열린 동계올림픽 1,000미터 경주에서 다시 금메달을 얻은 그는 올림픽 외에도 여러 세계선수권대회에서 많은 메달을 받았다.[83] 단국대학교를 졸업하고 단국대학교 대학원에서 석사학위를 받은 김기훈은 한국체육대학교 대학원 체육학과에서 「빙상선수의 지도자 행동유형과 역할모형 및 응집력의 관계」라는 논문으로 2007년 2월에 박사학위를 받고 현재 울산과학대학교 사회체육과 교수로 봉직하고 있다.

종합적으로 2025년 현재 단국대학교가 길러낸 선수들이 역대 동계올림픽, 동계아시안게임, 동계유니버시아드에서 획득한 메달은 금메달 45개, 은메달 25개, 동메달 96개에 이른다. 중재는 다음과 같이 회상했다.

> 나는 단국대를 통해 스키, 빙상만이 아니라 럭비, 조정, 씨름 같은 비인기 종목을 집중적으로 육성했다. 단국대가 부자 대학이라서, 내가 돈이 많아서가 아니었다. 그것은 사명감이었다. 운동장에서, 눈밭에서, 얼음판에서 눈물과 땀을 아끼지 않는 선수들은 그 자체로 아름답다. 그들의 아름다운 꿈을 길러주고 키워주는 것은 우리 사회가, 정부가, 그리고 나 같은 기성세대가 할 일이다. [⋯] 매사에 긍정적인 사고가 성공을 가져온다고 나는 믿는다.[84]

[83] 김기훈 군의 활약은 다음에서 자세히 설명되었다. 대한올림픽위원회 편, 『KOC 50년사 1946-1996』(대한올림픽위원회, 1996), 203쪽.

[84] 위와 같음, 431쪽.

수영 박태환 선수

같은 정신에서 중재는 박태환朴泰桓을 세계적 수영 선수로 길러냈다. 고등학교 학생인 그의 자질을 알아본 중재가 그를 단국대학교 사범대학 체육교육학과로 받아들여 세계적 선수로 키우자고 제안했을 때 "한국의 수영 선수는 세계적인 선수가 되기 힘든 만큼 공연한 수고를 하지 말라."라고 여러 사람이 말렸다.

그러나 박 선수는 2008년 8월에 베이징에서 열린 제29회 올림픽에서 수영 남자 자유형 400미터와 수영 남자 자유형 200미터에서 각각 금메달과 은메달을 받았으며, 2012년 7월에 런던에서 열린 제30회 올림픽에서는 수영 남자 자유형 400미터와 200미터에서 각각 은메달을 받았다. 그 대회들 외에도 여러 국제대회에서 메달을 받았다. 중재는 "매사 부정적으로 세상을 보는 사람은 길게 보지 못하고, 그러다 보면 큰 성공을 거두지 못하기 마련이다."라고 가르쳤다.[85]

단국대 역사의 정통성에 관련된 장훈학교를 지켜낸 중재

'학교법인 단국대학'은 서울특별시 중구 을지로 2가에, 범정 장형 선생과 함께 단국대학교를 설립한 혜당 여사의 부군이며 박정숙 이사장의 아버지인 박기홍 선생이 일제강점기에 세웠으나 박기홍 선생이 별세하자 운영할 분이 없어서 8·15해방 이후 폐교된 장훈학교長薰學校의 땅 약 170평을 갖고 있었다. 그런데 영등포에 있는 장훈중고등학교長薰中高等學校 재단이 자기네가 장훈학교의 후신이라고 주장하며 소유권을 넘기라고 소송을 제기함에 따라 1960년대 말과 1970년대 초 사이에 대법원까지 올라가는 재판이 계속되었다. 이 일련의 재판에서 우

---

[85] 위와 같음, 433쪽.

선 서울지방법원에서 단국대학이 패소하자 소송을 맡았던 단국대학 재단의 이사인 강순원 변호사와 단국대학 학장을 역임한 김용진 변호사는 중재에게 상대방과 '화해하고 2천만 원을 받을 것'을 제의했다.

두 변호사가 소송에 임하는 태도가 "마치 상대방 변호사와 서로 잘 알고 짜고 하는 재판이 아닌가 하는 의심이 들 정도로 소극적"이어서 불신하고 있던 중재는 단호하게 거절했다. "이 재판이 단순히 땅의 소유권을 가리는 차원이 아니라 내 선친과 박기홍 선생의 인연이 깃든 단국대 역사의 정통성에도 관련된 문제"라고 생각하면서, "재판을 끝까지 하자"고 맞섰다. 단국대학 학장을 지낸 고병국 변호사를 추가로 영입해 변호인단을 강화했다. 다행히 단국대학 재단의 여운환 사무처장이 고병국 변호사의 사무장과 함께 서울특별시청이 보관하고 있던 모든 문서를 서울특별시교육청의 협력을 받으며 1주일 이상 종일 뒤지다시피 하여 두 학교가 전혀 다른 학교라는 것을 증명할 수 있는 문서를 찾아내 법원에 제출했고, 이에 따라 서울고등법원에 이어 대법원에서 승소했다.[86]

단국대학교 부속고등학교 신설

중재의 결단으로 지킨 이 땅은 결국 서울특별시로 수용되어 5억 원이 넘는 매각 대금으로 돌아왔고, 중재는 이 돈으로 강남구 대치동에 부지를 사들여 단국대학교 한남동 캠퍼스 안에 있는 단국중학교와 단국공업고등학교를 1982년 8월 20일에 이전할 수 있었다. 그 결과 한남동 캠퍼스는 단국대학교만의 온전한 캠퍼스가 되었다. 4개월 뒤인

---

[86] 중재는 재판 과정을 다음에 자세히 기록했다. 장충식, 『시대를 넘어 미래를 열다』, 266~269쪽.

1982년 12월 29일에, 단국중학교는 단국대학교 사범대학 부속중학교로 개명이 인가되었다.

이 과정에서, 중재의 사돈, 곧 장남 호성 군의 장인인 조경호 일국증권一國證券 회장이 막대한 공사비 조달을 위해 자신의 회사를 내놓고 증권계를 떠나는 희생적 헌신이 있었다. 중재는 훗날 이 일을 회상한 「사돈의 눈물 밴 부속고 신축자금」이라는 글을 쓰며, "지금도 [1997년 11월에 별세하신] 조 회장에 대한 죄송과 큰 감사의 마음을 금할 수 없다."라고 고백했다.[87]

어렵게 이전과 신축을 마쳤으나 지역 내 학부모들은 공업고등학교를 반가워하지 않고 대학 진학을 준비할 인문계 고등학교의 신설을 원했다. 그들의 염원에 발맞춰 지역구 국회의원은 중재에게 인문계 고등학교 신설을 요구했다. 그사이 이전과 신축에 이미 엄청난 돈을 쏟아부었는데 새로이 부속고등학교를 세운다는 것은 힘에 겨웠다.

그런데 정반대의 시각에서의 문제가 일어났다. 일부 극성스러운 학부모들이 단국대학교의 인문계 고등학교 신설을 적극적으로 반대하고 나선 것이다. 단국대학교 사범대학 부속고등학교가 자기들의 주거지에 신설되면 자기 아들들이 휘문고등학교나 경기고등학교에 배정받지 못하게 될 것이라는 속셈 때문이었다. 이때의 일을 중재는 다음과 같이 회상했다.

> "찌르릉…" 한밤중의 전화였다. 어느 낯선 여성의 분노 섞인 목소리였다. "누구십니까, 누구를 찾으세요?" "단국대학 총장입니까? 나는 영동에 사는 사람인데 왜 하필이면 우리 구역에 당신네 대학 부속고등학교를 세

[87] 장충식, 「애교심이 만들어낸 단국중고 부지」; 「사돈의 눈물 밴 부속고 신축자금」, 위와 같음, 266~269쪽, 270~272쪽.

> 우려고 하지요? 어제 우리 동네 반상회에서 단국대학교가 이곳에 부속고등학교를 세우는 것을 결사반대하기로 결의했으니 이곳에 학교 세울 생각은 마세요." 그 여성은 내가 답변하기도 전에 일방적으로 전화를 끊었다. 그날 이후로 매일 밤 내 집으로 전화는 계속 걸려왔다. 역시 부속고등학교를 세우지 말라는 항의 전화였다. 이유는 단순했다. 아이들의 장래를 망친다는 것이었다.[88]

중재는 다른 글에서 이 문제에 관한 회상을 이어갔다.

> 하도 어이가 없어서 상대하고 싶지 않았으나 대학 총장실까지 찾아오는 것이었고, 심하게 치맛바람을 일으키는 여성들은 집에까지 찾아와 반대하는 시위를 하는 것이었다. 참다가 집에까지 오는 극성 학부모에게 한마디 했다. "여러분 같은 학부모들을 생각할 때, 나도 막대한 돈을 들여서 고등학교를 추가로 세우고 싶지 않습니다. 그러니 여러분이 돈을 모아서 고등학교를 세우든가, 그렇지 않으면 그렇게 흠모하는 서울대 · 연세대 · 고려대 등을 찾아가서 강남에 인문고등학교를 세워달라고 하든지, 그것도 안 되면 대통령이나 문교부 장관이 아니면 서울시장을 찾아가 당신들의 구미에 맞는 학교를 세워달라고 건의하세요." 보통의 나는 이런 식으로 학부모들을 대하지 않지만, 이들의 마음속에 단국대가 아이들을 가르칠 능력이 있겠는가 하는 비아냥거림이 있음을 알고 있었다. 그래서 나도 그 자리에서 이들에게 면박을 주었다.[89]

중재는 그러한 일부 학부모들의 잘못된 인식을 깨뜨려야겠다고 결심했다. 그래서 교사 신축 사업에 더 신경을 썼고, 교사진 구성도 학생들의 실력을 향상시키는 데 좋은 평가를 받는 선생님들을 모셔오도록

---

88 장충식, 「겸허한 봉사 정신은 우리의 본분」, 『마지막 남은 한 길』, 368쪽.

89 장충식, 「사돈의 눈물 밴 부속고 신축자금」, 『시대를 넘어 미래를 열다』, 274~275쪽.

단국대학교 사범대학 부속 중·공업고등학교 신축교사 준공식(1983.11.03)

노력했다.

1981년 7월에 시공을 맡은 현대건설과 극동건설이 1년 만에 최선의 교육환경을 갖춘 중학교·공업고등학교 교사동을 완공했고, 이어 단국대학교 사범대학 부속고등학교 신축공사도 마무리했다. 1983년 초에 첫 학생들을 배정받았다. 입학식이 끝난 직후 한 여인이 중재를 찾아왔다. 중재가 보기에 "많이 울어서 눈이 많이 부어 있었던" 그 여인은 한동안 말을 못 하고 눈물을 흘리면서 울었다. 중재는 다음과 같이 회상했다.

> 자기는 단대 졸업생인데 모교가 대치동에 고등학교를 세운다고 해서 자기가 강남으로 이사하자고 해서 이사 왔다고 했다. 자기가 기대했던 대로 아들이 단대부고에 배정받게 되자 남편은 강남으로 이사 온 것을 원망하며 자존심이 상하도록 모교인 단국대를 비난하여 크게 부부싸움을 하였다는 것이다. 그 졸업생은 남편에게 단대가 그렇게 싫으면 왜 단대 졸

> 업생인 자기와 결혼했느냐 하고 싸웠다는 것이다. 그러고도 분이 안 풀려 모교의 총장인 나를 찾아와 꼭 좋은 고등학교를 만들어달라는 하소연을 한 것이다. 나는 그 졸업생을 많이 위로해 주었다.[90]

이후 3년이 지나 첫 졸업생이 나왔다. 그들 가운데 대학입학예비고사에서 전국 최고 득점자가 나오고, 서울대학교 입학률은 전국 최고였다. 바로 앞에서 말한 그 여인은 서울대학교 법과대학에 합격한 아들과 함께 중재를 찾아와 "이번에는 감격과 기쁨의 눈물을 흘렸다." 부속고등학교는 이후 대학입학예비고사 수석합격자를 비롯해 서울대학교와 연세대학교 및 고려대학교 등에 합격자를 많이 배출해 명문고교로 자리잡았다.[91]

출신학교의 명성보다 실력을 중시한 교수 채용

중재는 단국대학 부학장과 학장을, 이어 단국대학교에서 총장을 맡으며 자연히 교수 채용과 강사의 선발에 관여하게 되었다. 여기서 그는 자신이 석사과정을 밟은 고려대학교 사학과의 은사들, 예컨대, 김준엽 교수, 신석호 교수, 김성식 교수 등의 추천을 신뢰해 원래 교수진이 탄탄하다는 평가를 받던 단국대학교 사학과에 고려대학교 사학과 출신의 김원모金源模 교수, 송병기宋炳基 교수, 차문섭車文燮 교수 [가나다 순] 등을 받아들였다. 그들은 연구와 강의에 충실하게 생활하는 가운데 학생들에게도 좋은 영향을 주었다. 그러나 그 세 교수와는 달리 몇몇 교수는 단국대학교에 자리를 잡은 뒤 얼마 지나지 않아 제대로 인사도

---

[90] 위와 같음, 276쪽.

[91] 위와 같음, 275~276쪽.

하지 않고 모교로 돌아가기도 하여 단국대학교로서나 중재로서는 인간적인 쓰라림을 겪었다. 누구보다도 반反정부운동에 참여했다는 이유로 정부에 의해 고려대학교에서 해임된 교수를 정부의 압력을 뿌리치면서 모셔왔는데도 민주화 시대가 열린 시점에 돌아갈 때는 배신감마저 느꼈다.

고려대 추천의 경우를 제외하고는 대체로 학맥 또는 학연보다는 실력과 장래성을 중시했다. 그 한 사례가 1972년 3월에 중어중문학과를 신설하면서 전임교원을 선발한 이후의 일이다. 서울의 어느 명문대학교 중어중문학과를 졸업하고 대만에 유학해 석사학위를 받고 귀국한 젊은 학자 셋을 전임으로 채용했다. 그런데 중국 본토에서 태어나 생활하며 중국어를 한국어보다 먼저 학습해 중국어에 익숙한 중재가 그들의 중국어 발음을 들어보니 4성聲 구별의 훈련이 충분하지 않게 느껴졌다. 그래서 회화를 중시하는 교양 중국어를 맡기는 데 믿음이 가지 않아, 그 명문대학교 출신은 아니지만, 발음이 좋고 중국어 회화 실력이 월등한 두 젊은 학자를 새로 채용해 그 강좌를 맡도록 했다. 그러자 앞의 세 전임교원이 자신들의 모교보다 명성에서 떨어지는 다른 대학 출신과 함께 있는 것은 자신들의 모교와 자신들의 체면 문제인 만큼 받아들일 수 없다며 항의했다.

중재는 물러서지 않았다. 중재에게 중요한 것은 출신학교의 명성이 아니라 실력이었기 때문이다. 더구나 "내가 나온 대학이 최고"라는 독선은 금물이었다. 결국 세 전임교원은 사표를 낸 뒤 지방의 다른 대학들로 옮겨갔다.[92] 중재는 그들의 처신을 나무라면서 "만약, 지금 이 글을 읽는 미래의 젊은 학인學人이 있다면 꼭 부탁하고 싶다. 교수는 권

[92] 장충식, 『시대를 넘어 미래를 열다』, 293~302쪽.

리가 아니다. 불가촉不可觸의 권위가 아니다. 우리 모두, 대학인은 결국 대학과 제자들을 위해 봉사해야 하는 한 명의 '대학 시민'일 뿐이다."[93] 라고 썼다. 그는 어떤 다른 글에서는 "교수는 직업인이지만 동시에 지성인으로서의 책무를 지킨다는 의무가 함께 부여된다. 그래서 교수를 존경하는 것이다. 그 책무에는 직업윤리로서 자신을 믿고 임무를 맡긴 대학과의 약속을 지키는 일도 포함된다."라고 썼다.[94]

세상이 말하는 '일류대학 졸업생'에 대해서도 중재는 경고를 아끼지 않았다. 그는 "이른바 일류대학에서 공부하고도 사회의 기생충으로 전락하는 자가 있는가 하면, 어려운 환경에서 공부하고도 사회의 귀감이 되는 평범하지만 사려 깊은 사람이 있다. 국가와 민족을 위해서 헌신하는 인간이야말로 참된 지성인이다."라고 논평했다.[95]

---

[93] 위와 같음, 302쪽.

[94] 장충식, 『생각하는 사람에게 길이 있다』(경기도 용인시: 노스보스, 2018), 112쪽.

[95] 위와 같음, 113쪽.

반정부 학생 보호와 학원안정법 반대

우리는 이 장의 앞 부분에서 1970년대와 1980년대의 '권위주의 체제' 시기에 중재가 국가를 위해, 그리고 단국대학교를 위해 수행한 과제들을 살폈다. 여기서 우리는 중재가 박정희 대통령 그리고 이어 전두환 대통령으로부터 도움받은 사례들을 살폈다. 그렇다고 해서, 중재가 두 대통령의 체제에 무조건적으로 추종한 것은 아니다. 중재는 두 대통령에 저항하는 학생들을 철저히 보호했으며, 전 대통령이 추진한 학원안정법을 반대해 철회시키는 데 일정하게 이바지했다. 그 사례들 가운데 다음 네 가지에 한정해 논의하기로 하겠다.

박원순 군의 입학 허가와 사회활동 후원

박정희 대통령이 1972년 10월 17일에 '제2의 쿠데타'를 통해 유신체제를 출범시킨 뒤 대학의 반反정부운동은 얼마 동안 잠잠했다. 그러나 특히 1973년 10월 2일에 서울대학교 문리대 학생들이 반反유신 시위를 벌인 것을 시발로 여러 대학교로 번지고 12월 24일에 '개헌청원 백만인서명운동'이 시작되자, 박 대통령은 1974년 1월 8일에는 긴급조치 1호를 발동하고 비상군사재판소를 개설해 유신 반대자들을 중형으로 다스리고자 했다. 게다가 1974년 4월 3일에는 이 운동의 배후에 북한에 동조하는 '전국민주청년학생총연맹', 약칭 민청학련이라는 공산 세력이 있다고 위협하면서 저항운동의 지속을 약화시키고자 했다. 그렇지만 저항운동은 수그러들지 않고 오히려 해가 갈수록 격화되었다. 이러한 배경에서, 1975년 5월 22일에 서울대학교에서 다시 시위가 일어났을 때 서울대학교 사회계열 1년생이던 박원순朴元淳 군 역시 참여했고, 다른 학생들과 함께 제적된 뒤 4개월 동안 투옥되었다.

그로부터 몇 해가 지난 1979년의 어느 날 단국대학교를 담당하는 정보기관의 출입자가 중재에게 "박원순이란 학생이 단국대에 입학 지원서를 제출했는데, 그를 합격시켜서는 안 된다는 상부의 특별한 지시가 있었습니다."라고 통보했다. 그러나 교수를 채용함에 있어서도 실력과 장래성을 중시했던 중재는 대학이 학생에 대해서는 더 공정해야 한다고 생각했고, 대학이 학생을 뽑는 일마저 권력기관이 좌우하려 하는 부당함에 대해 "특별 지시를 받았다지만 대학이 학생을 입학시키고 말고는 담당 학과 교수와 총장인 나에게 있는 것이지 어찌 정보기관의 책임자가 입학시켜라 말라 하는 거요. 법적인 하자가 없으면 입학하겠다고 원서를 넣은 학생을 놓고 합격 여부를 미리 정하는 것은 교육기관이 할 일이 아니니 상관에게 내 방침을 잘 전해줘요."라고 반박했다.[96]

중재가 그 기관원을 돌려보내고 교무처에 확인해 보니, 박 군이 입학원서를 제출한 것은 사실이었다. 이에 대해 어떻게 하면 좋을지 중재가 처장들과 직원들에게 의견을 묻자 모두 정권에 밉보일 것을 염려해 대학과 중재의 안위를 위해서라도 박원순 군의 입학을 불허하자고 하였다. 그러나 중재의 생각은 흔들림 없었다. 중재는 "박원순 군은 서울대 학생 신분으로 데모를 주동했다고 해서 이미 제적을 당한 학생입니다. 지금 박원순 학생은 편입생이 아니라 신입생으로 입학하는 겁

[96] 장충식, 「박원순 전 서울시장: '총장 사퇴'의 배수진을 치면서 시국사범 신입생을 보호한 까닭」, 『학연가연』, 256쪽. 중재는 박원순 전 서울특별시장이 별세하기 전에 이 글을 썼다.

니다. 일반 고등학교 졸업장하고 예비고사 성적표를 갖고 입학 허가를 요청한 겁니다. 단국대 입시생으로 자격을 갖추었는데 서울대에서 있었던 일을 가지고 우리 대학이 서울대의 처사를 따라가라는 법은 없어요."라고 말한 데 이어 "우리는 우리의 철학과 입장이 있는 겁니다. 교육 당국이나 정보기관의 입장은 제가 책임지겠습니다."라고 단호하게 매듭지었다.[97]

중재는 「집회 및 시위에 관한 법률」 약칭 집시법 등 위반으로 실형을 받거나 제적 처분을 받은 학생들 이른바 '반정부 학생'에 대해 어떠한 차별도 용인하지 않았다. 박원순 군뿐만 아니라 반정부 데모에 참여한 학생들에 대해 중재는 "학생들은 정부가 독재라고 생각하면 반대 의사를 밝힐 권리가 있고 그런 시위의 정당성을 인정하는 것이 우리 교수들의 자세여야 한다."라고 믿었고, 다른 학생과 동등하게 입시를 치르도록 해주라."고 거듭 지시했다.[98] 합격자 발표를 앞두고 중앙정보부와 보안사령부 등지에서 갖은 이유를 들어 중재를 협박하고 학내의 고위 간부들도 별의별 이유를 들어가며 중재를 압박했지만, 중재는 조금도 흔들리지 않았다.

이처럼 '반정부 학생'들에 대한 중재의 든든한 비호 아래 박 군은 결국 좋은 성적으로 단국대학교 사학과에 입학할 수 있었다. 중재가 이전에 사법시험을 준비하는 학생들을 위해 내놓은 사저에 마련된 기숙사인 법선재에서 박 군은 사법시험을 준비해 1980년에 실시된 제22회 사법시험에 합격했고 1982년에 사법연수원을 수료하면서 검사로 임용되었다. 그 과정에서 1982년에 결혼식을 올릴 때 그는 중재에게 주례를 부탁했고, 중재는 기꺼이 맡아주었다. 결혼식에 참석한 많은

---

97 위와 같음, 257~258쪽.

98 위와 같음.

하객 가운데 정보기관원들도 적지 않았다. 한 정보과 형사는 "아니, 이제 총장님께서 데모꾼 주례도 서주시냐?"라며 비아냥거렸다.[99] 이후 짧은 기간 검사 생활을 거쳐 인권변호사로 활동하면서 1985년에 단국대학교 사학과를 졸업했다. 이 사실에 관해, 박원순 군 스스로 다음과 같이 회상했다.

> 총장님을 처음 뵌 것은 내가 서울대에서 제적되어 감옥을 갔다 온 후 어느 대학에서도 받아주지 않던 때였다. 당시 유신 정권 아래에서는 시위 사건으로 학교에서 제적되고 감옥까지 갔다 온 사람은 어느 대학도 들어갈 수가 없었다. 천형과도 같은 것이었다. 몇 년을 무위도식하면서 도저히 견딜 수 없어 어느 대학이라도 들어가야겠다는 마음으로 모대학 교수님의 소개를 받아 장충식 총장님을 만나뵙게 되었다.
>
> 총장님은 예상했던 것과는 달리, 젊은 시절에 데모한 것은 자랑이면 자랑이지 결코 흠이 될 수 없다면서 오히려 격려를 해 주셨다. 시대의 굴절 때문에 상처 입은 젊은이에게 그것은 새로운 인간상이기도 했다. 사회에 대한 좌절과 고민이 어려 있을 때 이런 총장님도 계시는구나 하는 생각으로 몸둘 바를 몰랐다. 그후 단국대학교를 거쳐 간 많은 사람들에게서 총장님에 대해 내가 느꼈던 동일한 이미지를 가지고 있는 것을 보고 그러한 모습이 누구에게나 여의하다는 것을 알게 되었다. 깊은 강은 멀리 흐르는 것처럼 총장님의 덕은 긴 그늘을 만들고 있었다. 물론 그때 총장님의 배려로 나는 단국대학교 사학과에 재입학할 수 있었다. 무려 7년 후배들과 동기가 된 것이었다.
>
> 그후 박정희 전 대통령이 시해되고 민주화의 봄바람이 잠시 불었던 1980년 초, 서울대학교에서 복학하라는 통지가 왔다. 나는 한 번 내쫓은 대학을 어떻게 다시 다니겠는가 하고 그 복학 통지서를 휴지통에 버렸다.

[99] 위와 같음, 261쪽.

2003년 5월, 단국대학은 대학으로는 처음으로 아름다운 가게에 대한 협력 협정을 체결했다. 장호성 당시 기획부총장이 박원순 당시 아름다운가게 상임이사와 협정을 맺었다. 장호성 이사장과 박원순 전 서울시장은 경기고 동기 동창이기도 하다.

그리고 단국대학교 사학과를 야간에까지 수강하여 간신히 졸업할 수 있었다. 정말 주경야독인 셈이었다.[100]

중재는 '대학大學'의 의미 그리고 학생이자 나아가 사회의 구성원이 될 젊은이를 마주한 대학의 본분이 과연 어떠한 것인지에 대해 다음과 같이 회상하며, 오늘날 이 글을 읽는 우리에게도 깊은 울림을 남긴다.

'대학'에는 그 정신적 터전, 사람에 대한 이해를 넓게 가지라는 뜻도 담겨 있다고 생각한다. 젊은이에게 시국 사범의 굴레를 씌우고 삶을 송두리째 흔들면서 이를 당연시하던 시대가 있었다. 지금도 우리 기성세대는 그런 잘못을 저지르고 있을 수도 있다. 젊은이에게 더 넓고 관대한 문호를 열어주려는 노력이 대학의 본분일 것이다. 그 인간적 풍토에서야말로 미

[100] 박원순, 「비범한 정신력의 중재」, 『빈 들에 씨를 뿌리며』, 233~234쪽.

래를 열어갈 인재가 성장하지 않겠는가.[101]

이후 박 변호사는 '참여연대'를 설립해 초대 사무처장을 맡아 시민운동에 헌신하는 가운데 일종의 자원절약운동이며 환경보호운동으로 서민들의 가계를 돕는 '아름다운 가게' 운동을 시작했다. 중재 그리고 중재의 장남이면서 박 변호사의 고등학교 동기동창이던 장호성 단국대학교 부총장은 박 변호사를 힘껏 도왔다. 나중에는 장호성 부총장의 부인이 일체의 보수도 받지 않고 헌신했다. 중재는 박 변호사가 35대 서울특별시장으로 출마했을 때도 유권자들에게 전화하면서 지지를 호소했다. 중재는 박 변호사의 시민운동 그 자체를 좋게 보았기에, 그리고 단국대학교 졸업생이 최초로 서울특별시장으로 선출될 수 있다는 사실을 보람으로 느꼈기에, 그를 도운 것이다. 다행히 박 변호사는 3선을 기록하며 대통령 후보 반열에까지 올라섰다. 그러나 그는 서울시장 재직 중인 2020년 7월에 '성추문'에 휩싸이자 스스로 생을 마감했다.

학원안정법 반대

1979년 10월 26일에 김재규金載圭 중앙정보부장에 의한 '박정희대통령시해사건'은 국내 상황을 급변시켰다. 박 대통령을 정점으로 했던 유신체제가 크게 흔들리는 상황 속에서, 정부는 제주도를 제외한 전국에 비상계엄을 선포했으며, 최규하崔圭夏 국무총리가 유신헌법 절차에 따라 대통령 권한 대행에 취임했다. 그는 역시 유신헌법 절차에 따라 '통일주체국민회의' 대의원들에 의한 간접선거로 1979년 12월 6일

[101] 장충식, 『학연가연』, 268쪽.

에 제10대 대통령에 당선되었다. 여전히 정국의 향방이 혼미한 가운데 그해 12월 12일에 국군보안사령관 전두환全斗煥 육군 소장 중심의 신군부가 군사정변을 일으켜 사실상 최 대통령을 무력화시키고 권력의 중심에 진입했다. 그렇지만 1980년 봄이 되면서 유신체제가 쫓아낸 교수들과 학생들이 대학으로 복귀하고, 투옥한 반反유신운동가들이 민주화를 지향하는 운동을 새롭게 전개하면서 이른바 '서울의 봄'이 시작되었다.

신군부는 민주화운동 세력을 억누르기 위해 1980년 5월 17일에 비상계엄령을 전국으로 확대했다. 곧바로 김대중金大中 전 신민당 대통령 후보를 구속하고 김영삼金泳三 신민당 총재를 연금시키는 등 신군부의 집권을 더욱 굳히려 했다. 여기에 맞서 김대중 후보의 지역적 기반인 광주 일원에서 시민들의 광범위한 저항운동 또는 항쟁이 일어났다. 신군부는 5월 18일부터 27일까지 이를 무력으로 유혈 진압해 참상을 빚어낸 데 이어 1980년 5월 31일에 '국가보위비상대책위원회', 약칭 국보위라는 임시 행정기구를 발족시켜 사실상 삼권을 장악했다. 국보위의 상임위원장에는 전두환이 취임했다.

국보위는 1980년 8월에 산하 문공위원회의 의결을 거쳐 사립대학 설립자의 직계존비속 및 배우자는 해당 대학의 총장 또는 학장으로 임명될 수 없다는 결정을 내렸다. 이에 따라, 전국의 사립대학 총·학장 가운데 설립자의 직계자손들은 모두 사표를 내고 물러났다. 자신도 해당한다고 생각한 중재는 국보위 문공위원장 오자복吳滋福[102] 육군 소장이 문교부로 들어오라고 하자 주저 없이 그를 방문하고 총장 사퇴서를 제출했다.

[102] 장충식, 「학원안정법 지지 결의 못 하겠소」, 『시대를 넘어 미래를 열다』, 397쪽.

오 위원장은 호탕하게 웃으며 반려했다. 그사이 여러 기관에서 대학 총장들을 조사했는데, 중재는 치부함이 없이 청렴하게 운영해 왔음이 증명되었다고 설명했다. 다만 법의 규정을 고려해 총장이 아니라 총장 직무를 수행해 달라고 덧붙였다. 그러나 중재는 사퇴서를 받아달라고 요청했다. 벌써 13년 넘게 총장직을 수행하며, 중재의 표현으로, "지치기도 해 쉬고 싶었다." 게다가 "1979년, 80년의 격변기에서 일어나는 일들을 보며 새삼 권력과 인간사의 무상함을 실감해 일선에서 물러나 장학사업을 하고 싶었다." 중재는 한 걸음 더 나아가 국보위의 정책에 비판적인 발언도 주저하지 않았다.

> 장군님 뜻은 고마운데, 지금 이 정책은 그 취지는 좋아도 인권을 침해할 수 있습니다. 헌법을 보면 누구나 직업을 선택할 수 있다고 하는데, 법이 "누구누구는 대학 총장이 되면 안 된다."라고 규제하는 것이 아닙니까. 이런 논리를 확대하면 기업 창업자들의 자식들은 아버지 기업에서 일하는 것을 부끄럽게 생각해야 한다는 것이 됩니다. 대학이 공익기관이라고 해도 사학은 나름의 설립 이념과 교육 방침을 갖고 있습니다. 이런 전통과 배경은 다 뒤로 하고 오로지 "아버지가 설립자이면 그 자식들은 떠나라." 하니 이는 인권문제라고 생각합니다. 서리가 문제가 아니라 그런 눈총을 받으며 총장을 하고 싶지는 않습니다. 사퇴서를 받아주세요.[103]

기분이 언짢아질 수도 있는 중재의 말을 들으면서도 오자복 위원장은 껄껄 웃으며, "지금 사퇴서를 반려하는 것은 저 혼자 결정한 것이 아니니 제 말을 따라 주세요."라면서 거듭 만류했다. 당시는 엄혹한 시절이어서 "그만두라."라는 것도 "더 있어라."라는 것도 중재가 결정할 문제가 아니라고 생각해 사퇴서를 다시 갖고 나올 수밖에 없었다.

---

[103] 위와 같음, 398~399쪽.

그래서 전국의 사립대학교 총장 가운데 중재가 유일하게 유임되었다.

이후 법이 다시 바뀜에 따라 서리를 떼고 정식 총장으로 봉직하던 때인 1984년 2월 29일에 전국의 대학교 총장들로 구성된 '한국대학교육협의회' 제2대 회장으로 선출되었다.[104] 이 시점에서도 대학가에서는 민주화를 요구하는 반정부시위가 격렬했다. 1985년 2월 12일에 실시된 제12대 국회 총선은 제5공화국 전두환 정권에 대해 엄중한 타격을 가했다. 전 정권에 반대하는 정치인들과 민주운동가들이 결집해 갓 창당한 '신한민주당', 약칭 신민당이 사실상 승리를 거둔 것이다. 이것은 전 정권에 반대하는 세력을 크게 고무했고, 실제로 그들의 투쟁은 여러 형태로 더욱 두드러지게 전개되었다. 투쟁의 목표로 으뜸가는 것은 "대통령을 내 손으로"라는 구호에 요약되었듯, 대통령을 간선하는 현행 헌법을 고쳐 직선하자는 데 있었다. 이후 직선제로의 개헌운동은 전 국민적 지지를 받는 가운데 큰 동력을 얻게 되었다.

전 정권의 대응은 우선 가칭 학원안정법 제정 추진으로 나타났다. 이 법의 핵심은 정권의 공안당국이 위험하다고 판단한 학생을 법원의 사법 절차를 거치지 않은 채 예비검속해 일정한 수용소로 보내고 거기서 '교육'을 시킨다는 데 있었다. 거기에 더해, 이 법안은 시위를 일으킬 것으로 보이는 학생을 대학 당국이 공안 당국에 고발할 것을 요구하면서 만일 고발하지 않은 상태에서 학생이 시위를 일으키거나 시위에 참여한 경우에는 해당 대학교의 총장을 구속할 수 있다는 뜻을 담고 있었다.

1985년 7월에, 문교부는 중재에게 '한국대학교육협의회'를 열어 학원안정법에 대한 지지를 결의할 것을 강권하고, 동시에 문교부의 고

---

[104] 『단국대학교70년사: 1947-2017』 하, 698쪽.

위 공직자들이 전국의 대학교 총장들에게 일일이 전화해 참석을 강요했다. 중재는 애초부터 반대하고 있었다. 그러나 그 회의에서 반대 의견을 제시해야 별 도움이 되지 않는다는 것을 직시한 그는 고명승高明昇 국군보안사령관에게 전화해 긴급히 만날 것을 요청했고, 그날 저녁 일곱 시에 퇴계로의 퍼시픽 호텔에서 만찬을 함께 했다. 이 자리에서, 중재는 "만약에 내가 회장으로 회의를 열어 학원안정법 제정에 지지를 결의한다면 결국 자기 학생들을 잡아가라는 법을 만들라고 앞장서는 셈이 됩니다."라고 입을 연 뒤, "총장으로서 학생들을 처벌하는 법에 반대는 못 할망정 이를 지지 결의하면 이후 나중에 어떻게 학생들을 지도합니까. 결국은 대학 총장들이 스스로 자신들의 무덤을 파는 일이 됩니다. 교육자들에게 제자들이 반정부 시위를 하지 말라고 지도하고 부탁하는 것은 있을 수 있지만 이를 어기는 학생들을 처벌해 달라고 입법을 청원한다는 것은 있을 수 없는 일입니다."라고 부연하고는 "결국 대통령에게도 나중에 큰 부담을 줄 일입니다."라고 신중하게 경고했다.[105]

중재는 "나는 그동안 정부 정책에 많은 협조를 한 사람이지만 이 학원법만큼은 지지할 수 없습니다."라고 잘라 말했다. 이어 "내가 문교부의 지시를 거부했으니 오늘로써 나는 대학 총장직에서 스스로 물러나겠습니다. 그러니 내일 총회에 참석하지 않아도 되겠죠."라는 말로써 자신의 의지를 분명히 나타냈다.[106]

고명승 사령관은 매우 당황하는 표정이었다. 그래도 중재는 거듭 반대 의사를 강하게 나타냈다. 이에 고 사령관은 "만약 장 총장이 대학 총장직에서 사퇴하면서 반대를 표명한다면 정국이 시끄러워질 것이

105『시대를 넘어 미래를 열다』, 402~403쪽.

106위와 같음, 403쪽.

에요. 내가 장 총장 뜻을 알았으니 지금 당장 청와대에 가서 대통령에게 건의하죠."라며 약속했다. 실제로 고 사령관은 만찬을 서둘러 마친 뒤 현역 장성 7명과 함께 긴급히 대통령을 만나 중재의 뜻을 그대로 전했다. 그는 심야에 중재에게 전화를 걸어 대통령과의 면담 내용을 자세히 설명하면서, 대통령이 대학 총장들의 고민을 이해해 자신의 건의를 받아들이겠다고 다짐했다고 전했다. 실제로 문교부는 8월 17일에 열린 '한국대학교육협의회'에 학원안정법 지지 결의안을 제시하지 않았고, 결국 이 법안은 정권 스스로에 의해 철회되었다.[107]

전 대통령이 반反헌법적 성격의 학원안정법 제정안을 철회하는 데는 야당과 재야는 물론이고 집권당인 민정당의 반대 역시 영향을 미쳤다. 그러나 '한국대학교육협의회'를 이끌던 중재의 결심 그리고 실세 가운데 한 사람인 보안사령관을 통한 의사 전달이 주요한 영향을 끼친 것은 사실이다. 송하섭 교수는 "그때의 정치적인 분위기로는 참으로 결행하기 어려운 용기였다. 실제로 중재는 총장 사퇴 의사까지 표명하면서 이 일을 결행한 것이다."라고 말하고, "이는 우리 대학교육사에 기록되어야 할 업적이라 하지 않을 수 없다."라고 높이 평가했다.[108]

'총장 타도' 외치던 총학생회장을 교수로 양성

1986년에 들어서면서 민주화운동의 열기는, 특히 개헌운동은, 더욱 뜨겁게 달아올랐다. 그것은 특히 5월 3일에 인천에서, 그리고 10월 28일에 건국대학교 교정에서 일어난 반反독재·반反외세 투쟁운동으로도 나타났다. 개헌운동은 1987년에도 계속되었다. 1월 14일에, 서울

[107] 위와 같음, 403~404쪽.

[108] 송하섭, 「중재 선생이 걸어온 길」, 55쪽.

대학교 인문대학 언어학과 박종철朴鍾哲 군이 반정부민주화운동에 참여한 일로 구속되어 국가안전기획부의 통제 아래 있던 치안본부 남영동 대공분실에서 의문의 변사를 당한 사실이 밝혀지자 전 정권에 대한 비판은 더욱 거세졌다. 박 군이 고문 치사 당한 사실이 5월 18일에 밝혀지면서 전 정권에 대한 반대투쟁은 전국적으로 확산된다. 그런데도 전 대통령은 4월 13일에 현행 헌법대로 대통령선거를 실시하겠다는 이른바 호헌護憲 담화를 발표했다.

격앙된 민심은 대학가에도 곧바로 반영되었다. 1960년의 4월의거 이후 일관되게 반독재민주화운동에 참여한 전통을 지닌 단국대학교의 학생들도 예외가 될 수는 없었다. 약 2~3천 명의 학생들은 학내 민주화 등을 요구하며 수업 및 중간고사 거부로 시작하여 총장실을 비롯한 대학 본부 사무실을 점거하고 기물을 파손하는 등 다소 격한 방식으로까지 그들의 투쟁을 이어갔다. 수천 명에 이르는 학생들의 잇따른 농성과 시위로 학내의 기능이 다소간 마비될 지경에 이르렀다.

당시 상경대학 경제학과 학생이면서 단국대학교 총학생회장으로 학내 농성과 시위의 최일선에 있던 양종곤梁鍾坤 군은 1987년 4월 27일 한남동 캠퍼스 본관 앞 노천극장 앞에 평소의 두 배 정도가 되는 약 5천 명의 학생이 운집한 가운데 학내 비리 척결과 민주화를 요구했다. 거기서 한 걸음 더 나아가 "장충식 총장님이 학생들 앞에 서서 입장을 밝히지 않으면 저는 오후 6시에 분신을 하겠습니다."라며 몸에 시너를 들이붓고 라이터를 꺼내 들었다. 이미 하루 전에 총학생회장이 어떤 극단적 조치를 결심했다는 소문이 돌았기 때문에 어느 정도 강경책을 예상하고는 있었지만, 분신은 생각보다도 지나치게 위험하고 무모한 방법이었다. 학내는 더욱 큰 혼란과 소요에 빠져들었고, 학생들은 "장

충식 총장은 노천극장으로 나오라."라며 아우성이었다.[109]

한편, 이미 시위를 주시하고 있던 정보 당국은 총학생회장의 분신자살 압박이 본인의 의도가 아니라 운동권 상부로부터 하달된 지시일 것이며, 단순히 협박용 제스처로 실제 시너가 아닌 물을 뿌렸을 수도 있다는 점을 들어 요구에 응하지 말도록 중재를 압박했다. 더구나 시위 학생들의 요구를 들어주면 이런 식의 강경책을 앞세운 시위가 다른 대학들로 번질 수 있다는 점, 중재가 노천극장으로 직접 나갈 경우 이미 흥분한 시위대로부터 돌을 맞거나 린치를 당할 수도 있다는 점을 들어 교무위원을 비롯한 주변에서도 극구 만류했다.

그러나 중재의 의중에 그러한 점에 대한 염려는 없었다. 당시의 생각을 중재는 다음과 같이 회고했다.

> 그것은 '저 젊은이를 그냥 놔둬서는 안 된다.'라는 소리였다. 나는 교육자이다. 총장이기 이전에 교수이고, 저 젊은이도 내 학생이다. 시대와 이념, 현실과 이상의 대립과 갈등 속에서 여러 가슴 아픈 일들이 일어날 수 있다. 그러나 내가 가르치는 학생에게, 우리 대학의 젊은이에게 닥칠 비극이 있다면 기꺼이 교수인 내가 먼저 나서서 막아 주어야 한다. 시너를 뿌리고 연단에 주저앉아 오후 6시가 넘으면 분신하겠다는 저 어린 학생의 마음은 어떨까? 기성세대가 저지른 잘못을 바로잡으려는 정의감이 저 젊은이의 피를 끓게 했을 테지만, 우수한 성적으로 객지에서 상경해 입학한 저 학생의 가슴속에 어찌 성공과 행복에 대한 열망이 없겠는가? 그 모든 것들을 더 이상 스스로 이뤄낼 수 없었기에 결국 저 젊은이는 차라리 죽겠다고 나선 것은 아니겠는가. '구해야 한다. 흥분한 시위대에 의해 내

[109] 중재는 학생 시위의 전말을 다음에서 자세히 회상했다. 장충식, 「양종곤 교수: '총장 타도' 외치던 학생을 경영학자로 키운 이유」, 『학연가연』, 77~92쪽. 현장 사진은 79쪽, 81쪽, 87쪽에서 볼 수 있다.

가 돌을 맞고, 정부의 지시를 어겨 불이익을 당하더라도, 내가 나서서 풀어주어야 한다.' 그것은 마음속에서 치밀어오르는 결론이자 교육자로서의 본능이었다.[110]

중재는 관계자들 앞에서 "저 학생을 외면할 수 없어요. 내가 외면하면 이번에는 양종곤 학생이 자신이 이끌어온 시위대의 외면을 감당하지 못하고 죽음을 선택할지도 모릅니다. 내가 나가겠습니다. 대신에 자칫 다른 분들이 나를 따라나서면 봉변을 당할 위험도 있어요. 혼자 나갈 테니 이해해 주세요."라고 입장을 천명하고 노천극장으로 나섰다. 중재의 회상에 따르면, "본관에서 노천극장을 내려가는 계단의 양쪽에는 이미 수천 명의 학생들이 중재를 주시하고 있었으며, 카메라를 들고 취재하는 기자들도 많았다. 이마에 붉은 띠를 두르고 쇠파이프나 목봉을 들고 마스크를 쓴 채 시위 지도부를 호위하는 사수대 학생들도 많았다."[111]

이 시점에 현장에서 이 장면을 바라보던 한 교수는 "지정된 시간이 넘어서자 학생회장은 약속대로 실천할 기세였다. 참으로 답답한 순간 순간이 지나갔다."라고 회상했다. 그는 이어 "그때 총장님은 몇몇 직원의 안내를 받아 학생들 벽을 좌우로 헤치고 들어갔다. 그 비장한 결심에 우리도 놀랐다."라고 증언했다.[112]

홀로 수천 명의 시위 학생들 앞에 나선 중재는 "학생들의 요구가 애교심에서 비롯되었음을 알고 있다."라고 전제한 다음, "학사 관리에 오류가 있다면 총학생회가 지정하는 평교수들로 조사위원회를 만들

---

110 위와 같음, 83~84쪽.

111 위와 같음, 84쪽.

112 공덕룡(孔德龍), 「그날 그 시간」, 『빈 들에 씨를 뿌리며』, 246쪽.

학내문제에 대해 해명하는 장충식 총장

어 진상을 파악하고, 책임질 일이 있다면 총장인 내가 지겠다."라고 공언했다. 중재의 진심 어린 연설이 끝날 때까지 주변에서 걱정했던 어떤 폭력도 없었으며, 오히려 중재의 고민과 대책에 공감한 학생들의 우레와 같은 박수가 돌아왔다.

다시 그 장면을 지켜보던 교수에 따르면, "학생들은 학생회장을 어깨 위에 무등 태운 채 그 위를 열지어 따르고 개선장군 같이 교내를 누볐다."[113] 양 군은 학생들의 박수를 받고 해산을 선언하면서 그날의 사건은 마무리되었다. 그러나 총학생회장으로 그간 주도해 온 일의 처리가 남아있었다. 중재는 양종곤 군을 제적시키라는 공안 당국의 강권을 모른 체 하고 학적을 유지하게 해 주었지만, 집시법 위반, 기물 파손죄 등으로 이미 수배령이 내려져 있었던 양 군은 끝내 체포되어 법정에 서게 되었다. 중재는 이번에도 발 벗고 나서서 변호사를 선임해 변호

[113] 공덕룡, 「그날 그 시간」, 246쪽.

해주었고 그의 면학을 도울 테니 공부할 기회를 유지하게 해달라고 호소했으며, 그 덕분에 양 군은 집행유예를 받아 사회로 돌아올 수 있었다.

중재의 지원은 여기서 그치지 않았다. 이미 운동권 학생으로 낙인찍혀 정보 당국에서도 주시하고 있고, 주변에서도 어떤 미움이나 그릇된 평가를 받을지 모르는 학생의 미래를 중재로서는 결코 외면할 수 없었기 때문이다. 양 군에게 운동권보다는 장기적으로 사회에 도움이 될 수 있는 학문의 길을 권했고, 그의 경제 형편이 좋지 않은 점을 고려해 임대 보증금을 지원했다. 그와의 결혼을 반대하는 연인의 부모를 설득해 결혼을 성사시키며 주례도 맡아주었다. 거기에 이어 중재는 자신의 사비로 양 군이 오리건주에 있는 서던오리건대학교Southern Oregon University에서 석사학위를 받도록 도왔다.

이후 제8장에서 보게 되듯 중재가 정권의 미움을 사 총장직에서 떠나고 유학비 지원을 조달하기 어려워졌을 때는, 중재의 추천을 믿고 양 군의 박사학위과정 입학을 흔쾌히 받아준 이상문 네브래스카대학교University of Nebraska - Lincoln 교수가 상당 부분 해결해 주었고, 양 군도 아내와 아이를 한국으로 돌려보낸 채 생활비를 직접 벌면서 연구를 계속했다. 양 군은 1997년에 「예방 환경 전략이 화학 산업의 환경 및 조직 성과에 미치는 영향에 대한 실증적 연구Jong-Gon Yang, "An Empirical Study of Impact of a Preventive Environmental Strategy on Environmental and Organization Performance in the Chemical Industry"」라는 논문으로 박사학위를 받고 국내로 돌아와 유수의 기업들에서 전공 실무 경험을 쌓은 뒤 현재는 단국대학교 경제학부 교수로 봉직하고 있다.

민주화운동가 최덕수 군의 '민주국민장' 엄수

정의감에서 '반反정부 운동'에 참여한 학생을 권력 당국의 압력을 뿌리치며 보호한 중재의 자세는 제6공화국이 출범한 때로부터 3개월이 채 되지 않은 시점에 다시 확인되었다. 광주항쟁 8주년이 되는 1988년 5월 18일에, 전라북도 정읍에서 배영고등학교를 졸업하고 단국대학교 천안캠퍼스 법학과에 입학해 2학년이 되었으나 휴학하고 있던 최덕수崔德壽 군은 광주참사의 진상을 밝히고 책임자들을 처벌할 것을 요구하는 국내의 거센 함성에 호응하여 천안캠퍼스 시계탑 앞에서 광주항쟁성명서를 낭독한 뒤 분신을 시도한 것이다. 이 소식을 듣고 중재는 무엇보다 최 군의 생명이 다치지 않기를 기도했다. 최 군의 어머니가 광주에서 떡장수를 한다는 보고를 받자 "고생하며 키운 아들이 당하는 고통에 모친의 분통함이 얼마나 클지 충분히 이해되었다." 최 군의 치료와 지원에 최선을 다하도록 지시하고 한강성심병원의 병실을 찾아가니, 최 군은 전신에 3도 이상의 화상을 입었기에 고통에 몸을 비틀며 삶을 붙잡고자 했다. 그러나 안타깝게도 26일 오후에 운명했다. 이때의 심정을 중재는 "이념이고 민주화에 대한 열망이고 간에 가난한 어머니의 희망이자 기둥이었을 아들이 기성세대의 파행을 규탄하느라 목숨을 바치다니, 나 역시 눈물을 감출 수 없었다."라고 회상했다.[114]

정부의 공안 당국은 최 군의 장례식이 가져올 파급 효과를 두려워하면서, 될 수 있는 대로 장례식을 조용히 치르도록 압박했다. 중재는 맞섰다. 장례식을 천안캠퍼스가 아니라 서울캠퍼스에서 치르도록 지시

[114] 장충식, 「김대중 전 대통령 이희호 여사 내외: 선친의 인재 사랑이 맺어준 큰 정치인의 두터운 대학 사랑」, 『학연가연』, 206쪽.

고 최덕수 동문의 장례는 민주국민장으로 치러졌지만 실질적으로는 단국대학 행정 당국과 총학생회가 주관을 했다. 서울역 노제를 위해 당시 서울캠퍼스를 나오는 운구 행렬. 대학 재정 투입을 감시하는 공안 당국의 압력을 피하려 당시 총장이었던 중재는 5천만 원의 사재를 조달해 지원했다.

하고 교직원들이 근조 넥타이를 매고 추모하도록 했다. 공안 당국은 이번에는 장례비가 2천만 원이 넘지 않도록, 쉽게 말해, 장례식 규모를 최소화하도록 압박했다. 중재의 표현으로, "내 마음이 불끈했다." "사람의 죽음을 앞에 놓고 장례비의 상한선을 정해 장례를 치르라니, 젊은이의 죽음을 어른인 우리가 그런 식으로 재단해서는 안 된다."라고 생각했다. 그래서 중재는 사비 5천만 원을 내놓았다. 거기에는 대학의 재정이 들어가는 것을 감시하는 공안 당국의 견제를 피해 학교를 보호하려는 뜻이 들어 있었다. 재야 단체들이 동참해 '민주국민장'이라는 형식으로 장례를 치렀으나, 실제로는 중재의 5천만 원을 바탕으로 삼아 단국대학교 행정 당국과 총학생회가 주관했다. 대통령 후보였던 김대중 평화민주당 소속 국회의원도 참석해 젊은이들이 죽어나

가는 현실을 개탄했다.[115] 서울캠퍼스 서문을 나선 운구 행렬은 서울역 노제를 거쳐 천안캠퍼스로 이동해 다시 노제를 지내고 광주광역시 북구 망월동望月洞의 민족민주열사 묘역에 안치되었다.[116]

이후에도 단국대학교는 최덕수 열사를 잊지 않았다. 광주민주화운동 9주년이 된 1989년 5월 18일에 천안캠퍼스 학생회관 옆에 1m 80cm의 대리석으로 최덕수 열사를 기리는 비를 세워 제막식을 열었고, 1991년 1월 24일에 누군가에 의해 파괴된 것을 발견하고는 그해 9월 17일에 다시 세웠다.[117] 2008년 5월 17일에는 기념식수를 거행했다.

115 위와 같음, 208쪽.

116 위와 같음, 206~208쪽; 『단국발전사』, 288쪽.

117 『단국대학교60년사: 1947-2007』 하, 707쪽 및 712쪽.

중재 장충식

단국대학교와 함께 민족의 화해와
통일을 향해 걸어온 대인

VI 서울올림픽 유치를 위한 대외활동과 공산권에 개척적 접근

루마니아 하계 유니버시아드에 대한민국 단장으로 참가

중재는 자신의 활동을 새마을운동과 단국대학교의 획기적 성장에 한정하지 않았다. 그는 여전히 단국대학교의 발전이라는 본연의 임무에 전념하면서도 동시에 대한민국 정부가 설정한 정책 목표의 달성을 돕기 위해 활동 범위를 국제사회로 넓혔다. 그 대표적 사례는 제5공화국 정부가 1988년에 열릴 제24회 하계 올림픽을 서울로 유치하기 위해 세계를 상대로 펼친 활동에의 참여 그리고 공산권에 대한 개척적 접근이었다. 서로 연결된 이 활동은 결국 제6공화국이 출범과 동시에 본격적으로 추진하는 북방정책의 전초작업에 해당했다. 중재는 자신의 그러한 대외활동을 1981년 7월에 루마니아의 수도 부쿠레슈티București에서 열린 유니버시아드에 한국선수단 단장으로 참가하면서 시작했다.

'축소판 올림픽' 유니버시아드

세계적 체육대회 또는 스포츠대회로 우리는 올림픽을 떠올린다. 이 올림픽의 축소판이 세계대학경기대회, 곧 유니버시티University와 올림피아드Olympiad를 합친 말로서의 유니버시아드Universiade이다. 1923년 5월에 프랑스 파리에서 열린 '국제대학선수권대회'가 효시이며, '유니버시아드'라는 명칭은 1959년 8월에 이탈리아의 토리노Torino에서 열린 제1회 하계 대회 때부터 쓰였다. 국제대학스포츠연맹FISU이 주관하며, 한국은 1959년에 토리노에서 열린 제1회 하계 대회 때 처음 참가했다.

하계와 동계로 나뉘어 각각 2년에 한 차례 열리는 유니버시아드의 제11회 하계 대회는 1981년 7월 19일부터 30일까지 루마니아 부쿠레슈티에서 열렸다. 이 대회에는 86개국 4,369명이 참가해 육상과 수영을 비롯해 농구·배구·수구·펜싱·체조·레슬링·다이빙 등 10개 경기에서 경쟁했다. 한국은 육상·테니스·펜싱·레슬링·농구·배구·체조 등 7개 종목에 참가하기 위해 선수 50명과 심판 4명 및 임원 28명 등 모두 74명을 파견했다.

대한올림픽위원회KOC 위원장을 겸한 조상호曺相鎬 대한체육회 회장은 1981년 6월 15일에 중재를 유니버시아드 한국대표선수단 단장으로 임명했다.[1] 당시 중재는 한국대학태권도연맹 위원장, 한국대학축구연맹 회장, 한국대학농구연맹 회장, 한국대학테니스연맹 회장 등을 맡고 있었고, 대한체육회 부회장으로 대한올림픽위원회 부위원장이면서 대한대학스포츠위원회KUSB 위원장이었다. 한국 체육계에서의 이러한 경력에 미루어, 그의 선수단 단장 임명은 자연스러웠다. 거기에 더해, 대한체육회와 대한올림픽위원회는 중재가 1개월 뒤 독일의 바덴바덴에서 열리는 국제올림픽위원회IOC 총회가 1988년 하계 올림픽 개최지를 선정할 때 경쟁지인 일본 나고야名古屋가 아니라 서울을 선정하도록 유니버시아드에 참석할 국제 스포츠계 인사들을 설득할 수 있는 능력을 갖추고 있다고 판단했다. 대표단은 7월 10일에 조상호 회장의 주재로 결단식을 열었다.[2]

---

1 단국대학교60년사편찬위원회 편, 『단국대학교60년사: 1947-2007』 전3권(경기도 용인시: 단국대학교60년사편찬위원회, 2007), 하, 694쪽.

2 『체육』, 203(대한체육회, 1985년 7월), 39~37쪽; 『체육』 162(1981년 6월), 12~13쪽; 『체육』 164(1981년 9월), 20~21쪽.

중재는 자신의 부쿠레슈티 방문에 관해, 두 편의 글을 남겼다. 「공산사회의 첫인상」과 「물값을 아끼는 저의가 뭐요?」가 그것들이다.[3] 이 글들의 성격은 아주 다르다. 앞의 글은 제목 그대로 중재가 부쿠레슈티에서 관찰하고 경험한 이야기를 담았다. 당시 루마니아는 독재자 니콜라에 차우셰스쿠Nicolae Ceauşescu의 혹독한 지배를 받고 있었다. 북한의 김일성과 절친한 관계를 유지하며 김일성 방식의 개인숭배와 족벌체제 그리고 비밀경찰에 의존하는 철권통치로 악명을 떨치던 그의 시대에 루마니아는 국제적으로 고립된 채 이웃 공산국가들의 경우보다 훨씬 더 가난하고 우울한 분위기에 잠겨 있었다. 이 시기에 한국인으로 루마니아를 여행한 사람은 드물었고 더구나 그 분위기를 글로 남긴 사례는 거의 없다. 이러한 맥락에서, 중재의 회고는 1980년대 공산국가의 모습이 어떠했는가를, 게다가 김일성의 영향을 받은 통치방식 아래 국민 생활이 어떠했는가를 부분적이나마 파악할 수 있다는 차원에서 음미하기에 충분한 만큼 자세히 소개하도록 하겠다.

뒤의 글은 국제스포츠계 인사들을 상대로 한 올림픽 유치활동에 관한 이야기를 담았다. 이 글에서 우리는 우리나라와 국교가 없었으며, 어떠한 형태의 기관도 개설되어 있지 않았던 루마니아에서 중재가 서방권 인사들은 물론이지만 공산권 대표들을 자유롭게 만나 교섭한 활동을, 특히 역시 미수교국인 중공 대표를 상대로 벌인 활동을 알게 된다.

위의 두 글과는 별도로 중재는 부쿠레슈티에서의 자신의 활동에 관

---

[3] 앞의 글은 다음에 수록되었다. 장충식, 『큰 삶 작은 이야기』(문학마을, 1992), 51~54쪽. 뒤의 글은 다음에 수록되었다. 장충식, 『시대를 넘어 미래를 열다: 중재 장충식 회고록』(경기도 용인시: 노스보스, 2011) 및 장충식, 『마지막 남은 한 길: 중재 장충식 수필선집』(경기도 용인시: 노스보스, 2011), 90~94쪽. 앞의 책으로부터 인용하기로 한다.

해 다섯 문장으로 짧게 회상했다. 이것은 바로 앞의 글을 뒷받침하고 있다.[4]

차우셰스쿠 독재정권하의 루마니아

처음 경험하는 공산국가에 대한 호기심과 불안감의 교차

중재는 1981년 7월 13일 밤 대표단을 이끌고 부쿠레슈티로 떠나 우선 파리의 오를리Orly 공항에 도착했다. 비행기 안에서 거의 뜬눈으로 밤을 새웠으나 임원이건 선수이건 피곤한 기색을 보이는 사람은 없었다. 오를리 공항에서 점심을 마친 뒤 일행은 곧 루마니아 국립항공회사의 비행기에 탑승했다. 당시 대한민국 국민으로 공산국가를 방문한 사례는 매우 드물었다. 철저한 반공국가로 출발한 대한민국 정부가 1960년대 후반 이후, 특히 국제적 긴장 완화가 전개된 1970년대 초 이후 공산권과의 관계를 개선하기 위해 공산국가들의 문을 두들겼으나 그들은 대한민국을 하나의 국가로 인정하지 않고 국제기구의 대회가 자기 나라에서 열리는 경우가 아니면 입국을 허용하지 않고 있었기 때문이었다.

거기에 더해, 루마니아는 전통적으로 북한과의 관계가 두터운 반면에 한국에 대해서는 적대적이거나 비우호적이었다. 소련의 위성국들 가운데 하나였던 루마니아는 북한에 김일성 정권이 수립된 이후 일관되게 북한을 지지하고 원조했으며, 특히 6·25전쟁 때는 일곱 차례에 걸쳐 의료단을 보냈고 평양에 320병상 규모의 병원을 세워주었다.[5]

---

4 장충식, 「노태우 전 대통령: 럭비 선수로 만나 북방정책, 남북단일팀, 한중수교로 이어진 인연, 『학연가연』(경기도 용인시: 노스보스, 2021), 229쪽.

5 김진혁·문미라 「사회주의 진영의 북한 의료지원과 교류(1945-1958): '소련배우기'

중재의 루마니아 입국 시점에 루마니아는 북한과 대사급 외교관계를 유지해 부쿠레슈티에 대사관을 상주시키고 있었으나, 한국과는 공식 관계를 거부하고 있었다.

자연히 루마니아라는 공산국가로 들어간다는 것에 호기심이 생기면서도 어쩐지 마음 한구석에서는 줄곧 불안한 생각이 떠올랐다. 중재의 회고는 비행기 안에서의 경험에서 시작했다.

> 파리 공항에서 점심을 마친 후 곧 루마니아로 가는 루마니아 국립항공회사의 비행기에 우리 일행은 탑승하였다. 나는 그동안 여러 나라의 비행기를 타보았는데, 그럴 때마다 비행기의 남녀 승무원들은 한결같이 친절하고 미소로 대해 주었다. 그러나 루마니아 비행기의 남녀 승무원들은 누구도 미소를 띠고 친절하게 대해 주는 사람이 없었다. 무뚝뚝한 남자 승무원 둘이 앞좌석에 앉아서 마치 우리를 감시하는 듯했으며 중년에 가까운 여자 승무원들도 모두가 시무룩하고 무덤덤한 표정들이었다. 잠시 후 기내에서 식사가 나왔다. 여태껏 비행기 안에서 먹어본 음식 중에서도 가장 질이 조잡한 음식이었다.[6]

열강 침탈로 겪어야 했던 루마니아 민중의 희생

루마니아의 수도 부쿠레슈티는 한때 '작은 파리Paris' 또는 '정원庭園의 도시'라고 불릴 정도로 아름다운 도시였고, 루마니아의 작곡가 이오시프 이바노비치Iosif Ivanovici가 1880년에 작곡한 왈츠곡 「다뉴브도나

와 '주체적' 발전의 틈새에서」, 『의사학』(대한의사학회), 제28권 제1호 통권 61호(2019), 150~156쪽; 양준석, 「1984년 김일성은 왜 소련과 동유럽을 순방했는가?」, 『동유럽발칸연구』 제48권 제1호(2024년 2월), 284쪽.

6 장충식, 「공산사회의 첫인상」, 51쪽.

우 강江의 잔물결』은 오늘날까지 세계적으로 사랑받고 있다. 이것들이 준 인상으로 루마니아를 잘 모르는 사람들에게 이 나라의 이미지는 대체로 괜찮았다. 그런데 어째서 한국선수단이 탑승한 국립항공회사 비행기의 분위기는 이러했던가? 이 물음에 답하기 위해, 우선 루마니아는 어떤 나라이고, 특히 이 시점의 상황은 어떠했는지를 살피기로 한다.[7]

루마니아는 발칸반도 동북부에 자리 잡고 있다. 남쪽으로는 불가리아, 남서쪽으로는 세르비아, 북서쪽으로는 헝가리, 동북쪽으로는 우크라이나 및 몰도바와 마주 보고 있으며 동쪽으로는 흑해를 끼고 있다. 면적으로 따지면 한반도보다 조금 크나 인구는 남한의 절반 정도다. 농업과 임업 및 목축업이 주요한 산업이며 석유가 많이 난다. 주민은 라틴 계통으로, 국민 다수는 루마니아정교를 신봉한다.

발칸반도의 여러 나라가 그러했듯, 루마니아는 튀르키예의 지배를 오랜 기간 받다가 1829년에 독립을 얻었고 1881년에 왕국으로 새롭게 출발했다. 1차 세계대전 때는 영국과 프랑스 및 러시아의 연합에 가담해 독일 그리고 오스트리아헝가리합병제국에 맞서 싸운 덕분에 1차 대전이 끝난 뒤 영토를 넓혀 대大루마니아를 건설할 수 있었다. 그러나 루마니아의 국내외 정세는 늘 불안했다. 특히 열강의 다툼 속에서 독립을 지키는 일이 매우 어려운 과제였다. 실제로 어떤 땅은 소련에, 어떤 땅은 불가리아에, 어떤 땅은 헝가리에 빼앗겨야 했으며, 나치 독일의 강압이 거셌던 1940년 말에는 영토 가운데 약 33%가 할양되었다.

[7] 루마니아와 차우셰스쿠에 관해, 저자는 이미 다음에서 자세히 설명했다. 김학준, 『혁명가들: 마르크스에서 시진핑까지 세계공산주의자들의 삶과 죽음』(문학과지성사, 2013), 370~378쪽. 따라서, 루마니아와 차우셰스쿠를 설명할 때 이 책에서는 출전을 생략하기로 한다.

이렇듯 국가적으로 수치스러운 상황에, 1940년 9월에 육군참모총장과 국방부 장관을 역임한 이온 안토네스쿠Ion Antonescu 장군이 쿠데타를 일으켜 군부 독재정권을 세웠다. 그는 강력한 민족주의 독재정권을 세워 외세에 대항하려 했으나, 결국 나치 독일과 손을 잡고 소련을 공격하는 어리석은 노선을 걷고 말았다. 이것을 계기로 국왕은 1944년 8월에 자유민주 세력과 공산 세력 및 농민 세력 모두를 규합해 안토네스쿠 정권을 타도하고 전쟁에서 손을 떼겠다고 선언했다. 그러나 이미 때는 늦었다. 소련은 그리스에 대한 영국의 우월권을 인정하고, 미국과 영국은 루마니아를 비롯한 동유럽 국가들에 대한 소련의 우월권을 인정한 것이다. 그리하여 소련은 1945년 초 이후 루마니아의 국내파 공산주의자들을 중심으로 루마니아에 친소 정권을 만들기 시작해, 1946년 11월과 1947년 2월 사이에 마침내 '루마니아인민민주주의공화국'을 수립할 준비를 끝냈으며 국왕을 퇴위시켰다.

강대국들의 틈바구니에서 힘없는 루마니아 국민들이 어떤 고초를 겪었는지를 가장 잘 나타낸 소설은 아마도 루마니아정교의 신부 콘스탄틴 비르질 게오르기우Constantin Virgil Gheorghiu가 1949년에 출판한 『25시』일 것이다. 백성들의 그러한 짓밟힘을 외면한 채, 곧이어 루마니아 공산주의자들의 집결체인 '루마니아노동자당'은 게오르기우-데지Gheorghiu-Dej의 지도 아래 스탈린과 소련을 높이 찬양하며 루마니아를 소련에 충실한 위성국으로 만들었다.

출발은 좋았으나 결국 드라큘라가 된 차우셰스쿠

이러한 루마니아의 반민족적 친소 노선에 반기를 들고 루마니아 국민들의 지지를 받으며 등장한 공산주의 지도자가 바로 차우셰스쿠였다. 그는 1918년에 태어나 농부와 공장 노동자로 자랐으며 만 25세이던 1933년에, 그때로서는 지하의 비밀 정당이던 '루마니아공산당'에 가입했다. 그는 두 차례 투옥될 정도로 맹활약했으며, 루마니아가 '인민민주주의공화국'으로 출범한 뒤 농업부 장관으로 임명되었고 곧이어 육군 소장을 겸했다. 1965년에 게오르기우-데지가 죽자 후계자가 되면서 다른 정당들을 흡수해 발족시킨 '루마니아노동당'의 중앙위원회 제1비서로 선출되었으며 1967년에는 공화국의 대통령 격인 국가평의회 의장을 겸하기에 이르렀다.

이때부터 차우셰스쿠는 루마니아의 자주 노선을 표방했다. 1965년에는 소련이 부여했던 '인민민주주의공화국'이라는 이름을 버리고 '사회주의공화국'이라는 이름을 쓰기도 했다. 그의 독자노선은 1968년 여름에 정점에 이르렀다. 소련이 자유화를 추진하는 체코슬로바키아를 공동으로 침공하기 위해 소련과 동유럽 공산국가들의 동맹체인 바르샤바조약기구 가맹국들을 동원했을 때 루마니아는 소련의 거센 압력을 물리치고 불참한 것이다. 그때로부터 3년 뒤인 1971년 6월에 차우셰스쿠는 북한을 처음 방문하고 김일성 개인숭배와 족벌체제 그리고 거대한 기념물의 정치적 가치를 확인했으며, 귀국한 뒤 김일성 통치방식을 적용하기 시작했다. 1974년에 대통령제를 신설하고 초대 대통령에 취임했다.

격상된 차우셰스쿠의 국제적 지위는 국제무대에서 그의 중재적 역할을 증대시켰다. 리처드 닉슨Richard M. Nixon 대통령의 중국 방문을 실현하고자 미국과 중국 사이의 거중조정을 맡기도 했는데, 그것에 대한 답례를 겸해 닉슨이 1972년 2월에 중국을 방문한 뒤 루마니아를 방문하기도 했다. 차우셰스쿠가 중동평화협상에 관여해 요르단 국왕 후세인Ḥusayn bin Ṭalāl의 방문을 받은 것도 이 무렵이었다. 차우셰스쿠는 1974년 8월 하순에 제럴드 포드Gerald Ford 미국 대통령에게 포드 대통령과 정상회담을 하고 싶다는 김일성의 메시지를 전달했다. 포드는 이 제의를 거절했다.

1975년 5월에는 김일성이 처음으로 루마니아를 방문했다. 1975년 4월에 인도차이나가 공산화된 데 고무된 김일성이 이른바 남조선공산화전략에 대한 지원을 얻고자 중국을 방문한 데 이어, 아프리카의 알제리와 모리타니 등을 방문하고 동유럽 순방에 오르면서 5월 22~26일에 루마니아도 방문했던 것이다. 차우셰스쿠는 6월에 미국을 방문하고 포드 대통령과 회담하면서 한반도문제를 거론했다. 1978년 4월에 차우셰스쿠는 다시 미국을 방문해 지미 카터Jimmy Carter 대통령과 한반도 평화문제를 논의한 뒤 곧바로 평양을 방문해 김일성을 상대로 남북한 및 미국 사이의 3자회담안을 논의하기도 했다. 1980년 5월 4일에 유고슬라비아의 티토 대통령이 별세했을 때 김일성은 장례식에 참석하고 역시 장례식에 참석한 차우셰스쿠와 대화를 나눈 데 이어 곧바로 루마니아를 방문했다.[8]

이때만 해도, 루마니아 국민의 생활 여건은 비교적 괜찮았다. 서방세계와 활발하게 교류하고 협력했으며, 국민들은 다른 공산국가들의 국민들에 비해 훨씬 자유롭고 넉넉하게 생활했다. 그들은 루마니아의 높아진 국제적 위상을 자랑스러워하기도 했다. 이미 독재적 성향을 지닌 차우셰스쿠는 이러한 성공으로 철저히 타락하기 시작했다. 그는 우선 개인숭배를 더욱 광범위하게 강요해, '위대한 지휘자', '카르파티아 산맥의 천재', '생각하는 도나우강', '모든 것을 통달한 사람' 등의 극찬에 가까운 표현으로 불리게 되었다.

차우셰스쿠는 이어 족벌체제를 더욱 폭넓게 구축했다. 우선 아내 엘

---

[8] 「김일성, 루마니아 착(着) 차우셰스쿠와 회담」, 『중앙일보』(1980년 5월 10일, 1쪽).

레나Elena를 당의 정치국 위원과 내각의 제1부총리 및 국립학술원의 원장으로 임명해 자신의 후계자로 키워나간 데 이어, 동생들을 각각 국방부 장관과 국가계획위원회 부위원장 및 내무부 차관에 임명했으며, 아들을 비롯한 일가친척들을 당과 정부의 요직에 임명했다. 이에 따라 루마니아의 권력과 재부財富는 극소수의 차우셰스쿠 족벌체제에 집중되었다.

차우셰스쿠는 이것을 뒷받침하기 위해 공포정치의 도구들을 발달시켰다. 그 핵심은 보안대로, 약 8만 명의 군인과 10만 명의 무장경찰관으로 구성되었다. 그들은 대체로 죄수를 비롯해 과거를 감추고 살아야 하는 사람들로, 사회에서 제대로 대접받지 못하는 사람들 가운데서 선발되었다. 그래서 자신들에게는 생명의 은인이나 다름없는 차우셰스쿠에게 맹목적이면서 광란적으로 충성하게 했다. 이 보안대와 긴밀히 연결된 기구가 내무부였다. 이들은 보안대와 함께 전 국민의 10퍼센트에 가까운 2백만 명 정도를 공식적이거나 비공식적인 정보요원으로 썼다. 편지검열과 전화도청은 일상생활의 일부였다. 불법적인 체포와 투옥은 여기저기서 쉽게 이뤄졌다. 그래서 1980년대에 들어서는 많은 국민이 해외탈출을 꿈꾸게 되었는데, 탈출하다가 잡히는 경우 경찰의 맹견들에게 산 채로 뜯어 먹히는 일도 드물지 않았다.

국가의 예산은 이 기구들을 유지하는 데 사용되었고 따라서 국민들의 물질생활은 더욱 궁핍해졌다. 차우셰스쿠는 국민들에게 더 많은 노동을 강요했다. 흡혈귀 드라큘라 백작의 얘기는 트란실바니아 지방의 전설 또는 실화에 바탕을 둔 것으로, 이 지방은 바로 이 루마니아에 자리를 잡고 있다. 그래서 루마니아 국민들은 귀엣말로 차우셰스쿠를 드라큘라라고 부르기도 했다. 루마니아는 점점 고립되고 황폐해지며 가난하고 우울한 나라가 됐다. 오로지 차우셰스쿠 일가와 보안대 요원들만 행복했다.

캄보디아의 왕위에서 퇴위를 강요당한 뒤 주로 중국에서, 때로는 북한에서 망명 생활을 하던 시아누크Norodom Sihanouk는 1982년에 루마니아를 방문하고 "우리는 [우리가 루마니아를 방문했던 때인] 1972년에서 1975년 사이의 당시와 비교했을 때 몰라보게 가난해지고 쇠락한 루마니아를 발견하고 놀라지 않을 수 없었다."라고 회고했다. 시아누크는 "루마니아 사람들은 정부 관료의 자동차 행렬과 마주치기를 노골적으로 피했으며 차우셰스쿠에게 환호하며 몰려들기는커녕 일부러 등을 돌리곤 하는 것을 볼 수 있었다."라고 덧붙였다.

미소 짓고 담소하는 사람을 볼 수 없었던 부쿠레슈티

시아누크가 '가난해지고 쇠락한' 루마니아를 방문하고 놀라워한 그 비슷한 시점에 중재 일행은 약 두 시간의 비행 끝에 부쿠레슈티 국제공항에 착륙했다. 비행기 동체가 활주로에 닿는 순간, 중재의 표현으로, "기분이 음산해지는 광경이 눈앞에 전개되었다. 활주로 양편의 이곳저곳에 소련식 군복을 입은 군인들이 총을 메고 삼엄하게 경비를 서고 있었다." 일행은 태극기를 앞세우고 트랩에서 내렸다. 검은 안경을 쓰고 사복을 입은 사람이 중재에게 다가와 누가 단장이냐고 묻기에 중재가 '나'라고 대답하자 인원이 몇이냐고 묻고 선수단 전원을 버스에 타도록 안내했다.

통관이 끝나자 중재에게 처음으로 소개된 사람은 통역들 가운데 나이가 가장 많은 중년의 여교수였다. 이름을 묻자 '뽀배스쿠 부인'이라고 자기를 소개하면서 밝은 미소로 대해 주었다. 중재는 "루마니아 땅에 발을 디디면서 처음으로 맛본 인간의 미소였다."라고 회상했다. 중재의 회상은 다음으로 이어졌다.

> 제아무리 주위를 둘러봐도 미소 짓고 담소하는 사람들의 모습은 볼 수 없었고 선수촌으로 버스가 달리는 도중 거리의 많은 사람의 모습은 활기가 없고 미소가 지워진 인간의 그림자 같은 표정이었다. 아, 이것이 내 일생 처음으로 겪어보는 공산사회에서 맛보는 사람들의 삶의 표정이었다. 선수촌에 당도하자 더욱 삼엄한 분위기였다. 물론 여러 나라의 선수들을 잘 보호하겠다는 의도에서 비롯되었겠지만, 필요 이상의 군인들과 경찰들이 선수촌 안팎을 경계하고 있었다. 발랄하고 낭만적인 기분이 감돌아야 할 선수촌에 제복을 입은 군인들과 경찰들이 삼엄한 경비를 하고 있으니 어쩐지 선수촌의 분위기는 포로수용소와 같은 분위기였다.[9]

한국선수단이 배정받은 선수촌은 U4동의 5층이었다 현관에는 제복을 입고 권총을 찬 경찰관 수 명과 신분을 알 수 없는 사복 입은 사나이들이 여러 명 서성거리고 있었다. 누구 한 사람도 미소를 주는 사람이 없었으며, 차가운 얼음장 같은 말없는 표정들이 밤낮으로 한국 선수들의 출입을 지켜보고 있을 뿐이었다. 며칠이 지나자 비로소 경비원들과도 미소로 인사를 나눌 수 있었고, 한국 선수들을 지켜보던 경비원들의 표정에도 따뜻한 미소가 띠기 시작했다. 그들은 "한국인들의 명랑하고 따뜻한 친절미에 감동했노라고 입을 모아 극구 칭찬했다."[10]

한국을 선망한 루마니아인들

입장식 때 루마니아인들은 한국선수단 일행에게 뜨거운 환호와 박수로 환영했다. 루마니아 선수와의 시합이 아닌 다른 나라 선수와의 경기에서, 심지어 소련 선수와의 경기에서도 루마니아인들은 언제나 한국 선수들을 응원했다. 이름을 밝히기를 꺼리는 몇몇 루마니아인들

---

9 장충식, 「공산 사회의 첫인상」, 52~53쪽.

10 위와 같음.

은 "당신들은 자유스럽고 잘 사는 나라에서 온 선수들이라는 것을 한 눈으로 보고 알 수 있다. 당신들이 입고 있는 옷과 쓰고 있는 일용품을 볼 때 당신들의 나라가 얼마나 풍요한지 짐작할 수 있다."라고 말하며 부러워했다. 중재의 회고는 이어졌다.

> 광대한 공원, 수많은 체육관을 제외하고는 온통 거리가 침체하고 활기가 없는 사회였다. 활기와 미소가 사라진 루마니아 사람들의 표정에서 자유와 풍요한 사회를 동경하는 빛이 깃든 것을 발견할 수 있었다. 일용품이란 한결 조잡하고 쓸모가 없으며 거리마다 빵과 음식을 사고자 하는 소비자들의 긴 행렬을 수없이 볼 수 있었다. 억지를 쓰고 심판의 불공평한 횡포를 써서라도 경기에 이겨야 한다는 공산 세계의 그늘진 사회풍토에 눌려서 우리는 20일 동안 똑같은 음식을 먹고 지내야만 했다. 단 하루도 메뉴가 바뀐 적은 없었다. 화장실의 휴지조차 귀한 나라였다. 성냥 한 갑을 구할 수 없는 사회였다.[11]

당시 이 대회를 취재한 한국의 한 기자는 루마니아가 대회를 치밀하고 사고 없이 잘 운영했다고 평가하면서도 "다만 홈그라운드의 이점을 지나치게 살려 심판진을 마음대로 조정하거나 대진표를 하루에도 두 번씩 바꾸어 자기 나라에 유리하게 하는 등, 불공정한 경기를 진행해 비난을 면치 못했다."라고 논평했다.[12] 그처럼 불리한 여건 아래서도, 한국선수단은 은메달 하나와 동메달 넷으로 프랑스와 함께 공동 20위를 기록했다.

떠나는 날 선수촌의 병원 당국은 한국선수단에 남은 약품이 있으면

---

[11] 위와 같음, 53쪽.

[12] 양삼(楊森), 「사실상의 국가대항 경기대회」, 『체육』 164(대한체육회, 1981년 9월), 20쪽.

나눠주었으면 좋겠다고 요청했다. 한국선수단은 주저하지 않고 의약품뿐만 아니라 설탕을 비롯해 선수단이 가져갔던 모든 일용품을 주었다. 루마니아를 떠나는 날 배웅나온 통역들을 비롯한 선수촌 관계자들은 한국선수단 일행을 포옹하고 눈물 흘리며 다시 한번 루마니아를 찾아주기를 간절히 부탁했다. 그러나 아쉽게도 중재는 국내외의 다른 일들에 묶여 루마니아를 다시 찾지 못했다.

차우셰스쿠의 비참한 종말

그러면 중재 일행이 떠나온 뒤 루마니아는, 특히 차우셰스쿠는 어떻게 되었나? 루마니아의 상황은 점점 나빠졌다. 1987년에 다시 루마니아를 방문한 시아누크는 "수도 부쿠레슈티는 소름이 끼치는 암흑 속에서 아침을 맞고 또 저녁을 맞고 있었다. […] 그전에는 그렇게도 생기가 넘쳐흘렀던 거리며 공원에서 사람의 그림자라고는 찾아볼 수 없었다."라고 회상하면서, "루마니아의 불행은 독재자 차우셰스쿠 때문이었다."라고 단언했다.

이러한 상황에서 차우셰스쿠가 김일성과 점점 가까워졌다는 것은 매우 흥미로운 일이었다. 김일성은 실권을 사실상 후계자 김정일에게 물려주고 1984년 5월 23일부터 6월 21일까지 소련과 동유럽을 순방하는 가운데 6월 17~21일에 루마니아를 방문하고 차우셰스쿠와 회담하며 서로를 '나의 가장 가까운 동지이자 친구'라고 공개적으로 부른 것이다.[13]

1985년 3월에 소련공산당 중앙위원회 총비서에 미하일 고르바초프Mikhail Gorbachev가 취임하고 개혁과 개방의 새 노선을 걸으면서 공

---

[13] 양준석, 「1984년 김일성은 왜 소련과 동유럽을 순방했는가?」, 『동유럽발칸연구』 제48권 제1호(2024년 2월), 283~318쪽.

산권의 분위기는 빠르게 바뀌어 갔다. 여기에도 영향을 받아, 동독정권이 국민의 탈출을 막고자 1961년 8월에 쌓아올린 베를린 장벽을 1989년 가을에 동베를린 시민들이 무너뜨렸다. 거기에 자극받은 루마니아 민중도 마침내 봉기해 차우셰스쿠 정권을 무너뜨리고 12월 25일 밤에 차우셰스쿠 내외를 처형했다. 이후 루마니아는 충분하지는 않지만, 자유민주주의와 시장경제 원리를 지키는 가운데 친서방 외교노선의 길을 걸어왔다.

한국·루마니아 외교관계의 발전

그러한 흐름 속에서, 루마니아는 북한과의 외교관계는 그대로 유지하면서 1990년 3월 30일에 우리나라와 대사급 외교관계를 수립했다. 이후 두 나라 관계는 서서히 발전했다. 1994년 3월에 루마니아의 일리에스쿠 대통령이 한국을 방문했고, 2005년 10월 18~19일에 루마니아의 트라이안 버세스쿠Traian Băsescu 대통령이 한국을 방문했고 2006년 9월 5~7일 노무현 대통령이 루마니아를 방문했으며, 버세스쿠 대통령은 2008년 9월 10~12일에 한국을 다시 방문해 이명박 대통령과 정상회담을 열었고, 2012년 3월 27일에 서울에서 열린 2012년 핵안보정상회의 참석을 위해 세 번째로 한국을 방문했다. 2024년 4월 22~25일에 루마니아의 클라우스 베르네르 요하니스Klaus Werner Iohannis 대통령이 방한해 윤석열 대통령과 정상회담을 열었다. 이 마지막 정상회담에서, 두 대통령은 '민주주의·인권·법치 그리고 효과적 다자주의와 개방적이고 자유로우며 공정한 무역 및 규칙 기반 국제질서'라는 공통의 이익과 가치에 기초한 두 나라 관계의 견고한 토대를 재확인했다. 두 대통령은 동시에 러시아의 우크라이나 침공과 러시아의 북한과의 밀착을 비판했다. 곧이어 한국은 루마니아에 1조2,700억 원

규모의 K-9 자주포를 수출하기로 결정했다. 두 나라 사이에 경제교류가 활발하지는 않지만, 루마니아에 진출하는 한국 기업의 수는 늘어나는 추세를 보이고 있다.

부쿠레슈티에서의 올림픽유치활동

다시 중재의 부쿠레슈티에서의 활동으로 돌아가기로 한다. 한국에 대한 선망은 평범한 루마니아인들에 한정되지 않았다. 당시 부쿠레슈티의 하계 유니버시아드 조직위원회 위원장을 맡고 있던 차우셰스쿠의 누이는 각국 선수단장을 환영하기 위한 연회에서 중재에게 한국이 선수단을 보낸 데 대해 감사의 뜻을 표했고 자기는 개인적으로 서울을 방문하고 싶다고 말했다. 중재는 "그 말은 서울에서의 올림픽 개최를 지지한다는 간접적 표현이라고 생각했다."[14]

이 자리에는 루마니아 정부와 스포츠계의 지도자들 그리고 루마니아에 주재하는 각국 대사들이 참석했다. 중재는 '정부 대표'가 아닌 '스포츠 대표'라는 신분이어서 그들 모두를 자유롭게 만날 수 있었다. 공산권 대사들도, 중재를 만나는 데 부담이 덜했다. 중국의 경우, 한국을 '적성국' 또는 '비非우호국'으로 여겨 어떤 모임에서는 한국 정부의 공직자들은 물론이고 한국 국민과의 접촉을 꺼렸다. 그러나 이곳의 중국대사는 중재와의 만남을 피하지 않았다. 특히, 중재가 독립운동으로 망명한 선친을 둔 덕에 중국에서 태어난 것을 알고 게다가 중국말로 의사가 교환되자 이내 마음을 열어주었다. 이에 대해, 중재는 다음과 같이 회상했다.

---

14 「물값을 아끼는 저의가 뭐요?」, 405쪽.

> 중국선수단장과 한국선수단장이 미소 짓는 표정으로 담소하는 광경을 본 다른 나라 선수단장들은 좋아 보인다고 하였다. 과거 다른 곳에서는 한국선수단을 외면했던 중국선수단장하고는 짧은 만남이었지만 앞으로 협력을 부탁한다고 친교를 확인하였고, 그 실례로 대회 기간 중 한국선수단 테니스 대표팀과 중국선수단 대표팀과의 친선경기를 갖기로 약속하였다. 전에는 한국과 중국 선수들이 친선경기를 갖는다는 것은 상상할 수도 없는 일이었다. 이렇게 해서 처음으로 한국과 중국 테니스 선수단이 루마니아에서 친선대회를 가졌는데 그 자리에 차우셰스쿠 대통령 아들이 약혼자와 같이 참석하였다. 루마니아가 한국에 대해서 전향적이고 우호적인 생각을 갖고 있음을 알 수 있었다. […] 중국과 친선대회를 가짐으로써 공산권 국가들에게 한국이 스포츠 분야에서 종전과 달리 개방적으로 교류하겠다는 의지를 알리는 소득을 거뒀다.[15]

이 일은 중재가 중국 스포츠계 지도자들과 친분을 쌓는 실마리가 된다. 그래서, 우리가 제7장 「남북체육회담과 대한적십자사를 통한 민족의 화해와 통일을 위한 활동」에서 자세히 보게 되듯, 중재가 '90북경아시안게임의 한국선수단 단장으로 임명되었을 때 북경아시안게임 조직위원장 그리고 북경 시장과 부시장은 중재의 선임을 무척 기뻐하고 환영했다.

중재는 자신의 활동을 중국 하나만을 상대하는 데 한정하지 않았다. 국제스포츠계 지도자들이 박정희 대통령 때인 1966년에 대한올림픽위원회가 1970년에 열릴 제6회 아시안게임을 유치해 놓고도 1968년에 재정의 부족과 북한의 군사적 위협 등을 이유로 벌금 25만 달러를 물어내며 반납한 사례를 상기시키면서 한국이 과연 '88올림픽을 진정으로 유치하려고 하는 것인지 의문을 제기할 때마다, 중재는

---

[15] 위와 같음, 406~407쪽.

1985 고베 유니버시아드대회 한국선수단 결단식에서 선전을 다짐하는 장충식 단장 (1985.08.17)

이번에는 절대로 그러한 일이 없을 것이며 유치된다면 얼마든지 좋은 대회를 치를 자신이 있다고 거듭 역설했다.[16]

중재의 부쿠레슈티에서의 활동은 높은 평가를 받았다. 그 결과, 중재는 1983년 7월에 캐나다 에드먼턴Edmonton에서, 1985년 7월에 일본 고베神戸에서, 1985년 겨울에 이탈리아 벨루노Belluno에서, 1987년 7월에 유고슬라비아 자그레브Zagreb: 오늘날 크로아티아의 수도에서 열린 유니버시아드 때에도 한국선수단 단장으로 활동하게 된다.

[16] 장충식, 『학연가연』, 229쪽.

에드먼턴 대회 때 만난 캐나다 화가와의 미담

이 대목에서, 에드먼턴 대회 때 있었던 미담을 소개하기로 한다. 중재는 이 대회에서 한국선수단의 통역을 맡았던 교포 한영자 여사를 통해 캐나다의 여류 화가 바바라 브룩스Babara Brooks가 로키산을 대상으로 그린 수채화 두 점을 보게 되었다. 하나는 로키산맥의 설경雪景을 그린 그림이었고, 다른 하나는 로키산맥에서 자생하는 자작나무 숲을 담은 그림이었다. 중재는 '자연을 맑고 담백하게 표현한 것'에 마음이 끌려 구입해 단국대학교 본관 벽에 걸어놓았다. 보는 사람들은 모두 좋은 그림이라고 칭찬했다.

당시 그녀는 무명이어서 두 딸과 함께 앨버타Alberta주 재스퍼타운에서 셋방살이를 하며 힘겹게 살고 있었다. 중재는 MBC 방송국 요인들을 설득해 꼭 10년 뒤인 1993년에 그녀를 서울로 초청해 단국대학교와 MBC의 공동으로 「바바라 브룩스 초청전」을 프레스센터 전시실에서 열었다. 주한 캐나다 대사를 비롯해 여러 나라의 외교사절 그리고 한국의 외무부와 문화공보부 고위 공무원들 및 문화계 인사들이 참석한 이 작품전의 결과는 큰 성공이었다. 그림 전부가 비싼 값으로 팔렸고, 10만 달러가 넘는 수익금으로 그녀는 고향에 자신만의 아담한 화실을 마련할 수 있었으며 앨버타주의 대표 화가로 지명받기에 이르렀다. 이 소식을 들은 강원도는 강원도처럼 산이 많은 앨버트주와 자매결연을 맺고 그녀를 초청해 전시회를 열었다.

바바라 여사의 명성이 높아지자 앨버트주 출신의 연방상원의원 월터 트윈Walter P. Twinn이 중재를 초청했다. 이 소식을 트윈 상원의원으로부터 들은 그녀는 중재를 환영하기 위해 재스퍼타운에서 10시간 넘게 차를 운전해 밴쿠버국제공항에서 기다리고 있었다. 중재는 '행복한 웃

바바라 브룩스 초청전 개막식을 갖고 작품을 관람하고 있는 중재(당시 총장)와 바바라 브룩스

음이 가득한' 그녀의 얼굴에 감동되었다. 중재는 트윈 의원이 경영하는 생수회사에 그녀의 그림을 생수병의 바탕그림으로 쓰도록 제안했고, 회사가 그렇게 하자 그 생수병은 미국과 유럽에서도 환영받아 약 100만 병 넘게 팔렸으며, 이로써 그녀는 훨씬 더 많은 돈을 벌게 되었다. 이 일화에서도 우리는 중재의 미술작품에 대한 감식안과 따뜻한 마음을 읽게 된다. 이후 그녀는 현지 언론과의 회견에서나 자신이 만나는 한국인들에게 "장충식 총장님은 내 운명을 바꿔 놓은 큰 은인"이라고 칭찬하곤 했다.[17]

2009년 중재는 바바라 여사가 중병으로 사경을 헤매면서 죽기 전에 꼭 중재를 보고 싶어한다는 소식에 접했다. 죽어가는 예술가의 마지막을 위로해야 겠다고 결심한 중재는 그해 8월에 지인과 함께 재스

[17] 장충식, 「바바라 브룩스 화백: 로키산맥을 사랑한 외로운 화가의 소원」, 『학연가연』, 13~24쪽.

퍼타운의 시립병원을 찾았다. 연명치료를 받던 그녀는 중재가 병실에 들어서자 환하게 웃으며 손을 내밀어 중재의 손을 꼭 잡았다. 오랫동안 보고 싶었고 다시 방한해 단국대학교에 좋은 일을 하고 싶었는데 이렇게 되었다며 미안하고 고맙다는 말을 여러 차례 되풀이하다가 운명했다. 이 일화에서도 중재의 따뜻한 마음을 거듭 읽게 된다. 중재가 1983년에 구입한 그녀의 그림 두 점은 현재 단국대학교 의과대학 부속병원 로비에 걸려 있다.

대한체육회 일각의 비리 근절

부쿠레슈티 대회에서 한국 선수들을 이끄는 가운데 중재는 뜻밖의 일을 겪었다.[18] 그들이 연습장에서 강훈련으로 온몸이 땀으로 흠뻑 젖어 갈증을 느낄 때 물 대신 코카콜라를 마시는 모습을 본 것이다. 너무 놀란 중재가 "땀을 흘리고 콜라를 마시면 되겠느냐"고 선수들에게 묻자, 그들은 물 대신에 콜라를 마시라는 지시가 있었다고 대답했다. 중재가 알아보니 선수단 임원들 가운데 최고위직에 있는 임원이 그러한 지시를 내리면서 물 공급 자체를 막았다는 것이었다. 중재의 표현으로, "그 말을 듣고 나는 대단히 흥분하였다." 중재의 회상은 다음으로 이어졌다.

> 대회 기간 중 콜라회사는 자사 제품을 선전하려고 무상으로 콜라를 제공한다. 그러나 휴식 시간이라면 모를까 연습 중에 콜라를 마시면 경기력은커녕 선수들의 건강마저 해칠 수 있는 일이다. 국가대표가 되기 위해

---

[18] 중재는 이 일을 다음에서 자세히 회고했다. 장충식, 『시대를 넘어 미래를 열다』, 411~414쪽.

> 피땀 흘렸을 저 젊은이들, 그리고 부모님의 자랑인 저 선수들에게 이런 무식한 짓을 하는 임원을 두고볼 수 없다고 나는 분노했다.[19]

중재는 임원 한 사람에게 선수단 예산에 물값이 포함되어 있었냐고 물었더니, 별도로 책정되어 있다고 확인해 주었다. 지금 남은 물값은 얼마냐고 물으니, 2만 달러인데 한 푼도 쓰지 않고 그냥 남아 있다고 대답했다. 그러면 왜 선수들이나 코치들이 개선을 요구하지 않았느냐고 물으니, 그들은 이러한 상황을 다 알고 있지만 체육회 임원들이나 체육회에 소속된 여러 연맹 단체의 임원들에게 밉보이면 다음 국제대회의 대표선수 선발 때 탈락할 수 있다는 두려움 때문에 드러내놓고 항의하거나 개선을 요구할 수 없다고 설명했다. 중재의 관찰로는, "그러니 선수들과 코치들은 불만이 있어도 모르는 척 참는 것이 관행이고, 꼭 필요하면 제 주머니를 털어 물을 사야 했던 것인데, 공교롭게도 개최지가 공산국이다보니 물을 구하기 어려워 이러한 전례를 지키지 못하고 공짜로 주는 콜라를 마시며 경기 연습을 하고 있었다."

중재는 "기가 막혔다. 다시는 우리 선수단에서 이런 일이 일어나지 않도록 이번 기회에 근절해야겠다고 결심했다." 그의 회상은 다음으로 이어졌다.

> 더 깊은 사연을 알아보니 선수단 경비는 남겨서 갖고 돌아가야 해당 임원진들이 운영을 잘했다는 평가도 받거니와 이렇게 조성된 돈은 또 나름의 구조를 따라 도는 것 같았다. 물론 나는 어디까지나 명예직인 '단장'이고, 그 임원은 실질적인 '운영 책임자'이기에 가능하면 단장이 실무진의 체면을 생각해 모르는 척할 수 있었다. 그러나 나는 이런 일은 참을

[19] 장충식, 『시대를 넘어 미래를 열다』, 412쪽.

수 없었다. 단장이기 이전에 학부모를 만나야 할 교육인이었다. 나는 임원 회의를 열어 이런 행위를 두고 볼 수 없으며 근절시켜야 한다고 공언하였다. 그때가 대회가 막바지에 들어가는 무렵이었다. 내 강경한 입장을 들은 임원들은 "이런 일이 알려지면 체육회도 망신이니 남은 예산을 전용해서라도 다 쓰고 귀국하자."라고 건의했다. 물론 그 밑에는 물값을 안 썼다는 증거를 없애고 귀국 뒤에는 다른 변명을 대려는 뜻이 있었다.[20]

중재는 "물값을 책정하고도 선수들에게 물을 공급하지 않은 이러한 행위는 도저히 용서할 수 없는 일이며 선수들의 피를 빨아먹는 해충과 같은 간부는 몰아내야 한다."라고 강하게 주장했다. 귀국 직후 2만 달러는 그대로 정부에 돌려보냈고, 문제 임원의 퇴진을 대한체육회 회장과 소속 부서 장관에 건의해 관철했다. 여기서도 우리는 불의나 비리에 타협하지 않는 중재의 정의감과 뚝심을 확인하게 된다.

그러나 뒤따라온 보복을 감내해야 했다. 귀국 직후 바덴바덴에서 열린 국제올림픽위원회 총회에 파견되는 올림픽유치단에 참여하라는 사전 통고를 받았던 터인데, 막상 발표된 명단에서는 빠졌다. 관련 협회가 중재를 제외한 것이다. 그러나 중재는 그들의 처사가 '우습고 유치해서' 거론하지 않았다.

[20] 위와 같음, 412~413쪽.

’88올림픽 개최지 선정 과정

박정희 대통령의 서울올림픽 개최 계획 뒷받침

바로 앞에서 보았듯, 중재는 ’88올림픽을 서울로 유치하는 활동에 참여했다. 그러면 올림픽을 서울에서 개최해보자는 발상은 언제 시작된 것인가? 오늘날 잊혀져 있지만, 그것은 박정희 대통령 때였다. 박종규朴鍾圭 대통령 경호실장은 1974년 8월 15일에 발생한 육영수 여사 피격사건으로 물러난 뒤 대한사격연맹 회장으로 활동하며 1978년의 제42회 세계사격선수권대회를 서울로 유치해 9월 24일부터 10월 5일까지 태릉국제종합사격장에서 성공적으로 치렀다. 박 회장은 이 공로로 박 대통령의 신임을 되찾아 1979년 2월에 대한체육회 회장으로 취임하면서 곧바로 올림픽 유치를 기획하고 박 대통령의 재가를 받고자 했다.

당시 대한체육회 이사이던 중재는 이 단계에서 동참했다. 1978년 말과 1979년 초 사이의 어느날, 박 대통령은 세계사격선수권대회의 성공을 치하해주기 위해 박 회장을 중재와 함께 청와대로 불렀다. 박 대통령은 박 회장의 보고를 받은 뒤, 중재에게 “한국이 예전에 아시안게임 개최권을 반납한 것에 대해 지금까지도 국내외 여론이 좋지 않다는데 장 총장은 어떻게 생각하느냐?”라고 물었다. 중재는 자신의 생각 그리고 각 경기 단체 지도자들의 견해를 솔직하게 전했다. 국제스포츠 무대에서 한국의 신용이 떨어져 외국의 스포츠 지도자들을 대하기 매우 부끄러웠다고 밝히면서, 그들이 한국만 경제개발에 어려움이 있는 것이 아닌데 약속을 어겼으니 신의가 없다고 비난하기도 하고 특히 태국의 경우는 한국이 반납한 대회를 맡아 연이어 대회를 개최하느라고 경제적 어려움이 컸다는 말을 들었다고 부연했다. 그렇게 국제여론을 전한 뒤, 중재는 "우리도 일본이 1964년에 도쿄에서 올림픽을 개최했던 것처럼 서울에서 올림픽을 개최해 경제적으로 발전하는 모습을 세계 만방에 보여주면 한국 상품을 수출하는 데 커다란 효과가 있을 것"이라고 건의했다.[21]

박 대통령은 중재의 건의를 긍정적으로 받아주었다. 박 대통령은 "이번에 박 회장이 세계사격선수권대회를 잘 치렀으니 올림픽 개최도 잘 연구해보라."라고 말한 데 이어 "나도 관계 기관에 지시해 성공 여부를 조사시키겠다."라고 약속했다.[22]

이후 대한체육회와 대한올림픽위원회는 1979년 3월에 1988년에 열릴 제24회 하계올림픽을 서울로 유치하는 계획안을 문교부에 제출했다. 문교부는 8월 3일에 이 계획안을 국민체육진흥위원회에 상정했고, 국민체육진흥위원회는 9월 3일에 의결했으며 박 대통령은 곧바로 재가했다. 이러한 과정을 거쳐 정상천鄭相千 서울특별시장은 10월 8일에 서울의 올림픽 유치전 도전을 공식 발표하면서 국제올림픽위원회에 신청서를 제출했고, 국제올림픽위원회는 공식적으로 서울을 후보지들 가운데 하나로 인정했다.

문교부 장관과 대한체육회 회장 제의 사양

그러나 그 선언으로부터 20일도 지나지 않은 10월 26일에 박 대통

---

21 장충식, 『시대를 넘어 미래를 열다』, 381~383쪽.

22 위와 같음, 383쪽.

령이 김재규金載圭 중앙정보부장 손에 '시해'되면서 상황은 급변했다. 박 대통령의 뒤를 이은 최규하崔圭夏 정부는 국제올림픽위원회가 서울을 '88올림픽 유치 후보지로 공인했는데도 서울 개최에 대해 당시 매우 유동적이면서 불투명한 국내 사정을 고려해 매우 회의적이었고, 최규하 정부의 배후에서 실권을 쥐고 있던 전두환全斗煥 국군보안사령관 겸 중앙정보부장서리 중심의 신군부는 반대하고 있었다. 서울 유치를 추진해야 할 박종규 대한체육회 회장은 신군부에 의해 '부정축재자'로 몰린 데다가 신병이 길어지고 있었다.

이 시점에, 전두환 사령관의 동생으로 '실세'들 가운데 한 사람으로 꼽히던 전경환全敬煥이 중재를 방문하고 "형님께서 문교부 장관을 맡기고 싶어 하십니다."라고 전했다. "정계나 관계에 발을 내딛지 않는다는 철학과 교육자가 권력을 가지면 결국 자신도 권력에 망가진다."라는 소신을 가졌던 중재는 사양했다. 자신의 철학을 솔직하게 털어놓을 수는 없어서 "제가 허물이 많은데 문교부 장관이 되면 다른 대학 총장들이 내 말을 듣지 않는다."라고 둘러댔다.[23] 그러자 박종규의 후임으로 대한체육회 회장을 맡는 것이 어떻겠느냐고 물었다. 중재는 다시 고사했다. 중재는 훗날, "대한체육회 회장을 맡으면 나 개인으로는 체육인으로서 영광이었다. 그러나 중책인 만큼 대학 총장은 물러나야 하나 그것은 내 원칙과 어긋나는 일이었다."라고 회상했다.[24]

정부는 최규하 대통령 때인 1980년 7월 14일에 박 대통령 재임 당시 대통령 의전수석비서관에 이어 주이탈리아대사를 역임하고 10대 국회의원으로 활동하던 조상호를 대한체육회 회장에 임명했다. 중재는 부회장으로 참여했다.

---

[23] 장충식, 「노태우 전 대통령」, 223~224쪽.

[24] 장충식, 『시대를 넘어 미래를 열다』, 384쪽.

중재의 아프리카·중동 국제올림픽위원 섭외

신군부는 1980년 8월 16일에 최규하를 대통령직에서 물러나게 하고 유신헌법에 따라 통일주체국민회의 대의원 선거를 통해 전두환 국가보위비상대책위원회 위원장을 11대 대통령으로 선출했다. 신군부는 1980년 10월 22일에 국민투표를 실시해 이른바 제5공화국 헌법을 마련하고, 이 헌법에 따라 대통령선거인단을 선출한 데 이어 이 선거인단을 통해 1981년 2월 25일에 전두환을 12대 대통령으로 선출했으며 그는 1981년 3월 3일에 취임했다.

서울올림픽 개최를 받아들이도록 전 대통령 설득

전 대통령은 자신의 정부가 박 대통령 정부와 다르다는 것을 보여주기 위해, 이른바 차별성을 과시하기 위해, 여러 조치를 밟는 과정에 이미 어려워진 정부 재정과 경제에 부담이 된다는 논리를 내세워 서울올림픽 유치 신청도 철회하고자 했다. 그래서 청와대는 우선 대한체육회와 대한올림픽위원회에 두 기관의 공동 이사회를 열어 서울올림픽 유치를 포기한다는 결의안을 채택할 것을 요구했다. 이상주李相周 대통령 교육문화수석비서관은 당시 대한체육회 부회장이던 중재에게 대통령의 뜻임을 강조하며 그 요구를 되풀이했다. 중재는 다음과 같은 논리로 반대를 명확히 밝혔다.

> 정권이 바뀌었지만, 이는 세계 스포츠 무대에서 한 공언입니다. 지금 어려운 경제 현실을 들어 올림픽이 국가 재정을 파탄시킬 수 있다며 경제 관료나 정치인들이 대통령께 여러 부정적 건의를 하는 걸 알고 있습니다. 그러나 일본만 해도 도쿄올림픽을 하고 나서 일본 상품에 대한 세계인의 인식이 확 달라졌고 그래서 수출도 더 살아났습니다. 그러니까 지금 일본

> 경제인들이 앞장서서 1988년 나고야올림픽을 유치한다고 저 난리를 치는 것 아니겠어요. 이코노믹 애니멀이라는 비판을 받을 만큼 본능적인 장사 감각을 가진 일본이 손해를 본다면 저렇게 관료, 기업, 정치인들이 하나로 뭉쳐서 나고야올림픽을 열게 해 달라고 인심을 얻으려 전 세계를 누비고 있겠습니까?[25]

이상주 수석은 중재의 취지를 이해하면서도 대통령의 지시이니 받아들여 달라고 거듭 요청했다. 가만히 있을 수 없다고 판단한 중재는 조상호 대한체육회 회장을 만나 대통령을 설득해줄 것을 권고했다. 조 회장은 공감하면서 우선 공동 이사회 결의를 지연시킨 뒤, 중재와 더불어 올림픽이 국가 발전에 미치는 긍정적 영향을 역대 올림픽의 사례를 중심으로 분석한 보고서를 만들어 청와대에 보냈다.

중재의 회상에 따르면, "이때 노태우盧泰愚 당시 정무제2장관의 도움이 컸다." 노 장관은 두 사람의 의견에 찬동해, 서울올림픽이 세계인의 축제인 만큼 이를 준비하고 개최하는 7년 동안 북한의 대남 침투 위협을 줄인다는 안보 논리로 전 대통령을 설득했다. 전 대통령은 곧바로 마음을 바꿔 서울올림픽 유치를 결정했다.[26]

그러나 당시 국민총생산GNP 기준으로 우리나라의 16배가 되는 일본보다 유치 활동을 늦게 시작한 탓에 유리한 점이 전혀 없었다. 중앙정보부의 후신인 국가안전기획부가 뒤에서 뛰고, 현대그룹의 정주영 회장을 비롯한 대기업의 총수들 그리고 서울특별시장 등 민간인들이 전면에 나서 만회하고자 했다. 그렇지만 나고야로 유치하려는 일본의 인사들은 우리나라를 우습게 보며 자신들이 승리한 듯 기세를 과시했

---

25 장충식, 『학연가연』, 227~228쪽.

26 위와 같음, 228~229쪽.

다.

다른 한편으로, 국내에서의 반대 또는 비판 역시 큰 문제였다. 체육인들조차 서울로 유치하기에 부담이 너무 크다고 말하곤 했다. 심지어 그들은 유치를 지지하는 중재를 공개적으로 비난했다. 당시 한국 체육계를 이끄는 지도자들 가운데 한 사람인 K씨는 대한체육회 이사회에서 중재를 향해 "당신은 민족 반역자요. 우리가 어떻게 일본과 경쟁해서 올림픽을 유치할 수 있으며 무슨 힘으로 이를 개최할 수 있다고 생각합니까? 설혹 서울에서 올림픽이 개최된다 해도 그 이후의 경제적 파탄을 누가 책임집니까?라며 목소리를 높였다.[27]

김운용 부위원장과의 협력

이러한 어려움 속에서, 어느날 노태우 장관은 중재를 불러 면담하며 "상황이 매우 좋지 않다."라고 말하고는, "이제 한국과 일본의 국가적 자존심을 건 싸움이 되었으니, 국제올림픽위원회 위원들의 마음을 돌리는 득표 활동에 온 힘을 기울여 달라."라고 부탁했다. 거의 동시에 대한올림픽위원회의 김운용金雲龍 부위원장이 중재에게 다음과 같이 요청했다.

> 장 총장님, 제가 5월부터 유럽과 아시아 지역의 IOC 위원들을 만나고 돌아왔잖아요. 어느 정도 한국의 올림픽 유치에 대한 진정성은 믿게 되었는데, 중동 지역의 아랍 국가들은 대부분 일본 나고야에 마음이 기울어 있더라고요. 이대로 가면 투표단이 82명인데 한국을 지지하는 위원들은 25명 안팎일 것입니다. 지지자를 더 늘려야 하는데 제가 알아보니 쿠웨

---

[27] 장충식, 「올림픽 성공시킨 우리의 힘 어디 갔나」, 『큰 삶 작은 이야기: 장충식 삶과 글』(문학마을, 1992), 239~240쪽.

이트의 셰이크 파하드Sheikh Al-Fahad 국가올림픽위원회NOC 위원장이 핵심 입니다. 이 양반에게 장 총장님이 단국대 명예박사학위를 수여하시면 어떨까요? 그러면 본인에게도 영예로운 일이고 방한 기간에 우리가 잘 설득하면 한국에 친근감을 가질 테고 마음을 돌릴 수 있을 것 같은데….[28]

'셰이크'는, 아랍어로는 '샤이크', 페르시아어로는 '샤이흐', 이집트에서는 '셰크'로 발음된다. 부족의 원로, 수장, 현인 등을 의미하는 존칭이다.

김 부위원장은 이어 아프리카 코트디부아르영어로는 아이보리코스트의 캐나다 주재 대사 루이스 귀란도 응디아예Louis Guirandou-N'Diaye 국제올림픽위원회 부위원장 겸 아프리카올림픽위원회 위원장의 명예박사 수여도 건의했다. 중재는 전적으로 공감하고, 우선 귀란도 응디아예를 초청해 1982년 7월 29일에 명예법학박사학위를 수여했다.[29] 서부 아프리카 일대의 국제올림픽위원들을 상대로 그의 영향력을 빌리기 위해서였다.

귀란도 응디아예보다 더욱 중요한 사람은 쿠웨이트 국왕의 막내동생인 셰이크 파하드였다. 그는 아시아올림픽위원회OCA 위원장으로 국제올림픽위원회의 아시아 위원들에 대해, 특히 중동의 위원들에 대해 영향력이 컸다. 중재 스스로 그를 '막강한 권력과 경제력을 갖춘 아시아 스포츠계의 리더'로 보고 있었다. 당시 국제올림픽위원회 내부의 동향을 보면, 중동의 위원들은 한국 정부가 전통적으로 미국의 영향을 받아 친親이스라엘 정책을 유지하는 데 대해 불만을 품고 있는 반면에 북한은 반反이스라엘 정책과 친중동정책을 지켜오고 있는 데 대해 호

---

[28] 장충식, 『학연가연』, 230쪽.

[29] 『단국대학교60년사: 1947-2007』 하, 696쪽.

아시아올림픽위원회 회장인 셰이크 파하드에게 명예박사학위 수여 후 축하를 건네는 중재 (1986)

의를 느끼고 있었다. 더구나 셰이크 파하드는 자신을 '김일성의 양아들'이라고 부르며 북한과의 친분을 과시하고 있었다. 김운용 부위원장이나 중재는 만일 셰이크 파하드가 한국을 지지하고 나선다면 15표 안팎은 나고야 지지에서 서울 지지로 돌아설 것으로 보았다.[30]

김 부위원장과 중재의 합의 아래, 셰이크 파하드를 상대로 방한 교섭이 진행되었다. 그는 초청에 고마워하고 응하면서도 오해를 피하고자 선정지 투표가 끝난 뒤 방한하겠다고 확언했다. 실제로 그는 북한의 만류를 물리치면서 자신의 전세기를 띄워 가족과 친지에 참모 그리고 아랍의 스포츠 지도자들을 데리고 서울을 찾았다. 중재는 약속대로 1986년 10월 2일에 단국대학교 안의 '난파기념음악관'에서 그에

---

[30] 『시대를 넘어 미래를 열다』, 389~390쪽.

게 명예법학박사학위를 수여했다. 이 자리에서 중재는 서울에서 올림픽이 열리게 되면 남과 북이 모두 참가하는 계기가 마련되어 한반도의 평화통일에 이바지하게 된다고 역설했고, 셰이크 파하드는 한국 스포츠의 발전 그리고 세계태권도연맹 위원장을 겸임한 김운용 대한올림픽위원회 부위원장이 국제사회에 보급한 태권도가 세계 청소년들에게 정신 수양과 스포츠 정신 제고에 큰 공로를 쌓았다는 취지로 답사했다.

셰이크 파하드는 이후 특히 아랍권의 국제올림픽위원회 위원들을 상대로 서울 참여를 적극적으로 호소했다. 당시 '88올림픽의 개최지로 서울이 공식적으로 확정되어 있었으나 북한은 한국에서 전개되는 격렬한 민주화운동이 서울의 치안을 위태롭게 하고 있다는 선전을 계속하며 파탄내고자 했으며 국제올림픽위원회의 일부 위원들은 서울 결정을 재고할 필요가 있다고 발언했다. 이러한 상황에서 그들의, 특히 셰이크 파하드의 서울 참여 독려는 적지 않은 힘이 되었다.

종합적으로, 두 위원의 지지는 북한의 영향력이 적지 않았던 아랍과 아프리카에서 서울 지지를 유도하는 데 크게 이바지했다. 1981년 9월 바덴바덴에서 표결 결과를 분석해보니 이 두 지역에서, 특히 아랍에서 나고야보다 서울을 지지한 표가 많이 나왔음이 확인되었다.[31] 이렇게 볼 때, 부쿠레슈티에서의 활동 그리고 아중동 지역 국제올림픽위원에 대한 명예박사 수여 등을 통해 중재는 '88올림픽의 서울 유치에 이바지했음이 확실하다. 정부는 이 공적을 인정해 1989년 4월에 중재에게 "88서울올림픽 유공훈장 맹호장'을 수여했다. '88올림픽 개최지로 서울이 확정되자 '86아시안게임의 서울 유치는 거의 자동으로 따라왔

---

31 『시대를 넘어 미래를 열다』, 392~394쪽 및 『학연가연』, 230~232쪽.

다. 서울 유치를 위한 한국의 추진력에 감탄하고 경쟁자가 나오지 않은 결과였다.

한국의 문명교류사를 개척한 아랍 전문가 정수일 교수의 등장

셰이크 파하드 왕자에게 명예박사를 수여할 때 하나의 일화가 뒤따랐다. 왕자가 아랍인이었던 만큼 아랍어 통역이 필요했다. 마침 단국대학교 대학원 사학과에 '레바논 학생'이 유학하고 있어 그를 통역으로 썼다. 왕자의 공적 개요, 중재의 축사, 왕자의 답사 모두를 그가 통역했다. 수여식이 끝난 뒤 왕자는 중재를 따로 만나 그 통역인은 아랍인이 아니라고 말했다. 중재가 그를 레바논 사람이라고 변호하자, 왕자는 "저 사람이 하는 아랍어는 외국인이 하는 아랍어이지 아랍인이 하는 아랍어가 아니다."라고 다시 확인해주었다.[32]

중재는 "경황 중에 별로 의식하지 않고 지나갔다." 그가 바로 훗날 '북한 간첩'으로 밝혀진 정수일鄭守一이었다. 1934년에 '만주국' 간도의 용정龍井 명천촌明泉村에서 조선인으로 태어난 그는 1949년에 이곳이 공식적으로 중화인민공화국 소속이 되면서 중화인민공화국 '공민'이 되었으며, 1952년에 북경대학 동방학부에 입학하고 1955년에 동방학부를 수석으로 졸업했다. 곧 중화인민공화국 국비장학생 1호로 선발되어 이집트의 카이로대학교에서 아랍어와 아랍권을 연구했고, 중국 외교부와 모로코 주재 대사관 및 알제리 대사관에서 봉직했다. 그러나 1963년에 조선족 아내와 함께 북한으로 들어가 조선민주주의인민공화국 국적을 얻었으며, 이어 평양국제관계대학 교수와 평양외국어대학 교수로 봉직했다.

---

[32] 위와 같음, 391~392쪽.

북한정권이 1974년에 그를 대남 특수공작원으로 선발함에 따라 아랍어와 페르시아어에 이어 말레이어와 스페인어도 익혔다. '만주국' 시절에 일본어를 익혔고, 중화인민공화국 '공민'이 된 이후 중국어와 러시아어를 익숙하게 쓸 수 있었으며, 모로코와 알제리 등에서 봉직하는 가운데 프랑스어를 배웠다. 결국 천재적 어학 능력을 지닌 그는 12개국의 언어에 능숙해졌다. 북한은 마지막으로 그를 '필리핀에 거주하는 레바논 출신의 무하마드 깐수'라는 '아랍인'으로 만들어 1980년대 전반의 어느 시점에 대한민국에 입국하도록 했다.

그는 1984년 9월 1일에 단국대학교 대학원 사학과 박사과정에 입학해 1989년 5월 1일에 단국대학교 초빙교수로 임명되었고 1990년 2월에 단국대학교 대학원 사학과에서 「신라·아랍-이슬람 제국 관계사 연구」라는 논문으로 문학박사학위를 받았으며 1990년 10월 1일에 단국대학교 사학과 조교수로 임명된 이후 연구와 저술에 전념했다. 자신의 박사학위논문에 바탕을 둔 『신라·서역교류사』단국대학교출판부, 1992가 이 시기의 대표적 저서였다.

그러나 1996년 7월 3일에 국가보안법 위반 혐의로 구속되었으며, 12년형을 선고받고 복역했다. 이 시기에 정 교수는 아내에게 미안한 마음에서 "나를 잊어주오."라며 헤어지자고 했으나 아내는 "당신을 기다리겠습니다."라며 아픔을 같이 나눴다. 이 옥중 편지들은 『소걸음으로 천리를 가다: 정수일 옥중 편지』창비, 2004로 출판되었다. 정 교수는 2000년 6월 13~15일에 김대중 대통령과 김정일 국방위원장 사이의 남북정상회담이 열린 뒤 처음 맞은 광복절 기념일에 특사로 출소했고, 2003년 4월 30일에 복권되면서 대한민국 국적을 받았다. 2008년 11월에 사단법인 '한국문명교류연구소'를 창립하며 학문 활동을 이어간 그는 대한민국에서 문명교류학을 개척한 선구자로 꼽힌다.

그 과정에서 정 교수는 『고대문명교류사』사계절, 2001, 『실크로드학』창비, 2001, 『문명의 루트 실크로드: 비단길 속에 감추어진 문명교류사』효형출판, 2002, 『이슬람문명』창비, 2002, 『문명교류사 연구』사계절, 2002, 『실크로드문명 기행: 오아시스로 편』한겨레출판사, 2006, 『실크로드 도록: 육로 편』창비, 2014, 『실크로드 도록: 해로 편』창비, 2014, 『문명의 요람 아프리카를 가다』 전3권창비, 2018 등을 출판했다. 모두 국내 최초의 책들이었다.

정수일 교수는 중동 또는 아랍권의 책들을 번역해 출판했다. 그 첫 번째가 『이븐 바투타 여행기』 전2권창비, 2001이었다. 이븐 바투타 Ibn Battuta, 1304~1368/1369는 모로코에서 태어난 탐험가로, 흔히 『리흘라 *Rihla*)』라고 불린 그의 여행기는 이슬람 국가들과 중국 및 수마트라에 이르기까지 12만 킬로미터에 이르는 광범위한 여정을 다루었다. "한증탕 같은 여름철, 더덕더덕 땀띠 돋아난 엉덩이를 마룻바닥에 붙이고 하루 열댓 시간씩 뭉개며" 감옥에서 번역한 이 책으로 정 교수는 2002년 2월에 제42회 한국백상출판문화상을 받았다. 한국일보사 창업주 백상百想 장기영張基榮 전 경제부총리를 기념해 제정한 상이었다.

정수일 교수는 이어 스코틀랜드의 동양학자 헨리 율Henry Yule 경이 1866년경에 집필한 것으로 알려진 *Cathay and the Way Thither, Being a Collection of Medieval Notices of China*캐세이[중국]와 그곳으로 가는 길, 중국에 관한 중세지식 모음을 『중국으로 가는 길』사계절, 2002로 번역 출판했고, 신라의 승려 혜초가 인도의 다섯 나라를 순방하고 돌아온 뒤 저술한 『왕오천축국전』을 『혜초의 왕오천축국전』학고재, 2004으로 번역 출판했으며, 이탈리아 출신의 프란체스코회 수사修士로 14세기에 이란·서아시아·동남아시아·중앙아시아·중국 등을 여행한 오도리코 다포르데노네Odorico da Pordenone 또는 오도릭Odoric이 저술한 『동유기東遊記』를 『오도릭의 동방 기행』문학동네, 2012으로 번역 출판했다. 세계 독서계에서는 『이븐 바투타 여행기』, 『왕오천축국전』, 마르코 폴로의 『동방견문록』 그리고 오도릭의 『동유기』 등을 세계 4대 여행기로 꼽는다. 정 교수는 그것들 가운데 셋을 번역 출판한 것이다.

정 교수가 자신이 '북한 간첩'이었음을 인정하고 장기간에 걸쳐 복역하게 되면서 단국대학교는 불가피하게 그와의 공식 관계를 끊었다. 그러나 대학원 박사과정 학생에 이어 조교수에 이르기까지 12년 동안 단국대학교에서 닦은 학문이 그의 천재 그리고 시련에 결부되며 그를 국제적 석학으로 키운 것이다. 그는 2025년 2월 24일에 별세했다.

에스페란토 운동을 통한 공산권과의 관계 개선

'88올림픽의 서울 유치를 위한 대외 활동은 공산권과의 관계 개선을 위한 활동으로 이어졌다. 이 활동에서 중재의 에스페란토Esperanto 구사 능력이 한 몫을 맡았다.

한국의 에스페란토 수용 배경

새삼스러운 설명이 필요 없듯, 에스페란토는 1887년에 폴란드의 안과의사 루도비코 라자로 자멘호프가 창안한 국제 공용어이다. '에스페란토'는 '희망하는 사람'이라는 뜻으로, 이 언어를 쓰는 사람을 '에스페란티스토'라고 부른다. 자멘호프는 사람들 사이의, 또는 국가와 국가 사이의 분쟁과 갈등의 원천에는 언어가 개입되어 있다고 보면서 모든 사람이 똑같이 쓸 수 있는 단일한 언어가 있다면 분쟁과 갈등은 해소될 수 있다고 믿었다. 그래서 말이 서로 다른 민족 사이의 의사소통과 상호이해 더 나아가 인류평화에 이바지할 수 있는 국제적 통용의 단일어를 창안하기로 결심하고, 처음에는 오랜 기간에 걸쳐 유럽의 여러 지역에서, 특히 중세에는 가톨릭교회에서 쓰이다가 16세기 이후 쇠퇴해 결국 사실상 사어死語가 된 라틴어를 복구시키려고 했으나 라틴어가 어려운 언어임을 확인하게 되었다. 곧 영어를 자신의 목적에 맞게 고쳐보려 했으나 영어 역시 복잡한 언어라고 판단하게 되었다. 그러다가 러시아어로부터 암시받아 에스페란토를 개발해, 우선 1878년에 고등학교에서 실험했고, 이후 6년에 걸쳐 『성경』이나 셰익

스피어의 작품들을 스스로 에스페란토로 번역하며 개량하다가 마침내 1887년에 발표했다.

발음 체계는 슬라브어의 영향을 받았으나, 어휘는 주로 프랑스어와 스페인어 등을 포함하는 로망스어 그리고 독일어와 영어 등을 포함하는 게르만어로부터 채용했다. 현재 전 세계 약 2백만 명의 사람들이 에스페란토로 대화할 수 있다.[33]

에스페란토는 대한제국 시기에 일본인을 통해 한국에 들어와 고종황제와 안중근安重根 의사 등이 배우거나 사용했다. 안 의사가 이토 히로부미를 처단하고 세 차례 외친 '코레아 후라대한 만세'는 바로 에스페란토였다. 에스페란토가 특정한 어느 한 나라의 언어를 뛰어넘는 국제 공용어라는 사실이 일제의 침략에 저항하는 조선=한국인들의 마음을 움직였다고 한다. 이어 일제강점기에 『임꺽정』의 저자 홍명희洪命熹와 그의 아들 홍기문洪起文, 항일독립운동가 이관용李灌鎔, 조선공산당 창당을 이끈 박헌영朴憲永, 시인 김억金億, 훗날 조선일보사 부사장 및 국회의원으로 활동하는 유봉영劉鳳榮, 훗날 이화여자중고등학교 교장으로 활동하는 신봉조辛鳳祚 등이 에스페란토를 배웠다. 1919년 3·1운동으로 민족정신이 고양되면서 조선이 자주독립국임을 알리려는 운동의 물결 속에 조선의 에스페란티스토들은 김억을 중심으로 1920년 7월 31일에 서울에서 '조선에스페란토협회'를 창설하고, 에스페란토 보급에 힘썼다. 예컨대, 신봉조는 1923년 2월에 『강습용 에쓰페란토

---

33 특별한 별도의 출전을 밝히지 않는 한, 에스페란토와 한국에서의 에스페란토 운동에 관한 정보는 모두 다음에 의존했다. 한국에스페란토운동100년편찬위원회 편, 『한국에스페란토운동100년: 1920-2020』(한국에스페란토협회, 2021). 이 책에 앞서 한국의 에스페란토 운동에 관해 다음의 두 책이 출판되었다. 김삼수(金三守), 『한국에스페란토운동사』(숙명여자대학교출판부, 1976); 이종영(李種永), 『한국에스페란토운동80년사』(한국에스페란토협회, 2003).

독본』을 출판했는데, 이 책이 한국 최초의 에스페란토 교재였다. 그의 에스페란토 제자들 가운데 이광수李光洙가 있다.

이러한 흐름 속에서, 『동아일보』는 1924년에 에스페란토 고정란을 두어 에스페란토에 관한 김억과 박헌영을 비롯한 56명의 글을 실었고, 1931년 7월 3일부터 11월 10일까지, '동경조선유학생학우회' 회장으로 1919년 2월 8일에 조선의 독립을 선언한 행사에서 개회사를 맡았던 백남규白南奎의 에스페란토 지상 강좌를 100회에 걸쳐 실었다. 다른 한편으로, 신채호申采浩와 김산金山을 비롯한 몇몇 아나키스트 계열의 독립운동가들 역시 에스페란토를 사용했다. 그들에게 에스페란토는 독립운동의 무기였다.

일제 패망 직후인 1945년 10월에 이종하·이정호·박명줄 등은 대구에서 '대구에스페란토협회'를 창설하고, 1945년 12월 15일에 자멘호프 탄신에 맞춰 서울에서 항일독립운동가 김창숙金昌淑을 중심으로 '조선에스페란토학회'를 창설했다. 이 학회는 1948년 4월에 '한국에스페란토학회'로 개칭했다. 이후 에스페란토 운동은 여러 지역에서 여러 갈래로 나뉘어 전개되었고, 1970년대 중반에 이르러 서울에서는 크게 보아 두 개의 단체가 활동하고 있었다. 하나는 경제학자로 국제대학 교수인 서길수徐吉洙 박사가 이끌고 있었고, 다른 하나는 중앙정보부 2국장을 역임한 한무협韓武協 예비역 육군소장이 이끌고 있었다. 한장군이 펴내는 '희망'이라는 뜻의 *ESPERO*라는 에스페란토 전문지는 에스페란토 회원국들에 한국을 소개하는 데 큰 힘을 발휘하고 있었다.[34]

원래 에스페란토 운동은 세계 인류의 공통 언어와 인류평화를 추구

---

[34] 장충식, 「에스페란토 운동의 일선에 서다」, 『시대를 넘어 미래를 열다』, 368쪽.

하는 만큼 에스페란토로 출판되는 잡지는 이념과 체계를 초월해 회원국이라면 모두 구독하고 서로 교환하는 것이 의무였다. 자유 세계이든 공산 세계이든 이념과 체제를 이유로 잡지를 받아들이지 않고 거부하면 세계 에스페란토 사회에서 고립되게 되어 있었다. 중국 같은 공산국도 이 흐름을 받아들여 무려 약 35만 명이 에스페란토를 구사하고 있어 세계에서 가장 많은 에스페란토 회원을 지닌 나라로 공인되고 있었다. 자연히 중국은 에스페란토 방송국을 개설하고 있었다. 북한도 한때 에스페란토 운동을 허용했다. 자멘호프 탄신 100주년인 1959년에 평양에서 '조선에스페란토협회'가 창립되었고, 1964년에 에스페란토 사전이 출판되었으며, 평양국제방송에서 에스페란토 방송이 송출되었다. 그러나 이후 에스페란토 운동 그 자체를 억압해, 세계 에스페란토 사회에서 외면받고 있었다.[35]

중재의 한국에스페란토협회 활동

원래 외국어에 관심이 커 중국어와 일어 및 영어는 물론이고 프랑스어·독일어·스페인어 등 모두 여섯 나라 말에 친숙했던 중재는 1980년쯤부터 에스페란토 학습을 시작했다. 거기서 한 걸음 더 나아가 단국대학교에 에스페란토를 정식 교과목에 포함시켜 보급에 앞장서기도 했다.[36] 이 사실을 잘 알고 있던 신봉조 교장이 몇몇 운동가와 함께 중재를 찾아와 두 단체를 통합해 하나로 만들고 회장을 맡아달라고 '간청'했다. 중재는, 중재의 표현으로, "완강히 사양했다." 그러나 그들은 물러서지 않았다. 신 교장은 1919년의 3·1운동에 참여했다가 옥고

---

[35] 위와 같음, 368~369쪽.

[36] 장충식, 「노태우 전 대통령」, 233~234쪽.

를 치렀을 뿐만 아니라 이화여자중고등학교를 육성한 교육계의 원로였다. 더구나 신 교장은 중재의 부인 신동순 여사가 이화 학생이던 때 가르쳤고 장학금을 주어 서울대학교 사범대학에 진학할 수 있도록 격려한 분이어서, 중재로서는 그 어른의 '간청'을 끝내 '거역'할 수 없었다.[37]

에스페란토는 서양인에게는 배우기 쉽지만, 동양인에게는 서양인보다 덜 쉽다. 그러나 서양어에 익숙한 동양인에게는 어려움이 훨씬 덜하다. 중재 스스로 "다행히 스페인어와 불어에 많은 취미를 갖고 공부해 온 나에게는 에스페란토는 배우기 매우 간편하고 쉬웠다. 단어만 외우면 회화와 문장에는 별로 어려움이 없었다."라고 회상했다.[38]

이러한 배경에서, 중재는 1982년 9월에 '한국에스페란토협회' 회장으로 취임했다. 그가 우선 협회를 사단법인으로 등록해 제도화시킴과 동시에 협회의 사무실도 마련하고 운영비도 감당하면서 협회는 빠르게 발전했다. 협회의 기관지 *ESPERO*를 에스페란토 회원국 모두에게 빠지지 않고 보내, 특히 그 시점에서 한국과 국교가 없던 소련·중공·몽골·폴란드·헝가리·유고슬라비아 등 사회주의 및 공산주의 국가들과 인적 교류를 할 수 있는 교두보를 마련하기에 이르렀다. 중재는 1990년까지 8년에 걸쳐 회장으로 봉직하며 협회의 기반을 건실하게 만들었다. 이러한 바탕 위에서, 한국에스페란토협회는 1994년 7월 23~30일에 제79회 에스페란토협회세계대회를 서울 쉐라톤워커힐호텔 컨벤션센터에서 개최한 데 이어 같은 해 7월 30일~8월 6일에 제56회 세계청년에스페란토대회를 단국대학교 천안캠퍼스에서 개최했고, 2017년 7월 22~29일에 제102회 에스페란토협회세계대회를 한

---

37 장충식, 「에스페란토 운동의 일선에 서다」, 369~370쪽.

38 위와 같음, 370쪽.

국외국어대학교에서 열었다. 두 대회 모두에서 중재는 명예위원으로 지원을 아끼지 않았다.

중국 입국과 중국에서의 홍보 활동

마침 1986년 7월 27일부터 8월 2일까지 북경에서 제71차 에스페란토협회세계대회가 열렸다. 1905년 프랑스 불로뉴쉬르메르Boulogne-sur-Mer에서 제1차 대회가 개최된 이후 매년 정례적으로 열린 이 대회가 이제 서서히 '죽竹의 장막'을 거두면서 세계 앞에 문을 열기 시작한 중국에서도 열린 것이다. 이 대회에는 세계에서 약 5,000명의 에스페란티스토들이 참석했다. 중재는 한무협 장군 그리고 단국대학교 정치외교학과 교수로 제12대 국회의원으로 활동하던 김현욱金顯煜 박사 등 정관계 인사들을 대동한 채 그때로서는 수교가 없던 중국 정부로부터 정식으로 입국 비자를 받고 참석할 수 있었다.

1986년 7월이면 소련에서 고르바초프가 최고 권력자로 등장한 때로부터 약 1년 4개월 지나서였다. 소련공산당 중앙위원회 서기장 고르바초프는 개혁과 개방을 추구하는 가운데 미국의 로널드 레이건Ronald Reagan 대통령을 상대로 냉전을 완화시키고자 노력하고 있었고, 이것은 공산권 전체에 일정하게 영향을 미치고 있었으며, 중국도 비록 속도는 더뎠으나 역시 국제적 긴장 완화를 추구하고 있었다. 비록 그렇다고 해도, 중국은 여전히 북한과의 우호협력관계를 유지한 반면에 한국에 대해서는 비우호적이었고 한국인의 중국 입국을 엄격히 통제하고 있었다.

그러나 에스페란토세계대회의 개최국으로 한국인의 입국을 막을 수는 없었다. 앞에서 설명했듯, 주최국은 이념과 체제를 떠나 회원국대표는 무조건 받아들여야 했고, 만일 그렇게 하지 않으면 모든 다른 회원국들과 회원들은 불참하는 것이 관행이자 의무였다. 그렇다고 해도, 중재가 이끈 한국대표단의 중국 입국의 의미는 적지 않았다. 공식 관계가 전혀 없는 두 나라 사이에 굳게 닫혀 있던 문이 조금씩 열리기 시작했음을 의미하기 때문이었다.

중재는 총회 참석을 통해 1984년도 로스앤젤레스 올림픽에 불참했던 공산권 국가들이 서울 올림픽에 참여하도록 유도하는 계획을 세워 놓고 있었다. 정치적 색채를 띠지 않고 순수하게 한국의 산업 발전 상황과 문화 수준을 홍보하는 브로슈어를 에스페란토로 만들어 북경 총회에 배포하고 회원국 지도자들에게 발송한다는 계획이었다. 당시 서울 올림픽의 성공적 개최를 준비하던 노태우 대한체육회 회장은 크게 환영하며 재정 지원을 아끼지 않았다. 그 결과, 중재는 한국의 문화, 산업 시설, 아름다운 도시 풍경, 교육 시설, 산업 제품 등을 에스페란토로 설명하고 컬러로 인쇄한 책자를 대량으로 가져가 배포했다.[39]

북한정권은 자연히 입국 때부터 출국 때까지 중재와 대표들을 미행하거나 협박했다. 중재는 "정보 요원인지 외교관인지 정체를 알 수 없는 북한 요원들은 내가 머무는 호텔까지 찾아와 우리에게 온갖 욕설과 협박을 하기도 했다. 한마디로 '여기가 어딘지 알고 왔느냐, 죽고 싶냐.'라는 논지였고, 대회장도 가지 못하게 하려는 술책이었다."라고 회상했다.[40] 중재는 중국의 공안 당국에 항의 겸 신변 보호를 요청해 대회장에 출석했고, 한국대표단을 대표해 총회에서 연설을 에스페란토로 한국을 알리는 데 역점을 두고 연설해 큰 박수를 받았다.

---

39 위와 같음, 235~236쪽.

40 장충식, 「노태우 전 대통령」, 234쪽.

헝가리와의 교류 시작

홍보책자의 효과는 즉각적이었다. 헝가리 대표단의 일원인 긴스틀러 야노쉬Ginztler Janos 부다페스트공과대학교정식 명칭은 Budapest University of Technology and Economics 부총장이 중재를 찾아와 한국과 단국대학교에 대한 호감을 표시하면서 귀국한 뒤 서로 편지를 교환하자고 제의했다. 편지가 오가며 두 대학교는 앞으로 자매결연을 맺어 학생을 교류한다는 데 합의했다.

헝가리는 '마자르Magyar'족이 세운 나라이다. 한국 정치학계에서 처음으로 신복룡申福龍 교수가 지적했듯, 이때 '마자르'를 '마갸르'로 읽으면, 그것이 '말갈'임을 직감하게 된다.[41] 쉽게 말해, 헝가리는 고구려가 멸망한 뒤 그 유민이 발해를 세울 때 거기에 참여한 말갈족이 주축이 되어 세운 나라이다. 한민족과 말갈족 사이에는 민족학적으로 몇 가지 비슷한 점이 있다. 어린이들의 엉덩이에 몽골반점이 나타난다는 사실, 그리고 성姓을 앞세우고 그 다음에 이름을 적는다는 사실이 그것들이다. 그것들보다 더 중요하게, 한민족이 그러했듯 마자르족도 주변 강대국들로부터 끊임없이 침략을 당했다는 사실이다. 한때는 당시 유럽의 패권국이었던 오스트리아의 합스부르크 황실에 예속되어 '오스트리아헝가리합병제국'의 일원이 되어야 했고, 그 때문에 제1차세계대전의 패전국이 되어 영토의 약 67퍼센트와 인구의 약 58퍼센트를 잃어야 했다. 비운은 거기서 끝나지 않아, 제2차세계대전 때는 나치독일의 괴뢰가 되었다가 패전 직후 소련의 위성국 '헝가리인민공화국'이 되어야 했다. 여기에 저항해 헝가리 국민은 1956년 후반에 너지 임레Nagy Imre 총리를 중심으로 친서방적 자유화운동을 일으켰으나 소련군

[41] 신복룡, 『한국정치사론』 증보판(박영사, 1982), 7~27쪽.

의 침공과 억압으로 좌절의 쓴맛을 보아야 했다.[42]

이후 헝가리는 카다르 야노시Kádár János 아래 친소적이었으나 동유럽의 다른 공산국들에 비해 상대적 의미에서 개혁 지향적이면서 개선된 경제생활을 영위할 수 있었다. 이러한 분위기에서, 부다페스트공과대학교 부총장은 중재에게 접근하고 협력 방안을 논의할 수 있었다.

한국에서도 큰 변화가 일어났다. 1988년 2월 25일에 국민 직선을 통해 제13대 대통령에 당선되면서 제6공화국을 연 노태우 대통령은 1988년 7월 7일에 「민족자존과 통일번영을 위한 대통령 특별선언」, 이른바 7·7선언을 발표하고 자신의 대통령 선거 공약 가운데 하나였던 북방정책을 과감히 추진했다. 그 첫 가시적 열매는 헝가리와의 수교로 나타났다. 분단 이후 처음 이뤄진 공산권 국가와의 수교로, 1989년 2월 1일에 서울에서는 헝가리대사관이 문을 열었고 부다페스트에서는 대한민국대사관이 문을 열었다.[43]

중재는 곧바로 부다페스트공과대학교를 방문했다. 1782년에 개교했고 공산화 이전에는 3명의 노벨상 수상자를 배출함으로써 유럽의 명문대라 자부할 만한 전통을 지닌 대학교였다. 그러나 중재의 첫 눈에 대부분의 기자재는 많이 낡았고 새로 도입한 것은 없다는 사실을 느낄 수 있었다. 긴스틀러 부총장은 "우리 대학에는 원자로가 있으나 몇 해 전에 고장이 났어도 고칠 돈이 없어 쓰지 못하고 있어요. 이걸 고치면 헝가리만이 아니라 동유럽의 이공계 학생들을 위한 재교육 기

---

[42] 이하 헝가리의 대내외 상황에 대해서는 저자가 다음에서 자세히 썼기에 여기서는 각주를 생략하기로 한다. 김학준, 「노선을 두고 엇갈렸던 헝가리의 공산주의자들: 쿤 벨러, 너지 임레, 카다르 야노시, 루카치 죄르지」, 『혁명가들』(문학과지성사, 2013), 335~355쪽.

[43] 노태우 대통령의 북방정책에 대해 저자는 다음에서 자세히 썼다. 김학준, 『대한민국의 북방정책: 기원, 전개, 그리고 앞으로의 방향』(박영사, 2024).

관을 열어 공학 교육을 한 걸음 더 진전시킬 수 있을 터인데"라고 말을 꺼냈다. 중재가 공감하자 그는 1백만 달러만 지원해달라고 요청했다. 중재는 난감했다. '어렵다.'라고 말하자니 선량한 학자에게 실망을 주는 것 같고, '된다.'라고 말하자니 단국대학교의 형편도 여의치 않음이 떠올랐기 때문이었다. 그래서 중재는 단국대학교도 사립이라 학부형의 등록금에 의존하고 있는 만큼 교비 지원은 어렵다고 솔직히 말하고, 대신에 귀국해서 여러 방법을 찾아 도움이 되는 길을 꼭 마련하겠다고 약속했다. 이런저런 지원 사업을 하려면 우선 두 학교가 자매결연을 맺고 학생도 교환하는 것이 좋겠다고 제의했다.[44] 그리하여 2월 24일에 정식으로 단국대학교와의 자매결연에 합의했다.[45]

중재는 귀국 즉시 이상희李祥羲 과학기술처 장관을 만나 부다페스트공과대학교를 후원하자고 제의했다. 이 장관은 공감하며 검토한 뒤 300만 달러 정도는 가능하다고 대답하고는, 자신의 보고를 받은 노대통령이 궁금해한다면서 직접 면담할 것을 제의했다. 중재는 노 대통령을 만나 "대학 사이에 민간 교류가 확대되어야 헝가리를 비롯한 동유럽 지식인들에게 한국은 반공국가라는 고정관념을 말끔히 털어내어 마음을 사고, 이를 통해 대기업들이 진출하여 경제 교류로 확산시킬 수 있다."라고 강조했다. 중재와 오랜 인연을 유지해온 노 대통령은 중재를 전적으로 믿어주었고, 지원 규모를 300만 달러에서 500만 달러로 올려주었다.[46]

부다페스트공대는 이 지원금으로 원자로를 고치는 숙원 사업을 해결했다. 이어 공학생 재교육 과정을 신설해 주변 동유럽권의 인재들을

---

[44] 위와 같음, 237~238쪽.

[45] 『단국대학교60년사: 1947-2007』 하, 706쪽.

[46] 위와 같음, 538쪽.

불러들였고, 단국대학교에서 건축학 전공, 전자공학 전공, 물리학 전공의 세 명을 받아들였다. 그들 가운데 한 학생이 단국대학교 자연과학대학 물리학과를 졸업한 현준원 군으로, 그는 1994년에 물리학박사학위를 받았다. 이로써 현 군은 한국 최초의 동유럽권 유학생인 동시에 최초의 공산권 박사학위 수위자가 되었다. 그는 귀국해 모교의 교수로 봉직하고 있다.

다른 한편으로, 헝가리에서도 다섯 명의 학생이 단국대학교로 왔다. 그들은 동유럽권에서 들어온 최초의 사례가 되었다. 한국어나 영어에 익숙하지 않음을 고려해, 중재는 화곡동의 개인 집을 그들의 기숙사로 내놓았다. 대지가 160평 건평이 180평으로, 두세 명이 잘 수 있는 방이 일곱이나 있었다. 이 집은 선친이 물려준 유산에 부인이 저축한 돈으로 지은 집이었다. 한남동 집도 법선재로 기부한 뒤여서 평생 산다는 각오로 든든하고 고급스럽게 짓겠다는 결심으로 공사를 직접 감독하며 마련한 집이었다.[47] 이 사례에서도 재물에 대해 담백한 중재의 대인다운 면모를 보게 된다.

중재가 시작한 헝가리 대학과의 교류와 협력은 노태우 정부가 1992년 6월에 헝가리 정부와 합동으로 '한국·헝가리기술협력센터'를 세운 것을 계기로 더욱 활발해졌고, 한국과학기술원KAIST이 2016년 10월 19일에 부다페스트공과대학과 교류 및 협력에 관한 협정을 체결하는 것으로 발전했다. 헝가리 정부는 단국대학교의 개척적 공헌을 인정해 라슬로 쾨베르 헝가리 국회의장을 단국대학교에 보내 2016년 5월 9일에 장호성 총장에게 십자공로훈장을 수여했다. 이 훈장은 헝가리 정부가 외국의 민간인에게 수여하는 최고의 훈장이다.[48]

---

47 장충식, 「노태우 전 대통령」, 239~240쪽.

48 단국발전사편찬위원회 편, 『단국발전사』(경기도 용인시: 단국발전사편찬위원회,

헝가리 십자공로훈장 수훈식 후(2016.05.09), 왼쪽부터 처보 가보르 주한 헝가리 대사, 장호성 총장, 장 총장 부인 조기정 여사, 라슬로 쾨비르 헝가리 국회의장

단국대학교와 헝가리 대학들과의 교류는 계속해서 활발해졌다. 단국대학교는 2014년 5월에 부다페스트공과대학교, 엘떼대학교, 페이츠대학교, 세멜바이스대학교 등과 교류협약을 체결했으며, 한국과 헝가리 수교 25주년을 기념해 단국대학교 무용단은 2014년 5월 21일에 부다페스트 예술의 전당MUPA에서 유럽의 거장 마거 졸탄Maga Zoltan의 바이올린 연주와 엘떼대학교의 헝가리전통무용단과 함께 공연했다. 단국대학교 무용단은 2016년 9월 24일부터 10월 6일까지 스웨덴과 헝가리를 방문해 한국무용 공연을 펼쳤다. 헝가리에서 2013년에 자발적으로 결성된 한국전통무용동호회인 헝가리 무궁화무용단은 2016년 12월 25일에 단국대학교를 방문했다.[49]

2019), 308~309쪽.

[49] 위와 같음, 92~93쪽.

몽골 지도자들과의 교류

에스페란토 운동을 통한 공산권과의 교류는 몽골로 확대되었다. '몽골'이라는 말을 들으면, 우리나라 사람들은 인류의 역사에서 가장 넓은 영토를 지닌 몽골제국을 건설한 칭기즈칸, 그리고 그의 손자로 할아버지가 세운 제국의 판도를 더 넓혀 원元 제국을 이룩한 쿠빌라이 칸 등을 떠올리고 특히 고려를 자주 침략한 사실을 떠올릴 것이다. 이처럼 강성했던 몽골인들의 제국은 이후 쇠락과 멸망의 길을 걸어 한족의 명明과 여진족의 청淸의 지배를 차례로 받았고, 소수의 독립운동가들은 청이 멸망한 1912년 직전인 1911년 12월에 겨우 독립을 선언할 수 있었으나 그 영토는 흔히 외外몽골몽골공화국이라고 부르는 곳 하나로 크게 줄어들었다. 1917년 10월의 러시아혁명을 계기로 집권한 레닌정권의 후원을 받아, 젊은 지도자 수흐바타르를 중심으로 1921년 7월에 울란바토르Ulaanbaatar를 수도로 하는 몽골인민임시정부의 수립을 선언할 수 있었다. 이것은 1917년 10월혁명 또는 볼셰비키 쿠데타로 소비에트 국가가 세워진 이후 첫 번째 소비에트 국가였다. 이 정부는 곧 몽골인민상임정부로 승격하면서 러시아와 중국의 승인을 받았고, 1924년에 국호를 몽골인민공화국으로 확정지었다.[50]

소련의 위성국으로 출발한 몽골인민공화국은 여러 지도자를 거치면서도 '소련의 위성국'이라는 조롱을 받을 정도로 모스크바에 충실했다. 1985년 3월에 소련에서 고르바초프 체제가 등장하고 개혁과 개방을 지향하자 그동안 숨을 죽였던 몽골의 비판 세력은 제 목소리를 내

[50] 몽골의 정치적 변화에 대해 저자는 다음에서 자세히 썼기에 여기서는 각주를 생략하기로 한다. 김학준, 「'황금 요람'에 잠든 몽골의 공산주의자들: 수흐바타르, 초이발산, 체덴발」, 『혁명가들』, 669~693쪽.

기 시작했다. 그들은 유엔이 제정한 '세계인권의 날' 기념일인 1989년 12월 10일에 집권당 몽골인민혁명당에 대항하는 몽골민주연맹을 출범시키고, 1990년 3월 7일에 단식투쟁을 선언하면서 공산당 1당 독재체제의 종식과 다당제의 도입을 부르짖었다. 이어 스탈린 동상들을 철거해 소련의 '종주권'을 부인하고 몽골이 독자적인 길을 걸어야 한다고 공언했다. 이 과정에서 몽골민주연맹은 몽골민주당으로 확대되고 제1야당으로 자리를 잡았다.

이렇게 몽골에서 체제 전환의 길에 들어서기 위한 갈등이 시작되던 시점에, 중재는 몽골에 입국하면서 몽골과의 관계 개선을 모색했다. 중재는 에스페란토 사용을 바탕으로 푼살마긴 오치르바트Punsalmaagiin Ochirbat를 비롯한 몽골의 지도자들과 깊이 사귀고 있었고, 거기에 도움을 받아 몽골과 국교가 없었는데도 1987년부터 '88서울올림픽과 관련해 몇 차례 몽골에 입국할 수 있었다. 그러나 그 과정이 쉽지는 않았다. 중재의 회고에 따르면, "당시 국교가 없는 몽골에 입국하기 위해서는 일본이나 제3국에서 비자를 얻어야만 했고 몽골에 들어가는 데 빨리 가야 3일이 걸렸다." 그러나 그것보다 "가장 어려운 일은 북한 공관원들의 방해와 협박으로 우리 신변을 위태롭게 하는 것이었다."[51]

수도 울란바토르에 택시는 눈에 띄지 않았으며 현대적인 호텔이 없었다. 민주화운동이 한창이어서 사회는 불안정했다. 그래도 민주화운동을 주도하는 세력은 과격하지 않았다. 그때 대통령궁에 속했으나 시내에서 멀리 떨어진 별채에 머물던 중재가 시내로 들어갈 때는 군용 지프를 이용하게 하면서 보호해주었다.

체제 전환이 시도되는 과정에서, 다행히도 집권당인 몽골인민혁명

---

[51] 장충식, 『시대를 넘어 미래를 열다』, 373쪽.

당 역시 시대적 변환의 필요성을 인식하고 마르크스주의·레닌주의에서 벗어나 새 길을 걷고자 했다. 그러한 흐름 속에서, 오랜 기간에 걸쳐 북한과 외교관계를 유지해 온 몽골 정부는 북한과의 외교관계는 유지하면서 1990년 3월 26일에는 한국과 수교했다. 몽골로서는 체제 전환 이후 최초의 새로운 외교관계 수립이었다. 두 나라는 각각 서울과 울란바토르에 상주 대사관을 열었다.

몽골인민혁명당은 몽골민주당의 요구에 부응해 그들과 함께 원탁회의를 열고 몽골의 민주화를 위한 원칙들에 합의했다. 그 결과 1990년 7월 29일에 몽골 역사에서 처음으로 다당제에 기초한 민주적 자유선거가 실시되었고 연립정부가 출범했다. 초대 대통령으로는 1990년 9월에 중재의 지우이며 몽골인민혁명당의 지도자인 푼살마긴 오치르바트를 선출했다. 그는 1993년 6월에 재선되었으며 이때부터 대통령 임기는 4년으로 고정되었다.

단국대학교와 몽골의 관계 발전

중재의 주도 아래 단국대학교는 1990년 5월에 몽골 과학아카데미 수미야바타르 교수를 초청해 단국대학교 연구교수로 임명했고, 2개월 뒤 단국대학교 동양학연구소 이성규李聖揆 편찬원을 몽골국립대학교로 파견해 단국대학교 안에 몽골학과를 개설하는 일을 준비하게 했다. 몽골국립대학교는 1942년에 개교한 이 나라 최고의 대학교이다.

이 바탕 위에서 단국대학교는 1990년 11월 1일에 수도 울란바토르의 몽골국립대학교와 자매결연을 맺었고, 1991년 10월 22~24일에 몽골인민공화국 오치르바트 대통령이 방한한 계제를 활용해 23일에

오치르바트 몽골 대통령에 대한 명예 경영학박사 학위 수여식에서 축하 인사를 나누는 중재

명예경영학박사학위를 수여했다.[52] 정부는 오치르바트 대통령에게 서울대학교로부터 명예박사학위를 받을 것을 권고했으나 그는 극구 사양하고 단국대학교로부터 받겠다고 제의했다. 자기는 서울대학교와 아무런 관계가 없거니와 몽골국립대학교와 자매결연을 맺은 단국대학교가 아닌 다른 대학교에서 명예박사학위를 받는다는 것은 아무런 의미가 없다는 뜻이었다.[53] 그는 1992년 7월에는 국명도 종래의 몽골인민공화국에서 몽골리아Mongolia로 바꾼다.

단국대학교와 몽골과의 관계는 더욱 깊어졌다. 1992년 8월에 몽골국립대학교는 중재에게 명예박사학위를 수여했으며, 단국대학교는 1993년 3월 1일에 천안캠퍼스의 외국어대학 안에 몽골학과를 세웠

---

[52] 『단국대학교60년사: 1947-2007』 하, 712쪽.

[53] 장충식, 『시대를 넘어 미래를 열다』, 375~376쪽.

몽골 국립대학교 명예교수인 중재는 2005년 10월 25일 몽골 정부청사에서 한국과 몽골 수교 초기부터 단국대내 몽골어학과 개설 등 한국내 몽골 홍보에 기여한 공을 높이 평가받아 몽골 정부의 최고의 훈장인 '북극성 훈장'을 수훈했다.(우측은 남바링 엥흐바야르 몽골 대통령)

다. 이성규 교수가 초대 학과장을 맡아 신입생 20명을 선발했다. 단국대학교는 2001년 6월 26일에 몽골국립대학교 안에 단국치과병원을 개설하며, 중재는 2005년 10월 25일에 몽골 정부로부터 몽골 최고위급 훈장인 '북극성 훈장'을 받음과 동시에 몽골 소욤보대학교로부터 명예박사학위를 받는다.

단국대학교는 몽골에 대한 봉사를 계속했다. 예컨대, 단국대학교 의과대학 부속 단대병원은 2008년부터 몽골의 여러 지역에서 의료봉사

활동을 벌였다.[54] 몽골 정부는 2014년 6월 16일에 장호성 총장에게도 '북극성 훈장'을 수여한다. 다른 한편으로, 오치르바트는 대통령 임기를 마친 뒤 여러 차례 한국을 왕래했는데 그때마다 중재와 만나 우정을 나누었다.[55]

베트남과의 관계개선을 위한 노력

공산권과의 관계 개선을 위한 중재의 발걸음은 베트남으로 향했다. 우리가 제3장의 「조국 근대화에 공명」에서 보았듯, 중재는 1967년 8월 3일부터 보름 동안 단국대학교 총장 자격으로 '파월장병위문단'을

1991년 중재는 하노이 국립 공과대학과 자매결연을 맺고 다양한 지원 사업을 펼쳤다.

---

[54] 장호성박사업적백서간행위원회 편, 『도전과 창조의 여정』(경기도 용인시: 노스보스, 2020), 175쪽.

[55] 『시대를 넘어 미래를 열다』, 376쪽.

인솔하고 그때의 이름으로는 남베트남을 다녀왔다. 여러 전장戰場을 살핀 경험으로부터 "우리나라가 월남전에 참전한 것을 늘 가슴 아프게 여기고 있었고 […] 베트남에 대한 빚이 있다고 생각"한 중재는 "월남전이 끝난 후에 우리 한국은 월남인들에게 도움이 되는 원조 사업을 해야 하는 의무가 있다고 스스로에게 다짐했다."[56]

그래서 중재는 한국과 베트남이 수교하기 이전인 1991년에 베트남의 수도에 있는 하노이국립공과대학교Hanoi National University of Technology 총장 일행을 한국으로 초청했다. 모든 비용은 단국대학교가 부담했다. 베트남의 대학 총장이 한국에 오기는 처음이었다. 그해 11월 1일에 중재는 홍쭝옘 총장 및 안투안 기계공학대학 학장과 두 대학교 사이의 자매결연을 맺었다.[57] 동시에 중재는 노태우 정부에게 베트남과 하루 빨리 수교할 것을 촉구했다. 한국은 1992년 12월 22일에 대사급 외교관계를 수립한다.[58]

에스페란토 운동 또는 교류를 통한 민간외교가 준 교훈

헝가리로부터 시작해 베트남에 이르기까지 미수교 국가들과의 외교관계 수립에 일정하게 이바지한 중재는 자신의 그 모든 경험에 바탕을 두고 다음과 같이 교훈을 남겼다.

> 정치와 달리 에스페란토 운동이나 대학인 사이의 학술 교류는 이념의 규제에서 한 걸음 비켜설 수 있다. 나라와 나라의 관계는 이처럼 양국 정부의 공식적 의례보다는 민간인들의 우정에서 실마리를 찾는 것이 더 효

---

[56] 위와 같음, 376쪽.

[57] 『단국대학교60년사: 1947-2007』 하, 712쪽.

[58] 베트남에 관한 서술은 다음에 바탕을 두었기에 여기서는 각주를 생략하기로 한다. 김학준, 「베트남의 독립영웅 호찌민」, 『혁명가들』, 695~725쪽.

과적이고 장기적이다. 나는 대학인으로서 그러한 소명의식을 갖고 있었다. 선진국만 찾아가 편안한 교류를 하기보다 누구도 가기 꺼려하고 북한의 입김이 강한 사회주의 국가를 찾아가 작은 물꼬라도 터보려 애썼다. 지금도 그 신념과 의지는 변함없다. 조국의 미래를 위해 필요하다면 기꺼이 몸을 던져 민간 교류의 빗장을 열 것이다.[59]

[59] 장충식, 『시대를 넘어 미래를 열다』, 377~378쪽.

중재 장충식

단국대학교와 함께 민족의 화해와
통일을 향해 걸어온 대인

VII 남북체육회담과 대한적십자사를 통한 민족 화해와 통일 추구

1980년대 이전 남북체육회담의 역사

공산국가 루마니아의 수도 부쿠레슈티에서 1981년 여름에 열린 제11회 유니버시아드에 한국대표단을 이끌고 참가한 데 이어 1988년에 열릴 제24회 하계올림픽을 서울로 유치하기 위한 대외활동에 참가하며 에스페란토 운동을 바탕으로 중국을 비롯한 미수교 공산국가들과의 학술교류를 선도하던 중재는 1985년 이후 남북한 사이의 체육회담에 적극적으로 참가하기에 이르렀다. 북한을 상대로 하는 회담은 어떤 회담이든 합의를 이끌어내기 쉽지 않았다. 그래도 중재는 특유의 협상력을 발휘해, 남북 분단 이후 처음으로 남북축구경기를 1990년 10월 11일에는 평양에서 10월 23일에는 서울에서 개최하는 데 성공했고, 1991년 4월 24일부터 5월 6일까지 일본 지바현千葉縣 지바시千葉市에서 열린 제41회 세계탁구선수권대회와 1991년 6월 14일부터 6월 30일까지 수도 리스본Lisbon을 비롯한 포르투갈의 다섯 도시에서 열린 FIFA국제축구연맹 산하 세계청소년축구선수권대회에 남북단일팀을 파견할 수 있었다.

중재는 또한 2000년 8월에 대한적십자사 총재로 선임된 이후 북한을 방문하면서 현황을 파악하기도 하고 이산가족의 상봉을 실현하기도 하는 한편 지원사업을 이끌었다. 서로 연결된 그러한 활동의 바탕에는 민족의 화해와 통일을 위해 헌신해야 한다는 단국대학교의 건학정신에 바탕을 둔 중재 나름의 사명감이 놓여 있었다.

IOC 회원 자격을 선점한 대한올림픽위원회

남북축구경기 개최와 남북단일팀 성사가 갖는 역사적 의미를 충분히 이해하기 위해 우리는 우선 1945년 8월 15일에 분단된 이후 남南과 북北이 스포츠 분야에서 무엇을 위해 어떻게 다투었는지 그 험난한 역사를 회고할 필요가 있다. 분단 이후 남과 북은 여러 다른 분야에서도 그러했지만 체육 분야에서도, 그 가운데서도 국가의 위상과 이미지가 대중에게 쉽게 각인되는 올림픽 분야에서, 심한 경쟁을 벌였다. 그 경쟁은 1980년대를 전후해 두 개의 서로 반대되는 흐름을 보여주었다. 단순화시켜 말해, 1980년대 이전에는 남은 북을 의도적으로 무시하거나 배척하며 단독 출전의 길을 걸었고, 북은 자신의 국제적 지위를 높이려는 의도에서 남과 북의 동시 출전 또는 단일팀으로서의 출전을 추구했다. 이 시기의 경쟁에는 남이 월등히 유리했다. 남을 대변하는 미국의 영향력이 북을 대변하는 소련의 영향력보다 훨씬 컸기 때문이다.

1980년대에 들어서서, 남과 북은 그 이전에 걸었던 길에 매우 대조되는 길을 걸었다. 미국과 소련 사이의 긴장완화로 요약되는 국제환경의 변화에 따라, 그리고 국내에서 민족의 화해와 협력을 요청하는 목소리가 높아짐에 따라, 남은 북과의 단일팀 구성을 위해 노력했다. 반면에 북은 단일팀 구성을 방해하거나 공동개최를 추구했다. 중재는 이처럼 녹록지 않은 상황 속에 남북체육회담에 참가해 남북축구경기 개최 그리고 세계탁구선수권대회와 세계청소년축구선수권대회에 파견할 단일팀 구성을 이뤄낸 것이다.[1]

---

[1] 이 주제에 관한 설명은 다음에서도 읽을 수 있다. 이학래(李學來), 『남북 체육 교류와 한반도 평화』(경기도 용인시: 노스보스, 2020), 133~146쪽, 제6장, 제7장, 제8장 및 부록. 남북체육회담에 여러 차례 참가한 이학래 교수는 이 책에 자기 경험도 자세히 반영했으며, 다음 논문도 활용했다. 박주한(朴柱漢), 「남북한 스포츠 교류의 사적 고찰

1947년 6월 15일에 스웨덴의 수도 스톡홀름Stockholm에서 개막한 국제올림픽위원회IOC 제40차 총회는 20일에 '미군정 아래의 조선'에서 1946년 7월 15일에 항일독립운동가이며 조선체육회 회장인 여운형呂運亨을 위원장으로 출범한 조선올림픽위원회KOC에 한반도 전체를 대표하는 IOC 회원 자격을 부여했다. 미국에서 이승만을 지지하며 항일독립운동에 참가한 실업인 이원순李元淳이 스톡홀름 현지에서 조선올림픽위원회를 대표해 IOC를 상대로 벌인 노력이 컸다. 이원순은 일제의 조국 강점을 받아들이지 않았기에 일제의 국적을 거부했고, 독립운동을 펴며 살던 망명지인 미국의 국적도 거부했기에 무국적자가 되어 여권을 만들기가 매우 어려웠고 따라서 입국사증을 받기도 매우 어려웠다. 이러한 불리한 상황을 비상한 방법으로 돌파하며 여권과 입국사증 모두를 얻어낸 것이다.[2] 이 시점에 북한에는 북한을 단위로 하는 '국가올림픽위원회' 자체가 없었던 것이 IOC의 결정에 일정하게 영향을 끼쳤을 것이다. 안타깝게도 이 쾌거가 이뤄진 때로부터 1개월 뒤인 7월 19일에 여운형은 해방공간을 특징지은 정치적 혼란과 테러 속에서 암살되었다.

IOC가 '1국가 1국가올림픽위원회' 원칙을 채택함에 따라, 북한의 IOC 가입과 개별적 올림픽대회 참가는 불가능해졌다. 실제로, 1948년 1월 30일부터 2월 9일까지 스위스 생-모리스Saint-Maurice: '생모리츠'로 표기되기도 했다.에서 열린 제7회 동계올림픽에 조선올림픽위원회가 파견한 선수들만이 참가할 수 있었고, 이것이 조선올림픽위원회로서는 최초의 올림픽 참가였다. 한국선수단은 태극기를 앞세우고 출전함으로써 올림

과 전망」, 한국체육대학교대학원 박사학위청구논문, 1997년 8월.

2 이원순은 그 과정을 다음에서 자세히 회고했다. 이원순, 『세기를 넘어서: 해사(海史) 이원순 자전(自傳)』(신태양사, 1989), 320~331쪽.

픽에 한국선수단이 태극기를 앞세우고 출전한 첫 사례를 기록했다.[3]

이어 대한민국 정부가 수립되기 직전인 1948년 7월 29일부터 8월 14일까지 런던에서 열린 제14회 하계올림픽대회에도 대한민국만 참가할 수 있었다. 참가에 필요한 경비를 조달하기 위해 항일독립운동가로 미군정에서 초대 민정장관으로 활동한 안재홍安在鴻을 위원장으로 하는 '런던올림픽후원회'가 결성되었고, 후원회는 국민을 상대로 올림픽 후원권을 발행해 확보한 7,100만 원미화 약 8만 달러을 정환범鄭桓範 조선체육회 회장을 단장으로 하는 선수단에 넘겨주었다. 이 올림픽에서 제11회 베를린 하계올림픽의 마라톤 금메달리스트 손기정孫基禎 선수가 대한민국 선수단의 기수로 태극기를 들고 입장했으며, 김성집金晟集 선수가 역도 미들급에서 동메달을, 한수안韓水安 선수가 권투 플라이급에서 역시 동메달을 획득해 종합 32위에 올랐다. 런던올림픽이 끝난 다음 날인 1948년 8월 15일에 대한민국 정부가 수립되면서 조선체육회와 조선올림픽위원회는 각각 대한체육회와 대한올림픽위원회로 개칭했다.[4]

제3차 유엔총회는 1948년 12월 12일에 파리에서 열린 회의에서 대한민국 정부를 한반도에서 유일한 합법정부로 승인한 것으로 해석되는 결의안을 채택했다. 이 결의안에 근거해, 대한민국 정부는 자신만이 한반도 전체에서 대표권을 갖는다는 '유일 대표권sole representation'을 주장했고, 1955년 9월 22일에 서독 외무부 차관 발터 할슈타인Walter Hallstein이 서독만이 독일 전체를 대표한다는 '유일 대표권'을 가졌다고 주장하면서 동독을 승인한 국가와 단교하는 원칙을 제시하자 거기에 호응해 한국판 '할슈타인 독트린'을 표방했다. 이에 따라 국제

---

3 대한올림픽위원회 편, 『KOC 50년사 1946-1996』(대한올림픽위원회, 1996), 52~53쪽.

4 위와 같음.

올림픽계에서도 대한올림픽위원회는 북한을 승인하는 것으로 해석되는 모든 움직임을 철저히 거부하는 자세를 견지했다.

1952년 7월 19일~8월 3일에 핀란드의 수도 헬싱키Helsinki에서 제15회 하계올림픽 경기대회가 열렸다. 이 대회는 올림픽 역사에서 소련이 처음 참가한 대회로, 그리고 그때만 해도 국제사회에 소련의 강력한 영향 아래 놓인 소련의 위성국처럼 비쳤던 핀란드의 국가적 위상을 높인 대회로 기억되고 있다. 또한 '돈 한푼 없는 고아로 자라 백만장자로 성장한 전설적인 인물' 에이버리 브런디지Avery Brundage 미국올림픽위원회 위원장이 IOC 위원장으로 선출된 직후 성공적으로 거행한 대회로 각인되고 있다. 이 대회에도 대한민국만 참가할 수 있었다. 6·25전쟁이 진행되던 때여서 불참도 고려했던 대한민국은 강준호姜俊鎬 선수가 권투 밴텀급에서 동메달을, 김성집 선수가 역도 미들급에서 역시 동메달을 획득해 종합순위 37위에 올랐다. 이 대회에는 한국과 마찬가지로 분단국들 가운데 서독만 참가할 수 있었다.

동독은 올림픽 참가를 위한 전제 조건으로 IOC 가입을 시도했다. IOC는 1955년에 독일에도 '1국가 1국가올림픽위원회' 원칙을 적용해 동서독의 단일팀 구성을 조건으로 동독의 IOC 가입을 승인했다. 동서독은 이 결정을 받아들여, 1956년 11월 22일에 호주 멜버른Melbourne에서 열린 제16회 하계올림픽에 처음으로 단일팀을 구성해 참가했다. 이 관행은 1960년 8월 25일에서 9월 11일까지 이탈리아의 로마에서 열린 제17회 하계올림픽과 1964년 10월 10일에서 10월 24일까지 일본의 도쿄에서 열린 제18회 하계올림픽까지 계속되었다. 그러나 자신이 서독과는 별개의 독자적 국가임을 표방하던 동독의 끈질긴 시도로 IOC는 1965년 10월에 동독이 별도로 참가할 수 있도록 허용했고, 이에 따라 동독과 서독은 1968년 10월 12일~10월 27일에 멕시코의 멕시코시티에서 열린 제19회 하계올림픽 이후 각각 단독으로 참가한다.

북한의 IOC 가입 추진과 좌절

동독이 1955년에 IOC에 가입하는 것을 본 북한은 거기에 자극받아 자신의 IOC 가입을 추진했다. 우선 조선로동당 중앙위원회 위원장 김일성은 1956년 4월 23~29일에 열린 조선로동당 제3차 대회에서 '남북체육 교류'를 제의했고, 같은 해 10월에는 평양의학대학 학생들이 서울대학교 학생들에게 과학·문화·체육 분야의 교류를 제의했다. 1953년 9월에 조직된 북한의 조선민주주의인민공화국올림픽위원회는 1956년 11월 22일에 호주 멜버른에서 열린 IOC 제52차 총회에 가입신청서를 제출했으나 부결되었다. 이로써 단독 참가가 어려워지자 조선민주주의인민공화국올림픽위원회는 1957년 6월 11일에 1960년에 로마에서 열릴 제17회 하계올림픽에 남북단일팀을 구성해 출전할 것을 대한올림픽위원회에 제의했다.[5] 그러나 대한민국이 한반도 전역에서 '유일 대표권'을 갖고 있다는 논리 위에서 한국판 '할슈타인 독트린'을 고수한 대한올림픽위원회는 북의 제의를 정치 공세의 일환으로 보고 대응하지 않았다.

[5] '조선민주주의인민공화국올림픽위원회'의 제의는 1957년 6월 11일의 『로동신문』을 통해 나타났다. 이하 대한올림픽위원회와 조선민주주의인민공화국올림픽위원회 사이의 관계 그리고 두 위원회에 대한 IOC의 입장과 제의 등은 다음에서도 자세히 설명되었다. 최진환(崔進桓), 「최진환의 블랙박스: IOC비사 시리즈」, 『Ohmynews』(2020년 12월 11일~2021년 2월 12일). 필자는 북한대학원대학교에서 「IOC의 조선민주주의인민공화국올림픽위원회 승인에 관한 연구」라는 논문으로 2020년 2월에 북한학 박사학위를 받았다. 이 논문은 남북한의 IOC와의 관계를 IOC의 자료에 바탕을 두고 상세히 추적했다.

1957년 9월에 불가리아의 수도 소피아Sofia에서 열린 IOC 제54차 총회의 새로운 결정은 남북관계에 일정한 범위 안에서 변화를 가져오게 하는 요인이 되었다. 북한의 조선민주주의인민공화국올림픽위원회가 그 활동 범위를 북한 지역에 국한하며 올림픽 대회 참가는 대한올림픽위원회의 일원으로서만 가능하다는 조건 아래 가입을 받아들임에 따라, 조선민주주의인민공화국올림픽위원회는 1957년 12월 18일에 다시 1960년의 로마올림픽에 남북단일팀을 구성해 파견할 것을 대한올림픽위원회에 제의한 것이다.

1959년 5월에 서독 뮌헨München에서 열린 IOC 제56차 총회는 로마올림픽 때 남북단일팀으로 참가할 수 있도록 중립 지역에서 남북 사이의 체육회담을 개최할 것을 남과 북에 제의했다. 당시 IOC 사무총장이던 스위스인 오토 마이어Otto Mayer가 남북 단일팀 구성에 열성적이었다. 조선민주주의인민공화국올림픽위원회는 이 제의를 받아들였으나 대한올림픽위원회는 기존의 노선을 유지하면서 거부했다. 결국 남북체육회담은 성사되지 않았고, 1960년의 로마올림픽에는 한국만 참가하게 되었다.[6]

로잔 및 홍콩에서의 남북체육회담

1962년 6월에 소련의 모스크바에서 열린 IOC 제59차 총회는 남북한이 단일팀을 구성하도록 대한올림픽위원회에 압력을 가했다. 그 결과 그사이 단일팀 구성에 반대했거나 매우 소극적이었던 대한올림

[6] 남북 단일팀 구성과 그것에 관련된 문제들은 다음에서 자세히 설명되었다. 이준한(李俊漢), 「남북 단일팀과 단일기: 역사와 특징」, 『통일정책연구』 제27권 제2호(2018년 12월), 55~85쪽.

픽위원회는 국제올림픽위원회의 중재에 따라 조선민주주의인민공화국올림픽위원회를 상대로 1963년 1월 24일에 스위스 로잔Lausanne의 IOC 본부에서 단일팀 구성을 위한 체육회담을 열었다.

이 회담은 하루만에 가장 논쟁적인 주제들인 국기國旗와 국가國歌 그리고 선수와 임원 선발 등에 대해 원칙적인 합의를 보았다. 이 합의에는 국가를 '아리랑'으로 한다는 합의가 포함되었다. 이후 남과 북은 1963년 5월 16일~6월 1일과 7월 26일에 홍콩에서 회담을 이어가면서 구체적 세부 사항을 논의했다. 그러나 합의에 이르지 못했다.[7]

IOC 바덴바덴 총회: 북한 올림픽위원회 승인

이에 1963년 8월에 서독 바덴바덴Baden-Baden에서 열린 IOC 제60차 총회는 (i) 남과 북이 각각 별개의 팀으로 1964년 도쿄올림픽에 참가하도록 허용했고, (ii) 조선민주주의인민공화국올림픽위원회를 정식 국가올림픽위원회로 인정했다. 이 결정에 따라, 조선민주주의인민공화국올림픽위원회는 우선 1964년 1월 29일~2월 9일에 오스트리아의 인스브루크Innsbruck에서 열린 제9회 동계올림픽에 북한 선수단을 파견할 수 있었다.[8] 이것은 북한으로서는 최초의 올림픽 참가였으며, 역시 이 대회에 선수단을 파견한 남한과의 최초의 동시 참가였다. 남과 북은 그 어느 쪽도 메달을 따지 못했다.

이어 10월 10일~10월 24일에 남과 북은 도쿄에서 열린 제18회 하

---

[7] 김재우(金載祐), 「1963년 로잔 남북 체육회담에 관한 역사적 연구」, 『한국체육학회지』 제52권 제4호(2013년 7월), 21~33쪽; 김재우, 「1964년 동경올림픽대회 남북단일팀 구성을 위한 제2차 홍콩 체육회담에 관한 연구」, 『한국체육학회지』 제52권 제6호(2013년 11월), 1~9쪽.

[8] 이준한, 「남북 단일팀과 단일기」, 64~65쪽.

계올림픽대회에 별개의 팀을 파견했다. 일본은 아시아에서 처음 열린 이 올림픽대회를 통해 패전국의 이미지를 씻고 '새로운 일본'의 이미지를 각인시키기 위해 많은 노력을 기울였고, 그만큼 높은 국제적 관심을 불러일으켰다. 하계올림픽대회에 처음으로 남과 북이 동시에 참가하게 됨에 따라 한국에서도 관심이 늘었다.

도쿄올림픽과 남북한

1964년 10월 5일에 일본에 도착한 북한의 선수단에는 '전설적'인 여자 육상 경기 선수 신금단辛今丹이 포함되어 있었다. 신금단은 1963년 11월 10일~11월 22일에 인도네시아의 수도 자카르타Jakarta에서 열린 '신흥국경기대회Gemes of the New Emerging Forces: GANEFO'[9] 제1회 대회에서 육상 200m, 400m, 800m 부문 모두에서 금메달을 받아 3관왕이 되었다. 특히 400m와 800m에서 51초 4와 1분 59초 1로 각각 세계신기록을 세웠다. 가네포는 IOC에 대항해 중화인민공화국을 비롯한 공산권 및 제3세계 국가들이 출범한 경기대회여서, IOC는 가네포에 참가한 선수들의 IOC 주최 올림픽 참가를 거부했고 가네포의 기록을 공인하지 않았다.

그러한 배경에서, IOC가 신금단의 도쿄올림픽 참가를 거부하자 여

[9] 가네포에 대한 설명은 다음에서 읽을 수 있다. (ⅰ) 허복(許垘)·오동섭(吳東燮), 『올림픽정치사』(보경문화사, 1985), 173~181쪽. (ⅱ) Dong-Soub Oh, "GANEFO and the Olympic Movement," 『체육과학연구지』(경북대학교체육과학연구소), 제2권(1986), 1~18쪽. (ⅲ) 윤득헌(尹得憲), 『올림픽의 정치』(레인보우북스, 2009), 87~122쪽.(ⅳ) 이병한(李炳翰), 「냉전기 중국과 아시아(1) - 가네포(GANEFO)를 중심으로」, 『대동문화연구』(성균관대학교대동문화연구원), 제78권(2012년 6월), 355~403쪽.

기에 항의해 북한 선수단은 개막을 하루 앞두고 전원이 불참하며 귀국했다. 이때 1951년의 1·4후퇴를 계기로 월남한 아버지 신문준辛文濬이 도쿄를 급히 방문하고 부녀 상봉을 시도했으나 10월 9일 북한 선수단의 철수를 한 시간 앞둔 시점에서 7분 정도의 만남으로 끝나 분단의 비극을 새삼 일깨웠으며, 이 비극을 계기로 남한에서는 「눈물의 신금단」[노래 황금심(黃琴心)]이라는 노래가 유행했다.

남북체육회담의 동결과 해빙 그리고 재동결

이후 남과 북 사이에는 체육회담이 한 차례도 열리지 않았다. 동서 냉전이 여전히 깊어지고 있는 국제환경에 더해 남북관계가 전쟁 한 걸음 직전까지의 대결로 치닫고 있었기 때문이다. 남南은 박정희 대통령의 강력한 반공·반북정책 아래, 대한민국이 한반도에서 '유일 대표권'을 갖고 있으며 북한정권을 인정할 수 없다는 한국판 '할슈타인 독트린'을 고수했다. 북北은 북대로 1965년 4월 15일에 김일성이 '조선의 혁명을 위한 3면 혁명'론을 표방하면서 훨씬 더 강경한 대남정책을 추구했고, 그것은 실제로 1968년 1월 박 대통령의 암살을 위한 무장공비의 청와대 기습과 미 해군 푸에블로호 나포 및 11월 동해안지역으로의 대규모 게릴라부대 침투 그리고 1969년 4월 15일 동해안에서의 미 해군 정찰기 EC-121의 격추로 나타났다. 북한의 이러한 호전적 행위들은 당연히 남한에서 남북체육회담의 개최와 같은 발상 자체를 크게 위축시켰다.

1970년대에 들어와 국제관계는 긴장완화의 방향으로 전개되었고, 그것은 1972년 2월 닉슨 미국 대통령의 중국 방문 그리고 모택동 중국공산당 주석 및 주은래 중화인민공화국 총리와의 회담에 상징되었다.

그 영향은 한반도에서는 1972년 7월 4일에 서울과 평양에서 동시에 발표된 「남북공동성명」으로 나타났다. 곧이어 1972년 8월 26일~9월 12일에 서독 뮌헨에서 제20회 하계올림픽이 열렸다. 남과 북은 단일팀 구성을 논의하기 위한 시간적 여유를 갖지 못해, 각각 대표단을 파견했다. 북한이 하계올림픽에 참가한 것은, 그리고 남과 북이 하계올림픽에 동시에 참가한 것은 이번이 처음이었다.

이 계제를 활용해, 대한올림픽위원회 김택수金澤壽 위원장과 조선민주주의인민공화국올림픽위원회 오현주吳鉉周 위원장은 9월 8일에 뮌헨시 쉐라톤호텔에서 만나 7·4남북공동성명의 원칙에 따라 남과 북 사이에 체육교류를 활성화하기로 합의하고 그 목적을 달성하기 위해 서울과 평양에서 회담을 연다는 데 합의했으며 그 뜻을 담은 공동성명을 발표했다.[10] 그러나 40일 뒤 서울에서 '유신'이 공포되고 다시 2개월 뒤 평양에서 개헌이 발표되며 남북 사이에 상호 비난과 비방이 계속되면서 체육회담은 열릴 수 없었다.

교착된 남북관계에서 돌파구를 열려는 시도는 1973년 6월 23일 같은 날에 남과 북 모두에서 나타났다. 박정희 대통령은 「평화통일외교정책에 관한 특별성명」약칭 6·23 선언을 통해 "북한이 우리와 같이 국제기구에 참여하는 것과 국제기구에 가입하는 것을 반대하지 않는다."라고 밝혀 사실상 한국판 할슈타인 독트린의 폐기를 다짐했다. 동시에 "대한민국은 호혜평등의 원칙 하에 모든 국가에게 문호를 개방할 것이며, 우리와 이념과 체제를 달리하는 국가들도 우리에게 문호를 개방할 것을" 촉구했다. 대조적으로, 김일성 주석은 "남북 사이에 모든 각계각층 인민의 대표자들과 정당·사회단체의 대표자들로써 대민족회

[10] 『동아일보』(1972년 9월 9일, 1쪽).

의를 열어 '고려련방공화국'이라는 단일 국호 아래 통일국가를 세울 것"을 제의했다.[11] 남南이 김 주석의 제의를 거부하고 북北이 박 대통령의 제의를 거부하면서 남북대화는 막혔다.

1975년 4월에 북베트남이 남베트남을 무력으로 정복하면서 통일을 성취한 역사적 사변은 김일성을 크게 고무시켰다. 그는 북경을 방문하고 모택동과 주은래 및 등소평鄧小平 등 중국공산당 핵심 지도부와 회담하면서 북한식의 통일을 지원할 것을 요구했으나 거절당했다. 이후 국제사회에서 남북대화의 재개를 위한 여러 구상이 제기되었지만, 어느 하나도 실현되지 않았다.[12]

1979년 4월 25일~5월 6일에 평양에서 제35회 세계탁구선수권대회가 열리게 되었다. 대한탁구협회는 세계탁구연맹의 회원으로 이 대회에 참가할 자격을 당연히 100% 지녔다. 그러나 주최권을 지닌 북北은 처음부터 남南의 참가를 고의적으로 배제하고자 했다. 1979년 2월 27일부터 3월 12일까지 네 차례에 걸쳐 판문점에서 열린 회담에서 남은 대한탁구협회의 참가를 보장할 것을 요구한 데 대해 북은 그 요구를 논의하기에 앞서, 또는 실제로는 그 요구를 무시한 채, 단일팀 구성 원칙부터 합의하자고 고집했다. 이견을 조정하기에 시간이 너무 촉박한 데다가 북은 남의 참가를 원칙적으로 봉쇄하려 했기에 성사될 수 없었다.[13] 이때 북이 보여준 협상 행태는 뒤에서 기술한 「단일팀 구성을 위한 남북체육회담」에서 보게 되듯 남의 대북 협상에 일정하게 영향을 준다.

---

[11] 이 제의들은 다음에서 자세히 논의되었다. 김학준, 『대한민국의 북방정책: 기원·전개·성과 그리고 앞으로의 방향』(박영사, 2024), 91~94쪽.

[12] 위와 같음, 98~103쪽.

[13] 대한올림픽위원회 편, 『KOC 50년사』, 82~83쪽; 김재우, 「제35회 평양 세계탁구선수권대회(1979) 남북단일팀 구성을 위한 체육회담」, 『한국체육학회지』 제53권 제6호(2014년 12월), 15~25쪽; 이학래, 『남북 체육교류와 한반도 평화』, 140~141쪽.

1980년대의 남북체육회담과 중재의 첫 참가

남북정상회담 개최를 시도한 남南과 서울올림픽 파탄을 시도한 북北

이처럼 남북관계가 폐색되어 있던 상태에서, 남南에서는 1979년 10월 26일에 박정희 대통령이 시해된 데 이어 12월 12일에 신군부에 의한 군사정변이 일어났으며, 1980년 5월 18일에 신군부가 전라남도 광주시와 그 일원에서 일어난 민주화운동 때 시민들을 유혈진압한 참사가 일어났고, 1980년 9월 1일에 신군부의 지도자 전두환全斗煥이 대통령으로 취임했다. 비슷한 시점인 1980년 10월 10일~14일에 북한은 조선로동당 제6차 대회를 열고 김일성의 장남 김정일金正日을 후계자로 공식화하면서 기존의 '고려련방공화국'에서 한 걸음 더 나아간 '고려민주련방공화국' 창설을 제의했다. '정통성 위기'에 직면해 있는 데다가 북한의 공세가 겹쳐지자 그 돌파구로 전 대통령은 1981년 1월 12일에 김일성 주석을 상대로 정상회담의 개최를 제의했다. 1981년 3월 3일에 다시 대통령에 취임해 제5공화국을 출범시킨 그는 이후 남북정상회담 개최안을 되풀이했다. 그러나 북한은 거절했다.

우리가 제6장의 「'88올림픽 개최지 선정 과정」에서 보았듯, 1981년 9월 30일에 서독의 바덴바덴에서 열린 IOC 제84차 총회는 1988년 여름에 열릴 제24회 올림픽 개최지로 서울을 선정했다. 이 결정은 북한에 큰 충격이었다. 북한은 시기와 질투의 눈으로 바라보면서 처음에는 서울올림픽 그 자체를 파탄시키고자 했다. 그 시도의 하나로 전 대통령 일행 가운데 핵심 수행원들이 버마오늘날의 미얀마의 수도 랑군오늘날의 양곤을 방문한 계제인 1983년 10월 9일에 버마의 국부 아웅산을 기념하는 묘소를 참배했을 때 폭탄을 터트려 폭사시켰다. 버마 정부는 북한의 오랜 지지자였는데도 곧바로 북한과 단교했으며, 중국공산당 역시 북한을 공개적으로 비난했다. 전 대통령은 늦게 도착해 화禍를 피할 수 있었으나, 만일 그가 죽었더라면 남한은 대혼란에 빠져 올림픽을 개최하기 어려웠을 것으로, 북한은 바로 그 점을 겨냥한 것이었다.

북한으로서는 국제사회의 비난에서 벗어나는 일이 시급했다. 우선 김일성은 남측의 남북정상회담 제의를 논의하겠다는 뜻을 전달했다. 이어 1984년 3월에 남측을 상대로 7월 28일~8월 12일에 로스앤젤레스에서 열릴 제23회 하계올림픽에 단일팀으로 참가하는 문제를 논의하기 위한 체육회담 개최를 제의했고 남측이 받아들임에 따라 4월 9일~5월 25일에 세 차례에 걸쳐 회담이 판문점에서 열렸다. 그러나 합의에 이르지 못했다.[14] 북한을 포함한 공산권 국가들은 서방권이 1980년 7월 9일~8월 3일에 모스크바에서 열린 제22회 하계올림픽을 거부한 데 대한 보복으로 로스앤젤레스 대회에 불참했다. 자연히 남북한 단일팀 구성 문제는 더 이상 논의될 필요가 없어졌다.

1984년 9월에 남한에서 수재가 발생하자 북한은 '구호물자'를 지원하겠다고 제의했으며, 남한은 그 '구호물자'가 필요하지 않았는데도 남북관계를 개선시키는 것이 서울올림픽의 성공을 위해 필요하다는 판단에서 받아들였다. 이것은 1984년 11월부터 1985년 11월까지 남북경제회담의 개최로 이어졌고, 1984년 12월 25일에 전 대통령의 특

---

[14] 대한올림픽위원회 편, 『KOC 50년사』, 84쪽.

사 자격으로 방북한 임창영林昌榮 전 유엔대사의 김일성 면담으로 이어졌다. 이 자리에서 김 주석은 남북정상회담 제의에 동의했으며, 그 연장선 위에서 1985년 7월 23일에 남북관계의 역사에서 처음으로 남북 사이에 국회회담이 판문점에서 열렸다. 이후 이 회담은 여러 차례 열렸으나 어떠한 합의에도 이르지 못했다.[15]

서울올림픽의 서울과 평양 분산 개최에 관한 남북회담

로스앤젤레스 올림픽이 폐막되고 서울올림픽을 기다리게 되며서 IOC는 1984년 12월 1~2일에 로잔의 IOC 본부에서 임시총회를 열었다. 이 임시총회를 앞두고 1984년 11월 29일에 철저한 친북 국가인 쿠바의 피델 카스트로Fidel Alejandro Castro 총리는 북한의 입장을 대변해 올림픽의 남북 공동개최를 제의했다. IOC 헌장은 기본원칙 제4조에서 올림픽대회는 '한 국가'가 아니라 '한 도시'에서 개최한다고 규정하고 있었다.[16] 그러나 사마란치 IOC 위원장은 공산권에 서울올림픽 불참의 명분을 주지 않겠다는 뜻에서 남북이 동의하면 양자 사이의 회담을 주재할 뜻이 있다는 내용의 서한을 1985년 2월 1일에 남과 북 모두에 보냈다. 남측은 3월 31일에 동의한다는 회신을 보냈지만, 북측은 7월 6일에 이르러서야 동의한다고 회신했다.

이에 사마란치 위원장은 7월 24일에 IOC가 주재하는 남북체육회담을 10월 8일~9일에 로잔의 IOC 본부에서 개최한다고 발표했다. 이 발표에 응해, 북한의 정준기鄭浚基 정무원 총리는 7월 30일에 (i) 제24회 올림픽은 남북이 공동으로 개최하고, (ii) 대회 명칭을 '조선 평

[15] 김학준, 『대한민국의 북방정책』, 113쪽.

[16] 허복·오동섭, 『올림픽 정치사』(보경문화사, 1985), 399~400쪽.

양 서울 올림픽'으로 하며, (iii) 경기는 서울과 평양에서 똑같이 절반씩 나눠 실시하고, (iv) 선수는 남북단일팀으로 출전한다는 내용을 담은 성명을 발표했다. 사마란치는 8월 25일에 성명을 발표하고, IOC 헌장에 따라 북한이 주장하는 공동개최는 불가능하지만 가능한 한 많은 코리안들이 참가할 수 있도록 하기 위해 일부 종목의 경기를 북한 지역에서 개최할 수 있을 것인지를 서울올림픽조직위원회와 협의하겠다고 밝히면서 IOC가 지정한 날짜에 남북한은 반드시 회담에 응할 것을 촉구했다.[17]

중재의 남북체육회담 참가

이 과정을 거쳐 1985년 10월 8일에 스위스 로잔의 IOC 본부에서 IOC 주재로 남북 사이에 체육회담이 열렸다.[18] 한국에서는 대한올림픽위원회 김종하金宗河 위원장이 수석대표로, 대한올림픽위원회 부위원장인 중재가 차석대표로, 그리고 대한올림픽위원회 최만립崔萬立·이종하李宗夏·임태순任台淳·남정문南廷文 위원 등이 참가했다. 중재가 남북체육회담에 참가한 것은 이때가 처음이었다. 북한에서는 '조선민주주의인민공화국올림픽위원회'의 김유순金有順 위원장과 진충국陳忠國 부위원장이 각각 수석대표와 차석대표로, 그리고 한장은·안만복·조명황·장웅張雄 위원 등이 참가했다. 그러나 제네바 주재 북한대사를 역임한 노련한 외교관 진충국이 북한대표단을 실질적으로 이끌었다.[19]

1987년 7월 14~15일까지 네 차례에 걸쳐 열린 이 회담의 핵심 사

---

17 대한올림픽위원회 편, 『KOC 50년사』, 85쪽.

18 신종대(辛鍾大), 「서울의 환호, 평양의 좌절과 대처: 서울올림픽과 남북관계」, 『동서연구』(연세대학교동서문제연구원) 제25권 제3호(2013년 9월), 71~110쪽.

19 김운용, 『위대한 올림픽』(동아출판사, 1990), 121쪽.

서울올림픽을 앞두고 북한은 남북한 공동개최를 주장하였다. 1985년 10월 8일, 스위스 로잔에서 열린 남북체육회담에 한국 측 차석대표로 참석한 중재(왼쪽에서 세 번째 좌석)

안은 정준기 총리가 제안한 네 가지 요구와 그것에 기초한 변형이었다. 중재의 관찰로는, 북한의 이러한 요구는 '너무 무리여서' 한국에서는 물론이고 국제사회에서도 긍정적이지 않았다. 그런데도 북한은 한 걸음 더 나아갔다. 최소한 여덟 종목의 북한에서의 개최, 텔레비전 방영권의 이익금 공동 분배, 개·폐회식의 서울과 평양에서의 남북공동 실시 등을 고집했다. 남측은 여러 차례에 걸쳐 양보를 거듭했다. 그러나 북측은 그때마다 새로운 요구를 내놓으며 맞서다가 결국 올림픽 신청 마감 직전인 1988년 1월 12일에 이르러 올림픽 불참을 공개적으로 선언했다. 북한의 저의를 중재는 다음과 같이 분석했다.

> 사실 북한은 올림픽을 개최할 만한 의지가 없었다. 지금도 그렇지만 올림픽을 하면 전 세계의 젊은이만이 아니라 대규모의 해외 언론이 일거에 북한으로 들어가야 한다. 이들을 일일이 다 관리 감독하는 일은 불가

능하다. 개방을 결심하지 않는 이상 이 같은 초대형 대회를 유치하고 운영하리라는 기대를 할 수 없었다. 북한으로서는 서울올림픽에 동구권, 공산권 국가가 대거 참가한다는 것이 불안했고 이를 막을 외교적 명분이 필요했다. 거기에 자신들도 불참해야 하니 남북한 체육회담의 결렬은 정치적으로는 이미 예정된 일이었다.[20]

북한의 속셈을 그렇게 정확히 진단하면서도 중재는 남북 체육회담이 결렬된 데 대해 아쉬움을 느꼈다. 그는 다음과 같이 회상했다.

> 우리 측은 서울올림픽이 역대 최대 규모로 열리길 희망했다. 당시 소련, 중국, 동구권 국가들이 참가해서 한국에 국교 수립의 문을 여는 계기가 되길 기대했다. 따라서 사회주의권 국가들이 북한을 의식한 부담을 덜도록 명분을 쌓는 데 치중한 측면도 없지 않았다. 그렇다 해도 당시 회담 차석으로 진행 상황을 보면 북한이 조금 더 전향적인 자세를 보인다면, 그리고 우리가 좀 더 양보하고 적극적으로 유도한다면 실질적인 성과를 얻는 일이 불가능하지 않다는 생각을 했다.[21]

이 대목에서도 우리는 어떤 사안에 대해 교조적인 입장에서의 고정관념에 얽매이지 않고 상대방의 입장을 충분히 고려하면서 유연하게 대응하는 중재의 진취적 자세를 읽게 된다. 그리고 그것이 다음 절에서 보듯, 1990년대에 열매를 맺게 된다.

---

[20] 장충식, 『시대를 넘어 미래를 열다: 중재장충식회고록』(경기도 용인시: 노스보스, 2011), 439쪽.

[21] 위와 같음, 440쪽.

1990년대의 아시안게임 단일팀 구성을 위한 남북체육회담

제6공화국 노태우 정부의 출범과 새로운 대북정책

1988년 2월 25일에 서울에서는 대한민국 제6공화국의 첫 정부인 노태우 정부가 출범했다. 1987년 '대통령 직선제'로의 개헌을 요구하며 사실상 전두환 정권의 퇴진을 압박한 '6월 항쟁'의 소용돌이 속에서, 당시 민정당의 대통령 후보였던 노태우 대표위원은 6월 29일에 나라의 민주화를 위한 선언, 곧 6·29선언을 발표했고, 거기에 기초한 '대통령 국민직선제'에 따라 제6공화국이 열렸으며, 그 첫 정부로 노태우 정부가 출범하면서 남북관계에는 큰 변화가 일어났다. 노 대통령은 취임사를 통해 북한과의 관계 개선을 다짐했고 특히 1988년 7월 7일에 발표한 「민족자존과 통일번영을 위한 대통령 특별선언」약칭 7·7선언을 통해 북한을 '적대자'가 아닌 '동반자'로 규정하고 북한과 우호·친선을 넓힐 것을 거듭 다짐했다.[22]

이 선언이 발표되기 이전에 이미 공산권을 비롯한 많은 국가는 서울올림픽 참가를 확정짓고 있었지만, 이 선언의 발표는 더 많은 국가들의 서울올림픽 참가를 더욱 부추겼다. 그리하여 1988년 9월 17일~10월 2일에 서울에서 열린 제24회 하계올림픽에는 국제올림픽위원회 회원

[22] 이 선언에 대한 분석들에는 다음이 포함되었다. 이근(李根), 「5. 노태우 정부의 북방외교: 엘리트 민족주의에 기반한 대전략」, 강원택(姜元澤) 편, 『노태우 시대의 재인식: 전환기의 한국사회』(경기도 파주시: 나남, 2012), 169~190쪽.

국 167개국 가운데 북한은 물론이고 쿠바를 비롯한 니카라과·에티오피아·세이셸·알바니아 등 6개 공산국과 국내 사정으로 참가가 어려워진 아프리카의 마다가스카르를 제외한 160개국으로부터 1만 3,626명의 선수들과 임원들이 참가했다. 이로써 서울올림픽은 역대 최대 규모의 올림픽이라는 기록을 세웠다. 이에 앞서 한국은 1986년 9월 20일~10월 5일에 서울에서 제10회 아시안게임을 성공적으로 개최했다.

이 두 대회의, 특히 하계올림픽대회의 성공을 보고 나서, 1988년 12월 21일에 조선민주주의인민공화국올림픽위원회 위원장 김유순은 1990년 9월 22일~10월 7일에 북경에서 열릴 제11회 아시안게임에 남북 단일팀을 구성해 파견할 것을 논의하기 위한 회담의 개최를 제의했다. 대한올림픽위원회 내부의 분위기는 그동안 북한이 보인 불성실한 태도로 볼 때 그 진정성을 의심할 수밖에 없다는 쪽으로 흘러갔다. 당시 대한올림픽위원회 부위원장이던 중재 역시 그렇게 느끼면서도 가능한 모든 기회를 활용하는 것이 좋겠다고 건의했고, 그 건의가 받아들여져 대한올림픽위원회 김종하金宗河 위원장이 북의 제의를 수락함에 따라 남북체육회담은 1989년 3월 9일에 개막되었다. 노태우 대통령은 이 회담의 수석대표로 중재를 임명했고, 중재는 한양대학교 체육대학 교수이면서 대한올림픽위원회 상임위원인 이학래李學來 박사를 회담 차석대표로 임명했다.

중재와 노태우 전 대통령과의 오랜 우정

이 대목에서, 중재와 노태우 대통령 사이의 오랜 기간에 걸친 우정을 돌이켜보게 된다. 중재와 노 전 대통령은 같은 1932년생으로 잔나비 띠다. 중재는 7월 25일생이고 노 전 대통령은 8월 17일생이니, 중

서울 사범대 재학시절 럭비부 팀원들과 함께 한 중재 (왼쪽에서 두 번째), 중재는 패기와 신사도를 중시하는 럭비를 좋아했고, 후에 단국대에 부임한 뒤 럭비부 창단을 주도했다.

재가 한 달 정도 위다. 이것보다 중요한 것은 두 사람이 1950년대 전반기의 같은 시기에 럭비선수로 활동한 사실이다. 중재는 서울대학교 사범대학 럭비부에서, 노 전 대통령은 육군사관학교 럭비부에서 뛰었다. 전쟁 중에 서울대학교 운동장을 군軍이 쓰고 있었기에, 중재가 속한 서울대학교 사범대학 럭비부는 그나마 멀쩡한 운동장을 가진 육군사관학교에 가서 연습하게 되었다. 자연히 육사 럭비부와 연습경기가 잦을 수밖에 없었다. 중재의 회고에 따르면, "중요한 대회를 앞두면 오전 수업을 마치고 오후에는 육사 럭비부와 만나는 일이 매일이다시피 했다. 그렇게 4년을 보내니 육사 선수들과 우정도 가볍지 않았는데, 노태우 전 대통령은 럭비부 주장이었으니 더 자주 만난 셈이었다."[23]

중재는 스포츠만이 아니라 공부에서도 노태우 전 대통령과 인연이 있었다. 노 전 대통령이 육사 생도이던 때 법학을 가르친 이광신李光信

[23] 장충식, 「노태우 전 대통령: 럭비 선수로 만나 북방정책, 남북단일팀, 한중수교로 이어진 인연」, 『학연가연』(경기도 용인시: 노스보스, 2021), 221쪽.

교관은 중재가 휘문고등학교 학생 때 담임 선생님이었다. 중재는 단국대학교 총장 때 이 선생님을 단국대학교 교수로, 이어 부총장으로 모셨다. 이러한 인연으로, 노 전 대통령은 대통령 재임 때 중재를 깊이 신뢰해 올림픽 유치부터 북방정책과 남북단일팀 구성 같은 중대사에 책임을 맡겼다.[24] 이 사실에 대해 중재는 다음과 같이 증언했다.

> 내가 남북체육회담 남측 대표로 일할 적에 노태우 대통령은 내게 많은 재량권을 주었다. 그래서 극우파 인사들의 편견과 압력이 많이 작용하는 가운데서도 나는 축구경기를 통해 조국분단 50년 만에 남북체육교류를 성사시켰고, 포르투갈에서 개최한 제6회 세계청소년축구선수권대회에 파견할 남북 단일팀을 구성해 초대 단장으로 남북한 임원과 선수 60여 명이 함께 서울에서 선수단 결단식을 가졌다. 그리고 두 번째는 일본 지바에서 개최한 세계남녀탁구선수권대회에 최초로 남북한 단일팀으로 참석해 여자 단체전에서 중국을 꺾고 우승했다. 남북한 체육교류와 단일팀 구성을 할 수 있었던 배경에는 노태우 대통령이 나에게 북한 체육인들과 화친할 수 있도록 많은 재량권을 주었기 때문이었다.[25]

로스앤젤레스 올림픽을 앞둔 남북체육회담 분석

북측과의 회담을 준비하기 위한 학습의 하나로 남측 대표단은 중재의 제의로 1984년 로스앤젤레스 올림픽을 앞두고 단일팀 구성을 논의한 남북체육회담을 분석했다. 우선 회담 장면을 샅샅이 녹화한 비디오를 보았다. 중재는 '충격'을 받았다. 중재는 다음과 같이 회상했다.

---

24 위와 같음, 221~223쪽.

25 장충식, 『시대를 넘어 미래를 열다』, 550~551쪽.

> 회담을 하다가 의견대립이 생기면 차분히 토론하는 것이 아니라 고성을 지르다가 이윽고 욕설이 나오고 결국은 성냥통이나 재떨이를 던지고, 깨뜨리는 살벌한 장면도 있었다. 아마도 회담을 결렬시키는 전술의 하나인 것 같기도 했고 북한 측이 사전 의도하여 회담장을 살벌하게 만드는 '기죽이기' 작전이 아닌가 생각했다. 물론 남한은 북한의 이런 자세에 한 술 더 떠야 하는 것이 또 다른 전술이었다. 회담장에서 기가 죽어 그들의 거친 언행에 휘말리면 결코 안 된다고 했다. 말하자면 남북한이 휴전 중이니 회담장에서라도 상대방에 밀리면 전쟁에 지는 것으로 생각하고 있었다.[26]

중재는 고민에 빠졌다. "북한이 도발적이었고 거칠게 발언하면서 한국을 비난하는 일이 일반적이었음"을 인정하면서도, 중재는 "그러나 이를 반박하기 위해 우리도 똑같이 한다면 이는 한국의 자존심을 지키는 것이 아니라 똑같은 사람이 되는 일이라고 생각했다." 중재는 "내가 교육자인데 국가를 대표하는 회담에서 인신공격, 욕설, 기물파손을 한다면 어떻게 학생들을 볼 수 있겠는가. 나중에 우리 후손들이 이 광경을 보면 조상들을 어떻게 볼 것인가."라고 자문했다.

중재는 곧 김집金潗 체육부 장관을 방문해 영상자료를 본 소감을 솔직하게 털어놓으면서, "장관님, 회담을 저런 식으로 하라면 나는 못 합니다. 아무리 북한이 불손한 행동을 하더라도 우리는 지성적이고, 담백하게 회담을 끌어가야 합니다. 그런데 저렇게 비지성적으로 회담을 끌어가야 하니 저는 교육자로서 자신이 없습니다. 제가 수석대표직을 사양할 테니 적합한 이를 골라 주세요."라는 말로 사의를 나타냈다. 여기서 우리는 비록 북한을 상대로 하는 회담이라 할지라도 될 수

---

[26] 위와 같음, 441쪽.

있는 대로 한민족의 체통과 교육자의 품위를 지키고자 한 중재의 마음가짐과 자세를 확인하게 된다.

김집 장관이 “회담 대표로 이미 언론 보도까지 나왔는데 이제 와서 그러면 안 된다.”라며 강하게 만류했으나 중재는 사퇴 의사를 거듭 밝히고 물러났다. 김 장관은 다시 중재를 만류했지만, 중재는 물러서지 않았다. 당시의 심경을 중재는 다음과 같이 밝혔다.

> 내가 이렇게 공표된 수석대표 자리를 사퇴하겠다고 나선 데는 이유가 있었다. 당시 회담을 진행하면 그 뒤에서 회담을 관찰하는 분석가들이 있었다. 이들이 수시로 쪽지를 넣어 각 대표들에게 북측의 발언이나 행동에 대응할 내용을 전달한다. 점잖은 체면에 대표들이 욕설을 하는 데는 이 쪽지의 역할이 컸다. 물론 그 지침에는 ‘이에는 이, 눈에는 눈’ 식의 강경 대응이 주조를 이뤘다. 그러니 의견이 대립되면 북한이든 한국이든 점점 분위기가 격앙되어 나중에는 성냥통을 집어던지는 추태가 나오는 것이다. 나는 사실 이런 회담 배후의 쪽지를 차단하고 싶었다. 회담의 결과가 좋지 않더라도, 북한이 정치적으로 회담을 이용하려 불순한 정책과 공작을 전개한다고 하더라도 나는 무지하고 비지성적인 언행을 따라갈 필요가 없다는 점을 사전에 확인받고 싶었던 것이다.[27]

중재의 신념은 중재 특유의 뚝심에 의해 관철되었다. 정부도 방침을 바꿔 중재에게 회담 진행에 대한 수석대표로서의 재량을 인정해주었다. 이에 따라 중재는 회담을 준비하기 시작했다. 중재는 “정부 역시 [7·7선언과 같은] 대통령의 새로운 남북문제 해결 방안이 공표되어서 회담 대표단에 최대한 신축성 있게 진행하도록 했다. ‘형식적’ 회담이

---

[27] 위와 같음, 442쪽.

아닌 '실질적' 회담을 만들 수 있다는 자신이 생겼다."라고 회상했다.[28]

중재의 '자신'을 뒷받침해준 또 하나의 요인은 국제정치에서의 큰 변화였다. 1988~1989년에 소련을 비롯한 공산권에서 교조적인 레닌주의와 국제프롤레타리아노선을 포기하는 대신에 서방권과의 관계 수립을 지향하고, 심지어 동독에서는 동서냉전의 상징이던 동베를린 장벽을 무너뜨릴 뿐만 아니라 루마니아에서는 차우셰스쿠 1인 지배체제를 타도하는 등 역사적 대전환이 이뤄졌다. 우리가 다음에서 보게 되듯, 공산권의 일원인 북한은 체제유지의 위기를 감지하면서 그 위기에서 벗어나기 위해 종전에 비해 꽤 유연한 자세를 보이게 되었다.

단일팀 구성을 위한 남북체육회담

이러한 배경에서, 남과 북 사이의 체육회담은 판문점에서 1989년 3월 9일부터 1990년 2월 7일까지 11개월에 걸쳐 무려 아홉 차례 열렸다. 남측에서는 장충식 수석대표, 이학래 차석대표, 그리고 임태순任台淳·장병조張炳朝·박수창朴秀蒼 대한올림픽위원회 위원들이 참석했고, 북측에서는 조선민주주의인민공화국올림픽위원회약칭 조선올림픽위원회 부위원장인 김형진金亨鎭과 서기장인 장웅張雄이 각각 수석대표와 차석대표로, 그리고 위원들인 김세진·허혁필·김상부 등이 참석했다.[29]

1989년 11월 16일에 열린 제4차 회담까지 남과 북은 상당한 진전을 이뤄냈다. 그러나 1989년 11월 24일에 열린 제5차 회담부터 막히기 시작하더니 마지막 단계에서 아쉽게도 결렬되었다. 이 과정을 아홉 차례에 관한 회의록 그리고 전부 아홉 차례의 회담 모두에 남측의 수

---

[28] 위와 같음, 442~443쪽.

[29] 이학래, 『남북 체육교류와 한반도 평화』, 182쪽.

석대표로 참가했던 중재의 회고를 중심으로 살피기로 한다.[30]

제1차 회담

제1차 회담은 1989년 3월 9일에 판문점 남측 지역의 '평화의 집'에서 열렸다. 대표들 사이에 인사를 나눈 뒤 북北의 김형진 수석대표가 먼저 기조 발언을 했다. 이 발언에서, 그는 "반만 년의 유구한 세월, 하나의 강토 위에서 화목하게 살아온 우리 민족이 외세에 의해 강요된 분열의 고통만도 헤아릴 수 없는데 우리 체육인들마저 국제경기에 나가 서로 맞서 승벽내기를 하는 것은 민족의 수치이기도 하다."라고 전제하면서, '북남 유일팀'의 구성을 위한 12개의 회담 의제를 제기했다. 거기에는 (i) 팀 이름을 '고려선수단'KORYO, KRY으로 하고, (ii) 유일팀 깃발을 "흰색 바탕에 황토색 우리나라 지도를 그려놓고 그 아래에 푸른색이나 붉은색으로 KORYO라고" 쓰며, (iii) 팀 노래를 "1920년대 북쪽과 남쪽에서 부르던 아리랑"으로 하자는 제의들이 포함되었다. 그가 제시한 단일기의 안에는 사실상 제주도를 뺀 모든 섬이 제외되어 있었다.[31]

김 수석대표의 제의에서 우리는 남南과 북北 사이의 용어 사용에서의 차이를 다시 확인하게 된다. 우선 남의 '남북'에 대조적으로 북은

30 남북체육회담의 여러 단계에 참여한 중재의 역할에 관해서는 다음이 자세하게 설명했다. 단국스포츠70년사간행위원회 편, 『도전과 영광의 길: 단국스포츠70년사』(경기도 용인시: 단국대학교출판부, 2024), 423~507쪽. 장충식, 「노태우 전 대통령」, 241~249쪽; 이 회담의 한국측 차석대표였던 이학래 교수 역시 회고를 남겼다. 이학래, 『남북 체육교류와 한반도 평화』, 182~220쪽. 이 회담에 관한 1차 자료에 근거해 철저히 분석한 논문은 다음이다. 이준한(李俊漢), 「남북 단일팀과 단일기: 역사와 특징」.

31 이학래, 『남북 체육교류와 한반도 평화』, 183~184쪽.

1989년 3월부터 남북한은 북경 아시안게임 단일팀 구성을 위한 남북 체육 회담을 가졌다. 이 회담은 해방 뒤 비정치 분야에서는 남북 간 합의로 이뤄진 최초의 회담이라는 점에서 국제적인 관심을 받았다. 1차 회담에서 양측이 상견례를 겸해 덕담을 나누고 있다.

'북남'이라는 표현을 썼다. 1972년 7월 4일에 「남북공동성명」을 발표할 때만 해도, 북은 남과 마찬가지로 '남북'이라는 통상적 용어를 썼다. 이후 '북남'이라는 용어를 쓰며 '북'을 앞세웠는데, 이번에도 그러했던 것이다. 이어 남의 '남북 단일팀'에 대조적으로 북은 '북남 유일팀'이라는 용어를 쓰고, '기旗' 대신에 '깃발'이라는 단어를 쓰고 '가歌' 대신에 '노래'라는 단어를 쓸 뿐 아니라 '남과 겨루어 지지 않으려고 기를 쓰는 일'이라는 뜻의 북한 특유의 '승벽내기'라는 단어를 쓴 것이다. 또한 북이 1980년 10월에 조선로동당 제6차 대회에서 통일 방안으로 '고려민주련방공화국' 안을 제의한 이후 '고려'라는 명칭에 집착하고 있음을 다시 확인하게 된다.

김 수석대표의 뒤를 이어 중재가 남측의 수석대표로서 다음과 같은 내용으로 기조발언을 했다.

> 오늘날 세계 모든 나라들은 이념과 체제를 초월하여 화해와 협력, 개방과 공존의 길을 추구하고 있다. 남북의 온 겨레 역시 오랜 반목과 대결 구조를 과감히 청산하고 화해와 단합을 위한 새로운 기틀이 마련되기를 그 어느 때보다도 절실히 바라고 있다. 우리 체육인들은 이 같은 내외 정세의 추세와 민족적 여망에 부응하기 위하여 마땅히 체육 분야에서의 상호 교류와 협력의 실현을 위해 최선을 다해야 할 것이다.[32]

중재는 이어 10개의 회담 의제를 제기했다. 첫째 선수단 호칭, 둘째 선수단 단기, 셋째 선수단 단가, 넷째 선수단 구성, 다섯째 선수단 복장, 여섯째 선수 선발, 일곱째 선수 훈련, 여덟째 신변 안전 보장, 아홉째 선수단 경비, 열째 단일팀공동위원회 구성 등이다. 구체적으로, 중재는 (i) 선수단 호칭을 "남북단일팀"KOREA으로 하고, (ii) 선수단의 단기는 "흰색 바탕에 녹색 한[조선]반도 지도를 넣고 그 아래에 로마자 KOREA"를 쓰며, (iii) 선수단의 단가는 "우리 민족의 민요인 아리랑"으로 하자고 제의했다. 중재는 "회담장에서 보니 그전에 있었던 회담에서 만난 이들도 있어서 분위기가 좋았다. 양측이 제시한 안건도 대체적으로 비슷했다. 북한측도 우호적으로 나왔다."라고 회고했다.[33]

실제로 제1차 회담은 깃발과 관련해 흰색 바탕에 한[조선]반도 지도를 그리는 것에 대해 합의했고, 북이 준비해 온 아리랑 녹음까지 듣고 단가團歌로 바로 1920년대의 아리랑으로 합의했다. 선수 선발도 기량이 가장 우수한 선수를 뽑는다는 것을 원칙으로 하는 데 합의했다. 회담을 마치면서 중재는 1차이지만 나름대로 기대 이상의 성과를 거뒀

[32] 장충식, 『시대를 넘어 미래를 열다』, 444쪽.

[33] 위와 같음.

음을 확인할 수 있었다. 이 점에 대해, 중재는 "북측의 김형진 수석이나 참가자들이 다른 회담 때와는 달리 꼬리를 무는 식의 비방이나 한없이 의제를 산만하게 제안하는 자세가 안 보였다. 이는 이번 회담으로 뭔가를 만들어 보려는 의도라는 희망을 가질 수 있었다."라고 회고했다.[34]

제2차 회담

제2차 회담은 19일 뒤인 1989년 3월 28일에 판문점 북측 지역의 '통일각'에서 열렸다. 북北은 깃발과 관련해 양측이 제기했던 황토색이나 녹색에서 벗어나 제3의 색인 하늘색으로 바꾸자고 수정했고, 이에 대해 남南은 녹색으로 할 부분과 황토색으로 할 부분을 구분해서 두 색을 다 쓰자고 제안했다. 한[조선]반도 기旗를 그리는 문제에 관해 먼저 남측의 수석대표인 중재가 "우리 남쪽에는 섬이 굉장히 많지 않습니까? 그것 다 그려 넣는 것도…"라는 말로 발언을 멈추자 바로 북측의 김형진 수석대표가 "아니, 상징인데 그건"하며 넘어갔다. 독도에 대한 직접적 언급은 전혀 없었다. 당시 회의록을 철저히 검토한 이준한 교수는 독도에 대한 논의가 발견되지 않았다고 단언했다. 이로써 남과 북의 암묵적 합의로 한[조선]반도 기에 독도가 빠지게 되었다.[35]

제2차 회담은 우선 깃발에서의 한반도 지도의 색을 다음에 논의하기로 합의했다. 이어 국호 문제가 제기되자 북은 "우리말로 고려로 하고 영어로는 KOREA"하자고 제의했다. 여기서도 '고려'에 대한 북의 집착을 다시 확인한 중재는 "대회에 공동 출전하는 취지를 살려 '남북 단일팀'으로 하는 것이 좋겠다."라고 제의했다. 중재는 무엇보다 '남

---

[34] 위와 같음, 445쪽.

[35] 이준한, 「남북 단일팀과 단일기: 역사와 특징」, 69쪽.

1989년 3월 29일 개최된 제2차 남북체육회담은 순조로운 분위기를 반영하듯 수많은 국내외 취재진이 몰렸다.

북[북남] 단일팀'이라는 명칭은 정치 중립적이어서 한국 국민의 정서에도 맞는다는 점을 중시했다. 북은 중재의 제의에 긍정적인 반응을 보이면서 KOREA나 KORYO 표기를 모두 제외한다는 데 동의했다. 그러나 우리말 표기로는 '고려'를 고수해 합의에 이르지는 못했다.

그렇지만 중재는 "회담에 진전이 있다"는 데 대해 '희망'을 느끼면서 제3차 회담의 개최를 기다렸다. 그러나 북은 갑자기 문익환文益煥 목사의 사법 처리를 구실로 제3차 회담을 연기한다고 일방적으로 알려왔다.[36] 문 목사는 북한의 '조국평화통일위원회'약칭 조평통의 초청을 받아들여 1989년 3월 25일에 '전국민족민주운동연합'약칭 전민련 상임고문 자격으로 일본을 거쳐 평양을 방문하고 4월 2일에 김일성 주석과

[36] 장충식, 『시대를 넘어 미래를 열다』, 446쪽.

두 차례에 걸쳐 회담한 데 이어 조평통과 9개 항에 이르는 공동성명을 발표하고 다시 일본을 거쳐 4월 13일에 김포공항으로 귀환했다. 공동성명은 김일성이 제안해 온 '연방제 방식의 통일'을 지지하고 한미합동군사훈련에 대한 반대 등을 담고 있었다. 정부는 문 목사와 그 일행을 국가보안법 위반 혐의로 구속했고 그는 법원의 판결을 통해 1990년 10월 20일까지 19개월 동안 수감되었다. 남측 사회 일각에서 전민련을 중심으로 문 목사의 북행을 높이 평가하며 석방운동을 계속 벌이는 데 주목해 북은 뒤늦게 투옥을 문제 삼은 것이다.

제3차 회담

다행히도 7개월 만인 1989년 10월 20일에 제3차 회담이 열리게 되자 중재는 남측 대표들에게 "회담이 지연될수록 목적을 달성하는 것이 힘들어지는 만큼, 우리가 양보를 하면서 전략적 목적을 달성하는 것이 좋겠다."라고 설득했고, 그 결과 "우리가 좀 더 전향적으로 나가기로 합의할 수 있었다."[37] 이에 따라, 판문점 남측 지역 '평화의 집'에서 열린 제3차 회담에서 남측은 남북 단일팀 단기團旗와 관련해 북측의 제안을 받아들여 "흰 바탕에 하늘빛으로 우리나라 지도를 그려넣자"는 데 합의가 이루어졌다. 구체적으로 "(i) 흰색 바탕에 하늘색 우리나라 지도를 그려 넣은 것으로 한다. (ii) 지도에는 한[조선]반도와 제주도를 상징적으로 그려 넣고 독도, 마라도魔羅道, 마안도馬鞍島 등 기타 섬들은 생략하기로 한다."라고 되어 있다.[38] '마라도'는 제주도 남단에 있는 대한민국 최남단의 섬이며, '마안도'는 1958년까지 한반도에서 가

37 위와 같음.

38 김재우, 「제41회 지바 세계탁구선수권대회(1991) 남북단일팀 구성을 위한 체육회담」, 『한국체육학회지』 제54권 제1호(2015년 1월), 46쪽.

1989년 10월 제3차 회담에서 남북은 선수단 단기에 합의했다. 흰색 바탕에 하늘색 한반도 지도를 넣기로 했다.

장 서쪽에 있었던 섬이다. 북한정권은 1958년 6월에 평안북도의 신도 薪島 등을 이웃의 작은 섬들과 그 일대의 간석지를 연결해 신도라는 이름 하나에 묶는 '신도지구개간사업'을 벌였고, 이때 '마안도'는 비단섬에 합쳐졌다.[39] 제3차 회담에서의 합의에 대해 이준한 교수는 다음과 같이 논평했다.

> 이러한 합의사항은 제2차 회담에서 모든 섬을 다 그릴 수 없어 제주도만 상징으로 그려 넣자는 데 남북 사이에 별다른 이의가 없었던 사실을 떠올리게 만든다. 이것은 제주도의 도안 상 상징성을 고려하는 반면에, 독도가 가지는 외교적이고 정치적인 상징성에 주목하지 않았거나 아니면

[39] 『위키백과』, 2024년 11월 5일에 검색함.

일본과의 마찰을 우려하여 피해 나갔던 결과 가운데 하나 또는 그 이상일 것이다.[40]

중재의 회상에 따르면, “북측은 내가 자기들의 단기團旗 제안을 수용하자 오히려 당황하는 기미가 있었다.” 다른 한편으로, 남측도 시끄러웠다. “장충식 대표가 북한 의견을 너무 쉽게 받아들인다.”는 비판이 제기되었고, 중재의 관찰로는, “북한을 적대관계로만 풀려는 이들이 대부분인 상황이기에 그 비판은 힘을 얻었다.” 심지어 “아마추어 수석대표가 북한에 놀아난다는 말까지 나올 정도였다.” 그러나 중재의 신념은 확고했다. “회담을 하는 이유는 선전과 선동이 아니라 관계 개선을 위한 것이다. 한 걸음씩 서로 앞으로 나가지 않는다면 무엇 때문에 회담을 한단 말인가.”라고 자문하며, 회담의 진전을 위한 노력을 계속했다.[41] 중재의 이러한 자세는 협상에 관한 이론에 등장하는 ‘선제적 양보’론을 떠올리게 한다. 여유 있는 쪽에서 먼저 양보를 함으로써 상대방의 양보를 이끌어내는 방식을 말한다.

제4차 회담

제4차 회담은 1989년 11월 16일에 판문점 북측 지역 ‘통일각’에서 열렸다. 중재는 기조 발언에서 “남북단일팀 구성의 관건은 민족화해의 정신과 스포츠정신을 얼마나 유감없이 발휘하는가에 있다고 확신한다.”면서 “회담을 지켜보는 온 겨레의 기대를 저버리지 않기 위해서는 쌍방의 대표가 함께 이번에야말로 단일팀을 성사시키겠다는 결의를 새롭게 해야겠다.”라고 역설했다. 중재는 이어 “쌍방이 지난 세 차

[40] 이준한, 「남북 단일팀과 단일기: 역사와 특징」, 70쪽.
[41] 장충식, 『시대를 넘어 미래를 열다』, 446~447쪽.

례 회담에서 10개 항 가운데 일부 항목에 대해서는 이미 합의를 했거나 상당의 토의의 진전을 보았으나 선수단 구성, 공동추진기구 구성 등의 항목에 대해서는 아직 토의조차 하지 못했음"을 지적하며, 이번 회담에서의 남측의 수정 제안을 계기로 선수 선발 문제를 비롯한 나머지 모든 문제에 대한 토의에 박차를 가해 10개 항 전체에 대한 합의의 토대가 마련되기를 기대한다고 말했다.

북측 김형진 수석대표의 화답이 뒤따랐다. 그는 기조 발언에서 그동안 세 차례의 회담을 통해 이루어진 합의사항들에 대해 만족을 표시하면서 "지난 30년 동안의 체육회담 역사에서 일찍이 전례가 없었던 이러한 성과는 우리들에게 머지않아 민족의 강력한 첫 유일팀을 세상에 소리 높이 선포할 수 있다는 믿음을 안겨주고 있다."라고 말했다. 또한 그는 "우리가 그동안 토의한 몇 가지 문제들과 아직 토의는 하지 못했지만 쌍방 간의 의견이 사실상 본질적으로 같은 재정 문제라든가 신변안전 담보를 비롯한 나머지 문제들은 오늘 회담에서 다 합의 볼 수 있다."라고 말하며 남북단일팀 구성에 관한 합의서 초안을 제시했다. 이어서 그는 "우리가 제기한 이 합의서 초안에 명시된 것은 새로운 것이 아니라 귀측에서 제시한 안을 그대로 받아들인 것이고 […] 그렇기 때문에 오늘 회담에서는 선수단 구성과 이를 추진하기 위한 공동기구에 관한 문제와 선수 선발 등의 문제에 관해 심도 있게 논의하는 것만 남아 있다"고 말했다.[42]

이 회담은 중재가 기대했던 대로 상당한 진전을 보였다. 무엇보다 중재가 단기團旗에서 양보한 데 상응해 "[단일팀의 명칭으로] 고려를 고집하던 북한이 […] 고려를 포기하고 우리가 주장하는 '코리아'에 동

---

[42] 이학래, 『남북 체육 교류와 한반도 평화』, 196~197쪽.

의했다.” 이렇게 되니 일단 단일팀의 외형적 조건은 어느 정도 그림이 그려졌다. 이 과정에서 일어난 일화들을 중재는 다음과 같이 회상했다.

> 사실 회담 중에도 북한은 끊임없이 회담장 뒤에서 쪽지가 들어왔다. 예전 서울올림픽 단일팀 회담에서도 그렇지만 쪽지가 들어오면 점잖았던 북측 대표가 갑자기 정치 공세를 늘어놓거나 장광설을 펼치며 회담 분위기를 엉망으로 만들곤 했다. 나는 그것이 해당되는 대표가 원해서가 아니라 북측의 회담 전술을 짜고 지시하는 전문가가 있기 때문이라는 점을 이해했다. 그래서 우리측 대표들에게도 어떤 험담을 듣더라도 흥분하지 말고 우리가 역사상 최초로 단일팀을 엮어낸다는 목표에만 충실하자고 몇 번이고 당부했다.[43]

이 대목에서 우리는 협상 전략 가운데 하나인 ‘팃포탯Tit for Tat: TFT’을 떠올리게 된다. ‘tit’이나 ‘tat’이라는 명사는 모두 ‘가볍게 때림’이라는 뜻이다. 쉽게 말해, 상대방이 협조적으로 나오면 자신도 협조적으로 대응하되, 상대방이 비협조적으로 나오면 자신도 비협조적으로 대응하는 전략이다. 그래서 후자에 방점을 찍는 연구자들은 그것을 ‘앙갚음’ 또는 ‘되받아치기’로 번역되기도 한다. 저명한 게임 이론가들인 미시간대학교의 로버트 엑슬로드Robert Axelrod 교수와 역시 미시간대학교의 아나톨 라포포트Anatol Rapoport 교수 등이 개발했다.

바로 앞에서 살핀 중재의 회상은 중재가 이 ‘팃포탯’ 전략을 뛰어넘는 전략, 곧 상대방의 속셈이나 겉으로 드러난 언동에 휘둘리지 말고 설령 우리가 손해를 보거나 모욕을 당한다고 해도 우리가 지닌 신념과

[43] 장충식, 『시대를 넘어 미래를 열다』, 447쪽.

지향하는 목표에 충실해 감내로써 대응한다는 뜻을 담았다. 이것은 북측과의 대화와 협상에 '1대1의 상호주의'라는 기계적 셈법에 얽매이지 않고 우리 민족 전체의 자존심과 위신을 존중하는, 말하자면 대의大義를 보다 더 귀하게 여기는 자세로 임하겠다는 뜻이었다. 앞에서 짧게 소개했던 '선제적 양보'론과 흐름을 같이하는 것이었다.

제5차 회담

제5차 회담은 1989년 11월 24일에 판문점 남측 지역 '평화의 집'에서 열렸다.[44] 북경 아시안게임에 단일팀으로 출전하려면 1990년 1월 말까지는 회담을 끝내야 했으며, 따라서 회담을 서둘러야 했다.

북측 김형진 수석대표는 기조 발언에서 "지금 내외의 여론은 우리 쌍방 대표들이 오늘 회담으로써 유일팀을 위한 방안 토의를 마무리 짓고 역사적인 첫 북남유일팀을 탄생시키는 새로운 전기를 마련하게 되리라는 희망과 기대를 표시하고 있다."라고 말했다. 그는 여전히 '북남유일팀'과 '유일팀'이라는 북한식 표현을 쓰고 있었다. 물론 이것은 남측에서 이미 받아들여졌기에 문제가 되지 않았다.

이어서 김형진 수석대표는 "지난 제4차 회담에서 선수단 명칭 문제를 'KOREA'로 완전히 타결하게 된 것은 유일팀을 구성하는 데 있어서 가장 중요하고도 기본적인 문제를 해결한 것이며, 이것은 우리 민족이 화해와 단합을 이룩하고 유일팀을 바라는 겨레의 염원에 부응하기 위해 허심탄회하게 문제 토의에 임하고 서로 대범하게 양보한다면 아무리 어려운 과제라도 능히 해결해 나갈 수 있다는 것을 웅변적으로 실증해 준 것"이라고 칭찬했다. 아울러 4차 회담 때 남측이 제기한 선

[44] 제5차 회담에 입장하는 남측 대표단의 사진은 이학래, 『남북 체육 교류와 한반도 평화』, 199쪽에서 볼 수 있다.

1989년 11월 24일 판문점 남측 평화의 집에서 제5차 회담이 열렸다. 장충식 대표는 회담을 통해 단일팀의 단가와 단기, 호칭에 대해 합의하는 등 남북간에 상당한 의견 접근이 이뤄지고 있다고 말했다.

수 선발과 관련한 18개 세부 사항에 대한 북측의 입장을 정리해 발표했다.

이에 대해 남측의 수석대표인 중재는 “그동안 남북 쌍방 간에는 단일팀의 단가와 단기에 이어 호칭에 대해서도 합의가 이루어졌으며, 선수 선발을 비롯한 나머지 문제들에 대해서도 상당한 의견 접근을 보았다.”라고 긍정적으로 평가하면서, “지금 내외의 여론은 남북체육회담의 이 같은 진전에 대해 한결같이 찬사를 보내고 1990북경아시안게임에 단일팀 참가가 실현될 수 있도록 더욱 노력해 줄 것을 당부하고 있다.”라고 부연했다. 중재는 또한 “지금 세계는 인간의 기본권인 자유와 민주를 지향하여 급속한 변화를 거듭하고 있다. 나라와 나라 사이에는 이념과 체제의 차이를 초월하여 경쟁과 대결을 버리고 화해와 협력을 추구해 가고 있다. 남북 간에도 이제는 해묵은 경쟁의 시대에 종말을 고하고 있다."라는 발언으로써 북측이 새롭게 변화하고 있는 국제환경을 제대로 인식하고 거기에 맞춰 남북회담에 응할 것을 우회적으로 요청했다.

이어 중재는 국제경기대회에 남북이 단일팀을 구성하여 출전할 수 있도록 하는 것은 체육 분야에서 남북이 하나의 뿌리를 가진 같은 민족임을 과시하는 일일 뿐 아니라 앞으로 다 함께 공존공영을 추구함으로써 세계 속에서 하나의 민족공동체를 형성해 발전시켜 나갈 수 있는 희망찬 민족임을 실증하는 일임을 역설하면서, 사실상 북측에 책임감을 갖도록 독려했다. 이어 그는 "그간의 토의 결과를 개관할 때 선수 선발 문제, 선수 훈련 방법 문제, 선수단 단장과 임원 구성 문제, 공동위원회의 기능과 공동사무국의 위치 문제를 비롯하여 기타 몇 가지 기본적인 의견 차이를 조정하면 10개 의제에 대한 합의의 토대가 마련될 수 있다."라고 말함으로써 이 회담이 북측의 태도와 결심에 따라 성공할 수 있음을 다시 상기시켰다. 그렇게 분위기를 띄우면서 중재는 4차 회담까지의 토의 결과를 종합적으로 정리한 남측의 최종 입장을 거듭 제시했다. 거기에는 "아시안게임에 출전할 선수들을 남과 북이 합의할 장소에서 공개적으로 선발한다."라는 제의가 포함되었다.[45]

남측의 이학래 차석대표는, 이때 북측이 '신경질적인 반응'을 보였다고 회고했다.[46] 실제로 김형진 수석대표는 회담 후 기자 회견에서 "남측은 1차 회담 때 10개 항을 제기했고, 3차 회담 때 선수 선발에 관한 새로운 안을 제기했다. 북측은 3차 회담 때 남측이 제기한 수정

---

45 『'북경아시안게임' 제5차 남북체육회담 회의록』(국토통일원, 1989년 12월), 11~26쪽.

46 이학래, 『남북 체육 교류와 한반도 평화』, 202쪽.

안을 깊이 연구하여 4차 회담 때 남측에서 제기한 선수 선발 방법에 관한 제안을 100% 접수하여 제4차 회담에 내놓은 합의서 초안에 밝혔다. 이렇게 되면 선수 선발에 관한 문제는 다 타결된 것이나 다름이 없었다. 하지만 제5차 회담에서는 남측에서 선수 선발에 관한 또 다른 새로운 수정안을 들고 나옴으로써 구성 방안 토의에 장애를 조성했다."라고 비난하면서, "선수 선발전은 남과 북이 합의한 장소에서 공개적으로 한다."라는 남측 제의는 남북 간 화해와 협력이 아니라 같은 민족끼리 대결을 함으로써 또 다른 적개심을 불러일으키는 행위라고 비난했다.[47]

중재의 표현으로, "이때부터 회담이 어긋나기 시작했다." 북측은 선수단 선발에 있어서 공동 훈련을 하고 선수들을 혼합하여 선발 경기를 실시해 대표 선수를 뽑자는 주장을 하면서 구체적인 방법은 공동위원회를 만들어 논의하자고 제의했다. 요컨대, 남측이 강조한 '공개적' 방식의 선발에 제동을 건 것이다.[48] 문제는 시간이었다. 회담은 앞으로 45일 안에 끝내야 하는데, 단일팀의 명칭을 중국어로 표기하는 방법, 선수를 선발하는 방법, 사무국을 운영하는 방법, 선수들의 훈련 방법, 심지어 단일팀의 선수들을 선발한 후 진행할 훈련의 명칭 등 세부적 문제가 쌓여 있었다. 중재는 회담의 진행이 여의치 않을 경우 무성한 말잔치 끝에 단일팀 구성 계획이 또다시 무산될 수 있음을 우려하지 않을 수 없었다.[49]

---

47 『'북경아시안게임' 제5차 남북체육회담 회의록』, 11~26쪽.

48 장충식, 『시대를 넘어 미래를 열다』, 448~449쪽.

49 위와 같음.

제6차 회담

제6차 회담은 1989년 12월 22일에 판문점 북측 지역 '통일각'에서 열렸다. 마침 이 날은 동짓날이었어서 남측 수석대표인 중재와 북측 수석대표인 김형진은 동짓날을 화제로 삼아 덕담을 나누었다. 특히 중재는 "앞으로 남북의 선수들이 함께 앉아서 팥죽을 먹을 수 있는 시기를 빨리 당겼으면 좋을 것 같습니다."라는 말로, 합의를 빨리 이끌어 내자고 제의했다. 이어 중재는 기조 발언에서 "그동안 남북 쌍방은 단일팀 구성을 비롯해 참가와 관련한 10개 항의 제안들을 각기 제시하고 진지한 토론을 해온 결과 몇 가지 미결 사항을 제외하고 상당한 부분에 걸쳐 진전을 이룩했다. […] 그간의 토의 결과를 놓고 볼 때 우선 쌍방은 10개 항 기본 사항 가운데 남북관계에서 민족적·상징적 의미가 큰 선수단의 호칭, 단기, 단가 문제에서 남북체육회담 사상 처음으

1989년 12월 22일 판문점 북측 통일각에서 열린 6차 회담에서 중재는 남측 수석대표로서 합의사항 이행을 보장하기 위한 여섯 가지 사항을 제안하였다.

로 기본적 합의가 이루어졌다."라고 긍정적인 평가를 내리면서 회담의 분위기를 띄우고자 했다.

중재는 이어 "다음으로 스포츠 기술상의 본질적 문제라고 할 수 있는 선수 선발, 선수 훈련, 선수단 구성 문제에 있어서는 합동훈련 단계에서 남북 선수 간의 선발전을 실시한다는 데 합의하는 등 그동안 견해 차이를 나타냈던 상당한 부분에서 의견일치를 보았다. 특히 선수 선발에 있어서 남북을 왕래하면서 남북 선수 간에 공개리에 선발전을 실시한다는 데 합의한 것은 체육인 등으로 구성된 참관단과 기자를 상호 교환하는 계기를 마련함은 물론 남북 사이에 체육교류가 실현되는 현장을 온 겨레가 텔레비전을 통해 지켜볼 수 있는 희망을 갖게 했다."라고 말하며, 거듭 회담의 분위기를 띄웠다. 그 전제 아래 중재는 앞으로 향후 쌍방 사이에 협의하고 해결해야 할 사항 여섯 가지를 거듭 제안했다. 그것들은 이제까지 자세하게 토론된 것들이었다. 다만 중재는 북측이 과거의 협상 행태에 미뤄 합의를 해놓고 이행하지 않을 위험성에 대비해 "합의사항의 성실한 이행을 보장할 수 있는 장치가 마련되어야 할 것"임을 강조했다.[50]

이에 대해 북측 김형진 수석대표는 "지난 9개월 동안 우리는 1990 북경아시안게임에 유일팀으로 출전하여 민족의 슬기와 단합된 모습을 과시하려는 숭고한 목적으로 본회담을 성사시키는 데 모든 노력을 다해 왔다. 그동안 다섯 차례의 본회담에서 쌍방은 유일팀 구성 방안을 10개 항으로 조절하며 선수단 명칭, 깃발, 노래 등 중요한 문제를 합의하게 되었고, 선수 선발과 훈련, 선수단 구성과 유일팀 공동기구 등 나머지 7개 항의 59개 세부 종목에 대한 쌍방 안을 충분히 연구,

---

50 『'북경아시안게임' 제6차 남북체육회담 회의록』(국토통일원, 1990년 1월), 12쪽.

검토해서 이견을 접근시킴으로써 모든 토의를 순조롭게 할 수 있는 토대를 마련할 수 있었다."라고 화답했다.

이어서 그는 "북측의 거듭되는 양보와 아량에 의해 다섯 차례의 본회담과 세 차례의 실무대표 접촉을 통하여 단일팀 구성 방안을 거의 완전한 합의에 이르도록 했다."라고 밝히며, "[이것은] 지난날에 비해 볼 때 획기적인 전진이며 커다란 사변事變이 아닐 수 없다."라고 높이 평가했다.[51] 이러한 전제 아래, 그는 "실무대표 접촉 과정에서 남측이 추가로 제기한 선수단 단장 문제, 공동사무국 설치 장소 문제, 개인경기 세부 종목별 선수 선발 문제 등에 대해 다소 불합리한 점은 있지만 민족의 단합과 협력을 위해 모든 것을 받아들이겠다."라면서 '유일팀 공동위원회' 구성 및 운영에 관한 세칙 초안을 제시했다.[52]

남과 북 사이에는 '코리아'를 중국어로 어떻게 표기할 것인가의 문제에 대해 중재가 '可禮亞'를, 김형진이 '高利亞' 또는 '考里亞'를 각각 제의했다. 잠시 동안 토론을 거친 뒤 쌍방은 어렵지 않게 '可禮亞'로 합의했다.

제6차 회담 결과에 대해 양측 대표들은 대체적으로 만족감을 표시했다. 우선 남측의 수석대표 중재는 기자회견을 통해 다음과 같은 추가 합의사항을 발표했다. 첫째 선수단 호칭인 '코리아'의 중국어 표기를 '可禮亞'로 합의했고, 둘째 채점 종목에서 2명 이상인 경우 진 팀에서도 1명을 포함한다는 남측 안에 합의했으며, 셋째 남측이 제안한 선수단장 단일화 제안에 합의했고, 넷째 공동사무국을 평양과 서울에 각각 설치하고 일정한 상주 인원을 파견한다는 북측 제안에 합의했으며, 다섯째 공동추진기구의 구성과 운영 방안을 남측 제안대로 합의했다

51 위와 같음, 20쪽.

52 위와 같음, 1~30쪽.

는 것 등이었다.

한편 북측 김형진 수석대표도 기자회견에서 위의 합의사항들에 대해 오직 조국의 평화와 발전을 위한 대승적 차원에서 모두 동의했다고 말했다. 다만 남측이 '합의사항 이행보장장치'를 마련하자고 새로이 제기한 데 대해 유감을 표하면서, 이 문제를 실무대표 접촉에서 협의하기로 합의를 보았다고 밝혔다.[53]

제7차 회담

제7차 회담은 해를 넘긴 1990년 1월 18일에 판문점 남측 지역 '평화의 집'에서 열렸다. 공식 발언에 들어가기에 앞서 남측 대표들과 북측 대표들이 환담하는 자리에서 중재는 김형진 북측 수석대표를 향해 "내가 농담 한마디 하겠어요. 김 단장이 귀가 크거든요. 귀가 큰 사람은 남의 뜻을 많이 존중하는 그러한 팔자를 태어났다고 합니다."라고 말함으로써, '남측 대표들의 이야기를 경청하고 존중하기 바란다.'라는 뜻을 우회적으로 전달했다. 김형진 단장은 "아, 그렇답니까?"라고 응수하면서, '유일팀 구성'을 빨리 끝내자고 독촉했다.[54]

환담이 끝나고 북측 김형진 수석대표가 기조 발언을 시작했다. 그는 "지난 제6차 회담 때 10개 항 전체에 대해 합의를 했으므로 오늘은 합의서의 문안 조율과 합의문에 양측 수석대표가 수표만 하면 되었던 것을 제4차 실무대표 접촉에서 본 회담과는 관계도 없는 문제들을 들고 나와 난관을 조성하고 있다."라며 남측을 비난했다. '수표'는 '서명'이라는 뜻의 북한말이다.

이어 김 수석대표는 "귀측이 지난 4차 실무 접촉에서 내놓은 부칙

---

53 위와 같음, 147~162쪽.

54 『'북경아시안게임' 제7차 남북체육회담 회의록』(국토통일원, 1990년 1월), 12쪽.

이라는 것을 보면 교통수단 보장과 통로에 관한 문제, 경기 장소 선정 문제, 경기 관람을 위한 참관단 문제와 같은 것들이 대부분"이라며 이는 체육회담을 공전시키고 유산시키려는 음모라며 반드시 철회되어야 한다고 강변했다. 그리고 그는 "제7차 회담에서는 첫째 단일팀 구성 방안에 대한 합의서의 문안 정리를 끝내고 그에 수표해야 한다. 둘째 공동추진기구 구성·운영에 관한 합의서 문안 정리를 끝내야 한다. 셋째 제7차 회담에서 합의된 사항을 성실히 이행하기 위한 보장장치 문제 토의를 끝내야 한다."라는 등을 토의 안건으로 제기했다.

한편 남측의 수석대표인 중재는 기조 연설에서 "쌍방은 지난해 마지막으로 열린 제6차 회담에서 1990 북경아시안게임 남북단일팀 구성·참가와 관련한 10개 항의 기본사항과 단일팀 공동추진기구 구성·운영 방안에 대해 기본적으로 의견 일치를 보았으며, 이와 아울러 합의사항의 이행보장장치를 마련하자는 데 대해서도 의견을 같이했다. 이것은 단일팀의 성사를 고대하는 7천만 온 겨레에게 커다란 희망을 갖게 하는 것이었다."라고 말하며, 거듭 그사이에 진행된 남북체육회담을 긍정적으로 평가해, 북측 대표단의 노력을 남측이 충분히 인정하고 있다는 뜻을 전달했다. 중재는 그렇게 하는 것이 북측 대표단의 자존심과 체면을 세워주고 동시에 도덕적 의무감을 갖게 하는 데 도움을 줄 것으로 판단한 것이다.

그렇게 북측을 배려하면서, 중재는 그간의 회담 결과를 토대로 남측이 새로 조정한 단일팀 구성·참가에 대한 합의서 안을 북측에 전달했다. 이 문건은 본문 10개 항으로 된 '남북단일팀 구성·참가에 관한 합의서안'과 7개 항으로 된 부칙안, 단일팀 공동위원회 구성·운영에 관한 부속합의서안, 본문 10개 항 내용의 용어해석에 관한 부속합의서안, 1990 베이징 아시안게임 조직위원회 위원장 앞으로 보내는 '합의

서한안', 아시아올림픽평의회 회장 앞으로 보내는 '합의서한안' 등이었다.[55] 중재의 회상에 따르면, "여기서부터 북측은 상당히 과민한 반응을 보였다." 합의서가 중요하지 않고 남북한 단일팀을 반드시 구성한다는 보장이 있어야 한다고 고집했다. 그 말속에는 단일팀이 구성되지 않으면 북경아시안게임에 출전하지 않는다는 약속이 포함되길 바라는 것이었다. 이 점에 대해, 중재는 다음과 같이 회상했다.

> 그럴 수는 없었다. 우리측 입장에서는 중국에서 열리는 아시안게임이 공산권 국가들과의 교류를 트는 중요한 관문이었다. 만약 북한의 말대로 합의서에 '단일팀 구성 불발 시 아시안게임 불참'이라는 조건을 명시하면 그것은 남북한이 모두 자신의 목을 조이는 셈이 될 것이었다. 정부의 정치외교적 전략은 차치하고 젊은 선수들이 가꿔온 아시안게임 참가의 꿈은 어찌하란 말인가.[56]

제7차 회담 후 기자회견장의 분위기는, 당시 그 자리에 같이 있었던 이학래 차석대표의 관찰로, "긴장감이 팽팽했다."[57] 북측 김형진 수석대표는 기자회견을 회담에 대한 불만 토로로 시작했다. "오늘 제7차 회담에서 기본방안 합의서와 공동추진기구 구성·운영에 관한 합의서에 수표를 하고, 합의사항 이행보장장치에 관한 문제에 완전 합의를 이룩하기 위해 성의 있는 노력을 다했다. 그러나 제4차와 제5차 실무대표 접촉에서 지금까지 논의되지 않았던 '부칙'이라는 새로운 문제무려 30여 개의 조항를 제기함으로써 타결의 막바지에 오른 회담을 어렵게 만들었다."라고 말한 데 이어 "실무대표 접촉에 위임한 「단일팀 구성에

---

[55] 위와 같음, 15~48쪽.

[56] 장충식, 『시대를 넘어 미래를 열다』, 449쪽.

[57] 이학래, 『남북 체육 교류와 한반도 평화』, 209쪽.

관한 합의서」와 「공동추진기구 구성·운영에 관한 합의서」의 문안 정리는 하지 않고 '공동위원회'에서 토의해 결정해야 할 사항들을 부칙에 끄집어내어 본회담 진행에 난관만 조성했다."라고 비난했다.

실무대표 접촉에서 추가로 제기한 부칙 사항과 「부속합의서」 안 가운데 북측이 거부 반응을 보인 것은 본문 10개 항 내용의 '용어해석안' 부분이었다. 예를 들면, 선수 선발을 위한 평가전 때 상대측 참관단 기자 100명 내외와 일반관중 500~2,000명이 자유롭게 경기를 관람하고 경기 내용을 라디오나 TV로 공개 방송한다는 것이 북한 사회를 외부인에게 보여주는 것을 두려워하는 그들에게는 부담이 될 수 있었던 것이다. 쉽게 요약해, 남측은 선수 선발을 될 수 있는 대로 많은 사람들 앞에서 공개적으로 하고 그 장면을 역시 될 수 있는 대로 많은 국민에게 보여주자는 자세였고, 북측은 그 반대의 자세였다. 이와 같은 세부적인 문제에 대한 양측의 접근 방식이 서로 달라 회담 막바지에 앞으로의 전망이 불투명하게 되었다.[58]

제8차 회담

제8차 회담은 1990년 1월 29일 판문점 북측 지역 '통일각'에서 열렸다. 남측 장충식 수석대표는 기조 발언에서 "남북체육회담은 지난해 말까지 단일팀 구성·참가와 관련한 10개 항의 기본사항에 원칙적 합의를 이룩했을 뿐만 아니라 단일팀 공동추진기구 구성·운영 방안에 대해서도 의견일치를 보는 등 괄목할 만한 진전을 보았다."라고 말함으로써 남북체육회담이 긍정적인 방향으로 진행되어왔음을 강조해 북측의 자존심과 체면을 살려주려는 노력을 계속했다. 그는 이어 "이

58 『'북경아시안게임' 제7차 남북체육회담 회의록』, 95~116쪽.

제 우리의 회담은 합의사항의 성실한 이행을 위한 보장장치만 협의해 해결하면 문안 정리를 거쳐 합의서를 채택할 수 있는 단계에 와 있다."라며 남측의 적극적인 입장을 밝히면서 북측의 상응하는 조치를 독려했다. 그는 거기서 한 걸음 더 나아가 "남측은 지난 제7차 회담 때 북측에 제시한 남북단일팀 구성·참가에 관한 합의서안에 포함된 친선 교환 경기, 시설 사전 답사, 수송 수단 등과 같은 내용이 우리 측으로서는 합의사항의 성실한 이행을 위해 필요하다고 생각하지만, 북측의 주장을 고려하여 이를 삭제한다."라고 말해, 회담 성사를 위한 남측의 '선제적 양보'를 거듭 보여주었다.

이에 대해 북측 김형진 수석대표는 기조 발언에서 "이미 합의한 대로 지난 1월 18일 제7차 회담 때 유일팀 구성·참가에 관한 합의서에 수표했다면 45년 분단의 역사에서 처음으로 하나의 명칭, 하나의 깃발과 노래를 가진 유일팀을 탄생시켜 1990북경아시안게임에 북과 남이 하나의 팀으로 출전할 수 있는 확고한 전망을 열어놓게 되었을 것이다. [···] 그러나 유일팀 구성·참가에 관한 10개 항의 기본 방안에 대한 완전한 합의를 이룩하고 유일팀 공동위원회 구성·운영 세칙에 관한 합의서에 대해서도 완전 합의를 보았음에도 불구하고 불필요한 논쟁으로 귀중한 시간을 보내면서 최종 합의서에 수표하지 못하고 있는 것은 참으로 안타까운 일이 아닐 수 없다."라는 말로 남측을 비난했다.

그는 또한 "만약 우리가 이제 또 물러서게 되면 대화는 했어도 열매를 거두지 못했던 60년대와 70년대 체육회담의 불미스러운 전철을 다시 밟게 될 것이고 분열의 고통으로 멍든 겨레의 가슴에 더 큰 상처를 남기는 죄를 짓게 될 것"이라고 발언했다.[59] 남측 대표단이 느끼기에, 그는 뭔가를 작심하고, 쉽게 말해 결렬을 결심하고 회담에 나온 듯했다.[60]

제8차 회담 후 열린 기자회견에서 아직까지 남북 사이에는 불신의 벽이 여전히 높다는 것이 드러났다. 남측 수석대표인 종재는 "오늘 회담을 통해서 북측의 입장을 다시 한번 확인할 수 있었다. 우리는 단일팀 선수 선발 시합에 일반 관중이 참여하고 기자들이 경기 장면을 취재한다는 것을 기본적인 상식으로 이해하고 있었으나, 북측에서는 이것이 마치 북측 사회를 혼란스럽게 하려는 음모인 것으로 오해하고 있는 듯했다."라고 지적했다. 그리고 "'합의사항 이행보장장치'도 1979년 평양세계탁구선수권대회 남북단일팀 구성을 위한 회담 때의 불미스러웠던 일이 재발되지 않도록 사전에 예방하자는 것이었고, 사실 「합의서」에 이행보장장치를 마련하는 것은 기본 상식이기도 한데 북측에서는 이것이 마치 불신을 조장하는 행위인 것같이 과민한 반응을 보이고 있다."라고 하며 안타까워했다.

한편 북측 김형진 수석대표는 "오늘 회담에서는 지난 7차 회담 때 이미 쌍방이 합의한 대로 첫째 유일팀 구성·참가 방안 합의서의 문안 정리를 할 것, 둘째 유일팀 공동위원회 구성 및 운영에 관한 방안 합의서 문안에 수표할 것, 셋째 유일팀 구성 이행보장장치에 관한 문제를 이미 쌍방이 합의한 그대로 정부 당국의 보장 각서와 쌍방 올림픽위원회의 보장을 서로가 확인하는 확인서를 채택할 것으로 희망하고 나왔다."라고 했다. 이어서 그는 "그러나 남측이 제7차 회담 일주일 전인 1월 10일 실무대표 전초에서 부당하게 37개 항의 부칙을 제기함으로

59 『'북경아시안게임' 제8차 남북체육회담 회의록』(국토통일원, 1990년 2월), 11~24쪽.
60 이학래, 『남북 체육 교류와 한반도 평화』, 212쪽.

써 7차 회담을 공전시켰을 뿐 아니라, 역시 오늘 제8차 회담에서도 유일팀을 선포하지 못하고 결렬시켰으며, 남측 실무대표단이 인위적으로 걸림돌을 조장하고 있다."라며 책임을 남측에 돌렸다.[61]

제9차 회담

제9차 회담은 1990년 2월 7일에 판문점 남측 지역 '평화의 집'에서 열렸다. 공식 회의에 앞선 남북 대표들 사이에서의 환담은 입춘立春으로 시작되었다. 사흘 전인 2월 4일이 입춘이었음을 상기하면서 남측 수석대표인 중재는 '입춘대길立春大吉'이라는 말 그대로 이 9차 회담에서 좋은 결실이 있기 바란다고 말한 데 대해 북측 수석대표인 김형진은 계절로는 봄이 온 것 같으나 대화는 아직 가을에 머문 것 같다는 말로 회담의 진도가 늦음을 은유적으로 지적했다. 중재는 "서양인들은 ['럭키 세븐'이라는 용어에 보이듯] 일곱이라는 숫자를 좋아하나 우리는 [화투에서 쓰이는] '갑오'라는 용어에 보이듯 아홉이라는 숫자를 좋아한다고 지적하며, 이 아홉 번째 회담이 열매를 맺는 회담이 되기를 바란다고 말했다. 중재의 덕담에 대해, 김형진 수석대표는 숫자는 그렇게 중요하지 않다고 퉁명스럽게 대꾸했다.[62]

환담이 끝난 직후 북측 김형진 수석대표는 기조 발언에서 "오늘 우리 회담은 합의서 수표를 눈앞에 둔 최종 결속 단계에 와서 심각한 난관에 봉착하고 있으며 […] 이 같은 사실을 놓고 북과 남의 모든 체육인들은 안타까움을 금치 못하고 있고 또 회담의 운명과 유일팀의 전도에 대해서 깊이 우려하고 있다."라고 말했다. 이어 "내외의 공정한 여론이 인정하고 있는 바와 같이 오늘 유일팀 구성 문제가 엄중한 기로

61 『'북경아시안게임' 제8차 남북체육회담 회의록』, 85~107쪽.

62 『'북경아시안게임' 제9차 남북체육회담 회의록』(국토통일원, 1990년 2월), 7~8쪽.

1990년 2월 7일 판문점 남측 지역 평화의 집에서 열린 9차 회담은 그동안의 합의가 무색하게 이견을 좁히지 못하고 언성이 높아지기도 했다.

에 놓이고 회담의 운명 자체가 위태로운 상황에 처하게 된 것은 전적으로 남측에 책임이 있다."라고 주장하고, "유일팀 구성을 지연·파탄시키기 위한 남측의 책동은 합의서에 수표를 하고 유일팀 탄생을 내외에 선포하기로 한 제7차 회담을 일주일 앞두고 열린 제4차 실무대표 접촉에서 더욱 노골적으로 드러났다."라는 비난으로써 회담 공전의 책임을 남측에 돌렸다.

그러나 김형진 수석대표는 "어떤 일이 있어도 유일팀을 성사시켜야 하며, 이제와서 그것을 중도 포기할 수 없다."라고 하며 다음과 같은 세 가지 사항을 제기했다.

(ⅰ) 1990북경아시안게임에 절대로 별개의 팀으로 가지 않으며 어떤 일이 있어도 유일팀으로 참가할 것이라는 데 쌍방이 합의하고 내외에 선

포함 것.

(ii) 남측이 회담 외적 문제이거나 공동위원회에서 토의하기로 한 문제들을 들고나와 유일팀 구성을 지연시킨 사실을 시인하고 부칙을 깨끗이 철회할 것.

(iii) 1990북경아시안게임에 유일팀이 아닌 별개 팀으로 참가하겠다고 한 남측의 책임 있는 체육관계자들의 발언을 즉각 철회할 것.[63]

김 수석대표가 철회를 요구한 '남측의 책임 있는 체육관계자들'은 김집 체육부 장관과 김종렬金鍾烈 대한체육회 회장을 말한다. 그들은 남북체육회담이 단일팀 파견에 합의하지 못할 때 한국은 별개 팀으로 참가할 수밖에 없는 만큼 그 경우를 염두에 두고 훈련을 계속해야 한다는 취지로 발언했던 것이다.[64]

또한 김형진 수석대표는 기조 발언의 말미에 "우리의 거듭되는 촉구와 내외 인민들의 한결같은 요구에도 불구하고 귀측이 우리의 정당한 요구를 받아들이지 않음으로써 끝내 유일팀이 구성되지 못한다면 그에 대한 책임은 전적으로 남측이 지게 될 것이며 그것은 참으로 민족과 역사 앞에 씻을 수 없는 오점을 남기는 것으로 될 것"이라고 주장했다. 회담이 사실상 결렬된 데 대한 책임을 남측에 떠넘기는 발언이었다.

한편 남측의 수석대표인 중재는 기조 발언에서 "우리 회담은 지난해 말까지 어려운 고비를 슬기롭게 극복하고 괄목할 만한 진전을 이룩했다. 쌍방 간에 단일팀 구성·참가와 관련한 10개 항의 기본사항과 '단일팀 공동추진기구' 구성·운영 방안에 기본적으로 의견일치를 본

---

[63] 위와 같음, 13~14쪽.

[64] 『조선일보』(1990년 1월 9일), 17쪽.

것은 남북체육회담 사상 유례가 없는 일"이라고 평가했다. 이어서 그는 "그러나 합의사항 이행 보장 장치를 마련하지 못함으로써 그 실현을 기약하기 어렵게 된다면 참으로 가슴 아픈 일이 될 것"이라고 했다. 또한 "이제라도 그간 회담 과정에서의 합의 내용을 냉철하게 재확인하고 합의사항의 성실한 이행 보장을 위한 합리적 방안을 마련하는 데 성의를 다해야 한다."라고 말하며, 다음 몇 가지 사항을 거듭 제의했다.

> (i) 합의서에 사용된 '용어의 정의'를 정확하게 규정하는 것은 상호 합의의 취지에 충실하겠다는 것을 확인하는 것이며, 합의서의 문안 정리를 용이하게 하기 위해서도 필요한 것이다. 따라서 '합의사항 이행 보장장치'의 하나로 '용어 해석' 문제를 제기함.
>
> (ii) 남북체육회담이 결코 상대방의 국제경기 참가를 방해하기 위한 목적이나 수단이 되어서는 안 된다. 귀측은 합의사항 불이행 시의 조치들이 어느 한쪽을 얽어맬 수는 없다고 주장한다. 그러나 합의사항 불이행 시의 조치를 명문화해두는 것은 합의사항을 단일팀 실현 이외의 부당한 목적에 이용하는 일이 없도록 하기 위해서도 반드시 필요함.
>
> (iii) 우리 측은 1990베이징아시안게임까지의 시일이 한정되어 있음을 고려하여 10개 항에 대한 의견일치의 토대 위에서 상호 협의 하에 그 일정을 확실히 정해 둘 것을 제의함 등.[65]

이상과 같이 양측에서 제기한 세 가지씩의 쟁점을 놓고 장시간 토론했으나 합의 없는 소모전으로 끝나고 말았다. 중재는 회담 후의 기자회견에서 "오늘 회담에서 가장 불쾌했던 것은 북측에서는 이미 단일팀 구성을 위한 남북체육회담을 결렬시키겠다는 내용을 제시했고, 특

---

[65] 『'북경아시안게임' 제9차 남북체육회담 회의록』, 10~24쪽.

히 우리나라 국가원수의 이름을 경칭도 붙이지 않고 거명함으로써 사실상 회담 종결을 선언하는 듯한 분위기를 조성했다."라고 말하며 전례 없는 불쾌한 심정을 털어놓았다. 그리고 "그들이 제기한 세 가지 조건을 우리 측이 수용한다는 조건하에 다음 회담 개최 여부를 결정하겠다는 것은 사실상 회담 종결을 선언한 것이나 마찬가지"라고 주장했다.

한편 북측의 김형진 수석대표는 기자회견에서 "남측은 회담장 안에서는 북남 유일팀 구성에 실천 의지가 있는 듯이 말하고 있지만, 지금까지의 회담 전 과정을 놓고 볼 때 사실상 남측은 계획적으로 유일팀 성사를 지연시킴으로써 어떻게든 이를 막아 보려는 책동을 해왔다."라고 강변하며 남북 단일팀 구성이 이루어지지 못하고 있는 것에 대한 책임이 전적으로 남측에 있다고 비난했다. 그는 제4차 실무대표 접촉에서 남측이 제기한 '합의사항 이행보장장치'와 '용어해석'에 담긴 내용들, 그리고 1월 초에 남측 체육부 장관이 태릉선수촌에서 "1990 베이징아시안게임에 단독팀으로 출전할 준비를 하라."라고 발언한 점 등을 지적했다. 그리고 그는 "남측은 부당한 분렬주의적 입장을 깨끗이 청산하고 민족의 화합과 단합에 이바지하는 유일팀 구성을 위한 체육인 본연의 자세로 돌아와서 긍정적인 대답이 있기를 우리는 기대할 뿐"이라고 말했다. 기자들이 다음 회담 일정에 대하여 묻자, "남측이 우리가 제기한 문제에 긍정적인 회답을 줄 의향이 있다면 내일도 좋고 오늘 오후도 좋다."라고 대꾸했다.[66] 그러나 그의 기조 발언 내용은 회담의 결렬을 이미 선언한 것이나 다름없었다.

노태우 정부가 '북방정책'을 추진하며 1988년 7월 7일에 「민족자

---

[66] 위와 같음, 87~104쪽.

존과 통일번영을 위한 특별선언」을 내놓고, 북한은 같은 해 12월 21일에 1990북경아시안게임에 참가할 남북 단일팀 구성을 위한 회담을 제의했다. 이에 따라 남북체육회담이 이듬해 3월부터 약 1년에 걸쳐 계속되었다. 이 기간에 남북 사이에는 총리급 회담을 위한 예비회담도 동시에 진행되고 있었고, 한반도에 새로이 조성된 분위기 속에서 단일팀 구성이 성사되리라는 기대가 높았다. 그러나 반세기 동안 얼어붙었던 남북 간의 빙벽은 쉽게 녹지 않았다. 양측은 회담에서 큰 테두리의 사항에 대해서는 합의했으나 '합의사항 이행보장장치'와 '용어해석' 등의 세부적인 사항에 관한 이견을 좁히지 못했다.

남측은 과거 평양세계탁구선수권대회를 앞두고 가진 남북체육회담에서 북측이 구사한 전술로 대회 참가가 무산된 사실을 기억하며, 이번 회담에서의 합의사항에 대해서는 그 이행을 확실히 보장해 두고자 했다. 반면 북측은 큰 원칙에는 합의하면서도 장래 자신의 행동을 구속할 수 있는 구체적인 사항들에 대해서는 언약을 피했다. 북측은 남북한 관계의 개선에 대한 기대는 가졌으나 항상 미래의 불확실한 상황에서 자신이 선택할 수 있는 여러 다른 전술의 가능성을 열어두고자 했다. 이와 같이 북측이 '이행 보장'을 공식화하기를 거부한 전술에는 앞으로 열릴 남북 총리급 회담에서 자신의 협상력을 약화시키지 않겠다는 계산도 깔려 있었다.

중재는 이 아홉 차례의 회담 모두에 참가하며 "체력의 한계를 느낄 정도로 신경과 에너지를 기울였다."[67] 중재는 이어 "또 한 번 남북한 체육회담은 좌절되었고 나로서도 아쉽고 여운이 남는 회담이었다. 그러나 한편으로는 단일팀 명칭, 영어표기 방법, 단기團旗 등을 합의했다

67 장충식, 「노태우 전 대통령」, 242쪽.

는 점에서 진일보한 회담이었음을 자평했다. […] 나로서는 수석대표로서 회담을 이끌었다는 점에 나름대로 자부심을 가질 만하다고 위안했다."라고 회상했다.[68]

비록 단일팀 구성을 이뤄내지는 못했지만, 그나마 보람이 있었다면 아시안게임이 개막한 1990년 9월 22일 오전 북경에서 남의 선수단장 중재와 북의 선수단장 김형진이 회담을 열고 남과 북의 공동응원을 끌어낸 실적이다. 남의 응원단과 북의 응원단이 함께 앉아 각각 태극기와 인공기를 들고 응원하기로 결정한 것이다. 북경에 있는 김우중 대우그룹 회장의 집무실에서 언론의 이목을 피해 조용히 진행했기에 협상은 빠르게 합의에 도달할 수 있었다.[69] 이준한 교수는 다음과 같이 부연했다.

> 여기에서 주목을 끄는 것은 기본적으로 남북이 서로 다른 국기를 이용하지만, 자유의사에 따라 약 1년 전 판문점 체육회담에서 합의했던 한반도기를 들기로 했다는 보도이다. 이에 따라 북한 응원단이 4백여 개의 한반도기를 만들어 한국응원단에 나누어 주며 같이 쓸 것을 권하는 모습이 나타났다. 이로써 남북이 역사상 처음으로 공동응원을 실현했고 한반도기가 선보였다.[70]

북경아시안게임을 계기로 한 중재의 중국 지원과 중국의 보답

제11회 북경아시안게임은 쿠웨이트를 침공한 이라크를 제외한 아

---

[68] 장충식, 『시대를 넘어 미래를 열다』, 449~450쪽.

[69] 장충식, 「노태우 전 대통령」, 243쪽.

[70] 이준한, 「남북 단일팀과 단일기: 역사와 특징」, 70~71쪽.

시아올림픽평의회OCA 37개 회원국 6,000여 명의 선수가 참가한 가운데 1990년 9월 22일에 북경의 노동자체육관에서 개막되었다. 중재는 태극기를 앞세운 채 한국선수단 단장으로 선수단을 이끌고 개막식에 입장했다. 북경 대회에 앞서 중재는 중화인민공화국 체육위원회 부위원장으로 북경아시안게임조직위원회 부위원장인 장백발張百發 북경시인민정부 건설담당 부시장으로부터 도움을 요청받았다. 장백발 부위원장은 1935년 9월에 하북성河北省의 빈농가에서 태어나 정규 교육을 받지 못한 채 북경으로 상경해 막 노동자로 직물업을 배우다가 16세 때인 1951년에 철근공장에서 일하기 시작한 것을 계기로 19세 때인 1954년에 북경시 건설 분야의 공무원이 되었고 중국공산당 입당이 허용되었다. 이후 23세 때인 1958년에 등소평이 북경과 천진 지역

1990년 9월 베이징 아시안게임 개회식에 입장하는 대한민국 선수단. 이 대회에서 대한민국 선수단은 금메달 54, 은 54, 동 73으로 종합 성적 2위를 기록하였다.

의 청년대표들을 접견할 때 거기에 포함되었고 계속해서 이 분야에 종사하며 두각을 나타내 마침내 고위직에 오른 것이다. 그는 중재가 86서울아시안게임과 88서울올림픽에 맞춰 그때마다 단국대학교 천안캠퍼스에서 열었던 스포츠과학학술대회에 중국대표단을 이끌고 참석하는 등 오랜 인연이 있었다. 장 부위원장과 중재는 같은 장 씨인데다가 중재가 두 살 위로 비슷한 연배였다.

이처럼 친근한 처지였기에, 장백발 부위원장은 중재에게 북경 대회가 눈앞에 닥쳤는데 자동차 문제가 가장 큰 걱정이라고 털어놓을 수 있었다. 각국 선수단 단장과 임원들이 사용해야 할 차량이 5백여 대 정도 필요한데, 자기네 예산으로는 감당하기 어려워 택시를 활용해야 할 실정이라고 고백하면서, "한국은 자동차를 많이 생산하는 나라이니 협조해달라."라고 통사정했다. 중재가 보기에도 "당시만 해도 중국은 자동차를 생산하기 힘들었고 아시아에서는 한국과 일본이 자동차 생산 국가였으니 이를 수입하는 일이 만만치 않았다." 중재는 정주영 현대그룹 회장을 찾아가 장백발 부위원장의 고충을 전달했다. 중재의 표현으로, "정주영 회장은 도량이 큰 기업가였다." 정 회장은 기꺼이 현대차 500대를 북경대회에 기증했으며, 장백발 부위원장을 비롯한 조직위원회는 대단히 기뻐하고 진심으로 고맙다는 뜻을 중재와 정 회장에게 전했다.[71]

북경대회에 중재가 한국선수단 단장으로 참석하자 장백발 부위원장이 '가장 크게 기뻐했'던 것은 당연했다. 거기서 한 걸음 더 나아가 한국선수단에 관련된 일이라면 중재의 요구를 대부분 다 들어주었다. 중재는 다음과 같이 회상했다.

---

[71] 장충식, 「노태우 전 대통령」, 247~248쪽.

우선 선수촌에 입촌하려고 남북한 선수단의 숙소 위치를 알아보니 동과 서, 양쪽 끝으로 배치되어 있었다. 혹시나 가까이 배치했다가 불상사가 일어날까 염려해 격리하다시피 떨어뜨려 놓은 것이다. 같은 민족인데 이렇게 떨어져 있으면 젊은이들의 마음이 어떻겠느냐 설득했다. 그들은 선선히 나의 요구를 들어줬다. 대회 기간 중에 남북한 선수들은 조금씩 마음을 열었고 나중에는 반가운 인사를 나눌 정도로 가까워지기도 했다. 또한 선수촌 가까이 한식 식당을 차리도록 허가를 내달라 부탁을 했다. 대회 기간 중 한국 손님들이 많이 올 텐데 식당이 멀리 있으면 귀빈들과 관광객들이 불편할 거라며 협조를 구했다. 이 역시 허가를 받아내 많은 이들이 한국 음식을 먹으며 임무를 수행할 수 있었다.[72]

이 일화에서 우리는 중재의 폭넓은 인맥과 평소에 쌓아놓은 신뢰 그리고 문제를 풀어나가는 역량을 다시 확인하게 된다.

72 위와 같음, 248쪽.

1990년대의 남북체육회담과 남북단일팀 성사

'남북[북남] 통일축구대회'에 대한 합의

1990년 7월 27일~8월 3일에 북경에서 열린 제1회 다이너스티컵 국제축구대회를 계기로 남북한 사이에 '경평京平 친선축구경기' 부활을 위한 협상이 진행되었다. 남북한과 중국 및 일본 등 4개국 사이에 열리는 이 축구대회를 참관하기 위해 김용균金容鈞 체육부 차관 [이후 체육청소년부 차관]이 떠날 때 정동성鄭東星 체육부 장관은 "이 대회에 참석하는 북한 고위 체육관계자들과 경평축구의 부활에 대해 협의해 보라."라는 임무를 부여한 것이다.[73] '경평 친선축구경기'는 일제강점기이던 1929년 10월 8일~10일에 조선일보사 주최로 서울의 휘문고등보통학교 운동장에서 시작된 '경평 축구대항전'을 말한다. 일제의 압박에 대한 울분을 축구라는 스포츠를 통해 발산시킨 대회로, 제1회 대회에서는 평양축구단이 2승 1무로 승리했다. 제2회 대회는 1930년 11월 28일~30일에 경성운동장오늘날의 동대문운동장에서 열렸고 경성축구단이 2승 1패로 승리했으며, 제3회는 1933년 4월 6일~8일에 평양공설운동장에서 열렸고 1승 1무 1패로 무승부가 되었다. 경평전은 1935년 4월에 경성운동장에서 열린 경기를 마지막으로 끊어졌다가 8·15해방 다음 해인 1946년 3월 25일~26일에 서울운동장에서 열렸

---

[73] 이하 경평축구전의 개최를 둘러싼 남북 사이의 협상 그리고 경평축구전 그 자체에 대한 자세한 정보는 전적으로 다음에 의존했다. 장충식, 『시대를 넘어 미래를 열다』, 450~455쪽.

으며 1승 1패로 매듭지었다. 이후 분단이 굳어지면서 경평전은 한 차례도 열리지 못했다.[74]

서울대학교 법과대학을 졸업한 예비역 육군 중령 출신의 변호사이면서 미국 조지워싱턴대학교 법학박사인 김 차관은 북경에서 북한의 조선체육지도위원회 강득춘康得春 부위원장을 만나 조심스럽게 그 뜻을 타진했다. 강 부위원장은 의외로 경평전의 부활은 자신들도 바라는 것인 만큼 북에 돌아가는 대로 적극 검토해 그 결과를 판문점을 통해 연락하겠다고 응답했다. 남측은 강 부위원장의 대응을 '의례적 제스처'로 이해했다. 그러나 그게 아니었다. 북경아시안게임의 개막을 며칠 앞두고 동의한다는 연락이 왔다.

이에 따른 남북체육장관 회담은 북경 아시안게임이 개막된 그 다음 날인 1990년 9월 23일에 북경에서 비공개로 시작되었다. 정동성 장관은 서울에서의 행사로 귀국하면서 회담을 남측 선수단장인 중재에게 맡겼다. 이에 중재는 북측의 김형진 선수단장과 비공개리에 회담을 이어갔다. 서로 잘 아는 처지여서 회담은 순조롭게 진행되었고, 9월 29일에 합의에 도달하면서 곧바로 북경의 메인 프레스 센터에서 공식 기자회견을 열고 다음과 같은 6개 항의 합의 내용을 발표했다.

(i) 남북[북남]남·여 축구경기를 평양10월 11일과 서울10월 23일에서 갖는다.

(ii) 명칭은 남북[북남] 통일축구경기로 한다.

(iii) 남측 선수단은 10월 9일에 북경에서 북측이 제공하는 비행기 편으로 평양으로 직행하고, 4박 5일 체류 후 판문점을 통해 귀환한다.

(iv) 북측 선수단은 10월 21일에 판문점을 통해 서울에 들어가 4박 5일

---

[74] 장경환(張慶煥), 「경평 축구대항전 57년의 내력」, 『북한』(북한연구소, 1986년 6월), 112~115쪽. 필자는 한국대표 축구 선수였으며 대한축구협회 기술위원장과 KBS 전속 해설위원을 역임했다.

체류 후 북으로 돌아간다.

(v) 경기 때 쌍방은 아무런 표시 없이 유니폼 색깔로 구분한다.

(vi) 선수단의 신변 안전은 북측 사회안전부의 각서발표로 보장한다.[75]

중재는 "남북통일축구를 공표하면서 남북한 대표단이 기자회견 후 서로를 포옹했을 때의 감격을 나는 잊을 수가 없었다. 가슴 밑바닥에서 북받쳐 오르는 찐한 격정이 서로에게 전달되면서 눈물을 감출 수 없었다."라고 회고했다.[76]

남측은 선수단을 비롯해 인솔단과 기자단을 포함한 방북대표단 80명의 명단을 북측에 전달했다. 북측은 남측 언론사들의 과잉 보도를 문제 삼아 보도진을 7명으로 제한할 것을 강력히 제기했다. 중재가 김형진 단장을 만나 남측의 언론 분위기를 설명했으나 북측은 언론 자유가 주어져 취재가 분방한 남측 보도진에 경계심을 나타냈다. 그래도 중재는 김 단장을 끈질기게 설득해 12개 언론사의 20명으로 한다는 합의를 이뤄냈다.

그때까지 한 차례도 북한을 방문한 일이 없었던 중재는 이 계제에 남측 선수단장으로 평양을 방문하고 싶었다. 더구나 실향민으로, 비록 선조의 고향이며 자신의 소년시절 가운데 일정한 세월을 보냈던 평안북도 용천은 아니라고 해도 북한 땅을 밟고 싶었다. 그러나 그는 북경에서 진행되고 있는 아시안게임에서 선수단을 격려해 좋은 성적을 올리는 것이 더욱 중요하다고 생각해 누구나 선망하던 북행을 양보했다.

---

[75] 장충식, 『시대를 넘어 미래를 열다』, 451쪽, 이학래, 『남북 체육 교류와 한반도 평화』, 240쪽.

[76] 장충식, 「노태우 전 대통령」, 249쪽.

중재의 선택은 보상받았다. 29개 종목 308개의 금메달을 놓고 겨룬 이 대회에서 개최국인 중국이 금메달 183개로 종합우승, 한국이 금메달 54개로 2위, 일본이 금메달 38개로 3위를 차지했다. 1982년에 열린 제9회 뉴델리아시안게임 이후 8년 만에 참가한 북한은 금메달 12개로 4위였다.[77]

'경평 축구전'의 '남북[북남]통일축구전'으로 부활

합의에 따라 첫 경기는 1990년 10월 11일에 평양 그리고 10월 23일에 서울에서 서로 상대를 응원하는 분위기에서 진행되었다. 북한 선수단이 처음으로 판문점을 넘어오는 10월 21일에 중재는 대한올림픽

1990년 10월 11일 남북통일축구가 열린 북한 평양의 능라도 5.1경기장에서 어깨를 나란히 하고 우의를 다지는 남북 여자 축구대표팀 선수들

[77] 「제11회 베이징아시안게임: 한국, 세계신기록 경신 선도」, 『KOC 50년사』, 236~237쪽.

1990년 10월 23일 잠실올림픽경기장에서 열린 남북통일축구 경기는 7만 관중의 응원 속에서 성공적으로 치러졌다. 분단 이후 최초로 서울에서 남북한 체육교류가 실현되는 역사적 순간이었다.

위원회 및 체육부 인사들과 영접을 나갔다. 북측에서는 김유순 국가체육위원회 위원장을 단장으로 하는 남녀 축구 선수단과 임원 56명, 그리고 22명의 기자단 등이 왔다. 중재가 느끼기에 분위기는 "아주 좋았다." 양측 인사들은 "이미 평양에서 경기를 치른 터라 오랜 친구들처럼 정담을 나눌 정도였다."[78]

그렇지만 바로 그날 밤 예상치 못한 문제가 터졌다. 만찬이 끝나고 밤 11시부터 일정 협의를 위한 연락관 회의를 해야 하는데 북측은 그날 KBS의 드라마에서 김일성을 비판하는 내용이 나왔다며 일정 협의 자체를 거부하는 것이었다. 북측 연락관은 "남측이 통일을 위한 화합 행사에 북측을 초청해 놓고 언론을 통해 비방하는 것은 예의에 어긋나

[78] 장충식, 『시대를 넘어 미래를 열다』, 453~454쪽.

는 일"이라고 비난했고, 김유순 북측 단장은 "정동성 장관이 직접 와서 일정을 협의하든가 아니면 축구 경기를 취소하든가를 결정해야 한다."라고 강도 높게 항의했다. 이 문제는 결국 자정이 넘은 새벽 2시경 잠자던 정동성 체육부 장관이 직접 차를 몰고 워커힐호텔에 다시 와서 중재 및 이학래 남측 차석대표 등과 함께 새벽까지 '진땀을 빼며' 설득하며 무마시킴으로써 넘어갈 수 있었다.[79] 이 일화에 관해 중재는 다음과 같이 회상했다.

> 북한 측 인사들은 어디에 있든 '평양'을 의식하는 것이 불문율이다. 사소한 문제라도 김일성이나 김정일과 관련된 일은 묵인하지 않았다. 이를 가벼이 여기면 '평양'에 돌아간 뒤 언제든 비판을 받고 모든 것을 잃을 수 있다. 북한과의 교류에서는 이 점을 잘 염두에 두는 것이 사업의 성공적 진행을 위해 필수적이다. 언론에 대한 북측의 과민 반응에는 이런 북측 인사들의 고충이 있음을 이해하기에 나 역시 그들의 입장을 최대한 수용하려 애쓴 것이다.[80]

이 회상은 앞으로 북측과의 대화에 임할 남측 인사들에게 교훈이 될 수 있음은 물론이다. 중재의 회상은 다음으로 이어졌다.

> 경기는 한국이 1:0으로 이겼지만 이미 승패는 중요한 문제가 아니었다. 10월 25일 워커힐호텔 광장에서 북측 선수단 환송 행사가 있었다. 짧은 시간이었지만 서로 정이 들어서 아쉽고 서운한 마음이었다. 북측 여자 선수들은 버스에 앉아 눈물을 흘리며 상기된 얼굴로 남측 선수단에게 눈을 돌리지 못했다. 스포츠는 이렇게 인간의 깊은 곳에 있는 순수한 마음

[79] 장충식, 『시대를 넘어 미래를 열다』, 451쪽.
[80] 위와 같음, 456쪽.

을 하나로 엮는 힘이 있다.[81]

이렇게 시작된 '남북[북남]통일축구전'은, 김영삼金泳三 정부 때 끊겼다. 초기의 짧은 기간을 제외하고는, 북핵 위기가 발생함에 따라 전반적으로 북한에 대해 '비非우호적'이거나 심지어 '적대적'인 자세를 과시한 김영삼 정부에 대해 북한이 크게 반발한 분위기 속에서 그 축구전은 열릴 수 없었다. 이후 대북화해정책을 추진해 최초의 남북정상회담을 성사시킨 김대중金大中 정부 때인 2002년 9월 7일에 서울에서, 역시 대북화해정책을 추진한 노무현盧武鉉 정부 때인 2005년 8월 14일에 광복 60주년을 기념하는 '8·15민족대축제'의 일환으로 서울에서 열리며, 그 경기가 마지막 경기가 된다.[82]

남북축구대회의 효과와 남북단일팀 파견 협상의 진전

'남북[북남] 통일축구대회'의 성사는 남과 북 모두에서 '폭발적 반응'을 불러일으켰다. 중재의 표현으로, "평양이나 서울이나 모두 한목소리로 '우리의 소원은 통일'을 부르며 뜨거운 함성으로 서로를 응원했고, 언론도 '통일 골문'을 열었다는 찬사를 보냈다." 이러한 '열화 같은 반응에' 고무되어, 남과 북의 최고 지도부는 그동안 중단되었던 체육회담을 다시 시작하게 했다. 그 결과 1990년 10월 12일 평양에서 남의 정동성 체육부 장관과 북의 김유순 국가체육위원회 위원장은 (i) 제41회 세계탁구선수권대회일본, 지바, (ii) 제25회 하계올림픽대회스페인, 바르셀로나, (iii) 제3회 동계아시아대회북한, 삼지연[三池淵]에 남북단일팀[북

81 위와 같음, 455쪽.

82 강복창, 「남북통일축구, 교류의 디딤돌 포석」, 『체육』 267(대한체육회, 1990), 18~21쪽; 이준한, 「남북 단일팀과 단일기: 역사와 특징」, 71쪽에서 재인용.

남단일팀]을 구성해 참가하기로 공동합의문을 작성했다. 10월 24일에 서울에서 다시 만난 두 사람은 단일팀 구성을 이행하기 위해 제1차 남북체육회담을 11월 29일 판문점에서 갖기로 합의했다. 이 회담을 시발로, 1990년 11월 29일부터 1991년 2월 12일까지 본회담 네 차례 그리고 탁구와 축구 각각 두 차례씩 실무대표 접촉 네 차례의 남북체육회담이 열렸다.[83]

남북체육회담의 본회담은 지난날의 경우와 마찬가지로 남南의 수석대표 중재와 북北의 수석대표 김형진 사이에서 진행되었다. 이미 2년에 걸쳐 회담에 함께 참가했기에 두 대표는 "담배를 나눠 피우는 일은 물론이요 개인사를 물어볼 만큼 서로를 알게 되었다." 중재가 회상했듯, 두 대표 사이에 형성된 인간적 유대감은 회담을 안정되면서도 빠르게 진행하게 했다.[84]

4차 회담이 열리기까지 별다른 충돌이 없었다. 핵심은 탁구와 축구 가운데 어떤 종목의 단장을 나눠서 맡느냐 하는 것이었고, 또 하나는 단일팀 선수 선발과 훈련 방법이었다. 중재는 여러 차례의 지난 회담에서도 느꼈지만, 회담이란 차수次數를 늘려갈수록 합의가 어렵다고 생각했다. 왜냐하면 남북한 모두 회담을 둘러싼 정치적 계산과 이를 달성하는 방법을 놓고 강온파로 나뉘게 마련인데 "시간이 길어지면 이런 방정식이 더 복잡해지고 결국 '없던 일로 하자.'라는 결론이 나기 쉬웠기 때문이다." 그 까닭은 "회담이 성공해도 만약 실천 단계에서 일이 어긋나면 그 후유증을 책임지려는 사람이 없다는 데" 있었다.

중재는 그동안의 경험을 살려 "오늘 회담에서 결론을 내리자."라고 결심했고, 그렇게 하기 위해서는 북측의 제안을 받아들이면서 그날로

83 이학래, 『남북 체육 교류와 한반도 평화』, 256~257쪽.

84 장충식, 『시대를 넘어 미래를 열다』, 456쪽.

합의를 완결하도록 압박해야겠다고 구상했다. 물론 중재가 이렇게 회담을 진행하면 남측의 강경파도 “장 수석이 또 북한에 졌다.”라는 등의 비판을 제기할 수 있다. 그러나 중재는 “두렵지 않았다.” 이때의 심경을 중재는 다음과 같이 회상했다.

> 통일 축구 대회에서도 드러났듯이 스포츠가 가진 힘은 컸다. 교류는 결국 사람이 만나는 일이니 이처럼 대규모의 교류가 이뤄지면 북한의 경직성도 서서히 유연해질 것이다. 당시 냉전 체제의 붕괴가 세계적 흐름이었는데 이런 때 북한의 문을 열지 못하면 다음 기회에도 어렵다고 믿었다. 오히려 이런 정세에서라면 북한이 문을 닫으려 할 것이다. 우리가 먼저 양보하고 그들의 문에 작은 틈을 열어야 한다고 생각했다.[85]

이 대목에서 중재는 “회담은 승리와 패배를 따질 전장이 아니고 서로 이기는 상생의 마당이 아닌가.”라는 명언을 남겼다.

일이 잘되려 했는지 김형진 단장이 회담장을 들어오는 표정이 더 밝아 보였다. 중재도 좀 더 굳게 악수하며 슬쩍 “오늘 합의 못 보면 이 회담장 못 나가요.”라고 농담을 건넸다. 김형진 단장은 중재의 마음이라도 읽은 것 같았다. 그는 기조 발언을 통해 “단일팀 대표선수 선발전을 두 차례 상호 왕복하여 갖고, 훈련도 역시 두 차례 왕복하여 실시하자.”라고 제안함으로써 그동안 단일팀 훈련은 대회가 열리는 일본 현지에서만 하자는 입장에서 한 걸음 더 나아갔다.

그동안 남측은 선발과 훈련을 모두 남북한을 왕복하며 하자는 안을 제기해 왔고 북한은 이를 거부해 왔었다. 중재는 북측의 그러한 태도를 충분히 이해하고 있었다. 동유럽 공산권의 몰락이 서방과의 교류

---

[85] 위와 같음, 457쪽.

때문이라는 북측 강경파의 현실 인식에서는 남북 사이의 교류가 많아지고, 규모가 커질수록 체제의 폐쇄성을 유지하기 힘들어져 부담이 될 수밖에 없다. 이렇게 볼 때, 북측이 "'남북을 오가며 훈련하자.'라는 남측 제의에 동의한 것은 나름 큰 결심을 한 셈이었다."라고 중재는 평가했다.

조건이 무르익었음을 직감한 중재는 선수단 단장 문제를 북측이 하자는 대로 수용한다고 화답했다. 북측의 주장은 "탁구 단장은 북한이, 축구 단장은 남한이 맡자."라는 것으로, 재일 교포가 많은 일본에서 열리는 탁구 대회의 단장을 북한이 맡겠다는 의지가 강하게 깔려있었다. "일본에는 조총련계 재일 동포가 많다. 남북 단일팀으로 참가하면 많은 조총련계 동포들이 응원하기 위해서 참석하게 될 것인데, 그때 남북 단일팀 단장을 북측이 맡지 못하고 남측이 맡을 경우 정치적으로 북이 남에게 밀렸다는 인상을 받을 것이 두려웠던 것"이라고 중재는 정확히 헤아렸다.

반면에 포르투갈 리스본에는 남과 북이 모두 대사관을 열고 있으나 남을 지지하고 응원할 남측 동포는 적지 않은 반면에 북을 지지하고 응원할 북한 동포가 전무했기에, 북측은 축구 단일팀 단장을 맡을 경우 여러 가지 면에서 어려운 일이 있을 것으로 우려하고 있었다. 그래서 중재에게 축구팀 단장을 맡아 달라고 제의한 것으로 짐작한 중재는 두말없이 그렇게 하라고 선뜻 동의해 주었다.

이렇게 단장 문제가 어렵지 않게 풀리자 중재는 "이제는 단일팀 구성 참가에 대한 의견 조율이 많이 되었고 남북 간의 별 차이도 없는 것 같으니 지금부터 실무 대표 접촉을 통해서 문안 정리를 하고 합의서를 오늘 발표합시다."라고 제의했다. 김형진 수석대표는 조금 당황스러워하며 "실무 대표 접촉은 지금보다……."라는 말로 우물거렸다. 자신들의 주장이 받아들여졌지만 뭔가 상부의 최종 허락 없이 합의하는 일에 부담을 느끼는 듯했다. 중재는 김 단장을 웃음으로 달래면서 "지금 기자들이 추운 데서 결과를 기다리느라 얼마나 고생이 많겠어요. 오늘 우리가 끝내는 게 양측에 모두 이로울 겁니다. 뭐 합의 볼 것이 따로 있는 것도 아니고 한데……."라고 유도하자, 김 단장은 감을 잡은 듯 "그러면 좋습니다. 오후 1시부터 실무 대표 접촉을 해서 문안 정리를 하고 오후 5시에 우리 다시 마주 앉아서 수표합시다."라면서 적극적인 자세를 보였다.

남측에서 3명, 북측에서 3명의 실무 대표가 모여 본회담에서 이미 제시되었던 양측의 각종 합의 문안을 정리했다. 지바에서 열릴 세계탁구선수권대회의 단장은 북이 맡고, 이후 곧 포르투갈에서 열릴 세계축구선수권대회의 단장은 남이 맡는다는 내용이었다. 1964년 도쿄 올림픽 때 논의를 시작한 이후로 처음 이뤄낸 합의였다. 'KOREA'라는 국호 아래 한[조선]반도기를 걸고 아리랑을 연주한다는 데도 합의했다. 이후 오후 5시에 양측이 상부의 최종 결재를 끝냈다. 다행히 어디서도 거부가 없었다.

장장 여덟 시간에 걸친 회담이 막을 내리는 시점이었고 동시에 '코리아 단일팀'이 탄생하는 새 장章이 열리는 순간이었다. 이 역사적인 시점에서의 심경을 중재는 "설마 하다가 온 겨레가 깜짝 놀라는 일이 벌어졌다. 고성과 욕설이 오가지 않고도 얼마든지 남북 회담을 성사시킬 수 있다는 내 소신을 확인하기도 했다. 한 번도 걸어가 본 적 없는, 한 번도 만들어 본 적 없는 새 세계로 우리 민족이 들어가고 있었다."라고 감동적으로 회상했다.[86]

---

[86] 위와 같음, 459~460쪽.

남북 협상의 교훈

이 대목에서 우리는 중재와 북의 김형진 단장 사이에 쌓인 믿음에 관한 중재의 다음과 같은 회상을 다시 생각하게 된다.

> 회담이 끝나고 나중에 만난 북측 김형진 단장은 자기들의 제안에 내가 동의해 준 것에 대해서 매우 고마워했다. 통일 축구가 이뤄질 무렵부터 김형진 단장은 사석에서 나에게 형님이라고 불렀다. 그만큼 자주 만나면서 정이 쌓이고 서로 믿음이 가는 사이가 된 것이다.
>
> 사석에서 만난 김 단장은 "형님이랑 회담을 함께해서 성사가 된 것"이라며 "형님이 내 입장을 늘 생각해 주어서 고맙다."라고 말했다. 내가 탁구 선수단 단장을 맡겠다고 고집하고 북측 김형진 단장에게는 포르투갈 리스본에서 열리는 축구 선수권 대회 단장을 맡으라고 고집했다면 북측은 매우 난처한 입장에 놓이게 될 것이고 북측 대표들은 평양에 돌아가서 문책을 받았을 것이다. 당시 북한의 입장도 체육 회담 성사에 적극적이었으니 피차 좋은 운과 능력을 함께 나눌 수 있어서 나 역시 고맙고 기뻤다.[87]

중재가 시인했듯, 남북체육회담 성사에 적극적이었던 남측의 결심에, 특히 북측 상부의 결심이 합쳐진 것이 합의에 결정적 요인이었음은 확실하다. 그러나 회담 현장에서 남의 수석대표와 북의 수석대표 사이에 오랜 기간에 걸쳐 형성된 신뢰가 영향을 미친 것도 사실이다. 이 점은 남북 사이의 대화와 협상을 연구하고 준비할 때 결코 경시할 수 없는 교훈이라고 하겠다.

---

[87] 위와 같음, 460~461쪽.

제41회 세계탁구선수권대회와 남북단일팀의 승리

앞에서 여러 차례 지적했듯, 남과 북은 1990년 10월 12일에 평양에서 열린 남북체육장관에서의 합의, 그리고 그 합의에 근거해 1991년 2월 12일에 판문점에서 열린 마지막 체육회담에서, 1991년 4월 24일~5월 6일에 일본 지바에서 열리는 제41회 세계탁구선수권대회에 단일팀을 파견하기로 합의했다. 이 대회의 선수단 단장은 북측이 맡게 되었기에 중재는 참가할 수 없었고 따라서 이 대회에 관한 회고를 남기지 않았다. 다행히 이 대회에 한국측 대표선수였으며 '코리아 단일팀'의 일원으로 참가했고, 현재 한국마사회 탁구단 감독인 현정화玄靜和가 인천광역시 서구 청라동青羅洞 마사회 연습장에서 기자와 만나 이 대회에 관해 자세히 회상했다.

"합동훈련을 일본에서 한 달쯤 손발을 맞췄다."라고 말문을 연 현정화는 남과 북의 선수들이 서로 땀을 닦아주던 합동 연습, 단복 차림으로 참여했던 환영 행사, 함께 시상대에 오른 당시의 사진들을 담은 앨범과 스크랩북도 보여주었다. 자신의 복식 파트너였던 북의 리분희李粉姬와는 1980년대 후반부터 국제대회에서 마주쳤다. 1991년 한 달 동안 함께 지내면서, 1969년 10월생인 현정화는 1968년 12월생인 리분희를 언니로 불렀고, 속 깊은 이야기도 나눌 수 있었다. "그쪽이 더 호기심이 많아서 우리에게 질문을 많이 했어요. 언니 [리분희]가 자기 남자친구 [북한 남자팀 대표였던 김성희] 얘기도 해서 저도 말을 했죠. 듣기만 할 수가 있나요." 그때 얘기한 현정화의 남자친구가 남편 김석만 씨로, 역시 주니어 대표를 지낸 탁구선수 출신이다.

현정화와 이분희의 만남은 1991년 지바에서 열린 세계탁구선수권대회가 마지막이었다. 현정화가 2005년과 2018년 두 차례 북한을 방문했을 때도 만남은 성사되지 않았다. 현정화는 "한 번 언니면 영원한 언니"라면서 "다시 만날 기회가 있다면 내 손으로 밥이라도 지어 대접하면서 어떻게 살았는지 밤새 얘기하고 싶다."라고 회상했다. 아쉽게도 리분희는 마약에 관련된 남편의 범죄로 남편과 함께 일정한 기간에 걸쳐 강제노역을 하게 되면서 외부로 나올 수 없었다. 다행히도 그녀는 훗날 평양으로 복귀해 압록강체육단 탁구 코치로 활동했다.

지바 대회에서의 결승단식 4경기, 복식 1경기인 중국전을 생각할 때마다 현정화 감독은 복식 파트너였던 북의 리분희가 '서브 폴트[반칙]'를 받던 장면이 떠오른다고 했다. "공을 띄우고 비정상적인 동작을 했다는 건데, 사실 제대로 잘했거든요. 2세트 15대15 상황이었어요." 1세트를 먼저 이긴 현정화·리분희는 석연치 않았던 이 판정 이후 2세트에 이어 3세트마저 중국에 내주고 역전패했다.

앞서 단식 두 경기를 이긴 남북 단일팀에서 중국 쪽으로 흐름이 넘어갔다. 현정화가 세 번째 단식에서 '마녀' 등아평鄧亞萍덩야핑에게 졌을 땐 패색이 짙어졌다. 그러나 마지막 네 번째 단식에서 북한의 유순복兪順福이 신들린 경기로 고군高軍가오준을 꺾었다. 분단 이후 처음으로 국제 대회에 참가한 '코리아' 단일팀의 우승이 확정되는 순간이었다. 곧이어 시상식에서 한반도기가 휘날렸다. 채민기蔡珉基 기자의 표현으로, "무게 2.7g. 구기 종목을 통틀어 가장 가벼운 탁구공이 남북을 하나가 되게 했다." 현정화 감독은 "그때 선수단 지원과 응원을 준비하면서 그사이 서로 다투기도 하고 싸웠던 민단과 조총련이 처음으로 같이 회의를 했다고 들었다."라고 말하며, "관중석에 교포들이 가득해서 우리 홈경기 같았죠. '코리아 이즈 원한국은 하나다'이라는 현수막도 보이고, 다들 우셔서 뭉클했어요."라고 당시를 회상했다. 여간해서는 울지 않는다는 현정화도 그때는 많이 울었다고 덧붙였다.[88] 이 대회는 서울의 영화인 문현성이 제작·감독해 2012년 5월 3일에 개봉한 영화 『코리아』에 감동적으로 묘사되었다.

세계청소년축구선수권대회 단일팀 파견

남북단일팀이 지바에서의 세계탁구선수권대회에서 여자 단체전 우승을 거두자, 관심은 약 1개월 뒤 리스본에서 열릴 세계청소년축구선수권대회에서 어떤 성적을 보일 것인가에 쏠렸다. 남과 북 사이의 합의를 존중해, 정부는 세계청소년축구선수권대회 단일팀 단장에 중재

제6회 세계 청소년 축구 선수권 대회 남북 단일팀 구성 합의에 따라 청소년 단일팀은 평양과 서울을 오가며 해방 뒤 최초로 상호 방문 경기를 치러 국민들을 기쁘게 했다.

[88] 채민기(蔡珉基), 「나의 현대사 보물 49: '탁구 레전드' 현정화」, 『조선일보』(2024년 4월 30일, A19쪽).

를 임명했다. 제1차 평가전은 서울1991년 5월 6~9일에서, 제2차 평가전은 평양5월 10~16일에서 실시했다.

평가전은 남북 사이에 승패를 따지는 시합이 아니라 양측 선수들은 별로 부담을 느끼지 않았다. 그러나 정작 부담스러운 사람은 중재였다. 그는 그때의 심경을 다음과 같이 회상했다.

> 나는 역사상 최초의 단일팀 단장이었다. 이전까지 누가 해 본 경험도 없고, 따를 만한 다른 나라의 사례도 없다. 그뿐인가, 비록 단일팀이라 해도 엄연히 남한과 북한의 국민이고, 각자 지켜야 할 정치적 입장이 있다. 사회 문화적으로는 벌써 40년을 넘게 다른 체제에서 살았으니 생각도, 말도, 예절과 관행도 다를 수밖에 없었다. 속으로 더 걱정스러운 일은 선수단이 아직 미성숙한 스무 살 미만의 청소년이라는 점이었다. 내가 유니버시아드 단장을 오래 해 봐서 알지만, 젊은이들은 아무래도 자유분방하기 마련이고 자칫 자기중심적으로 행동하기 쉽다. 거기에 남북한 간의 경제력 차이로 씀씀이가 다르니 이들이 조화롭게 생활하도록 단장이 신경 쓸 일이 한두 가지가 아니었다.[89]

평가전에 참가하기 위해 서울에 온 북측 선수들과 임원들과 함께 어울리는 가운데 중재는 특히 북측 손님들을 꼼꼼히 돌보았다. 중재는 북측 선수들이 남측 선수들의 영향을 받을까 경계하는 북측 임원들이 그들을 철저히 단속하는 것을 새삼 확인할 수 있었다. 중재는 다음과 같이 증언했다.

> 그러다 보니 함께 식사를 하지만 북한은 북한대로, 남한은 남한대로 저희끼리 모여서 식사를 했다. 선수들은 절대로 정치에 대해서 말하지 않

[89] 장충식, 『시대를 넘어 미래를 열다』, 461쪽.

> 았다. 정치에 대해서 묻지도 않았고 물어도 대답하지 않았다. 우리도 선수 간의 대화에서 일상생활에 대한 얘기는 해도 경제와 정치에 대한 문제, 특히 북한 지도자에 대한 질문은 절대로 하지 않도록 여러 번 당부했다. 서로가 함께 있다는 것이 즐겁고 유쾌하기보다 여러 가지로 불편하고 서로가 구속을 받는 일이 많았다. […] 남북한의 선수들은 임원들이 보지 않을 때는 서로 만나서 담소하기를 좋아한다. 그러나 감시의 눈초리로 항상 주의 깊게 살펴야 하는 어려움이 따랐다.[90]

체제와 정치에 대해 자유롭게 아무런 부담 없이 비판할 수 있는 사회에서 성장한 남한의 선수들과 그렇지 못한 환경에서 자란 북한 선수들이 여러 날을 함께 투숙해야 하니 그럴 수밖에 없을 것으로 중재는 이해했다.

중재는 북측에 관해 상대적으로 적지 않은 정보를 접하는 남측 인사들도 잘 모르던 북측 손님들의 행태를 소상하게 들려주었다. 우선 "서울에 온 북한 선수들은 남쪽의 음식에 대해서 거부감을 느꼈다. 남한 음식에는 조미료를 많이 사용하고 설탕을 많이 섞는 터라 음식이 너무 달다고 어려움을 표했다."라고 전해주었다. 이어 "축구 용어에 있어서도 우리는 국제어인 영어를 많이 쓰는 반면 북한은 전부 자기들이 만들어 낸 독특한 경기 용어를 사용하기 때문에 서로 용어를 설명하면서 연습을 해야만 했다."라고 전해주었다. 예컨대, 남측의 '골키퍼'를 북측은 '문지기'로, 남측의 '코너킥'을 북측은 '구석차기' 또는 '모서리차기'라고 불렀다. 남측의 '페널티킥'과 '옐로카드'는 북측에서는 '벌罰차기'와 '경고표'였다.

다시 중재의 회고에 따르면, 서울에서 평가전을 할 때에도 북측 임

[90] 위와 같음, 465쪽.

원들 가운데 운동 경기와는 전혀 관계없는 특수 임무를 띠고 온 사람들은 남북한 선수들을 감시하느라 여념이 없었다. “한 북측 임원은 방안에 들어앉아 우리 일간 신문 전체를 살펴 읽느라 고생하는가 하면 또 다른 임원은 종일 우리 남측에서 방영하는 텔레비전 전 프로그램을 시청하여 보고서를 만드느라 식사 시간 외에는 볼 수가 없었다.”라는 것이다. 종합해서, 중재는 “남북 임원 간에는 겉으로는 웃고 평화스러우나 한편에서는 서로 어려움을 주지 않으려고 매우 긴장하고 세심하게 신경을 썼다. 그래서 주의 깊게 살펴야 할 일이 많았다.”라고 회고했다.[91]

평양에서의 남북평가전

서울 평가전을 마친 다음 날 중재는 남측 임원들 및 선수들과 함께 5월 10일에 판문점을 통해 개성까지 버스로 갔고 개성에서부터는 기차로 평양까지 갔다. 북한을 방문하며 꼼꼼히 관찰한 특수한 사람만이 알 수 있는 북한의 현실에 대해 중재는 자신이 본 그대로 회고했는데, 그러한 경험이 없는 일반인들에게 북한을 이해하는 데 좋은 자료가 되기에 비록 길다고 해도 자세히 소개하기로 한다.

> 나이 어린 남측 선수들은 북측 농촌의 척박하고 황량한 풍경을 보고 실망하는 표정이었다. 철길 따라 줄을 긋듯 만들어진 자동차 도로는 아스팔트길이 아니라 흙길이었다. 비만 오면 사람들은 질퍽한 진흙탕 길을 걸어 다녀야만 했을 것이다. 개성에서 평양으로 가는 도로엔 트럭이나 버스가 극히 적어 몇 대밖에는 지나가지 않았다. 사람들도 별반 눈에 띄지 않

[91] 위와 같음, 465~466쪽.

았다. 간혹 지나가는 행인들은 대부분 배낭을 메고 걸어가고 있었다. 자전거를 타고 가는 사람도 눈에 띄지 않았다.

기찻길 양편의 언덕과 야산에서는 나무를 볼 수가 없었다. 산의 나무를 벌목하고 계단식으로 밭을 만들어 놓았다. 한 눈으로 보아도 북한의 산과 들에는 나무가 없고 전부 밭으로 만들어서 북한의 식량난을 대변해 주는 듯했다.[92]

여기서 두 대목에 주목하게 된다. 첫째, "산의 나무를 벌목하고 계단식으로 밭을 만들어 놓았다."라는 대목이다. 김정일은 김일성의 후계자로 공인된 이후 북한 주민들에게 자기 실적을 보여준다는 뜻에서 바로 '계단식 농법'을 도입했다. 앞의 구절 그대로 산의 나무를 모두 베어버리고 계단식으로 밭을 만든 것이다. 밭이 늘었기에 처음 한두 해 동안에는 생산량이 늘었다. 그러나 비나 눈이 많이 오면 나무가 없기에 산사태가 쉽게 나서 결과적으로 밭이 흙에 묻혀 전혀 제 기능을 하지 못하게 되었고 이것이 고질적인 식량난으로 이어졌다. 둘째, "간혹 지나가는 행인들은 대부분 배낭을 메고 걸어가고 있었다."라는 대목이다. 식량난이 심각한 수준에 이르게 되자, 역시 어렵게 살고 있기는 마찬가지이지만 그래도 친지를 찾아 먹을 것을 얻어보고자 하는 뜻에서 나온 행동이었다.[93]

북측의 현실은 남측의 그것에 극명하게 대조되었다. 중재의 회고는 계속되었다.

우리나라로 들어오니 고속도로나 기찻길 주변 산들은 울창한 수목으

---

[92] 장충식, 『시대를 넘어 미래를 열다』, 466쪽.

[93] 김정일의 '계단식 농법'에 대해 저자는 다음에서 자세히 설명했다. 김학준, 『북한 50년사: 우리가 떠안아야 할 반쪽의 우리 역사』(동아출판사, 1995).

로 꽉 들어찼다. 북한 선수들도 서울에 오는 도중 우리 농촌 풍경을 바라보면서 북의 현실과 많이 비교해 보았을 것이란 생각을 하게 되었다. 농가엔 대부분 자가용이 있었고 지방 도로에 질주하는 자동차들은 평양 시내를 달리는 자동차 수보다 몇 배나 많은 것이다. 이런 광경을 나이 어린 선수들이 보고 어떻게 받아들일까 북측 당국자들은 걱정이 앞섰을 것이었다.[94]

다행히 남측 선수들은 북측 선수들에게 이것저것 많이 묻고 싶었으나 그들에게 부담을 주는 정치 이야기는 하지 않도록 사전에 철저하게 교육시켰기에 어른스럽게 잘 대처했다.

남측 선수들의 옷차림과 북측의 항의

중재를 비롯한 남측 인사들은 개성을 떠난 지 두 시간여 만에 평양역에 도착했다. 예상했던 대로 평양역 플랫폼과 평양역 앞 광장에는 남측 손님들을 환영하기 위해 환영 인파가 인산인해를 이루고 있었다. 단장으로서 먼저 기차에서 내린 뒤 임원진이 뒤를 따르고 그 다음에 선수들이 따라 내리는 모습을 보며 중재는 깜짝 놀랐다. 중재의 회상에 따르면, "서울을 떠날 때 분명히 정장을 입혔는데 선수들이 모두 간편한 운동복을 입고 있었다. 반팔 티셔츠는 물론이고 반바지를 입은 선수도 있었다. 구두도 다 벗어서 가방 안에 챙겨 넣고 슬리퍼나 운동화를 신었다." 중재가 물어보니 "개성에서 평양에 오는 도중 기차 안에서 선수들이 전부 정장을 벗어 버리고 갈아입었다고 한다. 5월이라 기차 안이 더워 어린 선수들은 아무 생각 없이 시원한 옷으로 갈아입

[94] 장충식, 『시대를 넘어 미래를 열다』, 466~467쪽.

은 것이다."[95]

환영 인파 속에서는 이 모습을 보면서 비난과 탄식의 소리가 터져나왔다. 어느 북한 고위 간부는 중재에게 "당신들이 북측보다 경제 형편이 나은 건 익히 알고 있죠. 그러나 우리 북을 찾아오는 손님이라고 생각해 많은 평양 시민이 통일 깃발을 들고 환영하러 나왔는데 양말도 신지 않고 슬리퍼는 물론 운동화도 뒤축을 꺾어 신고 평양에 들놀이하러 온 사람들의 옷차림으로 기차에서 내리니 우리들을 무엇으로 알고 이러는 것입니까." 하고 항의했다. 할 말이 없는 중재는 여러 번 미안하다고 사과하고 이해를 구했다. 이때의 심정을 중재는 솔직하게 다음과 같이 회상했다.

> 우리 남측 축구 감독이나 코치가 좀 더 남북 간의 미묘한 정서를 고려했다면 선수들에게 정장 차림으로 예의를 차리라 미리 지시했을 터이다. 경제적으로 어렵고, 주민들이 여유가 없었지만, 북한은 보수적이어서 예의나 체면을 더욱 중시하는 편이었다. 우리 아버지 대의 관습이 여전한 곳이 북한이다. 그러니 오래간만에 이웃집을 찾는다면 정장 차림으로 방문하는 것이 북한 사람들의 생활 습관이고 예의였다. 북측 선수들이 평가전을 갖기 위해 서울을 방문할 적에 북측 임원들과 선수들은 전원이 다 양복에 넥타이를 맨 정장 차림에 구두를 신고 왔다.
>
> 그러나 우리나라 스포츠계는 전지훈련이나 국제 경기 등 외국에 가는 경우 비행기에서 편한 옷차림으로 가는 것이 일반화되었다. 우리나라뿐만 아니라 다른 서방 국가의 선수들이 경기차 우리나라를 찾아올 적에도 편안한 옷차림으로 찾아오는 것이 일반화되어 있다. [비록 그렇다고 해도] 우리나라 선수들과 임원들이 북한의 폐쇄성이나 국제적으로 이질화된 사회라는 것을 이해해 적절한 예절을 갖추었으면 그들이 불쾌하게 생

[95] 위와 같음, 461~462쪽.

각하거나 화나게 만들지 않았을 것이다. 이는 축구 감독과 코치가 정장을 벗어 버리고 편안한 운동복으로 갈아입는 것을 묵인했기 때문에 일어난 실수였다. 평양 정거장에 환영차 나온 수천 명의 평양 시민들이 우리 선수들의 버릇없는? 옷차림에 불쾌했으리라 생각하니 얼굴이 화끈거릴 정도로 민망스러워 얼굴을 들 수가 없었다.[96]

이렇게 남과 북의 청소년 축구 선수들의 만남은 처음부터 이질화 현상을 드러냈지만 이를 계기로 남측 선수들도 새로운 교훈을 얻었다. 이후 남과 북의 선수들은 기본적 예의는 지키려고 서로가 조심하는 기색이 역력했다.

평양역에서 고려호텔까지는 멀지 않아 걸어갔다. 다시 중재의 회상에 따르면, "평양 시민들의 환영 인파는 대단했다. 수많은 평양 시민들은 통일 깃발을 흔들며 통일의 노래를 우렁차게 부르고 우리 일행이 호텔에 도착하는 순간까지 통일의 구호를 목청 높여 외쳤다."

남측 인사의 '연애편지 사건'

남측 선수단은 평양에서 평가전을 치르고, 선수 선발과 연습을 위해 일주일 동안 머물렀다. 숙소나 음식에서 불편이 없도록 북측도 정성을 기울여 주었다. 그러나 남측 축구협회의 한 임원이, 중재의 표현 그대로, '해괴한 일'을 저질러 남측 대표단의 입장을 난처하게 만들었다. 도저히 믿어지지 않는 이 사건의 전말을 중재는 우리에게 다음과 같이 알려주었다.

고려호텔의 지배인은 중년 여성이었다. 인물이 원만하게 생겼고 항상

---

[96] 위와 같음, 463~464쪽.

미소 짓는 얼굴을 하고 있었다. 그녀는 우리 선수들과 임원들을 매우 친절하게 대해주었다. 고려호텔이 귀빈들이 묵는 숙소였고 그런 중요 시설의 지배인이라 성분이나 북한 노동당 안에서의 위상도 높은 여성 지도자들 가운데 한 사람이었을 것이다. 물론 결혼해 가정도 있을 것이다.

그런데 남측 축구협회 이사가 무슨 마음을 먹어서인지 그 여성 지배인에게 여성용 손목시계를 선물하면서 연애편지를 함께 준 것이다. 당연히 연애편지는 북측 단장의 손에 넘어갔다. 혹 연애편지를 주고받는 사람들이 결혼하지 않은 남북 선수들이라면 그나마 억지로 이해를 할 수 있겠지만 남측 축구협회 이사라는 공직자가 북측의 유부녀에게 연애편지를 은밀히 주었으니 말썽이 나는 것이 당연했다.[97]

북측 단장은 중재에게 강력히 항의했다. "분단 40여 년 만에 갖는 단일팀 구성을 앞둔 중대한 시기에 북을 처음 찾아온 남측 임원이 이런 짓을 하는 것은 이해할 수 없는 일"이라 비난했다. 그들의 말속에는 보기에 따라서는 치기 어린 불장난이 아니라 정치적 공작이 아니냐는 의심도 포함되었다. 자연히 이 일은 노동당에 보고되었고 노동당 고위 간부가 북측 선수단장에게 다시는 이런 일이 일어나지 않도록 남측 단장에게 주의를 촉구하라는 지시로 이어졌다.

실제로 남북 선수들이 합동 연습하는 운동장으로 가던 때 중재가 탄 차에 동승한 북측 이명성李明成 단장은 문제의 연애편지와 손목시계를 보여주며 "매우 불쾌합니다."라고 거듭 말하면서, "강경한 조치를 취해야 앞으로 이런 해괴망측한 일이 재발되지 않을 것입니다. 그리고 그 임원을 당장 서울로 돌려보내고 단일팀 구성에서 제명합시다."라고 요구했다. 중재는 편지를 읽어보고 놀라지 않을 수가 없었다. 이 내

---

97 위와 같음, 467~468쪽.

용이 남북한 기자들에게 알려지는 날에는 큰 소동이 일어날 것이 확실했다. 거절할 명분이 없다고 생각하면서도 중재는 연애편지와 손목시계를 빨리 자기 주머니에 넣고는 되돌려 주지 않았다. 북측 단장이 돌려달라 항의했지만 중재는 "내 입장도 있으니 내가 잘 처리하도록 이 증거물은 내가 보관토록 해 달라."고 답변했다. 동시에 "앞으로 이런 사건이 재발되지 않도록 하겠으니 이 단장이 잘 수습해 달라."라고 간곡히 부탁했다.

이명성 단장은 그래도 화가 안 풀렸는지 "유부녀를, 그것도 당 간부이자 고려호텔 지배인에게 연애편지나 쓰고 장난기로 희롱하는 이런 종자를 남측에서 어째서 선수단에 추천했느냐?"라고 분을 삭이지 못했다. 자칫 공식적으로 문제화하면 정말 나라 망신이 될 판이었다. 그래서 중재는 다시 한번 사과하면서, "그 임원을 지금 평양에서 추방하면 기자들이 알게 돼요. 그러면 남한의 온 신문이 대서특필로 법석을 떨 것이니 일이 커져서 오히려 우리의 단일팀 구성 사업에 거는 국민들의 기대를 실망시키는 셈이 될 수도 있어요. 나도 그 이사가 좋아서 그런 거는 아니니 조금만 여유를 두고 조용히 해결합시다."라며 부탁했다. 다행히 북측이 더 이상 '즉시 추방'을 고집하지 않아 일단 그 이사의 대외활동은 중지시키는 선에서 조용히 수습했다.

그렇지만 문제의 그 이사는 다시 말썽을 일으켰다. 훈련하는 동안 여가를 이용해 북에서 매우 높은 지위에 있는 평양역장의 직접 안내를 받으며 평양의 지하철을 견학하던 때였다. 지하철 정류장 한 구간의 양쪽 벽에 타일을 이용한 모자이크 그림을 붙여 놓았는데, 물론 내용은 김일성을 찬양하는 그림이었으나 색감이 화려해 볼 만했다. 북측 인사의 말로는 전체 지하철 구간을 화려하게 단장한 것이 아니라 첫 구간만을 모자이크로 단장하고 나머지 구간은 그렇지 않다고 했다. 그래서 외국인들이 오면 으레 지하철을 구경시키는데 한 구간만 탑승시킨다고 중재에게 귀띔해 주었다.

이어 평양역장이 자기 사무실로 초청해 브리핑하는 자리에 남측 일행과 북측 일행 모두가 정장 차림을 했으나 문제의 그 이사만 티셔츠에 반바지를 입고 양말도 신지 않은 채 운동화 차림이었다. 중재는 다른 승용차를 이용해 도착하는 바람에 그 사람이 따라온 줄을 전혀 몰랐다. 평양역 직원들은 매우 험한 인상을 쓰면서 불평을 털어놓았다. 여기 평양역장 집무실이 자기 집 마당인 줄 알고 있다고 하면서 남측이 우리보다 경제적으로 좀 잘산다고 우릴 깔본다고 화를 내었다. 중재는 이 광경을 보고 매우 당황하여 그 이사를 평양역장 사무실 밖에 나가 있으라고 일렀다. 이런 일이 있고 보니 도저히 '조용히' 있게 한다고 될 일이 아니었다. 중재는 결국 문제의 그 이사를 제6차 세계청소년축구선수권대회에 참가하는 임원진에서 제명했다.

문제의 이사가 저지른 글자 그대로 몰상식한 행태를 수습한 과정을

단일팀을 환영하는 행사의 마무리에서 중재와 주요 인사들이 화합과 승리를 기원하며 축하 박수를 보내고 있다. 중재는 원만한 인품과 민족애를 인정받아 단일팀 단장에 선정됐다.

돌이켜보면서 우리는 중재의 역량을 다시 높이 평가하게 된다. 자칫 잘못하면 큰 문제로 확대되고 겨우 호전되어 가는 남북관계를 다시 악화시킬 수 있으며 문제의 이사가 사회적으로 지탄받을 수 있는 사고였으나, 중재의 적절한 임기응변臨機應變으로 무사히 마무리지은 것이다. 중재가 쌓아올린 중재에 대한 북측의 신뢰도 한몫을 했다. 북측이 중재를 믿지 않았다면, 수습되기 어려웠을 것이다.

서울에서의 결단식

평양에서 일주일 동안 선수 평가전을 가진 후 다시 남북한 선수들은 서울에 돌아와서 5월 17일부터 합동훈련을 한 다음 21일에 워커힐호텔에서 단일팀 결단식을 열었다. 수백 명의 축하객이 참석한 가운데 화기애애하고 흥분된 분위기에서 질서정연하게 거행되었다. 중재가 단장에 임명되었고 부단장에는 북한의 체육부 차관 격인 국가체육위원회 이명성 부위원장이 임명되었다. 코리아 팀의 단복은 북측에서, 그리고 선수들의 운동복과 운동화 일체는 남측에서 각각 공급하기로 했다. 이로써 남측 선수 31명과 북측 선수 31명을 포함한 72명의 남북한 임원과 선수들은 우리나라가 분단된 지 반세기 만에 두 번째로 코리아라는 단일팀 깃발 아래 국제경기에 참가하기에 이르렀다.

북측 임원들은 통제 사회에서 성장한 북측 선수들과 자유스러운 사회에서 성장한 남측 선수들 사이에 생활 습관은 물론이고 생각과 가치관이 판이하게 이질화되어 있음을 우려했다. 자유로운 대화가 이루어지면 북한 선수들에게 사상적으로 미칠 영향이 크다고 판단한 것 같았다. 그들은 철저하게 남측 선수와의 개인적 접촉을 통제했다. 남북한 임원끼리는 비교적 자유롭게 접촉하며 지냈지만, 선수들은 북은 북대로, 남은 남대로 지냈다. 호텔의 방 배정도 남과 북은 완전히 갈라져 있었다. 말은 단일팀이나 생활은 남과 북이 여전히 따로따로였다. 식사 때도 같은 식당이지만 북 따로 남 따로 앉아서 먹었다. 이때의 심경을 중재는 다음과 같이 회상했다.

> 나는 가급적 대회 기간 중 북의 임원들과 함께 생활하려 애썼다. 그들이 싫어하고 기피하는 질문이나 행동은 하지 않았다. 그러나 우리 임원 가운데는 평소 자유로운 생활 습관대로 행동하여 북한 측 임원들과 선수들에게 이질감을 일으키는 사람도 있어서 나는 항상 긴장하는 생활에서 벗어날 수가 없었다. 북측 생활은 정치 우선이었다. 노동당 지침을 현지 생활에서도 그대로 적용하는 듯했다. 나이 어린 선수들이 혹시라도 돌발 행동을 하거나 사상 무장이 약화될까 하는 임원들의 걱정이 큰 듯했다. 나는 남측 선수들이 너무 튀는 행동을 하여 북측 선수들을 자극할까 근심, 북측 단장은 사상이 물들까 걱정, 이래저래 지도자로서 스트레스가 있는 법이니 임원들끼리는 동병상련의 교감도 있었다.[98]

결단식을 마치고 포르투갈로 출발하기 직전에 김우중 당시 대한축구협회 회장은 코리아 팀의 남북한 대표에게 '서울에서 치른 평가전의 관람 입장료 수입'이라는 명목으로 각각 미화 5만 달러를 주었다. 축구협회장으로서 현지에서 대회를 치르는 데 필요한 운영비를 좀 더 넉넉하게 쓰라는 배려였다. 그러나 북측은 단호하게 사양했다. 개인에게 주는 돈도 아니고 공식적인 지원금인데도 그랬다. 결국 김우중 회장은 북측이 사양한 5만 달러를 중재에게 맡기면서 현지에 가서 북한 선수단에게 전해 달라고 의뢰했다.[99]

---

[98] 위와 같음, 473쪽.

[99] 위와 같음.

포르투갈에서의 대회

결단식을 끝내자마자 '코리아 팀'은 5월 21일 12시 40분에 김포공항에서 영국 런던행 대한항공 비행기에 탑승했다.[100] 그때는 아직 인천국제공항이 열리기 전이어서 김포공항을 택한 것이다. 김포공항을 본 북한 선수들과 임원들은 그 규모가 큰 것에 놀라는 표정이었다. 북한의 어느 임원이 중재에게 비행기의 창가 좌석을 자기들에게 양보해 주었으면 좋겠다고 제안해 북측 선수들과 임원들을 창가 자리에 앉도록 했다. 그러나 자리만큼은 남과 북이 섞어 앉지는 않았다. 창가에 앉은 북측 임원들과 선수들은 비행기 창을 통해 서울을 내려다보고는 서울이 이렇게 큰 줄 미처 몰랐다고 감탄했다. 기내 식사는 북한의 고려항공에서 제공하는 기내 식사와는 질과 맛이 비교가 되지 않았다. 중재는 스스로에게는 물론 남측 임원들과 선수들에게 몇 번이고 북측 임원들이나 선수들에게 다정하게 대해주되 절대로 서로를 비교하거나 아픈 곳을 건드리지 말아야 한다고 주의를 주었다.

선수단은 영국 런던에 도착해서 영국 비행기를 타고 그날 밤 포르투갈 리스본에 도착했다. 공항에 도착하자 기다리고 있던 교민들이 열렬히 환영해 주었다. 그러나 환영객 대부분은 남측의 현지 교민들이었다. 북측은 대사관 직원들이 아이들을 데리고 나와서 환영해 주었다. 남과 북의 대사도 다 같이 나왔다.

수영장과 사우나장에서의 일화

포르투갈 축구대회 조직위원회는 코리아 팀에게 숙소로 리스본에

---

[100] 이하 포르투갈로의 여행 그리고 포르투갈에서의 활동은 전적으로 위와 같음, 473~489쪽에 의존했다.

서 가장 좋은 호텔을 정해 주었다. 리스본 시내에는 여러 호텔이 있으나 수영장이 있는 호텔은 코리아 팀이 배정받은 호텔뿐이었다. 호텔이 너무 좋은 것도 신경이 쓰였다. 수영장을 찾아 북유럽의 금발 미인들이 이 호텔에 몰려 있었다. 아침 10시부터 햇볕을 즐기러 온 그녀들이 비키니 차림으로 수영장 벤치에 누워있었다. 남측 임원들은 수영복을 입고 그녀들의 근처에 가서 자리를 잡고 햇볕을 함께 즐기면서 수영도 하고 담소도 나누는데, 북측 임원들은 단 한 사람도 수영장 근처에 얼씬도 하지 않았다. 중재가 북측 임원들에게 "당신네는 왜 수영장에는 아예 오지도 않는 거야?"라고 묻자 "평양에 가서 비판을 받기 때문에 몸조심해야 합니다."라고 대답했다. 이 일화를 소개하며, 중재는 "한 식구가 되어 솔직하게 말해주니 고마웠지만, 한편으로는 어디서든 당과 당의 지침을 의식해야 하는 그들이 안쓰러웠다."라고 회상했다.

선수들과 임원들은 서울에서부터 영국을 거쳐 리스본에 오는 데 20시간 가까이 여행에 시달렸다. 호텔에 투숙해 짐을 풀고 나자 몇몇 남북한 고위 임원들은 사우나부터 하면서 피로를 풀려고 욕실에 들어갔다. 일행이 으레 남자 욕실이거니 하고 옷을 벗고 수건도 걸치지 않은 채 들어가니 거기에는 이미 대여섯 명이 머리에 수건을 쓰고 유방을 가리고 앉아서 사우나를 즐기고 있었다. 처음엔 그들이 남자이거니 생각하고 바라보는데 자세히 보니 여인들이었다. 그들은 앞을 가리지 않고 욕실에 들어오는 일행을 태연히 바라보면서 미소 짓는 것이었다. 사우나 욕실을 남녀 공동으로 사용한다는 사실을 전혀 모르는 상태에서 호텔 직원이 안내해 주는 대로 입실을 했기에 벌어진 일이었다. 일행은 자기들이 착각하고 여자 사우나에 들어왔나 하고 황급히 몰려나오면서 "왜 여성 사우나에 안내했어요?"라고 직원에게 항의하자 그는 웃으면서 "여기는 남자용과 여자용 구별 없이 남녀가 공동으로 사용합니다."라고 대답했다.

그 말을 듣고 북측 임원들은 옷을 챙겨 입고 밖으로 나가고 남측 임원들만 사우나를 즐겼다. 욕실 안의 여인들은 일행이 욕실에 들어갔다가 당황해서 황급히 몰려 나가는 것을 보고 놀라기도 하고 신기해 하며 "왜 우리들을 보자 밖으로 나갔나요?"라고 물었다. "여자용 욕실에 잘못 들어온 줄 알고 나갔다가 남녀 공동으로 사용한다는 말을 듣고 다시 들어왔습니다."라고 해명하자 "코리아에서는 대중 사우나를 남녀가 따로 사용합니까?"라고 반문했다. 그 후부터 북한 임원들은 호텔 측에서 무료 사우나 입장권을 주었는데도 단 한 사람도 사우나에 출입하는 사람이 없었다.

텔레비전 포르노 소동

오래 같이 생활하다 보면 엉뚱하지만 재미있는 일도 있다. 중재는 시합 전날인 토요일 밤 일부 선수와 임원들이 텔레비전 앞에서 포르노를 밤새 보았다는 보고를 받았다. 포르투갈은 독일에서 방영되는 섹스 영화를 시청할 수 있는데 매주 토요일 밤 11시부터 다음 날 새벽 4시까지 방영된다는 것이다. 북측 선수나 남측 선수나 방에 텔레비전이 설치되어 있어 채널을 여기저기 돌리다 보니 포르노 영상이 방영되어 호기심이 동해서 보았다는 변명도 들었다.[101]

이런 사실을 전혀 모르고 있던 중재는 아침 식사를 하는 자리에서 이 문제로 갑론을박하는 것을 보며 알게 되었다. 남북 임원들은 어제 일부 선수들이 밤을 새워 포르노 영상을 감상했다는데 오늘 이런 선수가 경기에 임할 수가 있겠느냐며 흥분했다. 눈동자가 빨간 선수는 밤

[101] 이하 포르노 소동은 전적으로 위와 같음, 486~488쪽에 의존했다.

새워 포르노를 시청했을 테니 오늘 경기에 참가시키지 말자는 주장도 제기되었다.

이러저러한 논의 끝에 선수들의 방에 설치되어 있는 텔레비전을 치워 달라고 호텔 측에 요청하자는 데 의견이 모아졌다. 그러자 일부 임원들은 임원 방에 설치된 텔레비전은 그냥 놔 달라는 것이다. "우리들 인격을 믿어 주어야지 우리 방의 텔레비전까지 치우면 마치 임원들이 그런 저속한 영상물을 감상하는 사람으로 취급하는 것이 아니냐."라고 항의했다.

호텔 측에 선수들의 방에 놓여 있는 텔레비전을 치워 달라고 요청하니 호텔 측은 냉정하게 거절하고 오히려 정히 텔레비전 없는 방을 원하면 다른 곳으로 숙소를 옮기라는 것이었다. 그래서 그날 밤 임원진이 나서서 호텔측 몰래 선수들 방에 놓여 있는 텔레비전을 한 임원의 방으로 전부 옮겼다. 이번에는 일부 선수들이 항의를 했다. "우리는 포르노를 보지 않는데 왜 텔레비전을 치우느냐, 건전한 영상조차 감상하지 말라는 거냐."라며 "다른 팀들의 시합 장면을 보아야 한다."라고 강한 불만을 표시했다.

그런대로 잘 무마하여 큰일은 없었으나 한편으로는 걱정을 하기도 했다. 북측 청소년들이 이렇게 생활하다가 돌아가면 자유로운 생활을 동경하고 부러워할 텐데 돌아가서 감독이나 코치의 지도를 제대로 받아들이겠는가 하는 염려였다.

남측 인사들과 북측 인사들의 대조되는 생활 모습

중재는 리스본에 도착하자 김우중 축구협회장이 단일팀에게 나누어 주라고 맡긴 5만 달러를 각자에게 나누어 주었다. 이명성 단장도 이번에는 거절하지 않고 받았다. 중재가 "김우중 회장이 북측 선수단 책임자에게 우리와 같은 액수인 5만 달러를 서울에서 주었을 때 왜 사양했습니까?" 묻자 그는 "쓸 데는 많은데 서울에서 받으면 판문점을 통해 북으로 돌아가는 임원에게 주어서 당에 기부해야 한다."라고 대답했다. 마침 그때 북한 기자단이 도착해서 체재비가 부족하니 도와주어야 한다며 중재가 보관하던 북측 몫 5만 달러 가운데 일부를 가져갔다. 나머지는 선수들과 임원들이 각자 개인 용처로 사용한다고 전부 받아 갔다.

일행은 같은 숙소에서 잠을 자고 밥을 먹으면서도 일절 정치에 관한 말을 금기시했고 평소의 일상생활 이외에는 말을 주고받는 일이 없었다. 임원들은 저녁에는 자주 어울려서 술을 즐겼다. 때로는 근방의 유원지나 중국 식당에 가서 중국 음식과 술을 즐겼다. 낮에는 운동장에 나가 선수들 연습하는 것을 참관하는 것으로 일과를 보냈으나 밤에는 따로 할 일이 없었다. 남측 임원들은 자유롭게 호텔 밖에 나가 쇼핑도 하고 도시 구경도 할 수 있으나, 중재가 보기에 북한 임원들과 선수들은 "창살 없는 감옥에 갇혀 있는 죄수들처럼 통제받고 있었다."

아침 식사 때에는 남측과 북측의 선수들이 한자리에 모여서 식사를 함께했다. 몇몇 임원들은 구별 없이 자리를 같이하여 식사하지만, 선수들은 철저히 남한과 북한이 따로 행동했다. 중재가 보기에, 북의 당 지침이 엄격히 통제하라고 지시한 것 같았다. 북한 선수들과 임원들은 모든 여권을 회수하여 특정한 사람이 보관하고 있는 것 같았다. 그러나 남한 선수들은 환전을 한다든가 시내 볼일을 보러 간다든가 하는 경우 여권이 필요했기 때문에 각자가 소지하고 있었다. 선수들에게 훈련과 연습 시간 외에는 자유를 주었다. 이때 남과 북의 선수들이 보인 생활 양식을 중재는 다음과 같이 회상했다.

> 단일팀에 속했지만 선수들은 각각 따로 놀았다. 남측 선수들은 연습과 시합하는 시간 이외에는 어느 정도 자유행동이 보장되어 외출하고 관광도 하고 쇼핑도 할 수 있다. 반면에 북측 선수들은 행동의 제약을 받아 절대로 개인행동은 허용되지 않고 외출은 집단적으로만 허용된다. 반드시 임원과 함께 행동해야 하고 연습과 시합 이외에는 접촉을 금지시키고 있었다.
>
> 남측 선수들은 거의 모두가 카메라를 갖고 있고 선수단에서 지급한 연습복과 단복 외에도 개인 소유의 운동복이라든지 티셔츠 등 다양한 차림을 하고 있었다. 휴식 시간에는 워크맨 등을 갖고 음악 감상을 하는 선수들이 많았다. 그리고 연습과 시합을 마치고 호텔에 돌아와서는 저녁이나 아침에 호텔 로비에 있는 전화를 이용해서 한국의 부모들과 자유롭게 통화하기도 했다. 그런 모든 것을 북측 선수들은 많이 부러워하는 눈치였다.[102]

북측 선수들은 감독과 코치의 지시에 복종했다. 그에 비해 남측 선수들은 자유스럽게 자란 편이라 태도 면에서 차이가 있었다. 이렇게 다르니 양쪽이 모두 불편했다. 하루는 단일팀 단합 대회를 겸해 남북 대사가 주최한 환영 만찬회가 있었다. 양쪽 대사가 남북을 상징하는 표시를 하지 않았기 때문에 누가 북한 대사인지 남한 대사인지 구별하기가 어려웠다. 단일팀 임원들도 남북을 식별하는 표시를 않고 똑같은 단체 운동복을 입고 있어서 남북 대사들도 남한의 임원과 북한의 임원을 식별하지 못했다. 정치를 빼고는 못 할 얘기가 없었다. 술이 어느 정도 들어가자 남북 임원 가운데 익살스러운 임원은 서로가 음담패설을 경쟁적으로 토해 놓고는 마음껏 웃었다. 그리고 즐거워했다. 서로들 이대로 통일이 되었으면 좋겠다고 기뻐들 했다. 중재는 그 다정한 분위기가 너무 마음에 들었다. 이때의 심정을 중재는 "나는 실향민

[102] 위와 같음, 480쪽.

이다. 정말 이대로 통일이 되어 내 고향에 가서 어릴 적 친구도 만나고, 내가 살던 고향도 들러보고 싶었다. 이렇게 옷만 같이 입어도 구분도 하지 못할 형제들인데……. 새삼 마음속에 울컥하는 감정이 차올랐다."라고 회상했다.[103]

북에서 온 실세 감독관

그러나 북측은 중재가 단장으로서 자유를 주었어도 그들 나름대로 통제하는 기구와 임원이 있었다. 북측 임원들 가운데는 이명성 체육위원회 부위원장이 북측 단장직을 맡고 있었으나 정치적으로 그보다 실력이 강한 사람이 함께 와 있었다. 바로 그 사람이 북한 사로청 위원장 리 아무개라는 사람으로 김정일 위원장과 김일성대학 동기 동창이라는 것이다. 그에 대해 중재는 다음과 같이 회상했다.

> 그는 남한에 대해 공부를 많이 한 사람 같았다. 남한에 와 본 적이 없다는데도 남한의 지리를 꿰뚫고 있었다. 남측 임원들보다도 남한 각 지방의 소식을 잘 알고 있었다. 그의 언행은 매우 신중하고 흠 잡힐 만한 일은 결코 하지 않았다. 북한의 임원과 선수들은 그를 의식하지 않을 수 없었다. 대단히 높은 세련된 교육을 받은 사람 같았다. 나를 만날 적마다 은근히 남한 사회의 정치 현황과 경제 사정에 대해서 물어 왔다. 그러나 나는 일관되게 스포츠 이외의 문제에 대해서 일절 토론하거나 묻는 질문에 답변해 주지 않았다.[104]

이 과정을 거치며 중재는 다시 한번 남측이 북측에 대한 이해를 높여야 한다는 평소의 지론을 다음과 같이 남겼다.

---

[103] 위와 같음, 481쪽.

[104] 위와 같음, 478쪽.

민족의 숙원인 통일에 다가가기 위해 남북한 체육인이 화해와 협력하는 바탕 위에서 단일팀을 구성하여 국제대회에 남북한 선수가 한 몸이 되어 참가했으나 역시 체제와 이념이 다른 사회에서 각기 달리 성장한 남북한 선수 간에는 많은 문제점이 가로놓였었다. 그러나 다른 한편으로는 남북 간의 평화를 위한 교류에서 아무래도 우리가 먼저 그들을 이해하는 자세를 가져야 한다고 거듭 확인했다. 그들은 '특수성'을 가진 사회이고, 우리는 '보편성'을 앞세우는 사회이다. 당연히 이해의 폭을 넓히기 쉬운 쪽도 우리이다. 어쩌면 그것이 민주주의의 장점이고, 장기적으로 남북 공동체를 이루는 지름길인 것이다.[105]

코리아 팀의 8강 진출과 아리랑 합창

연습 기간이 끝나고 본격적으로 경기를 시작하는 날이 다가왔다. 여론은 우승 가능한 팀으로 아르헨티나와 포르투갈 두 팀을 꼽았다. 워낙 축구가 강국인 나라들이다. 현지 언론들도 기사 방향을 두 나라에 맞추었다. 그러다 보니 포르투갈 국민들은 코리아 단일팀이 아르헨티나를 이기기를 간절히 바랐다. 언론마저 중립이라는 원칙을 버리고 코리아를 응원하는 기사를 썼다. 15일 저녁 7시한국시각 16일 새벽 3시에 예선 A조 1차전에서 아르헨티나 팀과 첫 경기를 갖는데 마치 홈그라운드 같았다. 경기장의 관중들은 온통 코리아 팀을 열렬히 응원했다. 코리아 팀은 강력한 우승후보였던 아르헨티나 팀을 1:0으로 격파하고 8강에 진출함으로써 세계 체육계를 놀라게 했다.

코리아 팀은 아르헨티나 팀과의 경기에서 경기 종료 1분을 남겨두고 북측의 조인철이 골을 넣어 승리할 수 있었다. 코리아 팀은 조별 리

---

[105] 위와 같음, 479쪽.

그 세 경기에서 두 골을 넣고 두 골을 먹었다. 골을 넣은 것은 공격수를 맡은 북측 선수였고 골을 먹은 것은 수비수의 몫을 맡은 남측 선수였다. 북측이 공격을 맡고 남측이 수비를 맡게 된 배경은 북측의 계략을 몰랐던 다음의 작은 항에서 설명하기로 한다. "남측이 잘했으면 4강도 갔을 텐데, 북측이 잘해서 8강이라도 간 거야." 이것이 북측의 자기 과시용 논리였다. 평양은 이 대회의 중계방송을 통해 북측 선수들이 골을 넣는 장면을 대대적으로 홍보했다. 중재의 표현으로, "참으로 북은 하나에서 열까지 정치적 책략을 깔고서 이를 달성하는 데 최선을 다하는 집단이라는 것을 스포츠에서도 역력히 보여주었다."

경기장에서 남측 선수와 북측 선수가 보인 모습을 중재는 다음과 같이 회상했다.

> 시합에 임해서도 북측 선수들은 좀처럼 남측 선수들에게 패스[북한식 용어로는 '연락']를 하지 않아 골을 넣을 수 있는 기회를 주지 않았다. 북한 선수들은 의식적으로 자기들끼리 볼을 주고받는 경기를 전개하고 있었다. 남측 선수한테 볼을 연결해 주면 우리 팀이 유리한데도 북측 선수는 저희끼리만 공을 주고받으니 자꾸 흐름이 끊겼다. 경기 현장에서 내 옆에는 한국 축구협회 오완근 부회장이, 바로 그 옆에는 북한 사로청 이영복 위원장이 앉아 있었다. 오완근 부회장은 축구 선수 출신이라 이런 북측 선수들의 책략이 한눈에 들어왔다. 더 이상 참을 수 없게 된 오 부회장이 경기를 관전하면서 열이 나서 큰 소리로 운동장을 향해 소리쳤다.
>
> "야, 이 공산당 놈아, 볼을 줘야지!" 고성을 지르면서 북측 선수에게 욕설을 퍼부었다. 그러자 그 옆에 앉아 있던 북측 이영복 사로청 위원장이 언성을 높였다. "뭐이야, 여기서도 공산당을 들먹거리며 욕하기야!" 맞고함을 질러서 내가 말렸다. 물론 이런 충돌은 순간적이었다. 대체로 남북

한 임원과 선수들은 서로 존중해 주는 분위기였다.[106]

어떻든 강호 아르헨티나를 꺾고 8강에 진출하던 때의 상황을 중재는 다음과 같이 감동적으로 회상했다.

> 남과 북이 하나가 되어서 열심히 싸웠다. 한국의 대사관과 북의 대사관 직원들도 하나가 되었고 북한에서 온 언론 방송 기자와 한국 언론 방송 기자들도 하나가 되어 취재에 열을 올렸다. 시합을 승리로 끝내고 퇴장하는 코리아 팀의 모든 선수들은 소리 없이 눈물을 흘렸다. 관중석에서 응원한 교민들의 눈에서도 눈물이 흘러내렸다. 누가 시킨 것도 아닌데 남북한 사람들은 하나가 되어 아리랑을 합창했다. 단일팀 단가가 아리랑이라 하지만 누가 그렇게 부르라고 한 것도 아니었다. 그저 마음 깊은 곳에서 터져 나오듯 아리랑을 목 놓아 부르는 남북한인들을 보며 나도 눈물이 흘렀다. 조국 분단 50년 만에 이루어진 단일팀으로 세계 무대에 처음 등장하여 최강팀 아르헨티나를 격파한 장한 승리의 감격에 취하고 말았다.[107]

포르투갈은 6월 17일 오후 9시 30분에 열린 아르헨티나와의 경기에서 3대0으로 승리했다. 단일팀으로서의 코리아는 6월 17일 오후 7시에 아일랜드와 1대 1의 전적을 기록한 데 이어 6월 20일 오후 9시 30분에 포르투갈과 대전했으나 1대 0으로 졌다. 그러나 8강 진출이라는 값진 결과를 거두었다.

---

[106] 위와 같음, 486쪽.

[107] 위와 같음, 481~482쪽.

북측 계략에 빠진 남측

아르헨티나에 대한 승리의 감격을 다스리고 잠자리에 들려 하는데 한 임원이 다급하게 중재에게 달려왔다. 중재는 다음과 같이 회상했다.

> 남북단일팀 간부의 직책은 중재가 단장이고 북측의 이명성이 부단장이었던 만큼 감독은 북측이, 코치는 남측이 맡기로 실무 회담에서 합의했었다. 그런데 양측 감독과 코치들이 언성을 높여 싸우고 있다는 것이었다. 코치들이 있는 방문을 열고 들어가니 남북한 감독과 코치가 상기된 얼굴과 흥분된 표정으로 고함을 지르고 있었다. 다음 시합을 위한 선수 포지션[북한식 용어로는 '자리' 또는 '위치'] 배분을 놓고 양측 감독 사이에 의견과 구상이 달라서 합의점을 보지 못한 것이다. 언쟁이 고조에 달하고 있었다. 나가서 말리지 않았으면 당장 주먹싸움으로 이어질 판이었다. 이런 대립의 원인은 간단했다. 북의 코치들은 철저히 대회 전에 받은 당 차원의 지침을 지키려 했다. 그 대원칙 아래 경기 전술을 짜고, 선수도 운용하려 했다. 남한 코치는 그렇지 않다. 대회 현장에서 보는 상대팀의 전술을 고려해 작전을 바꾸기도 하고, 선수들의 컨디션을 고려해 팀 운용도 바꿔야 한다고 생각했다. 당연한 생각이었다. 축구에 현장이 아닌 당의 지침이 왜 필요한지 남측 코치[북한식 용어로는 '지도원' 또는 '지도원 선생님']들은 이해할 수 없었다. 코치진의 독자성을 생각하는 인식이 다르니 의견이 갈라지고 마찰과 대립이 극에 달해 있었다. 이명성 부단장도 자다 말고 복도로 나왔다. 다행스럽게도 코리아 팀의 숙소 층에는 외국인을 받지 않아서 남북한 선수들과 임원들 이외에는 다른 손님들이 없어 남북 사이의 다툼이 외국인에게는 알려지지 않았다.[108]

이러한 과정을 거치며, 중재는 뒤늦게나마 선수 배치에 관한 북측의

---

[108] 위와 같음, 482~484쪽.

전략을 파악할 수 있었다. 중재는 다음과 같이 설명했다.

> 선수 선발 평가전을 할 때부터 북측은 용의주도하게 독자적인 전략을 세워 일을 꾸몄다. 북측 선수들이 골을 넣을 수 있는 기회를 많이 갖기 위해 북측 선수들을 전진 배치하여 공격수로 내세우고 남측 선수들을 후방의 수비를 맡도록 꾸민 것이다. 북측은 공격수는 공격 위치에서 뛰고 수비수는 주로 수비의 임무와 역할을 맡는 식으로 경기를 운영하고 있다. 그것은 70년대식 축구 전술이었다. 남한은 공격수가 수비수도 할 수 있고 수비수가 공격수도 맡을 수가 있는 것이다. 즉 게임의 상황에 따라 선수들의 포지션도 달라질 수가 있는 것이다. 물론 코치도 상황을 봐가면서 수시로 포지션을 바꾸게 지시했다. 세계 축구의 흐름이 그랬고 그런 전술이 효과적임은 내가 더 잘 알고 있었다.[109]

중재의 해설은 다음으로 이어졌다.

> 평양과 서울에서 선수를 선발하는 데 있어서 북한 지도부는 남한의 수비수들이 잘한다고 하면서 수비 선수 위주로 선발하도록 계략을 세웠던 것이다. 그러한 속셈을 간파하지 못한 남한 지도부가 북측 계략에 속은 것이었다. 그뿐만이 아니라 북한 선수들은 노동당 당원과 비당원으로 구분되어 있었다. 북한 지도부는 노동당 당원 선수들이 골을 넣을 수 있는 위치에 배치되어야 하고 항상 유리한 위치에서 공을 세울 수 있도록 작전을 세운다고 했다. 당원이 아닌 선수들은 당원들을 돕기 위해 볼을 패스해야 한다는 것이니 놀라지 않을 수가 없었다. 이것은 또 무슨 궤변이란 말인가? 공산당식 혁명 이론이 축구에도 적용된다니![110]

---

[109] 위와 같음, 483~484쪽.

[110] 위와 같음.

북한 지도부는 중재에게 사정하면서 양해해 달라고 했다. 남측 지도부는 선수 선발부터 북이 하자는 대로 따라온 셈이었다. 집단적인 정치 논리에 의해서 스포츠도 운영된다는 사실을 뒤늦게 알게 된 것이다. 만약 남측 코치가 반대해서 자기들이 세운 작전이 무산된다면 남북한 단일팀은 내분으로 대회 도중임에도 불구하고 팀이 해체될 것 같았다. 이때의 상황을 중재는 다음과 같이 회상했다.

> 누구라고 말할 수 없지만 북한 지도부는 나에게 매달리다시피 자신들의 입장을 호소했다. 솔직한 심정이라면 나는 "아니, 이봐요. 무슨 축구를 하는데 비당원 선수는 당원 선수를 도와야 한단 말이오? 그럼 우리 남측 선수들은 들러리요? 지금이 어떤 세상인데 수비수, 공격수 편 가르고, 거기에 당원, 비당원을 갈라서 언제 승리를 하겠어요?" 화를 내고 싶었다.
>
> 물론 나는 그렇게 하지 못했다. 억장이 미어지지만 내가 단장으로서 남한 코치의 주장에 동조해 고집을 피웠다면 세계대회 도중 코리아 팀은 깨지고 세계인들 앞에서 큰 망신을 당했을 것이다. 나는 할 수 없이 북의 주장대로 양보하여 단일팀 코리아를 구하기로 했다. 한국 코치들은 너무 분해했으나 이 단일팀은 승리라는 성적에 더해 '화합'이라는 목표가 더해져 있었으니 참아야 했다.[111]

크리스털 꽃병과 유리 꽃병

코리아 팀이 인사차 리스본 시장과 대회 조직위원회 위원장을 공식 방문한 일이 있었다. 그때 선물을 주기로 했는데 실무 회담 때 북측이 선물을 준비하기로 정했다면서 자기들이 가지고 온 선물을 내놓았다. 실물을 보니 흔히 볼 수 있는 크리스털 꽃병이었다. 북측은 이 꽃병을

[111] 위와 같음, 484~485쪽.

선물로 내놓으면서 평양에서 가지고 온 것이라고 강조하며 자랑했다. 중재는 그들의 행동이 너무 유치해서 한마디 충고했다. 유럽에는 크리스털 예술 제품이 많이 발달되어서 우리들의 기술은 아직도 유럽인들의 기술을 완전히 습득하지 못하고 있는 형편이니 선물에 대해서 너무 자랑하지 말라고 타일러 주었다.

대회 기간에 시합이 없는 날 포르투갈 교민회와 그리고 스페인과 유럽에서 온 교민회 간부들이 우리 코리아 팀 선수들과 임원들을 위한 환영회에 초대하고 싶다는 의사를 밝혀 왔다. 그러나 북측 임원들은 북측 출신 동포가 없는 환영 모임에 북측 임원은 참가하고 싶지 않다고 거부했다. 중재는 그들을 잘 설득했다. 결국 남북 선수단 전원이 현지 교포가 주최하는 환영회에 참석하여 푸짐한 불고기 대접을 받았다. 서울을 떠나 처음으로 맛보는 한민족의 음식이었다. 임원들은 술을 마시기도 하고 기분이 좋아서 남북 임원 사이에 노래자랑을 하기도 했다. 교포들은 임원과 선수 모두에게 선물을 나누어 주었다.

귀국길에 북측에서 남측 임원들과 선수들에게 유리 꽃병들을 선물로 나누어 주었다. 중재가 "아니 선물을 줄 바에야 서울에 있을 때 주지 않고 이렇게 큰 유리 꽃병을 포르투갈에 와서 주면 이것이 큰 짐이 되지 않느냐."라고 한마디 했다. 그렇지만 그 유리 꽃병을 여기까지 갖고 온 그들의 수고와 정성은 고맙다고 생각한 중재는 혹시라도 유리 꽃병이 깨질까 두려워 현지 통역을 담당했던 교민에게 주었다. 그도 열심히 일하고 우리를 돕느라 정성을 다했으니 충분히 선물을 받을 자격이 있었다고 생각한 것이다.

축구전을 마친 뒤 지난 날을 돌이키면서, 중재는 자기가 단일팀 단장을 맡은 이후, 무엇이든지 북측 임원과 선수들 입장이 거북한 일은 삼가고 그들의 요청은 다 들어주었다고 회고했다. 일주일간의 현지 훈련과 연습, 그리고 15일간의 대회 기간 중 작은 마찰이나 불협화음은 있었지만, 단일팀의 결성 의지를 깨는 분란 없이 대회를 마쳤으며, 해방 후 최초의 남북 단일팀으로 8강의 성적을 올리는 소기의 목적도 달성했다고 자부했다.[112]

평양에서의 해단식

귀국길은 북측이 제공하는 북한 비행기를 타고 평양을 통해 귀국하게 되어 있었다. 그러나 북한은 서유럽 여러 국가와 외교관계가 없어 비행기가 통과하는 데 외교적 교섭이 쉽지 않아서 출발 일정이 며칠 늦어졌다. 결국 단일팀을 구성한 남측과 북측의 선수들과 임원들은 함께 모스크바를 경유하여 북한의 고위 간부들과 주민들이 열렬히 환영하는 가운데 평양에 도착했으며, 6월 28일에 평양청년회관에서 해단식을 무사히 마쳤다.

남측 인사들은 6월 29일에 평양역에서 개성을 향해 기차를 탔다. 이명성 부단장은 중재의 손을 꽉 부여잡고, “형님, 정말 헤어지기 싫습니다. 형님이 코리아 팀을 잘 이끌어 주어서 큰 어려움이 없었습니다.”라고 말하며 눈물을 글썽거렸다. 이명성 부단장은 북한의 ‘인민 체육인’으로 축구 선수 출신이다. 중재의 눈에 “대단히 온순하고 예의 바른 사람이다.” 나중에는 사석에서 중재와 서로 형님 아우하고 부르는 사이가 되었다. 두 달 동안 서울과 평양을 오가면서 함께했고 포르투갈 현지에서는 한 달 가까이 함께 지낸 생활을 통해 서로가 우의를 다졌고 정이 많이 들었다.

중재도 형제를 타국에 두고 오는 것처럼 마음이 이상해지면서, 그와

---

[112] 위와 같음, 489쪽.

세계 청소년 축구 선수권 대회가 열린 포르투갈에서 선수들 앞에서 유머러스한 묘기를 선보이는 중재

나눈 정이 얼마나 무거운지 새롭게 느꼈다. "아우님, 나도 헤어지기가 싫소. 그립고 보고 싶을 때 평양에 오고 싶고, 동생을 서울에 오라고 초청하고 싶은데. 단국대도 한번 구경시키고 학생들이랑 만나게 해 주고 싶어……. 내 생전에 우리의 뜻이 이루어졌으면 좋겠는데……" 중재도 석별의 정을 나누면서 흐르는 눈물을 감출 수가 없었다. 그때로부터 20년이 흐른 시점에서, 중재는 "김형진과 이명성……. 내 나이 이제 팔십. 하루빨리 그들을 다시 만나고 싶다."라고 술회했다.[113]

---

[113] 위와 같음, 489~490쪽.

대한적십자사 총재로서의 활동

1997년 12월 18일에 실시된 제15대 대통령선거에서 '새정치국민회의' 총재인 김대중 후보는 집권당인 '신한국당' 총재인 이회창李會昌 후보를 물리치며 당선되었고, 1998년 2월 25일에 취임했다. 김대중 대통령의 부인 이희호李姬鎬 여사는, 우리가 제1장의 「범정의 이희호 양과 백건우 군 지원」에서 보았듯, 그리고 제8장의 「이희호 양에게 베푼 범정의 호의」에서 자세히 보게 되듯, 도미유학 때 범정으로부터 받았던 도움을 회상하는 가운데 중재의 경력을, 특히 국제로타리운동과 남북회담에서의 활동을, 김대중 대통령이 정력적으로 추진하는 '햇볕정책' 또는 대북화해협력정책에 연결시켜 고려하며 공적公的인 범위 안에서 중재에게 호의를 베풀었다.

총재 취임 직후 내부 개혁 시도

대한적십자사의 연원

이희호 여사의 호의는 중재를 정원식鄭元植 제20대 총재의 임기 만료에 따라 선임해야 할 대한적십자사 제21대 총재로 추천하는 일로 나타났다. 대한적십자사의 연원은 1863년 10월에 스위스 제네바에서 출범한 국제적십자사International Committee of the Red Cross: ICRC에서 찾게 된다. 스위스의 은행가이면서 사회활동가이던 장 앙리 뒤낭Jean-Henri Dunant은 이탈리아의 롬바르디아주州 만토바Mantova 현縣에 있는 솔페리노Solferino에서 나폴레옹 3세의 프랑스제국 군軍 및 비토리오 에마누엘레 2세의 사르데냐왕국 군軍 사이의 연합군 그리고 거기에 맞선 오스트리아제국 군軍 사이에서 1859년 6월 24일에 벌어진 전투를 관전하게 되었다. 그는 오스트리아 군대의 패배로 끝난 이 전투에서 발생한 수천 명의 부상자들이 제대로 치료받지 못한 채 죽어가는 참상을 목격한 뒤 1862년 11월에 제네바에서 프랑스어로 『솔페리노의 회상Un souvenir de Solférino』을 출판하며 전시 부상자들의 구호를 위한 중립적 민간 국제기구의 창설을 제의했다. 이 책은 많은 사람들의 호응을 불러일으켰고, 그것이 1863년 10월에 제네바협약에 바탕을 둔 국제적십자사의 출범으로 이어졌다. 뒤낭은 이 공로로 1901년에 제1회 노벨평화상을 받았다.[114]

우리나라가 국제적십자사의 활동에 눈을 뜬 때는 19세기 말이었다. 주로 개화 선각자들이 서양 문물에 관한 정보를 받아들이는 가운데 국제적십자사에 대해서도 주목하게 되었고, 1896년 4월 7일에 창간된 『독립신문』은 이후 국제적십자사에 관해 보도하기에 이르렀다. 이러한 배경에서 대한제국 정부는 1903년 1월 8일에 국제적십자사의 법적 근거인 제네바협약에 가입했고, 1905년 10월 27일에 '대한제국적십자사'를 출범시켰다. 그러나 일제에 의해 1909년 7월 23일에 '일본적십자사'로 강제합병되면서 '일본적십자사 조선본부'로 남았다.

1919년 4월 11일에 중국 상해에서 대한민국임시정부가 수립되면서, '대한적십자회'가 새로 출범했고, 8·15해방과 더불어 '조선적십자사'로 다시 출발했다. 항일독립운동가로 대한민국임시정부 부주석이던 김규식金奎植 그리고 구한말 개화운동의 선봉으로 『독립신문』을 창

---

[114] 국제적십자사의 탄생과 성장 그리고 그 틀 안에서의 우리나라 적십자운동에 관한 정보는 거의 전적으로 다음에 의존했다. 대한적십자사 편, 『대한적십자사팔십년사』(대한적십자사, 1987), 제1장.

2000년 8월 대한적십자사 총재 취임식에서 정원식 전임 총재로부터 적십자기를 인수받는 중재

간한 서재필徐載弼이 차례로 총재를 맡았다. 1948년 8월 15일에 대한민국 정부가 수립되면서 '대한적십자사'로 새출발했고, 1955년 9월 28일에 세계 각국의 국제적십자사 그리고 십자가를 거부하는 이슬람계 국가들이 세운 국제적신월사國際赤新月社, International Red Crescent Societies가 함께 가입한 국제적십자사연맹International Federation of Red Cross and Red Crescent Societies, IFRC에 74번째 회원국으로 가입했다. 서울특별시 시장에 이어 상공부 장관을 역임하고 훗날 대한민국 제4대 대통령이 되는 윤보선尹潽善, 동아일보사 사장을 역임하고 훗날 대한민국 국무총리가 되는 최두선崔斗善 등이 총재로 선임되었다. 이후 유창순劉彰順·김상협金相浹·강영훈姜英勳·정원식鄭元植 등 전직 국무총리가 총재로 선임되어, 대

한적십자사 총재는 국무총리급으로 인식되었다. 중재는 정원식 총재 후임으로 2000년 8월 1일에 제21대 총재로 취임했다.

사양 끝에 수락

중재는 대한적십자사 총재에 취임하기에 앞서 한광옥韓光玉 대통령 비서실장으로부터 김대중 대통령이 중재를 대한적십자사 총재로 지명하고자 하는데 의향이 어떠한가 묻고자 한다며 만남을 제의했다. 중재는 처음에 자신의 능력이 부족한 것을 이유로 사양했다. 한 실장은 2000년 6월 13일~15일에 평양을 방문해 북한의 국방위원장 김정일金正日과 남북의 화해와 협력을 지향하는 「평양 선언」에 합의한 대통령이 중재가 노태우 정부 때 남북 관계에서 경험이 있는 것을 고려해, 특별히 지명한 일이니 사양 말고 취임에 동의하라고 권했다.[115]

특히 북측 고위급 인사들 가운데 일부는 중재가 대한적십자사 총재직을 맡으면 남북 협력 사업이 잘될 것이라며 남측 정부에 추천했다는 말도 들렸다. 중재는 이 말이 쉽게 이해되지 않았다. 북한이 자신을 좋게 볼만한 일을 했던 기억이 없었기 때문이다. 그래서 더욱 사양했다. 그런 일이 있은 후 일주일 정도가 지난 시간에 한 실장이 "대통령 체면도 있으니 사양하지 말고 받아들이라."라고 강권하다시피 했다.

돌이켜보면, 중재는 오래전부터 국제로타리 운동에 적극적으로 참여하고 있었다. 지역사회 개발 그리고 저개발 국가에 대한 의료봉사나 인도적 지원에 앞장서는 로타리의 봉사활동이 자신의 신념과도 맞다고 생각해서였다. 로타리와 적십자사는 그 구성과 조직에서는 다르지만 '봉사정신'과 '인도주의'를 실천한다는 지향에서는 같았다. 그래서

---

[115] 장충식, 『시대를 넘어 미래를 열다』, 492쪽.

국제로타리 3650지구 총재에 취임하여 로타리기를 흔들어 보이는 중재(2003)

중재는 대통령의 제의를 기꺼이 받아들였다.[116]

외부로부터의 사무총장 기용 압력 거부

취임하자마자 몇 가지 문제에 직면했다. 우선 현임 사무총장을 교체하려는 청와대의 압력이었다. 법적으로 대한적십자사는 정부의 보건복지부 산하 '기타 공공기관'으로 '비영리 특수법인'이다. 중앙본부는 서울특별시 중구 소파로 145남산동 3가에 있고, 서울특별시를 비롯한 7개 광역시 그리고 경기도를 비롯한 8개 도에 각각 지사를 두고 있으며, 서울지사를 비롯한 4개 지사는 산하에 각각 병원을 두고 있다. 별도로 혈액관리본부, 교육원, 혈액수혈연구원, 인도법연구소, 청소년적십자사RCY 등을 개설하고 있다. 판문점에 '채널'을 두고 '조선민주주

116 위와 같음, 493쪽.

의인민공화국적십자회'와 민관 대화외교채널로 활용하고 있다. 중재가 총재로 취임하던 시점에서, 대한적십자사 회원은 약 607만 5,000명이었고 후원 회원은 약 40,200명이었으며 직원은 약 4,220명이었다. 이 방대한 조직을 실질적으로 관리·운영하는 책임은 바로 사무총장에 있다.[117]

중재는 자신이 총재로서 업무 전반을 파악하려면 적어도 6개월이 걸린다고 판단해 현임 박기륜朴基崙 사무총장의 잔여 임기를 보장하기로 결심했고 그 뜻을 취임사에 담았다. 그런데 중재가 취임한 지 한 달도 되지 않은 시점에서 청와대로부터 사무총장을 교체하라는 '지시'가 내려왔다. 신임 총장이 취임하면 일주일 안에 사무총장을 교체하는 것이 관례라고 말하며 새 사무총장의 이력서를 보내왔다. 중재가 살펴보니 어느 건설회사 사장으로 사무총장을 맡을 만한 사람이 아니어서 그렇게 설명했더니 그렇다면 총재 비서실장으로 임명하라고 제의했다. 그 사람은 청와대 요직에 있는 어느 수석비서관의 후원회 회장이라는 이야기가 들려왔으나, 중재는 직제에 총재 비서실장이 없다며 거절했다.[118]

이번에는 대한적십자사의 감독관청인 보건복지부의 장관이 개입했다. 장관실로 오라고 해서 중재가 찾아갔더니, "청와대에서 이력서를 보냈으면 현 사무총장을 사임시키고 청와대에서 이력서를 보낸 사람을 사무총장으로 발령하면 되지 않느냐."라고 말했다. 지난 수십 년 동안 여러 정권을 상대로 온갖 산전수전山戰水戰을 겪은 중재가 이 말에

117 중재는 자신의 회고록에서 취임 당시의 대한적십자사 조직과 인원에 관해 말하지 않았다. 위의 수치는 대체로 다음에 근거했다. 한국적십자운동100년사간행위원회 편, 『한국적십자 운동 100년: 1905~2005』(대한적십자사, 2006).

118 장충식, 『시대를 넘어 미래를 열다』, 493~494쪽.

호락호락 물러날 수 있겠는가. 중재가 "장관께서 적십자사에 대한 인사권이 있습니까?"라고 반문하자, 장관은 "인사권은 없소."라며 답변했다. 중재는 "그렇다면 잠자코 계십시오. 모든 책임은 제가 질 것입니다."라고 잘라 말하고 장관실을 나왔다. 중재는 곧바로 김대중 대통령에게 단독 면담을 신청했다. 사흘 뒤 대통령을 만난 자리에서 중재가 "저에게 새로운 사무총장 후보의 이력서를 보낸 일이 있으십니까?" 라고 묻자 대통령은 그런 일이 없었다고 대답했다. 중재는 "누군가가 대통령의 이름을 팔아서 내게 압력을 주려고 하는 것이라고 생각하고 그냥 넘어갔다."[119]

이 일련의 일화에서도 우리는 원칙주의자로서의 중재의 모습을 확인하게 된다. 자리에 연연한 사람 같았으면 청와대에서 '지시'가 내려왔을 때 굽혔을 것이다. 그러나 중재는 자기 일신의 자리 보전보다 대한적십자사라는 공기관의 체통과 조직 효율성을 앞세웠기에 받아들이지 않았던 것이다. 중재 스스로 "내가 만약 적십자사 총재직에 매력을 느끼고 청와대 비서실이 내려보낸 사람을 사무총장에 임명했었다면 결국 적십자사 운영진의 인사권은 총재가 아닌 관련 권력자의 수중에 있음을 인정하는 셈이니 그런 총재가 되고 싶지 않았다."라고 회상했다.[120]

급여와 차량 지원 등 거부

중재는 청와대의 '지시'를 거부한 데 이어 총재에 대한 급여나 수당은 물론이고 차량 지원도 모두 거부했다. 자기 사람 한 사람도 데리고 오지 않았다. 중재의 표현으로, "내 돈으로 일하고, 내 돈으로 차량도

[119] 위와 같음, 494~495쪽.

[120] 위와 같음, 505쪽.

운영할 테니 적십자사는 신경 쓰지 말라고 했다." 이 점에 대해 중재는 다음과 같이 회상했다.

> 나는 다른 봉사 단체의 운영을 맡으면서도 급여를 받거나 차량 운영을 지원받은 적이 없었다. 하물며 적십자사는 국민의 기부금과 회원들의 회비로 운영되고 특히 적십자 혈액원은 국민이 헌혈한 혈액을 병원에 팔아서 그 수입으로 운영비에 충당하는 형편이었다. 그런데 총재가 월급을 받고, 차량 운영비와 기사까지 지원받는다면 이는 명분에 안 맞는 일이었다. 봉사가 적십자사의 존재 목적이라면 총재는 그 목적을 실현할 최고 책임자가 아닌가. 취임 이후 내가 근무하던 단국대의 제자, 교수, 직원들이 나를 돕겠다며 회비 납부 캠페인을 벌였다. 다른 것은 모르지만 이런 일은 고마운 마음으로 받아들였다. 적십자의 빈약한 재정을 확충하는 데 유익했기 때문이다. 그런 판에 총재인 내가 월급, 수당, 기름값, 기사 월급을 받아들일 수는 없었다.[121]

여기서도 우리는 중재가 재물에 관한 자신의 지론, 곧 "재물에 욕심내지 말고 손을 비운 채 살도록 하라."라는 소신에 충실했음을 다시 확인하게 된다. 우리가 머리말과 제6장의 「헝가리와의 교류 시작」에서 보았듯, 그는 단국대학교로 유학온 외국인 학생들의 기숙사로 자기 집을 내놓았었고, 사법시험을 준비하는 단국대학교 학생들의 기숙사로 자기 집을 내놓았었다. 또한 제5장의 「산업대학으로 출발(주민등록을 충남으로 옮기고 화곡동 집을 단국대에 기부)」에서 보았듯, 아산군 신성리의 집도 새마을회관 리모델링 비용으로 내놓았었다.

[121] 위와 같음, 495쪽.

대한적십자사의 재정 정상화를 위한 비상한 노력

중재가 업무 현황을 파악해보니, "가장 절실한 일은 적십자사의 재정 건전화였다." 적십자사 활동의 핵심인 '봉사'를 하려고 해도 돈이 필요했다. 그래서 중재는 우선 대한적십자사 회원과 기부자를 늘리는 일에 힘을 쏟았다. 중재의 노력은 곧바로 보상되었다. 많은 사람이 새로 회원으로 가입했고, 고액 기부자 역시 빠르게 늘어났다. 그때까지 개인으로 천만 원이 넘게 기부한 사람은 별로 없었다. 그런 형편에 이세웅李世雄 신일기업 이사장은 3억 원을 기부했다.

다른 한편으로, 대한적십자사 본부 병원과 각 지방의 병원 그리고 혈액원이 안고 있는 부채가, 중재의 표현으로, "암적인 존재였다." 거기에는 모두 노동조합이 있어서 매년 봉급 인상률이 전국에서 제일 높은 편이었다. 심지어 대한적십자사 본사가 쌓아놓은 본사의 직원 퇴직기금 200억 원도 병원 적자에 충당한다고 해서 고갈된 상태였다. 어느 지방의 병원장은 수십억 원을 횡령한 사실이 드러나 검찰에 고발되었으나 '무혐의'로 처분될 가능성이 높다는 보고를 받았다. 중재는 직접 담당 검사에게 전화해, 공정하게 수사하지 않으면 대통령에게 직접 보고하겠다고 말했다. 그 결과 그가 법대로 처리되면서, 여러 병원에 경종을 울려 '부실'도 많이 개선되었다.[122]

중재는 대한적십자사 안의 노조에 대해서도 그 존재 이유를 물으면서 적십자사 본연의 정신으로 돌아가도록 설득했다. 그는 다음과 같이 되풀이해 역설했다.

> 적십자사는 봉사를 목적으로 모인 비영리 단체이다. 그 집행부의 실무 직원에게 물론 급여는 지급되어야 한다. 그러나 직원의 급여나 복지 조건

---

[122] 위와 같음, 496~497쪽.

은 적십자사의 존립 근거를 해칠 정도가 되면 안 된다. 총재인 나, 직원인 노조 모두 인도적 봉사를 전제로 한 조직에 몸담고 있기 때문이다. 적십자사가 항상 적자에 시달리는데, 재정의 자립도가 낮아서 회비에 의존하고, 심지어 길 가는 사람들이 희생정신으로 기부하는 피를 팔아서 재정을 충당하는데 노조가 적자는 도외시하고 급여와 복지 향상을 주장하며 투쟁한다면 이를 국민들이 어떻게 받아들일 것인가.[123]

모든 수당과 급여는 물론 차량 지원도 사양한 중재의 솔선수범은 노조 설득에 큰 도움이 되었다. "윗물이 맑으면 아랫물이 맑다."라는 격언 그대로 총재가 금전에 담백한 자세를 유지하며 자기희생적으로 봉사하는 만큼 그의 말에 힘이 실리게 된 것이다.

직원들의 대부분은 중재의 설득을 받아들였다. 그러나 소수는 "[중재가] 노조를 해체하려 한다고 고성을 질렀고, 누구보다 진보적이라는 김대중 정부가 임명한 사람이 반反노조 반反민주라고 비난했다."[124] 그러나 중재는 조금도 흔들리지 않았다. "만약 반민주라면 어쩔 수 없지만 나는 민주적이지 못하다는 욕을 기꺼이 감수하련다."라고 마음을 잡으면서 "봉사를 하려면 우선 나를 희생해야 한다. 내 것을 챙기면서 하는 봉사는 봉사가 아니라 사업이다."라는 명언을 남겼다.[125]

중재는 "특정 제약사와 적십자사가 혈액원과의 거래를 하는 과정에서 기득권을 지키고자 리베이트를 조성해 일부 정치인들에게 정치자금으로 흘러간다는 보고"를 받았다. 중재는 이 자금을 적십자사 재정을 확충하는 재원으로 전환하자고 제의했다. 그러자 일부 여야 의원들은 이 제의에 중재의 노조 개혁 시도까지 결부시키면서 "장 총재가 엉

123 위와 같음, 497쪽.

124 위와 같음, 498쪽.

125 위와 같음, 498~499쪽.

뚱한 일로 적십자사를 혼란에 빠뜨린다."라고 비난했다.[126]

이산가족방문단 단장으로서의 방북

중재가 대한적십자사 총재로 취임하면서 내부의 폐습에 대한 개혁을 시도함과 동시에 곧바로 북한과의 대화에 임하게 되었다. 그것은 남과 북 사이의 이산가족을 만나게 하는 행사였다.[127] 앞에서 이미 언급했듯, 2000년 6월 13일~15일에 김대중 대통령은 대한민국 대통령으로서는 처음으로 평양을 방문하고 북한의 최고 권력자 김정일 조선민주주의인민공화국 국방위원회 위원장과 회담한 뒤 남북 사이의 화해와 통일을 지향하는 5개 항의 「평양 남북선언」을 발표했다. 이 역사적 선언은 제3항에서 광복 55주년이 되는 8월 15일에 남북 이산가족들의 상호 방문 실현을 다짐했다. 이 다짐에 따라 중재는 남북[북남] 이산가족방문단 단장 자격으로 15일에 남측의 이산가족 100명과 실무요원 등을 인솔해 평양을 방문해 그들의 북한에 거주하는 가족 681명과 상봉하게 한 뒤 18일에 평양의 순안비행장을 떠나 서울로 돌아왔다.

북한의 평안북도 용천에는 비록 직계 존비속은 아니라고 해도 중재의 일가 친척이 남아 있었다. 북측에서는 중재에게 "이산가족이 살고 있는 장소를 알려달라."라고 했으나, 중재는 일부러 '평북 선천'이라고 대답했다. '평북 용천'이라고 하면 중재의 친척을 찾아내 친절을 베푼다는 명분을 내세우며 그들을 데려오리라고 예상해 피한 것이다. 그

126 위와 같음, 504쪽.

127 이하 중재의 방북에 대한 정보는 장충식, 『시대를 넘어 미래를 열다』, 499~504쪽에 의존했다. 다음 책에도 부분적으로 의존했다. 대한적십자사 편, 『이산가족 70년: 1945~2015』(대한적십자사, 2016).

남북 교류에 획기적 새 장을 연 이산가족 교류 사업은 적십자사의 주도로 이뤄졌다. 중재는 적십자사 총재로서 한국 측 방문단을 이끌고 분단 50년 만에 역사적인 북한 방문을 하였다. 출국 인사를 하고 있는 중재

는 자신이 단장이라는 공적 자격으로 방북했음을 인식하며 그들 누구도 만나지 않고 돌아왔다. 중재는 당시 자신의 자세에 대해 "75,000여 신청자들 가운데 100명 정도만 상봉이 허용되었다고 해서 비난받는 적십자사 총재의 입장에서 사사로운 감정으로 이산가족을 만날 수는 없는 겁니다. 또 그런 일로 북쪽 사람들에게 신세지고 싶지도 않았구요."라고 회상했다.[128]

북한 사람들에게 중재는 낯선 얼굴이 아니었다. 1990년의 남북통일축구대회를 시발로 1991년의 제6회 세계청소년축구대회 남북단일팀 단장으로 평양을 방문해 텔레비전 화면에 자주 비쳤기에 북한 사람

[128] 김용삼, 「인터뷰 장충식 대한적십자사 총재: 평양에 이산가족방문단을 데리고 가 봤더니」, 『월간조선』(2000년 10월), 438~448쪽.

평양 방문을 마치고 귀국 비행기의 트랩을 오르는 중재. 실향민이기도 한 중재는 이산가족 상호 방문 사업에 누구보다도 큰 애착과 열성을 보였다.

들에게 꽤 널리 알려져 있었다. 또한 이에 앞서 여러 차례 남북체육회담을 열면서 회담의 성공을 위해 많이 양보하는 편이어서 북한의 고위간부들은 중재에 대해 비교적 좋게 느끼고 있었다. 그러나 거의 10년 만에 평양을 세 번째로 방문하면서 중재는 그때와 분위기가 다름을 직감할 수 있었다. 중재는 다음과 같이 회상했다.

> 한마디로 그리 반기는 표정들이 아니었다. 슬쩍 마음을 떠보니 북한측은 남쪽 이산가족들을 해방 후 공산주의를 반대해 월남한 반공주의자라고 간주하고 있었다. 그러니 북한의 시각에서는 '분단의 피해자'라기보다는 북한체제를 등진 이들이니 반가운 사람들은 아니었다. 그런 일들을 보

면서 "앞으로 남북한 사이의 이산가족 상봉이 장기적으로 지속되기 힘들 수도 있겠다."라는 생각이 들었다.[129]

그나마 다행스러웠던 것은 남측 대표단이나 가족들에게 북측의 '이념사업장'들, 예컨대, '김일성 생가'나 '주체사상 탑'으로 안내하는 일이 없어 그러한 곳들에 가게 되면 발생할 수 있는 마찰이 일어나지 않았다는 사실이다. 남측은 북행에 앞서 만일 그러한 곳들에 가야 한다면 거부한다고 제의했었고 북측은 그 제의를 받아들였기에 지난날 때때로 일어났던 불상사가 예방될 수 있었다.[130]

이산가족 상봉도 전반적으로 원만히 이뤄졌다. 다만, 북北의 가족들은 정치적으로 교육받은 탓에 다른 사람이 보는 경우에 남南에서 온 부모형제들을 만나면 자기들이 풍요롭게 잘살고 있다고 자랑하느라 애쓰는 모습이 역력해 보기에 안쓰러웠다. 실제로 중재가 보기에, 북의 가족들은 대부분 영양이 좋지 않아 얼굴이 깡마르고 검게 햇볕에 그을린데다가 노동과 농사일에 찌든 탓인지 피곤한 표정들이었다.

북의 자녀들 가운데는 남에서 찾아온 부모의 간절한 면회를 거절하는 이들도 있었다. 어린 자기를 혼자 남겨놓고 아버지 혼자 살겠다고 남으로 도망갔다며 원망하면서 만남을 거절한 것이다. 또한 행정 차질로 북에 있는 부모와 형제를 만나지 못한 사람도 있었다. "남쪽의 어떤 사람은 형제를 만나보지 못하자 화를 내면서 남으로 돌아가지 않겠다고 고집부리는 통에 큰 애를 먹은 적도 있었다."라고 상기한 중재는 "결국 비행기가 떠날 시간이 되었는데도 자기 형제를 만나지 못해 귀국하지 않겠다던 두 형제에게 그냥 북에 남기고 우리만 떠나겠다고 통

129 장충식, 『시대를 넘어 미래를 열다』, 499~500쪽.

130 위와 같음, 500쪽.

고하자 그제야 부랴부랴 짐을 싸 들고 따라나섰다."라고 회상했다.[131]

발전된 모습을 발견할 수 없었던 북한

앞에서 지적했듯, 중재의 이번 평양 방문은 거의 10년 만의 방문이었다. "10년이면 강산도 변한다."라는 속담이 있다. 그러나 중재에게는 "전보다 발전된 모습은 발견할 수 없었다. 전력 사정도 전과는 달리 많이 부족한 듯 보였다." 북한 고위층의 인식에서도 문제점이 더 많이 드러났다. 중재는 다음과 같이 회상했다.

> 평양의 고위층과 회식하는 자리에서 느낀 것은 그들에게 남쪽에 대해 잘못 인식하고 있는 점이 많은 것 같았다는 점이었다. 남한과 북한의 교류를 협상의 산물이나 통일을 향한 공동 노력으로 보기보다는 자신들의 정치력이 남한에 확대되었다는 식으로 이해하는 듯했다. 일례로 북한 측 인사들 가운데는 우리나라의 특정 신문의 이름을 내 앞에서 거명하며 "북남 간 교류를 위해서도 그런 신문은 읽지 말라."라고 충고하는 사람도 있었다. 또한 이제부터 남한에서 북한을 비방하는 인사는 더 이상 용납할 수 없다는 식으로 큰소리쳤다.[132]

중재의 이 회상에서 우리는 남북 사이의 대화와 협상에 관한 북한 고위 인사들의 편협한 시각을 다시 확인하게 된다.

면회 장소를 둘러싼 토론

우리가 이 제7장의 「도쿄올림픽과 남북한」에서 보았던 '신문준·신금단 부녀 상봉'이 단 7분 만에 끝나며 이산가족의 비애에 대한 공감

---

131 위와 같음, 502~503쪽.

132 위와 같음, 503쪽.

이 전국적으로 확산되는 가운데 당시 집권당인 민주공화당 소속 이만섭李萬燮 국회의원은 그때로부터 사흘 뒤인 10월 27일에 「남북가족면회소 설치에 관한 결의안」을 국회에 제출했다. 이 결의안에서 이 의원은 '남북가족면회소'를 판문점에 개설하자고 제의했다. 이 결의안은 '남북가족면회소' 설치는 통일이 가까이 다가왔다는 환상을 심어주어 국민의 반공의식을 해이하게 할 수 있다고 주장한 김형욱 중앙정보부장의 압박으로 표결도 해보지 못한 채 폐기되었다.[133]

우리가 이 제7장의 「남북체육회담의 동결과 해빙 그리고 재동결」에서 이미 보았듯, 1970년대에 들어서면서 강대국들 사이에 긴장완화 현상이 뚜렷하게 나타나고 그 영향이 한반도로도 밀려옴에 따라 남과 북은 그사이 막혀 있었던 대화를 시작했다. 그 첫 시도로 1971년 9월 20일부터 1972년 8월 11일까지 이산가족 상봉을 위한 남북적십자회담이 여러 차례 열렸으나 실질적 진전과 상봉은 없었다. 분단 40주년이 된 1985년 9월 23일~30일에 이르러서야 비로소 '남북이산가족 고향방문단 및 예술공연단'의 교환 상봉이 이뤄졌다. 그 장소는 물론 서울과 평양이었다.

중재가 2000년 8월 15일에 남측의 이산가족상봉단을 인솔하고 평양에 도착한 직후 북한의 조선민주주의인민공화국적십자회 장재언張在彦 위원장과 사담私談을 나눴다. 남과 북의 적십자사 수장首長 사이의 첫 회동에서 북측은 면회 장소를 '금강산'으로 고정할 것을 제의했다. "이산가족이 오고 가는 불편을 덜기 위해 우리 민족의 유일한 명산인 금강산에 면회소를 조성하여 지정하자."라는 것이었다. 중재는 신중하게 대응했다. 우선 이 주제가 공식으로 의제가 되는 경우 관계 당국

---

133 이만섭, 『5·16과 10·26: 박정희, 김재규 그리고 나』(경기도 파주시: 나남, 2009), 93~104쪽.

이 협상해야 할 일이라고 판단해 즉답을 피하는 대신에, "나 개인으로서는 금강산 면회소는 반대한다."라고 대꾸했다. 중재는 자신의 논리를 상대방에게 다음과 같은 취지로 설명했다.

> 금강산이 경치는 아름답지만, 어차피 이산가족들이 관광으로 만나는 것도 아니고 육로로 갈 수 없으니 배편을 이용해야 하는 사정을 고려해야 한다. 배를 타면 공해상으로 나갔다가 북한의 [강원도] 장전항長箭港에 기항해야 하는데 나이 많은 노인들이 뱃멀미로 고생하면 너무 힘들고 건강도 상할 수 있다. 금강산 대신에 군사 분계선 가운데 면회소를 조성한다면 상징적으로는 분단과 휴전이라는 이미지에 상봉과 평화라는 이미지가 더해져 남북한 모두의 국익에도 도움이 될 것이다.[134]

북측은 중재의 제의에 "별다른 대답을 하지 않았다."

중재가 인솔한 남측의 이산가족상봉단이 평양을 방문한 같은 시점 2000년 8월 15일~8월 18일에 북측에서는 류미영柳美英 천도교청우당 중앙위원회 위원장을 단장으로 하는 이산가족상봉단이 서울을 방문했다. 천도교는 일제강점기에도 북녘땅에서 강했고, 그래서 소련 점령기에 '천도교청우당'을 창당할 수 있었으며 1950년대 중반의 어느 시점까지 명맥을 유지했다. 그러나 이후 간판만 유지할 뿐이었다.

류 위원장의 인적 관계는 독특했다. 우선 항일독립운동가로 남한의 미군정에서 오늘날의 국방부에 해당하는 통위부統衛部의 부장을 역임했다가 6·25전쟁 때 납북된 류동열柳東說의 수양딸이었다. 동시에 역시 항일독립운동가로 대한민국임시정부에서 활동하다가 서울로 돌아온 최동오崔東旿의 아들로 대한민국 육군에서 사단장을 역임하고 소장

---

134 위와 같음, 503~504쪽.

으로 예편한 뒤 월남대사를 거쳐 외무부 장관을 역임한 뒤 서독대사로 봉직하다가 천도교의 최고 지도자인 교령教領에 올랐으나 1976년에 월북한 최덕신崔德新의 부인이었다. 독실한 천도교 신자였던 최동오는 김일성이 만주의 길림吉林에서 보냈던 소년 시절에 잠시 수학했던 화성의숙樺成義塾 숙장이었기에 최덕신은 이 인연을 믿고 월북한 것이고 류미영도 1977년에 월북한 것이다.

북한정권은 최덕신을 천도교청우당 중앙위원회 위원장을 맡겼고, 그는 김일성이 천도교에서 말하는 '한울님'이라고 예찬한 『김일성 그이는 한울님』1988을 출판했다. 최덕신이 1989년 11월에 향년 75세로 별세하자, 북한정권은 류미영에게 천도교청우당 중앙위원회 위원장을 맡겼다. 류 단장은 23년 만에 남한에 남아 있던 자녀들과 만났다. 둘째 아들 최인국, 큰딸 최근애, 막내딸 최순애 등을 만났지만, 큰아들 최건국과 둘째딸 최경애는 외국에 체류하고 있어서 만나지 못했다. 류미영은 2016년 11월 23일에 95세로 평양에서 별세했으며, 북한의 국립묘지 격인 애국열사릉에 안장되었다. 3년 뒤인 2019년 7월에 최인국은 아예 월북했다.

『월간조선』 인터뷰를 통한 북한 상황의 소개

중재는 서울로 돌아온 직후인 8월 30일에 『월간조선』의 인터뷰 요청에 응해 김용삼金容三 기자와 대화를 나눴다.[135]

---

[135] 김용삼, 「인터뷰 장충식 대한적십자사 총재: 평양에 이산가족방문단을 데리고 가 봤더니」, 『월간조선』(2000년 10월), 438~448쪽. 이하 『월간조선』과의 인터뷰 기사는 전적으로 이 글에 의존했다.

이산가족면회소 설치의 필요성 제기

김 기자가 이 행사의 결산을 부탁하자 중재는 "100명의 상봉 비용으로 30억 원이나 들었다."라고 말하고, "이번 행사는 너무 호화편이었어요. 자기 돈 내서 행사하는 것이 아니라 정부의 남북교류기금으로 행사해서 그런 것인지, 아니면 국가 체면 때문인지는 몰라도 이건 생각해볼 문제입니다. 좋은 호텔과 기름진 음식 대신에 실용적인 숙소와 설렁탕 한 그릇이면 어떻습니까. 차라리 비용을 아껴서 더 많은 이산가족을 만나게 하는 것이 바람직한 일이라고 봅니다."라고 부연했다. 이산가족 상봉의 경제적 측면을 강조하는 이유를 묻자, 중재는 "우리도 30억 원이 부담이 되는데 북한 입장에서는 더 큰 부담이 될 것입니다. 이산가족 상봉이 경제적 부담을 주는 쪽으로 가면 북한이 다른 이유를 들어 상봉 자체를 기피할 가능성이 있어요."라고 말한 데 이어, 비용 절감과 상봉 인원 확대라는 측면에서 이산가족면회소 설치는 반드시 필요하다고 강조했다.

이산가족 상봉에 대한 북한의 인식과 대처

중재는 이어 "이산가족 상봉은 남북 양쪽의 이질성과 체제 우열을 비교할 수 있는 거울입니다."라고 말하고, 자신의 현지 관찰을 다음과 같이 소개했다.

> 텔레비전을 유심히 본 분들은 아셨겠지만, 북한 이산가족 상봉단은 모두 같은 옷을 입고 나왔습니다. 전국 각지에 흩어진 사람들에게 옷감을 줘서 급히 해 입힌 겁니다. 남한에서 올라간 가족들은 양복에 티셔츠, 개량한복 등 매일같이 옷을 갈아입었습니다만, 북측 가족들은 3박 4일 동안 같은 양복만 계속 입고 있더군요. 옷으로도 가릴 수 없는 것이 얼굴입

니다. 북한의 가족과 남한에서 올라온 부모 형제들이 만났을 때, 고생을 많이 한 북한의 얼굴과 남한의 여유로운 얼굴이 대조되니 북한 관계자들이 얼마나 곤혹스러웠겠습니까. 남측 방문단은 어떤 기업에서 폴라로이드 카메라를 선물로 준 것을 갖고 가서, 상봉 장면을 즉석에서 촬영해 북의 가족에게 주었습니다. 즉석 사진이 나오는 장면을 본 북쪽 가족들의 시선, 그리고 남측 가족들의 시계와 반지, 옷에 이르기까지 모든 것이 북측 사람들에게는 경이로운 것이었습니다. 노인들조차 카메라를 다 한 대씩 들고 왔으니…. 그 풍요로운 모습은 북한 사람들이 자기들의 우월성을 주장하고 정치교육 시켰던 사람들에게 불신감을 느끼게 하는 계기가 되지 않았을까요.[136]

중재는 "그렇기 때문에 북한 지도부의 입장에서는 이산가족 상봉이 그들의 실생활이 외부에 노출될 수 있는 위험한 사업이라 여기는 겁니다."라고 설명했다. 여기서 중재는 "체제유지가 급선무인 북한 입장에서는 이산가족 상봉의 속도를 빠르게 하는 것보다는 점진적 단계를 밟는 쪽으로 진행하려 합니다. 이런 현실을 이해하지 못하고 우리 생각대로 인원 확대, 상호 고향 방문 등을 요구하면 북측에서 여러 가지 이유를 달아 문을 닫아 걸 가능성도 없지 않습니다."라는 관찰을 제시했다.

"북한은 하나를 주면 반드시 하나를 돌려준다."

협상의 방식과 관련해, 중재는 "북한은 하나를 주면 반드시 하나를 돌려준다."라고 말했다. 그는 이어 "과거에 성과를 거둔 남북회담을 회고하면 하나를 주고, 하나를 받는 식으로 진행해서 이루어진 것입니

[136] 위와 같음.

다. 우리보다 불리한 조건에서 살아가는 북한 입장을 이해하고 조금만 양보하면, 북한은 자기들 입장이 크게 무너지지 않는 범위 내에서 양보합니다."라고 부연했다.

"우리가 북한을 사랑으로 대해야"

김 기자가 이어 "우선 8·15이산가족방문단 단장으로 평양을 밟은 소감부터 말씀해주십시오."라는 질문에, 중재는 10년 만에 세 번째로 평양을 다녀왔음을 상기시킨 뒤 "이번에 가보니 10년 전과 여러 면에서 분위기가 다르더군요."라는 말로 답변을 시작했다. "어떤 면에서 다른 점이 느껴지던가요?"라는 질문에 대해, 중재는 "우선 사람들 자세가 자연스러워졌다는 점입니다. 전에는 뭐라 꼬집어 말하기는 어렵지만 분위기가 껄끄럽고, 서로 감시하는 것처럼 어색했습니다. 그때는 우리가 선물을 주면, 무안할 정도로 거절당했습니다. 지금은 사양하면서도 고맙다는 인사 정도는 할 정도가 되었습니다."라고 대답했다.

그러나 중재는 "평양은 10년 동안 달라진 것이 없더군요. 한마디로 발전이 아니라 정체된 기간이었다는 느낌이었습니다. 과거에는 숙소인 고려호텔 앞에 가게나 음식점이 있어 저녁때도 불이 켜져 있곤 했는데, 지금은 전에 비해 활기가 없더군요. 거리를 다니면서 보니까 시가지도 너무 어둡고 여러 가지 시설물이나 건물이 낡아가는데, 저걸 어떻게 보수할 수 있겠는가 하는 생각이 들더군요."라는 답변으로써 북한의 어두운 면을 정확히 지적했다. 그러나 중재는 "풍요로운 환경에서 자유롭게 성장한 복된 삶을 [누리는 우리로서] 우리보다 자유가 없고 경제적으로 어렵고 통제 사회 속에서 숨 막히게 살아온 사람들에 넓은 아량"으로 대할 것을 강조했다. 중재는 이어 "우리는 북한을 사랑으로 봐줄 수 있는 아량이 필요합니다. [그렇게 하지 않으면] 우리는 통일을 감당할 민족이 못 된다고 생각합니다."라고 덧붙였다. 이 인터뷰를 통해 중재가 진정으로 전달하고자 했던 메시지는 바로 이 대목이었다.

북측의 문제 제기

그런데도 북측은 중재의 여러 발언 가운데 "평양은 10년 동안 달라진 것이 없더군요. 한마디로 발전이 아니라 정체된 기간이었다는 느낌이었습니다."로 시작된 그 이하의 발언을 문제 삼았다. 조선민주주의인민공화국적십자회 대변인은 11월 3일에 성명을 발표하고 중재가 북측을 '비방·중상'했다고 비난하면서 이것은 "우리에 대한 참을 수 없는 모독"이라고 주장했으며, 평양방송은 같은 날에 그 성명을 보도했다.[137]

이어 평양방송은 "그는 이산가족 상봉이 남북 양쪽의 이질성과 체제의 우열을 비교할 수 있는 거울이라느니, 북은 자유가 없다느니, 통제 사회 속에서 숨 막히게 살고 있다느니 하는 등으로 우리의 존엄 높은 정치체제까지 정면으로 걸고드는 망발도 서슴지 않았다."라고 비난하면서, "그가 적십자사 총재라는 직분을 가지고 흩어진 가족 친척 방문단 교환사업을 감히 우리를 비방·중상하는 데 이용한 것은 인도주의 이념이나 동포애의 견지에서 도저히 용납할 수 없는 도전이며 우리에 대한 참을 수 없는 모독"이라고 주장했다. 북측은 이산가족방문단 상호 교환을 '재검토'하겠다고 위협하기도 했다.

평양방송은 국내 언론계와 정계의 일각을 자극했다. 특히 사무총장 인사와 관련해 청와대의 지시도 따르지 않은 중재를 물러나게 하려는

---

137 김용삼, 「추적 장충식 총재의 『월간조선』 10월호 인터뷰 및 대북 밀서 사건 전말기」, 『월간조선』(2000년 12월), 142~155쪽.

일부 세력에게 호재가 되었고, 이에 따라 논란이 뒤따랐다. 중재는 국회에 출석해 의원들의 질의에 답변하기도 해야 했다. 정부와 여당 일부가 "북측의 의도에 휘둘린다."라고 판단한 중재는 12월 23일에 사직서를 통일부로 보냈다. 김대중 대통령은 이수동 집사를 통해 사표를 제출하지 말라고 만류했다. 그러나 중재는 "감사하지만 내가 자리에 있으면 대통령께 누를 끼칠까 염려된다."라고 말하며 철회하지 않았다.[138]

[138]장충식, 『시대를 넘어 미래를 열다』, 509쪽.

중재 장충식

단국대학교와 함께 민족의 화해와
통일을 향해 걸어온 대인

Ⅷ 죽전캠퍼스 설립으로 새로운 도약의 발판 마련

단국대학교의 장래를 삼성 이건희 회장 및 노태우 대통령과 협의

삼성의 단국대학교 인수 제의 동의

우리가 제3장의 「영동캠퍼스 부지 마련과 국가안전기획부로의 헐값 매도」에서 보았듯, 단국대학교는 영동캠퍼스를 마련하기 위해 어렵게 사들인 약 600억 원평가에 따라서는 약 700~800억 원 가치의 내곡동 부지를 1990년 10월, 거기에 국가안전기획부 청사를 지으려는 정부에 '정부고시가격'인 약 214억 원에 넘기지 않으면 안 되었다.[1] 이로 말미암아 단국대학교는 약 600억 원 이상의 가용 자산이 있을 것으로 예상하고 빌려 쓴 빚더미 속에 빠지게 되었다. 무엇보다 그 부지를 담보로 잡을 수도 없게 되어 중재가 추진하던 의대 부속병원의 건립을 끝내기 위해 써야 할 자금을 사채업자들의 어음할인으로 융통하기 시작했다. 이것은 단국대학교 법인이 빚에 시달리게 되는 단초가 되었다. 그때의 심정을 중재는 "앞이 보이지 않았다."라고 표현했다.[2]

그래도 그사이 온갖 시련을 이겨내 온 중재는 "내 개인 생각은 하지 말고 단국대학교를 구하는 길만을 찾기로 했다." 자신이 "단국대학교를 위해 할 수 있는 일이 한계에 봉착했다는 생각, 그리고 오히려 급

[1] 액수에 관한 자료는 다음이다. 단국대학교60년사편찬위원회 편, 『단국대학교60년사: 1947-2007』 전3권(경기도 용인시: 단국대학교60년사편찬위원회, 2007), 상, 395쪽.

[2] 장충식, 『시대를 넘어 미래를 열다: 중재장충식회고록』(경기도 용인시: 노스보스, 2011), 552쪽.

증하는 재정 문제를 해결할 수 있는 길이 무엇인지 고민했다." 중재는 자기 나름의 해답을 찾을 수 있었다. 그것은 단국대학교 법인을 삼성그룹에 맡겨 단국대학교를 좀 더 큰 대학교로 발전시킨다는 것이었다. 이때가 노태우 대통령 임기가 8개월 정도 남은 1992년 중반쯤이었다.

중재는 곧 국가안전기획부 엄삼탁嚴三鐸 기획조정실장을 만나 자신의 뜻을 삼성그룹 이건희李健熙 회장에게 전해달라고 부탁했다. 엄 실장은 바로 중재가 확보한 내곡동 부지를 안기부가 '정부고시가격'으로 수용할 때의 실무 책임자였을 뿐만 아니라, 이름 있는 씨름 선수로 국군체육부대장이던 때부터 체육인으로서의 중재와 가까웠다. 그는 또 오늘날 대구광역시 달성군達城郡에 해당하는 경상북도 달성군 출신으로 역시 경상북도 대구 출신의 노태우 대통령이 수도경비사령부 연대장이던 때 예하 제30경비단에서 복무하며 인연을 맺었고 훗날 육군 소장으로 예편했다. 게다가 엄 실장은 대구 출신의 이 회장과도 매우 가까웠다. 중재는 안기부의 수용으로 단국대학교의 재정난이 심화되는 시점이었으니 결자해지結者解之하라는 뜻도 포함해 엄 실장에게 일을 맡긴 것이다.[3]

중재가 제시한 조건은 단순했다. (i) 법인 운영을 맡는다고 해서 삼성이 설립자 가족들에게 어떤 경제적 대가를 지불할 필요는 없다, (ii) 대학교의 교명은 절대로 변경해서는 안 된다, (iii) 단국대학교를 한국의 정상급 사학으로 발전시켜달라. 중재는 이것이 단국대학교를 설립한 선친 범정 선생과 혜당 여사에게 도리를 다하는 것이라고 생각했다. 당시 중재는, 우리가 제5장의 「천안캠퍼스에 의과대학 설립」에서 보았듯, 의과대학과 부속병원을 건립하고 있었다. 중재는 이 일은 자

---

[3] 위와 같음.

신이 시작했으니 자신의 힘으로 자신의 책임 아래 완성해 넘길 것이며 삼성에 떠넘기지 않겠다고 다짐했다. 여기서도 우리는 문제해결에 임하는 중재의 공인정신을 다시 확인하게 된다. 설립자 가족이라고 해서 특별한 혜택을 받지 않겠다는 것, 그리고 자신이 시작한 일은 자신이 끝내겠다는 것 등이 그러하다. 부도덕한 총장 같았으면 국내 최대의 재벌 삼성그룹을 상대로 하는 기회를 이용해 "내 한몫 챙기자."와 같은 추루한 발상을 가질 만한 일이었다. 그러나 재물에 대해 담백하면서 청렴하게 살아온 중재는 애초부터 그러한 생각조차 하지 않은 것이다.

엄 실장은 자기 책임 아래 정부가 단국대학교 내곡동 부지를 수용하게 된 것에 무척 미안하게 생각하고 여러 차례 사과하는 말을 했다. 중재는 그 일은 안기부 실무자들이 조사하고 검토해서 한 일이니 걱정하지 말고 삼성그룹과 단국대학교 법인과의 대화가 좋은 열매를 맺게끔 협조해 달라고 부탁했다. 이때 중재는 "땅이란 여자와 마찬가지로 인연이 있는 사람에게 돌아가고 인연이 없는 사람에게는 돌아가지 않는다."라는 말을 남겼다.[4] 중재는 이 모든 내용을 당시 이용우 단국대학교 법인이사장에게 알렸다. 범정과 함께 단국대학을 설립한 혜당 여사의 외손자인 그는 곧바로 동의했다.

중재가 엄 실장과 대화를 마친 직후, 이건희 회장의 심복 가운데 심복인 이수빈李洙彬 비서실장으로부터 이건희 회장이 중재의 제안에 동의한다는 기별이 왔다. 1939년생인 이 실장은 서울대학교 상과대학 경제학과를 졸업하고 삼성그룹의 제일제당에서 사회 경력을 시작해 제일모직 사장과 제일제당 사장 및 삼성생명 사장을 거쳐 삼성그룹 비

---

[4] 위와 같음, 552~553쪽.

서실장으로 봉직하고 있었다. 그는 훗날 삼성그룹 회장을 맡아 '샐러리맨 성공 신화'의 주인공이 된다.[5]

중재는 단국대학교 법인의 사무처장을 6년 넘게 맡았던 여운환 상무이사로 하여금 이수빈 비서실장과 구체적 협의를 진행하도록 했다. 이 실장과 여 상무는 신라호텔에서 만나 단국대학교 재단의 재산 목록을 검토했다. 거기에는 재무제표 그리고 단국대학교 재단이 보유한 부동산의 목록 등이 포함되었다. 두 사람이 검토해보니 단국대학교 재단에 생각보다 부동산이 많다는 것을 알게 되었다. 부채는 모두 800여 억 원 정도였다.[6] 2024년 기준으로, 약 3,000억 원에 이르렀다.

이 실장과 여 상무를 중심으로 실무자들의 검토 작업이 1주일 정도 진행되자, 곧바로 중재와 이건희 회장의 회동이 이뤄졌다. 장소는 한남동의 이 회장 자택이었다. 중재의 관찰로, 이 회장은 "굉장히 진지하고 솔직한 성품이었다."[7] 이 회장은 이미 보고받았겠지만, 대학의 운영권을 넘기는 반대급부가 무엇인지 다시 확인하고자 했다. 중재는 "조건이라뇨? 교명을 지켜달라는 것밖에는 아무런 조건이 없습니다." 라고 한마디로 압축했다. 이 회장은 "대학 총장을 그만두면 무엇을 하실 것입니까?"라고 물었다. 중재는 "삼성그룹이 추진하는 문화재단에서 문화사업 하는 일에 종사하면 좋겠습니다."라고 대답했다. 이 대화를 계기로, 중재는 삼성문화재단 이사가 되었다.[8]

---

[5] 이수빈 회장이 평생을 바친 삼성그룹의 역사는 다음에서 읽을 수 있다. 삼성회장비서실, 『삼성60년사』(삼성회장비서실, 1998). 다음 책에 이수빈 삼성그룹 이건희 비서실장에 대한 언급이 보인다. 현명관(玄明官), 『위대한 거래: 이건희 비서실장에서 삼성물산 회장까지』(랭귀지북스, 2022), 107쪽.

[6] 장충식, 『시대를 넘어 미래를 열다』, 553쪽.

[7] 위와 같음.

[8] 위와 같음, 554쪽.

노태우 대통령과의 합의

중재는 자신의 후임 총장으로 노태우 대통령을 염두에 두고 있었다. 그러한 생각의 바탕에는, 중재의 표현으로는, “삼성그룹의 경영 능력에 더해 전직 대통령이 총장으로 취임하면 단국대학교만이 아니라 우리나라의 정치사에도 새로운 지평이 열릴 것이라는 희망이 있었다.”[9] 지난날의 헌정사를 돌이켜볼 때, 역대 대통령이 퇴임 후 위상이나 금권 그리고 후임 대통령에 대한 영향력에 신경 쓰다가 오히려 국민적 실망을 초래했던 전례들에서 벗어나게 하고 싶다고 중재는 생각한 것이다. 중재는 곧 노태우 대통령에게 단국대학교 총장으로 추대하겠다는 뜻을 담은 서한을 보냈다. “역대 대통령의 전철을 밟지 않도록 […] 간곡히 권하면서, 대학 총장으로 오셔서 정치를 통해 이루지 못한 이상을 교육을 통해 실현하는 길이 더 빛나는 길”이라는 내용이었다. 이 서한은 단국대학교의 어느 교수가 작성했다.

1주일쯤 지나 노태우 대통령으로부터 연락이 왔다. 청와대에서 오찬을 함께하자는 제의였다. 누구도 배석시키지 않은 채 약 두 시간에 걸쳐 오찬이 진행되었다. 중재는 남북한을 회원국으로 받아들인 1991년 9월 17일한국시간 18일의 제46차 유엔총회에서 행한 노 대통령의 연설이 “많은 사람에게 감동을 주었다.”라고 칭찬한 데 이어, “대통령직선제를 정착시켜 김대중 선생과 김영삼 선생에게 대통령 후보로 경선에 임할 수 있는 길을 열어준 것에 대하여 많은 국민과 세계 지성인들이 찬양하고 있다.”라는 덕담을 덧붙였다.[10] 중재의 덕담은 다음과 같은 진지한 권고로 이어졌다.

[9] 위와 같음.

[10] 위와 같음, 556쪽.

> 노 대통령님, 우리나라 대통령이 임기를 마치시고 물러나 편안한 세월을 보내지 못하고 있습니다. 전두환 대통령님을 보면 더욱 걱정되고 안타깝습니다. 대통령 임기를 끝내면 정치나 권력에 연연해하시지 말아야 합니다. 노 대통령님이 새로운 길을 열어보이세요. 제가 단국대 총장직을 물러날 테니 대통령께서 우리 대학의 총장으로 오세요. 그래서 대통령 재임 때 쌓은 인덕으로 단국대를 발전시켜주세요. 대통령님이 총장으로 오시면 대학에 발전기금을 내려는 이들도 많아질 겁니다. 대통령님도 정계나 기업계가 아닌 대학의 교육자로 계시는데 누가 사시斜視로 볼 수 있겠습니까.[11]

중재가 말했듯, 대한민국의 역대 대통령은 제4대 윤보선 대통령을 제외하곤 거의 모두 비참하거나 명예스럽지 못한 말로를 맞이했다. 제1대~제3대 이승만 대통령은 1960년의 4월의거로 하와이 망명의 길을 떠나 거기서 서거했다. 제4대 윤보선 대통령은 1961년의 5·16군사정변으로 하야해야 했다. 그러나 이후 반독재민주화 투쟁에 헌신해 전직 대통령으로서의 명예를 지켰다. 제5대~제9대 박정희 대통령은 1979년의 10·26사태로 목숨을 잃었다. 제10대 최규하 대통령은 개인적인 비리는 없었으나 신군부의 1979년 12·12군사반란과 1980년 광주민주화운동 유혈 진압 때 무기력을 드러낸 뒤 신군부의 압력을 받아 하야해야 했다. 제11대~제12대 전두환 대통령은 이 시점까지 법적으로는 '무사'했으나 12·12군사반란과 광주민주화운동 유혈 진압에 대해 비난받고 있었다.

역대 대통령들의 종말을 잘 알고 있었고 그 전철을 피하고 싶었던 노 대통령은 심각한 표정으로 중재의 말을 듣더니 "장 총장님 말씀이

---

[11] 장충식, 「노태우 전 대통령: 럭비 선수로 만나 북방정책, 남북단일팀, 한중수교로 이어진 인연」, 『학연가연』(경기도 용인시: 노스보스, 2021), 249~251쪽.

맞아요. 나는 전두환 대통령처럼 일해재단을 만든다거나 참모들과 어울려 다닐 뜻이 없어요. 아내랑 조용히 살고 싶습니다."라고 대답하고는, "제가 퇴임하면 단국대 총장으로 갈게요. 장 총장님, 약속 지키시는 겁니다."라고 다짐했다.[12] 노 대통령은 "퇴임 이후 내 거취를 그렇게 정할 터이니 절대로 내 임기가 끝날 때까지 비밀로 하자."라고 보안을 요구했고, 서로 그렇게 하기로 약속했다.

그러면서 노 대통령은 중재에게 "장 총장은 오늘날에 이르기까지 어떤 정당에 가입한 일도 없고 정치에 발을 들여놓은 적도 없는 걸로 아는데, 다음 대통령선거를 공정하게 치르기 위해서 국무총리로 들어오는 것이 어떻겠냐?"라고 물었다. 중재는 한마디로 "큰일 날 일"이라며 고사했다. "그렇게 되면 제가 대통령에게 총장직을 헌납하고 국무총리를 얻는 식으로 되어서 결국 국민으로부터 지탄받는 일"이라며 사양했다. 자신은 평생 들새처럼 야인으로 지내는 것이 자신의 인격과 능력에 맞는다고 거듭 강조하면서 정계에 뜻이 없음을 간곡하게 말했다.[13] 여기서도 우리는 재물에 대해서만이 아니라 권력에 대해서도 담백한 중재의 성품과 자세를 다시 확인하게 된다.

중재는 자신이 고려대학교 대학원생이던 때 고려대학교 법과대학 교수로 학생처장을 역임했고 이후 성균관대학교 총장에 이어 한림대학교 총장으로 봉직하던 현승종玄勝鍾 교수를 추천했다. 현 총장은 경성제국대학 법문학부 법과를 졸업하고 고려대학교에서 민법 담당 교수직을 시작하면서 로마법을 강의함과 동시에 『로마법원론』·『서양법제사』·『게르만법』 등을 출판해 비교법 연구의 기초를 닦았다는 높은

---

[12] 위와 같음, 251쪽.

[13] 장충식, 『시대를 넘어 미래를 열다: 중재장충식회고록』(경기도 용인시: 노스보스, 2011), 556~557쪽.

평가를 받았다. 노 대통령은 곧바로 동의했다. 중재는 "이는 나와 노태우 대통령만이 아는 비밀이었는데, 나중에 현 박사님이 대통령에게 자신을 어떻게 총리로 임명하실 생각을 했냐고 묻자 이를 알려주었다고 한다."라고 회상했다.[14] 청렴결백하게 교육자의 길을 일관되게 걸어왔던 현 총장은 노 대통령의 제의를 몇 차례 고사했다. 그러나 선거관리에 대통령이 일절 관여하지 않겠다고 다짐하자, 노 대통령이 그해 12월 18일에 실시될 제14대 대통령선거를 공정하게 치르기 위해 중립내각을 출범시키던 1992년 10월 8일에 제24대 국무총리로 취임했다.

노태우 대통령은 퇴임 이후 두 권으로 구성된 회고록을 출판했다.[15] 그 어느 곳에서도 중재와의 이 대화에 대해 말하지 않았다. 끝까지 비밀로 하자는 합의를 지킨 것으로 보인다. 그러나 지난날 노 대통령이 기용한 인사들에 비춰 수긍이 간다. 노작露雀 홍사용洪思容의 시 「나는 왕王이로소이다」를 줄줄 외울 정도로 문인적 소양이 깊었던 노 대통령은 인사에서 대체로 대학 교수를 선호하는 경향을 보여, 재임 중 기용한 다섯 국무총리 가운데 넷이현재, 노재봉, 정원식, 현승종이 교수 출신이었다. 이현재와 노재봉 사이의 강영훈姜英勳 총리도 육군사관학교 교장 때 5·16군사정변이 일어나자 반대한 까닭으로 미국으로 떠나 서던캘리포니아대학교에서 정치학 석·박사학위를 받고 워싱턴D.C.에서 한국문제연구소Research Institute on Korean Affairs를 열었으며 귀국한 뒤 한국외국어대학교 대학원장에 이어 외무부 외교안보연구원장을 역임하는 등 학자·교수형의 면모를 지녔다. 그들 이외에 경제학자 조순趙淳 교

---

[14] 장충식, 「노태우 전 대통령」, 252~253쪽.

[15] 노태우, 『노태우 회고록』 전2권(조선뉴스프레스, 2011). 제1권은 『국가 민주화 나의 운명』이고, 제2권은 『전환기의 대전략』이다.

수를 경제부총리 겸 경제기획원 장관에, 정치학자 이홍구李洪九 교수를 국토통일원 장관에 이어 대통령 특별보좌관 그리고 주영대사에, 경제학자 김종인金鍾仁을 보건사회부 장관에 이어 대통령 경제수석비서관에, 그리고 국제정치학자 김종휘金宗輝 교수를 안보보좌관에 이어 대통령 외교안보수석비서관에 기용했다. 이러한 성향에 비춰, 노 대통령이 퇴임 이후 대학 총장으로 새롭게 출발하도록 권유한 중재의 발상과 노 대통령의 수락은 적절했다고 생각된다.

이후, 우리가 잘 기억하듯, 1993년 2월 24일에 노태우 대통령이 퇴임하고 이튿날 김영삼 정부가 출범했다. 중재는 노 대통령이 조만간 단국대 총장 취임과 관련해 후속 조치가 있으리라 생각하고, 단국대학교의 경영권을 삼성그룹에 넘기는 원래의 일을 서둘렀다.

삼성그룹의 인수 계획 철회

그러나 상황은 중재의 기대에 어긋나게 전개되었다. 삼성그룹의 이수빈 비서실장이 급히 중재를 찾아 삼성이 단국대학교 재단을 운영하기로 했던 합의는 없는 일로 하자고 말하는 것이었다. 당황한 중재는 곧바로 그 이유를 물었다. 이 실장은 그렇게 하지 말라는 압력이 정치권으로부터 거세게 들어온다고 해명했다. 중재가 다시 정치권의 누구냐고 물었지만, 이 실장은 누구라고 말할 수 없다는 대답으로 일관했다. 중재는 짐작 가는 데가 있었다. 이와 관련해, 중재는 "삼성그룹이 하루아침에 적극적인 자세에서 갑자기 돌변한 데는 정권의 핵심에서 메시지가 왔음을 반증하는 일이다. 나는 지금도 그 핵심이 김영삼 대통령 당선자가 아니고서야 이런 압력을 가할 사람은 없다고 생각한다."라고 회상했다. 그래서 중재는 김영삼 계열 정치인의 맏형으로 불

리던 황명수黃明秀 의원을 비롯해 몇몇 정치인들에게 도와줄 것을 요청했으나 받아들여지지 않았다.[16]

결국 삼성그룹은 단국대에서 손을 뗐다. 그 대신에 김영삼 정부 때인 1996년 11월 16일에 성균관대학교를 다시 인수했다. 원래 삼성그룹의 창업자 이병철李秉喆 회장은 1965년 12월 3일에 성균관대학교 이사장에 취임하면서 성균관대학교를 운영했으나 성균관대학교 일부 교직원들과 학생들이 삼성을 성토하는 데모를 계속하는 등 갈등이 깊어지자 1977년 10월 4일에 이사장을 사임함과 동시에 운영 자체를 포기했다. 그런데 이제 이병철 회장이 별세하고 3남 이건희가 회장을 맡았던 때 삼성은 성균관대학교를 다시 인수한 것이다.[17]

---

[16] 장충식, 『시대를 넘어 미래를 열다』, 557~558쪽.

[17] 성균관대학교 교사편찬위원회 편, 『성균관대학교600년사 1398-1998』 전3권(성균관대학교출판부, 1998), 천(天), 제1장 제7절~제9절.

김영삼 정부의 출범과 단국대학교에 대한 감사

우리가 제7장의 여러 곳에서 보았듯, 중재는 노태우 정부와 좋은 관계를 유지했다. 그러나 1993년 2월 25일에 출범한 김영삼 정부는 중재와 단국대학교에 대해 '감사'를 시작하고 여러 형태로 압박을 가했다. 이로써 중재와 단국대학교는, 어느 교수의 표현으로, "최대의 시련을 겪게 되었다."[18] 고통이 너무 커서 중재는 범정 이래의 집안 종교인 불교를 떠나 개신교로 귀의하고 예수님에게 눈물을 흘리며 단국대학교를 건져주실 것을 간곡히 기도하곤 했다. 시련을 겪을 때마다 새롭게 발휘되는 투지 그리고 단국인들의 합심과 협력 속에 중재는 위기를 이겨내고, 천안캠퍼스는 그대로 유지하면서 협소한 한남동 캠퍼스에서 벗어나 경기도 용인시 수지구 죽전동의 광활한 터전 위에 새 캠퍼스를 세우는 데 성공했다. 그 고통스러우면서 험난했던 과정을 다음에서 자세히 살피기로 하겠다.

대선 과정에서 김영삼 후보의 면담 요청 거부

염량세태炎涼世態라는 말이 있다. 사람의 마음이 자신의 이해관계에 따라 또는 권력의 향방에 따라 바뀌는 모습을 풍자한 말이다. 김영삼 후보가 대통령에 당선된 뒤 중재는 그 말을 다시 떠올렸다. 자신이 잘

[18] 송하섭(宋夏燮), 「중재 선생이 걸어온 길: 단국 중흥과 중재 장충식 박사」, 단국문인회 엮음, 『자작나무 숲으로 가서: 중재장충식팔순기념사화집』(경기도 용인시: 노스보스, 2011), 31쪽.

알고 지내던 여당 의원들은 중재가 전화를 걸어도 받지 않았다. 당시의 상황을 중재는 "힘이 있다는 여당 의원들일수록 마치 약속이나 한 듯 내 전화를 피했다. 나름대로 탐문하니, '단국대를 손본다', '장충식 총장을 가만두지 않기로 했다.'라는 소문만 가득했다."라고 회상했다.[19]

김영삼 후보의 대통령 당선을 전후한 시점부터 중재는 단국대학교의 장래에 관해 불길한 예감을 갖고 있었다. 김 후보가 대선 과정에서 중재를 만났으면 좋겠다는 연락이 왔을 때 사양했기에 '보복'이 뒤따르지 않을까 하는 걱정이 앞섰기 때문이다. 사양한 까닭은 우선 김 후보가 중재에게 일방적으로 일시日時와 롯데호텔이라는 장소를 지정하고 만나자고 하는 형식 자체가 마음에 들지 않았던 데 있었다. 면담의 약속은 서로 사정을 보아가며 의논해서 결정하는 것이지 일방적 통고는 "지시이고 명령이어서 유쾌한 일은 아니다."라고 생각했다. 거기에 대해, 대학 총장으로 정도正道를 걷고자 한 중재의 소신이 특정 후보와의 만남을 꺼리게 했다. 그때의 심정을 중재는 다음과 같이 회상했다.

> 더 염려되는 것은 이때가 선거 국면에 돌입하는 시기라는 것이다. 김영삼 대통령 후보는 영남 사람이고 김대중 후보는 호남 사람이다. 이 두 분이 대통령 자리를 놓고 싸우는데 내가 김영삼 후보가 정한 날짜와 시간에 맞추어서, 그것도 여러 사람이 있는 롯데호텔에서 단독으로 면담했다고 하면 얼마나 큰 오해를 불러올지 뻔한 일이었다. 호텔에서 김영삼 후보를 공개적으로 만나면 여러 정보기관에서 생각하기를 단국대 총장이 김영삼 후보에게 줄을 대고 무엇을 부탁하러 만나는 것이 아닌가 생각할 수도 있고, 더 나가서는 저렇게 호텔방에서 만날 정도면 따로 정치자금이

---

[19] 장충식, 『시대를 넘어 미래를 열다』, 558~559쪽.

라도 헌납하려는 것이 아닌가라고 추측할 것이다.[20]

중재의 회상은 다음으로 이어졌다.

> 나는 이미 권력의 속성을 알 만큼 연륜이 있었다. 이런 미묘한 시기에 내가 자신의 영달을 바란다면 모를까, 대학을 생각해서도 총장으로서 어떤 대권 후보와도 만나지 않아야 함은 물론 중립을 지켜야 한다고 생각했다. 그래서 김영삼 후보가 만나자는 요청에 응하지 않았다. 박정희, 전두환, 노태우 정권을 거치면서 얼마나 많은 정치적 격변이 있었던가. 나는 대학 총장이라는 사람이 공개 석상에서 정치에 민감한 언행을 하거나 절대로 선거에 있어서 어느 특정한 후보를 지지하는 기미를 보여서는 안 된다는 소신을 말하며 내가 면담 요청을 사양하는 이유를 확실하게 밝혔다.[21]

자신의 개인적 영달이나 자신의 대학을 위해 당선이 확정된 것이나 다름없던 김영삼 후보를 만나려는 대학 총장도 없지 않았을 것이다. 그러나 중재는 그 기회가 주어졌는데도 거절한 것으로, 여기에서도 우리는 대학인으로서의 중재의 올바른 정신과 자세를 다시 확인하게 된다.

만나자는 제의에 응하지 않고 물론 '헌금'도 하지 않은 까닭이었는지 김영삼 후보의 측근들이 중재에 대해 달갑지 않은 시각을 갖고 있다는 소문이 나돌았다. 김영삼 후보를 공개적이면서 열성적으로 도왔던 민관식閔寬植 전 문교부 장관이 그 소문을 전하며 "조심하라."라고 넌지시 알려주기도 했다. 민 전 장관이 김 후보를 만났더니 "자기가

---

[20] 위와 같음, 544쪽.

[21] 위와 같음, 544~545쪽.

당선되면 다른 대학교는 몰라도 장충식 총장은 가만두지 않겠다고 하던데 무슨 일이 있었느냐?"라며 걱정했다. 민 전 장관은 "김영삼 후보는 대통령이 되려고 정치에 입문했다고 밝힐 만큼 권력에 대한 집념이 강한 사람이고 '내 편'이 안 되면 반드시 대가를 치르게 하는 사람이니 오해를 풀어야 해."라고 충고했다.[22]

김영삼 후보가 대통령으로 취임한 직후 중재는 두 차례나 청와대 모임에 참석했다. 첫 번째는 국방부 정훈국 산하 대한학도의용대 출신 간부들의 모임으로, 중재는 대한학도의용대 고문 자격으로 참석했다. 우리가 이미 제2장의 「휘문중학교 시절(군 복무를 마치고 휘문고등학교 졸업)」에서 보았듯, 중재는 6·25전쟁 때 대한학도의용대 제1기 대원으로 참전했다가 육군 일병으로 전역했다. 김 대통령과 김재순金在淳 국회의장도 대한학도의용대 고문이었는데, 김 의장은 불참했다. 자신에게 "냉랭하게 대해주리라는 예상과 달리 김 대통령은 전과 다름없이 친절했고, 만찬 자리에서도 말을 많이 건넸다." 그러나 중재는 김 대통령의 환대를 받으며, "오히려, '아, 이분이 나를 죽이기 위해서 칼을 많이 갈고 있구나.' 하는 느낌을 받았다." 오랜 경험을 통해 "정치인의 웃음과 듣기 좋은 환담 속에 얼마든지 비수匕首가 가려져 있음"을 알았기 때문이었다.[23]

두 번째는 대한체육회와 대한올림픽위원회를 중심으로 한 체육계 지도자들과의 모임이었다. 대통령선거 때 체육계 지도자들이 대체로 자신을 지원한 데 대해 김영삼 대통령이 고마움을 표시하는 자리이기도 했다. 대한체육회 부회장과 대한올림픽위원회 부위원장이던 중재는 당연히 참석했다. 이 자리에서도 김영삼 대통령은 유독 중재에 대

[22] 장충식, 『학연가연』, 173~174쪽.

[23] 장충식, 『시대를 넘어 미래를 열다』, 547쪽.

해 "스포츠 분야에서 공을 많이 세웠다."라고 칭찬하며, 김운용 대한체육회 회장보다도 중재에게 많은 질문을 던졌다. 중재의 느낌으로, "누가 보아도 김영삼 대통령은 겉으로 보기에 나와 각별히 가까운 사이처럼 대해주었다." 중재만 그렇게 느낀 것이 아니었다. 모임이 끝나고 청와대에서 나오는 길에 김운용 회장은 "오늘 김영삼 대통령이 장 총장에게 하는 언행으로 보아서 정부가 장 총장에게 나쁜 짓을 할 것 같지 않아요."라고 말했다. 김운용 회장 외에 몇몇 다른 참석자들도 같은 취지로 말했다.

중재는 어느 누구에게도 자신과 김영삼 대통령과의 관계에 대해 말한 일이 없었다. 그런데도, "어디서 무슨 얘기를 들었기에 김 대통령이 나에게 말을 건넨 것에 대해서 아무 일이 없을 것이라는 말을 하는 것일까?"라고 생각하며, 중재는 "참 이상한 일"이라는 느낌을 떨쳐버릴 수 없었고 "폭풍전야의 고요함이랄까, 그런 불길한 예감을 받았다." 거기서 한 걸음 더 나아가, 중재는 "반드시 김영삼 대통령이 나를 겨냥하고 단국대학에 대해서 모종의 조치를 내릴 것으로 직감하고 있었다."[24]

그 무렵 단국대학교는 의과대학 부속병원을 짓고 있어서 의과대학이나 병원과 관련해 교육부로부터 행정적 인가나 승인을 받을 일이 많았다. 몇 달 전만 해도 무리 없이 진행되던 일들이 김영삼 정부가 출범한 직후부터 모두 멈추었다. 교육부에 다녀온 직원들은 교육부 공무원들이 단국대학교 직원이라고 하면 냉대한다고 보고했다. 김영삼 정부는 이전의 전두환 정부와 노태우 정부를 군사정부로, 자신을 문민정부로 부르면서 차별화를 시도함과 동시에, 사회 전반에 대한 사정과 개

---

[24] 위와 같음, 548~549쪽.

혁을 시작하고 그 일환으로 대학들의 부정 입학을 바로잡겠다는 명분 아래 대학들을 감사했다. 그 과정에서 김영삼 대통령의 최측근으로 알려진 최형우崔炯佑 민주자유당 사무총장의 아들이 경기도의 한 대학에 부정으로 입학한 일이 드러났다. 자신은 모르는 채 부인이 추진했다고 하지만 도의적 책임을 지고 사퇴했다.[25] 이때 단국대학교도 감사를 받았으나 별다른 일이 없었다.[26]

한 차례 끝내고도 다시 감사

곧 여름방학이 시작되어 교직원들이 여유로운 시간을 보낼 7월 20일에, 교육부는 '부정 입학의 의혹'을 규명한다는 명분 아래 단국대학교에 대한 '특별 감사'를 실시하기 시작했다. 감사반은 과거 정부 때 고위 인사가 포함된 특정인들의 이름을 제시하며 그들 자녀들에 대한 입학시험 답안지를 보겠다고 요구했다. 대학으로서는 이미 1학기에 감사를 받을 때 필요한 자료들을 열람하게 했던 만큼 필요 없다고 판단해 모두 폐기했다고 해명했다. 한 해의 입시를 치르고 나면 그에 관한 서류가 무려 50여 박스가 되기 때문에 보관에 어려움이 뒤따라 대부분의 대학교들은 폐기하는 것이 관행처럼 되어 있었다. 그러자 교육부는 입시에 관한 서류를 4년 동안 보관해야 한다는 규정을 어겼다는 이유로, 재단에 대한 회계감사로 전환하면서 학교운영 전반을 감사하기 시작했다.[27]

일반적으로 감사가 끝나면 상당한 기간이 지난 다음에 결과를 발표

---

25 『동아일보』(1993년 4월 15일), 1쪽.

26 장충식, 『시대를 넘어 미래를 열다』, 559쪽.

27 「VI. 교육부 감사와 학교의 진통」, 『단국대학교60년사: 1947-2007』 상, 461쪽.

하고 제반 조치를 취하는 것이 관례인데, 단국대학교에 대한 감사는 감사가 끝나고 10여 일 만인 8월 10일에 그 결과를 언론에 발표했다. 단국대학교 법인과 학교에 내려온 감사 결과에서 지적된 사항은 19개에 이르렀다. 그것들 가운데 가장 대표적인 것은 이사회의 의결이나 감독청의 허가 없이 빚을 얻었거나 학교채를 발행하고 일시적으로 차입금을 운용했다는 지적이었다. 의과대학을 설립하고 부속병원 건물을 짓는 데 들어가는 막대한 비용을 조달하기 위해 빚을 얻어 썼음을 인정하면서도, 이사회의 결의와 감독청의 허가를 얻지 않았다는 사실을 강조했다. 빚의 규모는 약 776억 원으로 밝혀졌다. 교육부는 동시에 61명에 이르는 관련자들의 징계를 요구하면서 관선이사들을 파견한다고 발표함과 동시에, 실험실습비 확충과 증원·증과 및 차관 도입을 허용하지 않는다고 통보했다.[28]

중재는 8월 10일에 총장을 사임했고, 이용우 이사장은 8월 31일에 이사장을 사임했다. 이에 따라 9월 1일에 문과대학 국어국문학과 전광현田光鉉 교수가 총장 직무대행에 취임하고, 9월 6일에 김익보金翊寶 이사가 이사장 직무대행에 취임했으며, 10월 12일에 김숙현金淑鉉 이사가 김익보 이사장 직무대행 후임으로 이사장 직무대행에 취임했다.

'죄인'을 자처하며 눈물을 흘린 중재

단국대학교는 1961년 5·16군사정변 직후인 1961년 11월의 대학 주간부와 대학원 폐지 이후 32년 만에 다시 한번 심각한 위기에 직면했다. 송하섭 교수가 지적했듯, "중재는 1993년 교육부 감사로 최대

[28] 최승묵 기자, 「단국대 총장 해임 지시」, 『조선일보』(1993년 8월 12일), 31쪽; 『단국대학교60년사: 1947-2007』 하, 716~717쪽.

의 시련을 겪었다."[29] 놀라운 상황에서 전 교직원은 8월 12일에 난파기념음악관에 모여 비상총회를 열었다. 이 자리에서 우선 중재는 "저는 오늘 총장이나 교수의 신분이 아닌, 대학을 오늘 같은 파국으로 몰고 간 죄인으로 이 자리에 섰습니다. 용서라도 빌 수 있는 시간이 되었으면 합니다. 정부로부터 감사를 받아 저를 비롯한 여러 교직원이 문책당하고 이사 전원이 승인을 취소당하는 학교 역사에서 가장 걱정스러운 형편에 이르렀습니다. 저로서는 학생, 교직원, 정부, 창학자, 국민들께 죄를 지은 심정입니다."라는 말로 시작한 총장 사임사를 발표했다.[30]

자신을 '죄인'이라고 부른 이 사임사에서, 중재는 "얼마 되지는 않지만 제가 가진 모든 것을, 뼈와 살만 남겨두고 온전히 학교에 다 내놓고 가겠습니다. 저는 전국 방방곡곡을 돌아다니면서 연구기금과 장학금을 모으는 데 최선의 노력을 다하겠습니다."라고 약속했다. 이 대목에서도 중재의 남다른 강한 책임의식을 다시 확인하게 된다.

이어 중재는 우리가 제5장의 「'총장타도' 외치던 총학생회장을 교수로 임명」에서 보았던 양종곤 군의 감동적인 사연을 공개했다. 양 군이 학교의 어려운 상황에 대한 소식을 듣고 유학 중인 미국에서 방학에 맞춰 일시 귀국해 중재를 위로하고 다시 돌아갔다는 이야기였다. 중재는 "사랑이 담긴 교육, 학생을 사랑하는 마음으로 교육하는 것이 중요하다고 봅니다. 이제 여러분들께서 일치단결해서 이 시련을 극복해주시기 바랍니다. 안녕히 계십시오."라는 말로써 사임사를 마쳤다.

---

29 송하섭, 「중재 선생이 걸어온 길: 단국 중흥과 중재 장충식 박사」, 단국문인회 엮음, 『자작나무 숲으로 가서: 중재장충식팔순기념헌정사화집』(경기도 용인시: 노스보스, 2011), 31쪽.

30 「Ⅵ. 교육부 감사와 학교의 진통」, 『단국대학교60년사: 1947~2007』 상, 463쪽.

『단국대학교60년사: 1947-2007』는 이 사임사를 소개하며, "끝인사는 목이 메어 잘 나오지 않았다."라고 기록했다.[31]

중재는 이 사임사 이후 자신을 '죄인'으로 자처하며 문제 해결에 최선을 다했다. 1998년 9월 6일에 체육대학장 김재규金宰圭 교수가 58세로 별세해 장례를 치를 때의 일화가 있다. 장례식에 동석했던 문과대학 독어독문학과의 김성대金聲代 교수는 다음과 같이 회상했다. 매우 감동적이어서 비록 길다고 해도 자세히 소개하기로 한다.

> 이런저런 말이 오가는 도중 갑자기 중재는 처연한 표정으로 말했다. "나처럼 죄가 많은 사람은 벌써 죽어야 하는데, 이렇게 살아 있고, 학교에 남아 아직 할 일이 많은 사람은 이렇게 나의 앞에 죽어서 누워 있으니…" 그는 흐르는 눈물을 주체하지 못하고 손등으로 눈물을 훔쳤다. 나는 당황했다. 외유내강外柔內剛하여 자신에 대한 통제력이 강한 중재가 상가에서 나와 얼굴을 마주 대고 앉아 스스로 죄인이라 자처하면서 이처럼 눈물을 흘리리라고는 생각해본 적이 없었다.[32]

김성대 교수는 "그의 비통해하는 모습을 보면서, 나는 무슨 소리든지 한마디 해야 할 것 같았으나, 적당한 말이 떠오르지 않았다. 묵묵히 그리고 조금은 어색하게 그저 그렇게 앉아 있었다."라고 회상하면서, "그때 나의 깊은 곳으로부터 들려오는 소리가 있었다. "죄인이라고, 죄인이라고? 죄인은 진정 네 앞에 앉아 울고 있는 이분뿐인가? 너는 어떤가? 너는 참으로 이 학교의 사람으로서 한 점 부끄럼도 없단 말인가?"라는 말로써 당시 자신의 심경을 토로했다. 이 대목에서 김성

---

[31] 위와 같음.

[32] 김성대, 「프로메테우스를 잊고서」, 중재장충식박사고희기념화문집간행위원회 편, 『빈 들에 씨를 뿌리며』(한불문화출판, 2001), 416~417쪽.

대 교수는 그리스 신화에 나오는 프로메테우스Prometheus를 떠올리며 다음과 같이 이어갔다.

> 그 옛날 프로메테우스는 인류의 후원자로서 인간에게 불을 주고 문화를 주었다. 인간은 그의 선물을 향유하면서 인간다운 삶을 건설할 수 있었다. 그러나 그는 오랜 세월을 코카서스 산山에 묶여 매일 독수리에게 간을 파먹히는 고통을 견뎌내야 했다. 오늘날의 단국대학교라는 위상은 누가 뭐라고 해도 중재가 일구어낸 것이다. 그 열매를 우리 모두는 향유하고 있다. 그러면서 우리는 그를 잊고 있다. 그러나 그는 빚을 진 사람으로, 죄를 지은 사람으로 자처하면서 고통을 감내하며 살고 있다. 이것이 무엇인가? 진정 이것이 무엇이란 말인가? 나는 비통해하는 중재에게 무슨 말을 하기는 해야겠는데, 도대체 그 말이란 게 목에 걸려 나오지 않는 것이었다.[33]

단국대학교 내부의 자발적 구교救校 운동

중재의 진솔하면서도 감동적인 사임사가 끝나자 사범대학 특수교육과의 김승국 교수가 등단했다. 그는 "우리 힘으로 난국에 처한 단국대학교를 구하기 위해 우리들이 노력해야 할 것이 무엇인가를 논의하기 위해 대표들을 뽑아 회의할 것"을 제의했고, 만장일치의 찬성이 뒤따랐다. 그 결과 오후 5시에 본관 3층 대회의실에서 교수협의회, 총학생회, 노조, 동문회 대표 등 48명이 모여 '범汎단국인구교추진협의회'를 결성하고, 1차 회의를 열었다. 이 회의는 "앞으로 회의를 계속해서 구교 모금운동을 펼치고, '관선이사파견 반대운동'을 전개하는 한편

33 김성대, 「프로메테우스를 잊고서」, 『빈 들에 씨를 뿌리며』, 416~418쪽.

“대책 없는 징계조치, 관선이사 반대한다.” “단국이 하나되어 학원을 되살리자”는 구호를 걸고 총학생회 주최로 구교운동 토론회가 진행되고 있다(1993.08.18).

‘단국살리기서명운동’도 힘차게 추진해나갈 것이며 구교를 위해서는 어떠한 희생도 감수한다.”라는 결의를 하고 곧바로 실행에 옮기기로 했다. 다른 한편으로, 8월 13일에 중재를 위원장으로 하는 ‘교육부 행정조치 이행을 위한 대책위원회’가 구성되어 교육부 감사 지적사항과 조치사항을 이행하기 위한 활동에 들어갔다. 그 결과 9월 9일에 재단은 감사에서 지적된 문제점들에 대해 취한 조치와 앞으로의 계획을 교육부에 보고했다.[34]

학생들은 학생들대로 나섰다. 총학생회는 8월 14일 오후 1시에 중앙도서관 앞 광장에서 ‘교육부 징계 조치에 대한 보고대회’를 열었다. 방학 중인데도 많은 학생들이 모인 이 대회는 “해방 이후 최초의 민족

---

[34] 「Ⅳ. 교육부 감사와 학교의 진통」, 『단국대학교60년사: 1947-2007』 하, 716쪽.

사학으로 출범한 단국은 이제 민족의 현대사와 더불어 걸어온 자랑찬 반세기 역사 과정에서 새로운 변화와 도약을 위한 중대한 시기에 크나큰 난관과 시련에 접하게 되었습니다."로 시작한 성명서를 채택해 발표했다. 이 성명서는 이어 교육부의 '징계 조치'를 '부당'하다고 단정하고, 여기에 맞서 "모든 단국인은 이제 새로이 하나가 되려는 단결의 기운으로 나서고 있습니다."라고 선언했다.[35]

대학원 재학생들도 '비상대책위원회'를 결성하고, 대자보 등을 통해 관선이사 파견에 반대하면서 진상 및 책임 규명을 촉구했다. 동문들 역시 구교운동에 동참했다. 8월 14일 오후 4시에 동문 150여 명은 난파기념음악관에 모여, '모교 긴급사태 대책회의'를 열고 정부당국에 탄원서 보내기 등을 결의했으며 그 자리에서 1,700만 원을 모금했다.

이 무렵 '한남동 캠퍼스 매각'설이 나돌아 일부 교직원들과 학생들은 교육부 징계조치 철회 운동을 시작함과 더불어 매각설에 대한 진상을 규명하기로 했다. 중재는 8월 23일에 한남동 캠퍼스의 노천극장에서 진행된 비상학생총회에서 "구성원들의 동의 없는 매각은 있을 수 없다."라고 단언했다. 중재는 "공직을 떠났으나 학교 정상화를 위해 최선을 다할 것"이라고 거듭 다짐했다.[36]

다행히도 중재의 결연한 의지 표명과 자세는 위기감을 공유한 모든 단국인의 사기를 올려주었다. 여기에 더해 중재 가족의 청렴과 헌신이 새롭게 밝혀졌다. 중재의 두 사위가 모두 자신들의 집을 은행 담보로 내놓았다는 것 그리고 중재와 장남은 모두 학교에 집을 기부하고 전셋집에 살고 있어서 담보로 내놓을 집이 없는 것 등이 알려지면서 중재에 대한 구성원들의 지지와 신뢰는 높아졌다. 이러한 배경에서, 우선

---

35 위와 같음, 464쪽.

36 위와 같음.

'범단국인구교추진위원회'가 모금운동을 시작하자 교직원 전원은 자발적으로 9월분 봉급을 구교성금으로 냈다. 더욱 놀라운 일이 뒤따랐다. 교직원 23명은 자신들의 집을 은행 담보로 내놓았다. 만약 재단이 부도가 나면 담보로 제공한 집이 통째로 날아갈 것인데도 그들은 단국대학교와 운명을 함께하겠다는 마음으로 모험을 단행한 것이다. 그들의 감동적인 결단에 다시 책임을 느꼈던 중재는 그들의 성명을 자신의 회고록 『시대를 넘어 미래를 열다』에 다음과 같이 기록해놓았다.

> 강영철 교수, 권용우 교수, 김도수 교수, 김세중 교수, 백경태 직원, 성의제 교수, 신두휴 교수, 안광옥 직원, 안규채 직원, 오만영 감사, 윤내현 교수, 이순재 직원, 이종철 교수, 임영재 교수, 임정평 교수, 장철호 직원, 정일현 교수, 정주환 교수, 정진선 직원, 조기용 교수, 조장환 교수, 표건웅 직원, 한재민 직원.[37]

중재는 "이는 내 머리에 남은 기억일 터이다. 어쩌면 내가 잊은 이들도 있을 수 있다. 만약 그가 지금 이 지면을 읽는다면 내 기억의 소홀함을 이해해주길 바란다."라고 덧붙였다. 동시에 중재는 "[…] 급여를 반납한 교수들과 직원들은 우리 대학에 소속된 거의 전체에 해당할 것이다. '우리가 나서서 대학과 장충식을 지키겠다.'라고 나선 그들의 자존심과 애정을 나는 진심으로 감사하고 기억하고자 한다."라고 부연했다.[38]

중재를 비롯해 교직원들이 보인 진정성은 단국대학교 구성원 이외의 많은 사람들을 움직였다. 곧바로 성금이 답지했다. 거기에는 서울

[37] 장충식, 『시대를 넘어 미래를 열다』, 588쪽.

[38] 위와 같음, 589쪽.

캠퍼스 정문 앞에서 미국의 시사주간지 『타임*Time*』을 판매하던 서인석 씨가 1백만 원을 기부한 것으로부터 시작해 서울캠퍼스 학생식당 임시 종사자들이 약 1,300만 원을 기부한 것에 이어 천안캠퍼스 학생회관 앞에서 김밥을 파는 아주머니가 35만 원을 기부한 것 등이 포함되었다. 천안캠퍼스 경영학과 1년생들은 개강 모임을 열기 위해 마련한 18만2천 원을 '광고 기금 마련을 위한 모금함'에 맡겼다. 캠페인이 시작된 지 열흘 정도 만에 17억 원 정도가 모였다. 거기에 더해, 수백 명의 교직원들이 거리로 진출해 관선이사 파견의 철회를 요구하는 시위까지 벌였다.[39]

이러한 호응에 힘입어 '범단국인구교추진협의회'는 1993년 8월 27일에 호소문을 발표하고 모금운동을 비롯한 여러 형태의 구교운동에 동참해줄 것을 요청했다. 우선 음악대학 학생회는 가을학기가 시작된 직후인 9월 3일에 '단국사랑연주회'를 열어 500여만 원의 기금을 마련해 전달했으며, 천안캠퍼스 경제학과 학부모 131명은 280여만 원을 전달했다. 상당한 액수의 토지를, 또는 미술품을 기증하는 유지도 있었다. 9월 9일에는 1,200여 명의 학생들이 '범단국인걷기대회'를 열고 한남동에서 장충동과 동대문을 거쳐 대학로까지 걸으며 정부 결정에 항의했다. 『단국대학교60년사: 1947-2007』는 이때의 사례들을 자세히 소개하면서, 그 사례들이 "감동을 자아내기도 했다."라고 썼다.[40]

중재와 단국대학교는 그들 모두의 선행을 잊지 않았다. '학교법인 단국대학'은 1996년 8월 14일에 구교성금을 보내준 분들의 명단을 게재한 '단국대학교 발전기금 기여자 기념 명판'을 단국대학교 대학병

---

39 『단국대학교60년사: 1947-2007』 상, 465쪽.

40 위와 같음.

병원 건립 취지에 동참해 대학 발전 기금을 기부한 교직원, 동문, 사회 독지가의 명단이 새겨진 명판을 제막하고 환남을 나누는 중재

원 3층 로비의 한쪽 벽에 걸었다. 거기에는 "단국대학 부속병원을 건립하는 과정에서 대학이 어려움에 처했을 때 학교를 도와주기 위해서 성금을 내주신 사회유지, 학부모, 동문, 교직원, 재학생들에게 감사드리고, 그 높은 뜻을 기리고자 그분들의 명단을 이곳에 새겨 기억하고자 합니다."라는 문구가 들어 있다. 동시에 그 명판에는 3,607명의 고마운 이름이 새겨져 있다. 『단국대학교60년사: 1947-2007』는 "이는 단국사의 커다란 교훈이요, 저력이요, 명예이며 사랑이다. 이는 건학정신인 홍익인간의 한 표본이기도 하다."라고 자부했다.

당시 교육부 감사를 받는 과정과 관련해, 중재는 교육부와 사립대학 사이의 관계에 대해 일반인들은 전혀 모르는 일화를 소개했다. 우리나라 행정문화의 한 면을 보여주는 중요한 자료이기에 자세히 옮기기로 한다 "당시 나는 26년간 총장으로 재임하고 있었다. 그 긴 시간 동안 업무를 보면서 변하지 않는 것은 관청과의 관계였다. 기업도 마찬가지였지만 내가 총장으로 있던 그 시절에 사립대학은 문교부[교육부로 개명되기 이전의 명칭] 앞에서 기를 펼 수가 없다."라고 시작하면서, 양자의 관계를 "고양이 앞에 쥐라는 격언이 들어맞는 관계"로 비유했다. "증과와 증원, 자산의 매각, 은행 대출 등이 모두 문교부의 승인이 있어야 가능했다."라고 말한 데 이어, 다음과 같은 믿어지지 않는 행태를 구체적으로 회상했다.

> 심지어 졸업 시즌이 오면 학생들에게 줄 졸업장에 문교부 장관의 직인을 철인으로 찍어야 했다. 상상해 보라. 전국의 모든 대학들이 졸업장을 들고 문교부에 가서 그 철인을 받기 위해 줄을 서 있는 모습을… 그 철인을 찍는 문교부의 담당 직원은 팔이 저리고 아파서 나중에는 발로 밟아서 찍고, 대학의 직원은 다시 그 발로 찍는 철인에 한 장씩 졸업장을 갈아줘야 했다. 그나마 서울에 소재한 대학들은 낫다. 지방에 소재한 대학들은 이 간단한 철인 작업을 받느라 상경해서 순서를 기다렸는데, 이 순서를 배정받는 일 자체가 청탁의 대상이었다. 만약 문교부 직원에게 밉보이면 철인 작업이 늦어지고, 그러면 졸업장을 주지 못하니 졸업식도 못하는 일이 생길 수 있는 것이다.[41]

최근에 유행하는 말로, 얼마나 '웃픈우습지만 슬픈' 일인가. 이러한 시대에, 중재는 오로지 단국대학교를 성장시키고 발전시키겠다는 집념으로 모든 어려운 고비를 넘긴 것이다.

---

[41] 장충식, 『시대를 넘어 미래를 열다』, 560~561쪽.

근거가 전혀 없는 '300억 원 수수설'

감사가 진행되는 와중에, 중재는 오병문吳炳文 교육부 장관을 면담했다. 전남대학교 총장으로 재임하다가 김영삼 정부의 첫 교육부 장관으로 기용된 그는 서울대학교 사범대학 선배이자 교육계 선배로 중재가 존경하는 분이었다. 그가 장관이 된 이후 처음 만난 자리에서, 그는 "노태우 전 대통령으로부터 300억 원을 받은 사실이 있는가?"라고 물었다. 중재는 '불문곡직不問曲直 던지는' 그의 말을 '어처구니없는, 너무나도 터무니없는 질문'이라 생각하며, "그 말씀은 장관님한테서 듣지 않은 것으로 생각하겠습니다. 상식적으로 정부의 보조금이 아니고서는 어떻게 전직 대통령으로부터 3억 원도 아닌 300억 원을 받을 수 있습니까?"라고 잘라 말했다.

중재는 이어 조목조목 따지듯 해명했다. 우선 "장관님 말씀대로 노태우 전 대통령으로부터 300억 원을 받았다면 무슨 명목으로 돈을 받을 수 있으며 또한 전직 대통령이 은밀히 돈을 준다든가 맡긴다면 이는 분명히 부정한 돈인데, 내가 공모를 하지 않는 이상 어떻게 그런 거금을 받을 수가 있겠습니까?"라고 반문했다. 중재는 이어 "딱 한 번 청와대에서 노 대통령과 오찬을 한 적은 있고 김구 선생 유족들과 저녁 만찬을 한 일이 있지만 두 번 모두 빈손으로 나왔습니다. 비서실을 거쳐 만인이 보는 데서 어떻게 300억 원이라는 현금을 운반할 수 있겠습니까? 그리고 수표로 300억 원을 받았다 해도 이 돈을 은행에 예금을 한다면 당장 그 출처를 알 수가 있는데, 아무런 증거도 근거도 없이 어떻게 이런 터무니없는 추궁을 할 수가 있는 것입니까?"라고 되물었다.[42]

---

[42] 위와 같음, 562쪽.

중재가 이처럼 강력히 항변하자 오 장관은 한술 더 떠 사실대로 말하지 않으면 검찰에 고발하겠다고 위협했다. 실소를 금할 수 없었던 중재는 더 이상 대화가 통하지 않는다고 판단하고 "장관님 맘대로 하세요."라고 한마디 던지고 나왔다. 이 일련의 대화를 통해 중재는 교육부가, 더 나아가 김영삼 정부가, 단국대학교를 상대로 감사의 칼을 휘두른 속셈을 파악할 수 있었다. 중재는 다음과 같이 짧게 회상했다.

> 부정 입학을 감사한다고 했다가 재무에 관련된 모든 부문에서 종합 감사를 하고, 내 개인 통장을 뒤지고, 대학의 사무실 · 연구실 · 서고 · 창고를 뒤진 데는 그런 까닭이 있었던 것이다. 노태우 전임 대통령의 비자금이 단국대에 숨겨져 있을 거라는 단정을 내리고 있었다. 비로소 숨겨진 원인을 알 수 있었다.[43]

중재가 총장에서 물러간 이후 청와대의 실세들과 장관들이 중재에게 하는 대접은 "인격적으로 용납할 수 없는 일이었다." 화가 난 중재는 "원칙대로 해결해보고 싶은 생각도 했다." 이때 중재의 성격적 특성들 가운데 하나인 '인욕忍辱'이 다시 발휘되었다. "내가 화를 내어 단국대를 더 큰 시련의 발판에 내놓을 수는 없다고 생각해 참을 대로 참았다."

그런데도 교육부는 위협과 종용을 계속했다. 장관과의 면담이 끝난 때로부터 며칠 뒤 이번에는 교육부 차관이 국장을 대동하고 중재를 서울시청 앞 프라자호텔 객실로 불러냈다. 닫힌 은밀한 공간에서 "노태우 대통령한테서 받은 액수와 사실을 이실직고以實直告하는 것이 신상에 좋을 것"이라고 종용하기도 하고 은근히 위협하기도 했다. 중재는

[43] 위와 같음.

화를 버럭 내고, "말이 난 김에 속 시원하게 따져야겠다."라고 마음먹었다. 자신은 이미 책임지고 총장에서 물러났으며 이용우 이사장 역시 책임지고 이사장에서 물러났음을 상기시키면서, "제일 쉬운 방법은 노태우 전 대통령을 직접 찾아가서 물어보면 더 좋을 것을 단 한 푼도 받지 않은 사람에게 300억 원을 받았다고 하니 이런 억울하고 황당한 일이 어디 있을 수가 있소? 당신들이 감사하고 조사도 다 하지 않았는가. 그 결과 돈 받은 사실이 없다는 것이 모두 명백히 밝혀졌는데도 또 사람을 불러서 받지 않은 돈을 받았다고 시인하라니 이런 망발이 어디 있단 말이오?"라고 거세게 반론했다.

이 대목에서도 우리는 부정과 비리에 타협하지 않았기에 쌓아올릴 수 있었던 중재의 내공과 결기를 다시 확인하게 된다. 그런데 이 사실보다 더욱 심각하게 논의해야 할 사안이 있다. 그것은 한 나라의 교육부가 뚜렷한 증거나 근거도 없이 어떤 경위에서인지는 알 수 없으나 어디에선가 나돌았을 풍문만 듣고, 또는 악의적으로 만들어낸 소문만 듣고, 아니면 단국대학교와 중재를 압박하기 위해 자기들 스스로 만들어낼 수 있는 이야기에 근거해, 한 대학교의 전직 총장을 상대로 "300억 원 받았느냐"며 다그치고 그 '의혹'을 풀겠다고 그 대학교를 전면 감사해 큰 상처를 준 일이다. 만일 그러한 풍문을 들었다면 우선 법적으로 정당한 정부 기관을 통해 내사했어야 한다. 그리고 그 풍문이 헛소리였음이 확인되면, 거기서 멈추었어야 한다. 그런데도, 문민정부를 자임한 이 정부가 낭설만 갖고 전직 총장을 불러내 위협했다는 것은 "군사정권보다 못한 폭력 정권이나 다름없었다."라는 혹평을 받을 만했다.

김영삼 정부는 1995년 11월 24일에 12·12군사반란과 5·18유혈진압의 책임을 묻는 특별법을 제정하고 전두환, 노태우 두 전임 대통령을 구속하면서 그들의 비자금을 철저히 수사했다. 그 결과 그들이 각각 천문학적 숫자의 불법적 비자금을 보유한 사실이 밝혀져 국민의 분노를 불러일으켰다. 그 엄격한 수사 과정에서 노 대통령이 중재에게 돈을 준 일이 있었다면 반드시 드러났을 것이다. 그러나 드러나기는커녕 언급조차, 거론조차 된 일이 없었다. 당시 교육부는, 그리고 교육부를 지휘한 청와대의 실세는, 낭설에 휘둘린 감정적인 감사로 단국대학교에 엄청난 부담과 상처를 주었던 것이다. 그러나 이후 교육부는 미안하다는 말 한마디가 없었다.

기독교로의 개종과 하나님께 기도

이 매우 모욕적이면서 고달팠던 어려운 과정에서 중재는 "선친이 세운 학교를 내 대代에 망하게 할 수는 없다."라고 말하며 재건의 강한 의지를 보였다. 이때 중재를 가까이에서 보던 황명수 교수는 훗날 "그처럼 강한 의지와 신념이 학교를 재건할 수 있었다고 나는 믿고 있다."라고 회고했다.[44] 중재의 의지와 신념을 뒷받침한 것이 또 있었다. 그것은 기독교로의 개종이었다. 그 배경을 황명수 교수는 다음과 같이 증언했다.

> 이사장님은 어느 날 기독교인으로 개종하셨다고 말씀하셨다. 모두들 놀라지 않을 수 없었는데, 그것은 이사장님이 오랫동안 불교의 신자였기 때문이다. 학교에 어려운 사태가 발생했는데도 누구 한 사람 재정적으로 도움을 주는 사람은 없고 자금 사정은 한없이 나빠지고 있을 때, 이사장님은 난생 처음으로 자기도 모르게 하나님에게 눈물을 흘리면서 기도를

[44] 황명수, 「관용과 포용의 실천자」, 『빈 들에 씨를 뿌리며』, 130쪽.

하였더니 응답이 있어 그때의 순간적인 어려움을 극복할 수가 있었다고 한다. 그 후 기독교를 믿게 되었고, 그것도 보통 열심히 믿는 것이 아니라 열렬한 신자가 된 것이다.[45]

중재는 황명수 교수의 인도를 받아 황 교수가 집사로 시무하는 강남구 신사동의 광림교회光林教會를 찾아 김선도金宣燾 목사를 뵈었다. 그리고 중재는 광림교회에서 신앙 간증을 했다. 이 자리에 참석했던 황 교수는 "그 신앙 간증을 들은 광림교회 신도들은 깊은 감명을 받았고, 모두가 큰 박수로 환영의 뜻을 표했다."라고 증언했다. 중재가 불교 신자일 뿐 아니라 불교에 조예가 깊은 학자로 알고 있었는데 갑자기 기독교로 개종한 것을 믿기 어려워하던 김선도 목사는 중재의 신앙 간증을 듣고서는 정말 개종한 것을 확인하고 기뻐했다고 황 교수는 덧붙였다. 이후 중재는 기독교방송국 「42번가Ch. 42」에도 출연해 신앙 간증을 거듭했고, 곽선희郭善熙 목사가 담임하던 강남구 신사동에 있는 소망교회에 소속해 선교활동에 참여했다.[46] 단국대학교는 1996년 5월 9일에 교계에서 신망이 높은 곽선희 목사에게 명예문학박사학위를 수여한다.[47]

중재는 교직원들을 상대로도 신앙 간증을 했다. 단국대학교 음악대학 성악과에서 봉직하던 장유상 교수는 중재가 "끝없는 수렁에서 헤맬 때 무릎 꿇고 하나님을 찾았고, 그때 해결책을 주셨다."라고 간증했다고 회고했다. 장 교수는 중재의 그 모습을 보면서 "구노Charles-François Gounod의 오페라 「Faust」의 주인공들 가운데 한 사람으로 병사

[45] 위와 같음.

[46] 위와 같음.

[47] 『단국대학교60년사: 1947-2007』 하, 722쪽.

의 역할을 맡은 발렌틴Valentin이 전쟁에 나가면서 '선조들이 일구어 놓은 곳 떠나기 전에 하늘의 왕이신 주主여. 우리를 도와주소서. 보호해주소서. 위험에서 구해주소서. 슬픈 생각 없애주시고 적들 속에서 영광을 찾겠나이다. 조국을 위해 싸우렵니다.'라고 했던 대사가 생각났다."라고 회상하고, 중재를 이 아리아를 부르는 주인공에 비유했다.[48] 구노는 프랑스의 작곡가로, 괴테의 『파우스트』를 각색한 미셸 카레Michel Carré의 희곡 「파우스트와 바가리테」를 바탕으로 이 오페라를 완성했다.

장 교수는 중재의 신앙 간증에서 오페라 「안중근」의 한 장면도 떠올렸다. 동지들과 함께 단지斷指하여 결의를 보여주는 동맹식에서 안 의사가 "조국을 찾자! 목숨 바쳐 백성을 구하자!"라고 외쳤듯, 중재는 신앙 간증을 통해 '정녕 학교를 위해 뛰는 어른의 모습'을 보여주었다는 뜻이었다.[49]

---

[48] 장유상, 「오페라 속의 중재 어른」, 『빈 들에 씨를 뿌리며』, 293쪽.

[49] 위와 같음.

눈물 흘리는 기도 속에서 죽전캠퍼스로 이전 확정

새로운 이사진의 구성

단국인들의 자발적이면서 지속적인 대응은 정부에 일정하게 영향을 주었다. 다른 대학교의 경우 이러한 위기가 오면 학생회나 노조가 나서서 이사장이나 총장을 규탄하고 갖가지 비리들을 폭로하곤 했는데, 단국대학교의 경우에는 그들이 오히려 대학교를 지키겠다며 중재를 중심으로 단합하고 교육부를 규탄하는 시위까지 벌이니 기존의 방침을 재고하지 않을 수 없었다. 결국 11월 17일에 이사진의 전면 교체를 전제로 하는 관선이사 파견을 유보하는 대신에 이사 9명 가운데 5명을 교육부가 선정하고 재단이 4명을 선정하는 안을 발표했다.[50] 겉으로 보기에 관선이사 체제는 아니었으나 의결정족수에 해당하는 과반을 교육부가 임명하는 셈이어서 실질적으로는 관선이사 체제였으나, 단국대학교의 체면을 어느 정도 살려주는 타협안이었다.

실제로 교육부는 1993년 12월 30일에, 노태우 대통령 정부에서 첫 번째 문교부 차관을 역임한 장병규張炳圭를 비롯한 5명을 이사로 파견했다. 노태우 정부는 1990년 12월에 문교부를 교육부로 개명한다. 중재는 특유의 협상력을 발휘해 그들 가운데 직업 관료 출신으로 서울대학교병원 관리 담당 부원장을 맡고 있던 정충희鄭沖熙 이사를 김차생金且生 장로로 바꾸게 했다. 김차생 장로는 서울의 웨스트민스터신학대학원대학교 이사장으로 사학 운영의 실태에 대해 이해가 깊고 성품이 온후하며, 교계의 신

50 『단국대학교60년사: 1947-2007』 상, 398쪽.

망이 높았다. 게다가 개신교 장로인 김영삼 대통령이 취임한 이후 청와대에서 열리는 일요일 예배에 참석할 만큼 김 대통령과 사이가 가까웠다. 중재는 역시 교회 장로인 자신의 당질이 추천한 김 장로를 통해 김 대통령에게 단국대에 대한 오해를 풀도록 한 것이다. 김 장로는 자신의 관찰로 단국대 재단이 사적인 비리를 저지른 것이 없으며 공익기관으로 모범적이라는 사실 등을 김 대통령에게 여러 차례 해명했다. 그러나 김 대통령은 일체 한마디도 대답이 없었다고 전해주었다.[51]

정충희 이사를 김차생 이사로 대체시킴으로써 일단 이사회에 대한 단국대학교의 영향력은 그 이전보다 늘어났다. 그렇지만 1994년 2월 4일에 교육부는 장병규 이사를 이사장으로 선출할 수 있었다.[52] 장 이사장은, 평안남도 출신이지만 넓게 보면 평안북도 출신의 중재와 마찬가지로 평안도 출신이었고, 중재가 총장이던 때 등록금 전액을 감면받는 혜택을 입으면서 단국대학교 교육대학원에서 석사학위를 받았다. 중재의 표현으로, "동향에 동문인 셈이니 학내외에서 단국대에 도움을 주면 주었지 해를 입힐 것이 아니라고 기대가 높았다." 그가 "서울대학교 법과대학 출신이지만 단국대를 제2의 모교로서 애정을 갖고 대할" 것으로 예상한 것이다.[53]

그러나 그 기대는 사라졌다. 중재가 보기에, "당장 대학의 병원 공사가 중단되고, 내곡동 부지가 매각된 이후 대학 재정이 급속도로 악화되어 큰 위기가 왔는데 이를 풀어갈 아무런 대책도 세우지 않은 것이었다." 게다가 이사회에서 "나는 단국대를 부도나게 하고 서울캠퍼스를 팔아서 천안캠퍼스와 합치도록 하라는 청와대의 지시를 받고 관

---

[51] 장충식, 『시대를 넘어 미래를 열다』, 564~565쪽.

[52] 『단국대학교60년사: 1947-2007』 하, 717쪽.

[53] 장충식, 『시대를 넘어 미래를 열다』, 568쪽.

선 이사장직을 맡고 나왔다."라고 말하며, 자기는 교육부가 파견한 이사로서 이 방침을 그대로 시행할 것이라고 장담했다. 중재는 그에게 항의했다. "단국대가 원하지도 않는, 서울캠퍼스를 천안캠퍼스로 옮겨 합쳐야 한다는 식의 대책을 누구 마음대로 하는 짓이냐."라고 비판하고는, 당장 사퇴할 것을 요구했다. 중재는 거기서 한 걸음 더 나아가 김정남金正男 대통령 교육문화수석비서관을 만나 그의 퇴진을 건의했다. 재야 출신으로 깨끗하게 살아와 흠잡힐 일이 없었고 합리적 성격의 김 수석은 중재의 건의를 받아들여 재임 112일째인 1994년 5월 26일에 그를 이사로는 남되 이사장에서는 물러나게 했다.[54]

현승일 국민대 총장의 지원과 새 이사장의 취임

중재는 장병규 이사장의 후임을 찾기 시작했다. 이 과정에서, 단국대학교 영어영문학과의 임영재 교수가 자신과 친분이 두터운 현승일玄勝一 국민대학교 총장과 협의했다. 현 총장은 서울대학교 문리대 정치학과 4학년 때인 1964년 3월 24일에 당시 박정희 대통령이 추진하던 한일회담이 '굴욕적'으로 진행되고 있다고 판단하여 거교적인 반대 시위를 조직하고 이끌었다가 6월 3일에 선포된 계엄령 아래 옥고를 치렀던 6·3세대의 대표적 지도자들 가운데 한 사람이었다. 김영삼 대통령은 김덕룡金德龍과 김정남을 비롯한 6·3세대와 매우 가까웠고, 김덕룡 의원을 집권당인 민자당 사무총장으로, 김정남을 대통령 교육문화수석비서관으로 기용했다. 언론에서는 김 대통령이 언젠가는 현 총장을 대통령 비서실장이나 교육부 장관으로 기용할 것으로 보도하고 있었다.

---

[54] 위와 같음. 569~571쪽; 『단국대학교60년사: 1947-2007』 하, 529쪽.

이들과의 협의 과정에서, 노태우 대통령 때 대통령 공보수석비서관을 역임하고 단국대학교 대학원 정치외교학과 교수로 봉직하던 김학준이 추천되었다. 중재는 김 교수를 이사장으로 받아들이는 배경과 과정을 자신의 두 회고록에서 자세히 썼다.[55]

중재는 김 교수에게 "아시다시피 단국대는 설립자께서 내건 건학이념과 이상이 있습니다. 저는 이를 실천하는 데 내 나름으로 최선을 다했다고 생각합니다."라는 말로 시작했다. 중재는 이어 "김 박사님이 이사장이 된다면 이를 최대한 존중하겠다는 약속을 해주십시오. 현재의 관선이사 체제처럼 교육부 방침대로 이사장 업무를 수행할 뜻이라면 우리는 결코 받아들일 수 없습니다."라고 말했다. 중재의 회고에 따르면, 김 교수는 "제가 김정남 수석 등과 사적으로는 대학 친구이지만 공적으로 걸어온 길은 전혀 다릅니다. 다시 말하면 저는 김영삼 정부 사람이 아닙니다. 정부에서 저를 관선 이사장으로 선임하지도 않겠지만 저 또한 정부의 심부름을 하는 형식은 싫습니다."라고 말하고, "하지만 장 총장님이 저를 이사장으로 요청하고, 제가 응한다면 이 정부에서 최소한 반대하지는 않을 것입니다. 오히려 단국대 문제 해결을 위해 제 등을 떠밀 가능성도 있습니다. 저는 진심으로 총장님과 단국대를 돕고 싶어서 드리는 말씀입니다."라고 화답했다. 중재는 김 교수가 "자리가 아니라 대학인으로서 대학의 진로를 함께 고민하고 열어가려는 의지가 있었다."라고 판단하고, 그를 이사장으로 받아들이기로 결심했다. 이에 따라, 김 교수는 1994년 7월 18일에 단국대학교의 이사장으로 부임하고 단국대학교가 직면한 문제들의 해결을 위해 모든 힘을 쏟았다.[56]

---

[55] 장충식, 『시대를 넘어 미래를 열다』, 571~577쪽; 『학연가연』, 169~182쪽.

[56] 장충식, 위와 같음, 179~180쪽; 『단국대학교60년사: 1947-2007』 하, 718쪽.

이 과정을 회고하면서, 중재는 우선 현승일 총장에게 감사의 뜻을 표시했다. “단국대의 어려움을 헤쳐가는 일에 현승일 박사의 도움도 컸다. 그는 나와 별다른 인연도 없었고 이해관계도 없음에도 우리 대학을 열심히 도와주었다.”라고 쓴 데 이어 “김 이사장, 현 총장, 임영재 교수의 오랜 인연과 교분은 단국대에 대한 정부의 강경한 입장을 완화하는 힘이 되었다.”라고 증언했다.

죽전캠퍼스 부지 마련

이때, 거듭 말하지만, 중재는 서울캠퍼스를 매각하고 천안캠퍼스에 통합하는 것으로 사태를 마무리하겠다는 교육부의 방침에 반대하면서 천안캠퍼스는 그대로 두고 서울 근교에 새 부지를 마련해 그곳으로 서울캠퍼스를 이전할 것을 구상하고 있었다. 신임 김 이사장은 중재의 구상에 전적으로 공감했다. 자신을 얻은 중재는 새 부지를 찾기 위해 경기도 일대를 답사하는 등 많은 노력을 기울였다. 그 결과 용인시 수지면 죽전리와 구성면駒城面 마북리麻北里 일대의 넓은 땅에 관해 알게 되었다.

중재는 도시개발학을 전공한 김병량 교수를 대동하고 그 부지의 산중턱에 올라가 사방을 둘러보았다. 그러고는, “이 이상 좋은 땅은 구할 수 없을 것 같았다. 뒤로는 우거진 수목으로 꽉 찬 산이었고, 앞에는 넓은 들이 보이면서 집 한 채도 없었다. 교통조건도 좋았다.”라고 직감했다. “그 땅에서 경부고속도로가 차로 10분 정도로 멀지 않은 곳이라,” 중재가 보기에, “언제고 이 지역은 많은 인구가 들어설 개발 가치가 큰 땅이었다.” 거기에 더해, “분당 신도시라는 이웃 동네도 가까웠다.” 그래서 중재는 “이 정도라면 아주 아름다운 캠퍼스를 조성할 수 있을 것으로 판단했다.” 중재의 회상은 다음으로 이어졌다.

> 나는 산 중턱에 앉아 기도를 했다. 당시 나는 기독교로 개종하여 신앙생활을 하고 있었다. 대학에 몸담은 이래 최대의 시련기였지만 동시에 단국대의 미래가 결정되는 갈림길에 서 있었다. 그 간절한 마음에 저절로 기도가 나왔다. “이 땅을 가르침과 배움의 터전이 될 수 있도록 우리에게 주십시오. 하나님이 보시기에 아름다운 젊은 인재들을 길러내는 배움의 터전을 마련하겠습니다.” 기도 중에 나도 모르게 눈물이 하염없이 흘렀다.[57]

하나님이 중재의 진솔하면서도 간곡한 기도를 받아들이신 덕택이었는지, 중재는 한 달이 지나 땅 주인이 신용술 옹임을 알게 되었다. 정동성鄭東星 전 체육부 장관을 비롯해 신 옹과 가깝다는 여러 사람으로 하여금 신 옹을 만나 거래를 성사시키려 했으나, 신 옹은 다른 사람들은 모두 배척하고 중재와 김 이사장 두 사람하고만 대화하겠다고 고집해 결국 두 사람이 직접 신 옹과 대화했고, 두어 차례 만나서 비교적 큰 어려움 없이 합의에 접근했다.[58] 마지막 단계에서, 신 옹은 “내가 골프장을 지으려고 수많은 지주들을 일일이 만나 확보한 땅이라 애착이 크다.”라고 전제하고, “그래서 정주영鄭周永 회장이 팔라고 여러 번 졸랐어도 안 팔았는데 이제 대학이 들어온다고 하니 보람 있는 일이라고 생각되어 팔겠다.”라고 말하곤 평당 20만 원을 요구했다. 중재가 계속해서 신 옹을 설득하자, 그는 평당 16만 원을 받아들였다. 그렇지만 대금 전액을 나눠서가 아니라 한 번에 지불할 것을 요구했다. 이와 관련해, 중재는 “500억 원 정도인 그 막대한 거금을 마련하는 문제는 정

---

57 장충식, 『시대를 넘어 미래를 열다』, 576쪽.

58 위와 같음, 582쪽.

말 해결이 어려웠다."라고 회고했다.[59]

그러나 중재의 끈질기면서도 성실한 섭외 활동의 결과, 1994년 10월 31일에 용인시 구성면 마북리 산 2-1 외 15필지와 수지면 죽전리 산 39번지 외 19필지 등 모두 104만 2,593㎡31만 5,384.53평을 매입 가격 432억 4,800만 원으로 계약할 수 있었다. 그 후 고려 말의 대표적 충절의 애국지사 포은圃隱 정몽주鄭夢周 선생의 문중 땅 가운데 작은 일부인 5,000여 평을 추가로 매입해 새 캠퍼스 부지 32만여 평을 확보하기에 이르렀다. 소유권 이전등기는 1995년 7월 22일에 끝냈다.[60]

수도권정비위원회의 이전 승인

부지 매입을 끝내자, 이사회는 1994년 11월 10일에 이전 계획안을 의결했고 11월 15일에 교육부에 승인을 신청했다. 동시에 이제 처분 대상이 된 한남동 캠퍼스의 부지에 대해 학교용지 및 풍치지구 해제를 서울특별시에 요청했다. 원래 이미 1980년대에 한남동 캠퍼스 뒷산 너머에 있는 옥수동玉水洞이 풍치지구로 지정되어 있었다. 그런데 이 지역에 슬그머니 아파트가 들어서는 대신에, 음악관과 박물관 등이 개설되어 있는 지역이 풍치지구로 지정되었다. 그때는 한남동 캠퍼스를 어느 다른 지역으로 옮긴다는 계획이 없었기에 그 사실에 주목하지 않았다. 그러나 이제 이전 사업이 추진되며 한남동 캠퍼스를 매각하는 문제가 발생하게 되니, 서울특별시는 한남동 캠퍼스 부지 전체에 대한 건축 제한 조치를 강화했다. 캠퍼스 이전을 반대하는 일부 학생들이

[59] 장충식, 『학연가연』, 181쪽.

[60] 이 일련의 과정은 다음에 자세히 기록되었다. 『단국대학교60년사: 1947-2007』 상, 63쪽.

마치 재단이 이전과 관련해 부당한 이익을 취하고자 한다는 거짓 정보를 유포시키고, 교외의 일부 '시민운동가'들이 한남동 캠퍼스 부지 전체에 새 건물들이 세워지지 못하도록 하기 위해서는 풍치지구로 보존해야 한다는 주장을 펴자 의혹에 휘말릴까 두려워한 공무원들이 각종 행정적 제한이나 전체 이행 조건들을 더하고 또 더한 것이다. 구체적으로, 캠퍼스 부지를 사보아야 풍치지구로 50%는 제대로 집을 짓기 어렵고, 풍치지구가 아니더라도 부지 전체에 12층 이상은 건물을 짓지 못하게 했다. 그 결과, 이 땅을 사서 개발사업을 하고자 하는 건축업자로서는 수지타산이 맞지 않게 되고 자연히 부지 매각대금도 대폭 줄여야 하게 되었다. 새 캠퍼스를 짓기 위한 예산은 이 땅의 매각대금에 의존해야 할 재단으로서는 난감했다.[61]

공사를 착공하기 위해서는 신캠퍼스 마스터플랜이 필수적이었다. 1995년 1월에 '제3캠퍼스 마스터플랜'을 공모했고, 4월에 공모에 응한 15개 작품 가운데 서울대학교 공과대학 건축공학과 김진균金震均 교수팀의 작품을 뽑았다. 이사회는 신캠퍼스 건설계획의 수립부터 집행·재정처리·기자재조달 및 관리에 이르기까지 모든 과정을 총괄하는 핵심기구로 1995년 2월 16일에 중재를 위원장으로 하는 '신캠퍼스설립추진위원회'를 구성했다.[62] 이후 이 마스터플랜을 기본으로 지질조사 등을 적용해서 수정과 보완을 거쳐 1996년에 최종안을 확정했다. 확정안은 연관 있는 학문영역별로 교사동의 동선을 묶고, 캠퍼스 중앙에 공동시설을 배치했다.

마지막 관문은 '수도권정비위원회'의 동의 여부였다.국무총리를 위원장으로 하고 건설교통부 장관을 부위원장 겸 간사로 하며 내무부 장

---

[61] 장충식, 『시대를 넘어 미래를 열다』, 596~597쪽.

[62] 위와 같음, 407쪽.

관, 교육부 장관, 서울특별시 시장 등 16인을 위원으로 하는 '수도권 정비위원회'는 1995년 6월 7일에 이전을 허가했다. 이에 따라, 한남동 캠퍼스를 매각하고 경기도에 새 캠퍼스를 지어 이전하는 계획에 비판적이던 학내의 분위기도 많이 개선되었다. 교수협의회나 직원노조에서 소속원의 여론을 조사한 결과, 교수는 응답자 382명 가운데 347명이 찬성했고, 직원은 응답자 265명 가운데 201명이 찬성한 것이다.[63]

그렇지만 이전의 의미를 제대로 이해하지 못한, 또는 제대로 이해하면서도 이 기회에 자기 몫을 챙겨야겠다는 불순한 의도를 가진 몇몇 교수의 영향을 받은 소수 극렬 학생들은 법인 사무실을 침입해 기물을 파손하기도 하고 중재의 집에까지 몰려가 음해하는 유인물을 뿌리기도 했다. 심지어 중재가 대학 등록금을 횡령했다고 검찰에 고발했다. 검찰은 중재를 수사한 뒤 무혐의 처분했다.

이 과정에서 교무위원들은 중재에게 문제 학생들을 무고 혐의로 고소 또는 고발하고, 기물손괴에 대한 법적 책임을 물을 것을 강하게 권고했다. 그러나 중재는 "학생들이 정든 캠퍼스를 떠나는 마당에 나한테라도 분풀이를 하여 그나마 대학의 안정을 기할 수 있다면 그걸로 됐습니다. 학생들이 다치고 학부모들이 걱정하는 일이 생기면 오히려 그게 더 아픈 일이니 그저 참으세요."라는 말로써 그들을 말렸다. 중재는 "나를 욕보이려 달려든 그 학생들은 모두 아들딸 같은 학생이고 손자손녀 같은 학생들인데 그러한 학생들을 검찰에 고발한다는 것은 상상도 할 수 없는 일이었다."라고 회상했다.[64]

---

63 『단국대학교60년사: 1947-2007』 상, 407쪽.

64 장충식, 『시대를 넘어 미래를 열다』, 598~599쪽.

신캠퍼스 기공식 거행

1996년 7월 19일 11시에 신캠퍼스 기공식을 거행할 수 있었다. 맑고 쾌청한 날씨에 산수가 수려한 이곳에서 학교 관계자는 물론 지역 주민 등 1,200명이 모여 단국대학교 제2창학의 첫 장이 되는 기공식이 열린 것이다. 식전 행사로 체육대학 무용과 송수남宋壽男 교수가 지도하는 민속무용단의 농악놀이와 지신밟기가 분위기를 북돋은 다음, 국민의례에서부터 식이 진행되었다. 김강웅金康雄 법인사무처장의 경과보고, 김학준 이사장의 식사, 장충식 신캠퍼스추진위원장과 윤홍로 총장의 인사, 안응모 동창회장의 축사에 이어 허문명許文明 건설처장의 공사개요 보고가 있었다. 제2부에서 참석 주요 인사들의 시삽이 있었고, 3부에서 축하연이 진행되었다.[65]

김 이사장은 준비된 식사를 읽은 다음 "앞으로 한국의 대학들이 새

단국대학교 신캠퍼스 기공식(1996)

---

[65] 『단국대학교60년사: 1947-2007』 상, 408쪽.

롭게 캠퍼스를 건설할 때는 단국대학에 가서 배우라는 이야기가 나오도록 최선을 다하여 훌륭한 캠퍼스를 만들겠다."라고 다짐했으며, 신캠퍼스추진위원장인 중재는 "그간 캠퍼스 이전의 문제를 놓고 많은 갈등들이 있었지만 2년 후 이 작품으로 말하겠다."라고 각오를 새롭게 했고, 윤홍로 총장은 "동양적 전통과 서구의 최첨단 학문이 이 터전에서 역사적인 꽃을 피우게 될 것"이라고 앞으로의 희망을 말했으며, 안응모 동창회장은 "앞으로 학교 발전에 장해를 주는 어떠한 세력도 용납하지 않겠다."라고 하여 그간의 어려움에 대한 새로운 각오를 표명하여 참석자들의 박수를 받았다.[66]

[66] 위와 같음.

부조리한 교수와 타협 없이 원칙 고수

우리가 앞의 「단국대학교 내부의 자발적 구교 운동」에서 보았듯, 단국대학교가 위기에 직면하자 최악의 경우 모두 날아갈 수 있는 모험을 무릅쓰면서 자신들의 집을 담보로 내놓는 교직원들이 무려 20명이 넘었다. 그러나 중재와 단국대학교를 비방하며 심지어 부당하게 협박하는 교수들도 때때로 나타났다. 중재는 단국대학과 단국대학교에서 봉직하는 가운데 여러 차례 교직원의 부당한 협박에 시달렸다. 중재는 자신의 회고록들에서 그 사례들을 자세히 설명했다.

중재의 성격 가운데 하나는 남의 허물을 들추어내지 않고 덮어주는 것이다. 더구나 단국대학교로서는 부끄러운 일이어서 가리고 싶기도 했다. 그런데도 다시는 이러한 일이 단국대학교에서, 특히 교수 사회에서 일어나서는 안 되겠다는 뜻에서 경각심을 불러일으키기 위해 공개한다고 밝혔다. 중재가 밝힌 여러 사례 가운데 다음의 두 가지만 소개하기로 한다.

이 아무개 교수와 오 아무개 교수의 사례

그 첫째 사례는 이李 아무개 교수와 오吳 아무개 교수의 '협박'이었다. 1960년에 4월의거 직후 그 여파가 단국대학에도 밀려왔을 때, 그는 당시 단국대학 이사장이던 범정의 퇴진을 요구하는 학생시위를 조종하고 있었다. 다행히 다수 학생은 거기에 동조하지 않았으며, 이·오 두 교수가 뒤에서 부추기고 있다고 털어놓았다. 사태가 수습되면서 이

사회는 그들을 파면했다.

이 아무개 교수는 평소에 하루가 멀다하고 아침 일찍 범정 집에 찾아와 범정에게 문안 인사를 드리며 말끝마다 범정을 '정신적 아버지'라고 부르고는 충성을 다짐하곤 했다. 그는 자기 아버지를 범정이 운영하는 기업에 취직시켰고, 나이가 들어 취업하지 못한 자기 동생도 단국대학 2부대학에 취직시켰다. 그러던 가운데, 어느 날 그의 부인이 범정에게 그의 처벌을 호소했다. 그가 담뱃불로 자신의 양 볼을 지졌다는 것이다. 피해자가 폭행죄로 고소하지 않는 이상 말려들 수 없는 일이어서, 범정은 그를 불러 심히 꾸짖었다. 잘못을 뉘우치기는커녕 앙심을 품은 그는 4월의거의 여파 속에서 자기가 학장이 되겠다는 야심을 품고 일부 학생들의 세력을 등에 업고 학생회 간부들에게 동맹휴학을 뒤에서 부추기며 범정의 퇴진마저 요구하고 나선 것이다. 동맹휴학으로 경찰서에 불려가 조사를 받던 학생들의 입에서 이 아무개 교수와 오 아무개 교수가 뒤에서 조종했다고 자백하였다. 그들의 배은망덕한 행태가 너무 역겹다고 판단한 이사회와 대학 당국은 이 아무개 교수와 오 아무개 교수를 대학에서 아주 쫓아냈다.[67]

오 아무개 교수는 곧 부인과 함께 중재의 집을 찾아와 구제해 달라고 사정하면서 자기는 적극적으로 가담하지 않았다고 변명했다. 중재의 표현으로 "거의 열흘 동안 시달림을 받다가 나는 용기를 내어 아버지에게 복직을 호소했다. 처음에는 그의 복직을 완강히 거부하시다가 내가 매달려 사정하는 바람에 결국 아버지는 오 교수를 복직시켜주었다."[68]

복직한 오 교수는 고마워하는 대신에 교수회의에서 중재를 공격하기 시작했다. 얼굴이 시뻘겋게 달아오른 표정으로 "이사회에서 나에

[67] 장충식, 『시대를 넘어 미래를 열다』, 323쪽.

[68] 위와 같음, 321~322쪽.

대한 파면 결의 그 자체를 취소해 달라고 했지, 복직시켜 달라고 한 것이 아니오."라며 거품을 물며 비난했다. 중재는 "사람이 그러면 못씁니다. 여기 많은 교수들 앞에서 이런 추태를 보이지 않는 것이 좋을 것이오."라고 정중하게 충고했다. 교수회의에 참석한 대다수 교수들은 이 일은 교수회의의 의제에 없는 사안이며 개인적으로 말할 사안이 아니라면서 오 교수의 발언을 묵살했다.[69]

오 교수의 행태 가운데 하나는 동료 교수들과 대화할 때 타인의 개인적 비밀이나 치부라 생각되는 소재를 하나도 빼놓지 않고 수첩에 적는 일이었다. 그렇게 적어둔 것을 자기의 이해관계에 얽히는 일이 있을 때 폭로하려는 것이었다.

오 교수의 고질은 이후 여러 차례 드러났으나 1981년에 다시 크게 터졌다. 오 교수가 동료 교수의 박사학위논문을 표절한 논문으로 박사학위를 받은 사실이 드러나 재임용에서 탈락하게 되자 중재에게 그것을 막아주지 않으면 '비리'를 폭로하겠다고 협박한 것이다. 잡힐 약점이 없었던 중재는 굽히지 않고 차라리 교무회의에서 폭로하라고 맞섰다. 그가 교무회의에서 들고나온 보따리를 열어 폭로한 '비리'라는 것들은 학교의 비리라고 할 내용은 하나도 없고 자신과 사이가 좋지 않았던 교무위원들의 개인적인 기록들이었다. 예컨대, 어느 교무위원의 아버지는 "6·25동란 때 북한군에 부역했다."라는 것이었다. 교무위원들 모두가 어처구니가 없어 허탈하게 웃었다. 결국 인사위원회는 그를 해임했다. 그는 이후 신문사와 방송사 등을 찾아다니며 중재와 단국대학교를 비난하는 광고를 게재하고자 했다. 그러나 광고 문안을 검토한 그들은 정확하지도 적절하지도 않고 믿을 수 없다며 거절했다.[70]

---

[69] 위와 같음.

[70] 위와 같음, 335~340쪽.

김 아무개 교수의 사례

김영삼 정부가 출범하고 단국대학교를 곤경에 빠뜨리자 중재가 불가피하게 퇴진하게 되리라고 오산한 김金 아무개라는 교수는 자신을 부총장으로 임명하지 않으면 중재를 학내에서 배척하는 운동을 일으키고, 경우에 따라서는 형사 고발하겠다고 협박했다. 바로 앞에서 살핀 오 아무개 교수의 표절을 폭로한 장본인으로, 그 역시 오 교수와 마찬가지로 동료 교수들과의 대화 가운데 자기가 앞으로 악용하고자 하는 부분을 수첩에 써놓는 것으로 알려져 있었다.

김 아무개 교수는 중재가 글자 그대로 키운 사람이었다. 그는 중재의 서울대학교 사범대학 동기생의 친동생임을 내세워 1년에 걸쳐 "가족은 여럿인데 밥을 먹고 살 수 없다."라고 부인까지 데려와 눈물을 흘리며 단국대에 취직을 부탁했다. 주변에서는 그가 군軍 정보기관 출신이어서 대학의 분위기와 어울리지 않는다고 반대했다. 그러나, 범정이 그러했듯, "처자식을 먹여 살리기 힘들어 죽겠다."라는 말을 들으면 쉽게 흔들리는 중재는 그를 우선 교직원으로 채용했다. 일단 안정된 직장을 얻고 나자 그는 자기 아내를 자주 중재의 집으로 보내 시키지도 않은 허드렛일을 거들게 하기도 하고 교수들 사이의 동정動靜을 밀고하게 하기도 하면서 단국대학교 대학원에서 석·박사학위를 받았다. 이것은 자신이 재직하는 대학에서 학위과정을 밟을 수 없다는 학교 규정을 어긴 일이었다. 중재가 나중에야 이 사실을 파악하고 그 과정을 알아보니, "사람이 공부하고 싶어 하는데 이것을 억누르는 것은 교육기관에서 너무 모질다."라고 생각해 부총장이 은밀하게 묵인한 것이었다. 중재도 "어찌 보면 자기 계발에 그토록 열성을 보이는 일이 기특하기도 해 더 이상 문제 삼지 않았다." 이러한 배경에서, 그는 박사학위를 받은 직후 단국대학교에서 시간강사로 시작해 전임강사로 자리를 굳히었고 조교수에 이어 교수로 승진했다.[71]

제5공화국의 출범은 김 교수에게 새로운 '출셋길'을 열어주었다. 부산 출신인 그는 당시 전두환 정권의 핵심 실세들 가운데 한 사람으로 꼽히던 동향인들과의 지연과 학연을 이용해 오늘날 한국교원단체총연합회, 약칭 한국교총의 전신인 대한교육연합회 사무총장으로 기용되었다. 그는 자신이 실세들과 아주 가깝다고 과시하고 때로는 문교부 장관과 골프 친 것을 자랑하기도 했다. 실제로 청와대의 어느 실세 비서관은 중재에게 김 아무개 교수가 자기 고등학교 후배이니 잘 도와달라고 부탁했다. 범정 때부터 학교법인 단국대학의 이사이면서 변호사인 김 아무개 여당 소속 국회의원은 김 교수를 통해 청와대의 힘을 빌려 국회 법제사법위원장이 될 수 있었다.

김 교수는 이후, 중재의 표현으로, "갈수록 말을 가리지 않고 더욱 기고만장하며 안하무인으로 설쳤다." 사무총장을 그만두고 학교로 돌아온 뒤 그는 교수들 상대로 섭외 활동에 열중하더니 다시 부산 출신 국회의원들을 등에 업고 단국대학교의 제3대 교수협의회 의장으로 입후보했다. 당시 이사장이었던 장충식 선생이 자신을 지원하고 있다는 그럴듯한 소문을 퍼뜨려 1993년 3월 25일에 당선되기에 이르렀다.[72] 그는 곧바로 부총장 임명을 강요했다. 중재가 불러 강하게 질책하자 처음에는 부인과 함께 무릎 꿇고 용서를 구하다가 결국 다시 협박하기 시작했다. 책잡힐 일이 없었던 중재는 굽히지 않았다. 결국 교원징계위원회는 부실한 강의와 게으른 연구 실적 등을 이유로 해임을 결정했다. 그는 소송으로 맞섰으나 종국적으로 패소하고 대학을 떠나야

---

71 위와 같음, 340~341쪽.

72 『단국대학교60년사: 1947-2007』 하, 715쪽.

했다. 그 과정에서 그는 자신이 '대학 내의 민주화'를 추진한 까닭으로 대학 당국의 미움을 받게 되었다고 강변하기도 했다.

이 고통스러웠던 긴 이야기를 회상하며, 중재는 "그는 교언영색巧言令色으로 나의 호의를 얻었고, 이를 보람찬 삶의 기반으로 선용하기는 커녕 출세와 영달에만 이용했다. 나중에는 학교 밖의 권력을 학내로 끌고 들어와 동료와 선배 대학인에게 상처를 주었다. 이 과정에서 강의나 연구 업적은 뒷전이었다."라고 비판했다. 중재는 이어 "그는 나에게 하나의 반면교사였다. 사람은 겉과 속을 정말 알 수 없다는 지극히 평범한 진리를 일깨워준 산 증거였다."라며 그의 비열한 행태를 개탄했다.[73]

중재의 회고록을 읽어보면, 그들 말고도 몇몇 사례가 더 있었다. 그들의 공통점은 대학에 들어올 때 중재에게 인사하면서 "은혜를 잊지 않고 충성을 다하겠습니다."라는 말을 누가 시키지 않았는데도 덧붙였던 행태이다. 총장으로 또는 이사장으로 일하면서 겪어보니, 그러한 행태를 보인 사람들은 예외 없이 '배신의 달인'이었다. 여기서 중재는 "공부하는 대학인들이나 무인武人의 기질을 갖지 않은 사람들이 충성하겠다는 말은 거의 아첨에 가까운 속임수라고 생각한다."라고 토로하고, "아첨은 배신의 속성과 독성을 함께 갖고 있는 것이라 생각한다."라는 명언을 남기면서, "내가 어려움을 겪자 제일 먼저 나를 공격하는 위치에 서는 사람들도 나에게 충성한다는 말을 한 사람들이었다."라고 회상했다.[74]

---

[73] 장충식, 『시대를 넘어 미래를 열다』, 351~352쪽.

[74] 위와 같음, 585쪽.

죽전캠퍼스 완공·이전과 제2의 단국대학교 시대 전개

이희호 양에게 베푼 범정의 호의

우리는 제1장의 「범정의 이희호 양과 백건우 군 지원」에서 범정 선생이 1950년 3월에 서울대학교 사범대학을 졸업하고 미국에서 공부를 이어가고자 준비를 마쳤으나 여비를 포함해 유학 자금이 모자라 고민하던 이희호李姬鎬 양을 크게 도와준 사실을 살폈다. 그런데 그때로부터 반세기가 지난 시점에 이제는 김대중 대통령의 영부인이 된 이 여사의 도움으로 단국대학교의 고질적 재정난이 해소되고 동시에 그 사이 지체되어온 죽전캠퍼스로의 이전이 성공적으로 마무리될 수 있었다. 범정의 베풂이 중재 대代에 이르러 결정적 보은報恩으로 돌아온 것이다. 그 감동적인 과정을 아래에서 돌이켜보기로 한다.

이희호 양은 오늘날의 이화여자중고등학교의 전신인 이화고등여학교를 졸업하고 오늘날의 이화여자대학교의 전신인 이화여자전문학교에서 수학했으며, 서울대학교 사범대학 교육학과를 졸업했다. 재학생 때와 졸업 이후 학생 운동과 기독교 운동을 비롯한 정치 운동에 활발히 참여한 그녀는 1954년에 미국 테네시주 잭슨Jackson에 있는 감리교 교단의 램버스 칼리지Lambuth College로부터 입학 허가서를 받았다. 그러나 여비와 미국에서의 생활비가 문제였다. 이 양의 동지들 가운데 고려대학교 학생회장을 맡았었고 단국대학 재단에 근무하던 김기환 씨는 이 양을 당시 단국대학 재단 이사장이던 범정에게 소개했다. 이 자리에서 이 양은 자신이 한국에는 거의 알려지지 않은 사회학을 전공하고자 하며 귀국한 뒤에는 자신의 연구에 바탕을 두고 '여성계몽운동'에 헌신하고자 한다는 뜻을 밝혔다.

범정은 공감하고 선뜻 미국으로 가는 여비 그리고 일정한 기간 미국에서 생활할 수 있는 비용을 미화로 주었다. 이희호 여사는 훗날 자신의 자서전에서 자신이 김성곤金成坤 동양통신사 사장 겸 연합신문사 사장의 부인 김미희金美姬 여사로부터 일정하게 미화로 도움을 받은 데 이어 "김기환의 소개로 만난 단국대 설립자인 장형 이사장으로부터도 도움을 받았다."라고 회상했다.[75] 이것은 그때의 한국경제 상황, 특히 정부의 철저한 달러 통제 상황에 비추어 큰 베풂이었다.

마침내 이 양은 6·25전쟁이 휴전으로 마감한 때로부터 약 1년 뒤인 1954년 8월 15일에 노스웨스트항공 편으로 미국 유학의 길에 오를 수 있었고, 테네시주 내슈빌Nashville에 있는 감리교 교단의 스카릿 칼리지Scarritt College로 전학했다. 이 여사는 1958년 5월에 스카릿 칼리지 대학원에서 석사학위를 받고, 1958년 9월에 귀국했으며 1962년 5월 10일에 당시 '청년 정치인'으로 알려진 김대중과 결혼했다.[76] 이 여사가 귀국한 이후 결국 같은 도시에 있는 밴더빌트대학교Vanderbilt University가 스카릿 칼리지 그리고 스카릿 칼리지의 길 건너에 있는 조지피바디사범대학George Peabody College for Teacher을 모두 흡수통합한다.

범정은 자신이 이희호 양에게 유학 비용을 도와준 사실을 중재에게 말한 일이 없었다. 그러나 중재가 학생과장으로 발령받아 단국대학과 인연을 맺기 시작하자 단국대학 정치학과 교수로 봉직하던 김기환 씨

---

[75] 이희호(李姬鎬), 『이희호 자서전 동행: 고난과 영광의 회전무대』(웅진지식하우스, 2008), 16~48쪽 가운데 45쪽.

[76] 위와 같음.

가 이 일화를 알려주었다. 그렇지만 중재는 이후 이희호 여사와 특별히 교류할 생각을 하지 않았다.

중재의 김대중 의원과의 인연은 비록 간접적이나마 엉뚱하게 1972년 10월 '유신 쿠데타' 직후 맺어졌다. 우리가 제3장의 「육군보안사령부에서의 고문 극복」에서 이미 보았듯, 육군보안사령부는 1971년 4월에 실시된 제7대 대통령선거 때 중재가 김상현 의원을 통해 김대중 후보에게 큰돈을 주었다는 '혐의'를 씌워 고문했다. 또, 우리가 제5장의 「민주화운동가 최덕수 군의 '민주국민장' 엄수」에서 보았듯, 1988년 5월 18일에 단국대학교 학생 최덕수 군이 1980년 광주민주화운동 때 유혈진압한 사건의 진상을 밝히고 책임자의 처벌을 요구하며 분신자살함에 따라 단국대학교 서울캠퍼스에서 치러진 장례식에 평화민주당 김대중 총재가 조문하는 자리에서 김 총재는 젊은이들이 죽어나가는 현실을 개탄하고 대학 당국이 고생이 얼마나 많으냐는 말로 중재를 위로했다. 바로 이 자리에서, 김 총재는 처음으로 이희호 여사가 범정으로부터 받은 은혜를 언급했다. "아내가 미국으로 유학 갈 때 단국대 설립자이신 범정 선생님께서 여비랑 생활비를 보내주신 덕분에 무사히 유학할 수 있었습니다. 지금도 아내가 고마워하고 있습니다."라고 말한 것이다. 이에 대해 중재는 다음과 같이 회상했다.

> 나 자신도 청년 시절에 듣고 까맣게 잊고 있었는데 36년 [34년의 착오] 전 일을 기억하고 있다니… 듣는 내가 오히려 "기억해줘서 고맙습니다."라고 말하고 싶었다. 왜냐하면 나는 20년을 총장직에 근무하면서 경험을 통해 "도움 준 사람은 기억하지만, 도움받은 사람은 기억하지 못하거나 모르는 척하는 게 사람의 본성이다."라는 결론을 내렸기 때문이었

다.[77]

이러한 만남을 계속하며 중재는 김 대통령과의 인연을 두텁게 하며 김 대통령에 대한 자기 나름의 평가를 쌓아올리게 되었다. 중재는 "나는 김대중 선생이 상당히 꼼꼼하고 섬세한 성품이란 것을 알게 되었다. 그 뒤 다른 만남을 통해 나는 김대중 선생의 섬세한 성격이 넓은 지식 체계와 결합해 큰 정치력을 발휘한다는 것을 목격할 수 있었다."라고 쓴 데 이어 다음과 같이 구체적으로 회상했다.

> 내가 '백범김구선생기념사업협회' 회장으로 재임할 때였다. […이 협회가 개최하는…] 백범 선생 추도식은 어찌 보면 고인의 유지를 기리는 가장 기본적인 행사이다. 그러나 추도식에 주요 인사들을 초대하면 나오는 분들이 거의 없었다. […] 그러나 김대중 선생은 그렇지 않았다. 백범 선생에 대한 존경심을 갖고 추도식에 참석해주고 독립운동 유공자들을 위로하며 격려했다. 독립운동 유공자 원로 및 [이 분야의] 학자들과 환담을 나누다보면, 김대중 선생이 항일운동사에 관련된 인물들에 대한 지식이 상당히 길다는 것을 알 수 있었다. 우리나라 현대사에 대한 인식도 이같은 학습과 고민에 뿌리를 두고 있었다. 상해 임정을 중심으로 재해석해야 한다는 문제의식도 갖고 있었다.[78]

이 대목에 이르러, 중재는 "정치인이 그만한 지식과 철학을 가지려면 직접 공부하지 않고서는 어려운 일이다. 그리고 기본적으로 애국심이 있어야 가능한 일이다. 그때 나는 김대중 선생에 대한 존경심이 강

---

[77] 장충식, 「김대중 전 대통령 이희호 여사 내외: 선친의 인재 사랑이 맺어준 큰 정치인의 두터운 대학 사랑」, 『학연가연』, 208쪽.

[78] 위와 같음, 210쪽.

해졌다."라고 고백했다.[79]

중재는 백범김구사업기념사업협회의 행사와 관련해, 1992년 12월에 치러질 제14대 대통령선거를 앞두고 김대중·김영삼·정주영 세 후보를 초청해 그들 각자의 식견을 발표하게 한 사례를 회상했다. 이 계제에 중재는 "김영삼 후보와 정주영 후보는 모두 독립운동에 대한 식견은 물론이고 기본적인 애정이 부족하다는 인상을 받았다. 특히 백범 김구 선생에 대해서는 몰라도 너무 모른다는 결론을 내렸다. 돌아오는 길에 저절로 탄식이 나올 정도였다." 중재에게, 두 후보는 "자연스럽게 김대중 후보와 대비가 되었다." 중재는 결론적으로 "두 후보는 권력에 대한 열망은 크지만, 역사를 알려는 진지한 노력은 부족했다. 김대중 선생을 만나고 나니 이런 차이가 저절로 느껴졌다."라고 회상했다.[80]

김대중 대통령과 이희호 여사의 배려

이처럼 중재가 존경하던 김대중 선생은 1997년 12월에 실시된 제15대 대통령선거에서 마침내 당선되었다. 김 당선자는 곧바로 중재를 초청했다. 자리를 함께한 영부인 이희호 여사는 중재에게 '다정한 미소로' "저를 도와준 분이 단국대 설립자이신데 장 박사님이 그 후손이시냐?"라고 물었다. 이것이 중재의 이 여사와의 첫 만남이었다. 중재의 표현으로, "43년 만에 그 인연의 당사자를 만난 것이다."

이 자리에서 김대중 당선자는 중재가 1972년 '유신 쿠데타' 직후 서빙고 분실에 끌려가 고문당한 일을 상기하면서, "결국 [김대중] 자

79 위와 같음, 210~211쪽.

80 위와 같음, 211~212쪽.

신을 잡으려는 독재정권의 횡포에 당한 셈이니 미안한 일이라고 위로 해주었다." 김 당선자는 중재가 그사이 남북체육회담에 참여하면서 단일팀과 단일기를 성사시킨 일들을 치하하면서 여러 현안에 대해 자세히 물었다.[81]

이러한 만남은 김대중 당선자의 대변인 박지원朴智元 전 국회의원과의 대화로 이어졌다. 중재는 김영삼 정부에서 단국대학교가 겪은 어려움을 자세히 설명하고, 김대중 정부가 도와주기를 요청했다. 마침 박 대변인은 단국대학교 상경대학 상학과 졸업생이어서 모교의 위기 해소에 열성적이었다. 김 당선자의 승낙에 따라 대통령직인수위원회는 "향후 단국대 이전 사업의 정상화 문제는 차기 정부에서 풀어간다."라는 방침이 교육부 장관에 전달되었다. 박지원 당선자 대변인은 곧 대통령 공보수석비서관 겸 대변인으로 기용되고, 이어 문화관광부장관을 역임한 뒤 대통령 정책기획수석비서관을 거쳐 대통령 비서실장으로 봉직한다.

IMF 여파 속의 재단 부도와 재정위기

당시 단국대학교는 법인의 부도에 따른 고통을 겪고 있었다. 김대중 정부가 출범하기 약 백 일 전이며 김영삼 정부가 임기 만료를 약 백 일 앞둔 시점인 1997년 11월에, 동남아시아에서 시작된 외환위기는 마침내 한국도 강타해 많은 기업이 도산했다. 한국 정부는 국제통화기금IMF과의 긴급 협상을 거쳐 11월 30일에 약 200억 달러의 구제금융을 지원받을 수 있었으나 그 결정은 기업의 구조조정을 전제했기에 많은 실업자를 낳게 되었다. 그 여파가 일정하게 단국대학교에도 미친 흐

81 위와 같음, 213~214쪽.

름 속에서, 범정 때부터 오랜 기간에 걸쳐 법인의 이사로 활동해온 아무개 이사가 법인이 발행한 어음을 개인적으로 사용해 돌리다가 어음 사기 사건에 휘말렸다. 중재는 대학 등록금으로 이를 결재하지 않고 1998년 3월 6일에 부도를 결행했다. 단국대학교 법인 역사에서 처음이었고 우리나라 대학 법인의 역사에서도 처음이었다.[82]

교육부는 3월 9일~22일에 법인에 대한 특별감사를 실시한 뒤 관선 이사를 파견했다. 다행히 법인이 보유한 부동산 매각을 허용한 데다가 교내에서 교직원들과 학생들을 중심으로 일어난 구교救校운동이 겹쳐 위기를 겨우 이겨낼 수 있었다. 이때의 중재를 그의 한 측근은 "재정 위기가 심각할 때 총장님은 너무도 마음고생이 심해지셔서 밤잠을 이루지 못했습니다. 어떨 때는 늦은 밤 귀가를 하시면서 저에게 수면제를 사 오라 부탁하시기도 했습니다. 손자들의 재롱을 보며 즐겨야 하실 나이에 대학의 운영 자금을 융통하느라 밤잠을 못 이루시는 총장님의 고뇌는 다른 이들은 쉽게 상상하지 못할 정도로 무거웠었습니다." 라고 회상했다.[83]

죽전캠퍼스로의 이전

그러나 이전사업은 재정적·행정적 문제가 겹친 까닭에 상당한 시간을 요구했다. 거기에 새 캠퍼스 건설을 둘러싸고, 중재의 표현으로, "제각기 정치권과 정부 고위층의 강력한 지원을 받는 세 개 업자가 치열한 경쟁을 벌여" 진전이 더디었다. 이 과정에서 노무현 정부의 교육

82 이 과정을 중재는 다음에서 밝혔다. 장충식, 『시대를 넘어 미래를 열다』, 638쪽; 『단국대학교60년사』 하, 728쪽.

83 우삼제, 「고통과 시련 속에 피운 꽃」, 중재장충식박사고희기념화문집간행위원회 편, 『빈 들에 씨를 뿌리며』, 457쪽.

부는 임기가 3년이나 남은 중재에게 이사장에서 물러나고 전 대우건설 사장을 후임으로 영입하라고 강요했다. 법인과 대학 그리고 중재가 운영하는 장학재단 등의 회계장부를 일체 압수하고 중재는 물론이고 가족의 금융거래까지 샅샅이 뒤졌다. 그러나 흠 잡힐 것이 없었던 중재는 버텼다. 당시 중재는 명예직인 세종문화회관 이사장을 맡고 있었는데 어느 한 세력은 세종문화회관 노조를 동원해 퇴진을 요구하는 시위를 벌이게 하며 중재에 압박을 가했다. 마침내 이권에 깊이 개입한 변호사 출신의 국회의원이 장난질하고 있음이 드러났고, 그는 결국 구속되고 국회의원직을 잃었다.

중재는 자신의 후임으로 민주화운동가이면서 다산茶山 정약용丁若鏞 연구에 정통한 국학자인 박석무朴錫武 전 국회의원을 영입해 상황을 안정시켰다.[84] 상황을 정확히 인식한 노무현 대통령은 2005년에 카자흐스탄에 거주하는 고려인들이 8·15경축행사를 개최할 때, 그리고 2007년에 대한민국임시정부가 마지막으로 머물렀던 중국 중경에서 조선족들과 한인 교포들이 광복절 행사를 개최할 때도 정부 대표로 파견해 대통령 축사를 대독하게 함으로써 대통령 차원의 신임을 보여주었다.[85]

단국대학교는 노무현 대통령 때인 2007년 8월 30일에 죽전캠퍼스로 이전할 수 있었다.[86] 단국대학교는 바로 그날 죽전캠퍼스 준공과 입주 기념식을 열었다. 중재는 물론이고 박석무 이사장, 권기홍權奇洪 총장, 정진석鄭鎭奭 추기경, 안응모 총동창회장, 그리고 박지원 김대중평화센터 이사장 등이 참석했다. 중재는 당시 퇴임 후 야인으로 머물고

---

[84] 장충식, 『시대를 넘어 미래를 열다』, 600~608쪽.

[85] 위와 같음, 607~608쪽.

[86] 장충식, 『학연가연』, 214~215쪽.

서울캠퍼스 이전 문제가 공론화(1994)된 이후로 13년 만에, 죽전캠퍼스 기공식(1996)으로부터 11년 만에 역사적인 죽전캠퍼스 준공 및 이전 기념식이 거행됐다(2007.08.30).

2007년 8월 30일 열린 단국대학 죽전캠퍼스 이전 기념식에 참석한 이희호 여사가 김대중 전 대통령을 대신해 행사에 참석하고 기념식수를 했다. 김대중 전 대통령은 기념식 참석을 약속했으나 폐렴이 악화되어 동석하지 못하고 기념수를 보내왔다.
사진 왼쪽부터 안응모 당시 총동창회장, 장충식 범은장학재단 이사장, 박석무 당시 이사장, 정진석 추기경, 이희호 여사, 권기홍 당시 총장, 오른쪽 끝 박지원 당시 김대중평화센터 이사장 비서실장.

있던 김대중 전 대통령과 이희호 여사의 참석을 '간곡히' 부탁했다. 중재의 표현으로, "두 분의 도움이 맺은 결실을 보여드리고 싶어서였다." 안타깝게도 김대중 선생은 폐렴이 아주 심해져 외출 자체가 불가능했다. 그래서 이희호 여사만 참석해 신캠퍼스의 '평화의 공원'에 나무를 심었다. 중재는 "이 나무는 지금도 그 자리에서 푸르름을 자랑하고 있다."라고 회상한 데 이어 "다른 대통령들도 여러 대학에 나무나 기념물을 증정하거나 기탁했지만 정권이 바뀌면 사라지거나 훼손되거나 욕을 먹거나 없어지기까지 하지만, 두 분이 심은 나무는 지금도 우리 캠퍼스에서 정정하게 빛을 펼치고 있다."라고 부연했다.[87]

이희호 여사에 대한 감사 표시로 북한 지원

중재는 자신에게 도움을 베푼 사람의 은혜를 잊지 않고 될 수 있는 대로 갚으며 살았다. 그러한 성격의 중재로서 김대중 대통령과 이희호 여사의 은혜를 어찌 잊을 수 있겠는가. 김대중 대통령이 2009년 8월 18일에 향년 85세로 서거한 직후 중재는 "선생에 대한 미안함을 갚고자 이희호 여사를 뵙고 도울 일을 알려달라 했다." 이 여사는 김정일이 사망한 직후 북한 정권이 2011년 12월 28일~29일에 평양에서 영결식을 열기 직전인 12월 26일에 평양을 방문해 애도의 뜻을 표시하고 27일에 돌아왔었다.

이 여사는 중재의 제의를 여러 차례 사양하다가 자신이 북한을 세 번째로 다시 방문해 의료 혜택을 제대로 받지 못하고 생활하는 북녘 동포를 돕고 싶다고 대답했고, 중재는 기꺼이 동행을 약속했다. 박근혜 정부 때인 2015년 8월의 일이다. 북한이 보청기를 생산하지 못한

---

87 위와 같음, 215~216쪽.

다는 얘기를 듣고 이희호 여사는 국내외 독지가들의 도움을 받아 보청기 200개를 마련한 데다가 링거액 2,000개와 진통제 등 여러 의약품 역시 마련했다. 이 여사는 8월 5일~8일에 평양을 방문하면서 자신이 마련한 구급차는 따로 배편으로 보냈다. 이때 중재는 "이 방북은 여사님의 박애정신과 동포에 대한 사랑이 잘 드러난 사업"이라고 생각하며 이 여사와 동행했다. 북한 당국은 그 의약품에 감탄하면서 이 여사와 중재에 대해 진심으로 고마움을 표시했다.[88]

그런데, 중재가 평양에서 보기에, "남한 정부에서 북한에 대한 형식적인 메시지라도 보내올 줄 알았는데 대통령이건 총리건 아무런 의사표시가 없으니 북한이 오히려 당황하는 듯했다." '회고적 분석 방법'을 적용한다면, 이 계제를 활용해 박근혜 정부가 정치적인 교류의 재개를 제안하거나 아니면 하다못해 이희호 여사의 방북에 많은 편의를 봐달라는 정도의 인사말이라도 보내는 것이 남북관계의 장래를 위해 좋았을 것이다. 당시 북한은 2011년 12월에 김정일이 사망하면서 김정일이 생시에 자신의 후계자로 지목한 차남 김정은이 조선로동당 제1위원장으로 취임한 때로부터 약 3년 8개월이 지난 시점이어서, 남측과의 관계를 새롭게 정립하기 위한 첫 포석을 놓을 수 있었다. 그러나 '대북 화해·협력 정책'을 추진했던 전임 김대중 정부 및 노무현 정부와 차별성을 앞세웠던 박근혜 정부는 이 여사의 방북을 '개인적 행사'로 평가절하하고 의미를 전혀 부여하지 않았다. 그 때문인지, 김정은은 이희호 여사를 만나지 않았다. 만일 박근혜 정부가 이 여사의 방북에 의미를 부여하는 담화를 발표했었다면 북의 태도도 어느 정도 달라졌으리라고 중재는 추정하면서 그렇게 하지 않은 데 대해 아쉬움을 표

---

[88] 위와 같음, 217~218쪽.

2015년 12월에 열린 김대중 대통령 노벨평화상 수상 15주년 기념식이 열렸다. 이희호 여사와 장충식 이사장, 정의화 당시 국회의장이 이날 장학금을 받은 장학생 등과 자리를 함께하며 격려했다.

시했다.

이후에도 중재는 2000년의 6·15선언 기념 행사, 김대중 대통령 노벨평화상 수상 기념 행사 등에 빠짐없이 참가했다. 김대중 대통령이 서거한 뒤로는 더욱 열심히 참가했다. 더 나아가 단국대학교 음악대학 교수들과 학생들은 물론 무용 전공 학생들의 공연으로써 이 행사들을 빛내주었다. 그때마다 이희호 여사는 "단대 식구들이 참석해서 행사를 빛나게 해줬다."며 고마워했다.

이희호 여사는 2019년 6월 10일에 향년 96세로 별세했다. 중재는 "한국 여성학의 문을 열었고, 여성운동의 씨앗을 뿌렸다. 시대를 앞서 가는 정치인에게 따뜻한 가정을 만들어 주었고, 민주화의 결기를 죽음 앞에서도 잃지 않도록 독려하는 동반자가 되었다. 그로 인해 정치인 김대중이 한국을 이끌어 외환위기를 이겨내고, 북한과 새로운 동반자

의 길을 열었다."라고 높이 평가했다.[89]

장충식 총장 이후의 단국대학교

남북체육회담을 성공적으로 이끎과 동시에 대한적십자사 총재로 남북관계 개선에 이바지하는 가운데, 중재는 단국대학교가 직면해야 했던 두 차례의 시련 또는 '위기'를 전심전력으로 이겨내 마침내 죽전 캠퍼스 시대를 열기에 이르렀다. 다음에서 그 과정을 그리고 중재가 총장에서 물러난 이후 단국대학교가 걸어온 길을 간략하게 살피기로 한다.

2세로의 '세습' 관행을 거부

중재가 1993년 8월 31일에 제7대 총장을 사임한 뒤 윤홍로尹弘老 교수, 조장환曺章煥 교수, 김도수金道洙 교수, 김승국金承國 교수, 이용우李庸友 교수, 다시 김승국 교수, 권기홍權奇洪 교수 등이 차례로 총장을 맡았다. 이것은 중재가 우리나라 몇몇 사립대학교에서 나타났던 2세로의 '세습' 관행을 거부했음을 의미했다. 권 총장의 경우에는 단국대학교 외부로부터의 영입이었다. 그사이 중재는 1996년 12월 24일에 제18대 이사장으로 취임해 제19대 및 제20대 이사장으로 봉직했고, 77세가 된 2008년 8월 1일에 단국대학교 명예총장에 취임했다.

죽전캠퍼스 시대와 장호성 총장

2007년 8월 30일에 죽전의 광활한 터전 위에 새 캠퍼스를 세워 '제2의 단국대학교 시대'가 열렸다. 대학교가 서울에서 서울 근교의 수

[89] 위와 같음, 218~219쪽.

장호성 총장 취임식(2008.03.12)

도권 지역으로 완전히 이전한 것은 한국의 대학교 역사에서 처음 있는 일로, 단국대학교의 새로운 비상을 위한 과감한 도전이었다. 이제껏 한 번도 경험해보지 못했던, 따라서 앞날을 알 수 없는 막연한 의구심까지 일어나는 비상시국에 대처할 '단국호의 선장'으로,[90] 2008년 2월 18일에 장호성張淏星 교수가 제15대 총장으로 선임되고, 3월 12일에 취임했다.

설립자이며 독립운동가인 범정의 후손이자, 중재의 장남으로 1955년 3월 28일에 서울에서 태어난 그는 경기고등학교를 거쳐 1978년 2월에 서강대학교 공과대학 전자공학과를 졸업했고, 3~4학년 학생 때 받은 학군사관후보생ROTC 과정 출신의 육군 중위로 군복무를 마쳤다. 이후 미국 오리건주립대학교Oregon State University 대학원에서 전자공학

---

[90] 김수복(金秀福), 「간행사」, 장호성박사업적백서간행위원회 편, 『도전과 창조의 여정: 총장 장호성의 야간 행군』(경기도 용인시: 노스보스, 2020), 4~5쪽.

장남 호성 군(현 단국대학교 이사장)의 ROTC 임관식에 찾아가 격려해 준 중재

을 전공해 1985년에 공학석사학위를 받은 데 이어 1993년에 공학박사학위를 받았다. 귀국해 한양대학교 공과대학 전임강사와 조교수로 봉직하다가 2000년에 단국대학교 부교수로 부임했으며, 교수로 승진한 뒤 기획부총장과 퇴계기념중앙도서관장에 이어 천안캠퍼스 부총장과 의무부총장을 역임했다.[91]

장호성 총장은 제16대 총장에 이어 제17대 총장으로 봉직하고 2019년 6월 17일에 퇴임했다. 그 11년 4개월의 기간에 새 캠퍼스에서의 환경에 직면한 단국대학교를 안정시켰다. 그는 범정의 창학정신을 재정립해 '도전과 창조'라는 슬로건으로 제시하고 그 목표를 달성하기 위한 총장직 수행을 '야간 행군'이라고 부르며 그 여정을 성공적으로 마쳤다. 임기 중에 성취한 업적들 가운데 대표적인 것 일부만 예시하면 4차 산업시대에 맞는 학과들을 실시했고, 약학대학을 신설함

---

91 장호성 총장의 약력은 『도전과 창조의 여정』에 자세히 기록되었다.

으로써 천안캠퍼스 의약·바이오 클러스터 형성을 마무리해 천안캠퍼스에 BT분야 특성화 환경을 완성할 수 있었으며, '세계 속의 단국' 실현을 추진해 400여 개에 이르는 자매대학과 결연하고 1,700여 명의 외국인 학생을 받아들이기에 이르렀다.[92]

다른 한편으로, 장호성 총장은 유니버시아드 한국선수단 부단장과 단장을 여러 차례 맡았고 한국대학스포츠총장협의회 회장으로 활동했으며, 전국 4년제 대학 총장들의 협의체인 한국대학교육협의회 회장을 지냈다. 현재 대한대학스포츠위원회 위원장을 맡고 있다. 총장에서 물러나 공과대학 전자전기공학부 명예교수로 봉직하던 그는 2020년 12월 24일에 학교법인 단국대학 이사장으로 취임해 오늘날에 이르고 있다.[93]

총장추천위원회를 통한 총장 선임

단국대학교는 제18대 총장을 선임하기 위해 장호성 총장의 제안으로 총장추천위원회약칭 총추위를 구성했다. 명예교수 2인, 교원 대표 2인, 직원 대표 2인, 학생 대표 3인, 동문 대표 1인, 사회 인사 3명 등 총 13명으로 구성된 총추위가 후보들이 제출한 대학발전계획서의 구체성과 실효성 그리고 정책 소견 발표 등을 종합평가해 3명을 가려 이사회에 추천하면, 이사회는 그들 가운데 1명을 총장으로 선임한다.

이 새로운 절차를 거쳐 첫 번째로 김수복金秀福 교수가 제18대 총장으로 선임되어 2019년 8월 26일부터 2023년 8월 25일까지 봉직했다. 김수복 총장은 단국대학교 문리대 국어국문학과를 졸업하고 단국대학교 대학원 국어국문학과에서 석사학위와 박사학위를 받은 데 이

92 위와 같음, 20~21쪽.

93 장호성 총장의 재임기 활동은 『도전과 창조의 여정』에 자세히 기록되었다.

어 단국대학교 국어국문학과 교수로 출발해 문예창작과 교수로 봉직했으며 교무처장과 부총장으로 행정경력을 쌓았다. 시인으로서도 명성이 높았다. 장충식 총장을 제외하고는 단국대학교 졸업생으로 처음 총장에 선임된 사례였다. 그러나 장충식 총장은 서울대학교 사범대학 4학년 때 선친의 엄명에 따라 단국대학 정치학과로 전학했기에, 김수복 총장이 엄격한 의미에서 최초의 단국대학교 출신 총장으로 불렸다.

이어 같은 절차를 거쳐 '시대 변화에 부응할 단국대 혁신 비전 5.0 시대'를 열어갈 강력한 청사진을 제시한 안순철安順喆 교수가 2023년 8월 26일에 제19대 총장으로 부임했다. 단국대학교 사회과학대학 정치외교학과를 졸업하고 미국 오클라호마주립대학교 대학원 정치학과에서 석사학위를 받은 데 이어 미주리대학교콜럼비아 캠퍼스 대학원 정치학과에서 박사학위를 받았다. 곧바로 단국대학교 교수로 부임한 이후 기획조정실장, 사회과학대학장, 대학원장, 대외부총장 등으로 행정경력을 쌓았으며, 한국정치학회 부회장과 한국선거학회 부회장 등으로 봉사했다.

중재 장충식

단국대학교와 함께 민족의 화해와
통일을 향해 걸어온 대인

맺음말

중재가 걸어온 길

단국대학교와 대한민국의 발전과 한민족의 화해와 통일을 지향한 삶

이제까지 우리가 살핀 중재가 90여 년에 걸쳐 걸어온 길을 대체로 아홉 개의 시기로 나눠 요약하기로 한다. 우선 강조되어야 할 점은 이 아홉 개의 시기가 절대로 상호배타적이 아니며 때로는 겹치기도 한다는 사실이다.

제1기는 유·소년기이다. 1932년 7월 25일에 중국 천진에서 태어나 항일독립운동가인 선친 범정의 가정교육을 받는 가운데 때로는 천진에서, 때로는 서울에서, 때로는 만주에서, 때로는 고향 평안북도 용천에서 성장하다가 1945년 8월 15일 해방과 분단에 따른 소련군의 북한점령에서 벗어나기 위해 온 가족이 서울로 돌아왔을 때까지의 13년의 시기이다. 이 과정에서, 중재는 표준 중국어를 모국어처럼 쓰게 되었고 이것은 훗날 그의 대외활동에서 큰 무기가 되었다.

무엇보다 중요하게, 중재는 이 시기에 일제의 조선 식민통치에 대한 저항의식을 키웠고 항일독립운동가들의 정신을 귀중하게 여기며 내면화했다. 중재가 안중근 의사, 이봉창 의사, 윤봉길 의사 등 민족의 구국영웅들에 관한 기념사업회 등에 자신의 사재를 쓰면서까지 적극적으로 참여한 까닭이다. 중재는 특히 범정의 동지였던 백범 김구의 독립운동과 통일운동의 정신을 존경하게 되었고, 이것은 훗날 김대중 대통령에 대한 존경으로 그리고 민족의 화해와 통일을 향한 국가적 사업에의 참여로 이어졌다.

제2기는 서울에서 휘문중고등학교에 입학한 1946년 3월부터 졸업한 1952년 2월까지 8년의 시기이다. 흔히 '좌우익 투쟁'으로 특징지어진 해방 공간 3년을 포함하는 이 시기에 그는 우익의 편에 서서 좌익을 상대로 싸웠고, 1950년에 일어난 6·25전쟁을 계기로 군생활을 마치는 가운데 호국의 정신을 체화했다.

제3기는 서울대학교 사범대학 역사교육과에 입학한 1952년 4월부터 고려대학교 대학원 사학과에서 석사학위를 받은 1960년 3월까지의 8년의 시기이다. 이 시기에, 특히 서울대학교 사범대학 재학 때, 그는 중국의 무술을 연마하면서도 럭비 선수로 체력을 키우며, 럭비가 요구하는 팀워크의 중요성을 몸에 익혔다. 대학생으로 급우였던 신동순 양을 부인으로 맞아들여 가정을 이뤄 슬하에 1남 3녀와 7명의 손자·손녀와 7명의 증손자·증손녀를 두며 '가화만사성家和萬事成'을 생활신조로 살아오는 가운데 오늘날에 이르고 있다.

중재는 고려대학교 대학원에서 중국사를 전공하며 자기 나름의 역사관을 개발했다. 학자로 성장하고 싶었던 중재는 외국어 습득이 필수라고 여겨 이후 영어는 물론이고 독일어와 프랑스어를 비롯한 여섯 개의 외국어를 익히고, '세계 공통어'로 불리는 에스페란토에 능통해진다.

제4기는 선친이 혜당 여사와 함께 1947년 11월 3일에 해방 이후 최초로 세운 4년제 대학으로서의 단국대학 전임강사로 임용된 1961년 3월부터 또는 단국대학 학생과장으로 임용된 1959년 2월부터 단국대학 9대 학장으로 퇴임한 1967년 2월 28일까지의 6년 또는 8년의 시기이다. 이 시기 가운데 1년 1963년 6월~1964년 6월 동안 중재는 미국 유타주 브리검영대학교 대학원 사학과에서 박사과정을 마쳤다. 그러나 선친과 아내의 건강이 악화되고 있다는 소식을 듣고 귀국해 단국대학을 지키라는 선친의 유언을 받아들여 단국대학 부학장에 이어 학장으로 취임했다. 그리고는 1966년 12월에 박정희 대통령을 독대해 단국대학의 설립 정신과 배경, 이승만 정부와 5·16군사정부에 의해 각각 부당하게 불이익을 받은 억울함을 호소하고 단국대학을 바칠 터이니 국가나 박 대통령이 직접 맡아 살려주시던가 아니면 4년제 종합대학교로 승격시켜 새 활로를 열어주시던가를 결심해줄 것을 요청해 마침내 4년제 종합대학교로의 승격을 이뤄냈다.

제5기는 1967년 3월 1일에 단국대학교 초대 총장으로 취임한 때로부터 충남 천안시에 국내 최초로 지방 캠퍼스를 개교한 1978년 3월까지의 11년의 시기이다. 이 시기에 중재는 우선 단국대학교의 교세 확충에 힘썼다. 그리하여 취임 당시 3개 단과대학 17개 학과에 총 정원 1,200명이던 단국대학교는 1971년 12월에는 4개 단과대학 23개 학과에 총 정원 2,740명으로 늘었으며, 1972년 12월에는 5개 학과 사범대학이 신설되었고, 1976년 12월 현재 6개 단과대학 28개 학과로 늘어났다.

중재는 협소한 한남동의 캠퍼스에서 벗어나 광활한 터전으로 이전하기 위해 오늘날의 서초구 내곡동에 드넓은 교지를 확보하는 데 성공했다. 그러나 건설부 공무원의 실수로 그린벨트에 묶여 뜻을 이루지 못했으며, 교지 확보를 위한 은행의 대출금에 발목을 잡히게 된다.

다른 한편으로, 새마을운동에 적극적으로 참여해 충청남도 청양군 대치면 장곡마을을 '전국에서 가장 낙후한 벽지'로부터 목장과 사과농사 그리고 주민소득 증대의 대표적 성공 사례로 변모시켰다. 군용 지프차도 오가기 힘들다는 이 오지마을을 무려 30여 차례 직접 다니며 지혜와 열정을 쏟은 결과였다. 이때, 중재의 회상에 따르면, "학생들이나 역사의식이 있다는 이들은 이러한 [중재의] 행보를 놓고 어용이라 비웃고, 자리를 탐내는 소인배라 손가락질했다."[1] 때로는 '새마을 총장'이라고 힐난했다.[2] 그러나 중재는 기꺼이 감수했다. 한국 농촌의 현실을 직시할 때 새마을운동이 필요하다고 보았고, 박 대통령의 우호적 관심과 지원은 단국대학교의 성장과 발전에 큰 도움이 된다고 판단했기 때문이었다.[3]

실제로 박 대통령은 호의를 베풀었다. 중재가 초대 총장으로 취임할 당시 단국대학교의 정원은 전국 4년제 종합대학교 25개 가운데 24위였다. 그런데 이후 박 대통령은 단국대학교의 증원 신청에 한 차례도 거부하지 않아 1970년대 종반에는 대학 정원을 기준으로 전국 사립 대학교 가운데 10위 안에 들기에 이르렀다.[4]

제6기는 천안캠퍼스가 개교한 1978년 3월 13일부터 서울 캠퍼스가 경기도 용인시 수지구 죽전동의 죽전캠퍼스로 이전한 2007년 8월 30일까지의 29년간의 기간이다. 이 기간에 국내에서는 제4공화국을 이끌던 박정희 대통령이 시해되고 신군부의 집권으로 전두환 대통령이 이끈 제5공화국이 세워지며, 1987년의 6월항쟁을 거쳐 제6공화국이 세워져 노태우 대통령, 김영삼 대통령, 김대중 대통령, 노무현 대통령이 차례로 정부를 이끌었다. 이 정치적 변동에 1997~98년의 외환위기 등이 겹치면서 경제상황은 때때로 어렵기도 했다.

---

1 장충식, 『시대를 넘어 미래를 열다: 중재장충식회고록』(경기도 용인시: 노스보스, 2011), 651쪽.

2 위와 같음.

3 장충식, 『학연가연』(경기도 용인시: 노스보스, 2021), 349쪽.

4 위와 같음, 343쪽.

이러한 정치적·경제적 변화는 단국대학교에도 일정하게 영향을 미쳐 여러 차례 시련과 심지어 위기를 겪었다. 정부의 강요로 내곡동 부지를 싼값에 팔게 됨에 따라 약 400여억 원의 손실을 보게 되자 이것을 메우기 위한 기채로 빚더미 위에 올라서 사채업자들에 시달리기도 했다. 오죽 힘들었으면, "해외 출장을 마치고 돌아오던 때 비행기에서 바다를 바라보다가 이대로 비행기가 추락했으면 좋겠다는 생각을 하기도" 했을까.[5]

때로는 교육부의 감사와 법적 쟁송 및 검찰의 기소에 따른 재판 그리고 사회적 비판 등 수모를 당하기도 해야 했던 이 어려웠던 시기에, 중재는 천안에 우선 4년제 산업대학을 연 것으로부터 시작해 단계적으로 치대·의대·약대 등의 신설을 이뤄내 사실상 독립된 대학교나 다름없는 천안캠퍼스로 확대했다. 고통스러웠던 시기를 중재의 성격적 특성 가운데 하나인 인욕忍辱의 자세로 관리하는 가운데 죽전캠퍼스로의 이전도 성공적으로 마무리해, 단국대학교는 죽전캠퍼스와 천안캠퍼스를 두 개의 분리된 캠퍼스가 아니라 '통합된 하나의 캠퍼스' 개념으로 활용하며 내실을 다져왔다.

제7기는 중재가 단국대학교 총장으로서 또는 이사장으로서 1981년 2월 이후 2000년 8월에 이르기까지 약 21년에 걸쳐 '88서울올림픽유치운동을 비롯해 공산권 접근 외교 그리고 남북체육회담 및 이산가족상봉운동 등에 참여한 시기이다. 원래 체육인이기도 했던 중재는 이 시기에 세계대학경기대회, 곧 유니버시아드 한국 대표단 단장으로 네 차례 현지에서 경기를 이끌었고, 남북체육회담 남측 수석대표로 활동하며 남북스포츠교류를 이뤄냈으며, 대한적십자사 총재로 임명받

---

5 장충식, 『시대를 넘어 미래를 열다』, 650쪽.

아 남북이산가족상봉단 남측 단장 등으로 활동하며 민족화합의 시대를 열어나가는 데 일정하게 이바지했다.

제6기와 제7기 모두에 학내에서는 때때로 학생들을 중심으로 반독재민주화운동이 일어났고 학외에서의 반독재민주화운동이 학내로 파급되었다. 중재는 이 운동에 관련된 학생은 그 어느 누구도 징계하지 않고, 사직 당국에 의해 구속된 경우 사비를 들여가면서까지 석방 또는 감형에 힘썼다. 같은 정신에서, 항일독립운동가 출신으로 반독재민주화운동에 참여한 이희승을 동양학연구소장으로 영입해 10년 동안 모셨다. 이 일들로 중재는 사직 당국으로부터 때때로 질시와 견제 심지어 경고까지 받았다. 그러나 그 특유의 뱃심으로 어느 대학교보다도 학생과 교수 보호에 힘썼다.

제8기는 단국대학교가 죽전캠퍼스로 이전한 2007년 8월 30일부터 명예이사장으로 취임한 2021년 2월 5일까지의 14년의 시기이다. 중재는 서울의 한남동 캠퍼스가 겨우 4만여 평에 지나지 않아 단국대학교의 성장과 도약을 기획하기에는 너무 협소하다고 판단해 서울 교외에 드넓은 교지를 확보하고 거기에 새로운 캠퍼스를 세울 포부를 지녔다. 학내 일각에서의 반대, 법적 쟁송 그리고 갖가지 모략으로부터의 시달림을 포함한 우여곡절을 겪은 끝에 그 꿈은 마침내 실현되어 단국대학교는 32만여 평의 광활한 터전 위에 '제2의 시대'를 열어 도약을 거듭하고 있다. 이 시기에 중재가 이뤄낸 업적 가운데 대표적인 사례는 2008년 10월 28일에 세계 최대 규모의 『한한대사전漢韓大辭典』 전 16권을 출판한 사실이다.

제9기는 단국대학교 명예이사장으로 취임한 2021년 2월 5일 이후 오늘날에 이르기까지 단국대학교의 최고 원로이며 정신적 지주로 활동해온 시기이다. 단국대학교는 2017년 11월 3일에 개교 70주년을 맞이해 ‘단국역사관’이라는 이름의 70주년 기념관을 개설하기로 결정하고, 2018년 4월 9일에 기공식을 가진 데 이어 2019년 11월 1일에 개관했다. 중재는 주로 여기에 마련된 명예이사장실에서 단국대학교의 현안과 미래에 관한 자문에 응하고 있다.

중재의 정신적 유산

중재가 60년 넘게 단국대학교와 함께 호흡하고 생활하고 걸어오면서 보여준 교훈 그리고 정신적 유산은 무엇일까?

중재에 대한 평가의 사례

이 물음에 대해, 우선 여러 분야에서 또는 어느 한 특정 분야에서라도 중재와 함께 활동했던 이들의 평가 가운데 몇몇을 예시하기로 한다.

> "단국대학교의 역사는 중재 장충식 박사를 떠나서 이야기될 수 없다. 단국대학이라는 나무의 씨를 뿌리고 묘목을 만든 것은 범정 장형 선생이지만 오늘 같은 무성한 나무로 성장시킨 것은 중재 장충식 박사이다. 중재의 일생에는 단국대학교가 그 중심에 서지만 이 나라 교육 문화 체육 발전에도 크게 기여하여 한국 현대사에 큰 별로 우뚝 섰다."[6]

> "현존하는 한 인물의 삶과 업적을 정리한다는 것은 어려운 일이다. 그러나 중재와 단국대학교와의 관계에서 그를 바라볼 때 중재는 너무나 큰 나무요, 정원사요, 돛대요, 항해사이다. 그를 떠난 단국의 역사 기술은 불가능하다."[7]

---

[6] 송하섭(宋夏燮), 「중재 선생이 걸어온 길: 단국 중흥과 중재 장충식 박사」, 단국문인회 엮음, 『자작나무 숲으로 가서: 중재장충식팔순기념헌정사화집』(경기도 용인시: 노스보스, 2011), 10쪽.

[7] 위와 같음, 57쪽.

“나의 생애 중 수많은 사람들을 보고 사귀어 봤습니다마는 중재만한 인물이 그리 많지 않았다고 생각합니다. 중재는 참으로 훌륭한 인격자입니다. 그는 인품과 덕망이 뛰어나 많은 사람들로부터 존경받는 걸출한 인재입니다.”[8]

“성실, 겸손, 용기를 겸비한 이 나라의 진정한 인재임을 자랑하고 싶은 친구다.”[9]

“만약에 중재 선생이 없었다면 오늘날의 단국대학은 분명히 존재하지 않았을 것으로 저는 확신합니다.”[10]

“장 박사의 인생 역정은 한마디로 봉사정신에 입각한 길이었다. 그의 이력을 더듬어 본 사람이면 누구나 쉽게 그가 개인적 사심을 버리고 오로지 국가발전에 심혈을 기울여왔음을 알게 될 것이다.”[11]

“우리는 훌륭한 사람을 가리켜 ‘작은 거인’이라고 합니다. 그만큼 시간을 잘 활용하여 많은 일을 하였다는 뜻입니다.”[12]

“세상에서 가장 행복한 사람은 자신의 일에 집념을 가지고 몰두하는 사람일 것입니다. 장 박사는 학문뿐만 아니라 체육 분야 그리고 문화사 분야에서도 탁월한 업적을 쌓았습니다. 그리고 무엇보다도 그간의 여정을 되돌아볼 때 높이 사고 싶은 것은, 장 박사의 인품이나 학덕으로 보아

---

8 이광신(李光信), 「비범한 정신력의 중재」, 중재장충식박사고희기념화문집간행위원회 편, 『빈 들에 씨를 뿌리며』(한불문화출판, 2001), 69쪽.

9 윤종상(대웅전원주택 회장), 「우정 60년, 인생 70년」, 위와 같음, 77쪽.

10 배기욱(화신실업 대표이사), 「인생을 관철하는 열정」, 위와 같음, 420쪽.

11 김운용(金雲龍), 「스포츠를 통한 통일외교와 봉사」, 위와 같음, 312쪽.

12 조상호(曺相鎬), 「‘지·덕·체’의 조화」, 위와 같음, 314쪽.

당연히 정치 분야에서도 일을 하셨을 터인데도 고집스러울 정도로 학자로서의 외길을 걸어오시면서 '천하의 영재를 모아 교육을 행하는 것[得天下英材而教育]'이 삼락三樂의 하나라고 했던 바와 같이 이를 즐길 것입니다."[13]

중재의 의미: '가운데 중中의 지혜'

중재는 장충식 총장의 아호이다. 이 아호를 만든 국어국문학과 교수 출신의 수당樹堂 김석하金錫夏 전 단국대학교 부총장은 중재를 '우리 시대의 자랑스러운 사표요 일대一代의 명수名手였습니다.'라고 기리면서 작호作号의 뜻을 다음과 같이 회상했다.

선생의 아호 '중재'는 불초소생不肖小生의 작호입니다. 이 사람이 주제넘게도 꽤나 많은 인사들의 별호를 짓기도 했습니다마는 득의작得意作이 별로 없으나 선생의 작호만은 늘 자족하고 있습니다. 그 이유는 동양사 전공인 선생의 아호로서 중재는 꼭 어울리는 격조를 지녔고, 어자御字인 충忠 자의 문맥을 따른 것이기도 하지만 중자中者는 '천하지대본天下之大本'이기 때문입니다.[14]

'가운데 중中'의 의미에 대해 『조선일보』의 박돈규 주말뉴스부장은 두 사람의 사례로써 설명했다.[15] 국가무형유산 제58호 줄타기 보유자 김대균은 "과욕은 위험합니다. 평생 줄 위에서 중심을 잡으면서 배운 것은 '가운데 중中'의 지혜예요."라고 말했다. 2008년 8월에 북경에서 열린 제29회 하계올림픽 역도에서 금메달을 받아 '역도 영웅'으로 불

---

13 위와 같음, 313쪽.

14 김석하, 「일대의 명수, 중재 선생」, 위와 같음, 176~177쪽.

15 박돈규, 「[아무튼, 레터] '가운데 중(中)'의 지혜」, 『조선일보』(2024년 10월 19일), B11쪽.

리며 윤석열 정부에서 문화체육관광부 차관으로 봉직하는 장미란張美蘭도 비슷한 이야기를 들려줬다. "호명되면 플랫폼에 올라가 손에 탄마가루를 묻히고 심호흡을 합니다. 오만 가지 생각이 들다가도 그 순간부터는 무아지경無我之境이에요. 역도에서 '성공'은 역기의 무게중심과 내 몸의 중심이 일치됐다는 뜻입니다. 부담되는 중량도 성공하면 거짓말처럼 하나도 안 무겁지요."

하늘 가까이에 사는 줄광대와 땅을 딛고 선 역도 영웅이 모두 중심中心을 이야기했다. 아슬아슬한 인생에도 '가운데 중中'의 지혜가 필요함을 그들은 강조했다.

중재의 성격적 특징과 업적

중재는 반드시 그러했던 것은 아니지만 가능한 한, '가운데 중中'의 가르침에 충실하게 살고자 노력했다. 그러면서 그는 그것 밖에도 몇 가지 가르침을 보여주었다.

첫째, 중재는 '낙실사수落實思樹 음수사원飮水思源'의 가르침을 잊지 않고자 노력했다. 널리 알려졌듯, 중국 남북조시대 양梁의 고위직에 있던 시인 유신庾信은 "열매를 딸 때는 그 나무를 생각하고, 물을 마실 때는 그 근원을 생각한다."라는 뜻으로 그 말을 만들어냈다. 흔히 여덟 글자 전부보다 '음수사원'의 네 글자가 인용된다. 중재는 자신의 오늘날을 생각할 때마다 자신의 '근원'인 부모님, 특히 선친 범정을 생각하곤 했다. 이러한 점에서 그는 범정의 말씀을 가장 무겁게 받아들이며 효도를 다했다. 단국대학교를 이끌며 어려움에 직면하면 선친이 세운 학교를 나의 대代에서 무너지게 할 수 없다는 비장한 결심으로 혼신의 노력을 기울여 풀어나가곤 한 바탕에는 선친에 대한 책임감이 놓여 있었다.

그러했기에 중재는 선친의 창업創業을 수성守成함에 성공할 수 있었다. 중국 당唐나라 태종太宗이 측근들과의 대화에서 창업이 어려운가 수성이 어려운가의 물음을 놓고 토론하던 때 태종 이세민李世民과 함께 창업에 참가한 방현령房玄齡은 수성보다 창업이 더 어렵다고 진언했고, 위징魏徵은 창업보다 나라를 지키고 유지하는 수성이 더 어렵다고 반론했다. 태종의 태평성세를 압축적으로 표현하는 '정관貞觀의 치治'를 담은 『정관정요貞觀政要』는 이 진언들을 기록하며 '이창업易創業, 난수성難守成.' 곧 "창업은 쉬우나 수성은 어렵다."라는 말을 남겼다. 범정의 창업이 결코 쉬운 일은 아니었다. 그러나 중재의 수성은 수성을 통한 '제2의 창업'이라는 평을 받을 만큼 대단히 어려웠다. 중재가 아니었다면 범정이 창업한 단국대학은 거기서 끝났을지 모른다.

둘째, 중재는 신의 또는 의리를 중시했다. 자신에게 은혜를 베푼 사람에 대한 고마움을 잊지 않고 반드시 갚으려고 했다. 중앙정보부에서 고문당하고 보안사령부에서 고문 위협을 받으면서도 자신이 입을 열어 토설하는 경우 해를 입을 사람이 있지 않을까 걱정해 함구로 일관했다. 그것에 앞서 중재는 '호시지덕好施之德'을 지녔기에 어려운 사람에게 자신이 가진 것을 나눠주는 것을 좋아했다. 그 정신에서 "범정의 은혜에 감사한다."라는 뜻을 담은 범은장학재단을 세웠다. 그러나 중재로부터 베풂을 받은 사람이 그 은혜를 잊거나 심지어 배신해도 그를 탓하지 않았다. 이것은 중재의 철학 중 하나인 용서에서 나온 것이었다.

셋째, 중재는 중국 한漢 왕조의 역사학자 사마천司馬遷의 『사기史記』에 등장하는 '인인성사因人成事'의 뜻을 내면화했다. "세상의 일은 사람으로 말미암아 이뤄진다."라는 뜻이다. 사람을 좋아하고 한번 맺어진 인연을 저버리지 않는 중재는 평생에 걸쳐 국내외에서 광범위한 인맥을 형성했고, 그들로부터 신뢰를 받았다. 중재가 단국대학교와 관련해 어떤 과제를 추진할 때, 또는 시련에 부딪칠 때 해결의 길을 찾을 수 있었던 배경에는 인맥과 신뢰가 있었다.

넷째, 항일독립운동가들이 겪었던 길은 글자 그대로 가시밭길이었다. 승산이 있기보다는 가망이 없어 보이고, 투옥과 고문과 심지어 언제 죽음이 닥칠지 모르는 험난한 길이었다. 선친을 비롯한 독립운동가들의 투쟁정신을 '불가능을 가능으로 바꾸는 정신'으로 받아들인 중재는 시련과 위기에 굴하지 않는 패기와 뚝심을 길렀다. '단국대학 학장'의 몸으로 박정희 대통령과의 독대를 실현하고, 처음 만난 그 자리에서 단국대학을 국가나 박 대통령이 인수하든지 4년제 종합대학교로 승격시켜 새롭게 활로를 열게 해주든지 양자택일하라고 호소해 승격을 이뤄낸 뱃심 또는 뚝심은 절대로 쉬운 것이 아니었다.

다섯째, 중재는 창의력을 발휘하면서 개척정신을 보여주었다. 우리가 제5장 제1절 제3항에서 보았던 청양군 장곡마을의 성공이 그것을 웅변했다. 박 대통령이 뒷받침한다고 이뤄질 일이 아니었다. 현지를 서른 번 이상 방문해 실정을 파악하고 전문 교수들과 지혜를 짜내 꾸준히 실천했기에 가능했다. 또한 천안에 국내 대학 최초로 지방 캠퍼스를 세우고, 치대 설립에 이은 의대 설립과 약대 설립을 이뤄낸 것 역시 그 사례였다.

여섯째, 그 한계가 있기는 했으나, 부조리와 불의에 저항하는 정신이었다. 이 정신을 압축해 중재는 "내 슬하에 있는 제자들을 감옥에 보내고 퇴학을 시키려는 이들에게 고개를 쳐들고 기꺼이 맞섰으며, 나에게 지탄을 보내는 학생들에게 남몰래 유학을 가게 하고, 감옥을 간

학생들에게는 영치금을 보내 격려했다. 도움을 바라는 젊은이, 역경에 좌절하려는 이에게 기꺼이 도움의 손길을 내밀었으며, 취업도, 장학금도, 유학생 지원도 부탁을 받으면 외면하지 않았다. 기성인들이 만든 부조리와 모순에 맞서는 젊은이들을 도울 수 있기에 나는 희망을 가질 수 있었다."라고 회상하면서 "누구에게 하소연할 길 없는 고립무원孤立無援의 젊은이가 절망하지 않도록 성원할 수 있기에 나는 즐거웠다."[16] 라는 고백에서 자신의 학생들을 지켜주려는 중재 특유의 성격을 알 수 있다. 바로 그 정신에서 중재는 한국대학교육협의회 회장을 맡고 있던 1985년에 전두환 정부가 학원안정법을 만들어 운동권 학생들을 행정적 절차만으로 일종의 '수용소'로 보내려는 계획에 찬성하도록 강요하는 권력 실세의 압박을 뿌리치고 오히려 그를 설득해 정부 스스로 발상을 포기하게 만들었다.

일곱째, 중재는 장애인을 비롯한 사회적 약자에 대한 애정과 배려의 정신을 강조했다. 우리가 제3장 제6절 제2항에서 보았듯, 팔이 없는 한 소녀를 단국대학교에 입학시켜 구족화가로 키운 데 이어 중국에 유학 보내 박사학위를 받게 한 뒤 단국대학교 교수로 임용한 사례는 매우 감동적이다. 중재의 이 정신은 그의 철학의 중심인 사랑에서 비롯된 것이었다.

여덟째, 중재는 "건강한 육체에서 건강한 정신이 나온다."라는 가르침에 충실해, 체육 교육을 강조했다. 단국대학교에 국내 최초로 스케이트부와 스키부를 창설해 국제적 선수들로 길러낸 사례가 그 정신의 일단을 보여준다.

아홉째, 위의 정신과 맥을 같이하는 것이 인재 육성과 보호의 정신

---

[16] 장충식, 『시대를 넘어 미래를 열다』, 651쪽.

이다. 중재는 1967년의 동베를린사건에 연루되어 사형 구형을 받았다가 10년 유기징역형을 받은 학자가 특사로 석방되자 단국대학교 교수로 받아들여 서울대학교 대학원에서 박사학위를 받게 함과 동시에 정년퇴임 때까지 강의와 연구를 계속하게 했는데, 이것은 한 사례에 지나지 않았다.

열째, 금전에 담백한 재물관이었고, 이것은 검소와 청렴으로 이어졌다. 그는 늘 손이 비어있어야 한다는 '공수空手'론을 폈으며, 단국대학교로 유학 온 해외 학생들을 위한 기숙사로 자기 집을 내놓았고, 사법시험을 비롯한 국가고시를 준비하는 단국대학교 학생들을 위한 기숙사로 역시 자기 집을 내놓으면서, 자신과 가족은 전셋집을 얻어 살았다. 정부의 몇 차례의 감사에서도 개인 비리가 포착되지 않은 배경이었다.

열한째, 분단된 한민족이 화해를 거쳐 통일을 성취해야 한다는 믿음이었다. 중재는 범정의 반공정신을 수용하고 있었다. 그러나 민족이 분단 상태를 반세기 이상 유지한 채 반목과 대결을 거듭하는 상황에서 벗어나 화해와 협력의 시대를 열고 통일을 성취해야 한다는 소신 아래, 남북체육회담을 이끌고 남북이산가족 상봉을 이뤄냈다.

열두째, 대학인의 경계를 넘지 않기 위해 노력했다. 박정희 대통령 때 당선이 보장되는 국회의원 공천을 두 차례 제의받고 모두 거절 또는 사양한 것, 전두환 대통령 때 문교부 장관 제의를 받고 사양한 것, 노태우 대통령 때 체육청소년부 장관과 교육부 장관에 이어 국무총리로서의 입각을 제의받고 사양한 것 등이 그 사례들이다.

이상에서 나타난 중재의 이러한 인품은 리더십의 원천이 되었다. 제8장의 「단국대학교 내부의 자발적 구교 운동」에서 보았듯, 단국대학교가 김영삼 정부 때 재정위기에 직면하자 20여 명의 교직원이 은

행담보를 위해 경우에 따라서는 아주 날아갈 수 있는 자기 집문서를 내놓은 것은 중재가 평소에 보여준 인품과 그리고 중재에 대한 구성원들의 신뢰를 증명하는 한 사례였다. 이로써 단국대학교는 중재를 중심으로 시련과 위기를 이겨내고 도전과 창조의 새 활로를 열 수 있었다.

중재 장충식

단국대학교와 함께 민족의 화해와
통일을 향해 걸어온 대인

부록

논문 및 저·역서

「명태조의 농업정책고」(1960)

「明代棉業考」(1967)

『십팔사략』 전3권 번역, 1(한국자유교양추진위원회, 1969), 2(한국자유교육협회, 1971), 3(한국자유교육협회, 1974)

『위대한 유산을 위하여』(삼화, 1975)

『世界文化史』(단국대학교출판부, 1975)

『착한이들의 땅』(예서원, 1978)

『감방의 소리(*The Prison voices from the Inside*)』 번역(대양출판사, 1982)

『큰 삶, 작은 이야기』(문학마을, 1992)

『東西洋 文化史』(단국대학교출판부, 1999)

『그래도 강물은 흐른다』 전7권, 1(세계사, 2003), 2(세계사, 2003), 3(세계사, 2003), 4(어떤이의꿈, 2003), 5(어떤이의꿈, 2007), 6(어떤이의꿈, 2007)

『그래도 강물은 흐른다』(개정판) 전5권(해냄, 2012)

『시대를 넘어 미래를 열다: 중재장충식회고록』(노스보스, 2011)

『마지막 남은 한 길』(노스보스, 2011)

『*The Last Road Left*』(노스보스, 2011)

『다시 태어나도 오늘처럼: 60년간 편지로 쌓아올린 애틋한 사랑과 삶의 역사』(노스보스, 2015)

『생각하는 사람에게 길이 있다: 한 번 말하기 전에 두 번 생각하면 모두가 평화롭다』(노스보스, 2018)

『아름다운 인연: 독립운동가의 아들과 일본군 장교부인의 완전한 사랑』(도서출판 윤진, 2019)

『아름다운 인연』 영문판(노스보스, 2021)

『학연가연』(노스보스, 2021)

『눈물』(노스보스, 2021)

『아름다운 인연』 일문판(노스보스, 2022)

『아름다운 인연』 몽골어판(노스보스, 2022)

『아름다운 인연』 헝가리어판(노스보스, 2023)

『아름다운 인연』 중국어판(노스보스, 2024)

수상 및 수훈

1972년 12월 국민훈장 모란장
1978년 10월 중화민국 문화훈장
1982년 10월 대한적십자사 유공장 은장
1985년 5월 국제문화협회 '아세아평화상' 교육 부문 대상
1986년 4월 제24회 대한민국체육상 공로상
1987년 10월 대한적십자사 유공장 금장
1989년 4월 '88서울올림픽 유공장 맹호훈장
1990년 3월 체육훈장 청룡장
1996년 4월 IOC 올림픽훈장
2000년 9월 국제인도법연구원 주최 '2000년 인도법 국제대회' 특별상
2009년 5월 서울대학교 사범대학 동창회 제정 '제1회 청관대상' 공로상
2011년 6월 국제로타리 '초아의 봉사상(Rotary Service Above Self Award)'
2012년 5월 (사)한국상록회 '제20회 인간상록수(교육·사회운동 부문)'
2013년 2월 제5회 소강체육대상 공로상
2018년 4월 제6회 4·19혁명 대상
2019년 2월 헝가리 십자공로훈장
2019년 10월 '제16회 홀리 스피리츠 맨 메달리온(Holy Spirit's Man Medallion)-교육자 부문'
2024년 2월 '제70회 대한체육회 체육상' 특별공로상

명예박사학위

1968년 2월 부산대학교 명예문학박사학위
1971년 4월 중화민국 문화학술원 명예문학박사학위
1972년 10월 미국 북오하이오대학교 명예법학박사학위
1986년 2월 프랑스 몽펠리에대학교 명예경제학박사학위
1990년 12월 몽골 울란바토르국립대학교 명예박사학위
1995년 5월 러시아 상트페테르부르크 공과대학 명예박사학위
2000년 11월 러시아 극동국립대학 명예교육학박사학위
2005년 10월 몽골 소욤보대학교 명예박사학위
2016년 5월 카자흐스탄 국립예술대학 명예음악학박사학위

중재 장충식 연보*

1932 〈출생〉

07 · 7월 25일 국내와 만주 지방을 오가며 독립운동을 하던 범정 장형(張炯) 선생과 양인식(梁仁植) 여사의 삼남으로 중국 천진(天津)에서 출생. 유년 시절을 주로 천진 친척집에서 지냄.

1938~1944 〈6~12세〉

· 6세 때 학교 입학을 위해 아버지가 계시던 중국 요령으로 가려 했지만, 왜경에 검거돼 서울로 압송된 아버지를 따라 서울로 들어옴. 이후 서울 매동보통학교에 입학하여 작은어머니 집에서 학교를 다님. 한때 중국에 계신 부모님을 찾아가 오룡배소학교를 다니기도 했음.

1945 〈13세〉

02 · 서울 매동보통학교를 졸업하고 중국으로 건너가 3월 오룡배중학교 입학. 학교를 다니다 조국 광복 후 9월 가족과 함께 환국해 평북 남시중학교에 입학. 곧 월남하여 서울중학교 편입 시험에 합격했으나 '일본인들이 다닌 학교에는 보낼 수 없다'는 아버지의 뜻에 따라 협성소학교 6학년으로 편입.

1946 〈14세〉

03 · 휘문중학교(5년제) 입학(휘문중학교는 1946년 7월 6년제로 변경). 재학 시절 문예 활동과 송구 선수로 활동하는 한편 휘문애교동지회 간부를 맡아 정치 투쟁을 하는 좌익계 학생들을 상대로 학생 정화 운동.

* 이 연보는 기본적으로 장충식, 『시대를 넘어 미래를 열다: 중재장충식회고록』(경기도 용인시: 노스보스, 2011), 653~671쪽에 수록된 「부록 중재 장충식 연보」에 의존하여 증보하였다.

1947 〈15세〉

11 · 1일 재단법인 단국대학과 단국대학의 설립이 인가(남조선과도정부 문교부장 유억겸 명의의 문고발 제51호 및 제52호)되고 장형 이사장이 취임함. 3일 낙원동 교사에서 2학부 5학과로 개교, 설립자 조희재 여사 별세. 30일 초대 학장에 장도빈 취임.

1949 〈17세〉

12 · 단국대학, 서울 성동구 신당동 (주)조선전기 조선전업협화장으로 교사 이전.

1950 〈18세〉

· 6·25전쟁으로 부산으로 피난, 학도의용군 입대. 곧 육군 일병으로 군생활을 마치고 대구중학교 편입학. 다시 경주중학교로 편입학(1976년 경주고등학교 명예졸업).

1952 〈20세〉

01 · 단국대학, 전란 중 부산 대청동 가교사에서 임시 개교.

02 · 6·25 전란의 와중에 부산 피난 교사에서 휘문고등학교 제44회 졸업(1951년 학제 개편에 따라 6년제 휘문중학교는 중·고 각 3년제로 분리). 이후 고려대학교 경제과에 지원하여 합격했으나 아버지의 권유로 서울대학교에 지원.

04 · 서울대학교 사범대학 물리학과 입학, 재학 시절 럭비선수로 활동.

1953 〈21세〉

· 서울대 사범대학 역사과로 전과. 2학년 재학 중 택시 조수 일을 함. 서울대 사대 은사인 김성근 교수가 공부에 전념하도록 설득했으나 사회 경험이 필요하다는 부친의 뜻으로 1년여 동안 일을 계속하며 고학.

08 · 단국대학, 부산 피난교에서 서울 신당동 교사로 복귀.

1955 〈23세〉

05 · 서울대학교 사범대학 역사과 4학년 재학 중 신동순과 종로 천도교회관에서 혼인. 4학년 1학기 재학 중 아버지의 뜻에 따라 단국대학 정법학부 정

치학과로 편입학.

1956 〈24세〉

02 · 단국대학, 한남동 신교사 신축 정초식 거행.

1957 〈25세〉

03 · 단국대학 정법학부 정치학과 제7회 졸업 후 4월 고려대학교 대학원 사학과에 진학하여 남사 정재각 교수 지도를 받음. 건설회사와 증권회사에서 일을 하고 6·25전쟁 복구 사업에 투자하는 등 청년 사업가로 활동. 증권 파동으로 큰 손해를 본 후 사업에서 손을 떼고 대학원 학업에 전념.

07 · 단국대학, 한남동 교사로 완전 이전.

1958 〈26세〉

· 고려대 대학원 재학 중 우리나라에 한한사전(漢韓辭典)이 없어 학문 수행에 어려움을 겪자 한한대사전(漢韓大辭典) 간행 구상.

1959 〈27세〉

02 · 단국대학 학생과장으로 대학의 학사 행정 업무 시작.

1960 〈28세〉

02 · 고려대학교 대학원 사학과를 졸업하고, 문학석사학위 수위(학위논문은 「명태조의 농업정책고」).

03 · 대학원 은사인 정재각 교수의 단국대학 강의를 물려받으며 첫 대학 강의. 이후 동덕여자대학, 수도여자사범대학, 고려대학교에서 강의.

1961 〈29세〉

03 · 단국대학 교수(전임강사)로 임용.

11 · 군사정부에 의해 단국대학 주간부 폐교령이 발표됨.

1962 〈30세〉

07 · 재단법인 단국대학 이사 취임.

1963 〈31세〉

01 · 미국 유학과 교수직 복귀를 위해 재단법인 단국대학 이사직 사임.

03 · 부친 범정 장형 선생, 대한민국건국공로훈장 수훈.

06 · 미국 브리검영대학교 대학원 입학. 대학원을 다니며 종교학과 스펜서 팔머(Spencer J. Palmer) 교수의 한국 선교 역사 연구를 도움.

12 · 단국대학 주간대학 부활, 병설초급실업대학 폐지.

1964 〈32세〉

· 미국 브리검영대학교 대학원 박사과정 수료 후 팔머 교수의 협조로 미국 이민 수속을 밟는 도중 9월 잠시 귀국했다가 아버지와 아내의 건강 악화 소식을 접함. 3개월 후인 12월 단국대학 설립자이자 엄친인 범정 장형 선생 영면. 미국에 가지 말고 학교와 박정숙 이사를 끝까지 지켜야 한다는 아버지의 유언에 따라 대학 업무에 진력.

1965 〈33세〉

· 단국대학 부학장으로 취임, 대학 개혁과 재정 개선에 힘씀.

02 · 대학배드민턴협회 회장 취임. 이를 시작으로 각종 스포츠계에 중추적인 역할을 하며 대학 스포츠 발전과 스포츠 외교에 이바지.

1966 〈34세〉

10 · 단국대학 제9대 학장에 취임해 최대 숙원 사업으로 종합대학 승격을 추진. 당시 박정희 대통령과 독대하는 등 갖은 노력으로 학장 취임 70여 일 만인 연말에 '단국대학 종합대학 승격안' 국무회의 통과를 이끌어냄.

1967 〈35세〉

03 · 종합대학으로 승격한 단국대학교의 초대 총장에 당시 전국 대학 총장 가운데 최연소로 취임, 1993년 8월까지 총장으로 재임하며 대학 발전에 헌신.

· 대학육상경기연맹 회장 취임.

09 · 단국대학교 사학회 사학지에 학술논문 「명대면업고(明代棉業考)」 발표

1968 〈36세〉

· 국내 대학 최초로 단국대학교 스키부를 창설하고 동계스포츠 인재 육성

시작.

02 · 부산대학교 명예문학박사학위 수위.

08 · 파월장병위문단 단장으로 전국 대학 교원 및 대학생 대표들을 이끌고 2주간 월남 방문. 월남전의 참상을 경험하고 전쟁이 끝난 후 원조 사업을 결심. 후에 우리나라 대학 최초로 베트남 대학(하노이 공대)과 자매결연, 월남 학생 학업 지원 등이 토대가 되어 국가 차원의 수교를 맺는 데 일조함.

09 · 1968년 제49회 전국체전에서 대학생 매스게임을 최초로 실시한 공로로 문교부 장관 표창과 박정희 대통령 하사금 받음.

1969 〈37세〉

06 · 번역서 『십팔사략1』 출간.

1970 〈38세〉

· 대학의 시급한 현안으로 확장 부지를 마련하는 일에 본격적으로 착수하고 대정부 교섭 등 외부 활동으로 인한 행정 공백을 차단하기 위해 부총장제 신설.

· 김성근 당시 서울대 대학원장의 권유로 서울대학교 교육대학원, 왕학수 고려대학교 교육대학원장의 권유로 고려대 교육대학원에서 각각 3년간 강의.

03 · 대학스키연맹 회장 취임.

04 · 박정희 대통령이 새마을운동을 시작한 이후 대통령과 전국 대학 총장 간담회 도중 대학의 새마을운동 전개에 대한 뜻을 밝히고 실천 방안 마련 착수.

06 · 미국 남오리건주립대학(South Oregon State University)과 개교 후 첫 해외 자매결연을 맺으며 대학 국제화에 물꼬를 틈.

09 · 단국대학교 동양학연구소를 개설해 국내 최초로 세계 최대 규모의 『한한대사전(漢韓大辭典)』 편찬을 기획.

1971 〈39세〉

01 · 동양학연구소 소장으로 일석 이희승 박사를 초빙. 이듬해 학계 원로들이 모인 자리에서 『漢韓大辭典』 편찬 착수.

03 · 단국대학교 제2대 총장으로 취임. 초대 총장 부임 당시 3개 단과대학 8

개 학과였던 대학 규모를 4년 만에 4개 단과대학 23개 학과로 확충.

· 서울시 내곡동 문화재관리국 소유 24만여 평 부지로의 이전을 추진하고 4월 부지를 매입해 종합 설계를 완성하였으나 이듬해 건설부 담당 국장의 실수로 그린벨트로 지정돼 대학 이전 유보.

· 번역서 『십팔사략2』 출간.

04 · 중화민국 문화학술원 명예문학박사학위 수위.

11 · 대만 행정원장을 지낸 대만 문화학원 이환(李煥) 교수에게 명예법학박사학위 수여.

12 · 미국 남오리건주립대학을 방문해 사워즈(James K. Sours) 총장에게 명예법학박사학위 수여.

1972 〈40세〉

04 · 새마을운동 전개의 일환으로 당시 전국에서 가장 낙후된 지역이었던 충남 청양군 대치면 장곡리 장곡마을과 자매결연을 맺고, 지역 발전을 위해 각종 지원에 힘씀.

10 · 미국 북오하이오대학교 명예법학박사학위 수위.

12 · 국민훈장 모란장 수상.

1973 〈41세〉

02 · 법률 문화 향상 공로로 서울변호사회 명예 회원 추대.

1974 〈42세〉

04 · 번역서 『십팔사략3』 출간.

05 · 청양농장의 모범적 운영에 대한 공으로 박정희 대통령으로부터 지원금 300만 원과 문교부장관 표창 수상. 청양 지역 개발 공로로 국회 법제사법위원회, 충청남도, (사)충남개발위원회 등 여러 기관으로부터 감사패를 받는 등 지방 발전에 이바지. 이후 청양농장의 성공을 계기로 지방 중형 도시의 대학 건설을 구상하고 천안에 대학 분교 건립을 추진하는 등 천안 캠퍼스 장기 계획 수립.

1975 〈43세〉

01 · 수상집 『위대(偉大)한 유산(遺産)을 위하여』 출간.

02 · 역사서 『세계문화사(世界文化史)』 출간.

03 · 단국대학교 제3대 총장 취임.

· 중화민국 국방부 차관인 왕승(王昇) 대장에게 명예법학박사학위 수여.

05 · 범정 장형 선생 묘소, 국무회의에서 순국열사 및 애국지사 묘소로 지정.

12 · 일석 이희승 선생을 기리는 일석기념관을 신축하고 도서관에 있던 동양학연구소를 일석기념관으로 이전하며 『漢韓大辭典』 편찬을 본격화.

1976 〈44세〉

04 · 경주고등학교 명예졸업장 수위.

08 · 충남 청양군 대치면 주정리에 단국기간농민학교 교사와 기숙사를 신축하고 청양군 농업 지도자들을 대상으로 새마을운동과 농사 기술 무료 교육. 전국 대학생 새마을봉사활동 회장교 총장으로서 새마을 봉사에 참여하는 학생들 지휘.

09 · 석주선 박사로부터 조선시대 민속 문화재 4천 점을 기증받고 석주선기념민속박물관 건립 등 석 박사의 연구와 민속품 수집 활동을 위해 아낌없는 지원을 약속.

1977 〈45세〉

03 · 대학축구연맹 회장 취임.

· 대한체육회 이사 겸 대학체육위원회 위원장(~1983)을 맡아 대학 스포츠 발전 주도.

06 · 충남 천안시 안서동 산26번지 일대 6만여 평 매입, 천안캠퍼스 신축 공사 진두지휘, 생명과학 중심 대학 육성을 계획하며 농대-치대-의대-약대 설립 구상.

07 · 한성로타리클럽 회장 취임.

1978 〈46세〉

03 · 국내 대학 최초로 충남 천안시 안서동에 지방 캠퍼스(단국대학교 천안 캠퍼스 산업대학) 개교.

09 · 일본 메이지(明治)대학의 아소 헤이하치로(麻生平八郎) 총장을 초청해 명예법학박사학위 수여.

· 수상집 『착한이들의 땅』 출간.

10 · 중화민국 정부로부터 문화훈장 수상.

· 휘문교우회 부회장 위촉.

· 대학태권도연맹 회장 취임.

1979 〈47세〉

02 · 대학농구연맹 회장 취임.

03 · 단국대학교 제4대 총장 취임.

08 · 치과대학 설립을 위해 일본의 치과대학 시찰.

09 · 서울 강서구 화곡동 소재 개인 소유의 대지 및 건물을 대학에 출연해 외국인 유학생 기숙사로 활용, 가족은 워커힐 소재 전세 아파트로 이주.

1980 〈48세〉

· 서울시 문화상 체육부문 심사위원장으로 활동(~1995).

01 · 단국대학교 종합개발위원회 발족시키고 위원장으로 5년간 재직.

05 · 인도네시아의 파자자란대학교(Padjadjaran State Universigy)와 자매결연 체결.

1981 〈49세〉

· KOC 부위원장 겸 대학스포츠위원회 위원장(~1997) 및 '88서울올림픽 조직위원회 이사(~1989.4) 선임.

· 대학테니스연맹 회장 취임.

05 · 지하 1층, 지상 2층, 연 800평 규모의 석주선기념민속박물관 개관.

07 · 루마니아 하계유니버시아드대회 대한민국 단장으로 파견되어 공산권 국가를 상대로 서울올림픽 유치 및 홍보 활동에 힘씀. 1987년까지 4차례 연속으로 하계유니버시아드대회 단장 역임.

1982 〈50세〉

04 · 번역서 『감방의 소리(*The Prison voices from the Inside*)』 출간.

07 · IOC 부위원장 루이스 귀란도 응디아예 국제올림픽위원회 부위원장(Louis Guirandou N'diayc, 코트디부아르)에게 명예법학박사학위 수여.

09 · 한국에스페란토협회 회장(~1991.2)을 맡아 몽골, 헝가리 등 국교가 없던 사회주의 국가와 교류를 확대하는 데 큰 역할을 하고 단국대학교에 에스페란토 강좌 개설.

10 · 적십자사 포장증 수위(유공장 은장).

· 독일 요하네스 구텐베르크대학교-마인츠(Johannes Gutenberg-Universität Mainz)와 자매결연 체결.

1983 〈51세〉

03 · 단국대학교 제5대 총장 취임.

04 · 가봉공화국을 방문해 오마르봉고대학교(L'Universite Omar Bongo)와 자매결연.

07 · 캐나다 하계유니버시아드대회 대한민국 선수단 단장.

08 · 독립유공자 유족중앙회 고문으로 추대되어 독립유공자 유족 지원에 대한 선친의 뜻 계승 및 확대.

1984 〈52세〉

04 · 한국대학교육협의회 제2대 회장(~1986.4.7)에 취임. 임기 중 군사정부가 '학원 안정법'에 대한 대교협의 지지 결의 요청을 하자 제자들을 체포하는 법에 찬성할 수 없다며 군 당국자를 설득하여 저지.

· 난파 홍영후 선생의 미망인 이대형 여사로부터 난파 유품 117종 995점을 기증받아 난파기념음악관을 건립하고 음악관에 난파 동상과 유품 전시실 설치.

05 · 사단법인 헌정회 이사 선임.

07 · '84 LA올림픽 스포츠 과학 학술대회 한국 대표단 단장.

08 · 미국 조지메이슨대학교 행정대학원(Gcorge Mason University-Graduate School of Public Administration)과 자매결연 체결.

09 · '86 아시안게임과 '88 서울올림픽 스포츠과학학술대회 조직위원회 위원장(~1989. 3)을 맡아 두 대회 모두 천안캠퍼스에서 성공적으로 개최.

· 일본 쓰루미대학(鶴見大學)과 일본 모리다 회사, 독일 마인츠 병원 등의 도움으로 국내 최신의 치의학 시설을 마련해 치대 설치 및 국내 최초 치과 전문 종합병원 건립.

· 독일 마인츠시를 방문, 구텐베르크대학과 자매결연 체결.

10 · 프랑스 몽펠리에대학교(L'Universite De Montplier)와 자매결연 체결

1985 〈53세〉

· 서울올림픽 방송자문위원회 위원장 선임.

· 실향민호국운동중앙협의회-한국이산가족후원회 회장 취임.

05 · 국제문화협회에서 제정하는 아세아평화상 교육 부문 대상 수상.

07 · 일본 고베 하계유니버시아드대회 대한민국 선수단 단장.

1986 〈54세〉

01 · 스위스 로잔에서 열린 제2차 남북체육회담에 한국 대표로 선임되어 남북 체육 교류 논의.

02 · 프랑스 몽펠리에대학교 명예경제학박사학위 수위.

· 국제퇴계학회 초대 회장 취임.

· 미국 캔자스주 위치타주립대학교(Wichita State University)와 자매결연 체결.

03 · 페루 국립 뜨루히요대학교(Universidad Nacional de Trujillo)와 자매결연 체결.

04 · 제24회 대한민국체육상 공로상 수훈.

08 · 국제스포츠심리학 학술대회 개최.

09 · '86아시안게임 스포츠과학학술대회를 '스포츠를 통한 보다 나은 삶'을 주제로 천안캠퍼스에서 개최.

· 단국대학교 서울캠퍼스에 국내 대학 최대 규모인 지하 1층 지상 5층의 퇴계기념중앙도서관 준공.

10 · 셰이크 파하드 IOC 위원에게 명예법학박사학위 수여.

11 · 일본 센슈대학(專修大學)과 자매결연 체결.

1987 〈55세〉

· 대학 구성원들의 숙원 사업인 의과대학과 의대 부속병원 설립을 재정적인 어려움으로 망설였으나 박정숙 이사장의 요청으로 설립하기로 다짐하고 추진 시작.

03 · 단국대학교 제6대 총장 취임.

07 · 유고 하계유니버시아드대회 대한민국 단장.

· 일본 쓰루미대학과 자매결연 체결.

10 · 대한적십자사 유공장 금장 수훈.

1988 〈56세〉

09 · '88 서울올림픽 스포츠과학학술대회를 58개국 3,800여 명의 체육학자

및 관계자들이 참석한 가운데 '체육의 새로운 전망'을 주제로 천안캠퍼스 에서 개최.

1989 〈57세〉

02 · 헝가리 부다페스트 공과대학교(Budapest University of Technology and Economics)와 자매결연 체결하며 국내 대학 최초로 헝가리 대학과 교류.

03 · 단국대학교 법대동창회 고문으로 추대.

04 · '88서울올림픽 유공장 맹호훈장 수훈.

· 단국대학 설립자의 뜻을 기려 범은장학재단 설립.

· 남북체육회담 한국 수석대표로 남북단일팀 단가, 단기, 선수단 호칭, 선수단 공동 단장제, 선수단 구성 및 실무를 위한 공동사무국 설치 등의 합의를 이끌어내며 남북 스포츠교류를 통한 민족 화합 시대를 개척.

· 한·몽 친선협회 초대 이사장으로 취임해 양국 교류를 이끌고 미수교 국가인 몽골과의 국교 수립에 기여.

· 한국에스페란토협회 회장으로서 제44차 서울세계성체대회를 성공적으로 개최한 교황 요한 바오로 2세에게 감사패 수여.

09 · 러시아 과학아카데미 극동연구소(Russian Academy of Sciences Institute of the Far East)와 자매결연 체결.

11 · 일본 쓰루미대학 이시가와(石川) 이사장에게 명예이학박사학위 수여.

12 · 러시아 과학아카데미 경제연구소(Economic Institute of the Russian Academy of Sciences)와 자매결연 체결.

1990 〈58세〉

· 1971년 대학 이전 후보지로 매입한 내곡동 땅을 재정적 손실을 보며 안기부에 넘기게 되어 병원 건립 재원 조달에 어려움을 겪음.

03 · 체육훈장 청룡장 수훈.

· 페루 까톨리까대학교(Universidad Catolica de Periu)와 자매결연 체결.

06 · 미국 네브래스카 링컨주립대학교(University of Nebraska-Lincoln)와 자매결연 체결.

07 · '90 북경아시안게임 한국선수단 단장으로 종합 2위의 성적을 이끌어냄. 대회 기간 북한 선수 단장과 수차례 접촉 끝에 1991년도 세계 청소년 축

구대회에 남북 단일팀을 파견한다는 합의문 발표.
· 대한학도의용대 동지회 고문으로 추대.

09 · 미국 남오리건주립대학에 동양학 연구 홍보를 위한 아시아문화연구소 개원.

11 · 몽골 울란바토르 국립대학교(National University of Mongolia)와 자매결연 체결.

12 · 미국 오레곤주 성 빈센트 병원(St. Vincent Hospital and Medical Center)과 자매결연 체결.
· 한·중·소협회 창립을 주도해 사회주의 국가인 소련, 중국과 교류를 넓혀 우리나라의 북방 교류 정책에 이바지.(1992년까지 협회 회장 역임).
· 몽골 울란바토르국립대학교 명예박사학위 수위.

1991 〈59세〉

01 · 장씨 대종회 회장을 맡아 문중 사업 활성화에 노력(~1998). 한국장애인문인협회 이사장으로 추대.

02 · 백범김구선생기념사업협회 회장(~1998. 3월, 현재 고문)으로 취임해 『백범일지』 중국어 번역 출판, 상해시와 중경시의 임시정부 청사 복원, 백범 동상 건립 등 추진. 또한 백범선생시해진상규명위원회를 활성화하여 진상 규명 추진 국회 청원.

03 · 단국대학교 제7대 총장 취임.

04 · 일본 지바 세계 탁구선수권대회와 포르투갈 세계청소년축구대회 남북단일팀 구성을 이끌며 남북한 화해 분위기 조성의 기틀 마련.

05 · 포르투갈 세계 청소년축구대회 남북단일팀 선수단 단장.

07 · 민주평화통일자문회의 제5기 통일자문위원(~1993. 6.28) 위촉.
· 미국 워싱턴대학교 치과대학(School of Dentistry, University of Washington)과 자매결연 체결.

10 · 몽골인민공화국 푼살마긴 오치르바트(Punsalmaagiin Ochirbat) 대통령에 명예경영학박사학위 수여.

11 · 베트남 하노이국립공과대학교(Hanoi National University of Technology)와 자매결연 체결.

1992 〈60세〉

06 · 서울대학교 동창회 이사 선임.

· 미국 캘리포니아 주립 폴리테크닉대학교(California State Polytechnic University, Pomona)와 자매결연 체결.

07 · 수필집 『큰 삶, 작은 이야기』 출간.

09 · 동양학연구소가 발족한 지 22년 만에 『한국한자어사전(韓國漢字語辭典)』 전4권 중 1권 발간.

11 · 가나대학교(University of Ghana)와 자매결연 체결.

1993 〈61세〉

· 부정 입시 의혹 관련 교육부 특별 감사 후 단국대학교 총장직에서 물러나는 등 당시 정부의 각종 박해로 시련을 겪음.

12 · 『韓國漢字語辭典』 2권 발간.

1994 〈62세〉

· 단국대학교의 재정난 해법으로 서울캠퍼스를 팔고 천안캠퍼스와 통합하자는 이사진들의 제안에 강력 반대. 이사진을 설득해 서울캠퍼스를 경기도 용인 지역으로 이전키로 함.

04 · 정부가 대학의 자금줄을 틀어막고 있는 어려운 여건을 극복하고 의대 부속병원 완성.

10 · 서울캠퍼스 40,857평을 (주)세경진흥에 2,870여억 원에 매각하는 서울캠퍼스 부지 매매 약정 체결하며 서울캠퍼스 이전 계획에 착수하고, 11월 신캠퍼스 부지(용인군 구성면·수지면 일대 315,384평) 매입.

1995 〈63세〉

02 · 단국대학교 신캠퍼스 설립추진위원회 위원장을 맡아 대학 이전 사업 지휘.

03 · 휘문교우회 회장(~1999.3월) 취임.

05 · 러시아 상트페테르부르크 공과대학 명예박사학위 수위.

06 · 교육부, 단국대학교 서울캠퍼스 이전 계획 승인.

10 · 충남포럼을 결성해 이사장을 맡으며 충청 지역 발전을 선도, 1997년 대선을 앞두고 정치인 초청 정책 토론회 개최.

· 『韓國漢字語辭典』 3권 발간.

1996 〈64세〉

04 · 세계 올림픽 운동 발전에 기여한 공로로 IOC 올림픽 훈장 수훈.
07 · 경기도 용인에서 32만 평 규모의 대학 신캠퍼스 기공식.
11 · 한한대사전 편찬에 앞서 추진한 『한국한자어사전』 전4권 완간.
12 · 학교법인 단국대학 이사장 취임(~2004.9).

1998 〈66세〉

03 · 단국대학 법인 부도, 교육부 특별 감사, 구교대책위원회 발족.

1999 〈67세〉

02 · 역사서 『동서양문화사(東西洋文化史)』 출간.
03 · 동양학연구소 발족 29년 만에 『漢韓大辭典』 1권 발간.
04 · 대학병원 설계자 요시다케 야스미(吉武泰水) 교수에게 명예의학박사학위 수여.
07 · 자선 연주단체인 아마레앙상블을 창설해 소외된 계층 대상으로 음악회 지원.

2000 〈68세〉

03 · 오치르바트 전직 몽골 대통령과 한·몽 문화 교류 협의.
08 · 대한적십자사 제21대 총재에 취임하여 적십자사 기부자와 회원 증강에 노력.
· 제1차 남북이산가족상봉단 단장으로 138명의 남측 이산가족을 이끌고 방북.
09 · 국제인도법연구원이 주최하는 '2000년 인도법 국제대회' 특별상 수상.
11 · 러시아 극동국립대학에서 명예교육학박사학위 수위.
· 이봉창의사장학회 설립.
12 · 『월간조선』 인터뷰 내용을 문제 삼은 북한 측의 이의 제기에 따라 대한적십자사 총재직 사임.

2001 〈69세〉

03 · (사)대한프로태권도연맹 고문 추대.

2002 〈70세〉

04 · (사)국제해동검도연합회 및 (사)한국해동검도협회 명예총재 추대.

06 · 몽골국립대학교에 단국치과병원 개원.

09 · 고희기념 화문집 『빈들에 씨를 뿌리며』 발간.

2003 〈71세〉

· 자전적 대하소설 『그래도 강물은 흐른다』 1~4권 출간.

01 · 제3대 세종문화회관 이사장 취임.

07 · 국제로타리 3650지구 총재 취임.

2004 〈72세〉

09 · 범은장학재단 이사장 취임(~현재).

2005 〈73세〉

10 · 한국과 몽골 간 우호 친선 관계와 몽골 교육 부문 발전에 기여한 공로로 남바린 엥크바야르 몽골 대통령으로부터 몽골국 최고위 훈장인 '북극성' 수훈.

· 몽골 소욤보대학교 명예박사학위 수위.

12 · 문학·과학·의학 등의 발전에 공헌하고 스웨덴과 한국 간 문화 교류에 기여한 공로로 스웨덴 노벨재단 총재 주최 노벨상 수상식의 한국 인사로 공식 초청.

2007 〈75세〉

· 자전적 대하소설 『그래도 강물은 흐른다』 5~6권 출간. 총 6권으로 완간.

08 · 경기도 용인시 수지구 죽전동으로 단국대학교 서울캠퍼스 이전 사업을 완료하며 국내 최초로 대학 캠퍼스 탈(脫) 서울.

2008 〈76세〉

01 · 스키 꿈나무 양성을 위해 초등학교 스키 대회인 '중재배 스키대회' 창설.

02 · 서울사이버대학교 최고령 졸업.

08 · 단국대학교 명예총장 취임.

10 · 세계 최대 규모 한자사전인 『漢韓大辭典』 전 16권으로 완간.

2009 〈77세〉

05 · 스포츠를 통한 남북한 화해 무드 조성과 세계 최대의 『漢韓大辭典』 출판

공로로 서울대학교 사범대학 동창회가 제정한 제1회 청관대상 공로상 수상.

2010 〈78세〉

07 · 학교법인 단국대학 학원장 취임.

2011 〈79세〉

01 · 천안캠퍼스 약대 유치 및 약학관 준공.

06 · 인재육성과 장학사업에 기여한 공로로 국제로타리가 수여하는 '초아의 봉사상(Rotary Service Above Self Award)' 수상.

07 · '스포츠 영웅 명예의 전당 헌액대상자 선정위원회' 위원장 선임.

09 · 회고록 『시대를 넘어 미래를 열다』, 수필선집 『마지막 남은 한 길』과 수필선집 영역본 『*The Last Road Left*』, 문인들의 헌정사화집 『자작나무숲으로 가서』로 구성된 문집 출간.

2012 〈80세〉

05 · (사) 한국상록회가 국가와 민족을 위해 평생을 헌신 봉사하며 살아온 사회 원로를 대상으로 선정하는 인간상록수에 교육·사회운동부문 수상자로 선정.

11 · 단국대학 설립자 동상 재건립 위원회 고문으로 범정 선생과 혜당 여사 동상 제막.

· 자전적 대하소설 『그래도 강물은 흐른다』 개정판 전5권 출간.

2013 〈81세〉

02 · 뉴코리아필하모닉 오케스트라 단장 취임. 예술의 전당에서 열린 오케스트라 재창단 기념 신년음악회에서 '라데츠키 행진곡 op.228' 직접 지휘.

· 故 소강 민관식 대한체육회장 추모 뜻으로 제정된 제5회 소강체육대상 공로상 수상.

03 · 학교법인 단국대학 이사장 취임.(~2020.12.23.)

12 · 김대중 대통령 노벨평화상 수상 기념행사위원회 위원장 위촉.

2014 〈82세〉

08 · 소외계층 음악 봉사를 위한 포시즌앙상블 창설.

2015 〈83세〉

05 · 서한집 『다시 태어나도 오늘처럼: 60년간 편지로 쌓아올린 애틋한 사랑과 삶의 역사』 출간.

08 · 김대중평화센터 고문으로 이희호 여사와 방북.

2016 〈84세〉

05 · 국립 카자흐스탄 국립예술대가 수여하는 명예음악학 박사학위 수위하고 카자흐스탄의 나자르바예프 국립대, 국립의료원과 교류협력 증진 추진.

12 · 세종특별자치시에 학교법인 단국대학 세종사업소 '단국빌딩' 준공.

2018 〈86세〉

01 · 『생각하는 사람에게 길이 있다: 한 번 말하기 전에 두 번 생각하면 모두가 평화롭다』 출간.

04 · 남북 교류 증진 및 교육, 인도 분야 헌신에 대한 공로로 4·19혁명 유관단체가 주최하는 '제6회 4·19 혁명' 대상 수상.

07 · 범은장학재단, 한국가이드스타 공익법인 운영평가에서 최고등급 인정.

10 · 만델라 탄생 100주년을 기념해 음악회와 기념전 개최하며 만델라의 평화 사상 전파.

2019 〈87세〉

02 · 헝가리 수교 30주년을 맞아 학술문화 교류 공로로 헝가리 정부가 외국인에게 수여하는 최고의 훈장인 '헝가리십자공로훈장(The Commander's Cross of the Order of Merit of Hungary)' 수훈.

05 · 무용과 발레무용단을 이끌고 몽골을 방문, 몽골국립오페라발레극장에서 창작발레 '명성황후(The Last Empress)' 공연 및 몽골국립예술대학과 예술분야 교류.

10 · 신실한 신앙으로 대학교육 저변확대와 남북평화 구축 헌신 공로로 세계성령중앙협의회의 '제16회 홀리 스피리츠 맨 메달리온(Holy Spirit's Man Medallion)-교육자 부문' 수상.

12 · 소설 『아름다운 인연: 독립운동가의 아들과 일본군 장교부인의 완전한 사랑』 출간. 이후 영문판, 일문판, 몽골어판, 헝가리어판, 중국어판으로 번역되어 보급.

2021 〈89세〉

01 · 범은장학재단 (사)대한민국브랜드협회로부터 '2020 대한민국브랜드대상 사회공헌대상 사회공헌대상' 특별상 수상.

· 지역사회 교육과 보건 분야 발전에 기여한 공로로 충청남도 천안시 명예시민 선정.

02 · 학교법인 단국대학 명예이사장 취임(종신).

10 · 에세이 『학연가연』 출간.

12 · 소설 『눈물』 출간.

2022 〈90세〉

04 · 충남 최대 규모 단국대병원 암센터 개원.

2024 〈92세〉

02 · '88서울올림픽 유치 및 남북 스포츠 화합 등 스포츠를 통한 인류애 실천 공로로 '제70회 대한체육회 체육상' 특별공로상 수상.

2025 〈93세〉

01 · 중재 저서를 한 눈에 볼 수 있는 '중재문고' 단국대 죽전캠퍼스 베어토피아에 설치.

05 · 중재의 예술 사랑을 기린 '중재아트갤러리' 단국역사관에 개관.

김학준

1943년 심양에서 출생
현재 단국대학교에서 연구생활

중재 장충식
단국대학교와 함께 민족의 화해와
통일을 향해 걸어온 대인

2025년 10월 31일 초판 인쇄
2025년 11월 3일 초판 발행

지은이 _ 김학준
펴낸이 _ 안순철
기 획 _ 양영유
제 작 _ 성두현
편 집 _ 신성민·이재호
마케팅 _ 박광현
펴낸곳 _ 단국대학교출판부
등 록 _ 1968.2.27 : No. 제03-00095호
주 소 _ 경기도 용인시 수지구 죽전로 152
전 화 _ 031-8005-2405
팩 스 _ 031-8021-7154

값 50,000원

ISBN 978-89-7092-851-7 03990